Herfried Münkler / Harald Bluhm (Hg.)

Gemeinwohl und Gemeinsinn
Zwischen Normativität und Faktizität

Forschungsberichte
der interdisziplinären Arbeitsgruppe
„Gemeinwohl und Gemeinsinn"
der Berlin-Brandenburgischen Akademie
der Wissenschaften

Herausgegeben von
Herfried Münkler, Harald Bluhm und Karsten Fischer

Band IV

Herfried Münkler
Harald Bluhm (Hg.)

Gemeinwohl und Gemeinsinn

Zwischen Normativität
und Faktizität

Akademie Verlag

Diese Publikation erscheint mit Unterstützung
der Senatsverwaltung für Wissenschaft, Forschung und Kultur
des Landes Berlin

Die Deutsche Bibliothek – CIP-Einheitsaufnahme

Ein Titeldatensatz für diese Publikation ist bei Der Deutschen Bibliothek erhältlich
ISBN 3-05-003679-6

Lektorat: Mischka Dammaschke
Einbandgestaltung: Günter Schorcht, Schildow
Satz: Veit Friemert, Berlin
Druck und Bindung: Druckhaus „Thomas Müntzer", Bad Langensalza

Printed in the Federal Republic of Germany

INHALTSVERZEICHNIS

Vorwort

Die interdisziplinäre Arbeitsgruppe Gemeinwohl und Gemeinsinn wurde im Oktober 1998 an der Berlin-Brandenburgischen Akademie der Wissenschaften mit dem Ziel etabliert, beide Begriffe in historischer Perspektive, vor allem aber im Hinblick auf ihre aktuelle Bedeutung einer gründlichen Analyse zu unterziehen. Geleitet wurde die Arbeitsgruppe von den Akademiemitgliedern Prof. Dr. Hasso Hofmann, Prof. Dr. Hans Joas, Prof. Dr. Herfried Münkler (Sprecher) und Prof. Dr. Friedhelm Neidhardt und Prof. Dr. Conrad Wiedemann; koordiniert wurde ihre Arbeit von Priv.-Doz. Dr. Harald Bluhm, Dr. Karsten Fischer sowie, zeitweilig, Dr. Marcus Llanque.

Nach einem historisch ausgerichteten (Bd. 1), einem sozialwissenschaftlichen (Bd. 2), einem juristischen (Bd. 3) hat der nun vorgelegte 4. Band normative bzw. zeitdiagnostische Schwerpunkte. Die philosophischen und sozialwissenschaftlichen Beiträge basieren auf Werkverträgen oder gehen auf Vorträge bei Konferenzen zurück, für deren Ausrichtung in Kooperation mit der Berlin-Brandenburgischen Akademie wir der Evangelischen Akademie Tutzing und der Bischöflichen Akademie des Bistums Aachen verbunden sind. Die thematische Gliederung der Publikationsreihe hat es mit sich gebracht, daß einige frühzeitig fertiggestellte Beiträge erst im letzten Band erscheinen, für die notwendige Geduld danken wir den entsprechenden Autoren.

Unser Dank gilt in erster Linie Plenum und Konvent der Akademie, die das Projekt bewilligt haben, sodann dem Präsidenten der Akademie Prof. Dr. Dieter Simon für die stets wohlwollende Begleitung und Unterstützung des Projekts sowie Dr. Wolf-Hagen Krauth, Renate Neumann und Regina Reimann für eine ebenso angenehme wie anregende Zusammenarbeit während unserer gesamten dreijährigen Arbeit an der Berlin-Brandenburgischen Akademie der Wissenschaften. Schließlich gilt unser Dank Ulf Jensen, Christian Luther und Torsten Kahlert für umsichtige Mitarbeit bei der redaktionellen Arbeit, ebenso Veit Friemert, der die Druckformatvorlage erstellt hat.

Berlin, März 2002

Herfried Münkler

HERFRIED MÜNKLER/HARALD BLUHM

Einleitung: Gemeinwohl und Gemeinsinn zwischen Normativität und Faktizität

Kaum ein Begriffspaar ist geeigneter, das Spannungsfeld von Normativität und Faktizität auszumessen als das von Gemeinwohl und Gemeinsinn. Mit ihm werden nicht bloß Sollensvorschriften thematisiert, sondern Handlungsorientierungen. In diesem Sinne hat Dolf Sternberger einmal behauptet: „Das Gemeinwohl kommt nicht von selbst, sondern man muß es wollen. Nur eine moralische Gesinnung kann die Institutionen selber so modeln und tauglich machen, daß sie eben die Eignung beweisen, das allgemeine Beste zu befördern. Mit einem Wort bürgerliche Tugend kann nicht entbehrt werden."[1] Gemeinwohl setzt hier gemeinsinniges Verhalten, das heißt tugendhaftes Handeln, voraus. Sein und Sollen werden in einem Spannungsverhältnis begriffen, geht es doch um Theorien, die sich handlungsorientierend verstehen und kritisch auf die faktische institutionelle Ordnung bezogen sind. Diese Position ist insofern „aristotelisch", als sie auf den Zusammenhang von faktischer Ordnung und Handlungsnormen abstellt. Für sie ist eine Verknüpfung von guter Ordnung und dem sittlich gutem Leben charakteristisch, die vermittels mehr oder weniger substantiell begriffener Werte erfolgt. Dabei spielen die Verbindung von Fragen nach dem Warum des Handelns, seinen faktischen Voraussetzungen, Zielen und Folgen eine wesentliche Rolle.

Eine normative Theorieorientierung kann allerdings auch skeptisch gegenüber dem Gemeinwohl und Gemeinsinn ausfallen, selbst wenn sie die Probleme kollektiven Handelns akzentuiert. Jürgen Habermas hat unlängst erneut darauf verwiesen, daß die Prozeduralisierung der Moraltheorie den Zusammenhang von Moral und Motivation auflöst und sich auf begründungstheoretische Fragen konzentriert. Er formuliert: „Deontologische Theorien in der Nachfolge Kants mögen noch so gut erklären können, wie moralische Normen zu begründen und anzuwenden sind; aber auf die Frage, warum wir überhaupt moralisch sein sollen, bleiben sie die Antwort schuldig. Ebensowenig können politische Theorien die Frage beantworten, warum sich die Bürger eines demokratischen Gemeinwesens im Streit um Prinzipien des Zusammenlebens am Gemeinwohl orientieren sollen, statt sich mit einem zweckrational ausgehandelten Modus Vivendi

---

[1] Sternberger 1967, S. 190.

zufrieden zu geben."[2] Im Prinzip wird damit der Gemeinwohlbegriff, ungeachtet der gelegentlichen Verwendung, preisgegeben; auf jeden Fall ist er nicht mit dem Gemeinsinn, mit der motivationalen Problematik, warum man sich für das Gemeinwohl engagieren soll, verknüpft. Die Schlüsselbegriffe lauten hier statt dessen Gerechtigkeit und Solidarität.

Es ist durchaus konsequent, daß Habermas die Beziehung zwischen Gemeinwohl und Gemeinsinn als Tugend und sozio-moralische Ressource des Handelns auflöst, ist doch für ihn die Frage des guten Lebens von jener der gerechten Ordnung abgekoppelt. Der Gewinn dieses Vorgehens besteht in der Trennung begründungs- und geltungstheoretischer von motivationalen Fragen, und damit gehen enorme Formalisierungsmöglichkeiten einher, die es erlauben, Gerechtigkeitsprobleme prozeduralistisch zu differenzieren und auszubuchstabieren. In liberalen Verfassungsstaaten ist in dieser Perspektive nur via Prozeduren und qua Deliberation das gemeinsame Interesse, das gemeinsame Gute zu klären. Es verwundert freilich nicht, daß in Reaktion auf diese Formalisierungen und Prozeduralisierungen von der Ethik und politischen Philosophie die Frage des guten Lebens und ihr Bezug zu einer guten Ordnung seit einiger Zeit wieder aufgegriffen worden ist. Diese Frage taucht nicht nur in neoaristotelischen Konzepten, wie denen von Charles Taylor und Martha Nussbaum, wieder auf,[3] sondern spielt darüber hinaus auch in sozialwissenschaftlichen Kontexten eine zunehmende Rolle.[4] Schon der amerikanische Pragmatist John Dewey hat eine inzwischen vielfach diskutierte Verknüpfung von politischer Ordnung und Lebensform vorgenommen, bei der Demokratie, politische Gemeinschaft und demokratische Lebensform miteinander verbunden werden.[5] Vor diesem Hintergrund argumentieren einige der philosophischen Beiträge des vorliegenden Bandes für eine Vermittlung von „habermasianischen" und „aristotelischen" Positionen mit dem Ziel, inhaltliche Problemstellungen des Gemeinwohls und Fragen einer prozeduralistischen Gerechtigkeitskonzeption neu zu justieren. Dabei spielen hermeneutische Fragestellungen, wie der Gemeinschaftsbezug von Verstehensleistungen und die Einstellung der Gleichheit, ebenso eine Rolle wie die Relationierung von eher universalistischen Fragen der Gerechtigkeit und dem stärker partikularistischen Bezug von Problemen des Gemeinwohls.

Aus sozialwissenschaftlicher Sicht impliziert der prinzipielle Abschied vom substantialistischen Gemeinwohlverständnis zwar eine inhaltliche Entleerung dieses Begriffs, die mit seiner Prozeduralisierung und Pluralisierung einhergeht. Dadurch entsteht aber nicht eine beliebig nutzbare Formel. Vielmehr kann der Begriff temporär immer wieder mit substantiellen Gehalten aufgefüllt werden. Seine Nutzung wird damit sachlich und durch die unvermeidliche Selbstbindung der Akteure, die ihn verwenden, folgenreich. Gerade für Prozesse inhaltlicher Gemeinwohlkonkretisierung ist der Rekurs auf den Gemeinsinn und mithin auf die Handlungsressourcen von Akteuren wesentlich. Generell zeichnet sozialwissenschaftliche Konzeptualisierungen aus, daß hier neben den theoretischen Voraussetzungen die Ermittlung und Realisierung von Gemeinwohl und Gemein-

---

[2] Habermas 2001, S. 15 f.
[3] Taylor 1996; zu Taylor vgl. Rosa 1998, Nussbaum 1999 sowie Williams 1999.
[4] Vgl. Münkler 1996 sowie die Materialien des 30. Soziologentages (Allmendinger 2001).
[5] Vgl. Joas 2000.

sinn ins Zentrum rückt. Damit ist die Spannung von Faktizität und Normativität für diese Ansätze, wie die Autoren dieses Bandes demonstrieren, konstitutiv; rein normative Konzepte erscheinen in diesem Rahmen, um eine Formel Kants zu variieren, als leer, da sie nicht auf empirisch faßliche gesellschaftliche Orientierungen gehen und daher im Hinblick auf konkrete Entwicklungshorizonte blind bleiben.

Der vierte und abschließende Band der interdisziplinären Arbeitsgruppe Gemeinwohl und Gemeinsinn der Berlin-Brandenburgischen Akademie der Wissenschaften bewegt sich in dem skizzierten Rahmen. Die philosophischen und sozialwissenschaftlichen Beiträge untersuchen prinzipielle normative Fragen und Modelle der Generierung und Realisierung von Gemeinwohl und Gemeinsinn. Dabei wird die zeitdiagnostische Dimension dieses Begriffspaares vorwiegend an Fragen des aktuellen Selbstverständnisses liberaler Demokratien diskutiert. Für westliche Gesellschaften besteht ein erheblicher Bedarf, die Kriterien und ein Selbstverständnis guter Politik bzw. Ordnung und deren Relation zu Konzepten des guten Lebens zumindest zu debattieren. Unabhängig davon, wie die Ergebnisse ausfallen, kann so einer Täuschung und Unterminierung normativer Grundlagen dieser Gesellschaften entgegen gewirkt werden. Dabei handelt es sich nicht um rein akademische Debatten, sondern um gesellschaftliche Selbstverständigungen, die insbesondere mit dem Blick auf Zumutungen und Knappheiten in Zeiten neuer weltpolitischer Konstellationen und des Umbaus des Sozialstaates zu führen sind.

Philosophische Perspektiven

Gemeinwohl und Gemeinsinn können, wie der Evolutionsbiologe *Alfred Gierer* demonstriert, in einer anthropologischen Dimension rekonstruiert werden. Dafür sprechen nicht nur lange ideengeschichtliche Thematisierungen, die Gierer mit Rekurs auf Ibn Khaldun, den mittelalterlichen islamischen Philosophen, dessen Denken viele moderne Züge hat, exemplarisch vorführt. Im Unterschied zu sozio-biologischen Erklärungen von bloßem Egoismus lassen sich auch biologisch angelegte Motive des Sozialverhaltens und der Kooperativität aufzeigen. Ohne diese Anlagen, die immer einen weiten Gestaltungsspielraum eröffnen, sind nach Gierer eine Reihe evolutionärer Prozesse kaum zu verstehen. Allerdings stellen, wie der Autor mit Blick auf die emotiven und rationalen Anlagen des Menschen formuliert, Solidarität und Gemeinsinn prinzipiell knappe Ressourcen dar. Daraus zieht er den Schluß, daß diese Ressourcen nur begrenzt einzusetzen und behutsam zu aktivieren sind. Gierer plädiert für einen „Überforderungscheck" und hält inflationäre Appelle an den Gemeinsinn der Individuen generell für problematisch. Als komplementäres Gegenstück dazu kann man von einem „Unterforderungscheck" sprechen, der auf Gebrauch und Reproduktion dieser Fähigkeiten abstellt und ihre Verkümmerung bei zu geringer Nutzung vermutet. Es gibt soziale und politische Gemeinschaften, die auf Dauer daran scheitern, daß sie den Gemeinsinn der ihr Angehörenden notorisch überfordern und damit viele zur Wahrnehmung der Exit-Option nötigen. Ebenso dürfte es aber auch eine Reihe von Gemeinwesen geben, die über längere Zeit deswegen erodieren, weil sie die Bereitschaft zum Engagement ihrer

Bürger nicht abrufen, diese also unterfordern und damit Bürger in Untertanen bzw. bloße Leistungsempfänger verwandeln.[6]

Philosophische Ansätze von Gemeinwohl und Gemeinsinn konzentrieren sich häufig auf grundbegriffliches Herangehen und die Erörterung von methodischen Aspekten der Begriffsverwendung. Dabei spielen Bezugsbegriffe, wie Gemeinschaft beziehungsweise Gemeinwesen, und konkurrierende Abgrenzungsbegriffe, wie Gerechtigkeit und Gleichheit, eine wesentliche Rolle. Nicht immer werden Gemeinwohl und Gemeinsinn scharf voneinander abgegrenzt. Gemeinsinn kann generell in zwei Richtungen begriffen werden: als individueller Sinn für das Gemeinsame und als gemeinsamer Sinn der Individuen. Diese nicht nur graduell unterschiedenen Positionen erörtern der Philosoph Christoph Menke und der Theologe Jean-Pierre Wils.

Christoph Menke stellt in seinem Beitrag darauf ab, daß der Gemeinsinn, d. h. ein gemeinsames Verstehen, die Voraussetzung ist, ohne die Gleichheit nicht gedacht werden könne. Die Gleichheit ihrerseits bilde die Grundlage moderner Gerechtigkeitsvorstellungen, wobei man zwischen einer Gleichheitsvorstellung als Wert bzw. Chancengleichheit und reflexiver Gleichheit unterscheiden müsse. Reflexive Gleichheit sei nicht nur prozeduralisierte Gleichheit, sondern gelte auch als Grundlage einer Politik der Anerkennung. Für Menke setzt Anerkennung den Rekurs auf den Personen- bzw. Bürgerbegriff voraus, und diese Begriffe fassen das Individuen in egalitärer Perspektive unter Absehung von Individualität. Diese Abstraktion stelle sowohl die Grundlage für die Gleichbehandlung als auch die weitergehende Anerkennung von individueller Besonderheit dar. Wenn Gleichheit die faktische Voraussetzung von Gemeinsinn und Gerechtigkeit bildet, dann ist geteiltes Verstehen und reflexives Urteilen seine hermeneutische Vorbedingung. Der Gemeinsinn als individueller Sinn für das Gemeinsame und als gemeinsamer Sinn der Einzelnen wird so auf doppelte Weise zur Vermittlung von Gleichheit und Gerechtigkeit, ohne daß hier ein Begriff des Gemeinwohls als nötig erscheint.

Jean-Pierre Wils behandelt Probleme der Reproduktion des Gemeinsinns und verwendet dabei Gemeinsinn nicht in einem strikt definierten Sinne, sondern als Suchbegriff, der Probleme anzeigt. Dabei werden eine rhetorische, eine begriffsgeschichtliche und eine systematische Dimension unterschieden. Hinsichtlich der politischen Rhetorik wird festgehalten: Gemeinsinn fungiert nicht nur als eine aktivierende Vokabel, sondern dient auch zur Selbstimmunisierung gegen Kritik. In begriffsgeschichtlicher Perspektive zeigt Wils, daß der Gemeinsinn von den antiken Prägungen an immer eine moralische und eine kognitive Seite besitzt. Gemeinsinn in schwacher Form setze ein Grunddatum des Gemeinen ebenso voraus wie eine Tätigkeit des Vergleichens, die jeder theoretischen und praktischen Standpunktübernahme vorgeordnet sei. Vor diesem Hintergrund erscheint die postmoderne Akzentuierung von Differenz und Asymmetrien in Sprachspielen als ein Theorem, mit dem der Gemeinsinn nicht mehr faßlich wird. Dagegen plädiert Wils mit Rawls dafür, den Gemeinsinn im Rahmen des Gerechtigkeitssinnes als Grund-

---

[6] Offenbar enthält der richtig verstandene Bürgerbegriff, der mehr als bloße Mitgliedschaft und daraus erwachsende Rechte notiert, immer ein gewisses Maß an Gemeinsinnzumutungen. Denen muß sich vielleicht nicht jeder einzelne unterziehen, aber wenn es zu wenige sind, hat dies für das Gemeinwesen negative Folgen, die bis zu dessen Zusammenbruch reichen können.

lage für faire Kooperation aufzufassen. Jedoch erst durch die Analyse des Gemeinschaftshandelns selbst, die mit Rekurs auf das sozialontologische Konzept von Ulrich
Baltzer unternommen wird, könne die Produktion von Gemeinsinn faßlich gemacht werden. Gemeinsinn sei dann als eine konstitutive Ressource für Handeln zu begreifen, die
räumliche und zeitliche Anschlußhandlungen ermögliche, deren Ausbleiben das Ende
des Gemeinschaftshandeln bedeuten würde. Der Gemeinsinn weise, so die Pointe von
Wils, nicht nur einen impliziten Erwartungscharakter auf, sondern kennt auch einen
Konfliktindex, durch den er Konturen gewinne.

Die Konzentration auf Gerechtigkeit stellt nach *Bernd Ladwig* eine Verkürzung der
Vielzahl von normativen Fragen politischer Philosophie dar. Für ihn kann das gemein-
same Gute nicht auf Gerechtigkeitsfragen verkürzt und weder die Gerechtigkeit noch
das Gemeinwohl können rein formal behandelt werden. Vielmehr sei nur auf der
Grundlage einer Vielzahl normativer Erwartungen und Ansprüche die zentrale Rolle der
Gerechtigkeit zu verstehen. Gerechtigkeit könne man nicht – wie Rousseau und die
Utilitaristen es vornahmen – im Gemeinwohl aufgehen lassen, weil so die distributive
Dimension der Gerechtigkeit verfehlt werde. Gemeinwohl und Gerechtigkeit seien aber
auch nicht einfache Gegenbegriffe; vielmehr stelle das Gemeinwohl eine konstitutive
Grenze der Gerechtigkeit dar. Das Gemeinwohl ist durch seinen expliziten Bezug auf
eine Gemeinschaft im Unterschied zur Gerechtigkeit immer partikular, aber nicht strikt
partikularistisch, und zwar schon deshalb, weil es einen Teil seiner normativen Kraft
der Gerechtigkeit verdanke. Vor diesem Hintergrund werden vier Ebenen eines modernen Gemeinwohlverständnisses differenziert: Erstens eine innerhalb rechtlich gebunde-
ner Ordnungen, die auf funktionale Legitimation im Sinne des Ordnungserhalts zielt.
Zweitens spielt das Gemeinwohl auf der Ebene subjektiver Rechte und verteilbarer
Güter eine Rolle; hier geht es ‚kantianisch' um die Bewahrung der Differenz von Individuen und Gemeinwesen. Eine dritte Ebene stellt das inhaltliche bestimmte Selbstverständnis einer Gemeinschaft dar, das verschiedene Geltungsansprüche von Werthaftigkeit umfaßt, zu denen auch Tugenden und Perfektionsgüter gehören. Viertens sind
demokratische Verfahren der Willensbildung zu nennen, in denen ein Demos sich kognitiv und volitiv zu sich selbst verhält und dabei weit mehr als eine bloße Aggregation
gegebener Präferenzen betreiben kann, nämlich die gemeinschaftliche Bestimmung und
Sicherung kollektiver Güter.

In seinem Aufsatz über die Grenzen des Wir zeigt *Udo Tietz* zunächst, daß für die
verwandten Termini Gemeinwohl und Gemeinsinn der Bezug auf den Begriff der Gemeinschaft konstitutiv ist. Innerhalb einer intensiven Diskussion der Frage, wie Gemeinschaften möglich und denkbar sind, werden diese auf sprachlich geteilten Sinn
gegründet. Nur unter dieser Voraussetzung können Individuen „wir" sagen, also sich als
Teil einer Gemeinschaft verhalten und verstehen, und nur unter dieser Voraussetzung
können sie Werte und Überzeugungen teilen. Tietz unterscheidet daher ein „Wir$_1$", d. h.
eine (offene) Wir-Gemeinschaft, die auf universalistischer Rationalitätsunterstellung
beruht und in der sich Sprecher von Nicht-Sprechern abgrenzen, und ein „Wir$_2$", d. h.
eine bestimmte Gruppe, eine partikulare Wir-Gemeinschaft, die sich von anderen partikularen Wir-Gemeinschaften durch Wertungen abgrenzt. Man muß Teil von „Wir$_1$"
sein, um Teil von einem „Wir$_2$" werden zu können. Von diesen Prämissen aus kritisiert

Tietz kommunitaristische Vorstellungen von Gemeinschaften als Subjekten größeren Formats. Sowohl die Zugehörigkeit zu einer Sprachgemeinschaft als auch die zu einer partikularen Wir-Gruppe mit dem für sie konstitutiven praktischen Selbstbezug könnten von Prämissen des methodologischen Individualismus geklärt werden, wozu freilich eine Werttheorie nötig sei. Insgesamt plädiert Tietz für einen hermeneutischen und zugleich prozeduralistischen Ansatz, einen „prozeduralen Aristotelismus", der eine Vermittlung von kantianisch-habermasianischen und (neo-) aristotelischen Positionen impliziert.

Sozialwissenschaftliche Diagnosen und Einsichten

Gemeinwohl und Gemeinsinn lassen sich sozialwissenschaftlich entlang verschiedener Fragestellungen problematisieren. Dabei ist charakteristisch, daß im Unterschied zu philosophischen Konzepten die faktischen Voraussetzungen, Realisierungsbedingungen und deren Verknüpfung mit normativen Orientierungen reflektiert werden. Gerade deshalb sind in diesem Rahmen oft analytische Differenzierungen und zeitdiagnostische Überlegungen miteinander verwoben.[7] Die Klage über einen Verfall des Gemeinsinnes bzw. des Sozialkapitals ist das beste Beispiel für die zeitdiagnostische Relevanz von Gemeinwohlvorstellungen. Gegen diese Klage ist zurecht Einspruch erhoben worden, da diese Diagnosen in der Regel dramatisiert und empirisch wenig zutreffend sind.[8] *Hans Joas* und *Frank Adloff* untermauern diesen Einspruch durch eine umfangreiche Analyse, die von dem Phänomen ausgeht, daß es im Rahmen der Individualisierung und Pluralisierung von Lebensstilen einen dramatischen Wandel der einst entscheidenden Milieus in Deutschland gibt, dem aber kein ebenso dramatischer Wandel beim bürgerschaftlichen Engagement, vor allem kein großer Verfall entspricht. Ausführlich werden dazu die relevanten Milieus in Ost- und Westdeutschland gemustert. Das Ergebnis lautet: Die Auflösung wertstiftender Milieus ist beträchtlich, aber nicht umfassend, und einige Milieus, wie das der Arbeiterschaft, wurden modernisiert statt sich in Auflösung zu befinden.

Wenn dem Milieuwandel nicht der oft behauptete oder doch vermutete Verfall des Sozialkapitals, hier des bürgerschaftlichen Engagements, entspricht, was heißt dies für die prägende, stabilisierende und tradierende Funktion von sozialmoralischen Milieus? Nach Joas und Adloff muß die Frage dann nicht lauten, wie bestimmte Milieus bewahrt werden können, sondern wie Werte generiert und weitergegeben werden. Offensichtlich haben sich nicht nur die Milieus verändert, sondern auch die Art der Wertbindungen ist, so die Vermutung, reflexiver und bescheidener geworden, was aber nicht zwangsläufig

---

[7]   Vgl. dazu Münkler/Fischer 2002a und 2002b und auch Jane Mansbridge 1998, S. 17, die über den Begriff des Gemeinwohls resümiert: „The phrase can also have severeal different meanings – aggregative, procedural, and functional. Common to all these relations and meanings, however, we find at least two meanings in use. First, the phrase serves as a site for contest over what is public and good. Second, it serves to direct approbation to those who act in the public good, especially in contrast to promoting their private interests."

[8]   Vgl. Offe/Fuchs 2001.

einen Intensitätsverlust bedeutet. Für Joas und Adloff ist der Milieubegriff dabei ein Mittel, um den Fallen von Kollektivakteursansätzen zu entgehen und Handlungsdispositionen und Werttradierung zu analysieren.[9]

Auf die Abwehr einseitiger Vorstellungen von Gemeinsinn zielt der Beitrag von *Frank Nullmeier* und *Tanja Pritzlaff*. Von der Prämisse ausgehend, daß Handeln immer an anderen Interaktionen orientiert ist und daher immer ein vergleichendes Moment hat, entwickeln sie die These, daß es gerade der Wettbewerb sei, in dessen Rahmen der Gemeinsinn zu begreifen ist. Dabei werden verschiedene Formen von Gemeinsinn unterschieden: zum einen seien in den Wettbewerb Regeln und Voraussetzungen eingelassen, die auf Gemeinsinn abzielen. Die Regeln können dazu führen, daß eine Gemeinschaft der Wettbewerber entsteht, die qua Wettbewerbsteilnahme eine Gruppe bilden. Die Wettbewerbsteilnehmer können sich darüber hinaus gegenüber den Nichtteilnehmern und anderen Gruppen abgrenzen. In jedem Fall formen sie dabei gemeinsame Interessen und Orientierungen aus, die zu negativem Gemeinsinn bei bloßer Abgrenzung und zu positivem Gemeinsinn bei eigener Zielsetzung führen. In beiden Fällen ist der Gemeinsinn weniger eine vorausgesetzte Ressource, sondern primär ein Resultat des Handelns innerhalb bestimmter Regeln. Die Konsequenz lautet, gerade der oft gescholtene politische Wettbewerb, insbesondere jener der Parteien, ist ein Medium, in dem Gemeinsinn entwickelt wird. Wie schwierig diese Einsicht sich historisch seit dem 18. Jahrhundert durchsetzte, wird in einem ideengeschichtlichen Exkurs zur Akzeptanz politischer Parteien und ihres Kampfes demonstriert.[10]

Auch für den St. Gallener Wirtschaftsethiker *Peter Ulrich* ist der Wettbewerb eine zentrale Bezugsgröße für das Verständnis von Gemeinwohl und Gemeinsinn; ihn interessieren dabei die ethischen Voraussetzungen und ethischen Qualitäten wirtschaftlichen Handelns gleichermaßen. Er fordert eine Verbindung von ökonomischer und ethisch-politischer Vernunft und greift dabei auf Klassiker der politischen Ökonomie wie Adam Smith zurück, der gerade kein Marktradikaler war. Ulrichs Plädoyer für einen „republikanischen Liberalismus" akzentuiert, daß das wirtschaftliche Erfolgsstreben in ethische Vorstellungen eingebettet ist und daß dessen Ziele in diesem Rahmen zu legitimieren sind. Unter dieser Prämisse gilt: die Berücksichtigung von ethischen Prinzipien innerhalb dieses Handelns ist nicht nur eine moralische Forderung, sondern auch gesellschaftlich erwartbar. Für die erforderliche Bewertung und Einbet-

---

[9] In diesem Sinne ist er übrigens schon 1966 von M. Rainer Lepsius mit folgender Definition vorgeschlagen worden. „Ich verwende den Begriff des ‚sozialmoralischen Milieus' als Bezeichnung für soziale Einheiten, die durch eine Koinzidenz mehrerer Strukturdimensionen wie Religion, regionale Tradition, wirtschaftliche Lage, kulturelle Orientierung, schichtspezifische Zusammensetzung der intermediären Gruppen gebildet werden. Das Milieu ist ein soziokulturelles Gebilde, das durch eine spezifische Zuordnung solcher Dimensionen auf einen bestimmten Bevölkerungsteil bestimmt wird" (Lepsius 1966, S. 383).

[10] Es gibt freilich einen in Deutschland in dieser Form nur selten rezipierten Strang republikanischer politischer Theorie, in welchem der institutionalisierte Konflikt, die Zähmung des drohenden Bürgerkriegs nicht durch einen überlegenen Gewalthaber, sondern durch politische Institutionen und die Selbstbindung der Bürger schon immer als Revitalisierungsquelle freiheitlich verfaßter Gemeinwesen gedacht worden ist; Münkler 1999a, S. 58 ff.; Münkler 1999b, S. 14 f.

tung des wirtschaftlichen Handelns rekurriert Ulrich auf Maßstäbe, die er im Gerechtigkeitskonzept von Rawls angelegt sieht. In diesem Rahmen wird das Konzept von Corporate Citizenship, das auf das Selbstverständnis und Agieren von Unternehmen als Bürgern zielt, als ein Muster des „republikanischen Liberalismus" diskutiert.

Mathias Eichhorn erörtert, inwieweit der Begriff des Gemeinwohls für eine theologische Sozialethik relevant ist. Gemeinwohl sei ein genuin politischer Begriff, dessen Interpretation von Eliten umkämpft werde. Gerade im calvinistischen Verständnis der Prädestinationslehre, vor allem in deren Wirkungsgeschichte, werde diese Seite sichtbar. Im Kern bedeute Gemeinwohl in der reformierten Tradition Bildung, und zwar im Sinne von Wissen und praktischem Wissen. Dieses Wissen, seine Ausprägungen und deren Tradierung sind, Eichhorn zufolge, im Calvinismus besonders an die Gemeinde gebunden. Da der Gemeinwohlbegriff zugleich offen gehalten werden müsse, impliziere er trotz des elitetheoretischen Ausgangspunktes demokratische Züge und erlaube die Möglichkeit von Sozialkritik. Mehr noch: Durch diese divergierenden Momente könne Gemeinwohl im Sinne einer regulativen Idee operativ für sozialethische Zwecke genutzt werden.

Modelle des Gemeinwohls

Hubertus Buchstein analysiert in seinem ideengeschichtlichen Aufsatz über den Politologen Ernst Fraenkel nicht nur dessen Gemeinwohlkonzeption in ihrer Entwicklung und Widersprüchlichkeit, sondern unterscheidet drei Modelle des Gemeinwohls:

1. ein objektivistisches, substantialistisches Modell, für das Rousseau und alteuropäische Konzepte stehen;
2. ein Schnittmengenmodell, wie es Fraenkel vertrat, in dem das Gemeinwohl als gemeinsamer Nenner gefaßt wird und in pluralistisch durchgebildeten Ordnungen mit vielen Vetopositionen eingebettet sein kann.
3. Schließlich ein deliberatives Modell, das an die deliberative Demokratieauffassung von Habermas anschließt und darauf abzielt, das Gemeinwohl innerhalb des öffentlichen Diskurses zu ermitteln. In diesem Konzept werde das Gemeinwohl nicht nur proeduralisiert, sondern auch prinzipiell entsubstantialisiert.

Auch *Rainer Schmalz-Bruns* präferiert das deliberative Demokratiemodell. Er untersucht, ob und inwieweit Gemeinwohl und Gemeinsinn jenseits des Nationalstaates in transnationalen Kontexten gedacht werden können. Dabei stellt er die kognitive Problematik heraus und schlägt mit dem konsequentialistischen Öffentlichkeitsmodell des Pragmatisten John Dewey und dessen Idee reflexiver Kooperation einen neuen Rahmen für die Auffassung des Gemeinwohls vor. Mit Blick auf transnationale Entwicklungen forciert Schmalz-Bruns das Problem der politischen Bezugsgemeinschaft und benennt als Kriterien einer gemeinwohlverträglichen Denationalisierung neben erweiterter Staatsbürgerschaft die Entwicklung von Verfahren, die weniger von traditionellen Gemeinschaftspotentialen zehren, und für das Komplexitätsmanagement transnationaler politischer Prozesse zu entwickelnde subsidiäre Politikformen, die zwischen direkt deliberativen und rein majoritären Formen der Demokratie liegen.

Nationalstaatliche Voraussetzungen und Realisierungsformen des Gemeinwohls hingegen diskutiert *Hermann Lübbe*. Er unterscheidet drei ordnungspolitische Postulate, auf denen das Gemeinwohl in den verschiedenen gesellschaftlichen Teilbereichen beruht. Zuerst und insbesondere stellt er auf die Freisetzung moralischer Potentiale für ökonomische Lebensorientierung in komplexen Gesellschaften ab. Auf ihnen basiere ein Großteil der Dynamik moderner Gesellschaften. Zweitens sei im Sinne des Subsidiaritätsprinzips die Sicherung und Stärkung kleiner gebietskörperschaftlicher Einheiten unabdingbar. Drittens seien die konventionellen Pflichten der Individuen gegen sich und andere essentiell. Alle drei ordnungspolitischen Dimensionen verdeutlichen, daß Märkte immer in rechtliche und soziokulturelle Kontexte eingebettet sind, und gerade ihre Einbettung ist für die Genese und Realisierung von Gemeinwohl und Gemeinsinn wesentlich.

Gemeinwohl-Semantik – Mode oder anhaltende Aktualität

Die Rehabilitierung des Gemeinwohlbegriffes und der Rekurs auf den Gemeinsinn, wie sie in den Sozialwissenschaften seit den 1980er Jahren zu beobachten sind und im Zusammenhang mit dem Kommunitarismus prominent wurden, hat manche Beobachter überrascht. Für *Pier Paolo Portinaro* hat diese Renaissance modische Züge und stellt ein Komplement zum Rekurs auf nationale Interessen dar. Zugleich handle es sich aber auch um mehr als eine Mode, weil der polysemische Begriff eine hohe operationale Flexibilität aufweise. Zu ihrer Kennzeichnung unterscheidet Portinaro typologisch drei Strategien des Umgangs mit diesem Begriff: Patrimonialisierung, Ideologisierung und Neutralisierung. Diese generell anwendbare Unterscheidung zeigt aus der Sicht des Turiner Philosophen die Problematik des Begriffes an, dem wissenschaftlich mit Skepsis zu begegnen sei.

Die Semantik von Gemeinwohl und Gemeinsinn kann länger aktuell bleiben, da sie mit einigen Kernproblemen des Wandels westlicher Regime verbunden ist. Von ihnen ist die Selbstverständigung der liberalen Demokratie über ihrer Ziele an erster Stelle zu nennen; sie hat in Zeiten eines Gestaltwandels zur Mediendemokratie und eines Wandels der Bezugsgrößen des Gemeinwohls, wie Kommune, Land, Nationalstaat, die in Europa nur noch innerhalb des supranationalen Gebildes der EU begriffen werden können, eine zentrale Bedeutung als Gegengewicht zu Prozessen fortschreitender Individualisierung und Segmentierung, in deren Gefolge zentrale Voraussetzungen soziopolitischer Handlungsfähigkeit verloren zu gehen drohen. Es ist insbesondere die Verklammerung von politischen, rechtlichen und moralisch-ethischen Problemen vermittels der Gemeinwohlsemantik, die ihre Attraktivität ausmacht. Damit liegt sie prinzipiell im Spannungsverhältnis von Normativität und Faktizität. Wenn man die theoretischen Ebenen dieser Semantik analytisch differenziert, handelt es sich gleichermaßen um eine normative Idee, eine politische Rhetorik zur Mobilisierung (oder Passivierung) von Bürgern bzw. zum Reklamieren oder Abwehren von Ansprüchen, wie auch eine Begrifflichkeit, die mit institutionellen Dimensionen, wie etwa der steuerrechtlich relevanten Gemeinnützigkeit und dem Stiftungsrecht, dem Vereinsrecht verbunden ist.

Literaturverzeichnis:

Allmendinger, J. (Hg., 2001), Gute Gesellschaft? Verhandlungen des 30. Kongresses der Deutschen Gesellschaft für Soziologie in Köln 2000, Teil A, Opladen.

Habermas, J. (2001), Die Zukunft der menschlichen Natur. Auf dem Weg zu einer liberalen Eugenik?, Frankfurt/M.

Joas, H. (Hg., 2000), Philosophie der Demokratie: Beiträge zum Werk von John Dewey, Frankfurt/M.

Lepsius, M. R. (1966), Parteiensystem und Sozialstruktur: zum Problem der Demokratisierung der deutschen Gesellschaft, in: Wirtschaft, Geschichte und Wirtschaftsgeschichte, hg. v. W. Abel u. K. Borchardt, Stuttgart, S. 371–393.

Mansbridge, J. (1998), On the Contested Nature of Public Good, in: Private Action and the Public Good, hg. v. W. W. Powell u. E. S. Clemens, New Haven/London, S. 3–19.

Münkler, H. (1996), Gute Politik in der modernen Gesellschaft, in: 4. Alternativer Juristinnen und Juristentag. Dokumentation, hg. v. M. Fabricius-Brand u. B. Börner, Baden-Baden, S. 15–30.

Münkler, H. (1999a), Republikanismus in der italienischen Renaissance, in: Traditionen der Republik – Wege zur Demokratie, hg. von P. Blickle u. R. Moser, Bern u. a., S. 41–71.

Münkler, H. (1999b), Republikanische Ethik – bürgerliche Selbstbindung und politische Mitverantwortung, in: Unternehmerische Freiheit, Selbstbindung und politische Mitverantwortung, hg. v. P. Ulrich, A. Löhr u. J. Wieland, München u. Mering, S. 9–25.

Münkler, H./Fischer, K. (Hg., 2002a), Gemeinwohl und Gemeinsinn. Rhetoriken und sozial-moralische Orientierungen, Berlin.

Münkler, H./Fischer, K. (Hg., 2002b), Gemeinwohl und Gemeinsinn im Recht. Konkretisierung und Realisierung öffentlicher Interessen, Berlin.

Nussbaum, M. C. (1999), Gerechtigkeit oder Das gute Leben, Frankfurt/M.

Offe, C./Fuchs, S. (2001), Schwund des Sozialkapitals? Der Fall Deutschland, in: Gesellschaft und Gemeinsinn, hg. v. R. D. Putnam, Gütersloh, S. 417–514.

Rosa, H. (1998), Identität und kulturelle Praxis. Politische Philosophie nach Charles Taylor, Frankfurt/M.

Shklar, J. (1992), Über Ungerechtigkeit. Erkundungen zu einem moralischen Gefühl, Berlin.

Sternberger, D. (1967), Das allgemeine Beste, in: Ders., ‚Ich wünschte ein Bürger zu sein‘, Frankfurt/M., S. 170–190.

Taylor, Ch. (1996), Quellen des Selbst. Die Entstehung der neuzeitlichen Identität, Frankfurt/M.

Williams, B. (1999), Ethik und die Grenzen der Philosophie, Hamburg.

ALFRED GIERER

Biologie, Menschenbild
und die knappe Ressource „Gemeinsinn"[*]

1. Biologisch angelegte Motive und menschliches Sozialverhalten – ein altes Thema: Zum Beispiel Ibn Khaldun

Was kann man bei Überlegungen zu Gemeinsinn und Gemeinwohl von biologischen Gesichtspunkten erhoffen, und was sollte man lieber nicht erwarten? Dies war – und ist zum Teil noch – Gegenstand von bisweilen ziemlich standardisierten und auch ideologiebefrachteten Kontroversen zwischen Geisteswissenschaftlern und Soziobiologen. In Wirklichkeit berühren wir mit dieser Frage ein sehr altes Thema. Aristoteles lehrte, der Staat sei um des Lebens willen entstanden, aber um des guten Lebens willen da – wobei Leben die Erfüllung biologischer Grundbedürfnisse voraussetzt, gutes Leben aber Werten des Einzel- und Zusammenlebens entspricht, welche mit elementaren Überlebensbedürfnissen nicht – jedenfalls nicht direkt – zusammenhängen müssen. Geht es um die Begründung menschlicher Werte, so stand schon in der antiken Philosophie im Hintergrund oft eine Frage, die in moderner Formulierung lauten würde: „Wie hast Du es mit der Biologie?" Ist gutes Handeln eine Kulturleistung, die man den biologisch angelegten menschlichen Begierden abringen muß, wie es die stoische Philosophie lehrte? Oder soll man vielmehr – mit den Epikuräern – positiv auf dem Streben nach Lust und Freude samt ihren biologischen Antrieben aufbauen und dieses Streben als Kulturleistung so generalisieren, daß es weite Zeitdimensionen und weitreichende zwischenmenschliche Beziehungen erfaßt? Im europäischen Mittelalter war es besonders Marsilius von Padua, der, indem er weltliche Machtansprüche und Machtbegründungen der Kirche zurückwies, das Leben und Gutleben der Bürger als primäre Staatsaufgabe definierte. Er forderte eine Gesellschaftsordnung, die in einer arbeitsteiligen Wirtschaft im Prinzip allen die Erfüllung elementarer Lebensbedürfnisse ermöglicht und alle Teile der Gesell-

---

[*] Eine systematische Angabe von Literaturzitaten zu dem vielfältigen Themenkreis würde den Rahmen dieses Beitrages überschreiten. Statt dessen möchte ich auf zwei Bücher verweisen, die die Themen eingehender behandeln und dabei auf entsprechende Literatur verweisen: Sober/Wilson 1999 und Gierer 1998. Darüber hinaus sind im Folgenden nur wenige, sehr ausgewählte Zitate angegeben.

schaft an gesamtgesellschaftlichen Entscheidungen beteiligt. „Die Ruhe (der Friede, das Gleichgewicht)", so Marsilius, „ist ein guter Zustand der Stadt und des Staates, bei dem jeder Bestandteil die ihm nach der Vernunft und seiner Bestimmung (instituitiv) zukommenden Aufgaben erfüllen kann. Die notwendigen Folgen [...] sind [...] wechselseitiger Verkehr der Bürger, Austausch ihrer Erzeugnisse, gegenseitige Hilfe und Unterstützung [...], die Beteiligung an den gemeinsamen Vorteilen und Lasten [...] und damit die angenehmen und wünschenswerten Dinge".[1]

Die Gedanken des großen islamischen Historikers und Soziologen Ibn Khaldun im 14. Jahrhundert führen noch näher an die biologische Basis menschlichen Verhaltens im Sinne moderner Soziobiologie; sie thematisierten die Rolle biologischer Verwandtschaft, Erwartung von Reziprozität sowie von Einfühlungsvermögen in Andere für soziale Kohärenz und Gemeinsinn. Der in Tunis geborene und aufgewachsene Gelehrte wurde Regierungsbeamter in verschiedenen Dynastien mit wechselndem Geschick. Im Alter von 45 Jahren konnte er sich drei Jahre lang an einen kleinen Ort in der Nähe des heutigen Oran zurückziehen und verfaßte dort sein Lebenswerk, eine Weltgeschichte mit einer Einleitung über die Methode der Geschichtswissenschaft und über soziologische Gesetze historischer Veränderungen, die „Muqaddimah".[2]

So sehr seine Ideen in der Gesellschaft seiner Zeit verwurzelt sind, so enthalten sie doch auch bemerkenswerte allgemeine Einsichten in die menschliche Natur. Ibn Khaldun hat eine Soziologie des Gemeinsinns, „Asabiyah", entworfen. Ihr Ursprung ist die natürliche Solidarität unter Stammesverwandten. „Asabiyah" kann aber auch auf größere Gesellschaften ausgedehnt werden, insbesondere durch gemeinsame Sozialisation. Damit wird sie jedoch relativ anfällig und kann aus verschiedenen Gründen zu Zyklen aufsteigender und absteigender politischer Systeme führen. Ibn Khaldun verlangt, die natürlichen Anlagen des Menschen zu respektieren und ihn deswegen nicht zu überfordern. Dies zeigt sich besonders in seinem Plädoyer für niedrige Steuersätze als Voraussetzung einer florierenden Wirtschaft. Die Bedeutung der Empathie kommt sehr eindrucksvoll in seinem bemerkenswerten Postulat zur Geltung, daß gute Herrscher nicht nur nicht zu dumm, sondern auch nicht zu klug sein sollten; zu kluge politische Führer nämlich „belasten Leute mit Aufgaben, die jenseits ihrer Fähigkeiten sind. Denn die schlaue Person erkennt Dinge, die andere nicht begreifen [...]. Zu große Klugheit ist mit tyrannischen und schlechten Regimen verbunden und mit einer Tendenz, die Leute Dinge machen zu lassen, die sie ihrer Natur nach nicht machen würden". – ein erhellender Gesichtspunkt auch in der Gegenwart zu den ständigen Querelen zwischen Intellektuellen und Politikern. Gemeinsinn erwächst aus Solidarität unter Verwandten und Vertrauten, aus Reziprozität und Empathie – so bereits Ibn Khaldun im 14. Jahrhundert.

Daß nun diese frühen Thesen des Ibn Khaldun in die Nähe moderner Vorstellungen zu biologischen Grundlagen sozialen Verhaltens führen, liegt natürlich nicht in einer besonderen visionären Gabe des Autors, aber Zufall ist es auch nicht. Es zeigt vielmehr, daß man in Fragen nach der menschlichen Natur mit Intelligenz, Lebenserfahrung und

---

[1] Marsilius von Padua 1958, S. 229.

[2] Ibn Khaldun 1989. Zur Bedeutung der Gedanken Ibn Khalduns für die Gegenwart siehe zum Beispiel Tibi 1996 und speziell zu den Beziehungen von Ibn Khalduns Thesen zur modernen Biologie Gierer 2001.

common sense ziemlich weit kommt, auch wenn man von Evolutionsbiologie nichts weiß. Dennoch – die moderne Biologie trägt zu einem besseren Verständnis und zu tieferen Einsichten bei, und dann sind es gerade moderne erkenntniskritische Überlegungen, angewendet auf das Verständnis der Spezies Mensch und seines Gehirns, die uns auf *Grenzen* biologischer Betrachtungen in sozialen Zusammenhängen verweisen.

2. Evolutionsbiologie, Kooperativität und Empathie

Zunächst sollen die evolutionsbiologischen Argumente zu sozialem Verhalten, insbesondere von Menschen und zum Teil von nichtmenschlichen Primaten, vorgestellt werden. Ganz allgemein beruhen genetisch verankerte Eigenschaften von Organismen auf der Erbsubstanz DNS, die reproduziert und von Generation zu Generation weitergegeben wird. Dabei handelt es sich um Fadenmoleküle mit Folgen von vier Typen von Bausteinen – beim Menschen mit Folgen von etwa drei Milliarden solcher Bausteine. Diese Kettenmoleküle mit der spezifischen Reihenfolge ihrer Glieder werden durch eine Art molekularen Abdruckprozeß kopiert, um das Erbmaterial auf die Nachkommen zu übertragen. In diesen Folgen der Bausteine der DNS ist der Konstruktionsplan der Organismen einschließlich ihrer Gehirne kodiert, wie indirekt auch immer – DNS ist somit Träger „genetischer Information", analog zu der Information, die eine Schrift in der Reihenfolge ihrer Buchstaben enthält. Zufällige Änderungen, Mutationen, vom Ersatz einzelner Bausteine in den Kettenmolekülen durch andere bis hin zu großen Umordnungen und Rekombinationen, führen zu Varianten der Bausteinfolgen in der Population, zumal im Zusammenhang mit der geschlechtlichen Vermehrung. Von solchen Zufallsvarianten setzen sich dann im Laufe der Evolution in der Population diejenigen durch, die die Reproduktionschancen ihrer Träger erhöhen – das nennt man Selektion nach Fitneß. Ausgewählt werden DNS-Sequenzen; das Auswahlkriterium aber liegt in Auswirkungen der durch die DNS-Sequenzen indirekt kodierten Merkmale auf die Reproduktionschancen des Organismus; dies gilt nicht zuletzt für Verhaltensdispositionen, soweit sie ihrerseits auf genetisch kodierten Eigenschaften des neuralen Netzwerkes im Gehirn beruhen.

Solche Verhaltensdispositionen sind also abhängig von Genen; sie sind es aber nur partiell und vor allem sehr indirekt: Gene bestimmen primär die Struktur von Proteinen; welche davon jeweils im Organismus gebildet werden, wann und wo, hängt unter anderem von Regelgenen im Umfeld derjenigen Genbereiche ab, die die Proteine selbst kodieren. Die Regelgenbereiche lassen sich als eine Art von Mikroprozessoren ansehen, die die biochemischen Informationen über den Ort der Zellen und die Stadien der Entwicklung des Organismus umsetzen in die Aktivierung der Bildung bestimmter Proteine. Bei Nervenzellen hängt es von den Kombinationen der jeweils in der Zelle aktiven Proteine ab, ob und wann Fasern wachsen, wie sie im biochemischen Umfeld navigieren und wo und wie sie sich verschalten. So kontrollieren Gene in komplexer Weise die Entwicklung des neuralen Netzwerkes im Gehirn; aber dieser Vorgang wird gefolgt und ergänzt von aktivitätsabhängigen Prozessen der inneren Selbstorganisation und schließlich des Lernens aus äußeren Eindrücken und Erfahrungen. Was das Gehirn schließlich kann und bewirkt, ganz besonders im Hinblick auf Verhaltensleistungen, ist ein Produkt von Genetik *und* Umwelt – Beispiel Sprache: Es gibt kaum eine höhere Gehirnfähigkeit ohne aktivitäts- und umweltabhängige Entwicklung, aber auch keine Fähigkeiten, die nicht wesentlich von genetischen Anlagen mitbestimmt werden.

Wie auch immer Genetik und Umwelt zusammenwirken, ein Postulat der Evolutionstheorie beansprucht allgemeine Gültigkeit: In der biologischen Evolution sind nur solche genetische Anlagen beständig, die die Reproduktionschancen der Träger begünstigen, jedenfalls nicht vermindern. Das fördert in der Regel egoistische Verhaltensanlagen. Wie erklärt sich dann altruistisches Verhalten? Und was wollen wir überhaupt unter „Altruismus" verstehen? Ist jemand, der anderen hilft, sich selbst dabei aber besonders gut fühlt, in Wirklichkeit Egoist? Solche rigorosen Definitionen sind ziemlich steril, laufen sie doch darauf hinaus, daß es echten Altruismus eigentlich gar nicht geben kann. Mehr Sinn macht die Auffassung, Altruismus sei Handeln, das primär auf das Wohl anderer gerichtet ist und dabei nicht unmittelbar und primär auf die Verfolgung eigener Interessen abzielt. Altruismus im Sinne dieser liberaleren Definition gibt es ohne Zweifel, und er ist durchaus mit Prinzipien der Evolutionsbiologie zu vereinbaren; dafür aber bedarf es besonderer Erklärungen. Zwei davon sind im Rahmen der Soziobiologie Standard: zum einen gibt es altruistisches Verhalten zugunsten von Verwandten, weil dies indirekt auch die Verbreitung der jeweils eigenen Gene fördert; es erhöht, so der Fachausdruck, die ‚inclusive fitness'. Wenn ich, zum Beispiel, auf meine Kosten meinem Bruder helfe, der die Hälfte meiner Gene mit mir gemeinsam hat, so trage ich indirekt und statistisch zu deren Verbreitung bei, und dies gilt auch für entferntere Verwandte, wenngleich in schwächerem Ausmaß. Darüber hinaus können Leistungen für andere sich immer dann lohnen, wenn einige Aussicht besteht, daß sie später durch Gegenleistungen kompensiert werden. Man nennt dieses Kooperationsmotiv „reziproken Altruismus" – wobei allerdings in diesem Zusammenhang der Begriff Altruismus ausgesprochen stark gedehnt wird.

Besonders groß ist die Kooperationsfähigkeit der Spezies ‚homo sapiens'. Evolutionsbiologisch gesehen ist sie wohl in erheblichem Maße aus der Familien-, Clan- und Stammesverwandtschaft entsprechend den Kriterien ‚inclusive fitness' entstanden. Nun ist biologische Verwandtschaft bei Menschen nicht direkt spürbar; sie ist aber statistisch korreliert mit persönlicher Vertrautheit und gemeinsamer Sozialisation. Deswegen ist es evolutionsbiologisch einsichtig, daß sich Dispositionen zu Altruismus und Kooperation von genetisch Verwandten auf Vertraute und darüber hinaus auf größere Sozialverbände extrapolieren lassen, wenn auch nur in abgeschwächter und fragiler Form. Die zweite evolutionsbiologisch fundierte Basis von Kooperation, auch zwischen Nichtverwandten, nämlich Leistung in Erwartung von Gegenleistung, spielt bei Menschen eine besonders große Rolle, und zwar nicht nur zwischen Individuen, sondern auch in größeren Gruppen; der in menschlichen Gesellschaften so ausgeprägte Stellenwert der Reputation – der Wissenschaftsbetrieb ist hierfür ein Beispiel – hat seinen evolutionsbiologischen Ursprung vermutlich auch in dem Bestreben, sich als kooperationsfähig und -willig darzustellen.

Es gibt aber noch eine weitere Quelle von Hilfs- und Kooperationsbereitschaft, die sich nicht ohne weiteres auf Verwandtenhilfe oder Reziprozität reduzieren läßt: die

Empathie, das Mitgefühl mit anderen, besonders eine auf kognitiven Fähigkeiten des Menschen aufbauende Empathie, welche auch Szenarien und damit Hoffnungen, Erwartungen und Ängste für die Zukunft einschließt. Die Evolution der Empathie konnte auf tierischen Vorformen aufbauen; ihre menschliche, weite Zukunftsperspektiven einschließende Form aber dürfte, so meine Vermutung, als Nebenprodukt der Evolution des strategischen Denkens entstanden sein; denn das Mitempfinden mit anderen erleichtert es, deren Verhalten zu prognostizieren und erhöht damit die eigene ‚Fitness'. Mitempfinden motiviert aber auch dazu, durch helfendes Handeln die Befindlichkeit anderer zu verbessern.

Das strategische Denken des Menschen beruht auf dem Vergleich verschiedener Szenarien in einer offenen Zukunft, in der wir jeweils selbst in veränderter Form vorkommen: Es erfordert multiple Selbstrepräsentationen. Die Evolution der Fähigkeit zur kognitionsgestützten Empathie, die auch die Zukunftsperspektiven von Mitmenschen zu erfassen vermag, könnte man sich vorstellen als Erweiterung der Fähigkeit multipler Selbst- zu entsprechenden Fremdrepräsentationen, die mit den eigenen Gefühlszentren im Gehirn vernetzt bleiben oder werden. Über die Art und Reihenfolge derartiger Erweiterungen von Gehirnfähigkeiten im Laufe der Evolution sind allerdings verschiedene Hypothesen möglich.

3.   Biologie der Spezies „Mensch" und die Eigendynamik der Kulturgeschichte

Ganz allgemein dürfte gelten: da der Mensch ein Produkt der Evolution des Lebens auf der Erde ist, gelten evolutionsbiologische Erkenntnisse auch für ihn. Das heißt jedoch nicht, daß nun alle seine Eigenschaften und Merkmale auf Biologie reduziert werden könnten. Mindestens drei Gründe stehen dem entgegen: Einmal die Eigendynamik der Kulturgeschichte, die auch ohne weitere genetische Veränderung zur Entstehung, Entwicklung und Differenzierung von Kulturen führt; zweitens der innovationstheoretische Sachverhalt, daß allgemeine Fähigkeiten oft einen Überschuß von Möglichkeiten ergeben; sowie drittens entscheidungstheoretische Gründe, die gegen die Möglichkeit einer vollständigen naturwissenschaftlich orientierten Theorie des menschlichen Bewußtseins sprechen. Im folgenden sollen neben der Reichweite auch die Grenzen evolutionsbiologischer und soziobiologischer Betrachtungsweisen verdeutlicht werden.

Die letzte Abzweigung von einer Linie heute lebender Tiere – die zwischen Menschen einerseits und Schimpansen sowie Bonobo andererseits – erfolgte vor etwa sechs Millionen Jahren. Die ganze heutige Menschheit scheint genetisch von einer kleinen Gruppe abzustammen, die vor vielleicht einhundert- bis zweihunderttausend Jahren in Afrika gelebt hat. Was genau damals an biologisch angelegten Eigenschaften entstand und wie sie sich – vermutlich in und nach einer Phase von genetischer und kultureller Ko-Evolution – ausgebildet und ausgebreitet haben könnten, ist ein noch offenes Forschungsfeld. Jedenfalls war es erst der moderne Menschentyp, der dann die Eiszeitkunst schuf, die Landwirtschaft erfand, die Hochkulturen entwickelte, ohne daß dafür noch weitere genetische Änderungen eine große Rolle spielen mußten. In den letzten zwei-

oder dreitausend Generationen war die Entwicklung vermutlich in erster Linie Kultur-
dynamik, Kulturgeschichte.

Zwar finden sich begrenzte Fähigkeiten der Tradierung von Erfahrungen und Verhaltensweisen auch bei Tieren; Vorformen des modernen Menschentyps zeigen bereits
ausgeprägte Traditionen und ihre Fortentwicklung, zum Beispiel des Werkzeugge-
brauchs, aber doch nicht die Eigendynamik, die nach dem biologischen Auftreten des
modernen Menschentyps seit mindestens 40 000 Jahren die Kulturgeschichte auszeichnet und schon von ihrer Geschwindigkeit her alle Möglichkeiten genetischer Veränderungen überrundet. Es sind also gerade die genetisch angelegten Fähigkeiten, die den
modernen Menschentyp charakterisieren und ihm gemeinsam sind, welche in der Folge
die Rolle der Genetik bei der weiteren Entwicklung aufhoben oder mindestens stark
reduzierten.

Die spezifisch menschlichen Fähigkeiten, die die hochdifferenzierte eigendynami-
sche Kulturentwicklung menschlicher Gesellschaften ermöglichten, wie die Sprache,
das strategische Denken, die erkenntnisgestützte Empathie sind in erster Linie Ergebnisse der biologischen Evolution des menschlichen Gehirns. Charakteristisch ist dabei
besonders die Entspezialisierung und Verallgemeinerung von Fähigkeiten: ein Sprach-
vermögen, das nicht zuletzt durch subtile grammatische Strukturierungen eine praktisch
unbegrenzte Vielfalt von Äußerungen erlaubt und dabei höhere Ebenen symbolischer
Repräsentation und Abstraktion einzuführen vermag; und die Fähigkeiten strategischen
Denkens im oben genannten Sinn – mit dem Vergleich verschiedener Szenarien in einer
weiten offenen Zukunft, in der wir in veränderter Form selbst vorkommen. Es handelt
sich um sehr allgemein anwendbare und sehr vielfältig entwickelbare Fähigkeiten, in
mancher Hinsicht vergleichbar mit allgemein anwendbaren Erfindungen der Technik.
Für sie gilt – denken wir an die Erfindung des Rades oder die Entdeckungen der Elek-
trizität –, daß nicht schon im ersten Ansatz alle künftigen Entwicklungsmöglichkeiten
enthalten und aus den Bedingungen des Anfangs erklärt und abgeleitet sein können.
Entsprechendes dürfte für die biologische Evolution zutreffen. Allgemeine Fähigkeiten
und Prinzipien mit unbegrenztem Anwendungsbereich geben oft einen Überschuß von
Eigenschaften; es wird, wie Max Delbrück dies im Zusammenhang mit der Evolution
der menschlichen Fähigkeiten einmal ausgedrückt hat, sozusagen ‚mehr geliefert als
bestellt'.

4. Reichweite und Grenzen einer neurobiologischen Theorie des Bewußtseins

Dies könnte auch für die vielleicht interessanteste, aber naturphilosophisch gesehen
auch am schwersten zu fassende Eigenschaft des Menschen gelten, für das menschliche
Bewußtsein. Uns ist im Bewußtsein der eigene seelische Zustand in Form von Gedanken, Gefühlen, Plänen, Erwartungen und Befürchtungen für die Zukunft jeweils ganz
unmittelbar gegeben. Von Gehirnprozessen merken wir dabei nichts; es ist die Wissenschaft, die uns lehrt, daß Bewußtsein eine Eigenschaft des menschlichen Gehirns ist.
Die bewußtseinsnahe Hirnforschung führte dabei zu außerordentlich interessanten Er-

gebnissen, zum Beispiel über neurobiologische Aspekte der Aufmerksamkeit und der Kognition und über die Simulierbarkeit höherer Hirnfunktionen durch Computer. So interessant und für das menschliche Selbstverständnis wichtig all diese Ergebnisse sind – sie bedeuten nicht, daß nun eine allgemeine, in wesentlichen Aspekten vollständige Erklärung der Gehirn-Geist-Beziehung ins Haus stünde.

Bewußtseinstheorie setzt immer schon Bewußtsein voraus. Sobald man objektive Definitionen für menschliches Bewußtsein sucht, stößt man auf Schwierigkeiten: Notwendige Bedingungen für Bewußtsein zu finden, ist ziemlich leicht, hinreichende aufzustellen aber ist schwer. Für die wohldefinierten Aspekte wird man schließlich auch naturwissenschaftliche Erklärungen finden; für die nichtformalisierbaren aber kann das nicht gelten. Aus der Gültigkeit der Physik im Gehirn und der Korrelation von Bewußtseins- mit Gehirnzuständen folgt keineswegs, daß es ein allgemeines Verfahren geben muß, um mit endlichen Mitteln in endlicher Zeit eine vollständige Entschlüsselung, eine Dekodierung der Gehirn-Geist-Beziehung zu erreichen, zumal im Hinblick auf selbstbezogene Prozesse im Gehirn. Wenn wir den Blick nach innen richten und über unsere eigenen psychischen Zustände etwas mitteilen, könnte dies dann aber im Prinzip mehr als das ergeben, was durch eine noch so umfangreiche Außenanalyse des Nervensystems zugänglich wäre.

All diese vorsichtigen Einschränkungen sind nun nicht so zu verstehen, daß biologische Erkenntnisse über Evolution, Entwicklung und Funktion des menschlichen Gehirns keine Folgen für unser Selbstverständnis hätten; aber die biologisch angelegten allgemeinen Fähigkeiten des modernen Menschentyps können durchaus über den evolutionsbiologischen Anlaß ihrer Entstehung zu Jäger- und Sammlerzeiten hinausgehen, und es ist erst das ganze System biologisch angelegter Fähigkeiten, das die Eigendynamik der Kulturgeschichte begründet. Da die biologischen Anlagen zur Kulturfähigkeit so verborgen und indirekt wirken, können wir im allgemeinen nicht bestimmte Merkmale von Individuen und Gesellschaften als genetisch festgelegt, andere als nur durch Lernen erworben ansehen. Das Verhältnis von „nature" und „nurture" ist eher eines zwischen vorgegebenen Grund- und Randbedingungen einerseits, Ausprägungen in variablen Umfeldern andererseits, analog zu dem Verhältnis von physikalischen Gesetzen und ihren materiellen Anwendungen, zum Beispiel in der Technik: Die physikalischen Gesetze lassen eine Vielfalt von technischen Künsten zu, und doch geht eben auch vieles, was wir uns ausdenken oder wünschen würden, aus physikalischen Gründen nicht. Entsprechendes gilt für Sprachen: Die biologischen Anlagen menschlicher Sprachfähigkeit ermöglichen jedem Menschen, jede der vielen Sprachen zu lernen, aber künstlich an Schreibtischen erdachte Ersatzsprachen können in der Regel nicht so erlernt werden wie die natürlichen; der Gestaltungsspielraum, den die biologischen Anlagen begründen, ist eben weit, aber nicht unbegrenzt weit.

5. Soziobiologische Randbedingungen kultureller Gestaltungsspielräume

Kulturfähigkeit ist also biologisch angelegt, die einzelne Kultur ist es nicht: Dies gilt nicht zuletzt für gesellschaftliche Ordnungen und ihre Werte; die biologischen Grundbedingungen eröffnen, aber sie begrenzen auch die Möglichkeiten kultureller Gestaltung. Dabei hängt die Lebensqualität, die eine Gesellschaft zu bieten hat, in hohem Maße von Kooperations- und Vertrauensbereitschaft, von Empathie und Gemeinsinn ab.

Der Sinn eines Beitrags biologischer Aspekte unseres ‚Bildes vom Menschen' zum Thema Gemeinsinn und Gemeinwohl kann in erster Linie darin bestehen, zu helfen, die politischen, kulturellen und juristischen Gestaltungsspielräume auszuloten, sie also richtig – nicht zu groß, nicht zu klein – einzuschätzen. Eine Basis hierfür ist die biologische Einsicht, daß kognitive Fähigkeiten und emotionale Dispositionen der Spezies „Mensch" in wesentlichen Zügen gemeinsam sind. Unter dieser Voraussetzung kommt uns zunächst die Empirie zu Hilfe, wenn wir kulturelle Gestaltungsspielräume der heutigen Spezies „Mensch" erkunden möchten. Vorstellungen über Gesellschaftsordnungen und ihre Werte, die trotz verschiedener Anläufe nirgends realisiert werden konnten – wie die einer absoluten ökonomischen Gleichheit in größeren, arbeitsteiligen Gesellschaften – dürften wohl biologischen Grundbedingungen widersprechen: Bedingungen etwa einer bevorzugten Solidarität mit Verwandten und Vertrauten, wie sie schon lange vor der modernen Gesellschaft in Jäger- und Sammlerhorden biologisch angelegt waren. Vorstellungen, die teilrealisiert wurden – zum Beispiel Frieden in weiten Regionen auch unter schwierigen Anfangsdingungen[3] – liegen hingegen definitiv innerhalb und nicht außerhalb der Möglichkeiten der biologischen Spezies ‚Mensch', auch wenn es noch so viele kriegerische Konflikte in anderen Phasen und Regionen gegeben hat und gibt.

Erstrebenswert wäre auf lange Sicht über solche empirischen Einsichten hinaus ein theoretisches Verständnis der biologischen Grund- und Randbedingungen sozialen Verhaltens. Diese bilden wohl eher eine sehr indirekt wirkende, nur bei hohem Abstraktionsgrad wissenschaftlich zugängliche Basis, die sich erst in komplexen Zusammenhängen mit kulturellen und sozialen Faktoren zeigt – ähnlich wie dies die Linguistik für die menschliche Sprache aufzuzeigen versucht.

Näher an den Möglichkeiten gegenwärtiger Wissenschaft liegen Versuche, ganz bestimmte Merkmale des Sozialverhaltens für sich evolutionsbiologisch zu begründen. Solche Begründungen können allerdings nur partiell sein und sind durchaus der Gefahr ausgesetzt, soziokulturelle Effekte zu unterschätzen. Anfangs standen bei soziobiologischen Thesen solche Themen im Vordergrund, die menschliches Verhalten als untergründig egoistisch zu entlarven suchten. Ein Beispiel ist die These, gemäß der weibliche Sexualität evolutionsbiologisch als wohldosiertes Belohnungs- und Strafmittel für größere oder kleinere Fleischportionen angelegt ist, die der vorgeschichtliche Mann von der Jagd in seine heimische Höhle zurückbrachte – Fleisch für Sex; ein anderes die These ‚Täuschung ist ein biologisches Grundphänomen', gemäß der die Lüge sozusa-

---

[3] Vgl. dazu Matthies 1997.

gen normal und die hinterlistige Freundlichkeit eine biologisch besonders plausible menschliche Eigenschaft ist. In letzter Zeit jedoch stehen mehr und mehr positive Eigenschaften wie Vertrauen und Versöhnung zur Diskussion.[4] Hatten also Soziobiologen bis vor kurzem noch am meisten Freude, zu provozieren und an Ränder politischer Korrektness zu führen, so heißt eine neue Tendenz: Die Evolution begünstigt Gen-Egoismus, aber die Soziobiologie ist inzwischen so raffiniert geworden, daß sie auch wirklich freundliche Eigenschaften des Menschen durchaus erklären kann – ein Grund mehr, um von obsolet gewordenen Auseinandersetzungen der Vergangenheit zwischen Soziobiologen und Sozialwissenschaftlern mit ihren oft ideologischen Obertönen Abstand zu gewinnen.

Diese neue Offenheit hat nicht nur wissenschaftspsychologische Implikationen; sie hat durchaus wissenschaftliche Gründe, von denen ich besonders zwei nennen möchte, dabei noch einmal auf das Buch „Unto others" verweisend: Zum einen eine gewisse Rehabilitierung der Gruppenselektion als Mechanismus der Evolution, zumal was menschliches kooperatives Verhalten angeht. Die Kritik an der evolutionsbiologischen Erklärung von Altruismus durch Gruppenselektion in den sechziger Jahren war und bleibt berechtigt – Evolution setzt wirklich an den Genen des Individuums an; aber das bedeutet nicht, daß es eine Konkurrenz von Gruppen untereinander um das ‚survival of the fittest' gar nicht gibt; sie gibt es eben außerdem, zusätzlich zu der Konkurrenz von Individuen innerhalb der Gruppe, und das wiederum begünstigt, zumal in sehr kommunikationsfähigen sozialen Systemen, wie es menschliche Gesellschaften darstellen, dann eben doch kooperatives Verhalten innerhalb der Gruppe. Richerson und Boyd haben dies zum Beispiel in bezug auf die Vorteile konformistischen Verhaltens sehr schön analysiert – hier geht es um Genetik und Kultur, um Soziobiologie und Soziologie in ein und demselben Kontext. Ein weiterer Aspekt dieser neuen Offenheit ist die Betonung biologischer Anlagen zu psychischen Dispositionen und Motivationen. Die aber wirken sehr pauschal, und das wiederum läßt der Interaktion mit soziokulturellen Faktoren und Mechanismen weitere Spielräume.[5]

---

[4] So wurde das schon erwähnte Buch Sober/Wilson 1999 in den New York Times Book Reviews unter dem Titel „Survival of the Nicest?" besprochen.

[5] Eine Schlüsselarbeit zur Interaktion von Kultur und Genetik ist der Artikel von Boyd/Richerson 1990. Das Konzept, das ich zur Erklärung der menschlichen Empathie als Nebenprodukt der Evolution des strategischen Denkens besprochen hatte, könnte auch auf andere, genetisch angelegte psychische Dispositionen anwendbar sein: Ursprünglich müssen sie in der Evolution überwiegend Fitneß-Vorteile für die Individuen eingebracht haben, aber psychische Dispositionen allgemeiner Art haben viele Auswirkungen, und in bestimmten kulturellen Kontexten können dabei auch positive Konsequenzen im Sinne von Altruismus und Kooperation überwiegen; wiederum ein Thema, das überkommenen Abgrenzungen zwischen Natur- und Kulturwissenschaften entgegensteht.
Ein interessantes Beispiel indirekter Wirkungen von genetisch angelegtem Verhalten auf die Fitneß ist das Repertoire differenzierter Mimik des menschlichen Gesichtsausdrucks. Es ist wesentliches Kommunikationsmittel, besonders für emotionale Zustände. Mimik drückt Emotion unmittelbar aus; Täuschung ist dabei besonders schwierig. Warum ist dies biologisch angelegt, obwohl doch Täuschungsfähigkeit die Fitneß erhöhen sollte? Eine Vermutung hierzu ist die folgende: Gerade die Täuschungsresistenz der Mimik schafft Vertrauen in Menschen mit reichem mimischem Reper-

Zudem ist im Auge zu behalten, wie indirekt sich Gene auf die Fitneß auswirken. Ein Beispiel: Bis vor kurzem war im Zusammenhang mit der Evolutionstheorie altruistischen Verhaltens viel von „egoistischen Genen" die Rede – es sei das einzelne Gen, nicht der individuelle Träger, dessen Fitneß-Beitrag über die Verbreitung des entsprechenden Gens in der Population entscheidet. Sofern tatsächlich ein einzelnes Gen eine einzelne Wirkung hat, an der der Evolutionsdruck selektiv ansetzen kann, ist das entsprechende Konzept auch nicht falsch. Aber oft wirkt sich ein Gen auf verschiedene Merkmale aus, und ein Merkmal wiederum wird von verschiedenen Genen beeinflußt. Dann aber gilt die Theorie des egoistischen Gens so einfach nicht mehr; man hat es mit komplexen System-Zusammenhängen zu tun, in denen Kombinatorik und Nichtlinearitäten allzu einfache Betrachtungsweisen obsolet machen.[6]

Sodann dürfen wir aber auch die Fitneß einer bestimmten genetischen Variante beziehungsweise eines genetisch bestimmten Merkmals nicht absolut setzen. Sie kann unter anderem auch von der Verteilung des Merkmals, von seiner Häufigkeit in der Population abhängen: Ähnlich wie in der Ökonomie kann Seltenheit den Wert erhöhen. In einem einfachen spieltheoretischen Modell lohnt es sich in einer Population von Aggressiven, sich selbst eher umsichtig und ängstlich zu verhalten – lassen wir die Aggressiven doch ihren Streit untereinander austragen. In einer Gesellschaft von lauter Ängstlichen hingegen lohnt sich Aggressivität; es kann einem ja wenig dabei passieren, weil die Chance, auf einen zweiten Kämpfertyp zu treffen, eher gering ist. Die Spieltheorie zeigt an solchen, natürlich stark vereinfachten Modellen, daß die Evolution zu einem Gleichgewicht der Häufigkeiten verschiedener Verhaltensdispositionen in ein und derselben Population führen kann – und das Gleichgewicht liegt interessanterweise gerade so, daß es statistisch für die eigene Fitneß ziemlich gleichgültig ist, ob man sich als Falke oder als Taube verhält, ob man zu den Aggressiven oder den Friedfertigen gehört. Eine Abhängigkeit der Fitneß von der Häufigkeit eines Merkmals könnte es auch für andere Verhaltensdispositionen geben, zum Beispiel für solche, die für die Aufgabenteilung vermutlich schon in Jäger- und Sammlergesellschaften eine Rolle gespielt haben könnten – wie die des Redners, des Kampfanführers und des Magiers bzw. Heilers.

---

toire; und die entsprechende Reputation kommt langfristig der Fitneß ihrer Träger zugute. Vgl. dazu Frank 1988.

[6] Ein weiteres verbreitetes, aber eher falsches Vorurteil besteht darin, daß genetische Einflüsse starre Zusammenhänge implizieren. In Wirklichkeit können genetische Dispositionen sehr labil und anfällig gegen Interferenzen sein: Das Herz ist in der Regel links, dafür sorgen letztlich, wenn auch auf sehr indirekte Weise, Gene, und doch gibt es bei unverändertem Genbestand immer wieder Fälle von Menschen, die das Herz rechts tragen, sozusagen als Ausrutscher der Entwicklung, nicht als Folge einer Genänderung. Variabilität dürfte auch für komplexe psychische Dispositionen bestehen. Dies könnte nicht zuletzt für Empathie und Vertrauensbereitschaft zutreffen: Obwohl sie im Ansatz genetisch angelegt sein dürften, sind sie doch sehr anfällig gegen soziale und psychische Interferenzen.

6.   Vertrauensbereitschaft, Fairneß und begrenzt rationales Verhalten

In soziobiologischem Zusammenhang sollen nun konkrete Felder vorgestellt werden, die für Fragen des Gemeinsinns eine Rolle spielen: die Problemkreise ‚Vertrauen‘, ‚Fairneß‘, ‚begrenzt rationales Verhalten‘ und ‚internalisierte Werte‘.

Einen Zugang zur Soziobiologie des Vertrauens bildet die Fragestellung: unter welchen Bedingungen ist Vertrauen ein Fitneß-Vorteil, der schließlich auch statistisch einen Reproduktionsvorteil für denjenigen ergeben kann, der Vertrauen gewährt. Methode der Analyse solcher Fragen ist die Theorie der strategischen Spiele. Ergebnis ist, daß Anfangsvertrauen unter bestimmten Bedingungen lohnend ist; daß man dann, wenn man vom Partner hintergangen wird, nicht mehr mit ihm kooperiert, daß man aber beim ersten Vertrauensbruch nicht unbedingt zu lange nachtragend sein sollte. Solche spieltheoretischen Analysen und Überlegungen lassen sich für größere Gruppierungen verallgemeinern und stützen die Rolle der Reputation in menschlichen Gesellschaften. Der Reiz der Spieltheorie wirkt sich darin aus, daß sie inzwischen ein weites Forschungsfeld der theoretischen Evolutionsbiologie darstellt, mit vielen Verzweigungen, zum Beispiel auch bei der Erklärung geschlechtsspezifischer Eigenschaften; nicht jede Raffinesse der Spieltheorie muß allerdings auch eine biologische Entsprechung haben.

Ein besonders hintergründiger Aspekt einer spieltheoretischen Analyse von – vermutlich evolutionsbiologisch angelegten – Dispositionen kooperativen Verhaltens läßt sich im Zusammenhang mit Überlegungen von Selten[7] über „Eingeschränkte Rationalität strategischer Interaktionen" erörtern. Letztere erscheinen viel weniger rational, als sie es im Sinne einer ausgeklügelten, mathematischen Profitmaximierung der Akteure bei unbegrenztem Analyseaufwand wären. Im Sinne begrenzter menschlicher Möglichkeiten und sinnvoller menschlicher Zielsetzungen sind sie aber doch nicht irrational. Wir sind nun einmal auf pauschale bewußte und unbewußte Vorannahmen und Voraussetzungen angewiesen. Statistische Profitmaximierung ist im wirklichen Leben nicht das einzige und nicht einmal das vorherrschende Motiv. Vielmehr spielen kulturell beeinflußte Präferenzen der Lebensplanung eine wesentliche Rolle – etwa hinsichtlich der Ressourcenverteilung auf die verschiedenen Lebensalter oder des Gewichts, das die Vermeidung von Abstiegserlebnissen im Verhältnis zu Gewinnaussichten hat, ebenso wie die Bedeutung gesellschaftlicher Prestigewerte jenseits der Ökonomie. An all dem orientiert sich wirkliches Verhalten. Es ist zu vermuten, daß Dispositionen zu solchem „eingeschränkt rationalem" Verhalten durch genetische Anlagen, sagen wir vorsichtig, begünstigt werden, wenn auch in fragiler Form – zum Beispiel Dispositionen zu Anfangsvertrauen und Anfangsfairneß.

Von besonderem Interesse für das Verständnis kooperativen Verhaltens ist die prototypische Situation, in der sich zwei Partner von einer Kooperation Vorteile versprechen, bei der es aber nur zur Kooperation kommt, wenn sie sich über die Erzielung und Aufteilung von Kooperationsvorteilen verständigen. Selten und seine Mitarbeiter haben anhand künstlich vorgegebener Szenarien dieses Typs experimentell tatsächliches,

---

[7]   Selten 1998.

menschliches Verhalten von erfahrenen ‚Spielteilnehmern' analysiert,[8] denen die Aufgabe gestellt war, ihre Strategie zu programmieren. Niemand verhielt sich so, wie es die ursprüngliche mathematische Theorie der strategischen Spiele besagen würde; es gab keine Optimierung der eigenen Spielzüge als Antwort auf das weite Spektrum möglicher Aktionen des Kontrahenten. Dafür würden in realen Entscheidungssituationen in der Regel die Zeit, die Übersicht und die intellektuellen Ressourcen einschließlich von Rechenkapazitäten fehlen. Berücksichtigt man diese Begrenzungen, so ist jedoch das tatsächliche Verhalten durchaus als rational anzusehen. Oft lassen sich drei Phasen unterscheiden, was Aktionen und Reaktionen der Kontrahenten angeht: Eine Anfangsphase, in der beide Parteien durch ihr Verhalten Kooperationsbereitschaft signalisieren; dann eine wesentliche, ausgedehnte Zwischenphase, in der die Kontrahenten Ziele hinsichtlich des Kooperationsergebnisses verfolgen. Diese Ziele entsprechen wesentlichen Kriterien von Reziprozität und Fairneß. Man versetzt sich also in die Lage des Gegenspielers, sucht nach einer auch aus dessen Sicht akzeptablen Bandbreite von Lösungen und nähert sich solchen Lösungen an, wenn der Gegenspieler das auch tut. Schließlich gibt es eine Endphase, in der diese Form der Kooperativität zugunsten egoistischer Verhandlungsführung weitgehend aufgegeben wird.

Die Mittelphase zeigt uns, daß Empathiefähigkeit wesentlich ist; die unkooperative Endphase, daß Empathie in diesem Zusammenhang nicht als ein rein moralisches Motiv angesehen werden darf, sondern daß es sich bei ihrem Einsatz um taktisch erfolgversprechende Züge handelt. Fairneß und Reziprozität in der Mittelphase entsprechen ja der im Großen und Ganzen richtigen Einsicht, daß der Verhandlungspartner ein „experienced player", also in der Regel ungefähr gleich klug ist wie man selbst, und es eher Zeitverschwendung wäre, das nicht von vornherein zu berücksichtigen. Zwar handelt es sich hier um eine spezialisierte Studie für ein bestimmtes Szenario, aber die erstaunliche Rolle von Gesichtspunkten der Fairneß, die ja in der Regel einen empathischen Standpunkt erfordert, dürfte für ein sehr viel weiteres Spektrum von kooperativem Verhalten bestehen.

Diese Ergebnisse lassen sich an die hier vertretene Auffassung von Empathiefähigkeit als Nebenprodukt der Evolution strategischen Denkens anschließen. Der primäre Selektionsdruck ging in Richtung auf die egoistische Wahrnehmung eigener Vorteile durch die Fähigkeit, Situationen aus der Sicht anderer richtig einzuschätzen, aber diese Empathiefähigkeit und Empathiebereitschaft enthält eben kulturelle Entwicklungsmöglichkeiten, die über den evolutionären Anlaß der Entstehung hinausgehen und unter geeigneten Umständen soziales, auch am Gemeinsinn orientiertes Verhalten stützen. Der an Eigeninteressen orientierte evolutionsbiologische Ursprung ist mit Auswirkungen zugunsten von kooperativem und dabei auch von altruistischem Verhalten durchaus vereinbar. Dies gilt zumindest, solange man für ‚Altruismus' keine allzu rigorosen Definitionen wählt, sondern vielmehr auch das Signal ‚Ich bin kooperationswillig und kooperationsfähig' und das Prinzip ‚Tue Gutes und rede darüber' mit den Zielen Selbstachtung und Reputation als altruistische beziehungsweise an Gemeinsinn orientierte Verhaltensmotive anerkennt.

---

[8] Vgl. Selten/Mitzkewitz/Uhlich 1997.

7.   Vertrauen und Gemeinsinn als kulturabhängige Variablen[9]

Von Vertrauen war im Zusammenhang mit kooperativem Verhalten bereits mehrfach
die Rede, und ich möchte die Beziehung zu Gemeinsinn noch etwas eingehender diskutieren. Vertrauensbereitschaft und Gemeinsinn bedeuten nicht das Gleiche, haben aber
eine gemeinsame Voraussetzung: die menschliche Fähigkeit der Empathie, des Sich-
Hinein-Versetzens in die Gefühlslage anderer. Zudem wird Gemeinsinn durch Vertrauensbereitschaft gefördert, da Solidarität in gewissem Maße auch in der Erwartung von
Reziprozität ausgeübt wird, die wiederum auf Vertrauen basiert; und Vertrauen wiederum resultiert aus der Erfahrung von Gemeinsinn: Gemeinsinn-orientierte Handlungen
anderer begründen die Vermutung, daß mit Vertrauensbruch im allgemeinen eher selten
zu rechnen ist und führen dadurch zu mehr Vertrauensbereitschaft.

Die Bedeutung von Vertrauen in zwischenmenschlichen Beziehungen zeigt sich
schon in Studien zur Entwicklung von Freundschaften zwischen Kindern: Sie werden
eben nicht nur durch unmittelbare Erfahrungen des Helfens und des Teilens gefördert,
sondern ganz besonders auch durch das Erleben von Verläßlichkeit über einen Zeitraum
hinweg, wobei die Wahrung von Geheimnissen und die Erfüllung von Versprechen eine
besondere Rolle spielen.

Und doch ist Vertrauen in erheblichem Maße auch eine kulturelle Variable – es gibt
große Unterschiede zwischen verschiedenen Ländern, Kulturen und gesellschaftlichen
Gruppen. Nun ist keineswegs jedes gruppenspezifische Vertrauen gut für die Gesell-
schaft als Ganzes: Mafiose Strukturen, Herrschaftsverbände, aggressiv operierende
Gruppierungen sind es natürlich nicht. Zudem beruht ökonomische Effizienz auch auf
Wettbewerb, und der wiederum kann zum Beispiel durch Absprachen unter Vertrauten
untergraben werden; aber gerade Wettbewerb erfordert wiederum Vertrauen in ein ge-
wisses Maß an Fairneß von Wettbewerbern, vor allem aber von denjenigen, die die
Einhaltung von Wettbewerbsregeln zu sichern haben. Für größere Gesellschaften ist
Vertrauen, auch in Beziehungen zwischen persönlich Unbekannten, eine entscheidende
Determinante sowohl von Wohlbefinden als auch von Wohlstand. Gerade fragmentierte
Gesellschaften mit starker Gruppensolidarität – zum Beispiel in Familienverbänden –
gelten, über die Gesellschaft insgesamt gemittelt, als ‚low trust societies'. Gesellschaften mit multiplen weitreichenden Loyalitäten, die sich in gewissem Maße auch auf die
Gesellschaft als ganzes auswirken können – ‚high trust societies' –, werden als die letztlich ökonomisch erfolgreichen angesehen, weil von Maß und Ausdehnung der Vertrauensbereitschaft vor allem gegenüber persönlich Unbekannten die ökonomische Effizienz einer Gesellschaft wesentlich abhängt. Dies gilt besonders für die kapitalistische

---

[9]   Vielseitige Darstellungen verbunden mit Literaturhinweisen zu soziobiologischen, soziologischen,
psychologischen und ökonomischen Aspekten von Vertrauen finden sich bei Gambetta 1988. Die
(notwendige) Rolle des Vertrauens zur Reduktion von Komplexität zeigt Luhmann 1973. Zur
Spieltheorie des Vertrauens siehe zum Beispiel Müller/Schmid 1998. Zur Entwicklung zwischenmenschlichen Vertrauens bei Kindern siehe Rotenberg 1991. Die Bedeutung von Vertrauensbereitschaft für die ökonomische Effizienz einer Gesellschaft wird betont in Fukuyama 1995, sowie, in
kommunitaristischem Zusammenhang, von Etzioni 1988. Die Beziehung von Vertrauen als Verhal-
tensgrundlage des Rechts wird erörtert in Hof/Kummer/Weingart 1994.

Wettbewerbsgesellschaft: Obwohl sie sich als ritualisierte Konkurrenz zwischen Egoisten definiert, ist sie nur bei niedrigen Transaktionskosten erfolgreich, und dies bedeutet, daß Spielregeln festgelegt und im Regelfall ohne aufwendige Überwachung und Streitbeilegungen durch Polizei, Staatsanwaltschaft und Justiz eingehalten werden. Auch jenseits aller ökonomischen Wirkungen hängt das persönliche Wohlbefinden in einer Gesellschaft von einer nicht allzu fragmentierten Vertrauensbereitschaft und Vertrauenserfahrung wesentlich ab. Als kulturabhängige Variable basiert sie auf formalen und noch mehr auf informellen Sanktionen bei Vertrauensbruch.

In dem Werk „Trust" von Fukuyama wird die deutsche Gesellschaft als „high-trust society" klassifiziert, und dies wiederum in Zusammenhang mit ihrer ökonomischen Effizienz gesehen. Es gibt aber Anzeichen, daß sich das ändern könnte. In solchen Zusammenhängen helfen allgemeine Erörterungen über „Werteverfall" wenig. Ansatzpunkte, einem Verfall von Vertrauensbereitschaft entgegenzusteuern, bietet eher das Rechtssystem, da es bewußter Reflexion und formalen Eingriffen zugänglich ist. Recht und Rechtssysteme können die in der Alltagskultur verankerte Vertrauensbereitschaft in Richtung auf mehr ebenso wie auf weniger Vertrauen beeinflussen. Es wäre deshalb angebracht, nicht auf alle Mißbrauchsfälle durch Forderungen nach mehr institutionalisiertem Mißtrauen und stringenteren Absicherungen zu reagieren, sondern eher nachträgliche Sanktionen gegenüber manifesten Vertrauensbrüchen zu intensivieren. Das übliche Vertrauen der Alltagskultur sollte durch das Recht geschützt und nicht entmutigt werden. Ein Umfeld von Alarmanlagen, Videoüberwachungen, Wegfahrsperren und dergleichen, ein Überhandnehmen kleingedruckter Raffinessen von Privatverträgen bis hin zu verwickelter Verfassungsauslegung, eine Rechtsprechung, die in Versicherungsfällen Normalverhalten des Alltags als grobe Fahrlässigkeit und eher psychopathische Vorsicht als normal einstuft, all dies hat langfristig eben auch die Wirkung, Vertrauensbereitschaft zu untergraben, mit weitgehenden Konsequenzen sowohl für die ökonomische Effizienz als auch für das subjektive emotionale Wohlbefinden in einer Gesellschaft.

8. Internalisierte Werte

Es gibt viele Handlungen, die die meisten Menschen nur deswegen unterlassen, um Sanktionen zu vermeiden; dazu gehören weite Bereiche nebenberuflicher Schwarzarbeit und kleinerer Steuerhinterziehungen. Bestimmte Handlungen hingegen – wie Angriffe gegen Leib und Leben – würden die meisten auch dann nicht begehen, wenn es niemand merkt und keine Sanktionen zu erwarten sind, weil man sich dabei sozusagen selbst nicht gefallen würde, in anderen Worten, weil man internalisierte Werte verletzen würde. Biologische Erklärungen hierfür erscheinen nicht einfach; vielleicht liegt der Vorteil internalisierter Werte darin, daß sie Menschen von zu vielen Einzelentscheidungen pauschal entlasten, vielleicht gibt es sie aber auch deswegen, weil die Gruppensolidarität in menschlichen Gesellschaften aus soziokulturellen Gründen doch weitergeht, als es sich aus einer klassischen evolutionsbiologischen Betrachtung ergeben würde. Möglicherweise gelten für eine wissenschaftliche Theorie der Internalisierung von Werten, die eng mit menschlichem Bewußtsein zusammenhängen, ähnliche Grenzen der wissenschaftlichen Entscheidbarkeit wie für die Leib-Seele-Beziehung selbst. Insbesondere könnte es Unbestimmtheit im Zusammenhang mit Selbstbezüglichkeiten geben, denn es ist fraglich, wie weit eine Theorie internalisierter Werte wirklich unabhängig von internalisierten Werten sein könnte. Trotz aller Begründungsprobleme – denken wir an Schopenhauers schönen Satz „Moral predigen ist leicht, Moral begründen schwer" – ist es für jede Gesellschaft wesentlich, welche internalisierten Werte durch Erziehung und Sozialisation vermittelt werden. Wenn sie schon nicht theoretisch herleitbar sind, so gibt es doch nach meiner Ansicht durchaus einsichtige Kriterien, die der Theorie der Gerechtigkeit von Rawls nachempfunden sind: In welcher Gesellschaft – mit welchen Wertvorstellungen – würde man am liebsten leben, wenn es nicht die eigene sein darf und man zudem die eigene soziale Rolle innerhalb der zu wählenden Gesellschaft vorher nicht kennt? Man darf vermuten, daß die meisten von uns Wertesysteme bevorzugen würden, die einerseits die individuellen Freiheiten nicht allzusehr einschränken, die aber andererseits in gewissem Maße Gemeinsinn aktivieren. Ohne Gemeinsinn wären angenehme Umgangsweisen mit Mitmenschen, Vertrauensgewährung und Vertrauenserwartung, verläßliche und effiziente wirtschaftliche Transaktionen ohne ständige polizeiliche und gerichtliche Kontrollen und das Gefühl persönlicher Sicherheit nicht zu verwirklichen.

9. Für einen Überforderungs-Check moralisch begründeter Ansprüche

Aktivierung von Gemeinsinn wird durch formelle und informelle Belohnungen, zu denen auch Anerkennung gehört, ebenso wie durch formelle und informelle Sanktionen, insbesondere gegen Vertrauensbruch in verschiedenen Formen gefördert. Über das rechte Maß wird es dabei wohl immer unterschiedliche Meinungen geben. In der Gegenwart werden Argumentationslinien nicht zuletzt von kommunitaristischen und neoklassischen Strömungen besetzt, mit sehr unterschiedlicher Gewichtung der Rollen von Gemeinsinn und dem Streben nach individuellen Vorteilen. Es liegt in der Logik des Problems, daß hier Systemkompromisse erforderlich sind, aber mir scheint, daß in der intellektuellen Diskussion gemeinsinnorientierte Denkweisen oft eine etwas zu schlechte Presse erhalten. Zwar sind Gemeinschaftsideologien, wie sie ab und zu zum Ausdruck kommen, durchaus kritisch zu sehen – letzten Endes geht es uns doch um das Wohlbefinden von Individuen in der Gesellschaft – und die Betonung von Nahbereichssolidarität dürfte auch nicht übertrieben werden, möchte man eine Partikularisierung und Entsolidarisierung der Gesellschaft im ganzen vermeiden. Doch haben auch kommunitaristische Strömungen dazu beigetragen, einigen wesentlichen, allgemeineren Einsichten, die allzusehr in den Hintergrund getreten waren, wieder Geltung zu verschaffen: daß Menschen empirisch mehr Gemeinsinn zeigen, als es rationalen Gewinnoptimierungsstrategien von Individuen entsprechen würde; daß Menschen auch persönliche Befriedigung durch gemeinsinnorientierte Handlungen erfahren; daß das Ausmaß an Gemeinsinn zur Lebensqualität wesentlich beiträgt; daß es variabel ist und der Aktivierung durch Erziehung, Sozialisation, formelle und informelle Anreize und Sanktionen bedarf: Gute Gründe gegen eine Unterforderung von Menschen in bezug auf Kooperativität und Solidarität.

Es sollte gezeigt werden, daß ein gewisses, wenn auch bescheidenes und aktivierungsbedürftiges Ausmaß von Gemeinsinn in der Spezies Mensch biologisch angelegt ist. Komplementär hierzu sind aber auch die Grenzen zu ziehen: Auch hierfür leisten soziobiologische Denkweisen einen nicht unwichtigen Beitrag, nämlich durch ihre Tendenz, den Menschen so anzunehmen, wie er von Natur aus – aufgrund biologischer Randbedingungen – angelegt ist und ihn deshalb moralisch nicht zu überfordern. Es ist nicht möglich, jede moralisch begründete Forderung zu erfüllen, zumal wenn sie sektoral aufgestellt wird – man muß und darf schon sichten und wählen. Soweit Reziprozität zumutbar und praktikabel ist, sollte sie auch eingefordert werden. Solidarleistungen wirken am besten subsidiär zu möglichen Eigenleistungen. Fernbereichssolidarität ist möglich, aber auf das Niveau der Nahbereichssolidarität läßt sie sich kaum heben. Eine Abstufung zeigt sich empirisch zum Beispiel im solidarischen Transfer von Ressourcen, der innerhalb einer Familie sehr weit geht, innerhalb eines Landes wie Deutschland nach der Vereinigung etwa fünf Prozent des Sozialprodukts beträgt, innerhalb Europas vielleicht zwei Prozent; weltweit liegt das – nicht voll erreichte – Soll der Entwicklungshilfe bei 0,7 Prozent. Derartige Abstufungen sind – etwa in Richtung zunehmender Fernbereichssolidarität – quantitativ veränderbar, aber einzuebnen sind sie sicher nicht.

Unerfüllbare Forderungen können sich auch hinter theoretischen Konstrukten verbergen. Wer zum Beispiel Armut mit Hilfe einer skurrilen und doch häufig verwendeten, offiziell sanktionierten Formel so definiert, daß sie durch noch so weitreichende Verbesserungen für die Ärmeren prinzipiell nicht zu beseitigen ist, sofern dabei die Reichen ebenfalls reicher werden, wird die Lösung von Problemen eher behindern. In unserem Zusammenhang verdient die Beziehung von Gemeinsinn und internalisierten Werten besonderes Interesse. Auch dafür gibt es Grenzen: Aktivierung von Gemeinsinn wird durch entsprechende internalisierte Werte gefördert ; diese aber setzen voraus, daß die dabei abverlangten Leistungen auch denjenigen einsichtig sind, die sie erbringen sollen – ein Aspekt, der nach meiner Ansicht in Diskussionen über Prinzipien der Besteuerung erheblich unterschätzt wird. Allgemein dürfte gelten: Wer jedes Fehlverhalten unter internalisierte Werte subsumieren möchte, wird am Ende internalisierte Werte auch in Bereichen abwerten, in denen sie für das Wohlleben in der Gesellschaft ganz unabdingbar sind. Natürlich soll es gegen Fehlverhalten Sanktionen geben, aber das moralische Pathos wird besser auf einen Kernbereich beschränkt. Wir sollten unsere Kritik nicht auf den Egoismus in der Verfolgung sinnlicher, physisch-materieller Bedürfnisse beschränken; es gibt, so hat das Schiller in einer sehr bemerkenswerten und schönen Fußnote zum dreizehnten seiner Briefe über die ästhetische Erziehung des Menschen formuliert, nämlich nicht nur einen Egoismus der Sinne, es gibt auch einen – ebenso schädlichen – Egoismus der Vernunft. Dafür scheinen Intellektuelle besonders anfällig, indem sie natürliche Motive des Menschen zugunsten abstrakter Kriterien vernachlässigen. Dieser Egoismus der Vernunft ist ebenfalls zu begrenzen; was an ethischen Postulaten an Schreibtischen erdacht wird – und das gilt wohl auch für Gemeinsinn und Gemeinwohl – hätte nach meiner Auffassung mehr Sinn und Wirkung, wenn es einem Überforderungs-Check ausgesetzt würde, einem Überforderungs-Check, der Menschen mit ihrer – im Sinne Schillers – sinnlichen, biologisch begründeten Natur wirklich annimmt.

Gemeinsinn erscheint dabei als eine wertvolle, reale, aber eben auch als eine knappe und begrenzte Ressource der biologischen Spezies Mensch, eine Ressource, die eher behutsam zu aktivieren ist, die man nicht sektoral einfordern und verschwenden sollte und deren Grenzen – jedenfalls, was Forderungen an andere oder an alle angeht – zu beachten sind.[10]

Literaturverzeichnis

Boyd, R./Richerson, P. (1990), Group selection among alternative evolutionarily stable strategies, in: Journal of Theoretical Biology 145, S. 331–342.

Etzioni, A. (1988), The moral dimension, New York.

Frank, R. (1988), Passions without reason. The strategic role of emotions, New York.

Fukuyama, F. (1995), Trust, London.

Gambetta, D. (Hg., 1988), Trust, New York.

Gierer, A. (1998), Im Spiegel der Natur erkennen wir uns selbst – Wissenschaft und Menschenbild, Reinbek 1998.

Gierer, A. (2001), Ibn Khaldun on solidarity (,asabiyah') – modern science on cooperativity and empathy: a comparison, in: Philosophia Naturalis 38, S. 91–104.

Hof, H./Kummer, H./Weingart, P. (Hg., 1994), Recht und Verhalten, Baden-Baden.

Ibn Khaldun (1989), Muqaddimah, englische Übersetzung von F. Rosenthal, Princeton.

Luhmann, N. (1973), Vertrauen, Stuttgart.

Marsilius von Padua (1958), Der Verteidiger des Friedens (Defensor Pacis), Berlin.

Matthies, V. (1997), Der gelungene Frieden – Beispiele und Bedingungen erfolgreicher friedlicher Konfliktbearbeitung, in: Eine Welt – Texte der Stiftung Entwicklung und Frieden, Bd. 4, Bonn.

---

[10] In dem vorliegenden Beitrag geht es in erster Linie um Gemeinsinn, während der Schwerpunkt vieler Beiträge der Arbeitsgruppe der Berliner Akademie, ihrer sozialwissenschaftlichen Orientierung entsprechend, auf dem Verständnis von Gemeinwohl, dessen historischen und politischen Voraussetzungen liegt. Dabei ist es bemerkenswert, daß in einigen Beiträgen „Gemeinsinn" – eher implizit, aber doch in Übereinstimmung mit Auffassungen in meinem Artikel – als eine allgemeine, formal relativ schwer zu fassende Grundvoraussetzung für das Verständnis und die soziokulturelle Bestimmung von Gemeinwohl betrachtet wird. Besonders treffend erscheint mir in diesem Zusammenhang die Bezeichnung von Gemeinsinn als *vorpolitischer* Basis von Konzepten des Gemeinwohls. Mit der Charakterisierung „vorpolitisch" dürfen wir wohl Züge von Sozialverhalten bezeichnen, die bereits in Gesellschaften von Jägern und Sammlern angelegt waren, und das wiederum waren die Bedingungen, unter denen die biologische Evolution wesentlicher Merkmale des menschlichen Gehirns stattgefunden hat. Darin berührt sich – bei aller Zurückhaltung in der Formulierung – eine sozialwissenschaftliche Sichtweise mit der in dem vorliegenden ‚Gemeinsinn'-Artikel vertretenen Beziehung von Gemeinsinn zu den von der Evolution angelegten Verhaltensdispositionen des modernen Menschentyps, die ihrerseits weite soziokulturelle Gestaltungsspielräume sowohl begründen als auch begrenzen.

Müller, H. P./Schmid, M. (Hg., 1998), Norm, Herrschaft und Vertrauen, Opladen.

Rotenberg, K. J. (Hg., 1991), Children's interpersonal trust, New York.

Selten, R. (1998), Features of experimentally observed bounded rationality, in: European Economic Review 42, S. 413–438.

Selten, R./Mitzkewitz, M./Uhlich, G. R. (1997), Duopoly strategies programmed by experienced players, in: Econometrica 65, S. 517–555.

Sober, E./Wilson, D. S. (1999), Unto others: The evolution and psychology of unselfish behaviour, Cambridge.

Tibi, B. (1996), Der wahre Imam, München/Zürich.

UDO TIETZ

Gemeinsinn, Gemeinwohl und die Grenzen des „Wir"[*]

Seit dem Ausgang des 18. Jahrhunderts kreist der philosophische Diskurs der Moderne unter immer neuen Titeln um ein einziges Thema: „das Erlahmen der sozialen Binde-kräfte, Privatisierung und Entzweiung, kurz: jene Deformation einer einseitig rationali-sierten Alltagspraxis, die das Bedürfnis nach einem Äquivalent für die vereinigende Macht der Religion hervorrufen".[1]

Eines dieser Äquivalente ist die *Gemeinschaft*, mit der Orientierungen zum Zuge kommen sollen, die als Gegeninstanzen gegenüber einer transzendental obdachlosen Moderne aufgeboten werden können: der *Gemeinsinn* und das *Gemeinwohl*. Mit der Absicht sie zu „verjüngen", beschwor Hölderlin sie im *Hyperion* als Antithese zur be-ginnenden Moderne in Form eines idealen Griechenlands,[2] Novalis verklärte sie im Mythos der sinnerfüllten Zeiten, „wo Europa ein christliches Land" und durch *„ein großes gemeinschaftliches Interesse"* vereint war,[3] Tönnies setzte sie der starr-mechanischen bürgerlichen Gesellschaft entgegen[4] und in unseren Tagen argumentieren Hermeneutiker und Kommunitaristen für die These, daß „eine bloß auf die Garantie individueller [...] Grundrechte fixierte Gesellschaft kein Äquivalent für die ‚vereinigende Macht der Religion' hervorbringen kann" weil hierfür eine „ebenso ver-pflichtende wie identitätsstiftende gemeinsame Konzeption des Guten" vonnöten sei, eine Konzeption, die ganz wesentlich das ausmacht, was man den *kollektiv verbindli-chen und kollektiv verbindenden Wert- und Verständnishorizont* einer Gemeinschaft nennt, und die allen individuellen Rechten normativ vorgeordnet ist und damit auch deren Grenzen und deren legitimen Anspruch zu bestimmen vermag[5] – eine Position, die einem differenzblinden Universalismus entgegengesetzt ist und von ihren Vertretern

* Für kritische Hinweise danke ich Cathleen Kantner, Marcus Llanque, Marianne Schark, Herbert Schnädelbach und Tom Seidel.
1   Habermas 1985b, S. 166.
2   Hölderlin 1970, S. 99 f.
3   Novalis 1978, S. 507.
4   Tönnies 1991, S. 3 f.
5   Wellmer 1993, S. 175; Tietz 1995b, S. 208 f.

selbst als ethnozentristisch, kontextualistisch, partikularistisch oder sogar als relativistisch bezeichnet wird.

Gegen derartige Rekurse auf die Gemeinschaft sind von Seiten der universalistischen Gegenpartei immer wieder Einwände erhoben worden. Zweifel regen sich nicht nur daran, ob sich unter den Bedingungen der Moderne solche Gemeinschaften überhaupt noch ausfindig machen lassen oder ob nicht die Gemeinschaft bloß zu jenen Ideologemen gehört, „auf welche die ‚Moderne‘ immer wieder zurückgreift, um den Krisen, die ihre Geschichte skandieren und aus denen sich erst das ergibt, was wir ‚Moderne‘ nennen, zu begegnen".[6] Zweifel regen sich auch daran, ob der Rekurs auf den kollektiv verbindlichen und kollektiv verbindenden Wert- und Verständnishorizont einer partikularen Gemeinschaft möglich und ob er nötig ist, um in modernen Gesellschaften das „Erlahmen der sozialen Bindekräfte, Privatisierung und Entzweiung", die auf das Konto einer einseitigen rationalisierten Alltagspraxis gehen, kompensieren zu können.

Einwände gegen eine solche Orientierung am Gemeinsinn, dem Gemeinwohl und der Gemeinschaft können auf eine zweifache Weise vorgetragen werden: Als praktische Kritik können sie bestreiten, daß eine solche Orientierung wünschenswert ist, und als theoretische Kritik können sie bestreiten, daß sie sinnvoll ist. Im Folgenden möchte ich zeigen, wie eine solche Orientierung möglich und wie sie nicht möglich ist, wobei ich für die These argumentieren werde, daß sich das, was man landläufig als „Gemeinwohl" bezeichnet (lat., das *bonum commune*), als ein Wert im Sinne einer an Aristoteles anschließenden hermeneutischen Güterethik verstehen läßt, wie sie in unterschiedlichen Varianten von Hans-Georg Gadamer, Charles Taylor oder Alasdair MacIntyre vertreten wird. Dabei halte ich den Bezug auf gemeinsam geteilte Werte für das normative Selbstverständnis von partikularen Wir-Gemeinschaften für konstitutiv und gehe davon aus, daß das Problem der Werte aus seiner ontologischen Umklammerung herausgelöst und in eine Sprache wertender Unterscheidungen übersetzt werden muß, da sich unter den Bedingungen eines nachidealistischen Denkens solche Werte nicht mehr ontologisch verstehen lassen.

Ich werde für eine hermeneutische und prozeduralistische Auffassung des Gemeinsinns und des Gemeinwohls argumentieren, mit der sich die Grenzen von partikularen Gemeinschaften über gemeinsam geteilte Werte und damit über gemeinsam geteilte Überzeugungen bestimmen lassen, die für die *Wertungsoperationen* konstitutiv sind, mit denen sich Sprecher auf Dinge und Ereignisse beziehen. *Hermeneutisch* muß diese Auffassung mindestens aus zwei Gründen sein: erstens, weil sich ein reflektierter Partikularismus, so er sich denn überhaupt noch vertreten läßt, nur noch hermeneutisch vertreten läßt, und zweitens, weil der Zugang zur Problematik des ethischen Selbstverständnisses einer partikularen Gemeinschaft, das sich ohne Bezug auf Werte nicht erklären läßt, nur aus der Perspektive von Teilnehmern erfolgreich sein kann. Und *prozedural* muß dieser Ansatz sein, weil sich zeigen läßt, daß das Problem der Güter oder Werte, mit denen innerhalb partikularer Wir-Gemeinschaften ja nicht nur partikularistische, sondern mitunter auch universalistische Orientierungen zum Zuge kommen, also Orientierungen, die den Kontext der je eigenen Wir-Gruppe überschreiten, auf einer güterethischen Grundlage nicht zu klären ist.

---

[6]   Raulet 1993, S. 77.

Ein solches Konzept muß zwei Intuitionen Rechnung tragen können: erstens, der aristotelischen Intuition, daß sich „starke Wertungen", ohne die partikulare Wir-Gruppen
nicht zu haben sind, nicht vom Kontext einer partikularen Lebensform trennen lassen,
eine Intuition, die ohne Rückgriff auf metaphysische Prämissen vor allem im Umfeld
von hermeneutischen und kommunitaristischen Positionen vertreten wird. Und zweitens
der kantischen Intuition, daß sich universalistische Prinzipien nicht mit Rekurs auf das
Faktizitätsapriori einer partikularen Wir-Gemeinschaft begründen lassen, eine Intuition,
die vor allem im Umfeld von diskurstheoretischen Positionen vertreten wird. Darum
bezeichne ich die hier entwickelte Position als *prozeduralen Aristotelismus*.

Gemeinsinn und Gemeinwohl

Gemeinsinn und Gemeinwohl sind *begriffliche Verwandte*. Insbesondere wenn vom
Zusammenleben der Menschen in kleineren Gruppen die Rede ist, spricht man häufig in
einem Atemzug von „Gemeinsinn und Gemeinwohl", so als ob die beiden Worte dasselbe bedeuten würden. Und dies ist keineswegs ganz unzutreffend, insofern nicht nur
der Begriff des „Gemeinwohls", sondern auch der Begriff des „Gemeinsinns" eine Be-
deutungsdimension anspricht, die sich auf etwas *Überindividuelles* bezieht, auf etwas,
das nicht diesem oder jenem zur Verfügung steht. Schon unsere umgangssprachliche
Verwendung dieser Begriffe macht deutlich, daß es sich hierbei um einen „Sinn" handelt, der nicht privatistisch verstanden werden kann. Für den Begriff des Gemeinsinns
ist der Bezug auf etwas Überindividuelles konstitutiv, wobei zunächst jedoch unklar ist,
was genau unter diesem Überindividuellen zu verstehen ist.[7] Klar ist jedoch eines: Ein
Gemeinsinn ist ein *gemeinsam geteilter Sinn*. Doch wer oder was teilt hier auf welche
Weise welchen Sinn? Die Antwort auf diese Frage ist nicht trivial. Ich denke, daß es auf
diese Frage zwei unterschiedliche Antworten geben kann:

Die erste Antwort lautet: Die Gemeinschaft teilt einen *sprachlichen Sinn*. In diesem
Sinne hat bereits Kant den *sensus communis* als eine Sinnesart bestimmt, die eine ästhetische und eine hermeneutische Dimension aufweist, wobei er letztere als eine „notwendige Bedingung der allgemeinen Mitteilbarkeit unserer Erkenntnis" ansah, weshalb
sie faktisch „in jeder Logik und jedem Prinzip der Erkenntnisse" vorausgesetzt sei.[8] Der
Gemeinsinn wird in seiner hermeneutischen Dimension von Kant als ein *Mitteilungs-
sinn* verstanden, den wir nach Schleiermacher und Dilthey als „Verstehen" bezeichnen.
Die Gemeinschaft teilt mit dem Gemeinsinn also einen sprachlichen Sinn dergestalt,
daß die Bedeutungen sprachlicher Ausdrücke geteilt, sprich: wechselseitig verstanden
werden. Die Gemeinschaft wäre danach eine *Sprachgemeinschaft*, wie sie in unterschiedlicher Weise von Wittgenstein, Gadamer und Habermas entworfen wurde. Dies
wäre die erste Antwort auf die Frage, was für einen Sinn die Gemeinschaft – in Form
ihrer Mitglieder – teilt. Die zweite Antwort hingegen lautet: Die angesprochene Ge-

---

[7] Vgl. Wingert 1993, S. 12.

[8] Der vermögenstheoretisch gedachte Gemeinsinn ist bei Kant ein allgemeines Prinzip, an das sich
     bei ihm die Hoffnung auf eine allgemeine „Einhelligkeit der Sinnesart" knüpft. Kant 1976, § 22.

meinschaft teilt einen *Sinn für das Gemeinwohl*, wobei ein solcher Sinn im Sinne eines kollektiv verbindlichen und verbindenden Werthorizonts geteilt wird.

Obgleich der gemeinsam geteilte sprachliche Sinn nicht mit dem gleichgesetzt werden darf, was wir hier den Gemeinsinn einer partikularen Wir-Gemeinschaft nennen, so gibt es doch zwischen beiden einen notwendigen Zusammenhang. Der *Gemeinsinn als eine Gemeinwohlorientierung* wird vom *Gemeinsinn, sofern er sprachlich geteilte Bedeutungen* impliziert, getragen. Oder anders gefaßt, ein gemeinsames Bedeutungsverstehen muß immer schon garantiert sein, damit es überhaupt eine Orientierung auf das Gemeinwohl geben kann – eine Einsicht, die sich schon bei Max Weber finden läßt, der davon spricht, daß „das gegenseitige ‚Verstehen'" bzw. die „sinnhafte ‚Verständlichkeit' des Tuns des Anderen die elementarste Voraussetzung der Vergemeinschaftung ist".[9] Nur Wesen, die Mitglieder einer intersubjektiven Sprachgemeinschaft sind, sind Wesen, denen wir eine Orientierung auf das Gemeinwohl zumuten und von denen wir eine solche Orientierung auch legitimerweise erwarten können.

„Gemeinsinn" und „Sprachgemeinschaft" sind demnach nicht deckungsgleiche Begriffe. Denn ansonsten müßten alle Mitglieder *einer* Sprachgemeinschaft auch einen Gemeinsinn im Sinne einer Orientierung auf das Gemeinwohl teilen. Sie müßten also bereits mit und durch eine gemeinsam geteilte Sprache über einen kollektiv verbindlichen und verbindenden Werthorizont verfügen – was sich jedoch empirisch bestreiten läßt. Der Gemeinsinn im Sinne von sprachlich geteilten Bedeutungen ist lediglich eine notwendige Bedingung einer jeden Orientierung auf ein Gemeinwohl.[10] Um sinnvoll von einem Gemeinsinn sprechen zu können, müssen die Wesen, denen wir eine Gemeinwohlorientierung zumuten und von denen wir eine solche Orientierung auch erwarten können, nicht Mitglied *einer* Sprachgemeinschaft sein, sondern lediglich Mitglied einer *Sprachgemeinschaft*. Es reicht aus, daß sich die Mitglieder einer solchen Gemeinschaft wechselseitig verstehen können. Sie müssen aber nicht unbedingt dieselbe Sprache sprechen, wenngleich dies in vielen Fällen so sein wird. In der Schweiz spricht man bekanntlich mehrere Sprachen und doch erscheint es *prima facie* nicht absurd, den Schweizern einen Gemeinsinn zuzusprechen.

Dies scheint zunächst zu bedeuten, daß gemeinsam geteilte Überzeugungen bezüglich der Orientierung auf das, was wir das Gemeinwohl nennen, mindestens auf eine zweifache Weise von Relevanz sind: Sie sind erstens für das wechselseitige Verstehen der Mitglieder von Gemeinschaften relevant – ein Verstehen, das hinsichtlich seiner Möglichkeitsbedingungen traditionell im Rahmen der philosophischen Hermeneutik thematisch wird. Wittgenstein, Gadamer, Habermas und Davidson haben auf je unterschiedliche Weise gezeigt, daß ein jedes Verstehen auf ein hermeneutisches Vorverständnis in Form eines „Hintergrunds massiver Übereinstimmungen" angewiesen ist, der als ein Hintergrund von „gemeinsam geteilten Überzeugungen" zu verstehen ist, ohne den es nicht nur kein Verstehen geben würde, sondern auch keine Wir-Gruppe und

---

[9] Vgl. Weber 1972a, S. 238, Weber 1972b, S. 93.

[10] „Die Orientierung an den Regeln der gemeinsamen Sprache ist primär also nur Mittel der Verständigung, nicht Sinngehalt von sozialen Beziehungen" – sie ist noch kein Gemeinsinn im Sinne einer Orientierung auf das Gemeinwohl. Weber 1972a, S. 23.

damit auch keinen Gemeinsinn und kein Gemeinwohl – egal ob diese Gruppe partikular oder universell verstanden wird.

Gemeinsam geteilte Überzeugungen sind aber nicht nur für ein wechselseitiges Verstehen relevant, sondern auch für die Konstitution von Wir-Gemeinschaften in einem engeren Sinn, also auch für den Gemeinsinn und das Gemeinwohl einer partikularen Wir-Gemeinschaft. Wir müssen daher zunächst die Frage klären, welche Rolle genau diese Überzeugungen bei der Konstitution von partikularen Wir-Gruppen spielen, eine Frage, die beantwortet sein muß, damit wir die Frage nach dem Gemeinsinn im Sinne der Orientierung auf ein Gemeinwohl überhaupt stellen können. Ich frage zunächst also nicht nach dem Gemeinsinn und dem Gemeinwohl, um dann auf die Wir-Gruppe zu sprechen zu kommen, sondern umgekehrt nach der Rolle von gemeinsam geteilten Überzeugungen bei der Konstitution von Wir-Gemeinschaften.

Der Grund für dieses Vorgehen ist, daß die Begriffe „Gemeinwohl" und „Gemeinsinn" ohne jenen der „Gemeinschaft" überhaupt nicht zu verstehen sind – wobei der Begriff der „Gemeinschaft" der *grundlegendere Begriff* ist, da dieser ohne jenen verstanden werden kann, nicht aber jener ohne diesen. Und der Begriff des „Gemeinwohls" verweist ja auch schon in seiner Bedeutung auf den Begriff der „Gemeinschaft", insofern ein Gemeinwohl ja nichts anders ist, als das Wohl einer Gemeinschaft – was dann analog auch für den Begriff des „Gemeinsinns" gilt, insofern wir darunter eine Orientierung am Gemeinwohl und damit an der Gemeinschaft verstehen.

Wer also über das Gemeinwohl und den Gemeinsinn redet, der darf nicht von der Gemeinschaft schweigen wollen. Denn immer wenn man vom Gemeinwohl spricht, spricht man automatisch von einer Gemeinschaft, um deren Wohl es geht. Darum ist zunächst zu klären, was genau unter einer solchen Gemeinschaft zu verstehen ist. Wir müssen anscheinend zunächst die Frage nach der Rolle von gemeinsam geteilten Überzeugungen bei der Konstitution von partikularen Wir-Gruppen beantworten, die kleiner sind als die gesamte Menschheit – also jener Wesen, die sagen können: „Wir sind vernünftig". Diese Frage könnte man auch so formulieren: *Es gibt Gemeinschaften – wie sind sie möglich?*

Die Antworten auf diese Frage sind notorisch unklar. Lediglich, daß Überzeugungen hierbei eine Rolle spielen, scheint nicht kontrovers zu sein. Zwar hat sich in der Philosophie und in den Sozialwissenschaften inzwischen die Auffassung durchgesetzt, daß die Gemeinsamkeit von lebensweltlich situierten Wir-Gruppen, die sich nicht strategisch integrieren, als eine Gemeinsamkeit verstanden werden muß, die auf einem normativen Konsens beruht. In der Phänomenologie von Husserl, der philosophischen Hermeneutik von Gadamer, der philosophischen Anthropologie von Gehlen, der Konzeption der Sprachspiele von Wittgenstein und der Diskurstheorie von Apel und Habermas finden sich diesbezüglich ähnliche Intuitionen wie in der Soziologie bei Emile Durkheim, Ferdinand Tönnies, George Herbert Mead und Max Weber. Und auch die postempiristische Wissenschaftstheorie kam mit Thomas S. Kuhn zu einem ähnlichen Befund. Denn auch Kuhn meinte ja, daß die Begriffe des „Paradigmas" und der „Gemeinschaft" in einem zirkulären Explikationsverhältnis stünden. Wie aber dieser Konsens genau verstanden werden muß und wie sich die Konsense von unterschiedlichen Gemeinschaften zueinander verhalten, darüber gehen die Meinungen auseinander.

Wie immer man sich nun in dieser Debatte verortet, ob man eher der partikularisti-schen oder der universalistischen Position zuneigt, zweierlei wird sich kaum bestreiten lassen: Erstens, daß solche Konsense für partikulare Wir-Gruppen konstitutiv sind. Und zweitens, daß sie die Einheit des Kollektivs verbürgen, das den Bezugspunkt für die Gemeinsamkeit aller Angehörigen bildet, die darin zum Ausdruck kommt, daß diese von sich in der ersten Person Plural sprechen können. Die Mitglieder solcher Kollektive sagen „wir" – im Gegensatz zu „ihnen", womit in der Regel jene gemeint sind, die nicht zur je eigenen Wir-Gruppe gehören. Aus diesem Tatbestand hat Richard Rorty die Schlußfolgerung gezogen, daß wer „wir" sagt, damit auf einen Kontrast zu „ihnen" abhebt, „die ebenfalls Menschen sind – aber Menschen von der falschen Sorte",[11] wobei er diese These mit der ethnozentristischen These in Verbindung gebracht hat, daß die Unterscheidung zwischen „uns" und „ihnen" identisch ist mit der Einteilung des Men-schengeschlechts „in diejenigen, vor denen man seine Überzeugungen rechtfertigen muß, und die übrigen. Die erste Gruppe – der *ethnos* – umfaßt diejenigen, mit deren Meinungen man genügend übereinstimmt, um ein fruchtbares Gespräch möglich zu machen", und die zweite Gruppe umfaßt jene, bei denen von einer derartigen Überein-stimmung nicht gesprochen werden kann. Danach ist dann das, was als „rational oder fanatisch gilt", nicht mehr absolut, sondern „relativ und richtet sich nach der Gruppe, vor der man sich rechtfertigen zu müssen meint; es richtet sich nach dem Korpus ge-meinsamer Überzeugungen, das den Bezug des Wortes ‚wir' bestimmt".[12]

Die Pointe des Ethnozentrismus besteht danach in einer *Relativierung des Rationali-tätsbegriffs* durch eine *partikularistische Begrenzung des „logischen Raums des Be-gründens"* und in der damit zusammenhängenden Einteilung des Menschengeschlechts in zwei Gruppen: in die, „vor denen man seine Überzeugungen rechtfertigen muß, und die übrigen"! So verstanden, wären *partikularistische Wir-Gemeinschaften Rechtferti-gungsgemeinschaften,* insofern die Rechtfertigungsbedürftigkeit und die Rechtferti-gungsfähigkeit von Überzeugungen nur in den von *innen gezogenen Grenzen* von parti-kularen Wir-Gemeinschaften einen Sinn haben soll.[13]

Ich halte diese Begründung nicht für plausibel. Zwar können es sich Partikularisten als Verdienst anrechnen, die Frage nach den Grenzen des Wir gestellt zu haben – etwa im Gegensatz zu Universalisten, die mehr damit beschäftigt sind, die Herausforderun-gen des Kontextualismus abzuwehren. Die hierauf gegebene Antwort vermag jedoch nicht zu überzeugen – zumindest nicht in dieser Form. Denn sie kann mit einem Ein-wand konfrontiert werden, der sich durch den Partikularisten nicht zurückweisen läßt, da er sich auf eine Prämisse stützt, die er selbst als gültig akzeptiert, auf die Prämisse nämlich, daß „die Überzeugungen der Menschen nicht in einem freischwebenden Ver-hältnis zur nichtmenschlichen Umwelt stehen können und daß die meisten unserer (und überhaupt *jedermanns*) Überzeugungen wahr sein müssen".[14]

---

[11] Rorty 1989, S. 307.
[12] Rorty 1988, S. 27 und S. 85.
[13] Vgl. Tietz 2001, S. 89 f.
[14] Rorty 1994, S. 23 und S. 93; Vgl. Davidson 1982, S. 327; Davidson 1991, S. 1007; Vgl. Tietz 2002b, Kap. 3.

Ohne hier weiter auf Rortys Argumentation einzugehen, sei zumindest festgestellt, daß gegen diese Variante des *epistemischen Partikularismus* mindestens drei Argumente sprechen, die gleichzeitig für einen *hermeneutischen Universalismus sprechen*: Erstens, daß die ethnozentrische Begrenzung des Raums der Gründe mit dem „holistischen Charakter der Überzeugungszuschreibung" unvereinbar ist; zweitens, daß sich gar nicht angeben läßt, was genau unter dem „Wir" zu verstehen ist; und drittens, daß sich unter der Voraussetzung eines uneingeschränkten Holismus der Begriff der Wir-Gruppe auflöst, wodurch wir gerade das verlieren würden, was wir suchen: Gemeinschaften, die kleiner als die gesamte Menschheit sind. Damit würden wir natürlich auch das Gemeinwohl und den Gemeinsinn verlieren, weil wir nicht angeben könnten, um wessen Wohl es eigentlich bei dem besagten Gemeinwohl geht.[15]

Die von Rorty unterstellte Rationalität ist eine *kontrafaktische Präsupposition*, die sich nicht partikularistisch verstehen läßt, sondern universalistisch verstanden werden muß. „Alles, womit wir Rationalitätsansprüche verbinden, steht schon unter dieser Präsupposition. Sie hat die Form einer Behauptung der ersten Person Singular oder Plural ‚Ich bin vernünftig/Wir sind vernünftig'."[16] Und dieses „Wir" fällt nicht mit dem „Wir" der je eigenen Wir-Gemeinschaft zusammen, sondern mit jenem „Wir", dessen Verhalten sich auf der Basis unseres Interpretationsschemas zumindest als „minimal vernünftig" bezeichnen läßt.[17]

Verstehen und Rechtfertigen

Offenkundig muß man unterscheiden, zwischen einem Gebrauch von „Wir" im Sinne einer Rationalitätsunterstellung und einem Gebrauch von „Wir", der sich auf eine spezifische Gruppe bezieht und zur Abgrenzung von anderen Individuen und Wir-Gruppen dient. Beide Fälle sind nicht identisch: Im ersten Fall handelt es sich um eine Verständlichkeitsunterstellung, im zweiten hingegen um eine Identifikation auf der Basis dieser Präsupposition. Mit der Verständlichkeitsunterstellung konstituieren die Mitglieder eine *prinzipiell offene und unbegrenzte Kommunikationsgemeinschaft*, während sie mit der Identifikation daraus jene ausgrenzen, die zu einem in Raum und Zeit lokalisierbaren Kollektiv gehören.

Ich schlage daher vor, daß Wort „Wir" mit Indizes zu versehen. Im ersten Fall grenzen sich die Sprecher von Nicht-Sprechern ab (Wir$_1$), im zweiten Fall grenzen sich bestimmte Sprecher gegenüber einer Reihe von anderen Sprechern ab, so daß sie eine partikulare Wir-Gemeinschaft im Verhältnis zu anderen Wir-Gemeinschaften bilden (Wir$_2$). Der erste Fall bezieht sich umstandslos auf all jene Wesen, die Kant als vernunftbegabte Wesen bezeichnet hatte, weshalb auf dieses Wir$_1$ auch das Prädikat „rational$_1$" im Sinne von *nicht nichtvernünftig* Anwendung findet. Auch der zweite Fall bezieht sich auf vernunftbegabte Wesen, aber in einer anderen Weise und in einem eingeschränkten Sinn. Beide Fälle sind nicht identisch. Dennoch stehen sie in einem

---

[15] Vgl. Tietz 2001, S. 90 f.
[16] Schnädelbach 1992a, S. 72.
[17] Vgl. Rorty 1988, S. 18; Putnam 1982, S. 162.

wechselseitigen Explikationsverhältnis. Denn nur Wesen, die Mitglied der ersten Wir$_1$-Gemeinschaft sind, denen wir also Vernunft und Rationalität zusprechen, sind Wesen, die auch in einem engeren Sinn zu „uns" gehören können, weshalb auf dieses Wir$_2$ das Prädikat „rational$_2$" Anwendung findet, das sich nun aber auf die partikulare Rationalität eines Kollektivs bezieht, das kleiner ist als die gesamte Menschheit. Von daher ist Wir$_1$ stets größer als Wir$_2$. *Man muß ein Mitglied der Wir$_1$-Gemeinschaft sein, damit man ein Mitglied von Wir$_2$-Gemeinschaften sein kann.* Diese Feststellung scheint mir nicht trivial. Denn wenn dies richtig ist, wenn also nur Wesen zu „uns" gehören können, die Mitglied einer offenen und unbegrenzten Wir$_1$-Gemeinschaft sind, dann bedeutet dies, daß ein richtig verstandener Partikularismus den Universalismus zu seiner Voraussetzung hat! *Ein recht verstandener Partikularismus ist ohne einen recht verstandenen Universalismus nicht zu haben!*

Dies ist auch ein Grund dafür, daß es auf die Frage wer oder was wir sind, so verschiedene Antworten geben kann. „Jede bestimmt eine andere Art des ‚Wir'-Sagens; und jede Art des ‚Wir'-Sagens bestimmt eine andere Gemeinschaft, so daß wir uns in einer Vielzahl von Gemeinschaften wiederfinden. Das legt den Gedanken nahe, daß wir uns selbst mehr oder weniger für diejenigen halten, die ‚wir' sagen, und verweist auf eine große Gemeinschaft, der die Mitglieder aller besonderen Gemeinschaften angehören – die Gemeinschaft derer, die über und zu jemandem ‚wir' sagen, ganz gleichgültig, ob nun die Mitglieder dieser besonderen Gemeinschaften einander kennen oder nicht."[18]

Ein Gemeinsinn im Sinne einer Orientierung auf das Gemeinwohl einer partikularen Wir$_2$-Gemeinschaft ist also ohne einen Gemeinsinn im Sinne von sprachlich geteilten Bedeutungen nicht zu haben. Nur vernunftbegabte Wesen, die kommunizieren und sich verstehen, können Mitglieder von Wir$_2$-Gemeinschaften sein. Dieses Resultat ist allerdings noch unbefriedigend, zumal es eher auf eine Bestätigung von kantischen als von aristotelischen Intuitionen hinauszulaufen scheint. Gesucht war aber eine Position, die ich als einen reflektierten Partikularismus bezeichnet habe, eine Position, die es erlaubt, mit Rekurs auf gemeinsam geteilte Überzeugungen die Grenzen von Wir$_2$-Gemeinschaften zu bestimmen – wobei ein solcher Partikularismus eine Bedingung erfüllen sollte, die Bedingung nämlich, mit dem hermeneutischen Universalismus kompatibel zu sein. *Ein reflektierter Partikularismus muß ein Partikularismus sein, der sich mindestens in hermeneutischer Hinsicht widerspruchsfrei mit dem Universalismus verträgt.* Wie bereits bemerkt: Wenn sich ein reflektierter Partikularismus überhaupt vertreten läßt, muß er sich in einer hermeneutisch reflektierten Variante vertreten lassen, d. h. in einer Weise, die die Partikularisierung des logischen Raums der Gründe ausschließt!

Dies scheint mir bei Rorty, Taylor und MacIntyre aber nicht der Fall zu sein – was Rorty inzwischen selbst auch zugegeben hat. Denn Rorty meint heute, daß „der holistische Charakter der Zuschreibung intentionaler Zustände [...] die Zersplitterung des logischen Raums, in dem Gründe genannt und verlangt werden", verbietet. „Es gibt tatsächlich nur einen einzigen logischen Raum."[19] Dennoch ist das vorläufige Ergebnis nicht nur negativ. Zum einen haben wir mit diesem Ergebnis *notwendige Bedingungen*

---

[18]   Brandom 2000, S. 36.
[19]   Rorty 2001, S. 93 f.

einer jeden Gemeinschaftsbildung benannt. Und zum anderen wurde deutlich, wie sich ein vernünftiger Begriff einer partikularen Wir$_2$-Gemeinschaft und damit auch ein sinnvoller Begriff des Gemeinwohls und des Gemeinsinns nicht gewinnen läßt. Es zeigt also, wie es nicht geht. Es gibt uns damit aber auch einen Fingerzeig, wie sich ein partikularistischer Gemeinschaftsbegriff gewinnen läßt.

Ein solcher Begriff läßt sich gewinnen, wenn wir zunächst die These aufgeben, der „logische Raum des Begründens" lasse sich partikularistisch begrenzen; wenn wir zweitens den uneingeschränkten Holismus so einschränken, daß die Konsequenz vermieden wird, die den Begriff der Sprach- und damit der Wir$_2$-Gemeinschaft auflöst, wenn wir drittens die Frage nach der Rechtfertigung von Überzeugungen dergestalt liberalisieren, daß sie nicht mehr als eine Frage des Alles-oder-Nichts erscheint, sondern als eine Frage des Mehr-oder-Weniger; und wenn wir viertens die Grenzen des Wir nicht mehr mit Rekurs auf den „logischen Raum der Begründens" zu bestimmen versuchen, sondern über einen kollektiv verbindlichen und kollektiv verbindenden Werthorizont einer partikularen Wir$_2$-Gemeinschaft.

Sprache, Werte und die Identität der Gemeinschaft

Wer die Grenzen des Wir mit Rekurs auf einen kollektiv verbindlichen und kollektiv verbindenden Werthorizont bestimmen will, der muß etwas über wertrational integrierte soziale Beziehungen sagen können. Es erscheint daher nötig, sich die Verbindungsart anzusehen, die für die Gemeinschaftsbildung von partikularen Wir$_2$-Gruppen konstitutiv ist. Dabei können wir von einer Feststellung ausgehen, die sich bereits in der *Kritik der reinen Vernunft* findet. Hier stellt Kant fest, daß „das Wort Gemeinschaft [...] in unserer Sprache zweideutig" ist: es „kann soviel als *communio*, aber auch als *commercium* bedeuten",[20] wobei Kant unter einer Gemeinschaft im Sinne eines „*commercium*" einen Verkehrszusammenhang versteht, in dem eine Vielheit gleichrangiger Komponenten „in durchgängiger Gemeinschaft der Wechselwirkung untereinander [...] stehen"[21] ohne dabei ein Gemeinsames zu bewirken, wohingegen er unter einer Gemeinschaft im Sinne einer „*communio*" einen Verkehrszusammenhang versteht, in dem die Vielheit der Komponenten dadurch integriert sind, daß sie etwas miteinander machen und sich so miteinander vereinen – wobei hier die Komponenten nicht notwendigerweise gleichrangig sein müssen.

So sah es auch Ferdinand Tönnies, der die Gesellschaft als „ein [...] Nebeneinander voneinander unabhängiger Personen" versteht, die nichts miteinander machen, die allenfalls etwas vereinbaren, sich aber dabei nicht vereinen, der er die Gemeinschaft gegenüberstellt, die er als ein Zusammenwirken der Menschen bestimmt, das „im Besitz und Genuß *gemeinsamer* Güter" gründet.[22] Im Unterschied also zu gewaltsam konstituierten Sozialverbänden spricht Tönnies mit den Begriffen „Gemeinschaft" und „Gesellschaft" zwei elementare Grundformen des sozialen Lebens an, mit denen er die Ver-

---

[20] Kant 1979, A 213.
[21] Ebd.
[22] Tönnies 1991, S. 4 u. 20.

bundenheit im Sozialen zu erklären sucht, so diese sich auf „Verhältnisse gegenseitiger Bejahung" beziehen lassen, auf Verhältnisse also, die sich nicht auf bloße Macht und Gewalt gründen.

Zwar dürfen wir nicht vergessen, daß der Gemeinschaftsbegriff bei Tönnies immer auch als ein lebensphilosophischer Kontrastbegriff zur starren und mechanischen Gesellschaft fungiert. Die Gemeinschaft als Gebietskategorie des Vorkapitalistischen wird so zur Verherrlichung von vermeintlich „organischen Zuständen" und zugleich zur Kampfparole gegen die mechanisierenden und damit kulturzerstörenden Wirkungen des kapitalistischen Systems. Insofern handelt es sich bei Tönnies immer auch um eine „Apologie der Gemeinschaft gegen die vergesellschaftenden Tendenzen von Staat und Wirtschaft".[23] Dies ist aber eben nur eine Dimension dieses Begriffs. Die andere Dimension ist die, daß Tönnies mit diesem Begriff auf einen Verkehrszusammenhang abhebt, in dem die Gemeinschaftsmitglieder nicht systemisch, sondern über den kollektiv verbindlichen und kollektiv verbindenden Werthorizont einer partikularen Wir$_2$-Gemeinschaft integriert sind.

Der Begriff der Gemeinschaft läßt sich bei Tönnies also in einer zweifachen Weise verstehen: Er läßt sich erstens als eine lebensphilosophische Antithese und damit als „eine Art Gegenideologie der industriellen Gesellschaft" verstehen.[24] In diesem Sinne dürfte er uns heute kaum noch etwas zu sagen haben, weil die Beschwörung jener Zeiten, die einst als die sinnerfüllten galten, nicht mehr zu überzeugen vermag. Und er läßt sich zweitens als ein Begriff verstehen, der sich auf eine Integrationsform bezieht, die über gemeinsam geteilte Werte läuft, die dann das ausmachen, was man den kollektiv verbindlichen und kollektiv verbindenden Werthorizont einer partikularen Wir$_2$-Gemeinschaft nennen kann – wobei Tönnies im Gegensatz zu homogenisierenden Gemeinschaftsmodellen, in denen die *Einheit* in einem starken Sinne als *Gleichheit* der Mitglieder verstanden wird, die Auffassung vertritt, daß die Einheit erstens prozedural zu verstehen sei, nämlich aus einem „Verhältnis gegenseitiger Bejahung" und daß diese Einheit zweitens nur eine „Einheit des Differenten" sein könne.

Nur in diesem zweiten Sinne werde ich den Gemeinschaftsbegriff in der Folge weiter verwenden und unter einer partikularen Gemeinschaft eine über gemeinsam geteilte Werte integrierte Gemeinschaft verstehen. Wertegemeinschaften sind normativ integrierte Gemeinschaften, die sich auf das Gemeinwohl im Sinne dessen beziehen, was aufs Ganze gesehen für die Mitglieder dieser Gemeinschaft gut oder besser ist. Dies ist freilich erst die halbe Wahrheit. Denn die Frage, wie diese Integration genau zu verstehen ist, ist damit noch nicht beantwortet. Die Frage nämlich, was Werte sind und wie diese innerhalb einer solchen Gemeinschaft geteilt werden, läßt sich mit Tönnies nicht mehr klären.

Wir stoßen bezüglich der Gemeinschaftsproblematik hier auf ein Problem, das bis dahin weder in der Soziologie noch in der Philosophie eine einigermaßen plausible Lösung gefunden hat. Hier wie dort fehlten die konzeptionellen Mittel, die Art und Weise dieser Integration plausibel zu machen, so daß man meist mit dem Verweis auf große Synthesen operierte. Danach geht eine Gemeinschaft aus der „Synthese" der Per-

---

[23] Plessner 1955, S. 341.
[24] Ebd.

sonen hervor, die sie umfaßt. So sahen es Durkheim und Simmel und so sahen es Husserl und Adler – weshalb man in diesem Zusammenhang auch von einem „Sozial-Apriori" sprach. Am nächsten kam wohl George Herbert Mead der Lösung des Problems, der im Rahmen des symbolischen Interaktionismus ein Konzept der Perspektivenverschränkung entwarf, das den kollektiv verbindlichen und kollektiv verbindenden Werthorizont einer partikularen Wir_2-Gemeinschaft aus den symbolischen Äußerungen von sprach- und handlungsfähigen Subjekten erklärte.

Diese Intuition läßt sich hermeneutisch dergestalt konkretisieren, daß wir die Integration als eine sprachlich vermittelte und normativ gesteuerte Integration verstehen.[25] Die Identität partikularer Wir_2-Gemeinschaften wäre danach eine Identität, die sprachlich über gemeinsam geteilte Werte vermittelt ist, wobei unter solchen Werten *abstrakte Gegenstände* zu verstehen sind, auf die wir uns mit substantivierten Prädikaten beziehen. „Schönheit" oder „Fitneß" stellen in diesem Sinne genauso Werte dar, an denen sich eine Gemeinschaft in ethisch-existenzieller Hinsicht orientieren kann, wie „Gerechtigkeit" oder „Solidarität".[26] Werte sind Pseudogegenstände und Wertbegriffe analog zu den Begriffen, die man mit als Kant „Prädikate möglicher Urteile"[27] bezeichnen kann, „Prädikate möglicher Beurteilungen", wobei wir diese Prädikate als Regeln verstehen sollten, denen wir bei Beurteilungen in der Verwendung der jeweiligen Prädikatausdrücke folgen. Wenn man also das Wertproblem richtig stellt, d. h. in Übereinstimmung mit der Grammatik der evaluativen Rede, dann wären das, was den Werten entspricht, die *intersubjektiven Verwendungsregeln von Wertprädikaten*, über die wir als Wertende nicht frei verfügen können, weil sie eine subjektunabhängige Geltung haben – womit zumindest angedeutet ist, auf welcher Grundlage eine Auseinandersetzung über Wertfragen überhaupt nur geführt werden kann: nämlich auf einer *anerkennungstheoretischen Grundlage.*[28]

Damit lassen sich zwei wichtige Teilergebnisse festhalten: Erstens, daß die Identitätsbedingungen auf den Begriff des „Gemeinwohls" verweisen, insofern diese kollektive Wir_2-Identität auf eine nicht-kontingente Weise mit bestimmten Wertungen[29] und damit mit bestimmten Überzeugungen und Wünschen der Kollektivmitglieder verknüpft ist, die sich auf das beziehen, was aus der Sicht der Kollektivmitglieder aufs Ganze gesehen gut oder besser für die Wir_2-Gruppe ist; und zweitens, daß ein solcher Konsens durch die *Kanäle der sprachlichen Kommunikation* hindurch muß – wobei

---

[25] Tietz 2002b, Kap. 2.

[26] Vgl. Luhmann 1986, S. 213. Es wäre verfehlt, das Problem des Gemeinschaft auf den Bereich der Politik einzugrenzen, da die Orientierung an gemeinsam geteilten Werten nicht nur für diesen Bereich charakteristisch ist. Das Problem der Gemeinschaft muß zunächst unabhängig von etwaigen politischen Konsequenzen durchdacht werden, weil viele Wir_2-Gemeinschaften keine politischen Gemeinschaften sind. Die soziale Welt ist ein Konglomerat sozialer Wir_2-Gemeinschaften, die sich in teils konzentrischen, teils sich überlappenden sozialen Kreisen aufeinander beziehen, wobei es die politische Gemeinschaft ist, die nach liberalem Verständnis, in der Außenbeziehung gleichberechtigt mit andern politischen Gemeinschaft agiert und nach innen eine Einheit in der Differenz verwirklichen soll, so daß Raum für eine differierende Vielfalt von Lebensformen geschaffen wird.

[27] Kant 1979, A 69.

[28] Vgl. dazu Schnädelbach 2001; Tietz 2002b, Kap. 2.

[29] Vgl. dazu Taylor 1988, S. 36 f.

solch ein kommunikativ erzieltes Einverständnis immer *propositional differenziert* ist, was gleichzeitig der Grund dafür ist, daß es sich nicht von außen induzieren läßt. Ein kommunikativ erzieltes *Einverständnis* muß immer von den Beteiligten als gültig akzeptiert werden, sonst ist es eben kein *kommunikativ erzieltes* Einverständnis. Und ein solches „Einverständnis beruht auf gemeinsamen *Überzeugungen*".[30]

Die Einheit des Kollektivs bildet also den Bezugspunkt für die Gemeinsamkeit aller Angehörigen. Diese Gemeinsamkeit kommt darin zum Ausdruck, daß die Mitglieder des Kollektivs sich mit ihrem Kollektiv identifizieren und von sich in der ersten Person Plural sprechen können. „Unter einer *kollektiven* oder *Wir-Identität* verstehen wir das Bild, das eine Gruppe von sich aufbaut und mit dem sich die Mitglieder identifizieren. Kollektive Identität ist eine Frage der *Identifikation* seitens der beteiligten Individuen. Es gibt sie nicht ‚an sich', sondern nur in dem Maße, wie sich bestimmte Individuen zu ihr bekennen. Sie ist so stark oder so schwach, wie sie im Denken und Handeln der Gruppenmitglieder lebendig ist und deren Denken und Handeln zu motivieren vermag"[31] – wobei der Identitätsbegriff in diesem Zusammenhang für die Fähigkeit der Kollektivmitglieder steht, sich auf der Grundlage eines reflektierten Selbstverhältnisses mit dem Kollektiv zu identifizieren, das sie sind und das sie künftighin sein wollen.

Was ich vorschlage, ist somit eine hermeneutische Deutung der Tiefengrammatik des Problemzusammenhangs Gemeinsinn-Gemeinwohl-Gemeinschaft, da unter den Bedingungen der Moderne die hermeneutische Idee des Gesprächs jeder Gemeinschaftlichkeit als eine notwendige Idee eingeschrieben ist, so dieses Gespräch um die Frage kreist, was aus der Sicht der Mitglieder dieser Gemeinschaft aufs Ganze gesehen gut oder besser für sie ist – und zwar nicht als die Idee eines utopischen Endzustandes, der nur noch jenseits der Geschichte zu denken wäre, sondern als Idee eines hermeneutischen Minimums, ohne dessen Realisierung sich gemeinschaftliche Wertorientierungen nur noch dogmatisch rechtfertigen ließen.

Mit dieser hermeneutischen Deutung lassen sich zwei alte Intuitionen auf neue Weise zusammenführen. Die *aristotelische Intuition*, daß sich „starke Wertungen"[32] nicht vom Kontext einer partikularen Lebensform trennen lassen und die *hermeneutische Intuition*, daß nicht nur die Sprache in dem Gespräch gründet, das wir sind,[33] sondern auch die Gemeinschaft, insofern diese, wie vermittelt auch immer, aus der Ich-Du-Perspektive von Kommunikationsteilnehmern ihr normatives Selbstverständnis schöpft. Beide, die Sprache und die Gemeinschaft, müssen vom „Gespräch" her gedacht werden – wobei ich mich mit der These, daß die Ich-Du-Beziehung als die „grundlegende soziale Struktur" betrachtet werden muß, auf die Prämissen *des methodischen Individualismus* verpflichte. Wenn man den Problemkomplex Gemeinsinn-Gemeinwohl-Gemeinschaft von den bekannten Surrogatbildungen entkoppeln will, dann muß der Begriff einer diskursiven Gemeinschaft, eines Wir, aus den kommunikativen Bestandteilen des Gesprächs aufgebaut werden.

---

[30] Habermas 1985a, Bd. 1, S. 386.
[31] Assmann 1992, S. 132.
[32] Vgl. Taylor 1988, S. 11 ff.; Taylor 1994a, S. 34 ff.; Vgl. Tietz 1996; Tietz 1998.
[33] Vgl. Heidegger 1981, S. 38 f.

Dies impliziert eine doppelte Gegnerschaft: Der prozedurale Aristotelismus, der von den Prämissen des methodischen Individualismus ausgeht, ist zunächst dem *Atomismus* entgegengesetzt, der sich auf den kollektiv verbindlichen und kollektiv verbindenden Wert- und Verständnishorizont einer Gemeinschaft zwar bezieht, diesen aber nicht erklären kann; und er ist dem *Kommunitarismus* entgegengesetzt, der über die wertrational integrierte Gemeinschaft so redet, als handele es sich hierbei um ein Subjekt im Großformat und der diese Wertungen entweder mit Rekurs auf Traditionen begründet, wie dies bei Ritter, Gadamer und MacIntyre der Fall ist, die an die Aristotelische *Tugendethik* anschließen, oder mit Rekurs auf eine „umfassendere Ordnung", „die ihre Ansprüche an uns stellen kann", wie dies etwa von Taylor im Rahmen einer an Aristoteles anschließenden *Güterethik* versucht wird.[34] Beide, der Atomismus und der Kommunitarismus, verkennen den diskursiven Charakter der sozialen Struktur und beide verfügen über keine plausible Theorie der Werte, die nach der hier vertretenen Auffassung ebenfalls aus unseren diskursiven Praktiken des Gebens und Nehmens von Gründen rekonstruiert werden muß.

Methodischer Individualismus und das Problem der Gemeinschaft

Gegen meinen Vorschlag, das Problem der Gemeinschaft und des Gemeinsinns hermeneutisch über gemeinsam geteilte Werte und damit auch über die gemeinsam geteilten Überzeugungen von kompetenten Sprechern einer partikularen Wir$_2$-Gemeinschaft anzugehen, können zwei Einwände geltend gemacht werden: Erstens könnte man einwenden, daß ein methodischer Individualismus auf eine Ontologie verpflichtet sei, die mit einem „ungebundenen Selbst" operiere und deshalb den „Sinn gegenseitiger Verpflichtungen" verfehlen muß, da diese „nur von gebundenen Individuen aufrechterhalten werden (können), die einen starken Gemeinschaftssinn teilen" – weshalb der methodische Individualismus dann auch „soziale Güter als Verkettungen von individuellen Gütern auffassen"[35] müsse; und zweitens könnte man einwenden, daß zu einer recht verstandenen Gemeinschaft nicht nur die hier in Anschlag gebrachte Komponente gemeinsam geteilter Werte und Überzeugungen gehöre, sondern stets auch eine gefühlsmäßige Basis, ohne die jede Gemeinschaft in der Luft hinge – wobei man den ersten Einwand den kommunitaristischen und den zweiten den affektualistischen Einwand nennen könnte.

Für beide Einwände finden sich Argumente. Der *affektualistische Einwand* könnte sich etwa auf Max Weber berufen, der die Auffassung vertrat, daß eine Gemeinschaftsbildung ohne Zusammengehörigkeitsgefühle nicht zu haben sei. „Vergemeinschaftet" heißt bei ihm eine soziale Beziehung, „wenn und soweit die Einstellung des sozialen Handelns […] auf subjektiv *gefühlter* (affektueller oder traditioneller) *Zusammengehö-*

---

[34] Taylor 1995, S. 102.
[35] Taylor 1994b, S. 107 u. 102.

rigkeit der Beteiligten beruht".[36] Mit dieser Definition, mit der er terminologisch an Tönnies anschließt, widerspricht Weber zwar nicht *per se* der Auffassung, daß Gemeinschaften an gemeinsam geteilte Werte gebunden sind, die Vergemeinschaftung auf der Basis einer subjektiv gefühlten Zusammengehörigkeit der Beteiligten scheint für ihn jedoch einen besonderen Status zu besitzen.

Nun geht es mir hier nicht darum, den sozialdiagnostischen Wert einer Soziologie zu bestreiten, die den Begriff des Gefühls ins Zentrum der Analyse von Gemeinschaften stellt, einer Soziologie, die für die Analyse von Partnerschaften, religiösen Sekten und vielleicht auch für die von politischen Parteien durchaus von Wert sein dürfte. Ich bezweifle jedoch, daß eine subjektiv gefühlte Zusammengehörigkeit für jede Form der Gemeinschaftsbildung konstitutiv ist und daß eine Gemeinschaft, die tatsächlich auf solch einer Zusammengehörigkeit beruht, sich auf einen normativen Konsens gründet, der sich auf Fragen des „guten" oder des „gelingenden Lebens" bezieht.[37]

Eine gefühlte Zusammengehörigkeit ohne Bezug auf Fragen des guten Lebens könnte den Verbindlichkeitscharakter, der sich mit dem Guten verbindet – das „Sollen" –, nicht erklären. Zudem sind Gefühle nicht immer wechselseitig, wie jeder unglücklich Verliebte weiß. Und es soll ja sogar Menschen geben, die emotionale Beziehungen überhaupt nicht eingehen, ohne daß wir deshalb sagen würden, daß sie keine Mitglieder von partikularen Wir$_2$-Gemeinschaften sein können. Die Vergemeinschaftung von sozialen Beziehungen auf der Basis einer affektuellen Zusammengehörigkeit der Beteiligten ist darum ein Sonderfall der Vergemeinschaftung, der von jenen Vergemeinschaftungsformen abhängig bleibt, die Max Weber „zweck-" und „wertrational" nennt.[38] Und diese Vergemeinschaftung erfolgt über die gemeinsam geteilten Werte, die jene präferieren, die zu der Gemeinschaft gehören, in der diese Werte verbindlich sind.

Diese Werte, die durch jene Güter erfüllt werden, die von den Mitgliedern einer Wir$_2$-Gemeinschaft im Sinne des Gemeinwohls erstrebt werden, stehen untereinander in einer Präferenzordnung, die aufgrund ihrer propositionalen Struktur inferentiell gegliedert ist. Diese inferentielle Ordnung legt fest, welche Dinge, Zustände und Ereignisse wir anderen vorziehen, weshalb Max Scheler in diesem Zusammenhang auch von einer „Vorzugsordnung der Werte" sprach[39] – wobei die Werte, deren Ordnung und deren Gegebenheitsweise im Rahmen der traditionellen Wertlehren, wie sie im Neukantianismus von Windelband, Rickert und Lask oder im Rahmen der Neuen Ontologie von Wust, Scheler und Hartmann vertreten wurden, freilich nur gegenstandstheoretisch verstanden werden konnten. Im Unterschied zu Rechten, die „uns sagen", was zu tun ge- oder verboten ist, „sagen uns" Werte, die sich auf das Gemeinwohl beziehen, also auf das, was aufs Ganze gesehen gut oder besser für uns ist, welches Verhalten sich in bestimmten Kontexten empfiehlt oder nicht empfiehlt, geschätzt oder verabscheut wird,

---

36   Weber 1972a, S. 21. Unter „Vergesellschaftung" versteht Weber dagegen eine soziale Beziehung, bei der „die Einstellung des sozialen Handelns auf rational (wert- oder zweckrational) motiviertem Interessen*ausgleich* oder auf ebenso motivierter Interessen*verbindung* beruht" (ebd.).

37   Zur Ethik des guten Lebens: MacIntyre 1981; Taylor 1994a; Spaemann 1989; Seel 1995; Wolf 1998.

38   Weber 1972, S. 12.

39   Scheler 1954, S. 63 f. u. 107 f.

wichtig oder unwichtig ist. Werte sind also nicht in dem Sinne verpflichtend, wie Rechte die Mitglieder von Rechtsgemeinschaften verpflichten. Werte und Normen sind nicht identisch. Sie lassen sich erstens „durch ihre Bezüge zu verschiedenen Typen des regelgeleiteten oder des zielgerichteten Handelns (unterscheiden); zweitens durch die binäre bzw. graduelle Kodierung ihres Geltungsanspruchs; drittens durch ihre absolute bzw. relative Verbindlichkeit; und viertens durch die Kriterien, denen der Zusammenhang von Norm- bzw. Wertsystemen genügen muß".[40]

Zwar wird es oft der Fall sein, daß bei unseren Wertungen, die sich auf das beziehen, was aus der Sicht der Kollektivmitglieder aufs Ganze gesehen gut oder besser für die Wir_2-Gruppe ist, auch Zusammengehörigkeitsgefühle im Spiel sind. Dies berechtigt aber nicht schon zu der Schlußfolgerung, daß Wertegemeinschaften Gefühlsgemeinschaften seien oder daß das Werten eine „Gefühlstatsache" sei. Denn daß „man ein bestimmtes Gefühl hat, kann nie einen hinreichenden Grund abgeben für unsere Achtung vor dem betreffenden Standpunkt, denn das Gefühl kann nicht bestimmen, was bedeutungsvoll ist".[41] Nonkognitivistische Ansätze, die die Identität von partikularen Wir_2-Gemeinschaften direkt auf Gefühle oder Dispositionen zurückführen wollen, verkennen, daß den Gefühlsäußerungen der Geltungsanspruch fehlt, den wir mit „starken Wertungen" und erst recht mit moralischen Urteilen verbinden.[42] Und diese Ansätze liefern ja auch gar nicht das, was zu liefern sie vorgeben, nämlich eine Erklärung der Vergemeinschaftung von sozialen Beziehungen, sondern eher eine Erklärung der *motivationalen Grundlagen* solch einer Vergemeinschaftung.

Wertegemeinschaften sind normativ integrierte Gemeinschaften, die sich auf das Gemeinwohl beziehen, welches man mit Taylor als das „Bedeutungsvolle" einer Wir_2-Gemeinschaft bezeichnen kann. Mit der praktischen Frage beziehen wir uns nicht auf subjektive Gefühle oder Entscheidungsgründe (etwa auf das, was für die Mitglieder eines Kollektivs angenehm ist), sondern auf einen objektiven *Vorzug*, der sich begründen läßt. Wenn wir sagen, daß dies oder jenes „gut" oder „besser" für jemanden ist, dann bringen wir damit nicht nur zum Ausdruck, daß wir das, was wir als gut oder besser ansehen, dem, das wir als schlechter ansehen, vorziehen, sondern auch, daß sich unsere Rede auf Gründe und Argumente stützt. Sätze mit „gut" oder „besser" prädizieren den Vorzugsanspruch eines Sachverhalts. Es sind Sätze, die einen *Begründungsanspruch* erheben – im Gegensatz zu Sätzen, mit denen Angaben über einen Zustand gemacht werden, etwa darüber, was den Mitgliedern eines Kollektivs angenehm ist.

Das Problem der Gemeinschaftsbildung ist über intersubjektiv geteilte Werte zu erklären und die Problematik der Werte über unser wertendes Verhalten. Denn spätestens seit Nietzsche und Mill ist klar, daß nicht die Werte der Ursprung des Wertens, sondern umgekehrt „das Werten der Ursprung der Werte" ist.[43] Denn wenn wir uns einmal die grammatische Struktur von Wertungen betrachten, dann werden wir feststellen, daß sie

---

[40] Habermas 1996, S. 73.
[41] Taylor 1995, S. 46.
[42] Vgl. Habermas 1999, S. 275.
[43] Brandom 2000, S. 97.

alle eine implizite Satzstruktur aufweisen.[44] Wenn aber all unsere Wertungen eine implizite Satzstruktur aufweisen, dann sind Werte, die wir als abstrakte Entitäten verstehen können, die sich einer Nominalisierung von Prädikaten verdanken, über unser wertendes Verhalten aufzuklären, das in Werturteilen seinen Ausdruck findet und
Werturteile haben immer eine propositionale Struktur.

Aber auch der *kommunitaristische Einwand*, der sich auf die von Sandel, MacIntyre
oder Taylor gegen den Atomismus vorgebrachten Argumente stützen könnte, spricht
nicht gegen den hier unterbreiteten Vorschlag. Denn der methodische Individualismus
ist gar nicht auf das verpflichtet, worauf die kommunitaristische Kritik ihn verpflichten
will, nämlich auf eine atomistische Sozialontologie. Nach Sandel, MacIntyre und Taylor versteht der methodische Individualismus die Gemeinschaft als eine Ansammlung
von Individuen, die durch ihr „gemeinsames Handeln" Vorteile erhalten wollen, „die sie
nicht individuell sichern konnten. Das Handeln ist kollektiv, doch sein Sinn bleibt ein
individueller. Das gemeinsame Gute wird ausschließlich durch individuelle Güter gebildet".[45] Demgegenüber rekurriert die kommunitaristische Kritik am „ontologisch
uninteressierten" Individualismus (der für Sandel, Taylor oder MacIntyre politisch mit
dem Liberalismus zusammenfällt) auf ein Gemeinwohl, welches stärker sein soll als das
uns vom Individualismus mit seiner atomistischen Ontologie sowie seinem „Begriff
vom freien, desengagierten Subjekt" gebotene.

Die kommunitaristische Kritik am methodischen Individualismus setzt also zunächst
zwei ungleiche Konsensbildungsprozesse gleich: den diskursiv herbeigeführten Konsens, der auf Gründen beruht, die für alle Beteiligten einsichtig sind und den Konsens,
der sich einer Konvergenz der strategischen Kalkulation voneinander unabhängiger
Individuen verdankt, die als rationale Egoisten nur ihre eigenen Interessen im Auge
haben. Und dann wird auf der Basis dieser Gleichsetzung unterstellt, daß der Rückgriff
auf die interpretatorischen Leistungen, das Wollen und die Autonomie des Individuums
impliziere, daß das Individuum ein vorsoziales Wesen im Sinne eines „vorsozialen
Selbst" sei, so daß sich das Soziale wie im Kontraktualismus nur noch als instrumentelle Kooperation denken läßt.[46] Dies ist aber überhaupt nicht der Fall. Der methodische
Sinn des Rückgangs auf die interpretatorischen Leistungen, das Wollen und die Autonomie des Einzelnen ist ja lediglich der, daß der gemeinschaftlich geteilte Sinn in seinen beiden Dimensionen aus der performativen Einstellung von Kommunikationsteilnehmern erklärbar wird! Die interpretatorischen Leistungen, das Wollen und die
Autonomie des Einzelnen sind unter den Bedingungen eines nachidealistischen Denkens die einzigen *denkbaren nicht-transzendenten Berufungsinstanzen*, von denen her
sich der Gemeinsinn in seinen beiden Dimensionen überhaupt verstehen läßt.

Der Dissens zwischen dem methodischen Individualismus und dem Kommunitarismus betrifft noch nicht den „*social character of language*". Und auch die Frage, ob sich
„starke Wertungen", die für das normative Selbstverständnis von partikularen Wir$_2$-

---

[44] Das gilt selbst noch für die schlichte Äußerung „Schön!". Auch eine solche Äußerung, obwohl sie
   nur aus einem Wort besteht, müssen wir als einen Satz verstehen: nämlich als einen Einwortsatz.
   Vgl. Schnädelbach 2001, S. 159.
[45] Taylor 1994b, S. 112; Sandel 1982, Kap. 2.
[46] Tugendhat 1993, S. 202.

Gruppen konstitutiv sind, vom Kontext einer partikularen Lebensform trennen lassen, ist nicht strittig. Ein Dissens ergibt sich erst bezüglich der Frage der Ontologie und der damit zusammenhängenden Frage, wie das Überindividuelle verstanden werden kann, an dem sich die Gemeinschaftsmitglieder orientieren. Erst hier trennen sich die Wege.

Der methodische Individualismus hält, so gefaßt, konsequent an der hermeneutischen Einsicht fest, daß die Sprache und die Gemeinschaft im Gespräch gründen, das wir sind, so daß er auch das normative Selbstverständnis jener Individuen, die eine Gemeinschaft bilden, aus der Ich-Du-Perspektive von Kommunikationsteilnehmern erklärt. Das kommunitaristische „Wir" jenseits der Ich-Du-Perspektive, mit der das „Wir" gegenüber den performativen Einstellungen von Kommunikationsteilnehmern zu einer dritten Instanz vergegenständlicht wird, betrachte ich als einen grammatisch erzeugten Schein, der aus einer objektivistischen Fehldeutung des Gesprächs resultiert – wobei es natürlich völlig rätselhaft bleibt, wie sich dieses „Wir" in normativer Hinsicht gegenüber der Ich-Du-Perspektive als vorgängig erweisen lassen soll.[47]

Ich bestreite also nicht die Sinnfälligkeit der Gemeinschaftsorientierung überhaupt, sondern lediglich die These, daß die Gemeinschaft den Individuen *logisch* voraus liegen soll. Statt dessen behaupte ich, daß die Freiheit des Individuums *in und von der Gemeinschaft* eine Bedingung dafür ist, daß dieses für eine Gemeinschaft optieren kann. Der methodische Individualismus schließt erstens die auf Heidegger und Wittgenstein zurückgehende These aus, daß es die Sprache sei, die spricht oder daß es die Gemeinschaft sei, die bestimmte sprachliche Handlungen „als richtig ansieht", da in einer solchen *Sprachontologie* die hermeneutischen Leistungen von den Kommunikationsteilnehmern entweder auf die Sprache übertragen werden, die dann den Platz eines subjektlosen Erzeugers von Sinn einnimmt oder aber auf die Gemeinschaft, die dann das tun soll, was für gewöhnlich nur Individuen tun können. Und der methodische Individualismus schließt zweitens die an Hegel orientierte These aus, daß „die Individuen [...] eine supraindividuelle Entität anerkennen, die in sich wertvoll ist und von der sie, die Individuen, erst ihren Wert beziehen sollten",[48] da diese *Gemeinschaftsontologie* die These von der Priorität des Sozialen nur mit Rekurs auf transzendente Prämissen begründen kann, gegen die nicht nur philosophische, sondern auch empirische Argumente sprechen.

Weder die kommunitaristische Sprachontologie noch die kommunitaristische Gemeinschaftsontologie vermag zu überzeugen, da im ersten Fall die interpretatorischen Leistungen und im zweiten Fall das Wollen und die Autonomie der Individuen auf der Strecke bleiben. Zwar hat der Kommunitarismus gegenüber dem Atomismus darin recht, daß die Wir-Perspektive im Gespräch gründet und sich dementsprechend nicht aus einer Aufstockung von unabhängigen Ich-Perspektiven erklären läßt.[49] Und er behält gegenüber dem Atomismus auch noch darin recht, daß „auf der Grundlage einer kooperativen Vorstellung von Gemeinschaft [...] unklar (bleibt), wie das moralische

---

[47] Aus einer differenztheoretischen Perspektive sind ähnliche Einwände von Seyla Benhabib (1993) und Iris M. Young (1990) erhoben worden.

[48] Tugendhat 1993, S. 203.

[49] Vgl. Taylor 1986b, S. 41.

Fundament dieser Gemeinsamkeit aussehen soll".[50] Von daher hat das auf Aristoteles zurückgehende kommunitaristisch-ethische Gemeinschaftsverständnis gegenüber dem auf Locke zurückgehenden individualistisch-instrumentalistischen Gemeinschaftsverständnis den Vorzug, daß es die Gemeinschaft nicht nach dem Organisationsmodell konzipieren muß, sondern nach dem Modell der Zugehörigkeit zu einer sich selbst bestimmenden ethisch-kulturellen Gemeinschaft beschreiben kann.

Der Kommunitarismus neigt jedoch dazu, die Wir-Haltung gegenüber der Ich-Du-Perspektive als vorgängig zu betrachten, so daß Wir_2-Gemeinschaften als Subjekte größeren Formats erscheinen. Und genau hierin liegt das Problem: Kommunitaristen sprechen über die Gemeinschaft, als ob sie so handeln könnte, wie die einzelnen Gemeinschaftsmitglieder. Dies ist aber nicht der Fall. Nicht die Gemeinschaft handelt, spricht oder beurteilt, sondern dies tun bekanntlich immer nur ihre Mitglieder. Von daher sind auch die Redeweisen von einem „gemeinschaftlichen Handeln", von einem „gemeinschaftlichen Sprechen" oder von einem „gemeinschaftlichen Beurteilen", entweder Metaphern, die man erst noch ausbuchstabieren müßte, oder aber Fiktionen, mit denen die Gemeinschaft unzulässig personifiziert wird.

Gemeinsinn und praktische Identität

Sprach- und vernunftbegabte Wesen, also Mitglieder der universalen Wir_1-Gemeinschaft, sind also dann Mitglieder einer partikularen Wir_2-Gemeinschaft, wenn sie sich an der Konzeption des Guten einer solchen Gemeinschaft orientieren – womit sie gleichzeitig zu erkennen geben, daß sie einen Gemeinsinn haben. Gemeinsam geteilte Überzeugungen sind nicht nur für ein wechselseitiges Verstehen relevant, ohne welches es überhaupt keine Wir_1-Gemeinschaft geben würde, sondern auch für die Konstitution von Wir_2-Gemeinschaften in einem engeren Sinne. Solche Wir_2-Gemeinschaften beziehen sich auf einen Korpus von Überzeugungen, der als kollektiv verbindlicher und kollektiv verbindender Werthorizont einer partikularen Wir_2-Gemeinschaft fungiert, womit zu den notwendigen Bedingungen einer jeden Gemeinschaftsbildung nun auch die *hinreichenden Bedingungen* benannt wären.

Relevant ist hier nicht, daß sich „uninteressante" oder „dünne Überzeugungen" vor jedermann und „interessante" oder „dicke Überzeugungen" nur innerhalb der eigenen Wir_2-Gemeinschaft rechtfertigen lassen. Der entscheidende Punkt ist vielmehr, daß diejenigen Überzeugungen, die relativ auf das normative Selbstverständnis einer partikularen Wir_2-Gruppe sind, Überzeugungen sind, die das eigene „Zu-Sein"[51] der Gruppe betreffen. Es ist also nicht schon die sprachliche Kommunikation als solche, die sich auf die Identität einer partikularen Wir_2-Gemeinschaft bezieht oder für diese bürgt, sondern erst die, die sich auf das Zu-Sein des jeweils eigenen Kollektivs bezieht.

Im Anschluß an Aristoteles, der als erster den aktivischen Aspekt im Sichverhalten zum eigenen Sein herausgearbeitet hat, haben Heidegger, Tugendhat und Taylor gezeigt, daß ein praktischer Selbstbezug erst dann vorliegt, wenn die Kommunikation das

---

[50] Sandel 1994, S. 28.
[51] Vgl. Heidegger 1979, S. 36.

je eigene Zu-Sein betrifft, was immer dann der Fall ist, wenn es in dieser Kommunikation um die praktische Frage geht, was aus der Perspektive der ersten Person Plural aufs Ganze gesehen gut oder besser für „uns" ist. Es ist erst dieser Bezug auf einen gemeinsam geteilten Werthorizont, der die *praktische Identität* von partikularen Wir$_2$-Gemeinschaften verbürgt. Die Mitglieder von partikularen Wir$_2$-Gemeinschaften stellen also nicht nur die Frage, was zur Erhaltung des Lebens gut ist. Sie stellen darüber hinaus die Frage nach dem guten Leben,[52] wobei hier der praktische Bezug zum je eigenen Sein der letzte Bezug allen Wollens ist.

Der Bezug zum je eigenen Zu-Sein ist erst dann gegeben, wenn das *Gespräch einen praktischen Selbstbezug bekommt,* wenn also die Gesprächsteilnehmer überlegen, was sie jetzt und in der Zukunft tun wollen. Wenn man mit Heidegger, Tugendhat und Taylor unterstellt, daß man sich in allem Sichverhalten zu den jeweils eigenen Handlungsmöglichkeiten verhält, kann man auch sagen, daß sich eine Gruppe dann zu sich verhält, wenn ihre Mitglieder zu ihrem Tun als Gruppe Stellung beziehen, wie man sich auch erst dann zu einer anderen Gruppe verhält, wenn man zu deren Tun Stellung bezieht.[53] In beiden Fällen ist der relevante Maßstab das jeweilige Gemeinwohl der Gemeinschaft. Ein praktischer Selbstbezug liegt demnach noch nicht vor, wenn wir mit anderen über irgend etwas reden. Und er liegt auch nicht schon dann vor, wenn wir mit uns selbst sprechen – im Falle von Gruppen könnte man hier etwa an die Versammlung einer Dorfgemeinschaft denken, in der die Dörfler über die Frage debattieren, ob ihr Dorf das schönste im Kreis ist oder an die Europäische Union, in der Europäer darüber streiten, wie krumm Bananen sein dürfen, um auf dem europäischen Markt verkauft werden zu können. Solche Debatten konstituieren allenfalls ein „*commercium*", aber keine „*communio*", also eine über gemeinsam geteilte Werte integrierte Gemeinschaft, die ein praktisches Selbstverständnis gemeinsam teilt.

Kontingent zusammengewürfelte reale Kommunikationsgemeinschaften sind zwar Gemeinschaften, die sich sowohl aus der Teilnehmer- als auch aus der Beobachterperspektive von anderen Gemeinschaften abgrenzen lassen, beispielsweise von denen, die gerade nicht miteinander über etwas sprechen, so daß die Mitglieder dieser Kommunikationsgemeinschaft ebenfalls „wir" sagen könnten. Diese Wir$_2$-Gruppe hätte aber nicht die Identität, die man als qualitative Identität bezeichnen kann. Das Kollektiv wäre daher auch nur numerisch, nicht aber qualitativ identifizierbar. Zwar ist eine gemeinsame Kommunikation eine notwendige Voraussetzung dafür, daß Kollektive auch unter qualitativen Gesichtspunkten identifizierbar sind. Sie darf jedoch nicht schon mit dieser gleichgesetzt werden. Erst wenn diese Kommunikation das betrifft, was das Kollektiv künftig tun will, verhalten sich seine Mitglieder *als Kollektiv* selbstreflexiv zu ihrem Tun.

Partikulare Wir$_2$-Gemeinschaften teilen zwei Varianten des „Gemeinsinns": Einerseits sprachlich geteilte Bedeutungen und andererseits bestimmte Wertüberzeugungen, die für die jeweilige Wir$_2$-Gruppe im Sinne einer Orientierung auf das Gemeinwohl konstitutiv sind. Diese kommunikativ geteilten Überzeugungen bezüglich der kollektiv anerkannten Werte sind konstitutiv für die praktische Identität der Gemeinschaft – wes-

---

[52] Vgl. Aristoteles 1979, I 6.
[53] Vgl. Tugendhat 1979, S. 160.

halb sich der Begriff des „Gemeinsinns" im zweiten Fall auch nicht auf alle und jeden bezieht, sondern eben nur auf die Mitglieder jener Gemeinschaften, die einen Sinn im Sinne der Orientierung auf das Gemeinwohl teilen.

Vergangenheit und Zukunft

In bezug auf den Gemeinsinn im Sinne sprachlich geteilter Bedeutungen wurden bereits drei Punkte fixiert: Erstens, daß dieser Sinn die Möglichkeiten des Mein- und Verstehbaren eröffnet und begrenzt, so daß innerhalb dieser Möglichkeiten viel, aber eben „doch nicht alles möglich" ist;[54] zweitens, daß dieser Sinn sich im Ge- oder Mißlingen der sprachlichen Kommunikation bildet und erhält; und drittens, daß es daher auch keinen dem performativen Sein der Sprache entzogenen externen Maßstab solchen Ge- oder Mißlingens geben kann.[55] Was es hier gibt, sind immer nur die internen Korrektive der sprachlichen Praxis selbst.

Zu allen drei Punkten gibt es für den Gemeinsinn im Sinne der Orientierung auf das Gemeinwohl einer partikularen Wir_2-Gemeinschaft eine Entsprechung, insofern wir erstens feststellen können, daß auch dieser Sinn Möglichkeiten eröffnet und begrenzt, nämlich die eines Verhaltens, welches sich in bestimmten Kontexten empfiehlt oder nicht empfiehlt, geschätzt oder verabscheut wird, wichtig oder unwichtig ist, so daß für die Gemeinschaftsmitglieder innerhalb dieser Möglichkeiten viel, aber eben nicht alles möglich ist; zweitens, daß sich auch dieser Sinn im Ge- oder Mißlingen der sprachlichen Kommunikation bildet und erhält; und drittens, daß es auch hier keinen dem performativen Sein der Sprache entzogenen externen Maßstab eines solchen Ge- oder Mißlingens geben kann, da es auch hier immer nur die internen Korrektive der sprachlichen Praxis selbst gibt.

Man kann daher sagen: Hier wie dort muß sich das Gelingen sprachlicher Kommunikation im Zusammenhang des Lebens bewähren. Während sich jedoch im ersten Fall diese Kommunikation und ihr Gelingen nicht partikularistisch verstehen lassen, da sie an das Forum einer prinzipiell nicht begrenzten Wir_1-Gemeinschaft im Sinne aller jener Wesen gebunden sind, denen wir Vernunft unterstellen, müssen diese Kommunikation und ihr Gelingen im anderen Fall partikularistisch verstanden werden, da sie an das Forum einer prinzipiell begrenzten Wir_2-Gemeinschaft im Sinne all jener vernunftbegabten Wesen gebunden ist, denen es in ihrem Sein um das Wohl ihrer partikularen Gemeinschaft selbst geht.

Von daher ist vernünftigerweise damit zu rechnen, daß wir bei „Auseinandersetzungen zwischen Gemeinschaften über die richtige Lebensweise" auf tiefgreifende „Unvereinbarkeiten" stoßen.[56] Denn die Frage, ob sich alternative Lebensentwürfe von partikularen Wir_2-Gruppen auf einer *neutralen Basis* entscheiden lassen, die sich auf gemeinsam geteilte Überzeugungen gründet, müssen wir negativ beantworten. Zwar stehen die Mitglieder aller partikularen Wir_2-Gruppen im „logischen Raum der Grün-

---

[54] Gadamer 1990, S. 273.
[55] Wellmer 1995, S. 137.
[56] Vgl. MacIntyre 1994, S. 89.

de", in einem Raum also, von dem ich sagte, daß er sich nicht partikularisieren lasse. Dieser Raum, den „wir$_1$" als rationale Wesen bewohnen, ist aber nicht deckungsgleich mit dem Raum, den „wir$_2$" als Mitglieder von partikularen Wir$_2$-Gemeinschaften bewohnen. Wir begegnen hier einem Partikularismus, der konfligierende Überzeugungen bezüglich der Frage, was aufs Ganze gesehen gut oder besser für die jeweilige Gemeinschaft ist, als eine notwendige Bedingung der Möglichkeit dafür erkennt und anerkennt, daß es überhaupt verschiedene Gemeinschaften gibt. Wirkliche Wir$_2$-Gemeinschaften können gar nicht anders als verschieden sein.[57]

Daher gilt: „Die Rationalität eines selbstbestimmten Lebens ist in einem bestimmten Sinn relativ"[58], nämlich relativ zu dem Kollektiv, dem es in seinem Sein um dieses selbst geht. Und sie bezieht sich auf ein Gutes, das sich im Fall von partikularen Wir$_2$-Gemeinschaften als Gemeinwohl verstehen läßt. Ein „angemessener Begriff der praktischen Vernunft", der sich auf die Rationalität eines selbstbestimmten Lebens bezieht, muß daher „kontextabhängig sein. Denn ein solcher Begriff folgt nicht aus formalen Prinzipien, die von praktischen Handlungszusammenhängen unabhängig sind, sondern zeichnet sich durch eine extensive Explikation dessen, was Handlungskontexte implizieren, aus".[59]

Ich möchte an dieser Stelle nicht die These diskutieren, ob sich die praktische Vernunft wirklich nur als eine „extensive Explikation" von Hintergrundvoraussetzungen verstehen läßt – was man sicher bestreiten kann, da die praktische Vernunft auf diese Weise zwar nicht falsch, ganz sicher aber unterbestimmt wäre. Nicht bestreitbar scheint mir indes, daß sich die Rationalität eines selbstbestimmten Lebens zunächst nicht auf unser *theoretisches Wissen*, sondern auf unser *praktisches Wissen* bezieht, auf ein Wissen also, das „das Richtigleben im ganzen betrifft" – und damit auf ein Kollektiv, das sich praktisch zu sich verhält.[60] Denn offensichtlich ist die Frage, was aufs Ganze gesehen gut oder besser für die jeweilige Gemeinschaft ist, keine theoretische Frage, deren Antwort in einer deskriptiven Aussage bestehen könnte, sondern eine praktische Frage, die ihre Antwort nur in einem Satz finden kann, der eine Absicht oder einen Entschluß zum Ausdruck bringt. Das Sein, auf das die Fragenden mit dieser Frage Bezug nehmen, ist nicht die abgelaufene Existenz der Gruppe, also ihre gemeinsam geteilte Geschichte, die sich nur noch konstatieren ließe, sondern die jeweils bevorstehende Existenz, also ihre gemeinsam zu teilende Zukunft, die die Wir$_2$-Gruppe auf die eine oder andere Art vollziehen oder nicht vollziehen muß.[61]

Zwar ist klar, daß die gemeinsam geteilte Geschichte bei der Beantwortung von praktischen Fragen schon insofern eine ganz wesentliche Rolle spielt, als es ja gerade diese Geschichte ist, die den Kontext bildet, in dem sich die Identität von partikularen Wir$_2$-Gemeinschaften bildet – weshalb diese auch zu ihrer Geschichte keine hypothetische Einstellung einnehmen können. Von daher kann deren kollektives Selbstverständnis nicht unabhängig von der Geschichte verstanden werden, die die Mitglieder von Wir$_2$-

---

[57] Vgl. Walzer 1996, S. 197.
[58] Seel 1995, S. 128.
[59] Taylor 1986a, S. 131.
[60] Gadamer 1990, S. 326.
[61] Vgl. Tugendhat 1979, S. 177.

Gemeinschaften teilen. Und klar ist auch, daß diese Geschichte verfehlt werden kann, nämlich dann, wenn die hermeneutischen Rekonstruktionen ein falsches oder einseitiges Bild von dieser Geschichte entwerfen, so daß auch die Antwort auf die praktische Frage eine Antwort sein wird, die man dann kaum als adäquat bezeichnen könnte.

Daher ist jede Antwort auf die praktische Frage auf eine authentische, kontextuell angemessene und kohärente hermeneutische Rekonstruktion der geschichtlichen Voraussetzungen des gegenwärtigen Wünschens und Hoffens der Mitglieder von Wir$_2$-Gruppen angewiesen. Denn wenn sich unsere Orientierungen auf epistemischen Irrtümern, Täuschungen und Wunschvorstellungen über uns und die Welt gründen, dann ist kaum damit zu rechnen, daß die Handlungen, die jene Absichtssätze wahr machen sollen, diese auch wirklich wahr machen werden. Entgegen der Behauptung des *konstruktivistischen Narrativismus*, der zufolge *alles* Beliebige erzählt werden kann, behaupte ich, daß die Antwort auf die praktische Frage etwas mit Kriterien zu tun hat, die sicher viel, die deshalb aber eben noch lange nicht alles als möglich erscheinen lassen. Man kann nicht von allem und jedem jede beliebige Geschichte erzählen, zumindest kann man dies nicht, ohne daß der Narrativismus in einen extremen Idealismus umschlägt, der unter Kohärenzgesichtspunkten kaum als plausibel gelten kann.

Jede hermeneutische Rekonstruktion der Identität von partikularen Wir$_2$-Gruppen muß sich in einsichtsvoller Weise der *Quellen des Wir$_2$* versichern, von Quellen, die in gewisser Hinsicht immer auch *Quellen des Selbst* sind – wobei hier wie dort die Pluralform deutlich machen soll, daß es sich bei der Identitätsbildung von Individuen und Gruppen nicht nur um eine Quelle handelt, aus der das normative Selbstverständnis von Gruppen und Individuen zu erklären ist, sondern um eine Vielzahl von Quellen, so daß wir hier in Analogie zu einem „*post*-sozialen Selbst"[62] von einem „*post*-sozialen Wir$_2$" sprechen können – wobei „post-sozial" nicht im Sinne einer Unabhängigkeit von sozial geprägten Identitäten, Lebensformen und Traditionen zu verstehen ist, sondern im Sinne einer reflexiven Distanz zu partikularen Identitäten, Lebensformen und Traditionen, also im Sinne einer Tradition zweiter Ordnung, so wie sie dem normativen Selbstverständnis moderner Gesellschaften entspricht.

Diese hermeneutische Rekonstruktion einer gemeinsam geteilten Geschichte, die adäquat oder weniger adäquat, kohärent oder weniger kohärent, angemessen oder weniger angemessen ausfallen kann, ist eine notwendige Bedingung dafür, daß die praktische Frage eine Antwort findet. Sie ist aber eben nur die Voraussetzung einer solchen Antwort und nicht schon diese selbst. Auf dem Weg der hermeneutischen Rekonstruktion bekommt man immer nur eine Antwort auf die Frage, wer wir in der Vergangenheit waren, nicht aber auf die Frage, wer wir künftighin sein wollen. Die abschließende Antwort auf die praktische Frage besteht immer in einem *Absichtssatz* – im Gegensatz zur Antwort auf eine theoretische Frage, die stets eine *Behauptung* sein wird.

Selbstverständigungsdiskurse unterscheiden sich darum grundsätzlich von anderen Diskursen. Beschreibungen und Neubeschreibungen, die sich auf die objektive Welt beziehen, verwenden wir, um wahre Aussagen über Dinge und Ereignisse zu machen. Beschreibungen und Neubeschreibungen, die sich auf die soziale Welt einer partikularen Wir$_2$-Gruppe beziehen, verwenden wir hingegen, um unserem Wunsch nach einer

---

[62] Vgl. Wellmer 1993, S. 177.

Veränderung der eigenen gruppenspezifischen Existenzweise Ausdruck zu verleihen – wobei wir durch unser eigenes Tun dafür Sorge tragen müssen, daß ein Prädikat auf die künftige Existenzweise der Gruppe zutrifft, das auf ihre frühere Existenzweise noch nicht zutraf. Der Unterschied zwischen einer revisionären Neubeschreibung eines Gegenstandsbereiches in der objektiven Welt und einer revisionären Neubeschreibung der partikularen Wir$_2$-Gruppe ist wichtig. Denn er macht deutlich, daß Kollektivmitglieder, die sich mit dem Ziel neu beschreiben, ein anderes Kollektiv zu werden, mit dieser Neubeschreibung erstens einen *normativen Maßstab errichten, an den sich die Mitglieder selbst binden wollen und an dem sich daher auch ihre tatsächliche Existenzweise „immanent" messen und beurteilen läßt*; und zweitens sorgen sie mit dieser Neubeschreibung dafür, daß ein *Prädikat auf ihr derzeitiges Kollektiv zutrifft, das auf ihr früheres Kollektiv noch nicht zutraf.*

Wenn beispielsweise die Mitglieder eines Kollektivs dieses als feige, als opportunistisch oder als antidemokratisch beschreiben, wenn also aus der Perspektive der ersten Person Plural eine kollektive Selbstbeschreibung so ausfällt, daß die Kollektivmitglieder selbst sagen „Wir sind x", und wenn diese Beschreibung zudem dazu führt, daß sich das Kollektiv ändert, so daß künftighin weder aus der Teilnehmer- noch aus der Beobachterperspektive dieses Kollektiv als feige, opportunistisch oder antidemokratisch bezeichnet werden kann, dann haben die Mitglieder der entsprechenden Wir$_2$-Gruppe dafür Sorge getragen, daß von nun an ein Prädikat auf sie zutrifft, daß vormals noch nicht auf sie zutraf. Im Unterschied zu umfassenden Neubeschreibungen des Sonnensystems, die, sofern sie wahr sind, immer wahr sind, werden diese Neubeschreibungen von „uns" durch unser eigenes Tun „wahr gemacht". Nicht schon die Neubeschreibung allein sorgt also für eine Veränderung der individuellen Existenzweise einer partikularen Wir$_2$-Gruppe, sondern erst die Neubeschreibung in Verbindung mit einer Handlung. Durch die Handlung muß das Kollektiv dafür Sorge tragen, daß es sich selbst im Sinne der Neubeschreibung verändert, so daß künftighin die Existenzweise der eigenen Beschreibung „entspricht".

Im Fall des Gemeinwohls betrifft die praktische Frage in der ersten Person Plural immer das gemeinsame Handeln, das Tun und das Leben; sie betrifft immer die unmittelbare oder weitere gemeinsame Zukunft des Kollektivs; sie betrifft den Spielraum der freien Entscheidung – denn wenn dieser Spielraum klar wäre, müßte ja gar nicht gefragt werden –; sie betrifft die Grenzen der freien Entscheidung – denn wo nichts vorgegeben wäre, müßte nicht überlegt werden –; sie betrifft die Möglichkeit, diese Frage überhaupt zu stellen oder sie zu verdrängen; und sie betrifft schließlich das, was aufs Ganze gesehen gut oder besser für ein Kollektiv ist.[63]

Ein rechtverstandener Partikularismus bezieht sich also nicht auf Überzeugungen schlechthin, sondern ausschließlich auf jene, die konstitutiv für ein praktisches Selbstverständnis einer Wir$_2$-Gruppe sind, das sich nicht vom Kontext einer partikularen Lebensform abtrennen läßt. Die Frage ist nicht, was gleichermaßen gut oder besser für alle ist, sondern was jeweils gut oder besser für die Mitglieder einer partikularen Wir$_2$-Gruppe ist, der es in ihrem Sein um dieses selbst geht. Ethische Fragen der Selbstverständigung sind Fragen, mit denen sich die Mitglieder von partikularen Wir$_2$-Gruppen

---

[63] Vgl. Tugendhat 1979, S. 194 f.

in der Perspektive der ersten Person Plural auf alternative kollektive Handlungsmöglichkeiten im Sinne des Gemeinwohls beziehen, wobei die Gruppenmitglieder sich ihrer Identität vergewissern und wissen wollen, welches Leben sie gemeinsam im Lichte dessen, wer sie sind und künftighin sein möchten, führen sollen.

Gemeinwohl, Gemeinschaft und Identität

Fragen des Gemeinwohls sind ethische Fragen, die für das normative Selbstverständnis von partikularen Wir$_2$-Gemeinschaften konstitutiv sind. Wenn wir der deontologischen Abgrenzung von Moral und Ethik folgen, wie sie im Anschluß an Kant im Umfeld prozeduralistischer Ansätze vertreten wird, dann können wir ethische Fragen als die Fragen bezeichnen, die sich auf eine Konzeption des guten oder besser: des *nicht-verfehlten Lebens* beziehen lassen. Ethische Fragen bemessen sich nicht an moralischen Gesichtspunkten, sondern an dem, was Charles Taylor „starke Wertungen" nennt, die intern mit dem normativen Selbstverständnis einer partikularen Wir$_2$-Gruppe verschränkt sind. Diese interne Verschränkung ist gleichzeitig der Grund dafür, daß sich diese Fragen nicht vom Kontext bestimmter Lebensformen trennen lassen, da es hierbei ausschließlich darum geht, was aus der *Sicht der Gruppenmitglieder* dieser Wir$_2$-Gruppe aufs Ganze gesehen gut oder besser für sie ist.

Gemeinsam geteilte Überzeugungen bezüglich der Wertmaßstäbe gehören zu den Gemeinsamkeiten, die jene, die sie teilen, miteinander verbinden und als Mitglieder einer partikularen Wir$_2$-Gemeinschaft ausweisen. „Daß sie für uns ethisch gut sind, heißt, daß die Orientierung an ihnen uns in solche Beziehungen zueinander setzt oder hält, in denen zu stehen für jeden von uns Bestandteil seines normativen Selbstverständnisses ist; die Orientierung an solchen Maßstäben bringt Ego uno actu in Übereinstimmung mit sich und mit Alter als Angehörige einer Gemeinschaft in Übereinstimmung."[64] Was immer die Mitglieder partikularer Wir$_2$-Gruppen darüber hinaus noch teilen mögen, sie teilen in jedem Fall die Wertmaßstäbe und Überzeugungen, die in der Gemeinschaft verbindlich sind. Sie sind es, die die Gemeinschaft in Übereinstimmung mit sich bringen, so daß wir sagen können: Mitglied einer Gemeinschaft zu sein heißt daher, jemand zu sein, der die „praxisimpliziten Normen der Gemeinschaft befolgen *sollte.* Mitgliedschaft in einer Gemeinschaft hat diese normative Signifikanz; sie ist ein normativer Status." Der Status des Gemeinschaftsmitglieds hat normative Konsequenzen, insofern Mitglieder von Gemeinschaften bestimmten Richtigkeitsstandards unterworfen sind. In dieser Hinsicht ist die „Gemeinschaftszugehörigkeit [...] ein Begriff, der so gebraucht wird, daß er normative Folgen der Anwendung nach sich zieht, nämlich daß sich das Mitglied vor den Urteilen der Gemeinschaft verantworten muß, daß es ihrer Autorität unterworfen ist".[65]

Ich habe gezeigt, daß dies Rationalität in einem basalen Sinne voraussetzt, der sich nicht partikularistisch verstehen ließ. Denn nur Wesen, denen wir in diesem basalen Sinne Rationalität zuschreiben, sind Wesen, die sich vor den Urteilen der Gemeinschaft

---

[64] Wingert 1993, S. 146.
[65] Brandom 2000, S. 85 f.

für das, was sie denken und tun, verantworten können. Gleichwohl ist jene Vernünftigkeit, die darin zum Ausdruck kommt, daß wir in diesem basalen Sinne von Rationalität „wir_1" sagen, nicht mit jener Vernünftigkeit identisch, die man seit Aristoteles die praktische nennt. Daß „wir_1" gemeinsam im Raum der Gründe stehen, indem wir Gründe für unsere Einstellungen und Verhaltensweisen geben, kennzeichnet „uns_1" als rationale Wesen einer universellen Wir_1-Gemeinschaft. Daß einige von „uns_1" aus dieser universellen Wir_1-Gemeinschaft darüber hinaus bestimmte Überzeugungen und Wünsche teilen, die das ausmachen, was ich das ethisch Gute genannt habe, kennzeichnet sie als rationale Wesen einer im sozialen Raum und in der historischen Zeit verorteten partikularen Wir_2-Gemeinschaft.

Ethische Überzeugungen sind kontextabhängig – und damit „nicht öffentlich" in dem Sinne, daß alle Menschen ihnen zustimmen müßten. Denn das ethisch Gute ist stets an ein Sich-selbst-Verstehen derjenigen gebunden, die sich als Mitglieder einer partikularen Wir_2-Gruppe praktisch zu sich verhalten. Das ethisch Gute ist relativ zu einer konkreten Gruppe, da es unabtrennbar zu ihrer Existenzweise gehört – was nach Habermas der Grund dafür ist, daß „ethischen Fragen […] die Referenz zur ersten Person und damit der Bezug zur Identität […] einer Gruppe grammatisch eingeschrieben" ist.[66]

Nun ist aber diese „Referenz zur ersten Person" Plural noch keine Besonderheit ethischer Fragen. Denn auch hermeneutischen oder moralischen Fragen wäre diese „Referenz zur ersten Person" Plural „grammatisch eingeschrieben" – nämlich in Gestalt der Präsupposition „Wir_1 sind vernünftig". Ein Charakteristikum ist erst der Bezug auf die gemeinsam geteilten Überzeugungen vom guten Leben jener, die sich als Mitglieder einer partikularen Wir_2-Gruppe verstehen. Denn nur dann bezieht sich das „Wir" ja auf eine Wir_2-Gruppe, die kleiner ist als die gesamte Menschheit. Nur im ethischen Fall bezieht sich das „Wir" auf ein Kollektiv, das ein gemeinschaftliches Leben führt. Kollektive Identitäten bilden sich in Gestalt eines normativen Konsenses, der die Frage des Gemeinwohls betrifft, die Frage, was aufs Ganze gesehen gut oder besser für die Mitglieder einer partikularen Wir_2-Gruppe ist – wobei sich die Identität der Gruppenangehörigen gleichursprünglich mit der Identität der Gruppe herstellt.

In beiden Fällen kann der Begriff der Identität hermeneutisch gerechtfertigt werden.[67] Die symbolischen Strukturen, die für die Einheit des Kollektivs und seiner einzelnen Angehörigen konstitutiv sind, stehen nämlich in einem internen Zusammenhang mit der Verwendung der Personalpronomen, also jener indexikalischen Ausdrücke, die für Zwecke der Identifizierung von Personen und Gruppen gebraucht werden. Ich behaupte also zweierlei: Ich behaupte erstens, daß diese Identitätsbedingungen auf den Begriff des „Gemeinwohls" und damit auf den „Gemeinschaftsbegriff" verweisen, insofern diese kollektive Wir_2-Identität auf eine nicht-kontingente Weise mit bestimmten Wertungen und damit mit bestimmten Überzeugungen und Wünschen verknüpft ist, die sich auf das beziehen, was aufs Ganze gesehen gut oder besser für die Wir_2-Gruppe ist. Dabei steht der Begriff der „Identität" in diesem Zusammenhang für die „Fähigkeit" eines Kollektivs, sich auf der Grundlage eines reflektierten Selbstverhältnisses als das-

---

[66] Vgl. Habermas 1996, S. 252.
[67] Tietz 2002b, Kap. 4.

jenige zu identifizieren, das es sein will.[68] Und ich behaupte zweitens, daß dieses von den Mitgliedern des Kollektivs gemeinsam geteilte Welt- und Selbstverständnis in Form gemeinsam geteilter Überzeugungen und Wünsche, das für die Einheit der Wir$_2$-Gruppe und deren Angehörige konstitutiv ist, in einem notwendigen Zusammenhang mit der Verwendung der Personalpronomina steht, also mit dem System jener indexikalischen Ausdrücke, mit denen Personen auf sich, auf andere Personen oder aber auf Personengruppen Bezug nehmen.

Wie dieser Bezug genau zu verstehen ist, läßt sich anhand Verwendungsweise des Wortes „wir" klären. Der Ausdruck „wir" ist ein Personalpronomen. Er gehört mit den übrigen Personalpronomina, den Orts- und Zeitadverbien und den Demonstrativa zur Klasse der kontextabhängigen Ausdrücke. Diese bilden zusammen mit den Namen und den Kennzeichnungen die Klasse der singulären Termini, mit denen Sprecher einzelne Gegenstände identifizieren. „Ein singulärer Terminus ist ein Ausdruck, dessen Funktion es ist, einen einzelnen Gegenstand zu bezeichnen. Genauer muß man sagen: die Funktion eines singulären Terminus besteht darin, daß ein Sprecher mit ihm angibt, welchen von allen Gegenständen er meint und d. h.: von welchem von allen Gegenständen der den singulären Terminus in einem ganzen Satz ergänzende Prädikatausdruck gelten soll."[69]

Wie die übrigen deiktischen Ausdrücke erhalten Personalpronomina nur in dem jeweiligen Verwendungskontext einen eindeutigen Sinn. Ein Sprecher, der den Ausdruck „wir" verwendet, gibt damit zu erkennen, daß er sich als Mitglied einer bestimmten Wir$_2$-Gruppe versteht – zumindest wenn er dies nicht ironisch meint oder lügt. Mit dem Ausdruck „wir" nimmt ein Sprecher auf ein Kollektiv von Menschen Bezug, das sich unter *bestimmten Gesichtspunkten* von anderen Kollektiven unterscheiden läßt und dem er sich selbst zugehörig zählt, was ihm freilich von anderen Kollektivmitgliedern bestritten werden kann, so daß der Sprecher nun das Wort „ihr" verwenden muß, wenn er sich weiterhin auf dieses Kollektiv beziehen will.

Dieses Ergebnis erscheint mir nicht trivial. Denn es zeigt, daß der *Status der Zugehörigkeit* ein Status ist, der *zugeschrieben* wird. Genauer: Der Status der Zugehörigkeit zu einer partikularen Wir$_2$-Gemeinschaft ist ein Status, den wir uns *wechselseitig* zuschreiben – wobei wir auch wechselseitig davon ausgehen, daß wir uns die Gruppenzugehörigkeit wechselseitig zuschreiben. Der Status der Zugehörigkeit ist keine Naturtatsache, sondern ein *soziales Faktum*, das anerkennungstheoretisch aus der *diskursiven Zuschreibungspraxis* von sprach- und handlungsfähigen Subjekten erklärt werden muß. *Zuschreiben heißt, eine Festlegung einem anderen zuzuerkennen und selbst eine Festlegung von anderen anzuerkennen.* Ohne diese wechselseitige Zuschreibungspraxis gäbe es nicht nur keine verschiedenen Wir$_2$-Gruppen, sondern noch nicht einmal eine einzige Wir$_2$-Gruppe. Der Status der Zugehörigkeit zu partikularen Wir$_2$-Gemeinschaften ist daher aus eben dieser Zuschreibungspraxis zu erklären. Und diese erfolgt über die Logik des Systems der Personalpronomina. Die *Dialektik von Exklusion und Inklusion*, die für die Identitätsbildung von partikularen Wir$_2$-Gruppen konstitutiv ist, ist also nicht an das Freund-Feind-Schema gebunden, wie dies etwa von Carl Schmitt nahegelegt wird,

---

[68] Tugendhat 1979, S. 284.
[69] Ebd., S. 71.

der die Feindschaft der je eigenen Wir$_2$-Gruppe zu anderen Gruppen geradezu ontologisch als „seinsmäßige Negierung eines anderen Seins" versteht.[70] Die Freund-Feind-Unterscheidung ist eine nähere Bestimmung der *Außenbeziehung von politischen Gemeinschaften*, wobei die Unterscheidung zwischen Freund und Feind die Unterscheidung zwischen „uns" und „ihnen" bereits voraussetzt.

Das Wort „wir" ist kein Eigenname eines Kollektivs. Es ist kein „Nomen", sondern ein „Pronomen" und es wird so verwendet, daß es sich jeweils auf diejenigen bezieht, die der Sprecher damit als *sein* Kollektiv anspricht. Sein Gebrauch ist immer von einem Kollektiv und der Identifikation eines Sprechers mit diesem Kollektiv abhängig. Denn wenn ein anderer Sprecher aus einer anderen Wir$_2$-Gemeinschaft auf diejenigen Bezug nimmt, die nach Ansicht des vorigen Sprechers unter dieses „wir" fielen, dann verwendet er nicht das Wort „wir", sondern das Wort „ihr", wenn er die Mitglieder dieser Gruppe anreden will oder das Wort „sie", wenn er zu Dritten über die Mitglieder dieser Gruppe reden will.

Es gehört demnach konstitutiv zur Verwendung des Wortes „wir", so damit auf eine Gruppe Bezug genommen wird, die kleiner ist als die Gruppe aller vernünftigen Wesen, daß, wer „wir" sagt, erstens weiß, daß dieselbe Gruppe von anderen Sprechern mit „ihr" angeredet und mit „sie" bezeichnet werden kann, und zweitens, daß er damit eine einzelne Gruppe von anderen Gruppen, die er mit „sie" bezeichnet, heraushebt. Bestünde dieser Zusammenhang nicht, dann würde „wir" keine Entität bezeichnen können. „Wir" und „sie" würden sich nicht auf Entitäten beziehen, wenn es nicht Gruppen gäbe, die sich als solche über bestimmte Eigenschaften identifizieren ließen. In diesem Sinne gilt Quines Diktum: „no entity without identity", *keine Entität ohne Identität* – wobei wir mit Tugendhat hinzufügen können: „no identity without entity", *keine Identität ohne Entität.*[71]

Nun werden jedoch Personen und Gruppen nicht unter denselben Bedingungen identifiziert, wie beobachtbare Objekte. Diese werden durch eine raum-zeitliche Identifizierung identifiziert, also numerisch, jene hingegen numerisch *und* qualitativ. Die Eigenart der Personen- und Gruppen- gegenüber der Objektidentifizierung erklärt sich daraus, daß Personen und Gruppen die Identitätsbedingungen und sogar die Kriterien, anhand derer sie identifiziert werden können, nicht von Haus aus erfüllen. Sie müssen ihre Identität als Person oder Gruppe erst erwerben, damit sie als eine Person oder Gruppe, und gegebenenfalls als eine bestimmte Person oder Gruppe qualitativ identifiziert werden können.

Dies ist auch der Grund, warum die qualitative Identifizierung an das normative *Selbstverständnis* von Personen oder Kollektiven anknüpfen muß, da ohne Rekurs auf dieses Selbstverständnis gar nicht qualitativ identifiziert werden kann. Wenn wir also Aussagen über den Gemeinsinn und das Gemeinwohl von partikularen Wir$_2$-Gruppen machen wollen, wenn wir etwas über das praktische Kollektivbewußtsein und damit über die Wünsche, Absichten und Überzeugungen der Personen aussagen wollen, die zu diesen Gruppen gehören, dann müssen wir uns wohl oder übel auf einen Akt der Verständigung stützen, „wobei Alter aus der Perspektive der zweiten Person Egos expressi-

---

[70] Schmitt 1991, S. 33.
[71] Tugendhat 1979, S. 72 f.

ve Äußerung als wahrhaftig akzeptiert. Dies bedeutet, daß jemand in der kommunikativen Rolle des Sprechers mit (mindestens) einem anderen in der kommunikativen Rolle des Hörers eine interpersonale Beziehung aufnimmt, wobei sich beide im Kreise aktuell unbeteiligter, aber potentieller Teilnehmer begegnen. Die an die Perspektive der ersten, zweiten und dritten Person gebundene interpersonale Beziehung aktualisiert eine zugrundeliegende Beziehung zu einer sozialen Gruppe."[72] Während Entitäten im allgemeinen dadurch bestimmt sind, daß ein Sprecher von ihnen etwas aussagen kann, gehören Wir$_2$-Gruppen zu der Klasse von Entitäten, die über ihre Mitglieder die Rolle eines Sprechers übernehmen und dabei in der Perspektive der ersten Person Plural den selbstbezüglichen Ausdruck „wir" verwenden können.

Konventionelle und post-konventionelle Identität

Hermeneutische Selbstverständigungsdiskurse, die sich auf das Gemeinwohl und damit auf eine Wir$_2$-Gemeinschaft beziehen, sind Diskurse, in denen die Beteiligten sich darüber Klarheit verschaffen müssen, wie sie sich aktuell und künftig selbst verstehen wollen – und dies schließt natürlich die Frage ein, welche von ihren Traditionen sie fortsetzen oder abbrechen wollen. Was für den Gemeinsinn im Sinne von gemeinsam geteilten Bedeutungen gilt, das gilt *mutatis mutandis* auch für den Gemeinsinn im Sinne der Orientierung auf das Gemeinwohl: die Seinsweise dieses gemeinsam geteilten, wiewohl *prekären und gebrochenen Sinns*, hat kein Sein außerhalb des Gesprächs und ist daher im Prozeß der sprachlichen Verständigung immer wieder neu herzustellen. Und dies ist auch der Grund, weshalb die Seinsweise des Gemeinsinns nur aus der performativen Perspektive derer faßbar ist, die in diesem Verständigungsprozeß über Sach- und Geltungsfragen verwickelt sind.

Diese Feststellung hat für die Identitätsbedingungen von partikularen Wir$_2$-Gemeinschaften eine wichtige Pointe. Wenn der Gemeinsinn kein Sein außerhalb dieser performativen Perspektive der Sprecher hat, dann sind die kommunitären Identitätsbedingungen von partikularen Wir$_2$-Gemeinschaften unter den Bedingungen der Moderne post-konventionelle Identitätsbedingungen. Allein im Gespräch, also im Prozeß der sprachlichen Verständigung über die Frage, was aufs Ganze gesehen gut oder besser für die jeweilige Gruppe ist, haben der Gemeinsinn – und damit auch das Gemeinwohl und schließlich die Gemeinschaft selbst – ihr Dasein. Außerhalb der diskursiven Praxis haben sie keinen Ort: Nirgends!

Ein angemessenes Gemeinschaftskonzept muß also zunächst Raum schaffen für die „Ja"/„Nein"-Stellungnahmen bezüglich der Mitgliedschaft in partikularen Wir$_2$-Gemeinschaften, weil das Individuum „das So-Sein und das zu ihm gehörige Gutsein", das für die praktische Identität der Gruppe steht, in sein Selbstverständnis aufnehmen muß. Es muß also der sozialen Welt des Kollektivs selbst zugehören wollen, einer Welt, die dadurch definiert ist, daß alle Kollektivmitglieder wechselseitig voneinander fordern, in einem bestimmten Sinn von „gut" ein gutes Mitglied der Gemeinschaft zu

---

[72] Ebd., S. 159.

sein.[73] Diesen Gesichtspunkt könnte man den der Mitgliedschaft nennen, da diese eben nicht ein für allemal gegeben ist, sondern immer auch aufgekündigt werden kann – im Extremfall, wo die Möglichkeit der Wahl durch externe Faktoren derart eingeschränkt ist, daß dem Individuum diese Stellungnahme verwehrt wird, durch den Freitod.

Die Angehörigkeit des Mitglieds zu partikularen Wir$_2$-Gemeinschaften beruht auf seiner mindestens impliziten Zustimmung – im Unterschied zur Mitgliedschaft in der moralischen Gemeinschaft, die wir einem vernünftigen Wesen nicht bestreiten können, ohne ihm sein Menschsein abzusprechen. Denn dem „So-Sein und (dem) zu ihm gehörige(n) Gutsein", das das Individuum als Mitglied der Gemeinschaft in seine Identität aufnehmen muß, liegt ein Wollen zugrunde, das sich zwar nicht instrumentalistisch im Sinn einer atomistischen Ontologie verstehen läßt, das sich aber eben auch nicht traditionalistisch im Sinne einer kommunitaristischen Ontologie verstehen läßt – etwa als ein Wollen, welches sich ohne Angabe von Gründen auf die Erhaltung des Kollektivs bezieht. Das „Müssen" bezieht sich vielmehr darauf, daß man selbst aus freien Stücken ein Mitglied einer bestimmten Gemeinschaft sein will, die durch wechselseitige Forderungen definiert ist, die sich bei allen Mitgliedern auf ein Konzept des Gutseins beziehen.

Die traditionalistische These von der normativen Vorgängigkeit der Gemeinschaft gegenüber dem Individuum muß aber nicht nur dergestalt abgeschwächt werden, daß Raum geschaffen wird für die „Ja"/„Nein"-Stellungnahmen bezüglich der Mitgliedschaft in partikularen Wir$_2$-Gruppen. Sie muß darüber hinaus auch noch Raum schaffen für die Veränderung jener intersubjektiv geteilten Präferenzstruktur, die den Werthorizont dieser Gemeinschaft ausmacht.[74] Denn eine kollektive Orientierung an Werten, die die Vorzugswürdigkeit von Gütern ausdrücken, die in bestimmten Kollektiven als erstrebenswert gelten und durch ein zielgerichtetes Handeln realisiert werden, versteht sich unter den Bedingungen eines nachidealistischen Denkens nicht mehr von selbst. Der Gemeinsinn und das Gemeinwohl sind unter den Bedingungen der Moderne zu einem Problem geworden, das sich nicht mehr mit Rekurs auf transzendente Berufungsinstanzen, sondern nur noch diskursiv lösen läßt.

Dies hat nichts mit dem seit Nietzsche beschworenen „Nihilismus" zu tun, dem Fehlen eines „Ziel(s)"; „es fehlt die Antwort auf das ‚Warum?'".[75] Denn der „Nihilismus", der seither als Symptom eines allgemeinen Sinnverlusts angesehen wird, also dafür, *„daß die obersten Werthe* sich entwerten",[76] ist keine *Krise des Sinns* überhaupt – wenngleich dies im Anschluß an Nietzsche von Max Weber, über Heidegger und Adorno bis hin zu Derrida immer wieder behauptet wird. Wir müssen hier genau unterscheiden, welche Werte durch diese „Nein"-Stellungnahmen entwertet werden. Und dann

---

[73] Vgl. Tugendhat 1993, S. 60.

[74] Bezüglich unserer Überzeugungen, was auf Ganze gesehen gut oder besser für uns ist, benötigen wir eine der Revision offen stehende Metaphysik, die der Veränderung unseres „Präferenzhorizonts" (von Wright 1994, S. 97 f.) in einer Weise Rechnung trägt, daß sich die mit der internen Revision unserer Überzeugungen verbundene Horizontverschiebung auch als Horizonterweiterung verstehen läßt.

[75] Nietzsche 1988, S. 350.

[76] Ebd.

sehen wir, daß es sich bei der Krise des Sinns, die ja auch eine Krise des Gemein-schaftssinns sein soll,[77] recht besehen gar nicht um eine Krise des Sinns handelt, son-dern um eine *Krise des metaphysischen Sinns*, der sich unter den Bedingungen der Mo-derne nicht mehr verbindlich machen läßt. Der Nihilismus, also die Überzeugung von der objektiven Sinn- und Wertlosigkeit des menschlichen Daseins, erklärt sich aus dem Bankrott aller objektiven Wertlehren, mit dem sich das Sinnproblem auf den Horizont der Frage zurückzieht, was für eine Person oder für ein Kollektiv aufs Ganze gesehen gut oder besser ist, eine Frage, die unabweislich an die Perspektive der ersten Person Singular oder Plural gebunden ist.

Der vermeintliche „Sinnverlust" und damit auch der „Verfall der Werte" wäre da-nach schlicht Ausdruck der Tatsache, daß die „obersten Werte" der metaphysischen Traditionen sich entwertet haben. Entwertet haben sich diese Werte aber nicht deshalb, weil die Menschen das „wahrhaft Wertvolle" aus den Augen verloren haben, wie dies von den Freunden der alten Werte behauptet wird, sondern deshalb, weil sich die Über-zeugungen, die einst konstitutiv für den kollektiv verbindlichen und kollektiv verbin-denden Wert- und Verständnishorizont einer Gemeinschaft waren, im Licht neuer Evi-denzen und Gründe als unplausibel erwiesen haben – wobei von diesem Prozeß der Entwertung nie alle Werte dieser Tradition auf einmal betroffen sein können, sondern immer nur einige. Das Ende der Metaphysik ist nicht der Anfang eines nihilistischen Ödlands, in dem zwar bürgerliche Freiheiten allgemeine Verbreitung gefunden haben, in dem es aber keine kollektiv verbindenden und kollektiv verbindlichen Werte mehr gibt, sondern lediglich das Ende des Wertobjektivismus, der das Verbindliche und das Verbindende nur noch jenseits von Geschichte glaubt auffinden zu können.

Wenn dies jedoch stimmt, dann müssen wir den „Verfall der Werte" als einen Wer-tewandel und diesen als eine „interne Revision von Überzeugungen"[78] verstehen, der sich auf Gründe und Überzeugungen stützt, die sich im Lichte neuer Gründe und Über-zeugungen als die besseren erwiesen haben. Wenn sich nun jedoch der Wertewandel gar nicht als Verfall verstehen läßt, wenn der Werteverfall lediglich ein Ausdruck der Tat-sache ist, daß sich die Überzeugungen der Menschen darüber ändern, was für sie gut ist – wobei sich Menschen hierbei natürlich auch irren können –, dann verliert die Rede vom fortschreitenden Werteverfall viel von ihrer kulturkritischen Dramatik, so daß es bezüglich des Gemeinwohls auch angemessener zu sein scheint, von einer Änderung von kollektiv geteilten Überzeugungen und Wünschen zu sprechen.

Mit der Abschwächung der traditionalistischen These von der normativen Vorgän-gigkeit der Gemeinschaft gegenüber den Individuen zeigt sich aber nicht nur, daß der angebliche Werteverfall als ein Wertewandel verstanden werden muß, sondern auch, daß die fehlende Antwort auf das „Ziel" und auf das „Warum", eine Antwort ist, die nur noch kommunikativ erzeugt werden kann. Und hierfür gibt es einen ganz einfachen Grund: Unter den Bedingungen der Moderne „ist das *gute Leben* nicht mehr abtrennbar von dem, was Menschen mit freiem Willen *für das gute Leben halten*".[79] Kollektive Lebensentwürfe können daher nur noch dann vernünftig genannt werden, wenn sie

---

[77] So Taylor 1995, S. 17.
[78] Vgl. Wingert 1993, S. 164.
[79] Schnädelbach 1992b, S. 218.

erstens den tatsächlichen Lebensumständen einer Gemeinschaft entsprechen, zweitens gegenüber Kritik und neuer Erfahrung offen sind und drittens das Handeln des Kollektivs auf Situationen hin orientieren, die von den Kollektivmitgliedern aufs Ganze gesehen als gut oder besser bezeichnet werden.[80]

Was wir sind, ist also stets doppelt bestimmt: es ist etwas Vorgefundenes und es ist etwas Gemachtes. Es wird einerseits konstatiert *und* andererseits entworfen. Und genau deshalb hängt auch das, was wir sind, nicht nur davon ab, was wir glauben zu sein, sondern immer auch davon, was wir glauben sein zu können. Die Identität von partikularen Wir$_2$-Gruppen hängt in einer Weise mit der „semantischen Autorität" ihrer Mitglieder zusammen, daß diese auf der Basis alter Geschichten neue Geschichten über das eigene Dasein ersinnen, durch die die Bedeutung der Beziehungen zu einer Personengruppe vermindert und die Bedeutung zu einer anderen Gruppe gesteigert wird. Daher ist auch das einzige, worauf man sich von den Praktiken einer bestimmten Gemeinschaft ausgehend berufen könnte, die Praxis einer *besseren Gemeinschaft*.

Daher erhalten sich unter modernen Bedingungen auch nur solche Traditionen und nur solche Kollektive am Leben, an die sich die Menschen selbst binden. In einer reflexiven Moderne schließt der Bezug zur Tradition eine intentionale Variation und Selektion ein, und dies beinhaltet immer auch das Verfügen über das Tradierte, sei es im Sinn der bewahrenden oder ausschließenden Selektion. Die Freiheit in der Gemeinsamkeit kommunalen Lebens und die Freiheit ihm gegenüber – eine Freiheit zur zwanglosen Teilnahme wie zur zwanglosen Distanznahme – sind gleichursprünglich. Hier gibt es eine Wahl, die keinem Mitglied einer Gemeinschaft abgenommen werden kann – weder durch die Geschichte, noch durch das Kollektiv. In diesem Sinne ist der Mensch tatsächlich „zur Freiheit verurteilt".[81] Wenn sich Traditionen aber nur dann erhalten können, wenn sie diskursiv artikuliert und verteidigt und ihre leitenden Werte gegenüber einer Vielzahl von Alternativen gerechtfertigt werden, dann sind unter den Bedingungen der Moderne Traditionen auf das *Entgegenkommen einer dialogischen Kultur* angewiesen.

Dialogische Kulturen aber sind reflexive Kulturen. Reflexivität ist ein *Strukturmerkmal des Kulturellen*, durch das Traditionen in den Bereich menschlicher Verfügung treten. Wenn es keine guten Gründe mehr gibt, sich an bestimmten Werten zu orientieren und Traditionen fortzusetzen, dann verlieren diese Werte ihre orientierende Funktion und diese Traditionen werden nicht fortgesetzt. Selbst die berühmte „Macht der Gewohnheit" wird daran auf Dauer nichts ändern können. Denn es gibt wohl keine Gewohnheit, die man sich nicht auch wieder abgewöhnen kann. Unter den Bedingungen der Moderne müssen auch Gewohnheiten zunehmend durch das Nadelöhr von diskursiven Revisionen hindurch. Genau dies macht die Rationalität von dialogischen Kulturen aus. Diese sind nicht deshalb rational, weil sie ein Fundament haben, das jenseits der Kritik liegt, sondern deshalb, weil es sich bei ihnen um selbstkorrigierende Unternehmungen handelt, die prinzipiell alles in Frage stellen können – wenn auch nicht alles auf einmal.

---

[80] Vgl. Seel 1995, S. 95.
[81] Sartre 1985, S. 614.

Literaturverzeichnis

Aristoteles (1979[7]), Nikomachische Ethik, Aristoteles Werke Bd. 6, hg. v. H. Flashar, Berlin.

Assmann, J. (1992), Das kulturelle Gedächtnis. Schrift, Erinnerung und politische Identität in frühen Hochkulturen, München.

Benhabib, S. (1993), Demokratie und Differenz. Betrachtungen über Rationalität, Demokratie und Postmoderne, in: Gemeinschaft und Gerechtigkeit, hg. v. M. Brumlik u. H. Brunkhorst, Frankfurt/M., S. 97–116.

Brandom, R. (2000), Expressive Vernunft. Begründung, Repräsentation und diskursive Festlegung, Frankfurt/M.

Davidson, D. (1982), Rational Animals, in: Dialectica 36, S. 317–328.

Davidson, D. (1991), Subjektiv, Intersubjektiv, Objektiv, in: Merkur 512, S. 999–1014.

Gadamer, H.-G. (1990[6]), Wahrheit und Methode. Grundzüge einer philosophischen Hermeneutik, Gesammelte Werke Bd. 1, Tübingen.

Gerhardt, V. (1999), Selbstbestimmung. Das Prinzip der Individualität, Stuttgart.

Habermas, J. (1985a), Theorie des kommunikativen Handelns, 2 Bde., Frankfurt/M.

Habermas, J. (1985b), Der philosophische Diskurs der Moderne, Frankfurt/M.

Habermas, J. (1996), Die Einbeziehung des Anderen. Studien zur politischen Theorie, Frankfurt/M.

Habermas, J. (1999), Richtigkeit versus Wahrheit. Zum Sinn der Sollgeltung moralischer Urteile und Normen, in: Wahrheit und Rechtfertigung, Frankfurt/M., S. 271–318.

Heidegger, M. (1979[15]), Sein und Zeit, Tübingen.

Heidegger, M. (1981), Hölderlin und das Wesen der Dichtung, in: Erläuterungen zu Hölderlins Dichtung, Gesamtausgabe Bd. 4, hg. v. F.-W. v. Herrmann, Frankfurt/M., S. 33–48.

Hölderlin, F. (1970), Hyperion, in: Sämtliche Werke und Briefe Bd. 2, hg. v. G. Mieth, Berlin/Weimar, S. 99–268.

Kant, I. (1979) Kritik der reinen Vernunft, hg. v. R. Schmidt, Leipzig.

Kant, I. (1976), Kritik der Urteilskraft, Stuttgart.

Luhmann, N. (1986), Ökologische Kommunikation. Kann die moderne Gesellschaft sich auf ökologische Gefährdungen einstellen?, Heidelberg.

MacIntyre, A. (1994), Ist Patriotismus eine Tugend?, in: Kommunitarismus. Eine Debatte über die moralischen Grundlagen moderner Gesellschaften, hg. v. A. Honneth, Frankfurt/New York, S. 84–102.

Münkler, H. (Hg., 1996), Bürgerreligion und Bürgertugend. Debatten über die vorpolitischen Grundlagen politischer Ordnung, Baden-Baden.

Nietzsche, F. (1988), Nachgelassene Fragmente 1885–1887, Kritische Studienausgabe, Bd. 12, hg. v. G. Colli u. M. Montinari, Berlin/New York.

Novalis (1978), Die Christenheit oder Europa, Schriften 3. Bd., Das philosophische Werk II, hg. v. R. Samuel, Stuttgart u. a., S. 507–524.

Plessner, H. (1955), Nachwort zu Tönnies, in: Kölner Zeitschrift für Soziologie, 7. Jg., S. 341–347.

Putnam, H. (1982), Vernunft, Wahrheit und Geschichte, Frankfurt/M.

Raulet, G. (1993), Die Modernität der ‚Gemeinschaft‘, in: Gemeinschaft und Gerechtigkeit, hg. v. M. Brumlik u. H. Brunkhorst, Frankfurt/M., S. 72–96.

Rorty, R. (1988), Solidarität oder Objektivität? Drei philosophische Essays, Stuttgart.

Rorty, R. (1989), Kontingenz, Ironie und Solidarität, Frankfurt/M.

Rorty, R. (1994), Hoffnung statt Erkenntnis. Eine Einführung in die pragmatische Philosophie, Wien.

Rorty, R. (2001), Erwiderung auf Udo Tietz, in: Hinter den Spiegeln. Beiträge zur Philosophie von Richard Rorty, hg. v. Th. Schäfer, U. Tietz u. R. Zill, Frankfurt/M., S. 107–112.

Sandel, M. J. (1982), Liberalism and the Limits of Justice, Cambridge.

Sandel, M. J. (1994), Die verfahrensrechtliche Republik und das ungebundene Selbst, in: Kommunitarismus. Eine Debatte über die moralischen Grundlagen moderner Gesellschaften, hg. v. A. Honneth, Frankfurt/New York, S. 18–35.

Sartre, J. P. (1985), Das Sein und das Nichts. Versuch einer phänomenologischen Ontologie, Reinbek.

Scheler, M. (1954⁴), Der Formalismus in der Ethik und die materiale Wertethik, Werke Bd. 2, hg. v. E. Fink u. M. Scheler, Bern.

Schmitt, C. (1991), Der Begriff des Politischen, Berlin.

Schnädelbach, H. (1992a), Über Rationalität und Begründung, in: Ders., Zur Rehabilitierung des animal rationale. Vorträge und Abhandlungen 2, Frankfurt/M., S. 61–78.

Schnädelbach, H. (1992b), Was ist Neoaristotelismus?, in: Ders., Zur Rehabilitierung des animal rationale. Vorträge und Abhandlungen 2, Frankfurt/M., S. 205–230.

Schnädelbach, H. (2001), Werte und Wertungen, in: Logos. Zeitschrift für systematische Philosophie 1–2, S. 149–170.

Schwemmer, O. (1986), Ethische Untersuchungen. Rückfragen zu einigen Grundbegriffen, Frankfurt/M.

Seel, M. (1995), Versuch über die Form des Glücks. Studien zur Ethik, Frankfurt/M.

Spaemann, R. (1989), Glück und Wohlwollen. Versuch über Ethik, Stuttgart.

Taylor, Ch. (1986a), Die Motive einer Verfahrensethik, in: Moralität und Sittlichkeit. Das Problem Hegels und die Diskursethik, hg. v. W. Kuhlmann, Frankfurt/M., S. 101–135.

Taylor, Ch. (1986b), Sprache und Gesellschaft, in: Kommunikatives Handeln. Beiträge zu Jürgen Habermas' ‚Theorie des kommunikativen Handelns', hg. v. A. Honneth u. H. Joas, Frankfurt/M., S. 35–52.

Taylor, Ch. (1988a), Was ist menschliches Handeln?, in: Ders., Negative Freiheit. Zur Kritik des neuzeitlichen Individualismus, Frankfurt/M., S. 9–51.

Taylor, Ch. (1994a), Quellen des Selbst. Die Entstehung der neuzeitlichen Identität, Frankfurt/M.

Taylor, Ch. (1994b), Aneinander vorbei: Die Debatte zwischen Liberalismus und Kommunitarismus, in: Kommunitarismus. Eine Debatte über die moralischen Grundlagen moderner Gesellschaften, hg. v. A. Honneth, S. 103–130.

Taylor, Ch. (1995), Das Unbehagen an der Moderne, Frankfurt/M.

Tietz, U. (1995), Sprache und Verstehen in analytischer und hermeneutischer Sicht, Berlin.

Tietz, U. (1995a), Gerechtigkeit und Solidarität, in: Die Gegenwart der Gerechtigkeit. Diskurse zwischen Recht, praktischer Philosophie und Politik, hg. v. Ch. Demmerling u. Th. Rentsch, Berlin, S. 208–231.

Tietz, U. (1996), Universalistisches Verstehen versus partikulare Lebensform. Über Identität, Moralität und die ‚moralischen Quellen des Selbst', in: Philosophiegeschichte und Hermeneutik, hg. v. V. Caysa u. K. D. Eichler, Leipzig, S. 133–158.

Tietz, U. (1998), Güterethik versus Diskursethik, in: INITIAL. Zeitschrift für sozialwissenschaftlichen Diskurs 2, S. 55–70.

Tietz, U. (2001), Das principle of charity und die ethnozentristische Unterbestimmung der hermeneutischen Vernunft, in: Hinter den Spiegeln, Beiträge zur Philosophie von R. Rorty, hg. v. Th. Schäfer, U. Tietz u. R. Zill, Frankfurt/M., S. 77–106.

Tietz, U. (2002a), Verstehen und Begründen aus dem Kontext. Aspekte eines antifundamentalistischen Universalismus, Berlin.

Tietz, U. (2002b), Die Grenzen des Wir – Bausteine einer Theorie der Gemeinschaft, Frankfurt/M.

Tönnies, F. (1965), Einführung in die Soziologie, hg. v. R. Heberle, Stuttgart.

Tönnies, F. (1991), Gemeinschaft und Gesellschaft. Grundbegriffe der reinen Soziologie, Darmstadt.

Tugendhat, E. (1979), Selbstbewußtsein und Selbsterkenntnis, Frankfurt/M.

Tugendhat, E. (1993), Vorlesungen über Ethik, Frankfurt/M.

Walzer, M. (1996), Lokale Kritik – globale Standards. Zwei Formen moralischer Auseinandersetzung, hg. v. O. Kallscheuer, Hamburg.

Weber, M. (1972a), Wirtschaft und Gesellschaft, Tübingen.

Weber, M. (1972b), Gesammelte Aufsätze zur Wissenschaftslehre, Tübingen.

Wellmer, A. (1993), Bedingungen einer demokratischen Kultur. Zur Debatte zwischen Liberalen und Kommunitaristen, in: Gemeinschaft und Gerechtigkeit, hg. v. M. Brumlik u. H. Brunkhorst, Frankfurt/M., S. 173–198.

Wellmer, A. (1995), Zur Kritik der hermeneutischen Vernunft, in: Vernunft und Lebenspraxis. Philosophische Studien zu den Bedingungen einer rationalen Kultur, hg. v. Ch. Demmerling, G. Gabriel u. Th. Rentsch, Frankfurt/M., S. 123–156.

Wingert, L. (1993), Gemeinsinn und Moral. Grundzüge einer intersubjektivistischen Moralkonzeption, Frankfurt/M.

Wolf, U. (1998), Zur Struktur der Frage nach dem guten Leben, in: Was ist ein gutes Leben? Philosophische Reflexionen, hg. v. H. Steinfath, Frankfurt/M., S. 32–46.

Wright, G. H. v. (1994) Normen, Werte und Handlungen, Frankfurt/M.

Young, I. M. (1990), Justice and the Politics of Difference, Princeton.

CHRISTOPH MENKE

Gleichheit, Reflexion, Gemeinsinn

I.

In der politischen Philosophie waren die letzten Jahrzehnte bestimmt durch den Aufstieg des „Liberalismus" – im amerikanischen Sinn des Wortes, also eines ebenso politischen wie sozialen Liberalismus – zur dominierenden Theorie der normativen Anforderungen an die Grundstruktur der Gesellschaft. Bei dieser normativen Anforderung handelt es sich für den Liberalismus im Grunde um eine, das heißt, *nur* eine: die der Gerechtigkeit, die als Gleichheit verstanden werden muß. „Die Gerechtigkeit", schreibt Rawls, „ist die erste Tugend sozialer Institutionen, so wie die Wahrheit bei Gedankensystemen."[1] Diese theoretische Entwicklung der letzten Jahrzehnte, hin zur liberalen Theorie der Gerechtigkeit, entspricht einer politischen: der immer weiter reichenden Durchsetzung von Gerechtigkeit, also Gleichheit[2], mit staatlichen, also rechtlichen Mitteln – im Verhältnis der Klassen, der Rassen, der Geschlechter und zuletzt, ebenso im Welt- wie im europäischen Maßstab, zumindest dem Anspruch nach: der Regionen. Wie stets schon seit den neuzeitlichen Revolutionen, so hat sich gerade auch mit dem jüngsten Schub dieser staatlichen Durchsetzung von Standards der Gleichheit der Eindruck einer Überlastung, wenn nicht gar Zerstörung vorhandener Formen des Zusammenlebens verbunden – mit Folgen also, die Hegel im Bild einer „Tragödie im Sittlichen" gefaßt hat.[3] Diesen Eindruck können liberale Theorien nur als eine Abwehr der Gleichheitsforderung durch Personen oder Gruppen verstehen, die von den alten Verhältnissen der Ungleichheit profitiert haben. Die liberalen Theorien können den Ein-

---

[1] Rawls 1975, S. 19.
[2] Ich verwende die beiden Ausdrücke „Gerechtigkeit" und „Gleichheit" in der Darstellung des politischen Liberalismus (Abs. 1) synonym. In Abs. 2 wird sich zeigen, worin sie sich unterscheiden, ja, in Spannung treten. Ihre polemische Entgegensetzung etwa in dem Titel des von Angelika Krebs herausgegebenen Bandes *Gleichheit oder Gerechtigkeit. Texte der neueren Egalitarismuskritik* (Krebs 2000) bezieht sich auf eine abgeleitete Frage: Ob die grundlegende Idee der gleichen *Berücksichtigung* aller eine gleiche *Verteilung* von allem in quantitativ exakter Hinsicht verlangt.
[3] Vgl. Menke 1996.

druck der Überlastung und Zerstörung durch Gleichheit also eigentlich gar nicht verstehen; sie können ihn nur moralisch beurteilen. In diese Lücke stoßen jene anderen Theorieformen, die „kommunitaristisch" genannt werden.

Die kommunitaristischen Theorien sind manchmal, mehr von ihren Gegnern als von ihren Anhängern, so verstanden worden, daß sie die durch den Liberalismus zur *ersten* „Tugend sozialer Institutionen" erklärte Gerechtigkeit durch eine andere ersetzen wollen. Nach diesem Verständnis geht es dem Kommunitarismus um Gemeinschaft statt oder vor Gleichheit, um Gemeinwohl statt oder vor Gerechtigkeit. Das ist jedoch ein (Selbst-)Mißverständnis des Kommunitarismus. Worin auch immer die normativen Absichten des Kommunitarismus bestehen mögen – und dies ist in seinen verschiedenen Spielarten durchaus unterschiedlich –, seine zentrale Einsicht besteht darin, daß die Gerechtigkeit zwar normativ das Erste und Höchste, strukturell aber nicht ursprünglich und unbedingt ist. Mehr als ihre Antworten ist an den kommunitaristischen Theorien daher die Art des Fragens und Untersuchens von Bedeutung, die sie in die politische Philosophie wieder eingeführt haben: ihre Blickwendung von den normativen Gehalten zu dem, was sie möglich, weil wirklich macht. Der Liberalismus erklärt und begründet den normativen Vorrang der Gerechtigkeit, der Kommunitarismus hingegen untersucht die Voraussetzungen der Gerechtigkeit.

Das bezeichnet die systematische Stelle des Begriffs des Gemeinsinns. Der Begriff des Gemeinsinns dient dazu, eine zentrale Voraussetzung der Gerechtigkeit zu bezeichnen. Daß er das ist, zeigt sich an den Konsequenzen, die die Durchsetzung von Gerechtigkeit *ohne* entsprechenden Gemeinsinn hat; trotz ihrer normativen Richtigkeit bleibt sie eine äußerliche, daher fragile, im äußersten Fall repressive staatliche Maßnahme. Was aber macht den Gemeinsinn zu einer Voraussetzung von Gerechtigkeit? Die Voraussetzungsbeziehung zwischen Gemeinsinn und Gerechtigkeit kann zunächst *motivational* verstanden werden. Dann besagt sie, daß man bereits eine, häufig affektive, Einstellung wechselseitiger Verbundenheit und Verpflichtung voraussetzen muß, wenn Versuche einer gerechten Regelung sozialer Verhältnisse Aussicht auf Erfolg, also auf Stabilität und Akzeptanz haben sollen. Gemeinsinn ist eine Voraussetzung von Gerechtigkeit, weil er die Verpflichtungen der Gerechtigkeit in den Gefühlen, Einstellungen und Haltungen derjenigen verankert, denen sie auferlegt werden. Das darf aber nicht, oder nicht nur, im Sinne einer empirisch-sozialpsychologischen Beobachtung verstanden werden. Daß die Gerechtigkeit solcher Verbundenheit *bedarf*, ist nicht nur eine Antwort auf die Frage, wie man zur gerechten Berücksichtigung anderer gebracht (oder „motiviert") werden kann. Der Gemeinsinn, der die Voraussetzung der Gerechtigkeit bildet, kann nicht allein als die *Bereitschaft* verstanden werden, andere in Fragen der Gerechtigkeit zu berücksichtigen. Vielmehr hängt diese Bereitschaft ihrerseits davon ab, ob in der Formulierung der Verpflichtungen der Gerechtigkeit ein gemeinsam geteiltes *Verständnis* zum Ausdruck kommt. Ich möchte dies den *hermeneutischen* Sinn der Voraussetzungsbeziehung zwischen Gemeinsinn und Gerechtigkeit nennen: „Gemeinsinn" meint eine gemeinschaftlich geteilte Weise des Verstehens, ohne die Ordnungen und Regelungen der Gleichheit unmöglich sind.

Daß und wie Verstehensleistungen zu den Voraussetzungen der Gleichheit gehören, läßt sich den Veränderungen ablesen, die sich im politisch-praktischen Verständnis der

Gleichheitsidee in den letzten Jahrzehnten vollzogen haben. Das gilt weniger für den Gleichheitsbegriff staatlicher Akteure und Instanzen, als für den Gleichheitsbegriff, den für die gegenwärtige politische Kultur so problematische, zugleich aber auch so durchschlagende und signifikante Bewegungen einer „Politik der Anerkennung" wie Multikulturalismus und Feminismus zum Ausdruck bringen. Sie wiederum sind im Zusammenhang mit tiefgreifenden Veränderungen im Verständnis der Gleichheitsidee zu sehen, die gegenüber dem klassischen Liberalismus eingetreten sind. Für den klassischen Liberalismus des 18. Jahrhunderts, also den Liberalismus Lockes, Kants, Voltaires und Jaucourts, ist die Begrenzung gesellschaftlich möglicher Gleichheit auf das „einzige Recht" (Kant) auf gleiche „natürliche" oder Willkürfreiheit zentral. Gleichheit heißt im klassischen liberalen Verständnis (nur) Gleichheit an (solcher) Freiheit. Mit dieser Begrenzung hat das gegenwärtige Gleichheitsverständnis gebrochen. Das kann man sozial- und ideengeschichtlich auf den Einfluß sozialistischer Bewegungen und Konzeptionen seit der zweiten Hälfte des 19. Jahrhunderts zurückführen. Damit ist diese Veränderung im Gleichheitsverständnis aber noch nicht verstanden. Entscheidend ist, welcher *Logik* diese Veränderung folgt.

Die liberale Theorie bietet dafür zwei Modelle auf; sie versteht diese Veränderung als Materialisierung oder als Prozeduralisierung der Gleichheit. Beide Modelle finden sich, wenn auch in unterschiedlicher Gewichtung, bei Rawls. Als „Materialisierung" der Gleichheit kann Rawls' Schritt von der Freiheit zum „Wert der Freiheit" bezeichnet werden.[4] Damit ist gemeint, daß es nicht nur um Gleichheit an rechtlich garantierten Freiheitsspielräumen geht. Gleich muß vielmehr der „Wert", gleich müssen also die Nutzungsmöglichkeiten, das heißt, die Chancen sein, das solche rechtlich garantierte Freiheit den einzelnen tatsächlich bietet. Offensichtlich bedeutet das eine erhebliche Ausdehnung der Gleichheitsforderung um Inhalte oder Materien, weit über die formale Grundbestimmung der Freiheit hinaus. Das andere Modell für die Veränderung im Gleichheitsverständnis gegenüber dem klassischen Liberalismus ist das der Prozeduralisierung. Damit läßt sich der Schritt bezeichnen, durch den die Gleichheit von sozialen Arrangements auf faire Bedingungen oder Verfahren ihrer Hervorbringung zurückgeführt werden. Die Differenz zum klassischen Liberalismus besteht hier nicht darin, daß die Hinsichten egalitärer Berücksichtigung um andere erweitert werden (wie im Modell der Materialisierung), sondern daß überhaupt keine solchen Hinsichten mehr vorweg festgelegt werden. Die Bestimmung der Gleichheit folgt keinen vorgegebenen Kriterien, sondern geschieht in Beratungsprozessen, die bestimmten Verfahrensregeln fairer Beteiligung und Berücksichtigung unterliegen. In ihrer prozeduralen Fassung gewinnt auch die Idee der Demokratie für die liberale Gleichheitskonzeption konstitutive, nicht nur legitimatorische oder pragmatische Bedeutung.[5]

---

[4] Rawls 1975, S. 232 ff. – Der gleiche Wert der Freiheit ist der entscheidende Gesichtspunkt etwa in den Debatten über Quotierung; siehe dazu die Einleitung der Herausgeberin in Rössler 1993.

[5] Zu den Formen und Konsequenzen eines prozeduralen Gleichheitsverständnisses siehe die Debatte zwischen Jürgen Habermas und John Rawls in Hinsch 1997, Teil II: „Politische Gerechtigkeit und demokratische Legitimität". Zu Materialisierung und Prozeduralisierung im Gleichheitsverständnis siehe Habermas 1992, Kap. IX: „Paradigmen des Rechts".

Beide Modelle formulieren wichtige Aspekte des Wandels im Begriff liberaler
Gleichheit. Besonders ihr Verhältnis bedürfte der näheren Bestimmung. Ich habe hier
jedoch nur an sie erinnert, um auf einen weiteren, einen dritten Zug dieses Wandels hinzuweisen, den ich als das *Reflexivwerden* der Gleichheit bezeichnen möchte. Gerade die
genannte Bewegung einer „Politik der Anerkennung" beruht auf keinem materialen oder
prozeduralen, sondern einem reflexiven Begriff der Gleichheit. Und zwar kann ihr
Gleichheitsbegriff eben deshalb reflexiv genannt werden, weil sie die unbefragten und
unbemerkten Voraussetzungen in den Blick nimmt, auf denen das bisherige liberale
Gleichheitsregime beruht. Diese Voraussetzungen aber sind hermeneutische in dem oben
genannten Sinn: sie sind für selbstverständlich gehaltene Weisen des Verstehens, auf
denen die Gleichheitsidee beruht. Die Bewegungen, denen es um eine Politik der Anerkennung geht, setzen mit dem Aufweis ein, wie die bisherige Deutung der liberalen
Gleichheit zugleich auf bestimmten Verständnissen – wie sich zeigen wird: Verständnissen von Personen, ihren Wünschen, Bedürfnissen und Verhältnissen – aufruhen. Es sind
diese Verständnisse, die zum Gegenstand der Kritik und zum Einsatzpunkt von Forderungen nach Veränderung werden. Politik der Anerkennung meint im ersten Schritt:
Problematisierung der Verstehensgrundlage der bestehenden Gleichheitsordnung.

Diese Problematisierung betrifft in der politischen Auseinandersetzung zunächst einzelne Inhalte des Verständnisses von Personen, ihren Wünschen, Bedürfnissen und
Verhältnissen, von denen die bestehende Gleichheitsordnung als gemeinsam geteiltem
und zugrundeliegendem ausgeht. Darüber hinaus aber geht es um eine andere Formbestimmung, eine andere Weise der Hervorbringung und Veränderung solcher gleichheits-
fundierender Verständnisse. Die Politik der Anerkennung will nicht nur ihren Inhalt
verändern, sie richtet sich dadurch zugleich gegen den jenen Verständnissen zuge-
schriebenen *Status*, als geteilte zugrunde zu liegen. Auch darauf läßt sich die Formel
vom Reflexivwerden der Gleichheit in der Politik der Anerkennung beziehen: Die Bewegungen einer Politik der Anerkennung lassen die hermeneutische Verstehensvoraus-
setzung von Gleichheitsordnungen hervortreten. Damit zielen sie zugleich auf die
Formbestimmung der in Gleichheitsordnungen vorausgesetzten Verständnisse: sie lassen sie, statt als gegebenes und zugrundeliegendes, als Resultate von Prozessen erscheinen, die sie wiederum als Akte des Reflektierens auffassen.

Die folgenden Erläuterungen sollen die bisher skizzierten Thesen in umgedrehter
Reihenfolge ausführen und begründen: Ich werde zunächst den genannten Prozeß des
Reflexivwerdens des Gleichheitsverständnisses und den darin verwendeten Begriff der
Reflexion erläutern; dabei wird sich zeigen, daß solches Reflektieren sich zwischen
zwei Polen bewegt, dem der Person und dem des Individuums (2.). Das soll dann im
Blick auf ein Beispiel, die Veränderungen im Verständnis des Personen- oder Bürger-
begriffs, näher bestimmt werden (3.).[6] Danach werde ich zu dem Begriff des Gemein-
sinns (von dem ich bei der Formulierung meiner These von der „hermeneutischen"
Voraussetzung der Gleichheit ausgegangen bin) zurückkehren und andeuten, wie er im
Ausgang von diesen Überlegungen neu gefaßt werden könnte (4.).

---

[6] Die Abschnitte (2.) und (3.) nehmen Überlegungen auf, die ich ausführlicher dargestellt habe in
    Menke 2000, Kap. 1: „Befragung der Gleichheit".

II.

Reflektieren heißt zunächst Vergleichen. So hat Kant den Reflexionsbegriff in seiner Theorie des Begriffs, der begrifflichen Bestimmung von Gegenständen erläutert:[7] Auf einen Gegenstand zu reflektieren heißt, ihn mit anderen zu vergleichen, um herauszufinden, „was sie unter sich gemein haben". Genauer gesagt, bestimmt Kant die Reflexion als den Zwischenschritt zwischen der „Komparation", der bloßen Auflistung verschiedener Eigenschaften, und der „Abstraktion", dem bloßen Festhalten des Gemeinsamen, unter „Absonderung alles Übrigen, worin die gegebenen Vorstellungen sich unterscheiden". Reflexion ist der Prozeß dazwischen. Reflexion ist diejenige Vergleichung, die nicht nur die Eigenschaften des Verschiedenen auflistet, sondern eine Bestimmung des ihnen Gemeinsamen, ihrer „Einheit" vornimmt, ohne jedoch, wie die Abstraktion, die Einheit von dem Verschiedenen, dem sie abgewonnen wurde, als fertiges Resultat ‚abzusondern'. Reflexion ist der Übergang von Vergleichung in Abstraktion.

Das bezeichnet den theoretischen Gebrauch der Reflexion: den Gebrauch der Reflexion in der begrifflichen Bestimmung von Gegenständen. Eine ähnliche Verfassung hat aber auch die normative Reflexion, die die Einstellung der Gleichheit ausmacht. Die Idee der Gleichheit fordert die gleichmäßige oder gleichgewichtige Berücksichtigung aller. Eine Entscheidung oder Regelung berücksichtigt dann alle gleichermaßen, wenn sie von einem „allgemeinen Standpunkt" (Kant) aus erfolgt. Das heißt, wenn die Entscheidung oder Regelung von einem Standpunkt aus erfolgt, der nicht der Standpunkt einer der vielen verschiedenen, sondern der eines jeden oder beliebigen ist. Ebenso aber wie abstrakte Begriffe nach Kants Formulierung erst durch Komparation und Reflexion gebildet werden müssen, ist auch der allgemeine Standpunkt nicht einfach da, so daß wir ihn nur noch einzunehmen bräuchten. Wie abstrakte Begriffe, so muß auch der allgemeine Standpunkt erst hergestellt werden; er muß im Ausgang von einem je bestimmten, von anderen verschiedenen Standpunkt *gebildet* werden.

Wie für die Bildung von Begriffen, so spricht Kant auch für die des allgemeinen Standpunkts der Gleichheit von einer „Operation der Reflexion";[8] es gibt die egalitäre Einstellung nur im Prozeß ihrer Bildung durch Reflexion. Wie in der Bildung von Begriffen, so besteht auch hier die „Operation der Reflexion" in dem Schritt von der Vergleichung zur Abstraktion. Das heißt: Auch hier führt die Reflexion zu einer Position der Einheit, aber auch hier beginnt sie mit einem Akt des Vergleichens. Die Vergleichung hat dabei zunächst einen normativen Sinn. Vergleichen heißt hier: Gleichsetzen von Personen im Hinblick auf ihr relatives Gewicht für Entscheidungen oder Regelungen. Durch diesen normativen Sinn wird die egalitäre Reflexion jedoch nicht erschöpft: Die Reflexion der Gleichheit ist nicht nur ein Prozeß der gleichen *Berücksichtigung*, sondern der gleichen *Bestimmung* der anderen. Gleichheit im normativen Sinn – alle gleichermaßen zu berücksichtigen – setzt Gleichheit auch in einem deskriptiven Sinn voraus: es verlangt stets zu sagen, *als wer*, in welcher Bestimmung und welchen Hin-

---

[7] I. Kant, Logik (ed. Jäsche), I, § 6 Anm. S. 525.
[8] Ders., Kritik der Urteilskraft, § 40, B 157 f.

sichten der andere durch diese Handlungsweise gleichermaßen berücksichtigt wird. Gleichbehandlung bedarf Gleichbeschreibung.

Dieser deskriptive Gehalt des normativen Gleichsetzens kommt darin zum Ausdruck, daß es in der Einstellung der Gleichheit um die Berücksichtigung von *Personen* geht; in der Einstellung der Gleichheit werden ihre Adressaten als Personen gefaßt. Dabei hat der Begriff der Person einen doppelten Sinn. Er bedeutet zum einen, daß in der Einstellung der Gleichheit jeder einzelne zählt; die Adressaten der Gleichheit sind einzelne Personen. Der Begriff der Person bedeutet zum anderen, daß die einzelnen nur so gleichermaßen berücksichtigt werden können, daß sie darin auf allgemeine Weise beschrieben werden. Die Person, die wir gleichermaßen berücksichtigen, ist der einzelne, aber der einzelne nicht als je besonderer, sondern der einzelne, sofern er unter eine allgemeine Beschreibung gebracht werden kann. Nur nachdem wir die anderen als in bestimmten allgemeinen Hinsichten gleich beschrieben haben, können sie normativ als Gleiche gelten. Das eben besagt der Ausdruck „Person": Die Person ist die Maske der Gleichheit, unter der die einzelnen in das Blickfeld der egalitären Einstellung treten.

In jeder Formulierung, erst recht in jedem Akt der Gleichbehandlung setzen wir eine Bestimmung dessen voraus, was eine Person ist. Gewöhnlich leiten diese Personenbestimmungen unser Verstehen und Urteilen, ohne je thematisch zu werden. Das heißt, wir verlassen uns auf ein bestimmtes Vorverständnis der abstrakt beschriebenen Züge von Personen, die in der Einstellung der Gleichheit bedeutsam sind. Gelegentlich jedoch – und es wird sich gleich noch zeigen, bei welchen Gelegenheiten – wird diese deskriptive Voraussetzung unserer normativen Einstellung der Gleichheit ausdrücklich und thematisch; dann müssen wir unsere eingewöhnten Personenbestimmungen einer Überprüfung unterziehen.

Eine Personenbestimmung umfaßt die Hinsichten, in denen ein anderer mit mir und allen anderen gleich ist. Jede Personenbestimmung ist mithin das Ergebnis einer Abstraktion. Wird die Abstraktion als Prozeß genommen, so heißt sie in der eingangs verwendeten Kantischen Terminologie „Reflexion"; sie besteht in einem Prozeß der Vergleichung, um herauszufinden, was die Verschiedenen gemeinsam haben. Dieser vergleichende Reflexionsprozeß ist in unserer gewöhnlichen Praxis der Gleichbehandlung vergessen; sein Ergebnis, die jeweilige Personenbestimmung, hat sich – wiederum in der eingangs verwendeten Kantischen Terminologie – von ihm „abgesondert" und besteht unabhängig von ihm. Dadurch erscheint sie als „natürlich". Es ist nun diese Absonderung des Ergebnisses von seiner Hervorbringung, die wir in der Überprüfung unserer eingewöhnten Personenbestimmung zurücknehmen müssen. Dazu müssen wir noch einmal, Schritt für Schritt und von Anfang an, den Reflexionsprozeß vollziehen, in dem die Personenbestimmung gewonnen wurde. Der Anfang der Reflexion ist jedoch die Vergleichung des Verschiedenen und Konkreten. Nennen wir den einzelnen in abstrakter und allgemeiner Beschreibung, in der er mit allen anderen gleich ist, eine „Person", so können wir den einzelnen in konkreter Beschreibung, der es um das ihm Eigentümliche und Besondere geht, ein „Individuum" nennen. Personen sind die einzelnen in der egalitären Einstellung, Individuen die einzelnen *vor* und unabhängig von der egalitären Einstellung. Beide Perspektiven auf den einzelnen, als Person und als Individuum, stehen aber nicht unbezogen nebeneinander. Wir gelangen vielmehr zu einer Bestimmung von Personen nur im Ausgang vom Verstehen von Individuen und ihrer je verschiedenen Lagen. In der Überprüfung unserer Personenbestimmungen müssen wir daher zuerst den einzelnen als solchen je verschiedenen Individuen gerecht zu werden suchen; es geht uns darin um eine Revision unserer Bestimmung von Personen im Lichte unseres Verstehens von Individuen. Die Reflexion der Gleichheit zielt auf eine Bestimmung der anderen als Personen, aber sie *beginnt* als ein Verstehen, das den anderen als Individuen gerecht werden will.

Bevor ich das Gemeinte an einem Beispiel erläutere, möchte ich es noch einmal zusammen fassen: Die Einstellung der Gleichheit kann reflexiv genannt werden, sofern und soweit sie die Bestimmung dessen, was es heißt, eine mit allen anderen gleichen Person zu sein, nicht einfach als „natürlich" voraussetzt, sondern einer Überprüfung unterzieht. Diese Selbstüberprüfung geschieht um willen der Idee der Gleichheit. Zugleich aber kann sich diese Überprüfung nur so vollziehen, daß wir den Bildungsprozeß unserer jeweiligen „abstrakten" Personenauffassung noch einmal von seinem Beginn an wiederholen. Darin werden wir unvermeidlich in ein anderes Projekt verwickelt: in das Verstehen von, genauer: in den Versuch des Gerechtwerdens gegenüber Individuen in ihrer Konkretheit und Verschiedenheit. Die Einstellung der Gleichheit kann nicht nur aus Operationen der Gleichheit bestehen. Gleichbehandlung ist das grundlegende Ziel dieser Einstellung. Um *dieses* Ziel erreichen zu können, müssen wir jedoch immer wieder ein anderes Ziel verfolgen. Um das Ziel der Gleichbehandlung erreichen zu können, müssen wir – zumindest auch und vorläufig – das nicht-egalitäre Ziel anstreben, verstehend den anderen als Individuen gerecht zu werden. Denn nur im Ausgang von einem und im ständigen Bezug auf ein Verstehen, das den Individuen in ihrer Besonderheit und Eigentümlichkeit gerecht wird, können wir zu einer angemessenen Beschreibung und deshalb auch zu einer wirklichen Gleichbehandlung von Personen gelangen.

III.

Wie das immer wieder neu geschieht, läßt sich an der inneren Dynamik zeigen, der die Grundnormen moderner Verfassungsstaaten unterliegen. Diese Grundnormen formulieren die Idee der Gleichheit in rechtlicher Form. Was es heißt (und damit immer auch: wen es einbegreift), eine gleiche Person[9] zu sein, ist in ihnen in beständiger Veränderung begriffen. Die Geschichte der Gleichheit ist eine Geschichte unserer Auffassungen davon, was eine Person ausmacht – was es also ist, das ein jeder so will, daß er es im gleiche Maße wie alle anderen haben kann.

Das zeigt sich bereits an dem Ereignis, in dem die modernen Verfassungsstaaten ihren Ursprung haben, ihrer Entstehung aus den konfessionellen Bürgerkriegen. Die modernen Verfassungsstaaten sind die Form politischer Ordnung, die sich daraus ergibt, daß die konfessionell gespaltenen Parteien sich dazu entscheiden, ihr Verhältnis untereinander in Orientierung am Prinzip der Gleichheit zu regulieren. Das kann jedoch nicht so verstanden werden, als sei hier mit einem und zum ersten Mal das Prinzip der

---

[9] „Person" meint hier: Rechtsperson oder Bürger.

Gleichheit als normativ überzeugend entdeckt, gar erfunden worden. Den Parteien gerade dieses Konflikts war das Gleichheitsprinzip (zum Beispiel aus den Paulinischen Briefen) wohlvertraut. Neu ist nicht das Gleichheitsprinzip selbst, sondern die Entscheidung, dieses Prinzip zur Lösung (auch) *dieses* Konflikts, zur Regulierung (auch) *dieses* Verhältnisses zu verwenden. Gleichwohl ist diese Entscheidung *auch* eine Entdeckung – sie ist nur möglich, wenn zugleich eine Entdeckung geschieht: die einer neuen Auffassung der Person. Ihr verdankt das Prinzip der Gleichheit seine neu gewonnene politische Evidenz und Macht. Ohne diese gleichzeitige Neubeschreibung dessen, was eine Person ist, gäbe es überhaupt nichts (oder niemanden), durch dessen gleiche Berücksichtigung sich der konfessionelle Bürgerkrieg beenden ließe. Durch die neue Personenauffassung *werden* die konfessionell Verfeindeten überhaupt erst zu möglichen Adressaten gleicher Berücksichtigung.

Auf einfachste Weise kann diese neue Auffassung von Personen dadurch bestimmt werden, daß die Mitglieder der anderen konfessionellen Partei nicht mehr als Anhänger gefährlicher Irrlehren oder Opfer teuflischer Einflüsterungen gesehen, sondern als religiös Gläubige *wie wir* beschrieben werden. In einer solchen Neubeschreibung bildet sich der Begriff des „religiös Gläubigen" in einem neutralen, das heißt: nicht-konfessionellen Sinn überhaupt erst – in einem Sinn also, der von den konfessionellen Unterschieden abstrahiert. In dieser semantischen Innovation wird „Glauben" oder „Gläubiger" zu einem von „rechter Glauben" oder „Rechtgläubiger" unterschiedenen Prädikat, das es erlaubt, in einem Feld, wo wir nur Unterschiede, gar unversöhnliche Gegensätze zu sehen gewohnt waren, Gemeinsamkeiten festzustellen. Offensichtlich ist eine solche abstrahierende Gleichbeschreibung die Voraussetzung dafür, andere über konfessionelle Unterschiede hinweg als Gleiche berücksichtigen zu können: Die Anhänger des einen Glaubens sehen die Anhänger des anderen, also weiterhin für irrig gehaltenen Glaubens dann als einen, der – trotz der falschen Inhalte seines Glaubens – *auch* ein Gläubiger ist und in dieser Hinsicht, in der er mit ihnen gleich ist oder das gleiche wie sie will (nämlich: seinen Glauben ausüben), auch gleiche Berücksichtigung verdient. An diese neue Auffassung der Personen als Gläubigen ist die gleiche Berücksichtigung aller hier gebunden. Deshalb heißt „gleiche Berücksichtigung aller" hier: gleiche Berücksichtigung aller Gläubigen.

Die unlösbare Verknüpfung von Gleichheitsorientierung und Personenauffassung erklärt, daß und wie sich die Idee der Gleichheit verändert. Denn „unlösbar" ist nur die Verknüpfung der Gleichheitsorientierung mit irgendeiner Personenauffassung, nicht mit einer bestimmten. Verändert sich daher die Personenauffassung, so auch die Idee der Gleichheit. Das geschieht in den modernen Verfassungsstaaten unablässig. Keine abstrahierende Neubeschreibung von Personen kann endgültig sein; sie muß in der egalitären Einstellung stets von neuem überprüft und wiederholt werden. Denn zwar ist jede Auffassung der Person abstrakt: Sie wird dadurch eingeführt und gerechtfertigt, daß sie uns erlaubt, von Unterschieden abzusehen, deren Betonung wir als (im Fall des konfessionellen Bürgerkriegs) verheerend zu empfinden beginnen. Gleichwohl ist keine Auffassung der Person neutral: Jede Auffassung der Person ist auch als abstrakte noch eine inhaltliche Bestimmung; sie versteht Personen in einem *bestimmten*, daher potentiell strittigen und prinzipiell veränderlichen Sinn. Im genannten Beispiel: Sie versteht eine

Person als jemanden, der einen religiösen Glauben hat, gleichgültig welchen. (Lockes und Lessings Toleranzbegriffe sind Beispiele für diese Etappen im modernen Gleichheitsverständnis.) Das hat sich in der modernen Geschichte der Gleichheit dann verändert zu einer Bestimmung von Personen durch ihr „Gewissen", von dem (etwa bei Rousseau und Kant) nicht mehr angenommen wird, daß es sich nur aus religiösen Bindungen speisen und in religiösen Formen ausdrücken kann.

Gleichwohl ist auch dieser erweiterte Personenbegriff kein neutraler. Vielmehr ist er die Grundlage für die Exklusion solcher Gruppen wie der ökonomisch Abhängigen, der Frauen und der nicht-weißen Rassen, deren Mitgliedern ein solches Gewissen nicht zugetraut wird. Die *weitere* Entwicklung nun bestand (und besteht noch) keineswegs allein darin, diese Einschränkung aufzuheben und alle für Personen mit einem Gewissen zu erklären, die deshalb gleiche Berücksichtigung verdienen. Die weitere Entwicklung besteht vielmehr darin, im Verein mit der Kritik des Gewissensbegriffs etwa bei Nietzsche und Freud, den Personen*begriff* selbst zu verändern. Der Revisionsdruck kommt hier daher, daß der Gewissensbegriff als ähnlich eng und daher ausschließend empfunden wird wie ehemals die Festlegung von Personen auf (irgend-) einen Glauben. Und die Veränderung besteht in der Annahme, daß Personen kein Gewissen zu haben brauchen, um gleichermaßen berücksichtigt zu werden. Das erlaubt nicht nur, mehr Personen berücksichtigen zu können, sondern erzwingt auch, sie in anderen Hinsichten berücksichtigen zu müssen.

Unterstellen wir, etwas Ähnliches wie dieser Prozeß habe sich in der modernen Geschichte der Gleichheit tatsächlich zugetragen und es sei dies ein Prozeß der Veränderung gewesen, der sich nicht nur auf die philosophisch artikulierten Personenauffassungen beschränkte, sondern in den Grundnormen der modernen Verfassungsstaaten praktisch wirksam geworden sei. Ebenso entscheidend wie *daß* die Personenauffassungen und mit ihnen die Idee der politischen Gleichheit sich verändern, ist dann, *wie* das geschieht. Jede solche Veränderung ist eine Antwort auf Einwände; mit ihnen beginnt der Prozeß der Überprüfung von Personenauffassungen. An ihrem Beginn sind diese Einsprüche jedoch keineswegs schon Vorschläge für andere, vermeintlich bessere Auffassungen der Person. An ihrem Beginn sind es vielmehr Einsprüche von Individuen – Einsprüche also im Namen dessen, was eine bestimmte Personenauffassung für ein bestimmtes Individuum bedeutet. Die Revision von Personenauffassungen wird dadurch ausgelöst, daß Individuen die Gewalt, die Einschränkung und Unterdrückung erfahren und beklagen, die die bisherige Praxis der Gleichheit für sie bedeutet. Diese Klage bewertet die bestehende Gleichheitspraxis aus der Perspektive der Individuen, der Konsequenzen jener Praxis für ihr Leben. Mit dem Verstehen dieser Klage und damit der individuellen Perspektive, aus der sie erhoben wird, beginnt jeder Revisionsprozeß um eine bestehende Gleichheitspraxis: indem wir uns klar machen, warum eine bestehende Gleichheitspraxis von (einigen) Individuen als Gewalt oder Unterdrückung erfahren und beklagt wird.[10]

Im Verstehen und Erläutern dieser Klage von Individuen gegen eine bestehende Gleichheitspraxis rückt nun die Personenbestimmung ins Zentrum, auf der diese Praxis

---

[10] Zur grundlegenden Rolle der Klage in Prozessen politischer Veränderung siehe Menke 2000, Kap. 5: „Die Permanenz der Revolution".

aufruht. Diese Praxis berücksichtigt zum Beispiel – in dem soeben gegebenen Beispiel – alle als religiös Gläubige. Ja, es ist, wie gesehen, der eigentliche Sinn der Beschreibung aller als „religiös Gläubige", daß sie unter dieser Beschreibung gleichermaßen berücksichtigt werden können. Die Klage von Individuen gegen eine bestehende Gleichheitspraxis muß deshalb als ein Einwand gegen diese Personenbestimmung verstanden werden: als der Einwand also, daß sich das, was diese Individuen tun oder sein wollen, nicht unter ihre Beschreibung als religiös Gläubige bringen läßt, etwa weil sie gar keinem religiösen Glauben anhängen. Die Personenauffassung, mit der die Einstellung der Gleichheit hier verbunden ist, ist – so lautet der klagend erhobene Einwand – gar nicht wirklich abstrakt. Oder: sie ist nicht abstrakt genug; denn sie umfaßt und erlaubt nicht die ‚konkreten' Bestimmungen oder Vorhaben *dieses* Individuums, sondern unterdrückt sie oder schneidet sie ab. Das Verstehen der Individuen wird damit zu einem Verstehen ihrer Differenz: der Differenz zwischen dem, was sie aus ihrer eigenen Perspektive sind und wollen, und dem, was sie als gleichermaßen berücksichtigte Personen sein und wollen dürfen.

Mit dem Aufweis und Verstehen dieser Differenz übersetzt sich die Klage der Individuen in die Forderung nach einer Veränderung der Personenbestimmung: Sie soll so neu gefaßt werden, daß sie auch die klagenden Individuen mit einbegreift. Es ist genau an dieser Stelle, das heißt: *erst* an dieser Stelle, daß die Klage der Individuen über die Gewalt, die eine bestehende Gleichheitspraxis für sie bedeutet, sich im Namen einer besseren Gleichheitspraxis artikuliert; bis dahin war sie eine Klage im Namen der Individuen und dessen, was sie sind und wollen. Das führt dann – in dem skizzierten Beispiel – im ersten Schritt von der Glaubens- zur Gewissensfreiheit und in weiteren Schritten auch darüber hinaus. In diesen Schritten verändert sich die Gleichheitspraxis, und manchmal wird sie sogar besser, indem sie weiter wird: Die Auffassung dessen, was eine Person ist und in Folge dessen auch der Bereich dessen, wer als eine Person zählt, wird weniger eng und ausschließend. Gleichwohl läßt sich für diese Schrittfolge widerspruchsfrei nicht einmal die *Idee* eines letzten Schrittes bilden. Denn jede Gleichheitspraxis ist mit einer *bestimmten* Personenauffassung verbunden, die aufgrund dieser Bestimmtheit erneut von Individuen als gewaltsam erfahren und beklagt werden kann und wird.

Der entscheidende Punkt aber ist, daß in den Schritten, in denen die Einstellung der Gleichheit sich verändert und erweitert, das verstehende Gerechtwerden gegenüber Individuen eine entscheidende Rolle spielt. Der Weg von der einen zur anderen Gleichheitspraxis, das heißt von der einen zur anderen Personenbestimmung ist nicht direkt; er ist ein Umweg übers Individuelle. Der Schritt etwa von der Glaubens- zur Gewissensfreiheit müßte nicht gemacht werden, er wäre im strikten Sinne sinnlos, wenn nicht Individuen beklagen würden, daß eine Gleichheitspraxis, die um den Begriff des religiös Gläubigen zentriert ist, sie unterdrückte. Diese Klage müssen wir zunächst so zu verstehen versuchen, daß wir dem Individuum, das sie erhebt, gerecht werden, um sodann in ihrem Licht die eingewöhnte Personenbestimmung zu prüfen, die die bestehende Gleichheitspraxis trägt. Was den reflexiven Revisionsprozeß antreibt, der der Einstellung der Gleichheit immanent ist, ist die Berücksichtigung von Individuen, denen wir verstehend gerecht zu werden versuchen.

IV.

Ich möchte nach dieser Beschreibung des Reflexionsprozesses, in dem die normative Einstellung der Gleichheit besteht, abschließend noch einmal zu den beiden Thesen vom Anfang zurückkehren. Dort hatte ich zum einen behauptet, daß ein reflexives Gleichheitsverständnis nicht nur ein philosophischer Vorschlag, gar eine philosophische Erfindung sei, sondern bestimmten Politikformen – solchen, die man einer „Politik der Anerkennung" zurechnen kann – zugrunde liegt. Zum anderen hatte ich behauptet, in einem solchen reflexiven Gleichheitsverständnis komme die in liberalen Theorien typischerweise abgeblendete und ignorierte „hermeneutische" Voraussetzung der Gleichheit zum Ausdruck, die man als „Gemeinsinn" bezeichnet. Beginnen möchte ich mit Bemerkungen zum zweiten Punkt.

Was es heißt, die Einstellung der Gleichheit als reflexiv zu verstehen und zu vollziehen, habe ich oben zunächst im Blick auf Kant erläutert. Das Urteil der Gleichheit oder Gerechtigkeit erfolgt nach Kants Formulierung von einem „allgemeinen Standpunkt". Diesen Standpunkt verortet Kant in seinen moralphilosophischen Schriften durch die topographische Unterscheidung zweier Welten. Der allgemeine Standpunkt liegt in der intelligiblen Welt, und wir werden Bürger dieser Welt, indem wir von allem Sinnlichen und Empirischen abstrahieren. In der *Kritik der Urteilskraft* korrigiert, das heißt: kompliziert Kant diesen Prozeß. Die Einnahme des allgemeinen Standpunktes kann demnach nicht allein durch Abstraktion geschehen, sondern bedarf einer „Operation der Reflexion". Sie besteht darin, „daß man sein Urteil an anderer, nicht sowohl wirkliche, als vielmehr bloß mögliche Urteile hält, und sich in die Stelle jedes andern versetzt." (§ 40, B 157)[11] Reflexion heißt also Vergleichen. Dadurch bildet sich Gemeinsinn. „Unter dem sensus *communis* aber muß man die Idee eines *gemeinschaftlichen Sinnes*, d. i. eines Beurteilsvermögens verstehen, welches in seiner Reflexion auf die Vorstellungsart jedes andern in Gedanken (a priori) Rücksicht nimmt, um gleichsam an die gesamte Menschenvernunft sein Urteil zu halten" (ebd.). Gemeinsinn also heißt – bei Kant, aber auch davor (bei Wolff und Baumgarten) – gemeinsamer, gemeinsam geteilter Sinn. Gemeinsinn ist die Fähigkeit zu einem Urteilen oder Auffassen, in dem wir mit allen anderen übereinstimmen.

Daß Kant in der *Kritik der Urteilskraft* den Gemeinsinn als eine „Operation der Reflexion" analysiert, richtet sich aber nicht nur gegen den Standpunktdualismus seiner Moralphilosophie. Es richtet sich auch dagegen, den gemeinschaftlichen Sinn als etwas Vor- und Zugrundeliegendes aufzufassen. Man muß diese Zurückweisung nicht so verstehen, daß sie bestreitet, daß es Gemeinsinn präreflexiv „immer schon" gibt.[12] Man kann diese Zurückweisung vielmehr so verstehen, daß der Gemeinsinn, der immer schon da ist, zwar ein Ausgangspunkt, aber keine Richtschnur sein kann. Kants Analyse

---

[11] Zu einer Lektüre der *Kritik der Urteilskraft* und ihrer Lehre vom Gemeinsinn als Korrektur des Dualismus der Kantischen Moralphilosophie siehe im Anschluss an Arendt 1998 Lyotard 1994; Wellmer 1986, S. 14 ff.

[12] So stellt sich Kants Analyse aus der Sicht einer hermeneutischen Reflexion auf die „Grenzen der Reflexionsphilosophie" dar. Vgl. Gadamer 1975, S. 324 ff.; zu dem dagegen aufgebotenen humanistischen Verständnis des *sensus communis* siehe S. 16 ff.

des Gemeinsinns als einer Operation der Reflexion hat in dieser Perspektive keinen
begrifflichen, sondern einen normativen Sinn. Sie sagt, wie der Gemeinsinn verfaßt sein
muß, damit er (wahre) Gleichheit möglich macht. Der Gemeinsinn muß als ein Reflektieren verstanden werden, das in einer beständigen Überprüfung und Veränderung der
vorliegenden gemeinschaftlich geteilten Verständnisse besteht. Wie das geschieht und
wie darin der Rückgang auf individuelle Erfahrungen und Einsprüche eine Rolle spielt,
habe ich in den beiden vorhergehenden Abschnitten erläutert. Hier geht es um die Konsequenzen für das Verhältnis von Gemeinsinn und Reflexion: Reflexion hat für den
Gemeinsinn keine konstitutive, sondern eine revisionäre Funktion. Das soll besagen,
daß Gemeinsinn, daß also gemeinschaftlich geteilte Bestimmungen und Verständnisse
nicht erst durch Reflexion konstituiert werden; sie sind vorreflexiv schon da. Aber wo
es um Fragen der Gleichheit geht, können die gemeinschaftlich geteilten Bestimmungen
und Verständnisse so, wie sie vorreflexiv schon da sind, nicht bleiben: Die Klage der
Individuen über die Ungerechtigkeit der Gleichheitsordnungen, die sich auf solchen
vorreflexiven Verständnissen errichten, nötigen zu einem Prozeß beständiger reflexiver
Revision. Gemeinsinn, der Verhältnisse wahrer Gleichheit begründen können will, politischer Gemeinsinn also, kann nur in der Haltung eines unausgesetzten reflexiven Revi-
sionismus bestehen.

Nötig ist solche reflexive Revision, um Täuschungen zu vermeiden: nämlich „der
Illusion zu entgehen, die aus subjektiven Privatbedingungen, welche leicht für objektiv
gehalten werden könnten, auf das Urteil nachteiligen Einfluß haben würde." (*KdU*,
§ 40, B 157) Man muß nach Kant das eigene Urteilen mit dem der anderen vergleichen,
um in Fragen der Gleichbehandlung die illusionäre Verwechslung von bloß Privatem
mit dem wahrhaft Allgemeinen zu vermeiden. Diese Verwechslung zeigt sich zum einen darin, daß man sich selbst – dem „lieben Selbst", wie Kant sagt – Vorrechte einräumt. Die Gefahr illusionärer Verwechslung von bloß Privatem mit wahrhaft Allge-
meinem besteht aber auch in einem hermeneutischen Sinn: als die Gefahr nämlich, daß
man – aus Egoismus, Gewöhnung oder Blindheit – an Verständnissen, das heißt, an
Personenbestimmungen festhält, die zwar auf einen selbst (oder: auf einen *wie* man
selbst), nicht aber auf andere und daher auch nicht auf alle zutreffen. Unsere Praxis der
Gleichheit ist also erst dann wirklich reflexiv geworden, wenn wir die grundlegenden
Personenbestimmungen nicht mehr voraussetzen zu können glauben, sondern eingese-
hen haben, daß wir sie in Operationen des Vergleichens allererst herstellen und gewinnen müssen. Das ist der hermeneutische Sinn der in der Einstellung der Gleichheit prak-
tizierten Reflexion. Die „Kultur der Vernunft", auf der die Einstellung der Gleichheit
nach Kant beruht, muß zugleich eine Kultur, besser: eine Ethik und Politik des Verstehens sein.

Ich hatte (in Abs. 1.) eingesetzt mit der These, daß die Rede von Gemeinsinn nicht
als normativer Gegenentwurf zur liberalen These vom Vorrang der Gerechtigkeit (als
Gleichheit), sondern als Untersuchung der Voraussetzungen der Gleichheit verstanden
werden sollte. Dabei bezeichnet der Begriff des Gemeinsinns, was ich die „hermeneutische" Voraussetzung der Gleichheit genannt habe: die in jeder Praxis und Ordnung der
Gleichheit vorausgesetzten gemeinschaftlichen Verständnisse, die sich weiterhin als
Personenauffassungen bzw. -begriffe analysieren ließen. Hermeneutisch verstanden,

besteht der Gemeinsinn in einem gemeinsam geteilten Sinn für das, was Personen ausmacht und worin sie daher gleichermaßen zu berücksichtigen sind. Solcher Gemeinsinn
ist reflexiv verfaßt, das heißt, er muß vergleichend vorgehen; sonst bleibt er bloß kon-
ventionell. Solche bloß konventionellen Verständnisse, so haben die Bewegungen der
Politik der Anerkennung immer wieder gezeigt, begründen Gleichheitsordnungen, die
entgegen ihrem eigenen Anspruch ausschließend sind. Das zeigt sich, das heißt, wird
erfahren als Leiden von Individuen. Die reflexive Revision, als die sich politischer Gemeinsinn vollziehen muß, besteht daher in einem dauernden Überprüfen und Korrigie-
ren des Gemeinsamen am Individuellen. Reflexion ist hier das hin-und-her-Gehen und
damit das Aushalten der Spannung, der „Dialektik" zwischen Gemeinsamem und Indi-
viduellem.

Was aber wird in einer solchen hermeneutischen Erläuterung aus dem motivationalen
Aspekt des Gemeinsinns, der in den Diskussion über die politische Rolle des Begriffs
doch zumeist im Vordergrund steht? In der Diskussion des Zusammenhangs von Gemeinsinn und Reflexion hieß „Gemeinsinn" gemeinschaftlicher Sinn oder gemeinschaftliches Verständnis. Gegenstand dieses Verständnisses ist im politischen Feld die
Bestimmung von Personen als Adressaten gleicher Berücksichtigung. Daher ist der
gemeinschaftliche Sinn hier zugleich Sinn *fürs* Gemeinschaftliche: Die Reflexions- und
Revisionsprozesse, in denen politischer Gemeinsinn um willen der Gleichheit besteht,
sind Prozesse, in denen es darum geht herauszufinden, welche Bestimmung der Person
wir gemeinsam teilen und daher, welche Bestimmungen uns gemeinsam sind. Mehr
noch: Diese Reflexions- und Revisionsprozesse sind selbst ein Unternehmen, das nur
gemeinsam durchzuführen ist. Das hat der Blick auf die geschichtlichen Veränderungen
in den Personenauffassungen gezeigt: Personenauffassungen sind immer das Resultat
von Prozessen der Interaktion (die nicht als Prozesse kommunikativer Verständigung,
sondern häufiger noch des Streits und Kampfs verstanden werden müssen). Die reflexive Veränderung des Gemeinsinns, wie sie unter anderem durch die Bewegungen einer
Politik der Anerkennung gefordert wird, führt also nicht zu seiner Auflösung, zur Zersplitterung in partikulare Identitäten,[13] sondern zu einer Neubestimmung politischen
Gemeinsinns. Gemeinsinn, wie ihn diese Politikformen entwerfen, ist die Bereitschaft
und Fähigkeit zur Teilnahme an den Prozessen der permanenten Überprüfung und Neubestimmung dessen, was uns gemeinsam ist.

Literaturverzeichnis

Arendt, H. (1998), Das Urteilen. Texte zu Kants Politischer Philosophie, München.

Düttmann, A. G. (1997), Zwischen den Kulturen. Spannungen im Kampf um Anerkennung, Frank-
furt/M.

Gadamer, H.-G. (1975), Wahrheit und Methode. Grundzüge einer philosophischen Hermeneutik,
Tübingen.

Habermas, J. (1992), Faktizität und Geltung. Beiträge zur Diskurstheorie des Rechts und des demokratischen Rechtsstaats, Frankfurt/M.

---

[13] Zur Kritik eines solchen Verständnisses der Politik der Anerkennung siehe Düttmann 1997.

Hinsch, W. (Hg., 1997), Zur Idee des politischen Liberalismus, Teil II: „Politische Gerechtigkeit und demokratische Legitimität", Frankfurt/M.

Kant, I. (1977) Kritik der Urteilskraft, in: Werkausgabe, hg. v. W. Weischedel, Frankfurt/M., Bd. IX.

Kant, I. (1977), Logik, I, in: Werkausgabe, hg. v. W. Weischedel, Frankfurt/M., Bd. VI.

Lyotard, J.-F. (1994), Sensus communis. Das Subjekt im Erscheinen, in: Gemeinschaften. Positionen zu einer Philosophie des Politischen, hg. v. J. Vogl, Frankfurt/M., S. 223 ff.

Krebs, A. (Hg., 2000), Gleichheit oder Gerechtigkeit. Texte der neueren Egalitarismuskritik, Frankfurt/M.

Menke, C. (1996), Tragödie im Sittlichen. Gerechtigkeit und Freiheit nach Hegel, Frankfurt/M.

Menke, C. (2000), Spiegelungen der Gleichheit, Berlin.

Rawls, J. (1975), Eine Theorie der Gerechtigkeit, Frankfurt/M.

Rössler, B. (Hg., 1993), Quotierung und Gerechtigkeit. Eine moralphilosophische Kontroverse, Frankfurt/M./New York.

Wellmer, A. (1986), Ethik und Dialog. Elemente des moralischen Urteils bei Kant und der Diskursethik, Frankfurt/M.

BERND LADWIG

Liberales Gemeinwohl

Von den Schwierigkeiten einer Idee und ihrem Verhältnis zur Gerechtigkeit[*]

In der politischen Philosophie unserer Zeit besteht die Tendenz, Fragen der Legitimität auf Fragen der Gerechtigkeit zu verengen. Die Zustimmungswürdigkeit einer politisch-sozialen Ordnung gilt dann allein oder jedenfalls vor allem als Funktion ihrer Gerechtigkeit. Paradigmatisch für diese Auffassung ist die emphatische Eröffnung der Rawls'schen *Theorie der Gerechtigkeit*: „Die Gerechtigkeit ist die erste Tugend sozialer Institutionen, so wie die Wahrheit bei Gedankensystemen".[1] Auch wenn Rawls damit nicht sagen wollte, daß die Gerechtigkeit unsere Erwartungen an eine legitime Verfassung der Gesellschaft restlos abdecke, so hat er doch zu einer Abblendung anderer Gesichtspunkte beigetragen. Einer dieser Gesichtspunkte ist das Gemeinwohl. Es soll in diesem Artikel als eigenständiger Maßstab der Bewertung politischer Ordnungen ernst genommen werden.

Unter „Gerechtigkeit" wird hier, wie in der liberalen Diskussion üblich, eine distributive Konzeption verstanden, die unsere sozialen Institutionen mit Grundforderungen der Moral gleicher Achtung konfrontiert. So zentral dieser Gesichtspunkt ist: Seine Verabsolutierung hindert die politische Philosophie an einer vollständigen Rekonstruktion unserer tatsächlichen normativen Erwartungen. Diese entspringen auch einer Idee des gemeinschaftlichen Guten, die in Gerechtigkeit nicht aufgeht. Will man dennoch für einen Primat der Gerechtigkeit argumentieren, so sollte man das auf der Grundlage einer möglichst genauen und umfassenden „Landkarte" unserer normativen Ansprüche tun. Auf eine solche Topographie, die die systematischen „Orte" eines möglichen Konflikts von Gemeinwohl und Gerechtigkeit hervorhebt, soll mein Artikel hinauslaufen.

Dieser Anspruch ist bescheiden und unbescheiden zugleich. Bescheiden ist er, weil ich keine starken normativen Ansprüche erhebe: Ich möchte die Frage des Vorrangs nicht umfassend beantworten, sondern vor allem den argumentativen Kontext beleuchten, in dem sie den Bürgerinnen und Bürgern liberaler Demokratien begegnet. Unbescheiden ist mein Anspruch, weil ich das *gesamte* Feld unserer normativen politischen Urteile unter dem systematischen Gesichtspunkt des Verhältnisses von Gemeinwohl zu

---

[*] Für hilfreiche Kritik danke ich Mattias Iser und Georg Lohmann.
[1] Rawls 1975, S. 19.

Gerechtigkeit abstecken möchte. Auch soll *eine* substantielle politisch-moralische Behauptung auf rekonstruktivem Weg verteidigt werden: Ich werde für ein liberales Verständnis von Gemeinwohl argumentieren, das einen Kerngehalt der Gerechtigkeit in sich aufnimmt.

Zu diesem Zweck will ich über eine bloß formale Konzeption von Gemeinwohl hinausgehen, mit der sich viele zeitgenössische Autoren begnügen, und werde diese formale Konzeption vor allem deshalb umreißen, damit ihre engen Grenzen deutlich werden (I). Der Weg zu einem substantielleren Verständnis soll über die qualifizierte Zurückweisung einiger Einwände vor allem des frühen Liberalismus gebahnt werden. Dabei sollen zugleich zentrale Motive zur Sprache kommen, die nach Gerechtigkeit als Korrektiv des Gemeinwohls verlangen (II). Im Gegenbild zweier holistischer Konzeptionen des Gemeinwohls soll deutlicher werden, worin dieser Korrekturbedarf besteht: Die Theorien Jean-Jacques Rousseaus und der Utilitaristen orientieren sich jeweils am methodischen Vorbild des Selbstverhältnisses einer einzelnen Person und übergehen darum den unverzichtbaren Beitrag der Gerechtigkeit zu einem modernen Gemeinwohlverständnis: seine distributive Dimension (III). Mit der Berücksichtigung dieser Dimension wird die Gerechtigkeit in den Geltungsraum des Gemeinwohls als dessen *konstitutive Grenze* eingetragen. (IV) Das teils komplementäre, teils konfliktive Verhältnis, das sich daraus ergibt, soll im letzten Teil angedeutet werden (V).

Meine Argumentation wird sich methodisch *zwischen Faktizität und Normativität* bewegen. Sie ist primär rekonstruktiv, doch nicht normativ gehaltlos. Ich halte die Unterscheidung zwischen einer Erfassung und einer Bewertung von Meinungen ganz generell für weniger klar, als zumeist vermutet. Der Grund dafür ist, daß einzelne Überzeugungen mit anderen Festlegungen inferentiell verknüpft sind, deren Heranziehung der Person etwas über das System ihrer Meinungen mitzuteilen vermag, das sie vielleicht von sich aus niemals gesehen hätte. Eine möglichst umfassende und kohärente Darstellung dieses Zusammenhanges darf daher als Beitrag zur Aufklärung *ihres* Meinungsgefüges gelten. Im Lichte dieser Überlegung verschwimmt die Grenze zwischen solchen Meinungen, die jemand faktisch hat, und solchen, die er vernünftigerweise haben sollte.[2]

Allerdings sollte man die Unterschiede zwischen schwach normativen und stark normativen Theorien beachten. Sie verlaufen meines Erachtens zwischen sachlich gebotenen Systematisierungen von gegebenen Ansichten und Begründungen, die mit *revi-*

---

[2]   Festlegungen im „Raum der Gründe" können unter zwei Gesichtspunkten beurteilt werden. Unter dem ersten Gesichtspunkt interessieren uns die *ausdrücklichen* Festlegungen eines Menschen, unter dem zweiten Gesichtspunkt kommen die Festlegungen in den Blick, die jemand *der Sache nach* außerdem eingeht (vgl. Brandom 1994, S. 499 ff.). In unserem Kontext kann das etwa heißen, daß jemand, der an die legitimatorische Schlüsselrolle der Menschenrechte glaubt, damit der Sache nach an eine Spielart des normativen Individualismus gebunden ist, auch wenn er das Wort nicht kennt und seine inferentiellen „Folgelasten" nicht einzuschätzen vermag. Wird die Person auf solche der Sache nach bestehenden zusätzlichen Festlegungen aufmerksam gemacht, so lernt sie etwas über den Zusammenhang *ihrer* Überzeugungen.

sionistischen Zusatzannahmen operieren.[3] In diesem Sinne wird meine Argumentation lediglich schwach normativ sein: Ich will mich auf eine systematisierende Darstellung solcher Meinungen beschränken, von denen ich vermute, daß sie zum Gemeingut der Bürgerinnen und Bürger in liberalen Verfassungsstaaten gehören. Und dazu zählt ganz sicher das folgende formale Verständnis von politischer Legitimität.

1. Ein formales Verständnis von Gemeinwohl

Daß politisch Handelnde eine Sorge ums Gemeinwohl wenigstens vorspiegeln müssen, wollen sie als legitime Mitstreiter im öffentlichen Raum gelten, scheint sich von selbst zu verstehen. Das Bekenntnis zum Gedeihen des eigenen Gemeinwesens ist eine diskursive Eintrittsbedingung für den geregelten Streit um dessen richtige Gestaltung und nicht eigentlich ein inhaltlicher Beitrag *zu* diesem Streit. In diesem formalen Sinne bezeichnet das Wort „Gemeinwohl" die konstitutive Regel des politischen Spiels, die wir in Anlehnung an Kant als *Prinzip der Publizität* bezeichnen können[4]: Politische Vorschläge müssen öffentlich darstellbar sein, sie dürfen nicht bereits durch den Akt ihrer Veröffentlichung als allgemein akzeptable Ansprüche ausscheiden. Politische Gefolgschaft kann nur finden, wer nicht schon die formalen Voraussetzungen für Legitimität verletzt. Er muß wenigstens den Eindruck erwecken, als wolle er alle zur Gefolgschaft aufgerufenen Parteien zur Annahme einer vorgeschlagenen Regelung mit Gründen motivieren. Wer etwas als politisch ausgeben will, kann daher nicht zugleich einräumen, daß er allein oder auch nur vorrangig den eigenen Vorteil verfolge. Damit sind noch keine interessanten inhaltlichen Unterscheidungen getroffen, vielmehr ist erst das Feld bezeichnet, auf dem eine Partei ihren Anspruch angesiedelt wissen will.

Einem Vorschlag Niklas Luhmanns[5] folgend können wir diese Bedingung der Möglichkeit aussichtsreichen öffentlichen Argumentierens als „Kontingenzformel" des politischen Systems bezeichnen.[6] Die wenigstens implizite Berufung aufs Gemeinwohl gibt einen kommunikativen Akt als politisches Ereignis zu erkennen und trägt somit zur Abgrenzung dieses besonderen Raumes von Geltungsansprüchen bei. Luhmann zufolge hat das „Gemeinwohl" als Kontingenzformel die semantische Tradition des alteuropäi-

---

[3] So wird die Ansicht, daß zwischen Menschen und Tieren kein prinzipieller Unterschied im moralischen Status besteht, recht eindeutig als revisionistisch gelten dürfen. Die Folgerung hingegen, daß ein Freund der Menschenrechte dem einzelnen Menschen einen moralischen Wert zuschreibt, können wir gewöhnlich als erläuternde Explikation des Hintergrundes einer faktisch gehegten Ansicht verstehen. Ein Beispiel für eine dem Anspruch nach schwach normative Konzeption bildet das „Überlegungsgleichgewicht" in der Rawls'schen *Theorie der Gerechtigkeit* (1975). In diese Theorie fließen allerdings Annahmen ein, die meines Erachtens revisionistisch sind; das gilt etwa für die Ablehnung des Leistungsprinzips.

[4] Kant (1991) formuliert sein Prinzip allerdings als einen Grundsatz („Transzendentale Formel") des öffentlichen *Rechts* und gerade nicht des Gemeinwohls.

[5] Luhmann 2000, S. 120 ff.

[6] Ein anderer Vorschlag lautet, das Gemeinwohl als „funktionalen Formelbegriff" zu verstehen (Münkler/Fischer 1999, S. 237). Auch ihm liegt ein rein formales Gemeinwohlverständnis zugrunde, das lediglich ein Gebiet für empirische Untersuchungen abstecken soll.

schen politischen Denkens beherrscht. Alle Versuche seiner Substantialisierung waren allerdings an die eindeutige Unterscheidbarkeit von öffentlichem und privatem Nutzen gebunden. Mit dem Entfallen dieser Voraussetzung in der Neuzeit mußte das Gemeinwohl einer formaleren Richtgröße weichen: Verlangt war jetzt allein noch die öffentliche Darstellbarkeit von Präferenzen,[7] also jenes diskursive Erfordernis, das das Prinzip der Publizität expliziert. Luhmann meint, daß damit an die Stelle des „Gemeinwohls" als Kontingenzformel die „Legitimität" getreten sei. Dieser Vorschlag verkauft allerdings die Formel für das Problem als Formel für dessen Lösung. Mit dem Begriff des Gemeinwohls wird gerade eine allgemeine Antwort auf das Legitimationsproblem, also auf das Erfordernis einer Zustimmungswürdigkeit politischer Ordnungen und Entscheidungen, gegeben. Für plausibler halte ich es, von einer Formalisierung des Gemeinwohlkriteriums zu sprechen.

Rein prozedurale Konzeptionen machen aus dieser Not der Unbestimmtheit eine zweifelhafte Tugend: Für sie ist das Gemeinwohl nur mehr der Inbegriff aller Inhalte, die aus der regelgerechten Orientierung an geeigneten Verfahren des *arguing* und/oder des *bargaining* hervorgehen. Sind die Prozeduren der Verständigung oder des Verhandelns in zureichendem Maße fair und inklusiv, so dürfen alle Beteiligten darauf vertrauen, daß die jeweilige Resultante des kooperativen oder des strategischen Handelns das für alle Beste darstellt. Gute Verfahren allein sollen die Vermutung guter Ergebnisse stützen.[8] Einen Spielraum für vergleichsweise substantielle Bestimmungen bieten dann nur mehr die einschränkenden Bedingungen der Inklusivität und der Fairneß selber. Bestimmungen dieser Art mögen das Prinzip der Publizität mit zusätzlichen normativen Erwartungen, etwa über geeignete Randbedingungen der Bildung von Präferenzen, aufladen. Nach Ansicht vieler Autoren sollten sie jedoch keine inhaltliche Vorentscheidung über den Status und das Gewicht der jeweiligen Ansprüche implizieren. Solche Autoren begnügen sich, in den Worten von Ernst Fraenkel, mit einem „aposteriorischen" Gemeinwohlverständnis.[9]

Im folgenden will ich über ein solches formales Gemeinwohlverständnis hinausgehen. Ein epistemischer Grund, der dafür spricht, sei lediglich erwähnt: Ich vermute, daß wir in allen interessanten politischen Kontroversen von einem *hermeneutischen Zirkel* zwischen der Bewertung von Verfahren und der Bewertung von Ergebnissen auszugehen haben. Gewiß haben wir häufig gute Gründe, das eigene Vorverständnis von guten Ergebnissen im Lichte einer korrekten Anwendung guter Verfahren rückblickend zu überprüfen. Doch zumeist reichen prozedurale Kriterien *nicht hin*, um eine Revision von materialen Überzeugungen zu rechtfertigen. Manchmal ist es eher umgekehrt: Wir ändern Verfahren, wenn die bisherigen Resultate zu weit hinter unserem Zielverständnis zurückbleiben. Unter dem Eindruck von offensichtlich ungenügenden Ergebnissen sind

---

[7]   Luhmann 2000, S. 122; vgl. Willke 1992, S. 44 ff.

[8]   Vgl. Habermas 1990, S. 207.

[9]   Fraenkel vertritt jedoch keinen reinen Prozeduralismus. Vielmehr muß die berühmte „Resultante, die sich jeweils aus dem Parallelogramm der ökonomischen, sozialen, politischen und ideologischen Kräfte einer Nation" ergibt, „objektiv den Mindestanforderungen an eine gerechte Sozialordnung" entsprechen, wenn sie als Ausdruck des Gemeinwohls gelten soll (Fraenkel 1968, S. 21).

wir daher gegebenenfalls bereit, unsere prozeduralen Vorkehrungen zu überdenken – oder sollten es sein.[10]

Vor allem aber ist ein rein formales Gemeinwohlverständnis für unsere Zwecke deshalb unzureichend, weil es uns nichts über die möglichen Gründe mitteilt, aus denen wir einer vorgeschlagenen Regelung unsere Zustimmung geben oder verweigern könnten. Es umgrenzt das Feld des Politischen als ein Feld öffentlicher Rechtfertigung, aber es verrät uns nichts über die zulässigen Rechtfertigungszüge auf diesem Feld. Die Bedingung der Publizität wäre auch dann erfüllt, wenn ihr allein Ansprüche auf Gerechtigkeit genügen könnten. Was sich *formal* als Gemeinwohl darstellt, wäre *inhaltlich* als eine Menge von Gerechtigkeitsgrundsätzen charakterisiert. Ein Spannungsverhältnis zwischen Gemeinwohl und Gerechtigkeit könnte es einfach deshalb nicht geben, weil sich die beiden Ansprüche zueinander verhielten wie ein Gefäß zu seiner Füllung. Man könnte dann auch gleich „Gerechtigkeit" zum Inbegriff der Gründe erklären, die dem Prinzip der Publizität genügen. Doch wiederum hätte man die Vielfalt möglicher Gründe im Raum des Politischen lediglich terminologisch verhüllt, anstatt zur Aufklärung ihrer Struktur beizutragen.

Hält man eine Reduktion öffentlicher Gründe auf Ansprüche der Gerechtigkeit für vorschnell, so muß man etwas Substantielleres über das Gemeinwohl sagen, als wir bereits durch seine formale Bestimmung erfahren können. Auf dem Weg zu einem solchen Verständnis werden sich die Revisionen, die John Rawls[11] am Bild des Liberalismus vorgenommen hat, als hilfreich erweisen. Sie ergeben eine genuin liberale Grundlage für die differenzierte Entkräftung einiger Einwände, die frühere Liberale gegen ein gehaltvolles Gemeinwohldenken erhoben haben. Der klassische Liberalismus hat vor allem vier solcher Einwände hervorgebracht: einen operativen und drei inhaltliche.

2. Vier Einwände

Der Vorwurf des falschen Weges

Der *operative* Einwand ergibt sich aus der Umdeutung von lasterhaften Leidenschaften in kollektiv vorteilhafte Interessen.[12] Mit diesem „semantische[n] Coup"[13] stand die direkte Orientierung staatlichen Handelns am Gemeinwohl in Frage, wenn auch nicht unbedingt sein Status als Maßstab der Legitimität: Die frühliberale Aufwertung der Interessen setzte die grundsätzliche Erkennbarkeit des Gemeinwohls, etwa am Wohlstand und (Bevölkerungs-)Wachstum der Nation, geradezu voraus. Doch während diese kognitive Leistung einem unparteiischen und wohlwollenden Beobachter überantwortet wurde, sollte die Realisierung des öffentlichen Interesses hinter dem Rücken der Akteure eintreten. Diese Spielart des frühen Liberalismus verwarf folglich nicht das

---

[10] Vgl. Schmalz-Bruns, im vorliegenden Band.
[11] Rawls 1993; 1997.
[12] Hirschman 1987.
[13] Münkler/Fischer 1999, S. 247.

Gemeinwohl, sondern den *Gemeinsinn*: die habitualisierte Bereitschaft guter Bürger und Regenten, das *bonum commune* intentional zu verwirklichen.[14]

Allerdings zeigt schon eine einfache Überlegung, daß es so einfach nicht sein kann: Bereits der performative Aspekt der frühliberalen Texte verrät, daß die Autoren sich keineswegs auf eine naturwüchsige Durchsetzung der Marktgesellschaft verlassen wollten. Vielmehr formulierten sie Empfehlungen und Aufforderungen, die den Regierenden *eine* Leistung durchaus zumuteten: den Verzicht auf ein interventionistisches Handeln, das grundsätzlich in ihrer Macht stand. Überdies wurde erwartet, daß politische Akteure ein liberales System der Bedürfnisse im ganzen beschirmen und, falls erforderlich, als seine Geburtshelfer fungieren würden. Dem Gemeinsinn kam dabei eine zweifache Bedeutung zu: eine kognitive, weil der Markt als Medium der Verwirklichung des Gemeinwohls erst einmal erkannt sein wollte, und eine motivationale, da es galt, die Kräfte des Staates vom Marktgeschehen abzulenken und auf mögliche Gefährdungen seiner Voraussetzungen zu konzentrieren. Dieses Erfordernis wird lediglich verschoben, wenn man das Marktmodell auf politische Institutionen überträgt. Wiederum kann man fragen, welchen Sinn es haben sollte, die Vorteile eines Systems von *checks and balances* rhetorisch zu beschwören, wenn nicht den, einsichtsfähige Akteure zu einem Handeln anzustiften, das *im Ergebnis* auf eine Entlastung von Tugendzumutungen hinauslaufen mag.[15]

Wie wenig die frühliberalen Autoren diesen Umstand auch bedacht haben mögen, ihr sozial-liberaler Nachfahre Rawls betont, daß eine gerechte Gesellschaft intentional gestiftet und durch einen besonderen „Sinn" gestützt werden müßte.[16] Rawls unterscheidet daher genau zwischen den als rationale Nutzenmaximierer modellierten Entscheidungsparteien im „Urzustand" und den Bürgern aus Fleisch und Blut, die eine gerechte Ordnung mit Leben zu füllen hätten. Damit legt er zugleich die innerliberalen Grundlagen für eine Rehabilitierung des *Gemeinsinns*. Sollte die Legitimität einer Ordnung in ihrer Gerechtigkeit nicht aufgehen, so spräche alles dafür, dem Gerechtigkeitssinn eine subjektive Entsprechung zum Gemeinwohl an die Seite zu stellen. Ein solcher Gemeinsinn hätte wiederum eine kognitive und eine motivationale Funktion zu erfüllen: Er müßte den Akteuren helfen, das öffentliche Interesse zu identifizieren, und er müßte sie dazu anhalten, das allgemeine Beste zur Leitlinie ihres Handelns zu machen.

---

[14] Manchchmal wird der Ausdruck „Gemeinsinn" allein für die Haltungen nichtstaatlicher, v. a. zivilgesellschaftlicher Akteure reserviert (vgl. Höffe 1999, S. 212 ff.). Ich gebrauche den Ausdruck hingegen als subjektive Entsprechung zu „Gemeinwohl", ohne damit bestimmte Kategorien von Akteuren von vornherein auszuschließen.

[15] Wie Claus Offe (2002) bemerkt hat, gilt das auch noch für die sehr viel neuere Theorie von Mancur Olson (1965). Dieser nimmt an, daß Kollektivgüter auch von strikt nutzenorientierten Akteuren zuverlässig erzeugt werden können, wenn nur die selektiven Anreize einer Staatsgewalt sie dazu anhalten. Nicht erklärt ist damit aber, wie *das Kollektivgut der Staatsgewalt* in eine Welt der reinen Nutzenmaximierer eintreten könnte.

[16] Vgl. Scarano 1998.

Der Vorwurf des Paternalismus

Während der operative Einwand, wäre er gültig, ein formales Gemeinwohlverständnis als Orientierungspunkt des Handelns ebenso träfe wie ein substantielles, zielt der folgende Einwand allein auf das zweite: Die Kritik früher Liberaler richtete sich nicht zuletzt gegen eine als anmaßend empfundene „polizeyliche" Fürsorge des Staates.[17] Ein Staat, der vorgab, das Glück seiner Untertanen aktiv zu fördern, wurde des *Paternalismus* bezichtigt. Aus solcher Kritik spricht gewiß das Selbstbewußtsein von Besitzenden, die einen sozialen Staat nicht zu brauchen glaubten. Einen weiteren Grund findet sie im absolutistischen Charakter der frühen „Wohlfahrtsstaaten". Systematisch interessanter sind aber zwei andere Motive.

(a) Ein Grund ist *epistemischer* Art, und seine anspruchsvollste Formulierung stammt von Kant. Für Kant steht außer Frage, daß die Theorie politischer Legitimität eines von jeder Erfahrung unabhängigen Kriteriums bedürfe. Nur Rechtsprinzipien *a priori* kämen dafür in Betracht. Das Gemeinwohl hingegen lasse sich prinzipiell nicht unabhängig von kontingenten Umständen bestimmen und könne daher kein zweifelsfreier Maßstab der politischen Kritik sein. Dieser Einwand stellt das Gemeinwohlstreben staatlicher Akteure weder empirisch noch normativ in Frage, aber er will ihm kategorische Grenzen vorgeben.

Kant hält die Orientierung am Gemeinwohl im politischen Kontext für ebenso naturnotwendig[18] wie das Glücksstreben jedes einzelnen Menschen im persönlichen. Unmißverständlich spricht er von „dem allgemeinen Zweck des Publikums (der Glückseligkeit), [...] womit zusammen zu stimmen (es mit seinem Zustande zufrieden zu machen) die eigentliche Aufgabe der Politik ist".[19] Aber nicht die Erfüllung dieser Aufgabe, allein die Beachtung kategorischer Rechtsprinzipien garantiere die Legitimität einer Ordnung. Und hier könnte „polizeylicher" Übereifer im Bemühen um das allgemeine Beste mehr schaden als nutzen. Aufs Gemeinwohl berufen kann und wird sich jeder kluge Politiker, aber nicht jeder wird dabei die einschränkende Bedingung beachten, die ihm durchs Recht gesetzt ist.

Hinter diesen Thesen steht die neuzeitliche Prämisse einer *Subjektivierung* des Guten. Weder eudaimonistischen noch heilsgeschichtlichen Bestimmungsversuchen soll es auf Dauer gelungen sein, dem Gemeinwohl einen allgemein verbindlichen Gehalt zu geben. Diese These stellt die *Erkennbarkeit* eines Gemeinwohls in Frage, das mehr ist als ein Aggregat aus den vielen privaten Glücksvorstellungen – und selbst ein solches Aggregat setzt einen gemeinsamen Maßstab etwa hedonistischer Art voraus, an dessen bloßer Möglichkeit die Subjektivierungsthese zweifeln läßt.

Fraglich ist allerdings die Tragweite der epistemischen Kritik. Wie die weitere Entwicklung gezeigt hat, wurden Grundzüge der liberalen Legitimitätsvorstellungen am

---

[17] Vgl. Bohlender 2001.

[18] Das heißt, für kausal affiziert; die speziellen Probleme der Zwei-Welten-Lehre sollen hier allerdings nicht interessieren.

[19] Kant 1991, B 110, 111.

ehesten im Bezugsrahmen demokratischer Wohlfahrtsstaaten verwirklicht.[20] Im Lichte
der epistemischen Kritik erscheint diese Entwicklung einseitig als Verlust an legitima-
torischer Gewißheit. Damit aber wird ihre *Ambivalenz* verkannt, die nach einer Abwägung zwischen der formalen Bestimmtheit und dem materialen Gebrauchswert eines
Systems der Rechte verlangt.[21] Der Übergang von Konditional- zu Finalprogrammen[22]
hat die formale Allgemeinheit einer liberalen Gesetzesherrschaft vielfach unterhöhlt.
Zugleich aber hat er ihren Gehalt als Ordnung der Freiheit unter der Voraussetzung
eines demokratischen Verfassungsstaates angemessener zur Geltung gebracht, als es ein
Minimalstaat je vermocht hätte. Hinter dieser Behauptung steht eine *Materialisierung*
des liberalen Freiheitsverständnisses, wie sie T. H. Marshall am englischen Fall ideali-
sierend nachgezeichnet hat.[23] Unter dem Eindruck der „sozialen Frage", später auch der
externen Kosten des wissenschaftlich-technischen Fortschritts, mußte der liberale
Grundsatz gleicher Freiheit mit der Einsicht in die anspruchsvollen Voraussetzungen
eines selbstbewußten Rechtsgebrauchs vermittelt werden.

Damit aber läßt sich die normative Evidenz des Kantischen Menschenrechts der
Freiheit, aus der die epistemische Kritik ihre vordergründige Kraft bezieht, nicht länger
gegen eine Kenntnis *a posteriori* von kontingenten Bedingungen und Umständen aus-
spielen. Das aller besonderen[24] empirischen Erkenntnis voraus liegende Kriterium der
Legitimität verlangt von sich aus nach konkretisierenden Bestimmungen, die sich nur
im Lichte empirischen Wissens gewinnen lassen. Damit wiederum verliert die Unterscheidung zwischen epistemisch „reiner" Gerechtigkeit und epistemisch „unreinem"
Gemeinwohl in der von Kant hervorgehobenen Hinsicht ein Gutteil ihrer Eindeutigkeit.

(b) Auch eine andere Begründung des antipaternalistischen Einwandes bleibt von dieser
Materialisierung nicht unberührt. Die liberale Abneigung gegen einen vormundschaftli-
chen Staat mußte sich nicht auf epistemische Zweifel an der Erkennbarkeit des vorgeblich Guten stützen. Sie konnte sich ebenso auf den Leitwert personaler *Selbstbestimmung* berufen: Auch ein material gut begründeter Übergriff auf die Zeit, das Geld oder
gar das Leben mündiger Bürgerinnen und Bürger bleibt zumindest eine Einschränkung
der individuellen Freiheit, die sich reziprok und allgemein vielleicht nur im Namen des
Systems der Freiheit selbst rechtfertigen läßt.

Aber wiederum verschiebt eine Materialisierung des Freiheitsverständnisses die Ko-
ordinaten möglicher Kritik. An einer Abwesenheit von Zwang sind wir als autonome
oder zu einer selbstbestimmten Lebensführung fähige Personen interessiert, die diese
Fähigkeit nicht immer schon haben.[25] Unsere *Bildung* zu selbstbewußten Subjekten

---

[20] Vgl. Bobbio 1988.

[21] Vgl. Neumann 1936.

[22] Vgl. Luhmann 1977, S. 257 ff.

[23] Marshall 1964.

[24] Mit dieser Einschränkung soll der mögliche Einwand berücksichtigt werden, daß man ohne ein *sehr
allgemeines* empirisches Wissen über die basalen Bedingungen menschlichen Zusammenlebens
und ohne einen geschichtlich vermittelten Begriff des Rechts auch nicht zu einem formalen Prinzip
der Legitimation für moderne politische Ordnungen gelangen könnte.

[25] Noch einmal anders stellt sich das liberale Leitbild einer gleichen Freiheit für solche Menschen dar,
die zu einer autonomen Lebensführung überhaupt nicht in der Lage sind: Ein Staat, der sich allein

sowie unser Vermögen, solche Subjekte *zu bleiben*, beruhen auf allgemein dienlichen Mitteln und Hintergrundbedingungen: auf „Grundgütern" im Sinne von Rawls.[26] Damit wird der Paternalismusvorwurf zumindest für solche zwangsgestützten Leistungen hinfällig, die sich im Namen eines realistischen Autonomieverständnisses selbst rechtfertigen lassen. Möglich bleibt allerdings, daß sich staatliches Handelns, welches die bloße Sicherung eines Systems „negativer" Freiheiten[27] übersteigt, allein im Namen der Gerechtigkeit, nicht auch in dem eines davon abweichenden oder darüber hinaus gehenden Gemeinwohls rechtfertigen läßt. Dann aber kann die relevante Differenz nicht da liegen, wo sie die antipaternalistische Kritik in ihrer epistemischen oder in ihrer freiheitlichen Lesart vermutet.

Der Vorwurf des Partikularismus

Nicht zu Unrecht wird mit Gerechtigkeit ein universalistischer Geltungsanspruch verbunden. Die Rhetorik des Gemeinwohls hingegen wird häufig mit einem partikularistischen Kommunitarismus assoziiert. Dafür mag ein motivationaler Grund sprechen: Eine breitenwirksame Orientierung am Gemeinwohl dürfte um so weniger zu erwarten sein, je weiter der Bezugsrahmen des öffentlichen Interesses gespannt ist: weniger im nationalen als im regionalen Maßstab, weniger im supranationalen als im nationalen, am wenigsten auf Weltebene.[28] Systematisch wichtiger ist aber der *Ordnungsbezug* des Gemeinwohls.

Der Begriff „Gemeinwohl" erhält zumindest klarere Konturen, wenn er nicht allein auf das Wohl vieler Einzelner zielt, sondern wenigstens auch auf das Gedeihen eines Gemeinwesens als solchem. So mag es für eine Menge von Individuen besser sein, wenn ein Staat, in dem sie heute leben „dürfen", sich in Luft auflöste. Doch wäre das ein Segen nur für das Wohl jedes einzelnen, nicht aber für ihr *Gemein*wohl. Diese „holistische" Bestimmung hebt zugleich hervor, was viele Kritiker beunruhigt: die Idee eines Wohls, das über die Vorteile für Individuen hinausgeht und daher zu falschen Substantialisierungen verleiten könnte. Nicht jede Ordnung muß jedoch eine partikulare sein. Gewiß sind die prototypischen politischen Einheiten der Neuzeit territorial begrenzt. Doch begrifflich spricht nichts dagegen, auch die Welt als Ganze zum Gegenstand eines Gemeinwohls zu erklären.

Gleichwohl kann sich der Verdacht des Partikularismus auf den folgenden Unterschied stützen: Anders als mit Gerechtigkeit, ist mit Gemeinwohl nicht immer schon ein universalistischer *Geltungsanspruch* verbunden. Inklusiv ist der ans Gemeinwohl gebundene Geltungsanspruch allenfalls für die Angehörigen des jeweiligen Gemeinwesens. Eine partikularistische Gemeinwohlbestimmung ist daher möglich, und sie kann gegen universalistische Ansprüche – auch buchstäblich – ins Feld geführt werden. Um-

---

an einer Egalisierung von Freiheiten versuchte, ginge an den Bedürfnissen etwa der geistig Behinderten und der Dementen notwendig vorbei (vgl. Tugendhat 1998). Hier, so meine ich, stoßen *alle* spezifisch liberalen Theorien der Legitimität an ihre Grenze.

[26] Rawls 1975; für einen eigenen Vorschlag siehe Ladwig 2000.
[27] Berlin 1958.
[28] Vgl. Münkler/Fischer 1999, S. 238 f.

gekehrt sollte man allerdings nicht von einem universellen Geltungsanspruch auf eine universalistische Praxis und globale Institutionen schließen. Das neuzeitliche Faktum einer territorialen Aufteilung der Welt betrifft auch die Realisierungsbedingungen der Gerechtigkeit. Auch diese ist *wirklich* bislang vor allem in der partikularen Gestalt demokratischer und sozialer Rechtsstaaten. Und wie die neuere Diskussion um globale Gerechtigkeit zeigt, lassen sich auch vergleichsweise generelle Grundsätze der Gerechtigkeit nicht mechanisch von der einzelstaatlichen auf die globale Ebene übertragen.[29]

So bleibt auch vom Verdacht des Partikularismus weniger übrig, als man zunächst vermuten konnte: Einerseits ist ein globales Gemeinwohl begrifflich möglich, andererseits ist eine lediglich lokale Gerechtigkeit empirisch die Regel. Zumindest als Einspruchsinstanz gegen partikularistische Gemeinwohlverwirklichungen, die das gleiche Recht anderer politischer Einheiten verletzen, ist die Gerechtigkeit aber unverzichtbar.

Der Vorwurf der Differenzblindheit

Auch der vierte Einwand, den ich betrachten möchte, heftet sich an die holistische Komponente des Gemeinwohls. Doch er moniert nicht die Überhöhung äußerer, sondern die Unterschätzung oder Mißachtung innerer Grenzen eines Gemeinwesens. Der generelle Vorwurf lautet, daß ein substantielles Verständnis von Gemeinwohl wichtige *Differenzen* übergehe. Liberale vertreten eine moderate Spielart dieser Kritik (b), die von radikaleren Varianten abgesetzt werden sollte (a).

(a) Manche Vertreter eines Differenzeinwandes spielen die empirische und/oder normative Berufung auf Trennendes gegen die bloße Möglichkeit allgemein akzeptabler Entscheidungen für ein Gemeinwesen aus. Das kann im Rahmen eines Interessenparadigmas oder im Rahmen eines Identitätsparadigmas geschehen. Eine am *Interessenparadigma* orientierte fundamentale Gemeinwohlkritik formuliert der Marxismus: Die Unversöhnlichkeit der Gegensätze in antagonistischen Gesellschaften erlaube keine ideologiefreie Bestimmung des öffentlichen Interesses. Der „Schwachsinn des Gemeinwohls"[30] verschleiere lediglich den Herrschaftscharakter einer Politik, deren allgemeine Funktion die Sicherung von Klassenpositionen sei.

In jüngerer Zeit hat diese Kritik bekanntlich an Einfluß verloren, ohne daß darum alle grundlegenden Zweifel an der Möglichkeit eines allgemeinen Besten abgeklungen wären. Ihr neuer Ort ist das *Identitätsparadigma*, an dem sich namentlich postmodernistische Ansätze orientieren. Ihre Kritik setzt an der Voraussetzung gemeinsamer Symbolsysteme an: Sie weist vor allem die Zumutung oder die Erwartung einer geteilten Sprache zurück, von deren Gebrauch die Intelligibilität öffentlicher Gründe abhängen soll.

Damit *kann* gemeint sein, daß die etablierten begrifflichen und argumentativen Standards des öffentlichen Vernunftgebrauchs weniger formal und daher auch weniger differenzoffen sind, als „westliche" Rationalisten gerne annehmen.[31] In diesem Fall könnte

---

[29] Vgl. Beitz 1979; Pogge 1994; Höffe 1999; Ladwig 2002.
[30] Agnoli 1990, S. 14.
[31] Vgl. M. Williams 2000.

eine größere hermeneutische Sensibilität schon aus Gründen der Inklusivität und Fairneß geboten sein, ohne daß man darum das Ideal einer tatsächlich geteilten Sprache aus dem Augen verlieren müßte (oder auch nur dürfte, denn sonst wäre gar nicht klar, warum das ein Einwand sein sollte).

Radikale Freunde der Differenz wollen jedoch mit dem Hintergrundverständnis von Fairneß und Offenheit selbst brechen: Sie halten die Idee eines geteilten Vokabulars und gemeinsamer Gründe schon als solche für repressiv, da sie immer und unausweichlich das „Andere" ausschließe. Im Ergebnis läuft das auf etwas sehr Ähnliches hinaus wie die marxistische Kritik, die doch selber von Homogenitätsfiktionen, vor allem von der Stilisierung kollektiver Akteure zu Subjekten im Großformat, zehrt: In beiden Fällen tritt an die Stelle der Möglichkeit öffentlicher Verständigung ein latenter oder offener *Kriegszustand*, sei es um Klassen-, sei es um Identitätspositionen. Das ergibt sich logisch aus der Prämisse, daß ein geteilter Rahmen des geregelten Austauschs von Argumenten oder der gehegten Austragung von Konflikten prinzipiell nicht zur Verfügung stehe.

Mit der Idee des Gemeinwohls kann eine solche Kritik schon deshalb nichts anfangen, weil sie die Voraussetzung *eines Gemeinwesens*, dessen Gedeihen wir sinnvollerweise wünschen könnten, nicht akzeptiert. Das vor allem unterscheidet eine solche Kritik selbst noch von revolutionären Bestrebungen, die sich vom Gedanken an eine bessere Gestalt *ihrer* Gesellschaft inspirieren lassen. Wie Michael Walzer[32] bemerkt hat, trennt die Leugnung einer „gemeinsamen moralischen Welt" den Feind einer Gesellschaft von ihrem Kritiker: Während dieser seinen *Gemeinsinn* gegen die etablierten Institutionen und die herrschende Ideologie ausspielt, nimmt jener einen radikal distanzierten Standpunkt ein, der den Horizont eines möglichen „Wir" postmodern übersteigt oder ins *futurum* einer dereinst erlösten Menschheit verschiebt.

(b) Im Unterschied zu Marxisten und Postmodernisten vertreten liberale Kritiker des Gemeinwohls eine schwache Lesart des Differenzeinwandes, die nicht auf die Zumutung einer Ordnung, sondern auf deren *interne Offenheit* abzielt. Ihr Verdacht ist, daß ein substantielles Gemeinwohlverständnis zum Einfallstor für falsche Homogenisierungen werden könnte. Dabei orientieren sie sich am Maßstab einer gerechten Gesellschaft, die das Faktum des Pluralismus auf einer menschenrechtlichen Grundlage mit dem Erfordernis bürgerschaftlicher Integration versöhnt. Vor allem auf diesen zweiten Aspekt der Verbundenheit ziele auch der Ausdruck „Gemeinwohl". Werde er jedoch mit inhaltlichen Vorgaben gefüllt, so widerstreite er dem Gerechtigkeitsgebot eines fairen Umgangs mit zulässiger Vielfalt.

Liberale Konzeptionen der Gerechtigkeit bringen die Offenheit für Differenzen im Bezugsrahmen eines *normativen Individualismus* zum Ausdruck. Sie betonen daher die Unvertretbarkeit jeder einzelnen Person:[33] Jeder einzelne zählt in moralischen Rechtfertigungen als Endzweck und muß die vorgeschlagenen Regelungen aus seiner eigenen Perspektive gutheißen können. Dieses „Vetorecht" schützt ihn vor einer mit seinen Interessen und Überzeugungen unvereinbaren Unterwerfung unter hypostasierte Ge-

---

[32] Walzer 1993, S. 67 ff.
[33] Vgl. Wingert 1994.

meinschaften. *Subjektive Rechte* sind die Form, in der diese Unvertretbarkeit des Einzelnen von politischen Gemeinschaften im Angesicht ihrer öffentlichen Machtmittel anerkannt wird. Zu diesem Zweck müssen alle Gemeinschaften sich selbst auf den unkonditionierten Schutz der Kernbereiche menschlicher Integrität festlegen. Die Betrachtung aller Individuen als Einheiten von nichtrelativem Wert, die eines unbedingten rechtlichen Schutzes bedürfen, bildet die Basis dessen, was ich die *distributive Dimension* nenne. In ihr sehe ich den unhintergehbaren Beitrag der Gerechtigkeit zu einem modernen Gemeinwohlverständnis.

Andere Liberale sehen darin einen hinreichenden Grund, vor einer substantiellen Konzeption des öffentlichen Interesses überhaupt zurückzuschrecken. Sie mögen dabei solche Konzeptionen des Gemeinwohls vor Augen haben, die sich methodisch am Selbstverhältnis eines einzelnen Menschen orientieren und darum die distributive Dimension verfehlen müssen. Ehe ich meine eigene Konzeption umreiße, will ich daher an zwei solcher Lesarten erinnern, die das moderne Gemeinwohlverständnis in besonderem Maße geprägt haben. Die Theorien Rousseaus und des Utilitarismus verabsolutieren auf je eigene Weise die holistische Komponente des Gemeinwohls. Sie tun dies, indem sie den normativen Individualismus als Prinzip der Rechtfertigung scheinbar ernst nehmen, ohne daraus aber die erforderlichen distributiven Schlüsse zu ziehen.

3. Der Einzelmensch als Modell

Unser Verständnis von kollektivem Wohl und Wehe findet am Selbstverhältnis einer einzelnen Person ein naheliegendes Muster. Wir können prinzipiell feststellen, wann es jemandem gut geht, weil wir ihn immer schon als integrierte Einheit ansehen. Damit entfällt der komplizierende Faktor einer interpersonalen Vielfalt. Die Leitidee des ethisch Guten läßt sich unterschiedlich ausdrücken. Wir können etwa sagen, daß die Person sich selbst gerecht werden sollte, oder daß sie so leben sollte, wie es insgesamt für sie gut (besser/am Besten) ist. Diese alternativen Formulierungen verraten bereits, daß und warum hier Wohl und „Gerechtigkeit" zusammenfallen: Wer sich selbst gerecht wird, stellt unter den verschiedenen Merkmalen seiner Persönlichkeit eine Ordnung her, die seine Identität im Ganzen möglichst gut zur Geltung bringt. Sehr grob können wir zwei Modelle der Stiftung einer solchen Ganzheit unterscheiden: ein Modell der *Optimierung* und ein Modell der *Bildung*. Beide Modelle sollen kurz umrissen werden, weil jedes von ihnen eine recht genaue Entsprechung auf dem Gebiet des Gemeinwohldenkens findet.

Im ersten Fall wird von bereits vorhandenen Merkmalen ausgegangen, die einen mehr oder weniger angemessenen Ausdruck im Gefüge der Präferenzen einer Person finden können. Optimierung bedeutet, daß die Vielzahl unserer Strebungen in eine sinnvolle zeitliche und sachliche Ordnung gebracht wird, so daß keine andere als die tatsächlich gewählte Struktur von Präferenzen besser auszudrücken vermöchte, was die Person will. Die Grenze zum zweiten Modell wird allerdings durchlässig, wenn in die Optimierungskonzeption ein Moment von Bildung eingefügt wird. Das geschieht in solchen Ansätzen, die nicht von faktischen, sondern von *aufgeklärten* Präferenzen ausgehen. Würde eine Person im Lichte aller relevanten Informationen fehlerfrei überlegen, so würde sie ihre Meinung über das für sie Beste womöglich modifizieren.[34] Diese Idee ist bewußt vage, soll sie doch nicht vom Pfad eines ethischen Subjektivismus abführen, der jeder Person selbst die letzte Kompetenz zur Bestimmung des für sie Guten zuspricht. Je „idealer" aber die Annahmen über ein angemessenes Überlegen ausfallen, um so schwieriger wird es, internalistische von externalistischen Zuschreibungen zu unterscheiden.[35]

Im Unterschied zum Modell der Optimierung ist das Modell der Bildung auf eine internalistische Bindung an die tatsächlichen Präferenzen einer Person nicht von vornherein festgelegt. Häufig gebrauchen wir das Wort „Bildung" gerade in der Absicht, auf die Vorläufigkeit und Unzulänglichkeit einer bloß tatsächlichen Ordnung von Präferenzen hinzuweisen. Das kann allerdings Unterschiedliches bedeuten. In einem stark perfektionistischen Verständnis wird das Leben einer Person mit einem Ideal konfrontiert, das unabhängig von allen Überzeugungen sowie von allen affektiven und volitiven Zuständen dieser Person festlegt, was das für sie Gute sei. Im Unterschied dazu sieht das Ideal der *Authentizität* gerade vor, daß der Einzelne den Kontakt zu seinen „tiefsten" Überzeugungen, Empfindungen und Strebungen nicht verliert; die Metapher der Tiefe deutet lediglich an, daß ihm der Weg zur Erkenntnis der eigenen Natur durch interne und externe Hindernisse versperrt sein könnte und daher im Zuge eines Prozesses der Selbstbesinnung erst freigelegt werden muß.

Auf dem Gebiet der politischen Theorie wird das Modell der Optimierung vom Utilitarismus vertreten. Hingegen sieht Jean-Jacques Rousseau im Modell der Bildung zu einem authentischen Selbstverhältnis das Muster für eine gute Ordnung der Gesellschaft. Beide Ansätze knüpfen damit auf je eigene Weise an holistische Konzeptionen des Gemeinwohls an, die ihr Urbild in Platons *Politeia* finden. Ihr verbindender Leitgedanke lautet, daß eine politische Verfassung dann gut ist, wenn die Struktur ihrer Elemente einer guten Integration der Elemente im Leben eines einzelnen Menschen hinreichend ähnelt.[36]

Nun ist die platonische Analogie zwischen den „Seelenteilen" und den verschiedenen Teilgruppen in einem wohlgeordneten Gemeinwesen eindeutig unvereinbar mit dem normativen Individualismus und Egalitarismus der Neuzeit. Gegen die Idee, daß der Bauernstand einen niederen Teil der Seele einer Republik bildet, könnte jeder individuelle Bauer mit Gründen opponieren und sich über die „primäre Diskriminierung"[37] beklagen, die darin zum Ausdruck kommt. Die Theorien, die nun betrachtet werden sollen, werden von einer solchen Kritik jedoch nicht getroffen: Sie stehen fest auf dem Boden einer modernen Moral der gleichen Achtung.

---

[34] Vgl. Brandt 1979; Rawls 1975; Griffin 1986; Ladwig 2000.
[35] Vgl. Williams 1999.
[36] Vgl. Nussbaum 1999, S. 97.
[37] Tugendhat 1993, S. 375.

Der Utilitarismus und die Eine Umfassende Person

Der Utilitarismus ist eine Unparteilichkeitsmoral, die mit einem vormoralischen Verständnis von rationalem Handeln beginnt, auf das sie dann eine Regel der Universalisierung anwendet.[38] Jeder von uns wird zunächst als ein Gefäß von Interessen aufgefaßt. Unter der zusätzlichen Prämisse, daß wir stets an den empirischen Folgen von Handlungen interessiert sind,[39] ist es für jeden von uns präferentiell vernünftig, diejenigen Handlungen zu wählen, deren Konsequenzen für die Verwirklichung der eigenen Interessen optimal sind. Wenden wir darauf die Universalisierungsregel an, so folgt, daß diejenige Handlung – oder Handlungsregel – geboten ist, deren Folgen für die Verwirklichung der Interessen aller Betroffenen optimal sind. Das ergibt sich daraus, daß das moralische Gewicht eines Interesses nicht davon abhängen kann, wessen Interesse es ist. Peter Singer sieht darin die *einfachste* Konzeption der Moral, die darum den natürlichen Ausgangspunkt für mögliche weitere Schritte bilde: „Die utilitaristische Position ist eine minimale, eine erste Grundlage, zu der wir gelangen, indem wir den vom Eigeninteresse geleiteten Entscheidungsprozeß universalisieren".[40]

Zweierlei ist daran fragwürdig. Zum einen läßt sich bezweifeln, daß wir im Ausgang vom vormoralischen Selbstverhältnis einer beliebigen Person überhaupt zu einem angemessenen Verständnis unserer moralischen Pflichten oder auch nur des moralisch Wünschenswerten gelangen. Mag es auch für die einzelne Person vernünftig sein, ihr eigenes Leben unter dem Gesichtspunkt möglicher Optimierung zu betrachten, so muß das nicht für das moralische Urteilen gelten. Die Optimierung von Zuständen in der Welt ist keineswegs der selbstverständliche Zweck der Moral. Möglich ist zumindest auch, die Moral als eine Instanz zu verstehen, die unser je persönliches Streben nach Selbstverwirklichung mit wohlbestimmten *Grenzen* umgibt, indem sie uns zu wechselseitiger Achtung und Rücksichtnahme anhält. Wie häufig gezeigt wurde, ergibt sich daraus ein anderes Verhältnis von „Restriktionen" und „Erlaubnissen", als es das Modell der Optimierung unter empirisch plausiblen Randbedingungen vorsähe.[41]

Folgen würde eine Moral der Optimierung allenfalls dann, wenn wir uns die moralische Gemeinschaft als eine Person im Großformat vorstellen dürften: als ein Gefäß, das alle zur Abwägung anstehenden Interessen der vielen Einzelmenschen umfaßt. Dieses Modell der Einen Umfassenden Person provoziert jedoch einen zweiten Einwand: In den Abwägungen eines Einzelmenschen gibt es kein Verteilungsproblem, das dem Problem der *Verteilung* zwischen mehreren Personen entspräche. Gewiß kann man die Verfolgung der einen und die Zurückstellung oder Preisgabe der anderen Präferenzen metaphorisch als eine „Verteilung" von Aufmerksamkeit und Energie verstehen. Keine

---

[38] Vgl. Singer 1994, S. 29 ff.

[39] Auch das versteht sich nicht von selbst. Wir könnten zum Beispiel auch am *Ausdrucksgehalt* einer Handlung interessiert sein: Zeigt mir der andere durch sein Tun oder Lassen, daß ihm an mir liegt, daß er mich mag, wertschätzt oder respektiert? Ein verweigerter Gruß etwa schmerzt uns nicht aufgrund seiner empirischen Folgen; eher empfinden wir seelischen Schmerz, weil wir die Unterlassung als Respektlosigkeit verstehen.

[40] Singer 1994, S. 31.

[41] Vgl. Williams 1973; Leist 2000; Kamm 2000.

einzelne Präferenz hat jedoch ein *Recht* auf Berücksichtigung, allenfalls kann es unklug sein, sie nicht in Betracht zu ziehen.

In der Moral geht es hingegen um die Ansprüche einer Mehrzahl von Personen, und zwischen diesen Personen können echte, nicht nur metaphorische Verteilungsprobleme auftreten. Oben habe ich angedeutet, daß der Liberalismus solche Probleme zu lösen versucht, indem er die Unvertretbarkeit jeder einzelnen Person in der Form subjektiver Rechte anerkennt. Eine Person anerkennen, heißt gewiß, sie *als* Subjekt von Interessen zu achten und zu berücksichtigen. Der Utilitarismus stellt jedoch dieses Verhältnis auf den Kopf: Er betrachtet primär Interessen und nur sekundär Personen; diese kommen nur als grundsätzlich austauschbare Träger von Interessen in den Blick.

Das ist allerdings nur die halbe Wahrheit: Der eigentliche Held im utilitaristischen Drama ist die Eine Umfassende Person. *Ihr* werden alle Interessen der Einzelmenschen zugeschrieben, *sie* hat zwischen ihnen abzuwägen, und wiederum gebietet die Klugheit, alle Präferenzen, woher sie auch kommen mögen, zunächst einmal gleichermaßen ins Kalkül zu ziehen. Die optimale Ordnung kann jedoch mit einer Preisgabe einiger Präferenzen erkauft werden. Daß an diesen Präferenzen „Personen hängen", erscheint im Licht des Modells der Einen Umfassenden Person als sekundäres Problem.

Darf dieses Modell als Spielart des normativen Individualismus gelten? Ja und nein. Auf der Rechtfertigungsebene mutet es dem einzelnen weder zu, sich als Teil einer substantiellen Gemeinschaft zu sehen, noch geht es von einer apriorischen Ungleichheit unter den Personen aus. Was es verlangt, ist die Einnahme eines unpersönlichen Standpunktes,[42] auf dem die Präferenzen des einen so viel zählen wie die eines beliebigen anderen: *Everybody to count for one, nobody for more than one.* Doch „unpersönlich" ist dieser Standpunkt auch deshalb, weil auf ihm nicht die Personen zählen, sondern ihre Präferenzen. Diese bilden das Material einer unparteiischen Abwägung, an deren Ende das für alle Beste stehen soll. Daß diese Rede zweideutig ist, haben wir gesehen: Was nach Maßgabe des Modells der Einen Umfassenden Person das für alle Beste ist, muß nicht auch für jeden Einzelnen vorteilhaft oder nur erträglich sein. In diesem Sinne läuft der Utilitarismus aufgrund seiner Deutung des normativen Individualismus auf einen Holismus hinaus.

Rousseau und der Körper des Kollektivs

Auch wenn manche Utilitaristen mit einem Begriff der aufgeklärten Präferenzen arbeiten, orientieren sie sich doch im Ganzen an einem Modell der Optimierung. Das unterscheidet ihren Ansatz deutlich von demjenigen Jean-Jacques Rousseaus. Wenn Rousseau die gegebenen Präferenzen als Rohmaterial betrachtet, so nicht, weil er sie aggregieren wollte, sondern weil sie der *Bildung* bedürften. In Rousseaus idealer Republik zählten nur mehr die Interessen tugendhafter Menschen.[43] Auch hinter dieser Idee

---

[42] Nagel 1991.

[43] Dieser Aspekt fehlt in Runcimans und Sens (2002) spieltheoretischer Rekonstruktion der Idee des Gemeinwillens. So interessant diese Rekonstruktion ist, so weit scheint sie mir doch von den eigentlichen Intentionen Rousseaus entfernt zu sein. Ein anderes Bild mag sich allerdings ergeben,

steht ein aufklärerisches Bild von personaler Selbsterkenntnis. Erkennen aber kann sich die Person nur, wenn sie von falschen Leidenschaften geläutert worden ist. Falsch sind vor allem solche Leidenschaften, welche die Person zu einer außengeleiteten Lebensführung anstiften.

Durch ihr bisheriges Leben als gesellschaftliche Wesen sind die Menschen zu intelligenten Tieren gereift: Sie haben ihre ursprüngliche Naivität als selbstgenügsame Bewohner eines vorbegrifflichen Raumes spontaner Orientierungen verloren.[44] Im Raum der Begriffe gedeiht ihr Verstand, doch es wächst ihr Abstand zu echter Selbsterkenntnis. Schließen ließe die Schere sich nur, wenn der einzelne aufhörte, sich mit den wertenden Augen anderer zu sehen: Er müßte zu einem nichtrelationalen Verständnis seines eigenen Wertes vorstoßen, *ohne* aber in den Zustand vorgesellschaftlicher Unschuld zurückfallen zu können.

Rousseaus Leitfrage lautet daher, wie eine soziale Existenz aussähe, die vom Vergleichszwang emanzipiert wäre. Die Lösung expliziert der *Gesellschaftsvertrag*.[45] Er handelt von der Gründung und Einrichtung einer Gesellschaft, die Aussicht auf eine Bildung aller zur Tugend böte und den unverlierbaren Rest an Ehrgeiz in die Bahnen des Patriotismus lenkte.[46] Sein Thema ist die Kunst, eine soziale Unmittelbarkeit zu stiften, die es dem Menschen ermöglicht, seiner eigenen Natur gemäß ein selbstgenügsames Leben der Freiheit zu führen. Das Moment der Freiheit steht nicht im Widerspruch zur Idee der Tugend, es bildet ihren normativen Hintergrund und wird zugleich durch sie erläutert.

Rousseau setzt voraus, daß der Mensch zur Selbstbestimmung bestimmt ist. Selbstbestimmung ist die Fähigkeit, ein *authentisches* Leben zu führen; ein Leben, das sich seine Bahnen von der „Stimme" der eigenen Natur vorgeben läßt. Diese Natur aber kann im zivilisatorischen Stadium nur mehr eine *zweite* Natur sein: eine Natur, die bereits begrifflich geformt und mit sozialen Gehalten durchsetzt ist. „Selbstgenügsam" kann der Mensch folglich nur mehr als Bürger sein: als Wesen, das seine Unmittelbarkeit in einer öffentlichen Form der Verwirklichung findet; als unmittelbar öffentliches Wesen.[47] Autark ist daher nicht eigentlich der Einzelne, sondern das gute Gemeinwesen, dem er angehört. Indem sich der Einzelne aber mit dem Ganzen vorbehaltlos *identifiziert*, empfindet er diesen Umstand nicht als Verlust: Der Tugendhafte, und er allein, ist frei, weil er die Republik ohne *reservatio mentalis* als seine erlebt.

Das wiederum hat eine Voraussetzung, auf die Rousseau als Rechtstheoretiker emphatisch hinweist: Alle Gesetze, denen der einzelne gehorcht, müssen strikt *allgemein* sein. Sie dürfen niemanden, kein Individuum und keine soziale Position, hervorheben oder herabsetzen. Sie müssen für alle gleichermaßen und als Gleiche gelten. Darin erblickt Rousseau die notwendige, aber auch die hinreichende Bedingung für jenen Schutz der Individuen, den sich frühere Vertragstheoretiker von vorsozialen „natürli-

---

wenn man die Kontinuitäten zwischen dem Zivilisationskritiker und dem Rechtsphilosophen Rousseau weniger stark betont, als ich das tun werde.

[44] Rousseau 1977a.
[45] Rousseau 1977b.
[46] Vgl. Fetscher 1975, S. 96.
[47] Vgl. Starobinski 1988.

chen" Rechten versprachen.[48] Der wahrhafte Gemeinwille spricht die Sprache des Allgemeinen, und so ist es „ebensowenig glaubwürdig, daß der Gemeinwille zustimmt,
wenn irgendein Staatsbürger einen anderen verwundet oder zugrunde richtet, wie es
unwahrscheinlich ist, daß ein voll zurechnungsfähiger Mensch sich mit seinen eigenen
Fingern die Augen auskratzt".[49] In der wahren Republik fallen Fremdschädigung und
Selbstschädigung zusammen, weil jeder ein unmittelbar gesellschaftliches Leben führt.

Damit wird zugleich deutlich, daß Gemeinwohl und Gerechtigkeit für Rousseau
identisch sind. Der elementare Grundsatz der Gerechtigkeit ist das Prinzip der Freiwil-
ligkeit: *Volenti non fit iniuria*. Entscheidend ist, daß der Wille einer Gesamtheit wirklich der Gemeinwille ist, und das setzt voraus, daß die Körperschaft keinen einzelnen
Menschen ausschließt, sondern alle als ihre Glieder begreift. Zugleich muß jedes einzelne Glied das allgemeine Beste auch wirklich erkennen. Der Wille muß authentisch
sein, um dem „Körper" gerecht werden zu können, und als authentischer ist er automatisch gerecht.[50]

Rousseau ist davon überzeugt, daß dieser Grundsatz die Zustimmung jedes einzelnen
verlange. Dieser *voluntative* Gesichtspunkt verbindet ihn mit dem normativen Individualismus der Neuzeit und erklärt, warum ein doch eigentlich republikanischer Theoretiker auf die Gedankenfigur des Vertrages zurückgreift. Gleichwohl führt dieser Rückgriff in die Theorie einen Fremdkörper ein. Das wird deutlich, wenn man sich den
Inhalt des Vertragsschlusses ansieht. Das Besondere am Rousseau'schen Gesellschaftsvertrag kommt in der Formel von der „völligen Entäußerung" (*aliénation totale*) zum
Ausdruck.[51] Wie bereits in der Schrift zur *Politischen Ökonomie* von 1755 deutlich
wird, verbindet Rousseau damit die Erwartung einer Verwandlung der Menschen: Diese
sollen lernen, „ihre Einzelperson immer nur in Verbindung mit dem Staatskörper zu
sehen und ihre eigene Existenz sozusagen nur als einen Teil von jenem zu begreifen",
um so das Vaterland „mit jenem erlesenen Gefühl zu lieben, das jeder vereinzelte
Mensch nur für sich selbst empfindet".[52]

Wenn solche Versittlichung aber *die Folge* des Zusammenschlusses aller zur Gesellschaft ist, so bleibt unklar, auf welcher motivationalen Grundlage die Individuen ihre
ursprüngliche Zustimmung gegeben haben sollen. Herkömmliche Vertragstheorien
unterstellen eine Kontinuität zwischen den Interessen der Parteien vor und denen nach
dem Vertragsschluß. Sie können daher prinzipiell einsichtig machen, wie sich jeder
einzelne im aufgeklärten Eigeninteresse zur Selbstbindung bereit findet. Wer etwa Freiheit gegen Sicherheit tauscht, muß darum weder sein Vorverständnis dieser beiden Be-

---

[48] Rousseau 1977b, Zweites Buch, Viertes Kapitel.

[49] Rousseau 1977a, S. 59.

[50] Vgl. Noetzel 1999, S. 65 ff.

[51] Diese Formel schließt allerdings auch eine schwächere Lesart nicht von vornherein aus. Ihr zufolge
verwirft Rousseau lediglich den Glauben an „vorsoziale" Rechte. Wer sich auf solche Rechte berie-
fe, entzöge sich dem Zwang zur öffentlichen Rechtfertigung und trüge ein Moment des Naturzu-
standes in die Gesellschaft hinein (vgl. Rousseau 1977b, S. 17 f.). Dieser Gedanke erscheint insofern gut nachvollziehbar, als er gegen alle „atomistischen" Illusionen auf die intersubjektive
Konstitution von Rechten – als institutionelle Tatsachen – aufmerksam macht.

[52] Rousseau 1977a, S. 67.

griffe noch gar seine motivationale Struktur verändern. Eben dies aber mutet Rousseau den Parteien mit dem Gesellschaftsvertrag zu. Im Grunde ist sein Inhalt die Denaturierung der Persönlichkeit. Damit jedoch wird die motivationale Kontinuität durchbrochen.

Ich meine daher, daß Rousseaus Konzeption an einer Spannung zwischen ihrem *voluntativen* und ihrem *transformativen* Aspekt krankt. Der voluntative Aspekt verbindet sie mit anderen Spielarten des normativen Individualismus der Neuzeit. Der transformative Aspekt hingegen gibt sie als eine Nachfahrin antiker Ordnungsvorstellungen zu erkennen. Einerseits muß der Wille jedes einzelnen gewonnen werden, wenn die Unterwerfung aller unter Gesetze zulässig sein soll. Andererseits wird ihm eine tiefgreifende Verwandlung in Aussicht gestellt, mit der sich zugleich die motivationale Grundlage der Zustimmung änderte: von der individualistischen Besinnung auf die eigenen Vorteile – jeder will möglichst bewahren, was er hat – zur holistischen Identifikation mit einer sittlichen Körperschaft: „Und das ist vielleicht der Ursprung dieser ungewöhnlichen Idee, des *Gemeinwillens*: eine *Verschmelzung* der Allgemeinheit (Einheit, Gemeinschaftlichkeit) der Antike mit dem Willen (Zustimmung, Vertrag) der Moderne".[53]

Wie die immer wiederkehrende Körpermetaphorik bereits verrät, nimmt Rousseau die Unvertretbarkeit des einzelnen nicht wirklich ernst. Sein Grundmotiv ist die Wiederherstellung einer ursprünglichen Selbstgenügsamkeit auf der Stufe des sozialen Lebens. Selbstbewußte Individuen, die das für sie Gute zumindest auch *in Distanz* zu der Gesellschaft bestimmen wollen, der sie gleichwohl *angehören*, sind in dieser Konzeption nicht vorgesehen. Die distributive Dimension anerkennen, heißt, mit dieser falschen Alternative von Distanzierung und Integration zu brechen: In der rechtlich gesicherten Möglichkeit zur Abstandnahme liegt zugleich die Voraussetzung für neue Formen verantwortlicher Bindung. Der moderne Verfassungsstaat kann selbst ein funktionales Minimum an bürgerschaftlicher Partizipation nicht mehr mit Bordmitteln garantieren, doch er verleiht politischer Zugehörigkeit einen neuen Wert als verbürgte *Option* der Teilnahme.[54]

4. Ebenen des Gemeinwohls

Die Versuche Rousseaus und der Utilitaristen, die Gerechtigkeit im Gemeinwohl aufgehen zu lassen, sind gescheitert, weil beide die distributive Dimension verfehlt haben. Anstatt nun aber „Gemeinwohl" und „Gerechtigkeit" als Gegenbegriffe zu behandeln, erscheint es mir sinnvoller und unserem normativen Sprachgebrauch angemessener, die Gerechtigkeit als *konstitutive Grenze* des Gemeinwohls zu verstehen. Das Gemeinwohl hat eine *eigene* normative Kraft, die es jedoch zum Teil der Gerechtigkeit verdankt, die ihm eingeschrieben ist. Nicht gesagt ist damit, daß es sie *allein* der Gerechtigkeit verdanke, wie man im Anschluß an Kant vermuten könnte.

Auch verbindende Ziele wie die Optimierung von Zuständen und die bürgerschaftliche Selbstverbesserung durch Bildung könnten dem formalen Gebot öffentlicher Rechtfertigung genügen. Überdies lassen sich nicht alle Leistungen guter Gemeinwesen und

---

[53] Riley 2000, S. 117; kursiv im Original.
[54] Vgl. Ladwig 2001.

alle Ansprüche ihrer Mitglieder auf die distributive Dimension reduzieren. Politische Ordnungen produzieren auch *öffentliche Güter*, von der Sicherheit einer stabilen Ordnung bis zur Vitalität einer offenen Gesellschaft,[55] so wie Bürgerinnen und Bürger auch *geteilte Orientierungen* ausbilden. Viele politische Einstellungen bestehen in einer kollektiven Intentionalität, deren Gehalte genuin gemeinschaftlich sind, auch wenn sie natürlich nur in und durch Individuen existieren. Nicht anders als die Mitglieder eines Orchesters, die gemeinsam eine Symphonie darbieten, können Bürgerinnen und Bürger gemeinschaftlich handeln, ohne darum das Individuum als kleinste Einheit der Verantwortung zu entmachten. (Wenn der Posaunist patzt, ist er für den Mißklang verantwortlich, ohne daß er umgekehrt den Erfolg der Aufführung sich allein zuschreiben dürfte.)[56]

Öffentliche Güter und geteilte Orientierungen geben dem Modell des Einzelmenschen etwas von der Plausibilität zurück, die es im letzten Abschnitt verloren haben sollte. Irreführend an diesem Modell ist lediglich, daß es die richtige Einsicht in die Irreduzibilität des Öffentlichen gegen die distributive Dimension ausspielt. Damit verzerrt es zugleich den inklusiven Sinn des Geltungsanspruchs, der sich mit Berufungen aufs *Gemein*wohl verbindet: Zu Recht betont Rousseau, daß die Bildung eines Gemeinwillens, dessen Inhalt das gemeinschaftliche Gute wäre, die Einbeziehung aller Personen als Bürger voraussetzt. Solche Inklusion aber muß den Schutz und die Ermöglichung von Differenzen einschließen, und sie darf die Menschen auch nicht auf ihre politische Existenz reduzieren. Die folgende Unterscheidung von vier „Ebenen" des Gemeinwohls soll diese Behauptungen verständlich machen. Dabei sollen auch solche Gesichtspunkte politischer Legitimation zur Sprache kommen, die in der bisherigen Betrachtung unterbelichtet blieben.

Die erste Ebene: Rechtlich gebundene Ordnungen

Historisch und systematisch beginnt ein genuin modernes Gemeinwohlverständnis auf einer „hobbesianischen" Stufe funktionaler Legitimation.[57] Ihre Inhalte geben eine erste Antwort auf die Grundfrage des neuzeitlichen Legitimationsdenkens: Wozu brauchen wir überhaupt eine politische Ordnung? Diese erste Antwort lautet, daß wir einer solchen Ordnung zumindest deshalb bedürfen, weil sich andernfalls Leib, Leben und basale symbolische Integrität der Menschen nicht sichern ließen: Ohne Ordnung kann es menschliches und menschenwürdiges Leben nicht geben. Folglich zählen zu den hier verlangten Bestimmungen die äußere und innere Sicherheit, aber auch solche infrastrukturellen und sozialen Leistungen, ohne die das Überleben von Menschen unter Bedingungen dichter sozialer Interdependenzen ständig gefährdet wäre. Wie elementar diese Bestimmungen sind, kann negatorisch an den *failed states* der Gegenwart, von Somalia bis Afghanistan, studiert werden. Daß auch ökologische Nachhaltigkeit zu den Bedin-

---

[55] Vgl. Alexy 1995.
[56] Vgl. Dworkin 1994, S. 189; Searle 1997, S. 34 ff.
[57] Vgl. Kaufmann 1999.

gungen dauerhaften Überlebens gezählt werden muß, hat sich außerhalb von Texas herumgesprochen.

Eine weitere Lehre transzendiert bereits die ursprünglich-hobbesianische Lesart. Die totalitären und terroristischen Staaten der neueren Zeit haben den Glauben, daß *irgendeine* Ordnung besser sei als gar keine, gründlich erschüttert. Es genügt auch nicht, daß sich die staatlichen Gewalten, wie selbst Hobbes vorausgesetzt hatte, in rechtlicher Form konstituieren; sie müssen zugleich alle ihre Instanzen, auch die obersten, ans Recht effektiv binden. Soll die normative Grundfunktion aller Staatlichkeit nicht von dieser selbst untergraben werden, so muß das rohe Verständnis von Souveränität einem rechtsstaatlichen weichen.

Die zweite Ebene: Subjektive Rechte und verteilbare Güter

Moderne politische Ordnungen haben das Recht nicht allein als objektives Regelwerk, sondern auch als subjektiven Anspruch in sich aufgenommen. Sie schreiben allen Bürgerinnen und Bürgern unveräußerliche Rechte zu. Damit berücksichtigen sie die distributive Dimension, die den einzelnen vor untragbaren Opfern und vor einer falschen Verschmelzung mit „seinem" Gemeinwesen bewahren soll. Subjektive Rechte sind eine Form der Inklusion, die Zugehörigkeit *als Eigenständigkeit und Unverletzlichkeit* verbürgt. Ich möchte dies den „kantianischen" Aspekt eines modernen Gemeinwohlverständnisses nennen.

Subjektive Rechte bilden den Kern der Gerechtigkeit, genauer: einer distributiven Konzeption, die zugleich individualistisch, egalitaristisch und universalistisch ist. Sie bringen den allgemeinen Grundsatz zum Ausdruck, daß alle Personen in ihrer Unvertretbarkeit als Gleiche zählen. Dieser Grundsatz weist allerdings über die Elementarstufe gleicher subjektiver Rechte auch hinaus. Sein Geltungsbereich umfaßt alle relevanten Güter und Gelegenheiten, deren Verteilung wir durch die Gestaltung unserer sozialen Ordnung unmittelbar oder mittelbar beeinflussen können.[58] Er erstreckt sich folglich auch auf verteilbare Güter im engeren Sinne des Wortes.[59] Soziale Liberale wie Rawls und Ronald Dworkin[60] glauben, daß das Rechtsprinzip der gleichen Achtung auch für solche Güter nach einer egalitaristischen Verteilung verlange. Damit aber wird jenes minimale Gerechtigkeitsverständnis überschritten, von dem ich behauptet hatte, es sei für ein modernes Gemeinwohldenken unabdingbar.

Zumindest *ein* konkurrierender Grundsatz des Umgangs mit verteilbaren Gütern liegt in kapitalistischen Gesellschaften auf der Hand: die Maximierung des Durchschnittsnutzens. Sind die grundlegenden Rechte einmal garantiert, so ist nicht von vornherein

---

[58] Vgl. Ladwig 2000a, S. 597.

[59] Grundrechte sind Gegenstände der Distribution nur im übertragenen Sinne: Ihre egalitäre „Verteilung" folgt unmittelbar aus dem Grundsatz der gleichen Achtung. Genießt eine Person keine gleichen Rechte, so genießt sie überhaupt keine Rechte im Sinne der modernen Moral. Im Unterschied dazu sind Güter wie Einkommen, Bildung oder Medikamente Gegenstände der Verteilung im engeren Sinne. Ihre richtige Verteilung steht mit dem Begriff einer modernen Moral nicht immer schon fest.

[60] Dworkin 1987; vgl. auch Gosepath 1999.

klar, ob dieses utilitaristische Prinzip einem extensiven Verständnis von Gerechtigkeit zu weichen habe. In der frühen Diskussion der Rawls'schen Theorie ist häufig und mit guten Gründen behauptet worden, daß durchschnittlich risikofreudige Parteien hinter einem Schleier des Nichtwissens eine utilitaristische Verteilung wählen würden, wenn nur die Bedingungen einer menschenwürdigen Existenz gesichert wären.[61] Empirische Versuche von Frohlich und Oppenheimer, den „Urzustand" mit Probanden aus mehreren Ländern näherungsweise nachzustellen, haben zum gleichen Ergebnis geführt: Ein Prinzip der Maximierung des Nutzens in Verbindung mit dem Existenzminimum wird dem Rawls'schen Grundsatz der Maximierung des Minimums eindeutig vorgezogen.[62]

Nun ist dies kein Beweis für die Überlegenheit einer solchen Mischauffassung, sei es als Gerechtigkeits-, sei es als Gemeinwohlprinzip. Doch es genügt, um von einer echten Konkurrenz zum Grundsatz gleichheitlicher Verteilung zu sprechen. Ist das kantianische Minimum in der Form subjektiver Rechte einmal gesichert, so darf es zumindest nach Maßgabe einer schwach normativen Argumentation als offene Frage gelten, ob das Gemeinwohl eher einen egalitaristischen oder einen utilitaristischen Umgang mit verteilbaren Gütern gebietet. Weder der eine noch der andere Vorschlag scheitert von vornherein am Grundsatz öffentlicher Rechtfertigung.

Die dritte Ebene: Perfektionsgüter und Tugenden

Bereits auf der zweiten Stufe tritt ein Doppelaspekt des Gemeinwohls zutage: Einerseits kann politisches Handeln an seinen empirischen Folgen gemessen werden, andererseits daran, welches gesellschaftliche Selbstverständnis es zum Ausdruck bringt. Diese *Ausdrucksdimension* kommt schon auf der Ebene gleicher Rechte zur Geltung: An basalen Rechten sind wir nicht allein deshalb interessiert, weil sie uns vor negativen Konsequenzen, etwa polizeilichen Schlägen, bewahren könnten; wir schätzen sie auch deshalb, weil wir uns durch sie als Personen *anerkannt* wissen.[63] Ebenso bringt ein Gemeinwesen durch die Wahl eines Verteilungsschemas ein bestimmtes Verständnis von sozialer Integration zum Ausdruck: Es stellt sich etwa als solidarisches und/oder als die Eigenverantwortung betonendes Gebilde dar.

Vollends in den Vordergrund rückt diese symbolische Dimension[64] auf einer dritten Ebene des Gemeinwohls, die ich in aller Vorsicht „aristotelisch" nennen möchte. Auf dieser Stufe steht das wie immer vorläufige und umkämpfte ethisch-politische Selbstverständnis einer Gemeinschaft.[65] Formal analog zu individuellen Identitäten, verknüpft es den deskriptiven Gesichtspunkt des eigenen Gewordenseins mit dem normativen Gesichtspunkt der Ausrichtung auf gemeinsame Ziele, oder formaler: auf bestimmte Weisen der Lebensführung. Damit gehen vor allem drei Geltungsansprüche einher. Ein gemeinschaftliches Selbstverständnis handelt von der möglichst *angemessenen* Fortset-

---

[61] Vgl. die Beiträge in Höffe 1977.
[62] Frohlich/Oppenheimer 1992.
[63] Vgl. Honneth 1992.
[64] Vgl. Göhler 1999.
[65] Vgl. ausf. Ladwig 1997.

zung eines historischen Projekts nach Maßgabe einer *aufrichtigen* Wahrnehmung seiner bisherigen Geschichte. Außerdem umfaßt es die präsumtiv geteilten evaluativen Maßstäbe, in deren Licht über die *Werthaftigkeit* von gemeinschaftlichen Projekten befunden wird.

So läßt sich die Förderung von Wissenschaften und Künsten im Vokabular „starker politischer Wertungen"[66] rechtfertigen, wenn die methodische Suche nach Wahrheit und die Gestaltung des Schönen in der Lebensform der Gesellschaft als intrinsische Werte anerkannt sind. – Umgekehrt darf auch das Standortgerede als Ausdruck eines politischen Selbstverständnisses gelten: Die Gesellschaft gibt sich dann als Kollektiv zu erkennen, dessen Vorstellungsvermögen auf die Dimension betriebswirtschaftlicher Rationalität geschrumpft ist.

Neben *Perfektionsgütern* sind auch *Tugenden* ein möglicher Gegenstand staatlicher Förderung.[67] In modernen Gesellschaften, die vor allem die Metatugend der Mündigkeit betonen (sollten), kann das allerdings nur mehr heißen, daß den Bürgerinnen und Bürgern die gewünschten Haltungen werbend nahegebracht werden. Politische Akteure können dafür vor allem auf kommunikative Mittel zurückgreifen, die neben Argumentationen auch bewegende Geschichten, Gedenkstätten, Bilder, Musik und massenmediale Images umfassen mögen.[68] Für die *Einübung* von Tugenden, die einem demokratischen Gemeinwesen entsprechen, dürften zensurfreie Schülerzeitungen und freiwillige Dienste einen besseren Boden bilden als Kasernen und staatlicher Arbeitszwang.

Die vierte Ebene: Demokratische Verfahren der Willensbildung

Auf den bisher betrachteten Ebenen des Gemeinwohls stehen substantielle Ziele und Standards. Auf einer vierten Ebene werden diese Inhalte einer prozeduralen Überprüfung unterzogen: Die materialen Gehalte der ersten drei Ebenen bedürfen der Rechtfertigung, der inhaltlichen Konkretisierung und der institutionellen Ausgestaltung im Medium einer demokratischen Willensbildung. Hier machen selbst die Grundrechte keine Ausnahme: Auch sie bilden keinen nichtkontroversen Sektor, sondern ein Feld widerstreitender Deutungen, die allerdings von der Grundnorm gleicher Achtung und Berücksichtigung und von den allgemeinen Merkmalen der Rechtsform begrenzt werden. Diese Ebene kann „rousseauistisch" heißen, womit der reflexive Aspekt der Willens*bildung* betont wird. Diese ist immer auch Selbstbildung eines Demos: In ihr bezieht sich die Bürgerschaft vermittelt über Sachfragen kognitiv und volitiv auf sich selbst. Die intersubjektive Prüfung substantieller Ziele ist zugleich das Medium bürgerschaftlichen Lernens über die eigene Konstitution und die eigenen Ansprüche.

Wie Robert Goodin in der Nachfolge Rousseaus betont, ist damit mehr und anderes gemeint als eine Aggregation gegebener Präferenzen. Verlangt ist eine erweiterte Denkungsart, die sich nur im öffentlichen Raum der Orientierung an geteilten Ansprüchen einüben läßt. Gemeinwohlorientierte Politik handelt nicht zuletzt von unseren „highest

---

[66] Rosa 1999.
[67] Vgl. Münkler 1992.
[68] Vgl. Rorty 2000.

common concerns":[69] Sie sorgt sich um die gemeinschaftliche Sicherung kollektiver Güter, die für eine politische Gemeinschaft von konstitutiver Bedeutung sind. Die Art dieser Güter ergibt sich aus einem allgemeinen Merkmal politischer Gemeinschaften. Anders als gewöhnliche Gemeinschaften wie Symphonieorchester oder Fußballmannschaften haben politische Gemeinschaften einen *primär* selbstbezogenen Zweck:[70] Sie werden nicht so sehr an ihren externen Darbietungen als an ihrer internen Verfassung gemessen. Vor allem wird von ihnen erwartet, daß sie ihre – formalen und faktischen – Angehörigen als Bürgerinnen und Bürger integrieren.[71] Von konstitutiver Bedeutung sind daher solche Güter, die wir sichern müssen, wenn wir der inklusiven Grundnorm politischer Zugehörigkeit gerecht werden wollen. Ihr Inbegriff ist die Idee der *citizenship*. An ihr findet das Erfordernis einer Bildung unserer politischen Präferenzen sein formales Maß.

5. Gemeinwohl und Gerechtigkeit

In meinem Verständnis ist damit das *gesamte* Feld des normativen politischen Denkens unter dem Gesichtspunkt der Ebenen des Gemeinwohls abgesteckt.[72] Das ist aber nicht der einzige mögliche Gesichtspunkt: Das Vierebenen-Schema eignet sich auch dazu, den normativen Platz, die Voraussetzungen und die Gehalte der Gerechtigkeit zu identifizieren. Nicht zuletzt hilft es uns, mögliche Spannungen im Gefüge unserer normativen Erwartungen zu erkennen. Das soll abschließend für das Verhältnis von Gemeinwohl und Gerechtigkeit angedeutet werden. Dabei werde ich mich topographischer Metaphern bedienen.

a) Die hobbesianische Ebene handelt von den Grundlagen politischer Ordnung überhaupt. Sie liegt damit im zeitlichen, vor allem aber im funktionalen Sinne „vor" der Gerechtigkeit. Das hat seinen Grund in dem Umstand, daß eine gerechte Ordnung zuallererst eine *Ordnung* sein muß. Umgekehrt heißt das aber, daß der normative Stellenwert der hobbesianischen Ebene auch und gerade in ihrem ermöglichenden Verhältnis zur Gerechtigkeit besteht. Bloße Ordnungen weisen auf gerechte Ordnungen voraus; Staaten auf Rechtsstaaten und diese auf menschenrechtlich regulierte Gemeinwesen.

b) Auf der zweiten Ebene steht der Raum der Gerechtigkeit selbst. Doch dieser Raum ist nicht aus einem Guß. Oberhalb einer kantianischen Schicht, die von den Grundrechten gebildet wird, verzweigt er sich in eine egalitaristische und in eine utilitaristische Richtung. Ein starkes Verständnis von Gerechtigkeit wird damit auf eigenem Grund vom Nutzenprinzip herausgefordert. Von der Gewichtung dieser beiden Gesichtspunkte hängt ab, ob man das Gemeinwohl tendenziell in Gerechtigkeit aufgehen läßt oder stärker mit der Idee gemeinschaftlicher Klugheit verknüpft. Unter wahrscheinlichen empi-

---

[69] Goodin 1996, S. 339.
[70] Vgl. Dworkin 1994.
[71] Vgl. Walzer 1992.
[72] Genauer gesagt: des normativen politischen Denkens erster Ordnung. Auf einer zweiten, systematisch nachgeordneten Stufe kommen für jede Ebene Fragen der *Effizienz* ins Spiel.

rischen Randbedingungen läuft das, ein wenig vergröbert, auf die politische Grundentscheidung hinaus, ob man eher dem sozialistischen Pfad der Egalisierung oder dem
kapitalistischen Pfad der Maximierung folgen will. Im ersten Fall wird man mit hoher
Wahrscheinlichkeit hinter einem prinzipiell erreichbaren absoluten Niveau der Steigerung des Wohlstandes zurückbleiben, im zweiten Fall hinter einem gerechten Ausgleich
aller unverschuldeten Umstände.[73]

c) Die aristotelische Ebene handelt von perfektionistischen Ansprüchen, die von liberalen Autoren – wenn diese sie überhaupt zulassen – einhellig „nach" der Gerechtigkeit
eingeordnet werden. Nur eine in den menschenrechtlichen Grundlagen gerechte Gesellschaft darf *darüber hinaus* starke politische Wertungen zur Grundlage kollektiv bin-
dender Entscheidungen machen; diese Ansicht wird selbst von einem kommunitaristischen Autoren wie Charles Taylor[74] geteilt. Gleichwohl mag diese Ansicht über den
schwachen Normativismus hinaus gehen, dem ich in diesem Text im wesentlichen gefolgt zu sein glaube. Sie bringt dann die liberale Grundentscheidung zum Ausdruck, das
Wahre, Gute und Schöne der Sicherung des für alle Erträglichen nachzuordnen.

Gleichwohl ist das Verhältnis von Gerechtigkeit zu Perfektionismus auch ein internes
– in beiderlei Richtungen. Zum einen verweist der Anspruch auf gemeinschaftliche
*Selbst*verbesserung negatorisch auf das Gerechtigkeitsgebot der Nichtexklusion: Das
kollektive „Selbst" steht ja nicht für ein Subjekt im Großen, sondern für die Geltungs-
reichweite der in ethisch-politischen Diskursen erhobenen Ansprüche. Alle Angehörigen der Gemeinschaft müssen sich in den Ergebnissen solcher Willensbildung prinzipiell wiederfinden können, weil anders das „Wir" einer politischen Gemeinschaft darin
nicht wirklich zum Ausdruck käme. Wann immer eine Regierung beansprucht, das
Selbstverständnis ihrer Gesellschaft mit Mitteln staatlichen Zwanges zu realisieren,
muß sie sich am Kriterium des Nichtausschlusses gerade der strukturell verwundbarsten
Minderheiten messen lassen – jener also, die sich durch eine bestimmte Auslegung des
„objektiven Geistes" besonders leicht verletzt oder ausgegrenzt fühlen könnten.

Zum anderen glaube ich, daß manche perfektionistischen Züge moderner Politik zu
den ideellen oder faktischen Voraussetzungen der Gerechtigkeit gezählt werden können. Das gilt sicher für die Förderung politisch-moralischer Tugenden, von der Zivil-
courage bis zum Gerechtigkeitssinn, die ein wohlgeordnetes Gemeinwesen weder erzwingen noch entbehren kann. Es gilt aber auch für solche Aktivitäten, die den
konstitutiven Grundwert eines modernen Gerechtigkeitsdenkens, die Autonomie der
Person, auf eine historisch einsichtige und evaluativ anziehende Weise zur Geltung
bringen wollen. Gelingt es nicht, den werthaften Hintergrund unserer Idee der Gerechtigkeit bewußt zu halten, so verliert auch die moralische Grundforderung gleicher Achtung in einer entscheidenden Hinsicht an Plastizität und wohl auch an motivationaler
Kraft.

---

[73] Hinter diesen Behauptungen steht ein Gerechtigkeitsverständnis, das ich in Ladwig 2000a genauer
erläutert habe. Auf dem Gebiet der Moralphilosophie wäre zu klären, ob die Moral selbst eine gewisse Optimierung gebietet, wie etwa Wildt (1996) und Pfannkuche (2000) meinen. Ich bezweifle
dies.

[74] Taylor 1992.

d) Die rousseauistische Ebene des Gemeinwohls steht, weil sie reflexiv ist, „über" der Gerechtigkeit. Damit ist gemeint, daß die Gerechtigkeit auf dieser Ebene intern konkretisiert und extern mit anderen Gesichtspunkten abgestimmt werden muß. Weil niemand dem Demos diese Aufgabe abnehmen kann und soll, ist eine faire und inklusive Willensbildung selber ein Gebot der Gerechtigkeit. Doch die Demokratie regelt mehr als reine Gerechtigkeit: Sie befaßt sich auch mit den Grundlagen von Ordnungen überhaupt, mit dem vertretbaren oder sogar gebotenen Stellenwert der Klugheit und selbst mit den perfektionistischen Ansprüchen von Bürgerinnen und Bürgern, die ihr Gemeinwesen auch in den Darbietungen seiner Symphonieorchester und – warum nicht? – in den Erfolgen seiner Sportler als schätzenswert erfahren wollen.

Das bisher Gesagte ist allerdings zu schön, um wahr zu sein. Mit der Ausnahme einer Konkurrenz von Nutzenprinzip und Gleichheit auf dem Gebiet verteilbarer Güter habe ich das Verhältnis der Gerechtigkeit zum Gemeinwohl als eines der gegenseitigen Ergänzung gezeichnet. Doch die Kehrseite interner Spannungen tritt gerade in dieser Zeit so buchstäblich gewaltsam zutage, daß sich ein harmonistischer Schluß verbietet.

Einige Schwierigkeiten sind hinreichend bekannt: Im Streben nach größtmöglichem Wohlstand kann eine Gesellschaft die Gebote der Fairneß und der Solidarität mißachten, im Verfolgen substantieller Werte kann sie Minderheiten das Gefühl einflößen, Bürger zweiter Klasse zu sein, in ihrer demokratischen Willensbildung kann sie zur Tyrannei der Mehrheit entarten. Möglich ist auch, daß Grundrechte wie Meinungs- und Versammlungsfreiheit im Namen eines vorgeblich geteilten Selbstverständnisses nicht allein konkretisiert, sondern in ihrer Substanz versehrt werden. Was wir aber zur Zeit vor allem erleben, ist das Aufbrechen einer Spannung zwischen dem „kantianischen" Anspruch, eine gerechte Ordnung zu wahren, und dem „hobbesianischen" Erfordernis, eine Ordnung überhaupt zu verteidigen oder allererst zu schaffen.

Im eigenen Gemeinwesen wird diese Spannung zur Versuchung, grundlegende Rechte dem Verlangen nach größtmöglicher Sicherheit zu opfern. Nach außen wird sie kenntlich als Krieg gegen einen wahrhaft zivilisationsfeindlichen Terrorismus. Im günstigen Fall legt ein solcher Feldzug die Fundamente für eine neue und mit der Geltung von Grundrechten endlich verträgliche Form der Gesellschaft. In jedem Fall aber kostet er Menschen das Leben, die nicht weniger unersetzlich sind als jeder Tote in den Trümmern der Twin Towers. Was ihren Verlust, wenn irgend etwas, rechtfertigen könnte, nützt ihnen selbst nichts mehr: daß eine Ordnung entstehe, der die Gerechtigkeit nicht äußerlich bliebe und die solcher Opfer nicht länger bedürfte.

Literatur

Agnoli, J. (1990), Von der kritischen Politologie zur Kritik der Politik, in: Ders., Die Transformation der Demokratie und andere Schriften zur Kritik der Politik, Freiburg, S. 11–20.

Alexy, R. (1995), Individuelle Rechte und kollektive Güter, in: Ders., Recht, Vernunft, Diskurs. Studien zur Rechtsphilosophie, Frankfurt/M., S. 232–261.

Beitz, C. S. (1979), Political Theory and International Relations, Princeton.

Berlin, I. (1995), Zwei Freiheitsbegriffe [1958], in: Ders., Freiheit. Vier Versuche, Frankfurt/M., S. 197–256.

Bobbio, N. (1988), Alter und neuer Liberalismus, in: Ders., Die Zukunft der Demokratie, Berlin, S. 113–138.

Bohlender, M. (2001), Metamorphosen des Gemeinwohls. Von der Herrschaft *guter polizey* zur Regierung durch *Freiheit* und *Sicherheit*, in: Gemeinwohl und Gemeinsinn. Historische Semantiken politischer Leitbegriffe, hg. v. H. Münkler u. H. Bluhm, Berlin, S. 247–274.

Brandom, R. B. (1994), Making it Explicit. Reasoning, Representing, and Discursive Commitment. Cambridge/Mass.

Brandt, R. B. (1979), A Theory of the Good and the Right, Oxford.

Dworkin, R. (1987), Liberalism, in: Ders., A Matter of Principle, Oxford, S. 181–204.

Dworkin, R. (1994), Gleichheit, Demokratie und die Verfassung: Wir, das Volk, und die Richter, in: Zum Begriff der Verfassung. Die Ordnung des Politischen, hg. v. U. K. Preuß, Frankfurt/M., S. 171–209.

Fetscher, I. (1999), Rousseaus politische Philosophie. Zur Geschichte des demokratischen Freiheitsbegriffs, Frankfurt/M.

Fraenkel, E. (1968), Deutschland und die westlichen Demokratien, Stuttgart u. a.

Frohlich, N./Oppenheimer, J. (1992), Choosing Justice, Berkeley.

Göhler, G. (1999), Rationalität und Symbolizität der Politik, in: Politische Theorie – heute, hg. v. M. Greven u. R. Schmalz-Bruns, Baden-Baden, S. 255–274.

Goodin, R. E. (1996), Institutionalizing the Public Interest: The Defense of Deadlock and Beyond, in: American Political Science Review, vol. 90, No. 2, S. 331–342.

Gosepath, S. (1998), Zu Begründungen sozialer Menschenrechte, in: Ders. u. G. Lohmann, Philosophie der Menschenrechte, Frankfurt/M., S. 146–187.

Griffin, J. (1986), Well-Being. Its Meaning, Measurement, and Moral Importance, Oxford.

Habermas, J. (1990), Volkssouveränität als Verfahren. Ein normativer Begriff der Öffentlichkeit, in: Ders., Die Moderne – ein unvollendetes Projekt, Leipzig, S. 180–212.

Hirschman, A. O. (1987), Leidenschaften und Interessen. Politische Begründungen des Kapitalismus vor seinem Sieg, Frankfurt/M.

Höffe, O. (Hg., 1977), Über John Rawls' Theorie der Gerechtigkeit. Frankfurt/M.

Höffe, O. (1999), Demokratie im Zeitalter der Globalisierung. München.

Honneth, A. (1992), Kampf um Anerkennung. Zur moralischen Grammatik sozialer Konflikte, Frankfurt/M.

Kamm, F. M. (2000), Nonconsequentialism, in: The Blackwell Guide to Ethical Theory, hg. v. H. LaFollette, Malden/Mass. u. a., S. 205–226.

Kant, I. (1991), Zum ewigen Frieden. Ein philosophischer Entwurf [1795], in: Werkausgabe Bd. XI., hg. v. W. Weischedel, Frankfurt/M., S. 191–251.

Kaufmann, M. (1999), Aufgeklärte Anarchie. Eine Einführung in die politische Philosophie, Berlin.

Ladwig, B. (1997), Politische Selbstverständigung im Schatten der nationalsozialistischen Vergangenheit, in: Vergangenheitsbewältigung. Modelle der politischen und sozialen Integration in der bundesdeutschen Nachkriegsgeschichte, hg. v. G. Schaal u. A. Wöll, Baden-Baden, S. 45–62.

Ladwig, B. (2000), Gerechtigkeit und Verantwortung. Liberale Gleichheit für autonome Personen, Berlin.

Ladwig, B. (2000a), Gerechtigkeit und Gleichheit, in: PROKLA Heft 4, Soziale Gerechtigkeit, S. 585–610.

Ladwig, B. (2001), Die Verwirklichung der Menschenrechte als Feld kreativen Handelns, in: Konzepte politischen Handelns. Kreativität – Innovation – Praxen, hg. v. H. Bluhm u. J. Gebhardt, Baden-Baden, S. 289–314.

Ladwig, B. (2002), Gibt es ein Recht auf Einwanderung?, in: Jahrbuch politisches Denken 2002, S. 18–40.

Leist, A. (2000), Die gute Handlung. Eine Einführung in die Ethik, Berlin.

Luhmann, N. (1977), Zweckbegriff und Systemrationalität, Frankfurt/M.

Luhmann, N. (2000), Die Politik der Gesellschaft, Frankfurt/M.

Marshall, T. H. (1992), Bürgerrechte und soziale Klassen [1964], Frankfurt/M.

Münkler, H. (1992), Politische Tugend. Bedarf die Demokratie einer sozio-moralischen Grundlegung?, in: Ders., Die Chancen der Freiheit. Grundprobleme der Demokratie, München u. a., S. 25–46.

Münkler, H./Fischer, K. (1999), Gemeinwohl und Gemeinsinn. Thematisierung und Verbrauch sozio-moralischer Ressourcen in der modernen Gesellschaft, in: Berlin-Brandenburgische Akademie der Wissenschaften: Berichte und Abhandlungen, Band 7, Berlin, S. 237–265.

Nagel, Th. (1991), Die Grenzen der Objektivität. Philosophische Vorlesungen, Stuttgart.

Neumann, F. L. (1967), Der Funktionswandel des Gesetzes im Recht der bürgerlichen Gesellschaft [1936], in: Demokratischer und autoritärer Staat, hg. v. H. Marcuse, Frankfurt/M., S. 31–81.

Noetzel, Th. (1999), Authentizität als politisches Problem. Ein Beitrag zur Theoriegeschichte der Legitimation politischer Ordnung, Berlin.

Nussbaum, M. C. (1999), Die Natur des Menschen, seine Fähigkeiten und Tätigkeiten: Aristoteles über die distributive Aufgabe des Staates, in: Gerechtigkeit oder Das gute Leben, hg. v. Dies. u. H. Pauer-Studer, Frankfurt/M., S. 86–130.

Offe, C. (2002), Wessen Wohl ist das Gemeinwohl? In: Gemeinwohl und Gemeinsinn. Integrationsprobleme moderner Gesellschaften, hg. v. H. Münkler u. K. Fischer, Berlin, S. 55–76.

Olson, M. Jr. (1965), The Logic of Collective Action, Harvard.

Pfannkuche, W. (2000), Die Moral der Optimierung des Wohls. Begründung und Anwendung eines modernen Moralprinzips, Freiburg u. a.

Pogge, Th. (1994), An Egalitarian Law of Peoples, in: Philosophy and Public Affairs 23, S. 195–224.

Rawls, J. (1975), Eine Theorie der Gerechtigkeit, Frankfurt/M.

Rawls, J. (1993), Political Liberalism, New York.

Riley, P. (2000), Eine mögliche Erklärung des Gemeinwillens, in: Jean-Jacques Rousseau: Vom Gesellschaftsvertrag oder Prinzipien des Staatsrechts, hg. v. R. Brandt u. K. Herb, Berlin, S. 107–133.

Rorty, R. (2000), Menschenrechte, Rationalität und Empfindsamkeit, in: Ders., Wahrheit und Fortschritt, Frankfurt/M., S. 241–268.

Rosa, H. (1999), Die prozedurale Gesellschaft und die Idee starker politischer Wertungen – Zur moralischen Landkarte der Gerechtigkeit, in: Konzeptionen der Gerechtigkeit. Kulturvergleich – Ideengeschichte – Moderne Debatte, hg. v. H. Münkler u. M. Llanque, Baden-Baden, S. 395–424.

Rousseau, J.-J. (1998), Abhandlung über den Ursprung und die Grundlagen der Ungleichheit unter den Menschen [1755], Stuttgart.

Rousseau, J.-J. (1977a), Politische Ökonomie [1755], hg. v. H.-P. Schneider u. B. Schneider-Pachaly, Frankfurt/M.

Rousseau, J.-J. (1977b), Vom Gesellschaftsvertrag oder Grundsätze des Staatsrechts [1762], Stuttgart.

Runciman, W. G./Amartya K. Sen (2002), Spiele, Gerechtigkeit und der allgemeine Wille, in: Gemeinwohl und Gemeinsinn. Integrationsprobleme moderner Gesellschaften, hg. v. H. Münkler u. K. Fischer, Berlin, S. 127–135.

Scarano, N. (1998), Der Gerechtigkeitssinn, in: John Rawls. Eine Theorie der Gerechtigkeit, hg. v. O. Höffe, Berlin, S. 231–249.

Schmalz-Bruns, R. (2002), Gemeinwohl und Gemeinsinn im Übergang? Demokratietheoretische Aspekte transnationaler Integrationsprozesse, in diesem Band.

Searle, J. R. (1997), Die Konstruktion der gesellschaftlichen Wirklichkeit. Zur Ontologie sozialer Tatsachen, Reinbek.

Singer, P. (1994), Praktische Ethik, Stuttgart.

Starobinski, J. (1988), Rousseau. Eine Welt von Widerständen, Frankfurt/M.

Taylor, Ch. (1992), Die Politik der Anerkennung, in: Multikulturalismus und die Politik der Anerkennung, hg. v. A. Gutmann, Frankfurt/M., S. 13–78.

Tugendhat, E. (1993), Vorlesungen über Ethik, Frankfurt/M.

Tugendhat, E. (1998), Die Kontroverse um die Menschenrechte, in: Philosophie der Menschenrechte, hg. v. S. Gosepath u. G. Lohmann, Frankfurt/M., S. 48–61.

Walzer, M. (1992), Sphären der Gerechtigkeit. Ein Plädoyer für Pluralität und Gleichheit, Frankfurt/M.

Walzer, M. (1993), Die Praxis der Gesellschaftskritik, in: Ders., Kritik und Gemeinsinn. Drei Wege der Gesellschaftskritik, Frankfurt/M., S. 43–79.

Wildt, A. (1996), Gleichheit, Gerechtigkeit und Optimierung für jeden. Zur Begründung von Rawls' Differenzprinzip, in: Politik und Ethik, hg. v. K. Bayertz, Stuttgart, S. 249–276.

Williams, B. (1973), A Critique of Utilitarianism, in: Ders. u. J. J. C. Smart, Utilitarianism For and Against, Cambridge, S. 77–150.

Williams, B. (1999), Interne und externe Gründe, in: Motive, Gründe, Zwecke. Theorien praktischer Rationalität, hg. v. S. Gosepath, Frankfurt/M., S. 105–120.

Williams, M. (2000), The Uneasy Alliance of Group Representation and Deliberative Democracy, in: Citizenship in Diverse Countries, hg. v. W. Kymlicka u. W. Norman, Oxford, S. 124–152.

Willke, H. (1992), Ironie des Staates, Frankfurt/M.

Wingert, L. (1993), Gemeinsinn und Moral. Grundzüge einer intersubjektivistischen Moralkonzeption, Frankfurt/M.

JEAN-PIERRE WILS

Zur Produktion von Gemeinsinn

Ihre diffizilen Bedingungen und ihre problematischen Wirkungen

1. Anmerkungen zur Konjunktur und Semantik

In kulturkritischen Diskursen wie in politischen Programmreden erfreut sich die Berufung auf den Gemeinsinn zweifelsohne einer konstanten Popularität. Dieses „Vermögen" scheint nicht nur krisen*resistent*, sondern geradezu krisen*dependent* zu sein: Der „sensus communis" beschwört ein soziales Integrationspotential, das lediglich verschüttet, aber in Krisenzeiten offenbar problemlos revitalisierbar ist. Die *Rhetorik* des Gemeinsinns, um die es sich hier gewöhnlich handelt, zeitigt dabei einen besonderen Effekt – den einer *Selbstimmunisierung* der Kritik. Der „Gemeinsinn" hat die positiven Prädikate der Moral auf seiner Seite, nahezu ohne weitere Begründung und Analyse. Dem Appell an Verantwortung fürs Gemeinwesen, gefüttert mit einem Lamento über ihren Verlust in einer radikal individualisierten Gesellschaft, wagt kaum jemand zu widersprechen. Sobald die Diagnose sich zum Epochenmerkmal aufschwingt, wird der Gemeinsinn zum Terminus einer „modernekritischen Modernetheorie". Dem Suggestionspotential des Begriffs wird entnommen, daß in prämodernen Zeiten eine bindende Kraft am Werke gewesen wäre, die ein *Gemeinwesen* zu stiften vermochte, das im Laufe zunehmender Modernisierung zum Erliegen gekommen sei. Allerdings bedeutet dies nicht, daß jede Verteidigung des *Gemeinschafts*theorems bereits nostalgische Züge aufweist.[1]

Die Rede von einer „modernekritischen Modernetheorie" ist einem Buch des Publizisten Richard Herzinger entnommen, das den Titel trägt: „Die Tyrannei des Gemeinsinns".[2] Insofern die Gemeinsinn-Semantik zur Konjunktur periodischer Modernitätskritik gehört, paßt auch deren ebenso handfeste Widerrufung in Herzingers hastiger Diagnose zum Zeitgeist – nun allerdings als Apologetik einer „egoistischen Gesellschaft", wie der Untertitel des Buches bekundet. Offenbar provoziert die Moderne gelegentlich eine hyperbolische Wortwahl bei der Typisierung ihrer Merkmale, wobei geradezu entgegengesetzte Wertungen transportiert werden. Nach der Warnung vor einer

---

[1] Taylor 2001.
[2] Herzinger 1997, S. 171.

„Tyrannei der Werte" (Carl Schmitt),[3] die man als Gemeinsinn-Warnung weiterdenken könnte, kam die „Tyrannei der Intimität" (Richard Sennett)[4] aufs Parkett – die Diagnose eines Verlustes der Öffentlichkeitsorientierung moderner Lebensentwürfe. Gegen diese Tyrannis scheint sich wiederum eine neue aufschwingen zu wollen – die des Gemeinsinns.

Es ist aber nicht anzunehmen, daß die Konjunktur des Begriffs keinerlei ‚fundamentum in re' besitzt. Sie indiziert vielmehr ein typisches Gefühl des *Unbehaustseins* auf dem Hintergrund tiefschürfender Veränderungen in der Plazierung des Einzelnen während des Prozesses der Globalisierung. Richard Sennett hat diesem Sachverhalt unlängst eine Studie gewidmet, die sich mit der Zusammenhanglosigkeit und der Flexibilisierung heutiger Lebensläufe im Kontext der „Kultur des neuen Kapitalismus" befaßt. Der früheren Diagnose Theodor W. Adornos verpflichtet, dem zufolge „für die Menschen offenbar der Zusammenhang der Zeit"[5] zerfalle, spricht Sennett über eine „Fragmentierung narrativer Zeit". Abhanden gekommen sei heute ein „Zeitmuster", das den Einzelnen mittels Strukturen einer *narrativen* Organisation der Zeit in einer netzwerkartigen Verbindung mit Anderen *situiere* und dadurch für sich selbst *identifizierbar* mache. Das „Suggestivste" an dieser Erfahrung nennt Sennett „die einfache Tatsache der Gemeinschaft, die sich mit einer komplexen, aber beständigen Vorstellung der Zeit verband".[6] Angesichts kommunitaristischer Phantasien warnt er zugleich davor, dieser Suggestion kritiklos zu unterliegen: „Die Sehnsucht nach Gemeinschaft", schreibt er, sei „defensiv".[7]

Aber dennoch – ohne daß man einer retrograden Ursprungserzählung huldigen muß, bleibt der Verlust der *sozialen* Lebensorientierung ein instruktive, wenn auch strittige Tatsache. Ihre Wiederherstellung bzw. die Linderung des Verlustes wird erfolglos bleiben, wenn man die Abblendung der Realität zu ihrer Bedingung macht. Sennett selber plädiert für eine konflikt-orientierte Selbstthematisierung von kleinen Kollektiven, die *vergleichbare* Erfahrungen von Fragmentarisierung und Unübersichtlichkeit in ihren Biographien gemacht haben. Worauf es also ankomme, sei die *zeitweilige Wiederherstellung von Gleichzeitigkeit* mittels *Vergleichung* von typischen Konflikten und Leiden. Gemeinsinn wäre also weniger die Voraussetzung als vielmehr *das temporäre Produkt* einer Investition in den Vergleich und in die Angleichung konfliktuös gestimmter Biographien.

Was dieser Art der fallweisen Problematisierung oder Positivierung des Gemeinsinns allerdings fehlt, ist eine *Konzeptualisierung*, die sich den Blick auf die Realitäten, aber mehr noch den Blick auf deren Verständnis nicht zugunsten moralischer Selbst-Gewißheiten verstellt. Ein fundamentales Problem jedoch, was sich bei dem Versuch einstellt, den Gemeinsinn-Begriff zu operationalisieren, liegt in der Schwierigkeit, überhaupt eine einigermaßen zuverlässige semantische Referenz für „Gemeinsinn" zu

---

[3] Schmitt u. a. 1979.
[4] Sennett 1977.
[5] Adorno 1977, S. 311.
[6] Sennett 1998, S. 185.
[7] Ebd., S. 190.

finden.[8] Die Popularität des Begriffs scheint hier proportional zu seiner Diffusität zuzunehmen. Vielleicht wäre es hilfreich, sich um eine *bescheidene* Bedeutung zu bemühen, die gleichwohl auf einen Kern der Begriffsgeschichte zurückgeht. Alle anderen Verzweigungen des Begriffs werden hier außer acht gelassen.[9] Darüber hinaus wird es von entscheidender Bedeutung sein, für den Begriff einen identifizierbaren Referenzrahmen zu finden. Eine begriffsgeschichtliche Reminiszenz muß kontextualisiert werden.

In der aristotelisch-stoischen Tradition bildet der „sensus communis" – einer herkömmlichen Interpretation zufolge – ein Erkenntnisvermögen sogenannter „primärer" Einsichten, die dem Menschen mit einem gleichsam natürlichen, obzwar nur impliziten und vorreflexiven Wahrheitsbezug ausstatten. Dieses Vermögen hat darüber hinaus eine sozial-ethische Komponente: Es gestattet dem Menschen, sowohl soziales Verhalten an den Tag zu legen als auch ein Wissen darüber zu entwickeln, was dem gemeinen Nutzen dienlich ist. Der „sensus communis" hat demnach eine motivationale und eine kognitive Seite. Darüber hinaus reklamiert die aristotelisch-scholastische Tradition noch eine weitere Bedeutung – den psychologisch-epistemologischen Aspekt einer Gegenstandskonstitution durch die Sinne. Die „aisthèsis koinè" – so wird behauptet – sei ein ,gemeines Wahrnehmungsvermögen'. Es vereinheitlicht oder synthetisiert die verschiedenen Informationen, welche von den Sinnen herbeigeschafft werden und vergleicht deren Gegenstände. Die mittelalterliche Seelenlehre lokalisierte den „sensus communis" bereits im Gehirn und schrieb dem Vermögen eine Art von Apperzeption zu – die Fähigkeit, die Einheit des Gegenstandes von seinen sinnlichen Attributen zu unterscheiden. Unterstellt wird dabei ein implizites ,Wissen', ein Bewußtsein um die Differenz der Attribute von ihrem ,Träger'. Indem die Attribute miteinander verglichen werden, entsteht das Wissen um den Gegenstand, dessen Attribute sie sind. Die Tätigkeit des Vergleichens, basierend auf dem Wissen ,um' die Attribute, ,konstituiert' gewissermaßen den Gegenstand.[10] Allerdings ist diese wahrnehmungspsychologische Interpretation heftig umstritten. Wolfgang Welsch hat meines Erachtens überzeugend gezeigt, daß bei Aristoteles von einer *substantiellen Vermögenstheorie* keine Rede sein kann.[11] Noch schwieriger wird die Rekonstruktion des Gemeinsinns dadurch, daß sich im Laufe der Zeit mit den wahrnehmungspsychologischen Aspekten *argumentationstheoretisch-antiskeptische* und *sozialethische* Deutungen vermischen.

In diesem komplexen Bedeutungshorizont des „sensus communis" sei aber das Element des „Vergleichens" hervorgehoben. Der Gemeinsinn ist offenbar ein – wie immer geartetes – Vermögen des Aspekt-Vergleichs, die *kognitive Fähigkeit* eines Standpunkt-Wechsels, der nicht nur die potentielle Andersheit der Gegenstandsaspekte auf die Synthesisfunktion des eigenen Erkenntnisortes zurückbezieht, sondern auch eine sozial orientierte Perspektivenübernahme möglich macht. Noch bei Kant trifft man diesen *Dialog der Standpunkte* wieder. Die Maximen des „sensus communis" lauten in der *Kritik der Urteilskraft*: „1. Selbstdenken. 2. An der Stelle jedes Anderen denken.

---

[8] So wird Walzers 1987 ins Deutsche übersetzt als „Kritik und Gemeinsinn" (Walzer 1993).
[9] Ausführlich dazu Wils 2001.
[10] Vgl. Decorte 1994, S. 209.
[11] Welsch 1987.

3. Jederzeit mit sich einstimmig denken".[12] Auch hier stoßen wir neben der epistemologischen Innenseite des Vermögens auf dessen soziale Komponente. Die Perspektive des Anderen einnehmen erhöht nicht nur die Objektivitätschance unseres Wissens, sondern konfrontiert uns ebenso mit dem Gemeinmenschlichen. „An der Stelle jedes Anderen denken" enthält nämlich die Grundfigur des *ethischen* Wissens, nämlich die der Verallgemeinerung der eigenen Maxime.

Die Redeweise von einem „Vermögen" zeigt bereits an, daß der „sensus communis" zur anthropologischen Grundausstattung gerechnet wird. Die gesamte alt-europäische Tradition[13] unterstellt also, daß die Strukturen basalen Wissens, sowohl in *theoretischer* als auch in *praktisch-ethischer* Hinsicht, ein quasi-natürliches und von daher auch *human-geteiltes* Fundament besitzen. Die Sozialität moralischen Verhaltens hätte demnach eine anthropologische Grundlage. Im folgenden werde ich den Versuch unternehmen, zur Erhellung der Bedeutung eines solchen Anspruchs einige Bemerkungen beizutragen. Es wird sich zeigen, daß der Rede von einem Gemeinsinn in einer gleichsam post-kritischen Perspektive durchaus Sinnvolles abgewonnen werden kann. Dabei verwende ich den Terminus „Anthropologie" in einer Weise, die dem Ideologie-Verdacht der Negativen Anthropologie (Ulrich Sonnenmann) und der Historischen Anthropologie (Dietmar Kamper, Christoph Wulf) Rechnung trägt. Der „Gemeinsinn" soll demnach nicht in einer rückwärtsgerichteten Bewegung *anthropologisiert* werden, nachdem ihm analytisch und konzeptionell nichts abgewonnen werden konnte. Insofern wir aber einige Strukturen am Gemeinsinn beschreiben können, die in gewisser Weise *unhintergehbar* sind, erlauben wir uns, das solchermaßen abgeschlankte Prädikat „anthropologisch" weiterhin zu verwenden. Damit hat sich bereits eine Differenzierung zwischen zwei Konzepten von Gemeinsinn in unsere Betrachtungsweise eingeschlichen. Nennen wir sie einfachheitshalber ein „starkes" und ein „schwaches" Konzept.

Ein „starkes" Konzept wäre ein solches, das eine *substantielle* Auffassung bezüglich Kontext und Gehalt von gemeinsinn-orientiertem Verhalten hegt. Der *Kontext* einer solchen substantiellen Auffassung wird von einem Gesellschaftsmodell oder einem politischen Ordnungsmodell gebildet. Der *Gehalt* des „starken" Konzepts besteht aus einem Kanon von zentralen Werten, die mit sozialer Bindekraft ausgestattet sind bzw. aus einem kleinen Kodex *sozialethischer* Grundnormen. Das „schwache" Konzept enthält sich solcher Annahmen, ohne daß dadurch über die Möglichkeit und die Angemessenheit solcher Annahmen bereits entschieden ist. Das „schwache" Konzept könnte man auch „*transzendental*" nennen. Es bemüht sich, die *Bedingung der Möglichkeit* sozialorientierten Verhaltens aus einigen wenigen elementaren ‚anthropologischen' Grundelementen herzuleiten. Das „schwache" Konzept begibt sich auf die Suche nach einigen *formalen* Merkmalen gemeinsinn-orientierten Handelns. Statt einer inhaltlichen Durchbuchstabierung des „sensus communis" widmet es sich der Beschreibung der elementaren Struktur des unterstellten Vermögens. Dabei gehen wir von zwei notwendigen, wenn auch nicht bereits hinreichenden Bedingungen aus: erstens von dem Strukturda-

---

[12] Kant, Kritik der Urteilskraft A 5, 294 f.

[13] Diese Tradition endet in den nach-hegelschen Philosophien, vor allem in der Philosophie Friedrich Nietzsches.

tum des „Gemeinen" bzw. „Gemeinsamen" und zweitens von der „Tätigkeit des Vergleichens" im Sinne der „Standpunktübernahme".

Das Strukturdatum des „Gemeinen" kann man als eine Basisannahme auffassen. Zur Stärkung dieser Annahme sollte zunächst von einer *Gegen*annahme ausgegangen werden – von der Annahme, daß nicht das „Gemeine" sondern die „Differenz" das menschliche Handeln prägt und auch prägen *sollte*. Diese *normative* Annahme nennen wir „die Ethik einer Liquidation des Gemeinsinns".

2.   Die Ethik einer Liquidation des Gemeinsinns

Wie wir bereits angedeutet haben, ruht die „schwache" Gemeinsinnkonzeption auf zwei elementaren Annahmen – auf der Unterstellung, daß es ein Grunddatum des „Gemeinen" gibt und daß eine „Tätigkeit des Vergleichens" existiert, eine Standpunktübernahme sowohl in theoretischen als auch in praktischen Diskursen. Nun gehen nicht wenige Theoretiker des Postmodernismus davon aus, daß Differenzen das Leben des Menschen prägen sollten – zwecks Sicherstellung seiner Freiheit und Autonomie. „Der Wunsch nach Wahrem", hatte Jean-François Lyotard bereits Anfang der siebziger Jahre des letzten Jahrhunderts zur Kenntnis gegeben, sei „ein Nährboden für den Terrorismus", die Intention „das Wahre zu sagen", entfalte „eine Art unabänderlicher Vulgarität".[14] Die sophistische Kunst der ‚dissoi logoi', die Fähigkeit, für *jeden* Standpunkt Glaubhaftes rhetorisch ins Feld zu führen, wurde der Anmaßung der großen Theorie entgegengestellt, das letzte Wort zu haben. „Die Sophistik", so Lyotard, „erfordert einen Raum und eine Zeit der Sprache sowie der Gesellschaft – insbesondere im politischen Sinn –, wo der Terror des Wahr oder Falsch keinen Ort hat, wo man diese Kriterien nicht benötigt, um das, was man sagt und tut, zu rechtfertigen, und wo nur nach den Wirkungen geurteilt wird".[15] Die Inkommensurabilität der Sprachspiele wird nun zu einer Bedingung von Humanität, die sich von jedem kanonischen Anspruch auf Alleinvertretung der Wahrheit scharf abgrenzen muß, damit auch die bis dato marginalisierten Handlungsweisen zu ihrem Recht kommen.

Es ist vor allem die Sprache, die von jeder Korrespondenztheorie der Wahrheit, aber in ebenso entschiedener Absicht von jeglicher Konsensustheorie ferngehalten werden muß. Sprechen heißt Differenzen setzen, heißt Aufkündigung des Gemeinsamen. Was zählt, ist lediglich „die Pragmatik der Sprachpartikel – das ist die Heterogenität der Elemente". Die Aufkündigung schlägt direkt auf die politische Theorie durch, denn die verschiedenen Sprachspiele „führen nur mosaikartig zur Institution – das ist der lokale Determinismus". Das ‚postmoderne' Wissen, das nun in der Lücke der monolithischen Ideengebilde der Tradition entsteht, führt aber auch einen *ethischen* Index mit sich. Es „verfeinert", so lautet die berühmte Formel, „unsere Sensibilität für die Unterschiede und verstärkt unsere Fähigkeit, das Inkommensurable zu ertragen".[16]

---

[14]   Lyotard 1979, S. 73.
[15]   Lyotard 1986a, S. 39.
[16]   Lyotard 1986b, S. 15 f.

Während die Gemeinsinnsemantik ein *synthetisierendes* Potential der Selbstthematisierung unterstellt und dabei offenkundig, wie Sennett andeutete, auf *narrative* Ressourcen zurückgreift, gilt es in dieser „Ethik", die „Vorherrschaft der narrativen Form"[17] zu zerschlagen. Deren Ideologie besteht darin, daß sie „die Analyse oder Anamnese ihrer eigenen Legitimität"[18] nicht unternimmt. Das Plädoyer für die „Delegitimierung" einer solchermaßen als vor-kritisch entlarvten narrativen Synthetisierung bedient sich einer *agonalen*[19] Sprachtheorie, derzufolge Sprechen „Kämpfen im Sinne des Spielens" sei und Sprechakte „einer allgemeinen Agonistik"[20] angehörten. Konsens und Kommunikation gelten in dieser Perspektive als veraltet (*weil* modern).

Die Sprache erlaubt demzufolge nur strategische und lokale Spieleinsätze. Institutionen sind gewissermaßen nur ,ad hoc', als situationsgebundene und vorläufige Inkarnationen einer „Praxis der Gerechtigkeit" zu legitimieren. Selbstverständlich sollte nicht *jede* narrative Verständigung gebannt werden. Es ist die „Vorherrschaft" einer Narration, die ihre Legitimität jeglicher selbstreflexiver Geltungsüberprüfung entzieht, die abgewiesen wird. Vielleicht mag es den Anschein haben, als sei Lyotard an dieser Stelle nicht einmal so weit von Sennett entfernt, denn der „Erforschung der Instabilitäten" mittels der „kleinen Erzählungen als Form der imaginativen Erfindung"[21] wird große Aufmerksamkeit gewidmet. Aber Lyotards sprachphilosophischer Extremismus vereitelt diese Hoffnung. Lyotard *liquidiert* die semantischen Voraussetzungen des Gemeinsinns in der gemeinsamen Sprache.

In seinem späten und bedeutenden Werk *Der Widerstreit* (Le différend) hat er die sprachtheoretische Position noch erheblich radikalisiert. Hier wird jeder Versuch abgewiesen, mittels einer übergreifenden Urteilsregel den Konflikt des Sprechens zu schlichten. Im Widerstreit zwischen den unterschiedlichen Satz-Regelsystemen („régimes des phrases") und den jeweiligen Diskursarten („genres de discours") sei keine Lösung denkbar, privilegiere diese doch *eine bestimmte* Diskursart.[22] Es gibt lediglich *fallweise* und *instantane* Bedeutungen.[23] Der einzige Übergang zwischen den jeweiligen Sprechakten liegt hier in der puren Notwendigkeit der Neu- und Weiterbildung von Sätzen, in einer „Verkettung" („enchainement") der differierenden Regelgebilde und Diskurse. Diese Verkettung unterwirft die Heterogenität der Sprachstrategien keiner metasprachlichen Regel der Verknüpfung. Letztere ist zufällig und nur motiviert durch den Zwang oder den Wunsch, weiterzusprechen. *Diese* Art der Verkettung signalisiert

---

[17] Ebd., S. 67.

[18] Ebd., S. 75.

[19] Foucault 1996 hat in seinen Vorlesungen nicht so sehr die agonale als vielmehr die polemogene Struktur der Moderne betont. Im Vergleich zu Lyotard ist seine Analyse sowohl analytisch als auch historisch erheblich interessanter.

[20] Lyotard 1986b, S. 40; vgl. Lyotard 1974, S. 59: „Pas de signe et de pensée du signe qui ne soit de pouvoir et à pouvoir."

[21] Ebd., S. 157, 175.

[22] Satz-Regel-Systeme sind zum Beispiel ,Argumentieren', ,Erzählen', ,Beschreiben' etc. Diskursarten sind finalisierende Strategien wie ,Dialogisieren', ,Bewerten', ,Beweisen' etc. Letztere verknüpfen unterschiedliche Satz-Regel-Systeme im Hinblick auf deren Absichten bzw. Finalitäten.

[23] Lyotard 1987, S. 89.

vielmehr den Umstand, daß ein Dialog eigentlich keiner sein kann, sondern aus Interferenzen besteht, deren Kontingenz auf kein Konsensprinzip reduziert werden kann. Zwischen den Sprachspielen existiert eine „Kluft",[24] aber kein *geregelter* Übergang.

Wir befinden uns schon längst im Umkreis der Philosophie Ludwig Wittgensteins. Wir werden kurz bei dem Problem der „Regel"-Verwendung stehen bleiben müssen, denn es wird uns im Zusammenhang mit einer handlungstheoretischen Interpretation von „Gemeinsinn" noch beschäftigen. Sprechen heißt für Lyotard, rhetorisch-strategische Einsätze im agonalen Feld der Sprachspiele zu wagen. Sprechen ist ein Macht-Einsatz. Der Konflikt, nicht der zeitweilige Konsens, ist die Regel. Aber was ist die Regel? Auch Wittgenstein spricht in den *Philosophischen Untersuchungen* von einem „Widerstreit", allerdings von einem Widerstreit zwischen der Heterogenität der tatsächlichen Sprache auf der einen Seite und der Uniformität der logischen Idealsprache auf der anderen Seite.[25] Dennoch gibt es zwischen den Sprachspielen, die zugleich Lebensformen im Sinne von *Tätigkeiten*[26] sind, Übergänge – „ein kompliziertes Netz von Ähnlichkeiten".[27]

Diese Übergänge werden nämlich dadurch möglich, daß die „Spiele" zwar jeweils über eigene Regeln verfügen, die Grenzen aber, die durch diese Regeln markiert werden, *offen* sind: „Man kann sagen, der Begriff ‚Spiel‘ ist ein Begriff mit offenen Rändern."[28] Aus dem durchaus nur *instrumentellen* Charakter einer Regel leitet Wittgenstein somit das Gegenteil dessen ab, was Lyotard behauptet: Die hypothetische Verbindlichkeit einer Regel *öffnet* die Sprachspiele für Transgressionen, für kommunikative Übergänge. Statt das Risiko einzugehen, das Sprachgefüge durch die Hypostasierung der Regelgewalt an den Rand einer Spaltung zu bringen, setzt Wittgenstein auf eine, wie sich sie nennen möchte, *regelgebundene innovative Regelkompetenz*. Es gäbe eine Auffassung über Regeln, schreibt er, worin sich „von Fall zu Fall der Anwendung" äußert, „was wir ‚der Regel folgen‘ und was wir ‚ihr entgegenhandeln‘"[29] nennen. Statt von einer „Regel" kann deshalb im Sprechen von einer „Regelmäßigkeit"[30] gesprochen werden, von einer Anwendung der Regel *in Maßen*. Eine Regelkonformität oder ein Regelzwang existiert beim Sprechen also nicht, lediglich das solipsistische Sprechen, also der Extremfall einer Privatsprache, hätte dies zur Folge. „Einer Regel folgen, das ist analog dem: einem Befehl befolgen. Man wird dazu abgerichtet und man reagiert auf ihn in bestimmter Weise. *Aber wie, wenn nun der Eine so, der Andere anders auf Befehl und Ausrichtung reagiert? Wer hat dann Recht?*"[31]

Die Anwendung einer Regel ist somit nicht ihrerseits durch die Regel selber regulierbar. Die Regel determiniert keineswegs das Resultat ihrer Befolgung. „Darum ist

---

[24] Ebd., S. 215.
[25] Wittgenstein 1971, I 107, S. 77.
[26] Ebd., I 23, S. 28.
[27] Ebd., I 67, S. 57.
[28] Ebd., I 71, S. 60.
[29] Ebd., I 201, S. 128.
[30] Ebd., I 208, S. 129.
[31] Ebd., I 206.

‚der Regel folgen' eine Praxis."[32] Diese Praxis bzw. diese Lebensform verdankt sich
weder der Idiosynkrasie eines isolierten Individuums noch dem Zwang eines strengen
Allgemeinen – sie verdankt sich der gemeinsamen Praxis des Sprechens. In den *Cam-
bridger Vorlesungen* aus den Jahren 1934/35 sprach Wittgenstein dann auch davon, daß
es bei der Regelbefolgung nicht darum gehe, „einen durch die Regel erzwungenen
Schritt zu entdecken, sondern um eine neue Entscheidung".[33] Wittgenstein *verteidigt*
m. a. W. die Regelkompetenz des Sprechenden, weshalb er auch an der „Intention, am
seelischen Vorgang"[34] festhält. Lyotard dagegen leugnet die Fähigkeit, mit der Sprache
in *diesem* Sinne zu spielen. Es gibt lediglich Einsätze und „Auseinandersetzungen".
Aber – „die Auseinandersetzung wird nicht zwischen Menschen oder ganz anderen
Entitäten geführt, die selbst eher *aus den Sätzen resultieren*".[35]

Wir können an dieser Stelle auf weitere Einzelheiten nicht eingehen. Lyotards extre-
mistische Ausdeutung der Wittgensteinschen Sprachauffassung im Sinne einer non-
kommunikativen, radikal asymmetrischen Theorie agonaler Einsätze gipfelt in einer
Phänomenologie der ethischen Verpflichtung, die auch diese als eine völlig *einseitige*
Präskription, als unhintergehbare Asymmetrie versteht. Ebenso wie im Sprechen die
Übergänge und Verkettungen letztlich völlig unmotiviert bleiben, gibt es auch für die
Verpflichtung keinerlei Norm oder symmetrische Beziehung, die ihre Schärfe abmil-
dern könnte. Sie ist eine „Drohung, dieses Wunder und dieser Schrecken – das heißt das
Nichts einer Verkettung".[36] Die Verpflichtung bleibt ein intransitiver Akt zwischen
einer Instanz, die verpflichtet, und einem Adressaten, der, ohne daß er auf eine Autori-
sierung durch eine identifizierbare Norm ausweichen könnte, verpflichtet ist. Zwar kann
die radikale Heterogenität der Verpflichtung zum Zitat eines normativen Satzes werden
und solchermaßen einen *normalisierten* Status erhalten, aber auch hier steht das Modell
einer verfügenden Autorität im Mittelpunkt, die nun plötzlich die Regieanweisungen
über die Spieleinsätze der Gerechtigkeit in Händen hält.[37]

Wenn man die Gerechtigkeit für *ein* ethisches Element einer Gemeinsinnorientierung
hält, dann läßt sich kaum noch nachvollziehen, wie in einer Sprachtheorie, die Subjekte
zu anonymen Faktoren einer agonalen Sprachspielkonzeption erklärt, „Gerechtigkeit"
überhaupt noch denkbar ist. Sobald das Grunddatum des „Gemeinen" liquidiert ist,
findet ein radikaler Asymmetrismus in der Sprache nie mehr zurück zu einer Tätigkeit
der Vergleichung und Angleichung. Sie findet nie mehr zurück zu einem „komplizier-
ten Netz von Ähnlichkeiten", wie Wittgenstein es ausdrückte. Die Sprache als Lebensform ist damit abgeschafft. Aber ebenso abgeschafft sind dann all jene Bedingungen,
welche die Annahme eines wie auch immer verstandenen „Gemeinsinns" als sinnvoll
erscheinen lassen. Der Gemeinsinn ist an eine semantisch miteinander geteilte Welt des
Sprechens gebunden, also an ein Reservoir von Bedeutungen, die sich *im einzelnen*

---

[32] Ebd., I 202, S. 128.
[33] Wittgenstein 1984, S. 320.
[34] Wittgenstein 1971, I 205, S. 129.
[35] Lyotard 1987, S. 229, Hervorhebung von mir.
[36] Ebd., S. 238.
[37] Ebd., S. 239.

durchaus konfliktuös zueinander verhalten können, aber dennoch auf einer sinnvollen Verkettung ihrer Elemente im gemeinsamen Sprechen beruhen müssen.

3.   Die Ethik einer Konstruktion von Gemeinsinn

Eine völlig andere Konzeption von Gerechtigkeit liegt bei John Rawls vor – Gerechtigkeit als Fairneß. Uns geht es an dieser Stelle nicht um die Gerechtigkeitsprinzipien, sondern um einige Voraussetzungen grundsätzlicher Natur. Rawls Theorie ist bekanntlich eine Theorie des „politischen Liberalismus". Ihr Ausgangspunkt ist der „vernünftige Pluralismus" in einer konstitutionellen Demokratie. Ihre Grundfrage lautet: Wie ist eine stabile und gerechte Gesellschaft freier und gleicher Bürger möglich, vorausgesetzt, in dieser Gesellschaft existiert eine Pluralität einander zutiefst entgegengesetzter, aber gleichwohl im einzelnen vernünftiger Lehren politischer, moralischer oder religiöser Art? Im Ausgang von einer durch solche Differenzen geprägten Gesellschaft geht es also darum, einen *politischen* und somit öffentlichen Bereich der Gerechtigkeit freizulegen, der im Schnittpunkt der „umfassenden Lehren" liegt und worüber ein übergreifender Konsens besteht.

Es ist für diesen Ansatz von grundlegender Bedeutung, den Unterschied zwischen einem „öffentlichen" und einem „nicht-öffentlichen" Bereich der Vernunft zu markieren. Gemäß dem fundamentalen Postulat, daß eine Gerechtigkeitstheorie „unparteiisch" sein muß, also ohne Rücksicht auf ausschließlich partikuläre Interessen, die aus ebenso partikulären „umfassenden Lehren" hervorgehen, zu konzipieren ist, dürfen im öffentlichen Raum nur solche Argumente zugelassen werden, die von den beteiligten Bürgern vernünftigerweise akzeptiert werden können. Deshalb beansprucht die Rawlssche Konzeption auch nicht „wahr" zu sein, sondern lediglich „vernünftig". Die „umfassenden Lehren" besitzen einen doktrinalen Aspekt, insofern sie *wahrheits*orientiert sind. Gerade deshalb gehören sie in den Bereich des „nicht-öffentlichen" bzw. des *nicht-politischen* Gebrauchs der Vernunft. Die Grundsätze einer *politischen* Gerechtigkeitskonzeption müssen dagegen unter solchen Bedingungen entworfen werden, die von allen akzeptiert werden können, *weil sie fair sind.* Deshalb ist das Gesellschaftsmodell das „eines fairen generationenübergreifenden Systems der Kooperation".[38] Die Konzeption beansprucht nicht mehr, als daß ihre Gerechtigkeitsprinzipien oder „Grundsätze" auf der Basis eines „Überlegungs-Gleichgewichts" („reflective equilibrium")[39] gefunden werden, das dann entsteht, wenn eine Person ihre vernünftigen Überzeugungen so einbringt, daß aus ihnen nach einem Prozeß wohlerwogenen Urteilens eine kohärente Gerechtigkeitskonzeption entsteht.

Bereits in der frühen „Theorie der Gerechtigkeit" rekurrierte Rawls auf ein Vermögen des Menschen, das er „Gerechtigkeitssinn" nannte. Wir identifizieren es mit dem „Gemeinsinn", weil Rawls es ausdrücklich in die Tradition des „common sense" stellt. Ohne diesen „Gerechtigkeitssinn" besäße der Prozeß wohlerwogenen Urteilens kein anthropologisches Fundament. Die Theorie der Gerechtigkeit sei sogar, so Rawls, „eine

---

[38] Rawls 1998, S. 81.
[39] Rawls 1979, S. 69.

Theorie der moralischen Gefühle [...], sie legt die Grundsätze dar, denen unsere moralischen Fähigkeiten folgen, oder genauer: unser Gerechtigkeitssinn".[40] Gleichwohl wird
die Analyse des Gerechtigkeitssinns nicht auf die Anthropologie abgewälzt, sondern auf
den Zustand des „Überlegungs-Gleichgewichts" bezogen: Wer wissen will, was der
‚Sinn für Gerechtigkeit' beinhaltet, sollte die Urteile im „Überlegungs-Gleichgewicht"
prüfen.[41] Die *Praxis* der Herstellung dieses Überlegungs-Gleichgewichts kann man
durchaus als eine *Tätigkeit* des *Vergleichens* bzw. der *Angleichung* nicht nur der vorhandenen *eigenen* Überzeugungen mit jenen, die als Grundsätze oder Prinzipien im
Verfahren *konstruiert* werden, sondern auch als Vergleich und Angleichung der verschiedenen Standpunkte der am Verfahren Beteiligten. Ein formales Merkmal des „sensus communis" ist damit realisiert. Aber was läßt sich genauer über diesen Gerechtigkeitssinn sagen?

Es gibt zwei Aspekte an ihm, die man unterscheiden sollte: die *Anlage* des Gerechtigkeitssinns und seine primären *Äußerungen*. Zur Anlage schreibt Rawls:

> „Ein Gerechtigkeitssinn ist die Fähigkeit, eine öffentliche Gerechtigkeitskonzeption, die faire
> Bedingungen sozialer Kooperation beschreibt, verstehen, anwenden und in ihrem Handeln be-
> folgen zu können. Da es zum Wesen einer politischen Konzeption gehört, eine öffentliche Ba-
> sis der Rechtfertigung zu definieren, drückt ein Gerechtigkeitssinn auch die Bereitschaft, wenn
> nicht den Wunsch aus, sich anderen gegenüber in einer Weise zu verhalten, der sie selbst öf-
> fentlich zustimmen können."[42]

Man könnte bei der Anlage noch einmal unterscheiden zwischen den dispositionalen
(„Fähigkeit") und den motivationalen („Bereitschaft") Aspekten des Gerechtigkeits-
sinns. Auch wenn die *Grundsätze* der Gerechtigkeit durchaus Differenzen zwischen
Menschen voraussetzen können, hat der Gerechtigkeits*sinn* eine *egalitäre* Innenseite.

Die primären *Äußerung* des Gerechtigkeitssinns liegt in der „Idee der sozialen Kooperation". Sie konkretisiert die Haltung der „Reziprozität": „Alle, die sich beteiligen
und ihren Beitrag leisten, so wie es die Regeln und Verfahren fordern, müssen nach
Maßgabe einer geeigneten Vergleichsbasis in angemessener Weise davon profitieren
können."[43] Die Reziprozität als eine „Beziehung zwischen Bürgern" verlangt also ein
Ordnungskonzept, die Idee einer „wohlgeordneten Gesellschaft". Gleichwohl *basiert*
die wohlgeordnete Gesellschaft auf der *Voraussetzung*, daß es einen Gerechtigkeitssinn
der Bürger gibt, den diese gleichsam als Vermögen der *Exploration* und der *Anerkennung* von Gerechtigkeitsprinzipien einbringen.

Rawls verwendet an verschiedenen Stellen seiner Arbeiten auch den Begriff des
„Common sense". Seine Bedeutung ist nicht immer klar: „Gemeinsames Wissen"[44]
wird er oft genannt, wobei hier vor allem an einen „Vorrat gemeinsamer Grundbegriffe
und stillschweigend für wahr gehaltener Grundsätze" gedacht wird, die im Common
sense *latent* vorhanden sind.[45] Der Gerechtigkeitssinn selber ist eine, wie Rawls an

---

[40] Ebd., S. 70.
[41] Ebd., S. 68.
[42] Rawls 1998, S. 85 f.
[43] Ebd., S. 82.
[44] Rawls 1992a, S. 114.
[45] Ebd., S. 84.

einer Stelle seiner Studie über den „Vorrang der Grundfreiheiten" betont, zunächst „rein formale Annahme":[46] Er wird in Korrespondenz zu dem Maße entwickelt, in dem auf der Grundlage des Common sense und den in einer Gesellschaft vorhandenen moralischen Ressourcen Gerechtigkeitsprinzipien überhaupt entworfen werden. Der Gerechtigkeitssinn ist demnach keine transhistorische Quelle von moralischem Wissen. Obzwar er ein sozial-ethisches Wissen durchaus transportiert, ist er vielmehr „das Ergebnis von Geschichte und Kultur".[47]

Der „Gerechtigkeitssinn" bildet also eine moraltheoretische Spezifikation des *Gemeinsinns.* Er wird demnach nur als eine Annahme verwendet, die im Verfahren eines politischen Konstruktivismus einen notwendigen Bestandteil von dessen Ausgangsbedingungen ausmacht. Der Gerechtigkeitssinn ist Teil einer *politischen Konzeption der Person.* Er kann demnach nicht als ein Vermögen verstanden werden, das uns in eine „Gemeinschaft" führt. Eine solche Gemeinschaft, weil sie auf der Zustimmung zu einer *wahrheitsorientierten* „umfassenden Lehre" beruhen würde, wird von Rawls schlicht als „repressiv"[48] bezeichnet. *Der Gerechtigkeitssinn ist gewissermaßen formalisiert zu einer Urteilskompetenz in politischen oder öffentlichen Angelegenheiten auf der Basis eines Sinnes für Reziprozität.*

An dieser Stelle sei die *motivationale* Seite des Gerechtigkeitssinns eigens hervorgehoben. Rawls nimmt hier eine interessante moralphilosophische Position ein. Die Frage nämlich, was uns *motiviert,* um unser öffentliches Handeln an Gerechtigkeits*grundsätzen* zu orientieren, kann im Grunde nur im Hinblick auf bestimmte Interessen oder Wünsche beantwortet werden. Um hier einem essentialistisch-anthropologischen Fehlschluß zu entgehen, muß auf ein Repertoire anthropologischer Grundbedürfnisse als Grundlage solcher Wünsche verzichtet werden. Rawls selber unterscheidet zwischen drei „Arten" von Wünschen: 1) den „objektabhängigen Wünschen", 2) den „von Prinzipien abhängigen Wünschen" und 3) den „von Konzeptionen abhängigen Wünschen". Erstere könnte man „Wünsche erster Ordnung" nennen. Sie sind unmittelbar objektbezogen, ohne Vermittlung von *moralischen* Reflexionen. Die zweite Art von Wünschen – die Art der „von Prinzipien abhängigen" Wünsche (wie der Wunsch, gerecht zu handeln) – ist *geknüpft an* Grundsätzen, etwa solche der Fairneß. Die dritte Art von Wünschen, die Art der „von Konzeptionen abhängigen" Wünschen, ist bezogen auf übergreifende Ideale oder Selbstkonzepten, wovon die „von Prinzipien abhängigen" Wünsche einen wichtigen *Bestandteil* ausmache.

Wenn wir nun in diesem Modell einen Gerechtigkeitssinn *unterstellen,* dann *setzen* wir gleichsam *voraus,* daß es „von Prinzipien abhängige" Wünschen gibt. Wir gehen dabei von einer bestimmten Auffassung über *Motive* und ihre *Wirkungsweise* aus. Jedenfalls wird hier unterstellt, daß Motive nicht unbedingt eine *naturalistische* Interpretation erforderlich machen. Sie sind Bestandteil der *Gründe selber,* die wir in Grundsätzen zusammenfassen. Dies erklärt, weshalb Rawls schon in der „Theorie der Gerechtigkeit", wie wir gesehen haben, den Gerechtigkeitssinn mit dem „Überlegungs-Gleichgewicht" *direkt* in Zusammenhang brachte. Insoweit jede Theorie *praktischer*

---

[46] Rawls 1992b, S. 187.
[47] Ebd., S. 188.
[48] Ebd., S. 107.

Rationalität Handlungsgründe sowohl unter dem Aspekt ihrer *Rechtfertigung* als auch unter dem Aspekt ihrer *Erklärung* betrachten muß, müssen nicht nur *rechtfertigende* Gründe, welche die *Geltung* von Grundsätzen nachweisen, sondern auch *erklärende* Gründe, welche die *Wirksamkeit* oder *Motivationskraft* von Gründen einsichtig machen, geliefert werden.

Es dürfte deutlich geworden sein, daß Rawls in seiner Konzeption des Gerechtig-keitssinns die *erklärenden* Gründe eng an die *rechtfertigenden* Gründe zurückbindet. Nicht das Motiv erklärt die Rechtfertigung, sondern die Rechtfertigung – im Zuge eines Verfahrens, das die elementaren Strukturen des Gerechtigkeitsmodells anhand des Ver-nunftmodells eines „Überlegungs-Gleichgewichts" *konstruiert* – bildet *zugleich* das Motiv zu handeln. Im Hinblick auf die Diskussion über das Verhältnis zwischen ‚Motiven' und ‚Rechtfertigung durch Gründe' nimmt Rawls den Standpunkt des *Exter-nalismus* ein. Dieser besagt, daß die Gründe, warum eine Handlung richtig (bzw. ge-rechtfertigt) ist, *nicht* dieselben sind, warum man eine Handlung ausführt. Rechtferti-gende Handlungsgründe sind nicht, wie der *Internalismus* behauptet, relativ zu Motiven.[49] Nicht jede Rechtfertigung kann auf ein nicht-rationales Motiv, also auf eine Wunschstruktur, reduziert werden, weshalb dann rechtfertigende Gründe immer nur hypothetisch blieben. Eine Gerechtigkeitskonzeption, die einen *normativen* Status hat, weil sie verlangt, daß man nach ihren Grundsätzen handeln *soll*, dürfte also nicht auf Motive oder Wünsche reduziert werden. Rawls vertritt einen Externalismus, der sich im übrigen ausschließlich an *öffentlichen* Gründen ausrichtet.[50] „Von Prinzipien *abhängi-ge*" Wünsche sind Wünsche, die im Verfahren des „Überlegungsgleichgewichts" gleichsam *rational substantiviert* werden und *insofern* auch motivieren. Entsprechend ist der Gerechtigkeitssinn, obzwar anthropologisch *postuliert*, vor allem ein (notwendi-ges) Konstrukt (im Rawlsschen Sinne) in einem Rechtfertigungsdiskurs, der auf *Kohä-renzforderungen* beruht. Der Diskurs der Rechtfertigung *erklärt* gleichzeitig, *weshalb* Menschen so und nicht anders handeln *möchten*.

Darüber hinaus hat diese Interpretation von Motiven zur Folge, daß der Gerechtig-keitssinn als moralische Spezifikation des Gemeinsinns ein „offenes"[51] Vermögen dar-stellt, weil die Anzahl seiner Motive in einem gewissen Sinne *abhängig* ist von der Anzahl wohlerwogener Gründe, die im „Überlegungsgleichgewicht", das seinerseits immer nur ein vorläufiger Zustand ist, konstruiert werden. Der Gerechtigkeitssinn ist gleichsam *Voraussetzung* und *Produkt* zugleich des Verfahrens eines politischen Kon-struktivismus. Urteilskompetenz und Motivationskompetenz sind in ihm *ursprünglich* vereint.

---

[49] Der klassische Text des Internalismus findet sich bei Hume 1978, S. 150ff: „Die Vernunft ist nur der Sklave unserer Affekte und soll es sein; sie darf niemals eine andere Funktion beanspruchen, als die, denselben zu dienen und zu gehorchen."

[50] Vgl. Gosepath 1999. Der Sprachgebrauch in Sachen „Internalismus" und „Externalismus" ist nicht einheitlich und die Problemlage oft unübersichtlich. Vgl. Wolf/Schaber 1998, S. 141ff; Ricken 1998, S. 59 ff.

[51] Ebd., S. 163.

4. Die Ethik einer Produktion von Gemeinsinn

Aber nach wie vor wissen wir relativ wenig über die *Praxis* des Gemeinsinns als eines immer wieder postulierten Vermögens. Wie können wir, ohne auf Mystifikationen oder lauter abstrakte anthropologische Aussagen zurückgreifen zu müssen, etwas näheres über das unterstellte ‚Gemeinsame' erfahren? Wie funktioniert eigentlich jenes von Kant als zweites (und zentrales) Merkmal genannte „An der Stelle jedes Anderen denken"? Wie sind – bezogen auf die sozial-ethische Komponente des Gemeinsinns – individuelle Handlungen mit sozialen oder gemeinschaftlichen Handlungen verknüpft? Wenn Lutz Wingert Gemeinsinn als „intersubjektiv geteilte Bedeutung intentionalen Verhaltens"[52] auffaßt, wird fälschlicherweise unterstellt, daß bereits eine geteilte *Bedeutung* hinsichtlich eines Verhaltens, von dem nicht klar ist, ob es individuell oder gemeinschaftlich ist, als Gemeinsinn interpretiert werden kann. Meine nun folgenden Überlegungen verdanken sich zu einem großen Teil der Arbeit von Ulrich Baltzer über „Gemeinschaftshandeln".

Der Ausgangspunkt von Baltzers Konzept bildet die Überlegung, daß „Gemeinschaftshandeln" ein Handeln *sui generis* darstellt, das nicht bloß eine Aggregation von Einzelhandlungen darstellt. Andererseits kann nicht bloß ein Gemeinsinn *unterstellt* werden, denn dann würden wir uns einer *petitio principii* schuldig machen. Die eigenwillige *Bezogenheit* von individuellen Handlungen im Gemeinschaftshandeln muß also eigens analysiert und erklärt werden. Baltzer faßt diese Bezogenheit so auf, „daß die Handlungen der einzelnen Personen, die das Gemeinschaftshandeln konstituieren, nicht unabhängig von dem Gemeinschaftshandeln individuiert werden können".[53] Was also erklärungsbedürftig ist, ist die „Bezogenheit der Handlungen im Gemeinsamen des Tuns". Anstelle einer Entifizierung von Gemeinsinn wird hier auf eine Analyse seiner elementaren Struktur Wert gelegt – auf die Analyse der „Bezogenheit". Diese Analyse soll nicht nur die *Möglichkeit* von Gemeinschaftshandeln erklären. Sie soll zugleich deutlich machen, inwiefern die Dimension des *Normativen* ohne die spezifisch soziale Dimension des Handelns nicht denkbar sei. Indem Baltzer bei seiner phänomenologischen Sichtung sozialer Phänomene auf die wesentliche *Asymmetrie* ihrer Verhältnisse hinweist – wie beispielsweise die Asymmetrien der Macht und der Fürsorge –, wird der Begriff des gemeinsamen Handelns von integralistischen Konnotationen ferngehalten.

Wir konzentrieren uns hier auf die wichtigsten Schritte der Argumentation. Wie wir schon mehrfach betont haben, residiert im Begriff des Gemeinsinns die Unterstellung eines „gemeinsamen Wissens". Gemeinschaftshandeln scheint auf einem „gemeinsamen Wissen" zu basieren. Wenn jenes nicht bloß eine Aggregation oder Parallelisierung von individuellen Handlungen oder Intentionen ist, scheint dieses Wissen eine substantielle Voraussetzung für das „gemeinsame Tun" zu sein. Der Begriff des „gemeinsamen Wissens" ist aber problematisch, denn er unterstellt, daß die Beteiligten die Überzeugungen und Intentionen *aller* Anderen präsent halten müßten. Dies führt, wie Baltzer

---

[52] Wingert 1993, S. 16.
[53] Baltzer 1999, S. 20.

nachweist, entweder in einen infiniten Regreß – das Wissen der Anderen über das Wissen des Einen muß vom Einen gewußt werden etc. – oder in die Problemlage hinein, daß die Zuwächse an Kenntnis, die man dadurch erreicht, daß man die gegenseitigen Überzeugungen kennt, sich zwangsläufig verringern mit der Häufigkeit der Aufstufung der Überzeugungen. Darüber hinaus führt ein „gemeinsames Wissen", etwa bezüglich eines definierten Problems, noch längst nicht zu „Gemeinschaftshandeln".

Einen Ausweg scheint zunächst das Konzept der „Wir-Intentionalität" zu bieten, das Baltzer im Anschluß an Searle[54] diskutiert. Dabei handelt es sich nicht um die „Intention eines kollektiven Bewußtseins", aber auch nicht um eine Aggregation von Einzelintentionen. Der Vorschlag von Searle läuft, vereinfachend gesagt, auf Folgendes hinaus: Einzelintentionen können verstanden werden als Mittel um Kollektiv-Intentionen („Wir-Intentionen") als Zwecke zu erreichen. Die Einzelintentionen verlangen dabei eine Abstimmung *im Hinblick* auf das *gemeinsame* Ziel. Der Vorschlag von Baltzer lautet dagegen, nicht auf die problematische Kategorie einer „Wir-Intention" zu setzen, sondern auf die Intersubjektivität von *Handlungen als solchen*:

> „Die individuellen Teilhandlungen, die zusammengenommen das gemeinsame Handeln konstituieren, lassen sich nicht unabhängig von diesem Gemeinschaftstun adäquat verstehen, sondern sind als Teile dieses Gemeinschaftstuns zu individuieren. Jeder Beteiligte führt seine Handlung nicht etwa ganz für sich aus und stellt danach fest, daß eine kooperative Leistung entstanden ist, vielmehr wird die einzelne Handlung erbracht, um die gemeinschaftliche Handlung auszuführen. Die individuelle Handlung wird wesentlich als ein *Beitrag zum Gemeinschaftshandeln* aufgefaßt und wäre demnach ohne das Gemeinschaftstun anders zu individuieren oder überhaupt sinnlos. Darin zeigt sich die Irreduzibilität des gemeinschaftlichen Tuns durch rein individuell verstandene Handlungen. Wer bei einem Gemeinschaftshandeln mitwirkt, überlagert das ‚Wir‘ der gemeinschaftlichen Handlung mit dem ‚Ich‘ seines spezifischen Beitrags zu dieser gemeinschaftlichen Handlung. *Dadurch daß jeder Beteiligte sowohl das ‚Wir-Projekt‘ als auch seinen dazu erforderlichen ‚Ich-Beitrag‘ im Gemeinschaftstun zugleich realisiert, bedarf es zu einer Gemeinschaftshandlung keines kollektiven Subjekts, sondern die ‚Ich-Beiträge‘ ergänzen sich aus ihrer Abhängigkeit von dem übergreifenden ‚Wir-Projekt‘ zu einem kohärenten Ganzen.*"[55]

Das Gemeinschaftshandeln hat also ein komplexe – dialektische – Struktur: Einerseits gewinnen die Ich-Beiträge ihre Identität als Elemente eines gemeinschaftlichen Tuns dadurch, daß sie als *Beiträge* aufgefaßt werden. Andererseits *konstituieren* sie das Gemeinschaftshandeln dadurch, daß sie sich „ergänzen [...] zu einem kohärenten Ganzen". Mit einem gewissen Recht könnte man also davon sprechen, daß Gemeinschaftshandeln *produziert* wird. Dieses Handeln entsteht gewissermaßen auf der Basis einer prozeßhaften *Verkettung von Einzelhandlungen*, die ihre Identität zwar aus einem ‚Wir-Projekt‘ gewinnen, ihrerseits aber die Identität dieses Projekts verändern können. Um diesen Prozeßcharakter deutlich zu machen, führt Baltzer die Kategorie der „Anschlußhandlung" ein: Die Identität des Wir-Projekts wird letztlich nur bestätigt, falsifiziert oder modifiziert durch die einzelnen Anschlußhandlungen: Die wechselseitige Bezogenheit im Gemeinschaftshandeln besteht m. a. W. aus einem Kontinuum von zum Teil

---

[54] Vor allem Searle 1990.
[55] Baltzer 1999, S. 72.

ungleichzeitigen Handlungen, deren Kontinuität einerseits vom „Wir-Projekt" *abhängt*, dieses andererseits auch *produziert*. Der Begriff der Anschlußhandlung macht gleichzeitig deutlich, daß Gemeinschaftshandeln einen Raum- und Zeitindex kennt: Wenn *wirkliche* Handlungen weder räumlich noch zeitlich an vorangegangene Handlungssequenzen anschließen können, *zerfällt* das Gemeinschaftshandeln.

Die zwei Komponenten im Begriff des Gemeinsinns – das „Gemeine" und die „Tätigkeit des Vergleichens" oder der „Standpunktübernahme" – sind hier in der dialektischen Beziehung zwischen dem „Wir-Projekt" und den sich ergänzenden Einzelhandlungen realisiert. Es handelt sich um einen Prozeß wechselseitiger Hervorbringung. Der Sinn für das Gemeine liegt demnach in der Fähigkeit, durch abgestimmte Anschlußhandlungen, Vergleichs- und Ausgleichsmaßnahmen oder Abstimmungen das Gemeinschaftstun zu *produzieren*.

Es lohnt sich, noch einmal zwei Aspekte am „Gemeinschaftshandeln" hervorzuheben, die gleichzeitig ein scharfes Licht auf den Begriff des Gemeinsinns werfen können. Wir nennen sie die *partielle Vorgegebenheit* und die *Normativität* des Gemeinschaftshandelns. Was die *partielle Vorgegebenheit* dieses Handelns betrifft, ist auf den Umstand aufmerksam zu machen, daß Gemeinschaftshandeln niemals in toto antizipierbar oder erwartbar ist. Gemeinschaftshandlungen haben selten einen genauen Zeitpunkt ihres Beginns. Normalerweise *entsteht* Gemeinschaftshandeln in dem Moment, wo das Beziehungsgefüge zwischen Einzelhandlungen eine gewisse Konsistenz im Hinblick auf ein Ziel erreicht, das im Laufe der Konsolidierung dieses Gefüges seinerseits eine eigene Kontur bekommt. Dieses Handeln ist zu einem gewissen Grad *unverfügbar*. „Gemeinschaftlichkeit", schreibt Baltzer, „ist [...] ein Erfolgsprädikat, das durchgängig nur im konkreten Prozeß zu haben oder zu verfehlen ist".[56] Gemeinschaftlichkeit ist demnach das Qualitätsmerkmal eines Handlungsprozesses, das der Intention und der Verfügbarkeit eines einzelnen Handlungsträgers zu einem erheblichen Teil entzogen ist. Bezogen auf den *Gemeinsinn* heißt dies, daß dessen Charakter als *Vermögen des Gemeinen* mit dem Umstand zu tun hat, daß er nicht das Resultat von aggregierten individuellen Handlungssequenzen ist, sondern das Produkt einer bereits erfolgten Positionierung des Handelnden in einem intersubjektiv-abgestimmten Handlungsfeld.

Gemeinschaftshandeln hat, ebenso wie individuelles moralisches Handeln, auch eine *normative* Dimension. Die Moralität individuellen Handelns *hängt* wahrscheinlich sogar von der Normativität des Gemeinschaftshandeln *ab*.[57] Baltzer hat völlig zu Recht darauf hingewiesen, daß das moralische Bewußtsein, also das Bewußtsein über ‚richtige' und ‚falsche' Handlungen, im Grunde im Laufe eines *tatsächlichen* Handlungsvollzugs entsteht, bei dem Anschlußhandlungen die Richtigkeit oder Falschheit der vorangegangenen Handlung *beglaubigen*.

> „Unabhängig von dem Gemeinschaftshandeln ist das jeweilige Handeln nicht als Fall der Regel individuiert. Dazu wird es erst im Zuge der Überprüfung oder des problemlosen Anschlusses. Und in der Überprüfung, die die entsprechende Regel bereits unterstellen muß, um

---

[56] Ebd., S. 177.

[57] Vgl. Nagel 1999, S. 173. Auch die Erfahrung der Freiheit (als Voraussetzung für jede Normativität), ist an eine impersonale Perspektive gebunden.

Gleichheit oder Differenz relevanter Merkmale zu unterscheiden, kann auch die Übereinstimmung allererst ihren Kriteriencharakter für richtiges und falsches Regelfolgen erlangen."[58]

Es sind vor allem die *falsifizierenden* Anschlußhandlungen, die die *Normativität* einer Regel, deren *faktische* Gültigkeit im Gemeinschaftshandeln zunächst *unterstellt* wird, überhaupt erst *generieren*. Dies erklärt, weshalb der Gemeinsinn immer den Charakter einer zumindest *impliziten* normativen Erwartungshaltung aufweist. Dies bedeutet zugleich, daß der Gemeinsinn durchaus einen *Konflikt-Index* kennt. Er ist nur in *zweiter* Instanz, könnte man behaupten, angelegt auf Verifikation.

5.   Abschließende Bemerkungen

Der Begriff des Gemeinsinns hatte in dieser Abhandlung die Funktion eines *Suchbegriffs*. Wir sind davon ausgegangen, daß diese Suche sich nicht auf die Fährte einer *unmittelbaren* Anthropologisierung locken lassen sollte. Statt dessen haben wir, durchaus schöpfend aus traditionellen Beständen, zwei Strukturmerkmale unterstellt – das Merkmal des „Gemeinen" und das Merkmal einer „Tätigkeit des Vergleichens". Dabei haben wir diese Merkmale als Orientierungsmarken im Kontext von drei philosophischen Paradigmen benutzt: Die Ethik einer *Liquidation* von Gemeinsinn machte gleichsam *ex negativo* deutlich, welches Potential an sprachlichen Voraussetzungen das *semantisch-transzendentale Umfeld* von Gemeinsinn kennzeichnet. Die Ethik einer *Konstruktion* von Gemeinsinn konnte aufzeigen, welche Funktion dem „Common sense" als „Gerechtigkeitssinn" im Rahmen einer gehaltvollen ethischen Theorie des politischen Liberalismus zukommt. „Gemeinsinn" wurde hier als ein „offenes" Vermögen gedeutet, das sowohl kognitive als auch motivationale Komponenten in sich vereint. Die Ethik einer *Produktion* von Gemeinsinn hat sich der Frage zugewandt, wie der „sensus communis" ein spezifisch handlungstheoretisches Profil repräsentiert – das des „Gemeinschaftshandelns". Dieses Handeln verdeutlicht zugleich die handlungs*praktische* Relevanz des „Gemeinsinns".

Literaturverzeichnis

Adorno, Th. W. (1977), Kulturkritik und Gesellschaft I, Prismen – Ohne Leitbild, Frankfurt/M.
Baltzer, U. (1999), Gemeinschaftshandeln. Ontologische Grundlagen einer Ethik sozialen Handelns, Freiburg/München.
Decorte, J. (1994), Naar Zijn beeld en gelijkenis: de ziel, in: De Mitteleeuwse ideeënwereld 1000–1300, hg. v. M. Stoffers, Heerlen/Hilversum. S. 201–232.
Foucault, M. (1996), „Il faut défendre la société", Paris.
Gosepath, S. (1999), Motive, Gründe, Zwecke. Theorien praktischer Rationalität, Frankfurt/M.
Herzinger, R. (1997), Die Tyrannei des Gemeinsinns. Ein Bekenntnis zur egoistischen Gesellschaft, Berlin.
Hume, D. (1978), Ein Traktat über die menschliche Natur, II, 3, 3, Hamburg.

---

[58]   Baltzer 1999, S. 223.

Lyotard, F. (1974), Économie libidinale, Paris.

Lyotard, F. (1979), Apathie in der Theorie, Berlin.

Lyotard, F. (1986a), Die Transformationen Duchamps, Stuttgart.

Lyotard, F. (1986b), Das Postmoderne Wissen, Graz/Wien.

Lyotard, F. (1987), Der Widerstreit, München.

Nagel, Th. (1999), Das letzte Wort, Stuttgart.

Rawls, J. (1979), Eine Theorie der Gerechtigkeit, Frankfurt/M.

Rawls, J. (1992a), Kantischer Konstruktivismus in der Moraltheorie, in: Die Idee des politischen Liberalismus. Aufsätze 1978–1989, hg. v. W. Hinsch, Frankfurt/M., S. 80–158.

Rawls, J. (1992b), Der Vorrang der Grundfreiheiten, in: Die Idee des politischen Liberalismus. Aufsätze 1978–1989, hg. v. W. Hinsch, Frankfurt/M., S. 159–254.

Rawls, J. (1998), Politischer Liberalismus, Frankfurt/M.

Ricken, F. (1998[3]), Allgemeine Ethik, Stuttgart u. a.

Schmitt, C. (1979), Die Tyrannei der Werte, in: Ders., E. Jüngel u. S. Schelz, Die Tyrannei der Werte, Hamburg, S. 9–44.

Searle, J. R. (1990), Collective Intentions and Actions, in: Intentions in Communications, hg. v. Ph. R. Cohen, J. Morgan u. M. E. Pollack, S. 401–415.

Sennett, R. (1977), The Fall of Public Man, New York.

Sennett, R. (1998), Der flexible Mensch. Die Kultur des neuen Kapitalismus, Berlin.

Taylor, Ch. (2001), Wieviel Gemeinschaft braucht die Demokratie? Frankfurt/M.

Walzer, M. (1987), Interpretation and Social Criticism, London.

Walzer, M. (1993), Kritik und Gemeinsinn, Frankfurt/M.

Welsch, W. (1987), Aisthesis. Grundzüge und Perspektiven der Aristotelischen Sinneslehre, Stuttgart.

Wils, J.-P. (2001), Handlungen und Bedeutungen, Freiburg i. Br.

Wingert, L. (1993), Gemeinsinn und Moral. Grundzüge einer intersubjektivistischen Moralkonzeption, Frankfurt/M.

Wittgenstein, L. (1971), Philosophische Untersuchungen, Frankfurt/M.

Wittgenstein, L. (1984), Cambridge 1932–1935, Frankfurt/M.

Wolf, J.-C./Schaber, P. (1998), Analytische Moralphilosophie, Freiburg/München.

MATHIAS EICHHORN

Erwählung – Bildung – Demokratie

Das Gemeinwohlverständnis in der reformierten Tradition[*]

1. Exposition

> „Sag ihm, daß ich, der Mayor und Aldermänner, / In trift'ger Absicht, Sachen von Gewicht / Betreffend wen'ger nichts als aller Wohl / Hier sind um ein Gespräch mit seiner Gnaden."[1]

Es sind diese Worte, die Shakespeare dem heuchlerischen Buckingham in den Mund legt, als der vor den Augen und Ohren der Vertreter des Volks und in deren Namen um Audienz beim Herzog von Gloster, dem späteren Richard III, ersucht. Die dann nachfolgende Szene läßt Shakespeare zwischen Buckingham und Gloster abgesprochen sein. Es soll nämlich so erscheinen, als müsse einem vor der Verantwortung zurückschreckenden Herzog die Krone aufgenötigt werden. Annähernd so überzeugend hat in unserer Zeit diese Rolle nur Helmut Schmidt zu spielen versucht, als er den ihm an Charisma weit überlegenen Willy Brandt als Bundeskanzler abzulösen unternahm. Freilich hat Schmidt sich seinerzeit, im Jahre 1974, nicht wie Gloster im Gebet versunken und von zwei Bischöfen flankiert dem SPD-Parteitag gezeigt. Daß Richard bei Shakespeare so auftritt, hat mit dem im Mittelalter vorherrschenden Verständnis dessen zu tun, was der Dichter *the general good* nennt. Folgt man nämlich Michael Walzer, dann entsprach unserer Erwartung heute, daß der Staat ein Sozialstaat sei in dem Sinne, daß er zumindest die Aufgabe der sozialen Grundversorgung zu übernehmen habe, im mittelalterlichen Europa die Erwartung an die Regierenden, daß sie die anstaltsmäßige Vermittlung der ewigen Seligkeit sichern sollten.[2] Freilich, Shakespeare schreibt nicht mehr im Mittelalter, aber die kollektive Erinnerung an die Zeit, als man noch wie selbstverständlich nach Canterbury pilgerte, war wachgeblieben. Die Anstalt nun, die einst zur Vermittlung des Heils alleine als befähigt angesehen wurde, war die Kirche, und sie zu schützen und mit Stiftungen zu bedenken, legitimierte die politische Macht. Es mutet darum sogar unverhofft

---

[*] Viele Anregungen für dieses Thema verdanke ich der Predigttätigkeit von Pfr. Milton Aylor und der Lehrtätigkeit von Prof. Dieter Georgi im Rahmen der Erwachsenenbildung in der Deutsch-Reformierten Gemeinde in Frankfurt.

[1] Shakespeare, Richard III, 3,7.

[2] Vgl. Walzer, 1998, S. 138 f.

evangelisch an, wenn Shakespeare den Gloster auf den Vorwurf hin, er habe in Edward, dem dem Hause Lancaster entstammenden Prinzen von Wales, einen Ausbund an Tugend hingemordet, erwidern läßt: „So taugt er, bei des Himmels Herrn zu wohnen. / […] Er danke mir, der ihm dahin verholfen: / Er taugte für den Ort, nicht für die Erde."[3] Doch Richard, der sich ja vor allem Volk noch als einer zeigt, der ganz der alten Welt verpflichtet ist, konterkariert hier nicht kirchlich geforderte Frömmigkeit, indem er sich zynisch selbst zum Vermittler der Seligkeit ernennt. Gerade er bedarf ja der Kirche als eines Tarnungsinstruments, und nur unter seinesgleichen, hier gegenüber der sich sträubenden Lady Anne, der Witwe des von ihm gemordeten Edward, die er trachtet, als Ehefrau zu gewinnen – also nur innerhalb des Rudels, das um die Herrschaft streitet – zeigt er dosiert seine Raubtierqualitäten und was er von der Kirche wirklich hält. Übrigens gewinnt er am Ende die besagte Lady, die freilich nicht nur die Aussicht gereizt haben dürfte, mit dem verkrüppelten Scheusal Richard das Bett zu teilen.

Der Richard von Shakespeares ist freilich nicht der historische Richard. Dennoch, Einblicke in die Welt auch des historischen Richards verdanken wir gerade dieser Bühnenfigur Shakespeares, die wie keine andere seiner Charaktere so vertraut tut mit dem Publikum, von dem Shakespeare eben weiß, daß es seinem Richard so seelenverwandt ist. Wir selbst sind Buckingham, der stellvertretend für uns auf der Bühne das Gemeinwohl nur im Munde führt, um das eigene Streben nach Pfründen um so besser verbergen zu können. In diesem Sinne ist Shakespeares *Richard III*, sofern es das geben kann, reformiertes Theater *par excellence,* denn es entlarvt! Das soll aber nur das erste und nicht auch das letzte Wort zu dem sein, was das Reformiertentum zum Verständnis des Begriffs des Gemeinwohls beizutragen hat. Allein weil dieser ein metaphysischer Begriff ist insofern, als er eine Allheit bezeichnet und keinen empirisch überprüfbaren Sachverhalt, läßt er sich theologisch kritisieren. Es geht aber bei der Kritik des Begriffs hier nicht um ein besonderes Gemeinwohlverständnis, sondern um die Tauglichkeit des Begriffs als einer regulativen Idee für eine theologische Sozialethik überhaupt. Die soll nämlich bestritten werden, da dem zumindest das Verständnis der schweizer Reformation entgegensteht, die Kirche sei eine von Gott aus freier Gnade erwählte Gemeinschaft der Heiligen, und daß Gott zudem aus der Schar aller Menschen nur eine kleine Zahl für seine Kirche erwählt, die anderen aber, also die große Masse, verworfen habe. Gemeint ist die Lehre von der doppelten Prädestination des Calvinismus, die Max Weber für die Genese des kapitalistischen Geistes verantwortlich gemacht hat. Mit dieser Lehre und dem durch sie neu begründeten Selbstverständnis der Kirche läßt sich ein Verständnis des Gemeinwohls als einem sozial-ökonomischen Anliegen wohl kaum vermitteln. Andererseits kann natürlich auch nicht geleugnet werden, daß gerade der Calvinismus eine Vorstellung davon hatte und hat, wie die gesellschaftlichen Strukturen beschaffen sein sollten, in denen die Gemeinden ihren besonderen Auftrag zu erfüllen haben. Diese Vorstellung wurzelt aber letztlich in dem neuen Selbstverständnis der Gemeinde. Weil die Gemeindeauffassung von der Lehre der doppelten Prädestination geprägt ist, muß sie selbst kurz referiert werden, bevor in zwei weiteren Schritten das reformierte Gemeinwohlverständnis dargestellt werden kann, das sich mit den beiden Begriffen Bildung und Demokratie umreißen läßt. Dabei soll es weniger um die historische Entwicklung gehen, sondern um

---

[3] Shakespeare, Richard III 1,2.

systematische Überlegungen und Schlußfolgerungen für eine aktuelle Stellungnahme zum Allgemeinwohldiskurs aus der reformierten Prädestinationslehre.

2. Die Erwählung

Der Begriff des Gemeinwohls ist ein metaphysischer, schließlich ein politischer und damit ein polemischer Begriff. Er dient immer auch der Freund-Feind-Unterscheidung. Wer ihn gebraucht, erstrebt zugleich ein Interpretationsmonopol über ihn. Er dient zur Legitimierung von Herrschaft ebenso gut wie zu ihrer Infragestellung. Der *Herr Omnes*, wie Luther das nannte, in seiner alltäglichen Sorge, in dessen vorgeblichem Interesse das Gemeinwohl für gewöhnlich thematisiert wird, ist an der Formulierung dessen, was das Gemeinwohl sei, wenig beteiligt und wenig interessiert. Ihm kommt, wie Brecht das ausdrückte, das Fressen vor der Moral. Nicht selten ist der Gemeinwohlbegriff sogar gegen die materiellen Interessen des einfachen Volkes gerichtet, wenn etwa unter Berufung auf das allgemeine Wohl von dessen selbsternannten Sachwaltern dazu aufgerufen wird, Opfer zu bringen und Nachteile zu ertragen.

Gemeinwohldefinitionen sind Ausweise von Eliten, die entweder ihre Herrschaft zu legitimieren suchen oder die Herrschaft anderer Eliten in Frage stellen. Der Begriff des Gemeinwohls ist darum neben einem politischen auch ein elitärer Begriff. Es gibt keine Gesellschaft ohne Eliten. In der demokratischen Öffentlichkeit zeigen sich Eliten um das Gemeinwohl besorgt. Eliten sind, das sagt schon das Wort, auserwählt (lat. *electio*, Auswahl). Hier bietet sich nun ein weiterer Ansatz für eine reformiert-theologische und nicht alleine für eine nur sozialethische oder politische Betrachtung des Begriffs an. In der Geschichte der Kirche hat sich nämlich von je her eine Auffassung gehalten, daß sie, die Kirche, eine Gemeinschaft der Auserwählten sei, und zwar auserwählt von Gott ohne Ansehen eines menschlichen Verdienstes. Innerhalb der mittelalterlichen Kirche ist dieser Gedanke der Prädestination freilich nur gedacht, aber nie tatsächlich vertreten worden. Daß die Kirche überhaupt das *sola gratia* und damit die Rechtfertigungslehre vernachlässigte, machte sie erst zu einem geeigneten Partner für die Träger der politischen Macht, wie eingangs angedeutet. Die Erwählung wurde an Verdienste gebunden, die näher zu bestimmen sich die Kirche vorbehielt. Obwohl schriftgemäß, hat die Lehre von der frei geschenkten Gnade unter den bedeutenderen der mittelalterlichen Theologen nur Augustinus radikal durchdacht und vertreten. Spätere mittelalterliche Theologen, die ihm folgten, z. B. der Mönch Gottschalk,[4] wurden unter Häresieverdacht gestellt. Erst mit der Reformation tritt diese Vorstellung wieder in den Vordergrund und wird nun von jenen Gruppen, die sie auf sich beziehen, als eine ihr Leben bestimmende Lehre angenommen. Jean Calvin hat die lutherische Rechtfertigungslehre eng mit der Lehre von der Prädestination und dem Gedanken der Heiligung verknüpft, und man spricht darum gerne vom Calvinismus, um jene Tradition zu bezeichnen, die sich unter anderem auch auf ihn beruft. Das ist nicht ganz korrekt, weil nicht die Person Calvins, sondern – gerade gemäß Calvins – die Ehre Gottes im Mittelpunkt jener Tradition ste-

---

4 Gottschalk von Fulda, 9. Jhd., wurde für sein Eintreten für die Lehre der doppelten Prädestination auf den Synoden in Mainz (848) und Quierzy (849) als Häretiker verurteilt.

hen soll, die in Deutschland die reformierte heißt. Calvin hatte, um dies zu unterstreichen, sogar verfügt, daß er wohl ein Begräbnis, aber keine identifizierbare Grabstätte erhielt. Bleiben wir aber der Einfachheit halber bei Calvinismus, was insofern gerechtfertigt erscheint, weil Calvin unter den Reformatoren als derjenige gelten darf, der die doppelte Prädestination besonders betont hat.

Die Lehre läßt sich kurz wie folgt zusammenfassen: In der *Institutio* und anderen Schriften legt Calvin die Schrift dahingehend aus, daß Gott unter den Menschen, die auf Grund ihrer Sünde die Verdammnis als gerechte Strafe zu tragen haben, eine geringe Zahl zu seinem Dienst und seiner Verherrlichung erwählt hat, und zwar allein aus Gnade und ohne Ansehen eines Verdienstes, den es laut Calvin ebenso wie für die anderen Reformatoren für den Menschen vor Gott auch gar nicht geben kann. Abgesehen von der Erwählung der Wenigen treffe alle anderen Menschen verdientermaßen die Verdammnis, ohne daß die Betroffenen auf ihr Schicksal Einfluß nehmen könnten – weder die Erwählten noch die Verdammten. Darum spricht man von der doppelten Prädestination, der *gemina praedestinatio*. Die Absolutheit Gottes in seiner Wahl könne durch kein menschliches Werk eingeschränkt werden. Calvin führt zur Verteidigung der Prädestinationslehre zahlreiche biblische Stellen an, u. a. den Propheten Maleachi, der hier stellvertretend für die anderen zitiert sein soll: „Ist nicht Esau Jakobs Bruder? spricht der Herr; und doch hab ich Jakob lieb und hasse Esau" (Mal 1, 2 u. 3). Diese Prädestination ist schon im *Neuen Testament* diskutiert worden, namentlich bei Paulus und im *Johannesevangelium*, und Paulus schreibt zu dem eben zitierten Vers unter gleichzeitigem Hinweis auf eine weitere Stelle in 2. Mose 33, 19, wo es heißt,

> „Ich werde mich erbarmen, wessen ich mich erbarme, und werde barmherzig sein, gegen wen ich barmherzig bin": „Somit kommt es nun nicht auf den an, der will, noch auf den, der läuft, sondern auf Gott, der sich erbarmt" (Röm 9, 14–16).

Es ist im Hinblick auf die soziale und politische Bedeutung der Prädestinationslehre vernachlässigenswert zu klären, ob Calvin sie in spekulativer oder in religiöser Absicht formuliert hat. Darüber ist in der reformierten Orthodoxie und besonders im Reformiertentum des 19. Jahrhunderts heftig gestritten worden. Man kann einmal von der Annahme der behaupteten totalen Abhängigkeit des Menschen von Gott und Gottes absoluter Freiheit her die Prädestinationslehre als logische Konsequenz spekulativ entfalten – was allerdings ein Unternehmen ist, vor dem Calvin immer wieder gewarnt hat, weil es dem Menschen nicht anstehe, dem Geheimnis Gottes zu nahe zu treten –; andererseits kann man aber der Prädestinationslehre auch eine religiöse Absicht unterstellen, womit gemeint ist, daß Calvin nach einer Erklärung dafür gesucht habe, warum sich so viele Menschen nicht der Reformation anschlossen, und daß Calvin das eben auf deren von Gott gewirkte Verstocktheit zurückgeführt habe. Vor allem aber habe die Prädestinationslehre den Gemeindegliedern die Gewißheit ihrer Erwählung vermitteln sollen – Angesichts der Anfeindungen, denen die Reformation von Seiten einer Institution ausgesetzt war, die sich auf 1500 Jahre juridische Kontinuität berief, wäre dies ein nur allzu verständliches Anliegen. Wie dem auch sei, vernachlässigenswert ist diese Kontroverse, weil die religiöse die spekulative Interpretation nicht etwa ausschließt, sondern im Gegenteil voraussetzt und impliziert. Man entkommt dieser Implikation nicht, auch wenn man, wie Jürgen Moltmann in Deutschland oder Dewey D. Wallace in England, in Fortführung der religiösen Deutung die Lehre von der Perseveranz als den eigentlichen Kern der Prädestinationslehre behauptet[5] oder wie Paul Jacobs die Prädestinationslehre als stets auf die Ethik bezogen betrachtet und glaubt, sie dogmatisch entsprechend vernachlässigen zu können.[6] Das gilt gleichfalls für andere Aspekte der Prädestinationslehre wie etwa die Frage, ob Gott die Entscheidung über Erwählung und Verwerfung schon vor dem Fall des Menschen (Supralapsarismus) oder gar vor der Erschaffung der Welt (Supracreatianismus) getroffen habe. Die calvinistische Gemeinde jedenfalls repräsentiert dieser Lehre nach nicht irgend eine Elite, sondern die Elite schlechthin. Gleichwohl muß betont werden, daß die Implikationen der Prädestinationslehre nicht das Hauptanliegen Calvins und wohl auch nicht der calvinistischen Theologen der Zeit unmittelbar nach Calvins Tod in dem Maße waren, wie das bei Theologen der Orthodoxie und namentlich während der arminianischen Auseinandersetzungen der Fall wurde. Es sind dann aber gerade diese Implikationen, die im Verlauf der Säkularisierung und der Verbürgerlichung von Gesellschafen, die von der reformierten Tradition maßgeblich geprägt wurden, sozial und politisch wirkten. Schon Max Weber bemerkte in seinen Untersuchungen über die calvinistische Ethik: „[U]nvorhergesehene und geradezu ungewollte Folgen der Arbeit der Reformatoren waren [...] oft weit abliegend oder geradezu im Gegensatz stehend zu allem, was ihnen selbst vorschwebte".[7] Andererseits ist die Prädestinationslehre aber im Hinblick auf ihre gesellschaftlichen Konsequenzen von Anfang an bekämpft worden, denn ihre sozialen und politischen Folgerungen lagen auf der Hand und waren den Reformatoren auch durchaus bekannt, wurden aber eben nicht von allen bejaht.

Die spontane Ablehnung der Prädestinationslehre erfolgt in der Regel auf Grund eines Mißverständnisses dessen, zu was die Gemeinde sich als erwählt zu betrachten habe. Es geht, um es kurz zu sagen, und hier folge ich der Richtung der Interpretation von Jacobs, um das rechte Verständnis des Gesetzes, und besonders um seinen nach lutheranischer Zählung dritten Gebrauch, den *tertius usus* oder auch *usus in renatis.* Im ersten Gebrauch, im *usus politicus* bzw. *paedagogicus legis,* dient das Gesetz zur Aufrechterhaltung der äußeren Ordnung. Der zu Beginn seines reformatorischen Wirkens noch antinomistische Luther hat diese Bedeutung des Gesetzes im antinomistischen Streit gegen Agricola und andere Antinominianer betont, nachdem die ersten Visitationen der neuen lutherischen Gemeinden gezeigt hatten, daß dem Sittenverfall dringend entgegengetreten werden mußte. Im *usus elenchticus* dient das Gesetz zur Erkenntnis der Sünde und der Angewiesenheit des Sünders auf die Gnade Gottes, weil der Mensch angesichts der Forderungen des Gesetzes anerkennen müsse, daß er das Gesetz zu erfüllen nicht in der Lage sei. Der *usus in renatis* vermittelt dagegen die Erkenntnis des Willens Gottes für die Gemeinde der Erwählten. Das Gesetz hält also auch und gerade dem Gläubigen die fortlaufende Forderung Gottes vor. Erwählt ist der Mensch nach Calvin nicht alleine zu einem zukünftigen und jenseitigen Heil, sondern zunächst in der Welt zum Dienst in der Freiheit der Kindschaft Gottes. Von daher ist für Calvin der dritte Gebrauch des Geset-

---

[5] Vgl. Moltmann 1961 u. Wallace 1982.

[6] Jacobs 1937.

[7] Weber 1988, S. 82.

zes, den Luther nicht betont, eigentlich der erste.[8] Dienst ist diesem Verständnis nach eine existentiale Bestimmung des Menschen, d. h. daß der Mensch nicht als ein Wesen betrachtet wird, das einmal dient und einmal nicht dient, sondern daß dessen Seinsverfassung Dienst ist. Das sieht das Luthertum (nicht unbedingt Luther, von dem ja das Bild vom Menschen als einem Reittier stammt, das entweder von Christus oder vom Teufel geritten werde) anders. Adolf Köberle, ein lutherischer Theologe und Schüler Karl Heims,[9] interpretiert die Rechtfertigungslehre gemäß der *Konkordienformel* so, daß mit der Rechtfertigung der Mensch in einen supralapsarischen Zustand gebracht werde, in dem er die Freiheit besitze, die Gnade Gottes anzunehmen oder abzuweisen.[10] Calvin dagegen betrachtet auch die guten Werke der Heiligung als vom Geist gewirkt, wie auch das Beharren im Glauben, die Perseveranz. Jürgen Moltmann formuliert das, gleichzeitig den Begriff des Geistes erläuternd, wie folgt: „Nicht des Menschen subjektive Standhaftigkeit leistet das Bleiben, sondern die von Christus gestifteten neuen Verhältnisse, in denen er selber neu wird".[11] Dienst und Freiheit bedingen sich dann insofern, als im Gottesdienst der Mensch frei wird gegenüber den Ansprüchen der Mächte der Welt, die ihn ebenfalls ganz und gar haben und beanspruchen wollen.[12] Die innerweltliche Askese wird nicht im Hinblick auf ein Heil geübt, um sich ihm gegenüber zu bewähren, sie ist selber schon das Heil. Der von Gott in Dienst genommene Mensch steht damit grundsätzlich in einem Spannungsverhältnis zu jeder Form von Herrschaft, die ihn ihrerseits in Dienst nehmen will. Der Mensch dient also immer, aber insofern er Gott dient, ist er gegenüber den Ansprüchen aller anderen Mächte frei. Weil er diese Freiheit nicht selber wählen kann, da diese Wahl ja gerade diese Freiheit voraussetzte, muß er zu ihr als erwählt betrachtet werden. Sie zu wahren ist dann gerade sein Dienst, sein Gottesdienst in der Welt, d. h. sein Gehorsam gegenüber dem ersten Gebot, den der Geist in ihm bewirkt. Denn die Freiheit hat diesem Verständnis nach nicht den individuellen Menschen zum Subjekt, der alleine seine Freiheit nicht zu sichern vermag. Das Subjekt der Freiheit und damit das Objekt der Befreiung ist die Gemeinde. Gottesdienst ist niemals ein individuelles, sondern ein gemeinschaftliches Unternehmen. Der Mensch ist befreit in die Teilhabe an der herrlichen Freiheit der Kinder Gottes – und das nicht in einen Moment der Wahl, wie auch das erste Gebot betont: „Ich bin der Herr, dein Gott, der ich dich aus dem Lande Ägypten, aus dem Sklavenhause, herausgeführt habe" (Ex 20,2). Das Gesetz

---

8 Gleichwohl Calvin in der ‚Institutio' (1988a) zunächst *den usus elenchticus*, dann den *usus politicus* und erst an dritter Stelle den *usus in renatis* abhandelt.

9 Köberle: geb. 1898, gest. 1990; ab 1930 Professor in Basel, ab 1939 in Tübingen.

10 Köberle 1929, bes. S. 171 ff. Vgl. dazu die entsprechende Stelle in der *Konkordienformel*: „Darumb ist ein großer Unterschied zwischen den getauften und ungetauften Menschen; denn weil nach der Lehre S. Pauli, Gal.3, ‚alle die, so getauft sind, Christum angezogen' und also wahrhaftig wiedergeboren, haben sie nun arbitrium liberatum", in: Die Bekenntnisschriften der evangelisch-lutherischen Kirche 1959, S. 898.

11 Moltmann 1961, S. 51.

12 Für das Luthertum läßt sich, wie Werner Elert schreibt, „das Ethos nicht aus den Begriffen der Freiheit, des Nächsten und der Liebe deduzieren [...] Es fehlen dabei die schicksalhaften Faktoren. [...] Ist aber Ethos niemals nur Qualität des einzelnen, sondern stets überindividuelle Beziehung, so können diese Dinge auch niemals dabei ausgeschaltet werden. Das Ethos vollzieht sich vielmehr stets im Rahmen der Schöpfungsordnungen", Elert 1953, S. 48.

ist im Verständnis des *tertius usus legis* die Freiheitsordnung Gottes. Bei Luther fehlt dagegen sowohl im *Großen Katechismus* als auch im *Kleinen Katechismus* dort, wo er das erste Gebot erklärt, der Freiheitszuspruch, er unterschlägt ihn im Zitat des ersten Gebots. Das reformierte Verständnis des Gesetzes hat somit nicht nur Auswirkungen auf die Liturgie, auf den, bedenkt man den ursprünglichen Sinn von λειτουργια, öffentlichen Dienst der Gemeinde. In diesem Zusammenhang sei darauf hingewiesen, daß Hasso Hofmann im Hinblick auf das moderne Rechtsverständnis bemerkt hat, in der Neuzeit begründe mitnichten die Idee der Gerechtigkeit, wie zuvor über Jahrhunderte hinweg, das Recht, sondern zunächst die der Sicherheit und die des Friedens, mit und nach Kant aber zuvörderst die der Freiheit[13] – und daß sogar das *Kommunistische Manifest* nicht ein Reich der Gerechtigkeit, sondern das der Freiheit verheiße.[14] Die Freiheit der Kinder Gottes aber verdankt sich dem reformierten Verständnis nach der freien Gnadenwahl und damit der besonderen Gerechtigkeit Gottes, die nach menschlichem Ermessen freilich als ungerecht empfunden werden muß – *summum jus, summa injura*. Im Reformiertentum bahnte sich so ein Verständnis von Freiheit den Weg, das insofern nicht im Widerspruch zum modernen Verfassungsverständnis steht, als hier der vereinzelte Mensch mit den anderen isoliert betrachteten Freien nicht erst wieder in einem weiteren Schritt vermittelt werden muß. Das hat dann die entsprechenden Auswirkungen auf das Gemeinwohlverständnis.

3. Einwände gegen die Prädestinationslehre unter Berufung auf das Gemeinwohl

Auf den ersten Blick scheint es schlüssig zu sein, Gesellschaften, in denen der Calvinismus die bestimmende Konfession geworden ist, in irgend einem Sinne als aristokratisch verfaßt anzunehmen. Es ist dem Calvinismus von lutherischer Seite auch entsprechend bestritten worden, überhaupt ein Gemeinwohlbewußtsein zu haben. Als Beispiel für viele soll hier der Göttinger Anglist und Religionssoziologe Herbert Schöffler dienen: „Die Kehrseite [der Prädestinationslehre – M. E.] konnte eine um so stärkere Vernachlässigung derer sein, die nach allem menschlichen Ermessen, nach allen sichtbaren Zeichen zu der geringen Schar der Auserwählten nicht gehören konnten".[15] Erst das Luthertum habe dem Puritanismus[16] ein soziales Gewissen zu vermitteln vermocht. John Wesleys Glaubenskrise etwa sei während seines Besuchs der Londoner Herrnhuter Gemeinde anläßlich eines Vortrags über Luthers Einleitung in den *Römerbriefkommentar* überwunden worden: „Das Ereignis vom Mai 1738 bedeutete nichts anderes als den Sieg Luthers über Calvin im englischen Felde"[17], schreibt Schöffler. Über die methodistische Erweckungsbewegung seien

---

[13] Hofmann 2000, S. 34 ff.
[14] Ebd., S. 193 ff.
[15] Schöffler 1960, S. 330.
[16] Den Schöffler mit dem Calvinismus gleichsetzt.
[17] Schöffler 1960, S. 330.

„die Presbyterianer Englands, die Kongregationalisten, die Baptisten und Quäker, die Evange-
likalen in der Staatskirche, die gesamte Low-Church-Richtung, späterhin die United Free
Church Schottlands nach Luther hingekehrt (worden)".[18]

So seien es in England gerade jene nach der Glorreichen Revolution aus dem politischen Leben ausgeschlossen Gemeinschaften gewesen, die die sozialen Bewegungen
gegen die Sklaverei, für die Gefängnisreform, für die Reform der Psychiatrie, für die
Verbesserung der Lage der arbeitenden Klasse, für ein Schulsystem und schließlich für
die Emanzipation der Frauen initiiert hätten.

Diesen sozialen Puritanismus, das ist die Pointe von Schöfflers Überlegungen, habe
es in Deutschland nicht gegeben, und zwar weil Deutschland ihn auch gar nicht nötig
gehabt habe. Schöffler stützt sich auf eine Passage aus Adam Smiths *The Wealth of
Nations*: Darin bezeichnet Smith die Sklaverei in den französischen Kolonien darum als
humaner als jene unter den Engländern, weil bei ersteren der Staat nicht selber Sklavenhalter sei, in den englischen Kolonien die Sklavenhalter sich aber selber beaufsich-
tigten.[19] Schöffler urteilt: „Das Allumfassende, die alle menschlichen Beziehungen
einhergreifende Sorge des absolutistischen Staates steht plötzlich in unerwartetem Lichte da", und weiter, bezogen nun auf Deutschland:

„Wo immer die Gefahren auftauchen, die in derselben oder ähnlichen Gestalt dem englischen
Volke verhängnisvoll geworden sind, war bei uns die Initiative des Beamtenstaates wach und
ist dem Drohenden früh entgegengetreten".[20]

Das Fazit der Schöfflerschen Überlegungen liegt auf der Hand: Dem sozialen Un-
gleichgewicht in England, für das maßgeblich der Puritanismus und damit die calvinistische Konfession verantwortlich gemacht wird, habe nur unter Berufung auf Luther
begegnet werden können.

Tatsächlich ist die Reformation in England, die Heinrich VIII bekanntlich nicht
wünschte und die er, sofern er sie nicht politisch instrumentalisierte, bekämpfte, unter
dessen Sohn Edward VI (Edward dem Kind) radikalcalvinistisch durchgeführt, vom
einfachen Volk aber größtenteils abgelehnt worden. Der Herrschaftsantritt von Hein-
richs Tochter aus der ersten Ehe, Mary, der später so genannten Bloody Mary, wurde
darum von Vielen begrüßt, sogar aus den Reihen der Geistlichkeit. Unter den Pfarrern,
die wegen ihrer mittlerweile geschlossenen Ehen belangt worden seien, habe es wohl
auch manche gegeben, bemerkt Schöffler süffisant, „die ihr Gespons in vier- bis sechs-
jähriger Ehe hinlänglich kennengelernt hatten, um sich für die Segnungen des Zölibats
in ganz neuem Sinne zu interessieren".[21] Wie dem auch gewesen sein mag, für Schöffler ist zwar die Kirche das soziale Gewissen des Staates, die Verhältnisse aber sollen
bleiben, wie sie sind. Schöffler ist wie einer von den Bischöfen, die Shakespeares Richard die Weihe geben.

Aber auch vielen Reformierten erscheint die Prädestinationslehre, insbesondere natürlich die Lehre von der doppelten Prädestination, als nicht mehr zeitgemäß. Jan Rohls

---

[18] Ebd., S. 331.
[19] Vgl. Smith, Wealth of Nations, 4. Buch 7. Kapitel.
[20] Schöffler 1960, S. 348, 351.
[21] Schöffler 1960, S. 291.

etwa erklärt, sie sei mitnichten ein zentrales Dogma des Reformiertentums,[22] und Bernard Cottret, der Autor der jüngsten Calvinbiographie, schreibt: „Pauvre Calvin, victime de son système. La prédestination est devenue le loup-garou de la théologie réformée. On ne s'en approche qu'avec effroi".[23] Schon John Milton, der Dichter von *Paradise Lost*, erklärte: „Mag ich zur Hölle fahren, aber solch ein Gott wird niemals meine Achtung erzwingen".[24] Aber andererseits hat es bedingungslose Anhänger der Lehre von der doppelten Prädestination gegeben, besonders in England. Dewey D. Wallace glaubt sogar, eine gewisse Neigung des englischen protestantischen Denkens hin zur Prädestinationslehre im Sinne der doppelten Prädestination ausmachen zu können, insbesondere wegen ihrer antiinstitutionellen Ausrichtung. Sie werde jedenfalls schon in der frühen englischen Reformationsliteratur, etwa bei William Tyndale und John Frith, vertreten, und gerade sie beherrsche die Edwardianische Reformation. In der Zeit der Regentschaft der Bloody Mary sei sie von den Verfolgten bis in die Kerker hinein verteidigt worden, auch gegen die eigenen Mitbrüder, die sie nicht mehr ernstgenommen hätten. Wallace führt John Bradford als Zeugen an, der einigen Abweichlern, sogenannten *freewillers*, schrieb:

> „Although I look hourly for officers to come and have me to execution, yet can I not but attempt to write something unto you, my dearly beloved […], to occassion you the more to weigh the things wherein some controversy hath been amongst us, especially the article and doctrine of predestination, whereof I have written a little treatise […]. Only by the doctrine of it I have sought, as to myself, so to others, a certainty of salvation, a setting up of Christ only, an exaltation of God's grace, mercy, righteousness, truth, wisdom, power and glory, and a casting down of man and all his power."[25]

Was muß diese Lehre, die so abgründig scheint und die einen Bernardino Ochino sogar zu der Behauptung führte, Christus selber könne einen Verdammten nicht retten – was nebenbei gesagt ein nicht gerade schmeichelhaftes Licht auf die Christologie des besagten Herrn wirft – jenen Männern im Kerker bedeutet haben?[26] Es ist, neben den religiösen Gründen, auch die mit dieser Lehre verbundene Ablehnung jeglicher Herrschaft, die sich auf Verdienste beruft, wobei sich die Prädestinationslehre gleichzeitig selber einer Rechtfertigung gleich welcher Herrschaft auch immer versagt: Neben der Perseveranz, die auch er in den Vordergrund stellt,[27] betont Wallace noch:

> „Nor can predestination mean license, for it is an election to holiness, taking away pride in merits, provoking piety and ‚a true desire of our home in heaven', and encouraging contempt for worldly things as well as service of the neighbor and care for God's glory."[28]

---

[22] Vgl. Rohls 1999.

[23] Cottret 1998, S. 329.

[24] Zit. n. Weber 1988, S. 91.

[25] Wallace 1982, S. 22.

[26] Ebd., S. 16; Ochino radikalisierte sich und wandte sich dann gegen die Prädestinationslehre.

[27] „The theology of predestinarian grace was ultimately rooted in a particular piety or way of being religious; it was the reflection of a religious experience." Wallace 1982, S. 194.

[28] Wallace 1982, S. 23.

Die politischen Folgen liegen auf der Hand: Während der englischen Revolution unterstützte Charles I die Arminianer,[29] jene Reformierte, die die Lehre von der doppelten Prädestination bekämpften und über die Wallace urteilt:

> „For the English Arminians can be described as ‚high church' or even ‚Anglo-Catholic', emphasizing the sacraments as channels of divine grace [...]. Sacramentalism meant the exaltation of priesthood and episcopacy [...] And in the case of the Laudians, divine right episcopacy was closely related to divine right monarchy."[30]

Mit den Laudians sind jene Anhänger des William Laud gemeint, der unter der Regentschaft Charles I zunächst Bischof in London und später Erzbischof in Canterbury war, und der die Arminianer nachhaltig unterstützte. Auch in den Niederlanden vertraten die Arminianer ein Staatskirchentum.

Wo die Reformation mit monarchischen Interessen verschmolz, gab es keinen Platz mehr für einen Gedanken an die Prädestinationslehre. Selbst im *Heidelberger Katechismus* findet sie keine ausdrückliche Erwähnung mehr. Jan Rohls schreibt über Heidelberg als Zentrum der innerprotestantischen Unionsbestrebungen im Zeitalter der Refomation und der sich anschließenden konfessionellen Auseinandersetzungen und Kriege im Reich, freilich ohne daß er auf Grund seiner Beobachtung die besagte Lehre sympathischer fände:

> „Natürlich stand im Hintergrund das macht- und sicherheitspolitische Interesse der Kurpfalz, die über enge dynastische Beziehungen zu den Niederlanden und England verfügte und bis zur Niederlage des Winterkönigs die Vormacht der antikatholischen Front im Reich war."[31]

Ob es der geforderten Kürze seiner Broschüre geschuldet ist, daß Rohls hier die Kurpfalz mit dem kurfürstlichen Hof identifiziert, wenn er über sie schreibt, *sie* verfüge über dynastische Verbindungen usf.? Es führt zu weit, darüber zu spekulieren, wer heute alles im Solde Charles I stünde. Doch in jedem Charles steckt ein Richard. Die reformierte Konfession hat in Deutschland keine Wurzeln bilden können, weil in Deutschland die Reformation eine Angelegenheit der Höfe hat sein müssen, weil es keine republikanische Alternative gab. Dort, wo das Reformiertentum sich hat halten können, wurde es verwässert und schließlich sogar nicht mehr verstanden, denn die Prädestinationslehre steckt implizit auch im *Heidelberger Katechismus*.[32]

---

[29] Jacob Arminius (eigentlich Harmensz), 1560 bis 1609. Arminius lehrte, in Christus sei allen Menschen die Versöhnung mit Gott angeboten, aber nur die Glaubenden hätten Teil an ihr. Der Mensch könne sich sowohl auf die Gnade vorbereiten als auch vom Glauben abfallen. Arminius trat für eine niederländische Staatskirche ein. Seine Lehre wurde auf der Synode von Dordrecht 1618 als Häresie verurteilt. Die gleiche Synode entschied aber, die Prädestinationslehre infralapsarisch zu verstehen.

[30] Wallace 1982, S. 98.

[31] Rohls 1987, S. 12.

[32] Man beachte besonders die Frage 20, 53 und 54: „Werden denn alle Menschen wiederum durch Christus selig, wie sie durch Adam sind verloren worden? Nein, sondern allein diejenigen, die durch wahren Glauben ihm werden eingeleibt und alle seine Wohltaten annehmen" (20). Frage 53 nennt den Hl. Geist als Mittler des Glaubens, und Frage 54 bekennt, daß „der Sohn Gottes aus dem ganzen menschlichen Geschlecht sich eine auserwählte Gemeinde zum ewigen Leben durch seinen

Der Calvinismus revolutioniert die Gesellschaft, indem er die Selbstreproduktion von Eliten zu unterbinden trachtet. Das macht ihn grundsätzlich attraktiv für aufstrebende Gesellschaftsschichten. Es überrascht darum nicht, daß gerade in den calvinistisch geprägten Gesellschaften die Demokratie im neuzeitlichen Sinne ihre Begründung fand. Die Perhorreszierung der Prädestinationslehre dient dagegen nicht selten der Abwehr einer Delegitimierung bestehender Eliten, besonders der von Bildungseliten, und sie beruft sich dabei nicht selten auf das liberale Menschenbild. Dabei wird aber das eigentliche liberale Verständnis dieser Lehre, und zwar liberal im Sinne von freiheitlich, unterschlagen. Diesem Freiheitsverständnis nach ist Freiheit zunächst als Freiheit von Traditionen zu verstehen, die einer Vergesellschaftung des Menschen, d. h. seiner Sozialisation, im Wege stehen.

4. Prädestination und Familie

Die Prädestinationslehre wendet sich zunächst einmal eigentümlich gegen die Familie, was den Blick auf das reformierte Gemeinwohlverständnis eröffnet. Denn die Sorge für die Familie, nicht der Egoismus des abstrakten Einzelnen, beeinträchtigt für gewöhnlich den Gemeinsinn, der zum Engagement für das Gemeinwohl motiviert. Wo Herrschaft sich über Familientraditionen legitimierte, hatte die Prädestinationslehre keine Chance auf Anerkennung.

In der Sorge um das Familienleben formierte sich darum auch innerhalb der reformierten Gemeinden der Widerstand gegen die Lehre von der Prädestination. Fehlt nämlich der Gemeindebezug, und die Gemeinde ist verstanden als der auferstandene Leib des Herrn, vereinzelt die Prädestinationslehre den Menschen auf eine unerträgliche Weise, besonders gegenüber und innerhalb der Familie als seinem natürlichen Umfeld. Dies ist ein weiterer Beleg dafür, daß man reformiert nur in der Gemeinschaft einer Gemeinde sein kann. Fehlt dieser Bezug, wird aus der Prädestinationslehre eine in sich unsinnige, abgöttische Doktrin, die dem ursprünglichen Verständnis, nämlich der Vereinzelung zu wehren, gerade zuwiderläuft. Daraus, daß unser Blick nur auf den einzelnen Menschen gerichtet ist und er alleine als das Objekt der Erwählung betrachtet wird, ergeben sich die meisten Mißverständnisse über die Lehre. Cottret z. B. bemerkt auf Grund seiner Sentimentalität für das einzelne, dem liberalen Denken sakrosankt geltende Individuum, schon Calvin selber habe den Familien gegenüber Zugeständnisse gemacht: „Le calvinisme ultérieur tempère la prédestination, en insistant sur son caractère lignager [es folgt ein Verweis auf den Dordrechter Kanon von 1618/19; Anm. M. E.]",[33] und weiter: „Cette dérive familiale est déja amorcée par le Réformateur".[34] Doch die Stelle, die Cottret als Beleg anführt, kann überhaupt nicht überzeugen. Cottret bezieht sich nämlich auf eine Predigt Calvins über Hiob, wo Calvin gerade nicht die Erwählung, sondern den Zorn Gottes sich von den Eltern auf die Kinder fortsetzen sieht. Aber

---

Geist und Wort, in Einigkeit des wahren Glaubens von Anbeginn der Welt bis ans Ende versammle, schütze und erhalte und daß ich derselben ein lebendiges Glied bin und ewig bleiben werde."
[33] Cottret 1998, S. 312.
[34] Ebd., S. 313.

der Zorn ist ja gerade das, was der Mensch von Adam an verdient, von hier aus ist ein Analogieschluß auf die Erwählung völlig widersinnig. Cottret hätte sich allenfalls auf Calvins Tauflehre berufen können, wo es in der Absicht, die Säuglingstaufe gegen die Wiedertäufer zu verteidigen, heißt:

> „(D)as Zeichen Gottes, das einem jungen Knaben gegeben wird, bekräftigt wie ein aufge-
> drücktes Siegel die Verheißung, die dem frommen Vater oder der frommen Mutter gegeben
> ist, und erklärt es für abgemacht, daß der Herr nicht nur der Gott des Vaters oder der Mutter,
> sondern auch der Gott ihres Samens sein […] will, […] ihren Nachfahren bis ins tausendste
> Glied."[35]

Daß die Erwählung eine Erwählung zum Dienst ist, wird freilich auch hier betont, wenn Calvin anfügt:

> „Und wenn sie dann herangewachsen sind, so werden sie durch ihre Taufe nicht wenig zum
> ernsten Trachten nach der Verehrung Gottes angespornt, der sie ja durch das feierliche Merk-
> zeichen ihrer Adoption zu Kindern angenommen hat […]".[36]

Aber hier ist größte Vorsicht geboten, das Mißverstehen der Stelle resultiert daraus, daß man sie isoliert und ihren Kontext übersieht: Wohl argumentiert Calvin in der Tauflehre der *Institutio* gegen die Wiedertäufer, indem er die Taufe analog zur Beschneidung versteht, womit er das Argument zu entkräften sucht, die Kindertaufe sei nicht biblisch. Doch die Taufe verpflichtet zunächst einmal die Gemeinde, weil nicht sie, sondern Gott das Ja gegenüber dem Kinde und den Eltern ausspricht, und die Gemeinde in diesem Glauben zu leben hat. Mit der Taufe anerkennt die Gemeinde diesen Sachverhalt. Sie verfügt nicht selbst über sich und ihre Gestalt. In seiner Prädestinationslehre hat Calvin dagegen die Vorstellung eines *Samens der Erwählung* ausdrücklich abgelehnt.

> „Einige träumen da nämlich, in ihr Herz sei von Geburt an wer weiß was für ein ‚Same der
> Erwählung‘ eingesenkt, durch dessen Kraft sie stets zur Frömmigkeit und zur Furcht Gottes
> geneigt wären; aber sie haben keine Stütze an der Autorität der Schrift und werden auch durch
> die Erfahrung selbst widerlegt."[37]

In *De aeterna Dei praedestinatione* argumentiert Calvin gegen Albert Pighius, einen Utrechter Gegner der Prädestinationslehre, der seine Kritik damit begründete, durch die Taufe könnten dann auch Verbrecher zur Schar der Erwählten stoßen; Calvin antwortet:

> „Wie Paulus eine Beschneidung nach dem Buchstaben und eine nach dem Geiste annimmt
> (Röm 2,27ff), so muß man auch von der Taufe denken, daß einige das Zeichen nur nach dem
> Buchstaben an ihrem Körper tragen, die von der Sache weit entfernt sind."[38]

Was so sehr der natürlichen Liebe der Eltern gegenüber ihren Kindern widerspricht, das ist für privilegierte Familien unannehmbar, eröffnet aber gerade den Nachkommen unterprivilegierter Familien gesellschaftliche Aufstiegschancen. Das Reformiertentum kennt im Unterschied zum Luthertum keine Schöpfungsordnungen. Der Ehe wird zwar

---

[35] Calvin 1988a, Institutio 4,16,9.
[36] Institutio 4,16,9.
[37] Institutio 3,24,10.
[38] Calvin 1998b, S. 77.

eine gewisse Bedeutung beigemessen, weil sie als Bund den Gottesbund illustriert, aber eben nur der Ehe, nicht der Familie. Alfred de Quervain, der als der bedeutendste Ethiker der reformierten Theologie des 20. Jahrhunderts gelten darf, schreibt:

> „Eine theologische Ethik kann ihre Arbeit nicht so beginnen, daß sie autonome ethische Prinzipien übernimmt, daß sie auf die ethischen Formen der Ehe und der Familie zurückgreift, die dem denkenden Menschen bekannt seien, daß sie auf die Idee der Ehe sich beruft",

und weiter:

> „Es wird bezeugt, daß der Mensch in der Ehe und in der Familie weder sich selbst lebt noch für eine Ordnung da ist".[39]

Die Familie wird darum auch nicht, wie im Luthertum, als die Keimzelle der Gemeinde betrachtet. Entsprechend betont de Quervain, bevor er auf die Kinder zu sprechen kommt, daß die Ehe als Bund ihren Zweck nur in sich selber finde, daß er nicht außerhalb ihrer liege: „So sind auch die Kinder nicht Zweck der Ehe",[40] heißt es, und schärfer noch: „Hinter dieser Verkennung des Wesens der Ehe steckt Mißachtung der Güte Gottes, eine Knechtsgesinnung".[41] Erst nach dieser Klarstellung erfolgt dann der Hinweis, daß auf der anderen Seite gewollte Kinderlosigkeit wiederum nichts anderes sei als ein Verjagen der Kinder, aber wesentlich bleibe: In der Ehe und in der Familie gehe es primär darum, im Glaubensgehorsam zu leben. Alfred de Quervain hat in seiner Ethik das Leibliche, auch die leibliche Abstammung der Kinder von den Eltern, nicht als unbedeutend beiseite geschoben, aber er schreibt sehr deutlich über diese Beziehung, die nicht selten mit dem Satz „Blut ist dicker als Wasser" betont wird:

> „Das Leibliche ist nicht Nebensache, aber es ist nicht in sich selbst sinnvoll. [...] Der von Menschen Geborene, ein Lebewesen unter anderen Lebewesen, lebt nicht von dem, was seine Eltern in der Geburt und durch Erziehung ihm zu geben vermögen. Er ist nicht das, was er aus dem Empfangenen macht, was die Verhältnisse aus ihm machen. Sein eigentliches Leben hat er als ein von Gott Gerufener."[42]

Gerufen ist er aber, das zu betonen darf man nicht müde werden, in den Dienst und damit in die Freiheit der Gemeinde Christi.

Es wäre das Eine oder Andere noch hinsichtlich dessen zu sagen, wie diese Sicht der Ehe das Familienleben zu entlasten vermag, aber allein die Folgerungen für das Gemeinwohlverständnis, die gesellschaftlichen Implikate, interessieren hier: Kurz gesagt, mit Hilfe der Lehre von der doppelten Prädestination lassen sich keine Maßnahmen rechtfertigen, die zu einer Selbstrekrutierung von Eliten über die Familie führen, im Gegenteil: Die Lehre von der doppelten Prädestination ist ein Angriff auf alle Maßnahmen, die es einer Elite ermöglichen sollen, sich selber zu reproduzieren.

---

[39] De Quervain 1953, S. 43, 44.

[40] De Quervain 1953, S. 78.

[41] Ebd., vgl. Elert 1953, S. 84, der unter Berufung auf Luther schreibt: „Daß Gott durch die Ehe geehrt werde, ist sittliche Aufgabe des Menschen. Es geschieht durch Kinderzeugen, das nächst dem Predigen das höchste Werk ist."

[42] De Quervain 1953, S. 158 u. 160.

So mußte in den schweizer Städten, die sich den Evangelischen angeschlossen hatten, namentlich in Zürich und in Genf, die Reformation gegen den Widerstand alteingesessener und mächtiger Familienclans durchgesetzt werden.[43] Die Reformatoren hatten entsprechend ein großes Interesse an der Sozialisation der Familien. Die Loyalitätsebenen mußten neu definiert werden. Zuerst die Treue zum Bekenntnis, zum Leben der Gemeinde, dann, und auf keinen Fall gegen das Bekenntnis zur Gemeinde als dem auferstandenen Leib des Herrn, die Loyalität gegenüber der Stadt.

5. Bildung

Gemeinwohl meint im Reformiertentum primär Bildung, und zwar Bildung für möglichst alle Menschen, weil alle einen über den Ruf in den Dienst in der Gemeinde sich begründenden Bildungsanspruch haben. Das scheint zunächst dem Prädestinationsgedanken zu widersprechen, aber der Bildungsanspruch aller ist darin begründet, daß der Ruf sowohl an die Erwählten als auch an die Verworfenen ergeht, die zu unterscheiden der Mensch sich ja nicht anmaßen darf.

Der Bildungsgedanke spielt in der gesamten Reformation, natürlich auch bei Luther, eine ganz besondere Rolle. Er steht in unmittelbarem Zusammenhang mit der Entdekkung des Individuums, das sein Heil dem reformatorischen Verständnis nach nicht mehr der Vermittlung einer kirchlichen Instanz verdanke. Entsprechend sei das Individuum auch keiner kirchlichen Instanz mehr zu unterwerfen, sondern als allein seinem Gewissen unterworfen zu betrachten. Die Distanz gegenüber Herkunft und Familie war eine unabdingbare Voraussetzung für die Entwicklung der individuellen Gewissensvorstellung. Das Gewissen sollte nicht mehr an die Familienehre und an die Werte anderer traditioneller Gemeinschaften gebunden werden, sondern rational gestalteten Gesellschaften gegenüber verpflichtet werden, namentlich gegenüber den entstehenden staatlichen Verwaltungen und einem zunehmend expandierenden Markt. In dem Maße, wie die Bewährung im Alltag und damit die Arbeit als Gottesdienst verstanden wurde, ging es bei der Gewissensbildung von nun an nicht mehr um die Verankerung von bestimmten Verhaltensnormen, sondern um die Herausbildung einer durchaus flexiblen Grundhaltung, eines Ethos, der der sich stetig verändernden gesellschaftlichen Wirklichkeit gerecht werden konnte. Die individuellen Gewissen zu gestalten, so glaubte man entsprechend, bedürfe es einer Bildung, die im Interesse der Sozialisierung des Menschen nicht mehr der Familie überlassen werden dürfe. Über die Bildung des Gewissens sollte die Ausrichtung des Handelns auf das Allgemeinwohl erreicht werden, das wiederum zu erkennen überhaupt erst dem Gebildeten gestattet sei. Es hat von daher von Anfang

---

[43] Zwingli ließ Prozesse gegen einige führende Familien Zürichs führen, bei denen einer zum Todesurteil gegen Jakob Grebel führte. Eine der Hauptanklagepunkte war das Annehmen von Pensionen aus dem Reislaufen, dem früher einmal geleisteten Söldnerdienst, den viele Schweizer dem Ausland leisteten und aus dem sich über die Geldzahlungen bleibende Loyalitäten ergaben; vgl. Locher 1979. Im Genf Calvins diente insbesondere die Kirchenzucht dazu, den Widerstand der alteingesessenen Familien zu brechen. Diese Politik konnte sich aber der Unterstützung der vielen Flüchtlinge sicher sein, die in Genf Zuflucht vor Verfolgung fanden.

an eine Beziehung zwischen Humanismus und Reformation gegeben, aber sie war spannungsvoll. Luther schätzte wohl die philologischen Resultate humanistischer Forschung, aber er bestritt in seiner Schrift gegen den freien Willen die von Erasmus von Rotterdam behauptete Möglichkeit der sittlichen Besserung des Menschen durch Bildung grundsätzlich. Dennoch hat sich im deutschen Protestantismus eine Bildungsvorstellung durchsetzen können, die hin zum Kulturprotestantismus führte. Diese Entwicklung wurde aber nicht von Luther, sondern von Philipp Melanchthon in die Wege geleitet. Über Melanchthon hat auch das deutsche Reformiertentum sich seinen Eintritt in den deutschen Kulturprotestantismus zu verschaffen vermocht. Georg Bollenbeck hat auf die protestantischen Ursprünge des traditionellen deutschen Kultur- und Bildungsverständnisses hingewiesen und es von anderen Vorstellungen, namentlich im angelsächsischen Bereich und in Frankreich, abgegrenzt.[44] Zwar habe in Deutschland das Bürgertum mit der Berufung auf Bildung den Leistungsgedanken gegen das Ständedenken des Adels gerichtet, aber damit gleichzeitig in Abwehr demokratischer Bestrebungen der unter ihm stehenden Klassen vom Staate gesicherte Karrieren beansprucht. Dadurch sei eine gesellschaftliche und ökonomische Ausrichtung der Bildung nicht in den Blick getreten.

> „Auch die Führungsschichten aus ,Oxbridge' oder den Grandes Ecoles beziehen ihr Prestige aus dem Rang der Ausbildungsstätten, doch ihre Grammatik bleibt auf eine ,societas civilis' bezogen, sie wertet mit ,civilisation' Politik und Wirtschaft nicht ab. Und ihre soziale Lage ist weniger isoliert und offener als die eines Bildungsbürgertums, das sich nicht nur vom traditionellen Stadtbürgertum und vom Adel abgrenzt, sondern das der Bourgeoisie schon mißtraut, ehe es sie eigentlich gibt."[45]

Der Begriff der Bildung korrespondiert im Deutschen mit dem der Kultur, aber nicht mit dem des Gemeinwohls. Auf der anderen Seite wird nur dem Gebildeten ein Wissen um das Allgemeinwohl zugetraut, denn Bildung sei, so die klassische Definition Hegels, „Erhebung ins Allgemeine".[46]

Von daher scheint man noch heute in Deutschland eher der Einzelpersönlichkeit denn Gruppen zu trauen, weil angenommen wird, daß in Parteien und Organisationen aller Art Partikularinteressen Ungebildeter sich leichter durchsetzen können, und man scheint entsprechend auch nur moralisch vorbildlichen und somit gebildeten Politikern zuzutrauen, Wege aus Krisen weisen zu können. Das Gewissen wird individualisiert gedacht, d. h. als Einspruchsinstanz nur der Einzelpersönlichkeit zugesprochen. Theologisch gesprochen wird damit das Gewissen zum Ort der Gottesbegegnungen. Die Möglichkeit, die das Luthertum eröffnet, daß der Einzelne für das Beharren im Glauben verantwortlich gemacht werden kann, erlaubte es bei entsprechendem Staatskirchentum einer Bildungselite, sich selbst zu reproduzieren, und in der Synthese von Humanismus und Reformation schuf sie sich ihre Ideologie in Gestalt des zu tradierenden Bildungsgutes. Die Prädestinationslehre kann hier nur als Angriff verstanden werden, und sie wird damit auch ohne weiteres richtig verstanden.

---

[44] Bollenbeck 1994.
[45] Ebd., S. 197.
[46] Hegel 1840, Propädeutik I § 41 ff.

Die Reformatoren der Schweiz, namentlich Zwingli und Calvin, waren nun im Unterschied zu Luther selber Humanisten, und es mag auf den ersten Blick verblüffen, warum nicht gerade sie im Bildungsbereich eine Möglichkeit für einen *syllogysmus practicus* gesehen haben – daß also die Bildungsfähigkeit als Zeichen der Erwähltheit hätte gelten können, was die Prädestinationslehre abgeschwächt und den geplagten Gewissen hätte Entlastung gewähren können. Freilich sieht, wer so fragt, die Sache wieder aus einer Ecke, aus der heraus nicht verstanden werden kann, daß die Prädestinationslehre im Verständnis der Reformatoren ja gerade Entlastung der Gewissen ist. Man urteilt dann also wieder aus der liberalen Ecke heraus, wo man den Menschen primär als Einzelwesen sieht, der mit sich und der Welt in einer prästabilierten Harmonie existiert, die er, humanistisch gebildet, zu gestalten aufgerufen sei. So beurteilt Gottfried Locher Zwinglis Humanismus auch anders als jenen der Humanisten vom Schlage des Erasmus: „Zwinglis ‚Humanismus‘ war keine festumrissene Weltanschauung, sondern eine wissenschaftliche Haltung, eine philologische Methode und eine Wegstrecke innerer Entwicklung".[47]

Auch die Bildung wird sozialisiert. Sie dient weniger dem Einzelnen, sondern soll der Gemeinde dienen. Gewissen ist diesem Verständnis nach kein individuelles Vermögen, sondern immer ein soziales Phänomen. Insofern Erwählung Erwählung zum Dienst ist, ist Bildung dann Inanspruchnahme und Befähigung zum Dienst in der Gemeinde und damit Befähigung zur Freiheit. Sie ist auch nicht Dienst gegenüber einem Bildungsgut und einer Tradition, die an die folgende Generation weitergegeben und gepflegt werden müßten, worauf sich die Forderung nach Privilegien gewöhnlich zu berufen pflegt. Der Unterschied sei mit einem Beispiel aus Michael Walzers *Sphären der Gerechtigkeit* illustriert:

> „Ganz gewiß steht der Titel ‚Doktor‘ all jenen Personen zu, die ihr Medizinstudium und die dazugehörigen Prüfungen absolviert und dabei eine bestimmte Note erreicht haben, wobei die Prüfungen jedoch nur darüber entscheiden, wer diese Personen sind und wie viele es von ihnen gibt. Mit anderen Worten, wenn jemand fleißig studiert, sich den vorgeschriebenen Stoff aneignet und sein Examen besteht, dann hat er es verdient, ein ‚Doktor‘ zu sein. Es wäre ungerecht, ihm den Titel zu verweigern. Nicht ungerecht wäre es hingegen, ihm eine Assistenzarztstelle oder einen Amtsbereich an einem speziellen Krankenhaus zu versagen. Die Auswahlkommission des Krankenhauses muß nicht den Bewerber mit der besten Note auswählen; schließlich blickt sie nicht nur zurück auf seine Examina, sondern auch nach vorn auf noch nicht erbrachte, weil in der Zukunft liegende Leistungen. […] Wenn Ämter mit all ihrer Autorität und ihren Vorrechten verdient werden könnten, dann wären wir der Gnade der Verdienstvollen ausgeliefert."[48]

Mit der Prädestinationslehre läßt sich damit nicht nur die Bildung von Dynastien, sondern auch die von Meritokratien nicht rechtfertigen, im Gegenteil. Ein weiterer Aspekt des reformierten Bildungsverständnisses, der auch als Folge der reformierten Rezeption des Humanismus verstanden werden kann und der die Vereinbarkeit des reformierten Selbstverständnisses mit einer Politik der Selbstrekrutierung von Bildungseliten ausschließt, besteht darin, daß es ihm nicht nur darum geht, den Menschen über den Bil-

---

[47] Locher 1979, S. 80.
[48] Walzer 1998, S. 207.

dungsstoff auszubilden, sondern vielmehr auch darum, diesen Stoff selber erst zu bilden. Bildung heißt demnach nicht, über ein Bildungsgut zu verfügen, schon gar nicht über die Heilige Schrift. Die maßgeblich von Zwingli besorgte Übersetzung der Bibel bedarf der reformierten Tradition gemäß der ständigen Überarbeitung, was dazu geführt hat, daß in nahezu jedem Jahrhundert seit der Reformation eine Neuübersetzung der *Zürcher Bibel* vorgelegen hat. Derzeit ist eine Neuübersetzung in Arbeit. Die neue Übertragung der *Psalmen* und des *Neuen Testaments* liegt bereits vor. Bildung im reformierten Bereich ist also vorwiegend Sprachbildung, Hermeneutik im Dienste der Verkündigung. Bildung war hier von Anfang an pragmatisch ausgerichtet. Von daher wird in den angelsächsischen Ländern wohl auch heute noch Bildung mehr instrumental verstanden denn als Status. Sie hat sich im Alltag zu bewähren und nicht alleine in Prüfungen.

Was für die Bibel gilt, gilt analog auch für die Bekenntnisschriften des Reformiertentums: Es gibt kein zeitlos gültiges Bekenntnis, sondern das Bekenntnis muß immer wieder an der Schrift überprüft und dem Sprachgebrauch der Zeit entsprechend formuliert werden. Weil dabei zwischen zeitgemäßem Sprachgebrauch und Zeitgeist nicht unterschieden werden kann, bleibt der theologische Prozeß im Gang, der eben auch dem Dienst und damit der Freiheit der Gemeinde zu dienen hat. Das Luthertum dagegen betrachtet mit der *Konkordienformel* von 1577 und der Zusammenfassung der lutherischen Bekenntnisschriften im *Konkordienbuch* von 1580 die Bekenntnisentwicklung als abgeschlossen. Eine entsprechende Sammlung aller reformierten Bekenntnisse analog zu denen des Luthertums kann es aber nicht geben. Trotzdem hat es Jan Rohls unternommen, in seinem verdienstvollen Buch *Theologie reformierter Bekenntnisschriften* deren gemeinsamen theologischen Nenner herauszuarbeiten,[49] wobei er allerdings nicht analytisch vorgeht, um ein reformiertes Prinzip zu ermitteln, sondern die Bekenntnisschriften als Kompendien unterschiedlichster Lehrmeinungen wertet. Rohls bestreitet insbesondere, daß die Prädestinationslehre ein solches reformiertes Prinzip sei. Unbestritten des Pluralismus, der in der reformierten Tradition sich zeigt, darf aber nicht vergessen werden, daß dieser Pluralismus nicht Selbstzweck ist, sondern sich dem fortwährenden Bemühen um den rechten Dienst der Gemeinde verdankt – und damit gerade dem Prinzip, das Rohls so ablehnt. Wenn also von einem reformierten Gemeinwohlverständnis die Rede sein soll, dann in dem Sinne, daß das Reformiertentum dafür eintritt, gesellschaftliche Verhältnisse so zu gestalten, daß die Herrschaft einer Elite und eines damit zusammenhängenden Gemeinwohlverständnisses erst gar nicht aufkommt. Diese Anliegen prägt das reformierte Verständnis von Demokratie maßgeblich.

6.   Demokratie

Von Anbeginn an war die Bildung in den reformierten Gemeinden demokratisiert. Das betraf zunächst freilich die theologische Bildung, die aber seinerzeit die entscheidende war. Das Stift in Zürich wurde 1525 in die Prophezey umgewandelt und diente der Theologenausbildung. Die fand in enger Verbindung mit der Gemeinde statt. Jeden Wochen-

---

49   Rohls 1987.

tag, außer Freitags (wegen des Marktes), fanden sich alle Pfarrer, Prädikanten, Chorher-
ren und die älteren Schüler des Stifts im Chor des Großmünsters ein, wo ein Bibeltext
zunächst aus der *Vulgata*, dann aus der *Hebräischen Bibel*, dann aus der *Septuaginta* und
schließlich auf deutsch vorgelesen und erläutert wurde. Dies geschah in Anwesenheit der
Gemeinde. Fragen waren nicht nur gestattet, sondern ausdrücklich erwünscht. Die theologische Bildung der Gemeinde war nicht zuletzt im Hinblick auf die Gefährdung der
Gemeinde und mit ihr der gesamten Reformation notwendig. In seinem jüngst erschie-
nenen zweiten Teilband des zweiten Bandes seiner Dogmengeschichte schreibt Karl-
mann Beyschlag, der an gleicher Stelle allerdings auch glaubt, darauf aufmerksam machen zu müssen, daß von Genf aus eine Spur des Grauens durch die Jahrhunderte führe –
das gehört wohl zur zeitgemäßen anticalvinistischen Rethorik dazu:[50]

> „Daß das deutsche Luthertum von der Gegenreformation nicht einfach überrollt wurde, ver-
> dankt es nicht zuletzt jenem todesmutigen Calvinismus, der sich wie ein westeuropäischer
> Schutzschild vor die mitteleuropäischen Verhältnisse legte und in den staatlichen Christenver-
> folgungen bis ins 18. Jh. bis aufs Blut widerstanden hat."[51]

Die calvinistischen Gemeinden waren Gemeinden in der Anfechtung, für die die allgemeine Bildung eine Überlebensfrage insofern war, als damit durch die Wegsperrung
einer wie auch immer gearteten Bildungsschicht die Gemeinden nicht in Existenznot
hätten geraten können. Jedes Gemeindeglied sollte in der Lage sein, die Stelle des Predi-
gers zu ersetzen. Dies gilt freilich auch für die anderen Aufgaben in der Gemeinde. Im
Jahre 1559 erfolgte die Gründung der Genfer Akademie, und Calvin schrieb den Gemeinden in Frankreich: „Schickt uns Holz und wir machen Pfeile daraus, die wir Euch
zurückgeben".[52] Die Ausrichtung der Bildung auf den Dienst in der Gemeinde reicht
aber als Erklärung für den demokratischen Charakter der Gemeindeordnung reformierter
Gemeinden nicht aus. Weitere Aspekte sind von noch entscheidenderer Bedeutung.

Wo Luther im Neuen Testament διακονια mit Amt übersetzt, übersetzt die *Zürcher
Bibel* Dienst. Die Vorstellung, daß die Würdelosigkeit eines Amtsträgers der Würde des
Amtes selber keinen Abbruch tue, läßt sich auf die Ausübung eines Dienstes nicht so
ohne weiteres übertragen. Das Amt ist ein Status, der Dienst eine Aufgabe, die erfüllt
wird oder nicht. Das Amt, weil es auch repräsentiert, hat ein Sein unabhängig von der
Funktion, die erfüllt werden soll, der Dienst aber hat sein Sein nur im Geschehen des
Dienens. Weil zum Dienst der Gemeinde alle, die ihr angehören, gleichermaßen berufen
sind, muß die Organisation der Gemeinde grundsätzlich demokratisch sein. In Christus
gibt es, um es mit Paulus zu sagen, weder Mann noch Frau, weder Freier noch Sklave,
weder Jude noch Heide (Gal 3, 28). Diese Demokratie gründet darum in dem oben ge-
schilderten Gemeindeverständnis und Menschenbild und damit in der Lehre von der
Prädestination, sogar der Lehre von der doppelten Prädestination, weil sie, die Demokratie, maßgeblich der Machtkontrolle dient. Sie gründet nicht auf dem Prinzip einer
Souveränität der Gemeinde, die sie sich selber verdankte, sondern der Souveränität
Gottes, die sich wiederum in der Souveränität der Gemeinde gegenüber der Welt, ge-

---

[50] Beyschlag 2000, S. 411.
[51] Ebd., S. 415.
[52] Zit. n. Smidt 1972, S. 107.

genüber den Ansprüchen der Mächte und Gewalten, widerspiegelt. Solches Demokratieverständnis wurzelt nicht im Verfassungsdenken der Römer, sondern in dem des antiken östlichen Mittelmeerraumes. Die Begriffe, mit denen das Neue Testament die Gemeinde beschreibt, sind tatsächlich politischer Herkunft, so z. B. der schon erwähnte Begriff der λειτουργια, aber auch der Begriff der εκκλησια, der die Volksversammlung der πολις meinte. Aber die Demokratie in der christlichen Gemeinde ist kein Selbstzweck.

Die Demokratie ist nicht das Leben der Gemeinde, aber sie ist die Art und Weise, wie die Gemeinde ihr Leben lebt. Weil ihr Leben der Christus ist, ist die Organisation der Gemeinde Christusbekenntnis. Im Bekenntnis bekennt die Gemeinde entsprechend auch ihre Verfassung. Ihr Leben aber ist ausgerichtet am Gesetz im Sinne des schon angesprochenen *tertius usus legis*. Das Gesetz ist, wie ausgeführt, die Ordnung der Freiheit und begründet entsprechend die Demokratie der Gemeinde. Das Gesetz besiegelt den Bund Gottes mit seinem Volk.

In seinem Essay *Exodus und Revolution* hat Michael Walzer einen Widerspruch zwischen dem Bundes- und dem Prädestinationsgedanken auszumachen geglaubt.[53] Das Volk sei von Gott aus Ägypten befreit worden und dann während der Wüstenwanderung bis zum Bundesschluß am Berge Horeb in einem Zustand der Freiheit belassen worden – das entspricht übrigens dem Rechtfertigungsverständnis des *Konkordienbuches*. Dort, in der Wüste, habe es aber in einem freien Entschluß den Bund bejaht: „Da antwortete alles Volk wie aus einem Munde: Alle Worte, die der Herr gesagt hat, wollen wir tun" (Ex 24, 3). Walzer interpretiert das in Übereinstimmung mit einer ganzen Reihe von Rabbinen so, daß jeder Einzelne den Bund mit Gott geschlossen habe, was dem Prädestinationsgedanken widerspräche. Es gibt aber noch ein weiteres Verständnis, das Walzer auch erwähnt, und das den Texthinweis besonders ernstnimmt, daß das Volk „wie aus einem Munde" geantwortet habe. Hier kann das Volk nicht im Sinne der Summe aller Einzelnen verstanden werden, Volk meint etwas anderes als Bevölkerung. Reformiertem Verständnis gemäß spricht hier der Geist, der eben ein soziales und kein individuelles Phänomen ist, insbesondere der Heilige Geist, der schon vor dem Hintergrund der Trinitätslehre nicht individualistisch gedacht werden kann. Ex 24,3 scheint mir daher eher eine Akklamation zu sein mit propagandistischer Funktion und mit verpflichtendem Charakter.

Aber das Gesetz, wie es in der Bibel überliefert ist, ist nicht alleine Gegenstand der Bildung, den die Lehrer und Prediger nur zu vermitteln hätten, es muß selber immer wieder übersetzt und damit neu verstanden werden. Das Leben der Gemeinde ist darum auch Interpretationsgemeinschaft. Wie das zu verstehen ist, illustriert eine Geschichte aus dem Talmud, die Michael Walzer in seinem Buch *Interpretation and Social Criticism* erzählt: Einige Rabbinen diskutieren darüber, wie eine Stelle des Gesetzes zu verstehen sei. Rabbi Eliezer hat alle Argumente für seine Auffassung vorgetragen, aber ohne Erfolg, denn die anderen verweigern ihre Zustimmung. Ein Johannesbrotbaum möge sich vom Boden in die Luft erheben, wenn das Gesetz so verstanden werden müsse, wie er es ausgeführt habe, fordert Rabbi Eliezer, und der Baum erhebt sich tatsächlich in die Luft. Rabbi Josuah aber erklärt, ein Baum habe keine Autorität über das Ver-

---

53 Walzer 1988, S. 89 ff.

ständnis des Gesetzes. Ein Fluß möge den Berg hinauffließen, wenn seine, Rabbi Elie-
zers Auffassung, zutreffe. Das Ereignis, das prompt eintritt, wird von Rabbi Josuah
dahingehend kommentiert, daß ein Fluß nicht über das Gesetz entscheiden könne. Die
Mauern des Lehrhauses mögen in sich zusammenfallen, wenn er Recht habe, so Rabbi
Eliezer, was die Mauern auch tun; aber Rabbi Josuah erwidert ungerührt, daß Mauern
das Gesetz nicht auszulegen hätten. Schließlich bittet Rabbi Eliezer den Himmel um ein
endgültiges Urteil. Eine Stimme erschallt von oben und sagt: „Warum widersprecht ihr
Rabbi Eliezer? Er hat in allen Punkten recht". Da sagt Rabbi Josuah: „Das Gesetz ist
nicht im Himmel".[54]

7.   Demokratie und Sozialkritik

In der reformierten Gemeindeordnung sind alle Stränge reformierter Frömmigkeit miteinander verknüpft. Sie ist also nicht zufällig. Sie ist in ihrer Ausrichtung auf das Gesetz aber nicht nur demokratisch, sondern auch sozialkritisch, oder anders gesagt, gerade in ihrer besonderen Art der Sozialkritik demokratisch. Das bestimmt ihr Verhältnis
zum politischen Umfeld und kennzeichnet das reformierte Gemeinwohlverständnis
dann nicht mehr nur im Formalen, sondern auch inhaltlich. Walzer hat drei Wege der
Sozialkritik voneinander unterschieden: Sozialkritik beruhe entweder auf Entdeckung,
auf Erfindung oder auf Interpretation. Entdeckung und Erfindung setzten einen oder
mehrere geniale, von der Gemeinschaft zumindest zeitweise abgesonderte Führer voraus, die ihre Entdeckung aber, so Walzer, nur scheinbar unabhängig von der herrschenden Moral machten:

> „the moralities we discover and invent always turn out, and always will turn out, remarkably
> similar to the morality we already have. Philosophical discovery and invention (leaving aside
> divine revelation) are disguised interpretations; there is really only one path in moral philoso-
> phy".[55]

Auch wenn Walzer einschränkend anerkennt, daß z. B. der Utilitarismus durchaus eine
Erfindung genannt zu werden verdiene, so betrachtet er den Weg der Interpretation als
den alleine sinnvoll gangbaren Weg und illustriert ihn am Beispiel des biblischen Propheten Amos. Unschwer kann man in Walzers Konzept den Widerwillen gegen sich
selbst rekrutierende und sich gegenüber dem gesellschaftlichen Alltag und seine Herausforderungen abschottende Eliten wiedererkennen. Demokratische Sozialkritik reflek-
tiere immer auf schon anerkannte moralische Gebote und Gesetze, wie eben die altte-
stamentliche Prophetie: „The first thing to notice is that the prophetic message depends
upon previous messages."[56] Als Gegenbeispiel zu Amos führt Walzer den Propheten
Jonas an, der bekanntlich zu den Heiden in die Stadt Ninive geschickt wurde und, in

---

[54] Walzer 1993, S. 31 f. Die deutsche Übersetzung von ‚Interpretation and Social Critcism' hat den
Titel mit „Kritik und Gemeinsinn. Drei Wege der Gesellschaftskritik" (Berlin 1990) nicht korrekt
wiedergegeben.
[55] Ebd., S. 21.
[56] Ebd., S. 71.

Unkenntnis ihres Moralkodexes, dort nichts anderes als den Untergang vorauszusagen wußte – er hatte buchstäblich nichts zu interpretieren. Statt des Untergangs hätte er wahlweise auch eine Utopie predigen können. Prophetische Kritik ist demnach das, was, um es kurz zu sagen, Karl Marx einmal in die Worte faßte: Man muß die versteinerten Verhältnisse zum Tanzen bringen, indem man ihnen ihre eigene Melodie vorspielt.[57] Um im Bild zu bleiben: Die Demokratie ist der Tanzboden, auf dem dann zum Tanz aufgespielt wird. Zu was wäre aber ein Tanzboden nütze, würde darauf nicht getanzt? Die Tanzkapelle wäre in einer Gesellschaft, deren Eliten sich noch dem Christentum als verpflichtet behaupten – alleine die Behauptung genügt, ob sie es tatsächlich sind oder nicht, ist in diesem Zusammenhang uninteressant – die reformierte Gemeinde, und die Melodie, man ahnt es schon, wäre nichts anderes als die Lehre von der doppelten Prädestination.

Der Calvinismus stellt, wenn man so will, den Kältestrom innerhalb der Kirchengeschichte dar. Die Lehre von der Prädestination macht frösteln, in der Tat – aber doch nur jene, die im Warmen sitzen. Sie revolutioniert die Gesellschaft permanent, sofern eine Gesellschaft sich als eine christliche Gesellschaft versteht. Über dieses Verständnis entscheidet aber nicht dies abstrakte Gebilde Gesellschaft, sondern jene Elite, die das öffentliche Bild der Gesellschaft prägt. Sie gilt es beim Wort zu nehmen. Es gilt m. a. W., Interpretationsmonopole aufzubrechen. Die Reformierten könnten dann ähnlich beurteilt werden, wie laut Thukydides schon die Korinther die Athener charakterisiert haben: „Wenn daher jemand zusammenfassend behauptete, sie seien dazu geschaffen, weder selbst Ruhe zu halten noch die anderen Menschen in Ruhe zu lassen, so hätte er vollkommen recht.“[58] Genf war nicht Rom, auch nicht Jerusalem, sondern Athen in einem Sinne, wie es sich die Humanisten nicht haben träumen lassen. Damit aber wären die schweizer Reformatoren gerade die eigentlichen Renaissancehumanisten gewesen, und nicht Erasmus, aber auch nicht Melanchthon. Doch das steht auf einem anderen Blatt.

Gemeinwohl ist ein offenzuhaltender Begriff. Das ist die Essenz des reformierten Gemeinwohlverständnisses. Darum ist das Gemeinwohl dieser Tradition gemäß gleichzusetzen mit allgemeiner Bildung und Demokratie. Beide ermöglichen eine Sozialkritik, die der Erhaltung der Demokratie und dem freien Zugang zur Bildung dient. Diese hat wiederum demokratieerhaltende Funktion. In der Prädestinationslehre findet diese Ordnung ihre Rechtfertigung. Und so sei Shakespeare, mit dem die vorliegenden Überlegungen schon eingeleitet worden sind, auch das letzte Wort gelassen, wenn ich abschließend Calvin über die Jahrhunderte hinweg zurufe – und manch einer mag da noch jemand anderen in diesen Ruf mit einstimmen hören: „Brav gewühlt, alter Maulwurf!“[59]

---

[57] Marx 1981, S. 381.
[58] Thukydides, Der Peloponnesische Krieg, 1,70.
[59] Shakespeare, Hamlet, 1,5; siehe auch Marx 1974, S. 115.

Literaturverzeichnis

Die Bekenntnisschriften der evangelisch-lutherischen Kirche. Hrsg. im Gedenkjahr der Augsburgischen Konfession 1930. Göttingen 1959.

Beyschlag, K. (2000), Grundriß der Dogmengeschichte Bd. II, Gott und Mensch, Teil 2, Die abendländische Epoche, Darmstadt.

Bollenbeck, G. (1994[2]), Bildung und Kultur. Glanz und Elend eines deutschen Deutungsmusters.

Calvin, J. (1988a), Unterricht in der christlichen Religion (Institutio christianae Religionis), Übers. von Otto Weber. Neukirchen-Vluyn.

Calvin, J. (1988b), Von der ewigen Vorherbestimmung Gottes (De aeterna Dei praedestinatione). Lat.-deutsch, übers. von Wilhelm H. Neuser, Düsseldorf.

Cottret, B. (1988), Calvin, Paris.

Elert, W. (1953), Morphologie des Luthertums, München, Bd. 2.

Hegel, G. W. F. (1840), Philosophische Propädeutik, hg. von Franz Rosenzweig, 1840.

Hofmann, H. (2000), Einführung in die Rechts- und Staatsphilosophie, Darmstadt.

Jacobs, P. (1937), Prädestinationslehre und Verantwortlichkeit, Neukirchen.

Köberle, A. (1929), Rechtfertigung und Heiligung. Eine biblische, theologiegeschichtliche und systematische Untersuchung, Leipzig.

Locher, G. (1979), Die zwinglianische Reformation im Rahmen der europäischen Kirchengeschichte, Göttingen und Zürich.

Marx, K. (1974), Der achtzehnte Brumaire des Louis Bonaparte, Berlin.

Marx, K. (1981), Kritik der Hegelschen Rechtsphilosophie. Einleitung, in: MEW Bd.1, Berlin.

Moltmann, J. (1961), Prädestination und Perseveranz. Geschichte und Bedeutung der reformierten Lehre „de perseverantia sanctorum", München.

Quervain, A. de (1953), Ethik II. Ehe und Haus, Zürich.

Rohls, J. (1987), Theologie reformierter Bekenntnisschriften, Göttingen.

Rohls, J. (1999), Zwischen Bildersturm und Kapitalismus. Der Beitrag des reformierten Protestantismus zur Kulturgeschichte Europas, Wuppertal.

Schöffler, H. (1960), Wirkungen der Reformation, Frankfurt/M.

Smidt, U. (Hg., 1972), Johannes Calvin und die Kirche, Stuttgart.

Smith, A. (1776), An Inquiry into the Nature and Causes of the Wealth of Nations, London.

Thukydides (1991), Der Peloponnesische Krieg, Übers. Von G. P. Landmann, München.

Wallace, D. D. (1982), Puritans and Predestination. Grace in English Protestant Theology, The University of North Carolina Press.

Walzer, M. (1993), Interpretation and Social Criticism, Harvard.

Walzer, M. (1988), Exodus und Revolution, Berlin.

Walzer, M. (1998), Sphären der Gerechtigkeit. Ein Plädoyer für Pluralität und Gleichheit, Frankfurt/M.

Weber, M. (1988), Die protestantische Ethik und der Geist des Kapitalismus, in: Gesammelte Aufsätze zur Religionssoziologie, Tübingen.

Hans Joas/Frank Adloff

Milieuwandel und Gemeinsinn[*]

„Gemeinwohl" und „Gemeinsinn" sind nur zwei der zahlreichen Begriffe, die gegenwärtig regelmäßig auftauchen, wenn es um Diagnose und Therapie sozialen Zusammenhalts und politischer Handlungsfähigkeit geht. Zivilgesellschaft und Bürgergesellschaft, Kommunitarismus und wiederbelebter Republikanismus, „soziales Kapital" und „Vertrauen", „Dritter Weg" und „Modernisierung des Regierens" – sie alle gehören zum selben Begriffsfeld. Jeder dieser Begriffe hat gewiß seine eigene Geschichte, seine Vor- und Nachteile; mancher dieser Begriffe stößt bei einzelnen auf Unverständnis oder löst Aversionen aus und Mißtrauen gegenüber den Motiven derer, die ihn verwenden. Aber im Kern geht es in dieser Vielzahl koexistierender und eben teils auch konkurrierender gegenwärtiger Diskurse um eine gemeinsame Fragestellung: nämlich die, durch welche gesellschaftlichen Kräfte gesichert werden kann, daß Markt und Staat als die beiden dominierenden Mechanismen moderner Vergesellschaftung durch ein drittes Prinzip relativiert und modifiziert werden – so daß wir nicht vor der Alternative stehen, entweder die Folgen unregulierten Marktgeschehens einfach passiv hinzunehmen oder umgekehrt zu ihrer Bewältigung ausschließlich auf staatliche Interventionen zu setzen mit der Gefahr einer erstickenden Bürokratisierung des gesellschaftlichen Lebens.

Wengleich die verschiedenen Begriffe damit in die gleiche Richtung zielen, eignen sie sich nicht alle gleich gut für die Bezeichnung des Gemeinten. Der Begriff „Zivilgesellschaft" etwa hat zwar eine bis auf John Locke zurückgehende Geschichte, ist aber doch erst durch die antikommunistischen Dissidenten Osteuropas und insbesondere die polnische Solidarnosc-Bewegung in den Vordergrund gerückt worden. In ihm drückt sich in aller Deutlichkeit das anti-totalitäre Bemühen aus, dem Staat Zuständigkeiten zu

---

[*] Dieser Text basiert auf dem Vortrag von Hans Joas, Ungleichheit in der Bürgergesellschaft, der am 15. 12. 2000 im Rahmen der Arbeitsgruppe „Gemeinwohl und Gemeinsinn" der Berlin-Brandenburgischen Akademie der Wissenschaften gehalten wurde. Der Vortragstext wird in den Berichten und Abhandlungen der BBAW (Band 10) publiziert. In der vorliegenden Fassung wird die empirische Argumentation wesentlich verbreitert. Diese beruht auf dem umfangreichen Forschungsbericht von Frank Adloff, Die Entwicklung sozialer Milieus in Deutschland nach 1945 (Berlin 1999), der im Rahmen eines Werkvertrags für die BBAW angefertigt wurde.

entreißen und überhaupt erst wieder eine vitale und in sich differenzierte Gesellschaft entstehen zu lassen; die damit verbundenen Mühen hat der russische Volksmund auf die unnachahmliche Formel gebracht: „Es ist leicht, aus einem Aquarium eine Fischsuppe zu machen, aber sehr schwer, aus einer Fischsuppe ein Aquarium." Aus eben diesem Grunde aber kann die westliche Diskussion nur wenige Anstöße hiervon aufnehmen, da diese Diskussionen nicht viel hergeben für das genauere Verständnis der vielen verschiedenen Varianten des Verhältnisses von Staat und Gesellschaft in den westlichen Ländern. So wichtig die *Stärkung* der Zivilgesellschaft im Westen auch sein mag, um ihre *Herstellung* geht es zum Glück hier ja nicht. Die Entdeckung der „Zivilgesellschaft" im Westen hat deshalb, nach einem Bonmot Michael Walzers, immer Ähnlichkeit mit der Überraschung von Molières Komödienfigur Monsieur Jourdain, der sich nicht bewußt war, daß er immer schon Prosa sprach. – Der Begriff „Kommunitarismus" wiederum löst, vornehmlich in Deutschland, über die Assoziation mit der Semantik des deutschen Gemeinschaftsbegriffs, Ängste aus vor einer Rückkehr zu homogenen Kollektiven oder gar einer gesellschaftsübergreifenden, potentiell totalitären „Volksgemeinschaft" – Ängste wiederum, die bei den amerikanischen Vertretern des Kommunitarismus, deren demokratische Glaubwürdigkeit ja über jeden Zweifel erhaben ist, auf Kopfschütteln stoßen. – Der Slogan „Dritter Weg" wiederum ist zumindest in Kontinentaleuropa in der Vergangenheit mit so vielen, oft abseitigen, Projekten verbunden worden, daß seine Wiederbelebung durch Giddens und Blair nicht gerade auf begeisterte Zustimmung stieß. Auch seinen Verfechtern scheint er inzwischen nicht mehr ganz geheuer zu sein. – Wir sprechen im folgenden, weil wir uns ja an einen Begriff halten muß, von der „Bürgergesellschaft" – obwohl auch dieser Begriff nicht ganz glücklich ist. Das Bourgeoise ist mit ihm ja nicht gemeint; aber auch der traditionelle Gegenbegriff des „citoyen" klingt mehr nach Staatsbürgerschaft oder einem staatszentrierten Verständnis von Partizipation in französischer Tradition und trifft damit das Gemeinte nicht ganz.

In solchen Schwierigkeiten, das richtige Wort zu finden, stecken meist auch Schwierigkeiten in der Sache. Diese lassen sich gegenwärtig in den Programmdiskussionen aller politischen Parteien in Deutschland identifizieren, da sie alle ihr Verständnis der Balance zwischen Staat, Markt und Gesellschaft oder zwischen Individuum und Gemeinwesen neu justieren müssen. Dabei entdecken sie zeitweise vernachlässigte Stränge ihrer eigenen Traditionen neu – wie das Subsidiaritätsprinzip der katholischen Soziallehre oder die Genossenschaftsideen der Arbeiterbewegung – und setzen sich mit historisch neuen Phänomenen wie einem breitenwirksamen Individualismus auseinander. Aber dieselben Schwierigkeiten durchziehen auch die publizistisch wirksamen Zeitdiagnosen und selbst die professionellen sozialwissenschaftlichen Forschungen. Es waren in den neunziger Jahren vor allem zwei Einstellungen, die sich störend und belastend für eine weiterführende Erörterung der Chancen verstärkten bürgerschaftlichen Engagements ausgewirkt haben. Da war zum einen der eher „linke" Verdacht, es handle sich bei all diesen Debatten nur um unterschiedliche Varianten des Versuchs, dem Abbau des Wohlfahrtsstaats eine gefällige Fassade vorzublenden, zum anderen der kulturpessimistische Topos eines fortschreitenden Verfalls der Werte und der Gemeinschaft. Vielleicht ist die Zeit über beide Einstellungen schon hinweggegangen; es ist aber den-

noch kurz auf sie einzugehen, da dies den Weg freimachen soll für die Präsentation
unserer empirischen Befunde.

Der Verdacht, die Rede von der Bürgergesellschaft sei eine Ideologie zum Abbau des
Wohlfahrtsstaats, beruht auf der falschen Annahme, das Verhältnis von Staat und Bürgergesellschaft stelle ein Nullsummenspiel dar: je mehr Staat, desto weniger Bürgergesellschaft; je mehr Bürgergesellschaft, desto weniger Staat. Die Tatsache, daß diese
falsche Annahme auch am entgegengesetzten Ende des politischen Spektrums vor-
kommt, mag ein Hinweis darauf sein, daß der Verdacht gar nicht in allen Fällen unberechtigt ist. Aber die Annahme selbst ist falsch. Sie mag auf den ersten Blick für den
amerikanischen Fall eine gewisse Plausibilität beanspruchen, da in den USA ja tatsächlich traditionell ein relativ schwacher Staat mit einer relativ starken Bürgergesellschaft
einherzugehen scheint.[1] Doch selbst dort trifft sie nicht ganz zu: in positiver Hinsicht
nicht, weil der Staat durch Selbsteinschränkung sowie die Institutionalisierung und
Garantie eines staatsfreien Raumes, wie sich an den religiösen Denominationen oder
den Stiftungen zeigen läßt, an den Funktionsbedingungen der Bürgergesellschaft durchaus aktiv beteiligt ist; in negativer Hinsicht nicht, weil die Schwäche des Wohlfahrtsstaats ja etwa in den euphemistisch als „inner cities" bezeichneten armen und verwahr-
losten Stadtbezirken nicht, wie man es bei kommunizierenden Röhren erwarten könnte,
ganz von selbst das bürgerschaftliche Engagement anschwellen läßt. Ohne die caritati-
ven Bemühungen und die oft so imponierenden Selbsthilfeversuche der Betroffenen
bagatellisieren zu wollen, kann man doch sagen, daß die Phänomene der Verwahrlo-
sung und Abkoppelung von der Gesellschaft, die vom Standpunkt europäischer Wohl-
fahrtsstaatlichkeit aus so unerträglich sind, nicht vorhanden wären, wenn die Lage so
einfach wäre. Die Gegenprobe zu dieser These liefern die skandinavischen Wohlfahrts-
gesellschaften. In ihnen gibt es zweifellos starke, sich umfassend für das Wohl des Gemeinwesens verantwortlich fühlende Staaten – aber es kann keine Rede davon sein, daß
damit die Vitalität der Bürgergesellschaft zerstört worden sei. Nähere Untersuchungen
haben gezeigt, daß die befürchteten destruktiven Wirkungen zwar auftreten können,
aber nicht müssen: Wenn etwa staatliche Altenheime hochzentralisiert sind, so daß der
räumliche Abstand zu den Angehörigen zu groß wird, nimmt die Besuchshäufigkeit ab;
bei dezentralen Heimen, meist in kommunaler Trägerschaft, ist dies aber nicht der Fall.[2]
Ein Beispiel aus Deutschland wäre die bei der Einführung der Pflegeversicherung heiß
diskutierte Frage, ob diese die Pflegebereitschaft der Angehörigen zum Erlahmen bringt
oder vielmehr stützt und ermöglicht. Wie eine Untersuchung[3] zumindest für Berlin
ergeben hat, ist das Ergebnis erneut, daß zwar im einzelnen, etwa durch die kleinteilige
Ökonomisierung staatlich garantierter Leistungen, „perverse Effekte" auftreten können,
d. h. hier eine Ökonomisierung auch im Selbstverständnis der pflegenden Angehörigen,

---

[1] Die Expansion wohlfahrtsstaatlicher Programme in den Jahren der Great Society hat jedoch gleich-
     zeitig zu einer Expansion des Nonprofit Sektors in den USA beigetragen. Der „voluntary sector"
     profitiert von der zusätzlichen Finanzierung sozialer Dienstleistungen durch staatliche Mittel (vgl.
     Salamon 1995).

[2] Wolfe 1989.

[3] Brömme 1999.

insgesamt aber von einem Rückgang der Pflegebereitschaft aufgrund der neuen Leistungen keine Rede sein kann.

Daraus läßt sich schließen, daß zwar gewiß alle zu Beginn genannten intellektuell-politischen Diskurse etwas mit der historischen Situation zu tun haben, in der wir uns befinden. Es muß das so erfolgreiche Modell des deutschen Nachkriegskapitalismus mit seiner hohen, auf Qualitätsprodukten und hochqualifizierter Arbeit beruhenden internationalen Konkurrenzfähigkeit, die hohe Löhne und eine im internationalen Vergleich relativ geringe soziale Ungleichheit ermöglichte, den neuen weltwirtschaftlichen und demographischen Bedingungen, aber auch natürlich der durch die Wiedervereinigung entstandenen Lage, angepaßt werden.[4] Aber dies ist etwas ganz anderes als ein mutwilliger Versuch, den Wohlfahrtsstaat aufzugeben. So unberechtigt und intellektuell hemmend der pauschale ideologiekritische Vorbehalt an dieser Stelle also ist, weist er doch auf ein erstes Dilemma des Gemeinsinns hin: das Spannungsverhältnis nämlich zwischen „Gemeinsinn" und „sozialer Gerechtigkeit", die Frage, ob die Stärkung bürgerschaftlichen Engagements auch unter dem Gesichtspunkt sozialer Gleichheit oder Gerechtigkeit immer wünschenswert ist.

Als zweite Belastung der Debatten über Gemeinsinn und Bürgergesellschaft wurde die auf beiden Seiten des Atlantiks zu findende kulturpessimistische Rede vom Verfall der Gemeinschaften und des Gemeinsinns bezeichnet. Die entsprechenden Schlüsselwörter sind allgemein bekannt: Ellenbogengesellschaft und Erlebnisgesellschaft sind erneut nur zwei aus einem vielfältigen Feld von Begriffen. Auch in den USA verbinden manche Kommunitaristen ihre Forderungen mit entsprechenden Jeremiaden. Die berühmt gewordene Diagnose Robert Putnams[5] von der Tendenz zum „bowling alone", d. h. vom Verfall des kollektiven Freizeitsports und der ihn ermöglichenden Strukturen, steht in einer reichen Tradition, insofern schon im späten 17. Jahrhundert in Nordamerika der Verfall der wahren puritanischen Moral diagnostiziert und beklagt wurde. Aber die Reflexion auf die Tatsache, daß diese Art von Diagnosen fast ein literarisches Genre bildet, muß zwar zur Vorsicht mahnen, kann aber nicht zur Widerlegung dienen, da ja die traurigen Einschätzungen in der Vergangenheit falsch gewesen sein mögen, dennoch aber in der Gegenwart zutreffen können.

Die folgenden Ausführungen basieren auf umfangreichen Daten- und Literaturrecherchen zum Thema.[6] Pauschal läßt sich vorwegnehmen, daß sich aus der einen Untersuchung für Deutschland eher Entwarnung hinsichtlich eines Verfalls des Gemeinsinns ergibt, in der anderen aber der Befund eines deutlichen Wandels und einer weitreichenden, aber nicht umfassenden Auflösung der Gemeinschaftswerte stützenden Milieus bestätigt wird. Uns interessiert hier insbesondere die *Spannung zwischen diesen beiden* gerade höchst grob angedeuteten *Befunden*. Wie kann es sein, daß die dramatische Auflösung und Umwandlung soziomoralischer Milieus nicht zu dramatischeren Befunden bei den Daten zum bürgerschaftlichen Engagement führt? Sind vielleicht diese Daten irreführend und spiegeln sie z. B. mehr nominelle Mitgliedschaften wider, so daß die tatsächliche Bereitschaft der Bürger zum Gemeinsinn niedriger ist und doch Anlaß zu

---

[4] Vgl. Streeck 1999.

[5] Putnam 1995; 2000.

[6] Brömme 1998 und den Forschungsbericht von Adloff, Angaben in Fn. 1.

Jeremiaden besteht? Oder entgeht umgekehrt den Beschreibungen der Individualisierung und Milieuzersetzung etwas, etwa die Neuentstehung oder Persistenz wertstützender Milieus, so daß auf dieser Seite Korrekturen nötig sind? Stimmen etwa beide Befunde nicht und zeigt dies nur, daß die Sozialforschung auch hier hilflos im Nebel der gesellschaftlichen Veränderungen herumirrt? Oder treffen beide Befunde in der Tat zu, und müssen wir dementsprechend einsehen, daß naheliegende Annahmen über den Zusammenhang von Milieu und Engagementbereitschaft nicht zutreffen? Auf letzteres will die folgende Argumentation hinaus. Nach einer kurzen Darstellung von Befunden zur Verteilung „sozialen Kapitals" in Deutschland (I) werden dann die sozialen Milieus in Deutschland (West und Ost) in historischer Perspektive und mit Blick auf ihre Bedeutung für die Entstehung von Gemeinsinn erörtert (II). In den Schlußfolgerungen (III) richtet sich die Aufmerksamkeit auf die Bedingungen für die Entstehung von Werten heute.

I. Soziales Kapital und Milieus

Die Daten über soziales Kapital in Deutschland belegen zwar einen Wandel des freiwilligen Engagements, aber keinen Rückgang. Das Vereinswesen in Deutschland hat sich zwar gewandelt, es stagniert aber keinesfalls.[7] Schätzungen gehen von etwa 300 000 bis zu 500 000 Vereinen in Deutschland aus. Während 1960 auf 100 000 Einwohner 160 eingetragene Vereine kamen, waren es 1990 in den alten Bundesländern fast 500 pro 100 000 Einwohner.[8] Sportvereine bilden den größten Anteil aller Vereine – vermutlich liegt ihr Anteil zwischen einem Drittel und der Hälfte. Ein weiteres Drittel wird gebildet von Vereinen von Tierschützern, -freunden und -züchtern, der Gesangs- und der Musikpflege sowie der Heimat- und Brauchtumspflege. Schließlich sind auch Wohltätigkeits- und Rettungsvereine, Kleingärtner- bzw. Obst- und Gartenbauvereine sowie Natur- und Wandervereine zahlreich vertreten. Knapp 60 % der über 15-jährigen Bevölkerung Westdeutschlands sind Mitglied in einem oder mehreren Vereinen.[9] Der Anteil von Vereinsmitgliedern lag in Ostdeutschland für 1990 bei 25 % der Bevölkerung.[10] Seitdem nähern sich die Mitgliederzahlen dem westdeutschen Niveau an. In den Traditionsvereinen, besonders in den Sportvereinen, sind in allen Altersgruppen die Männer in der Überzahl. Frauen werden offenbar stärker von neuen und kommerziellen Kursangeboten angesprochen. Die Mitgliedschaftsquote ist im ländlich-kleinstädtischen Bereich höher als in den Großstädten. Die Angehörigen der oberen Mittelschicht mit höheren Bildungsabschlüssen weisen höhere Partizipationsquoten auf. Die unteren Einkommensklassen, insbesondere Arbeiter, sind in Vereinen und Verbänden stark unterrepräsentiert.[11] In den Jahren 1956 bis 1998 nimmt bei den Arbeitern der Anteil der Vereins- oder Verbandsmitglieder um 20 Prozentpunkte ab; bei den Angestellten liegt

---

[7] Klein 1998, S. 678.
[8] Anheier 1997, S. 33.
[9] Klein 1998, S. 678.
[10] Anheier 1997, S. 64.
[11] Brömme 1998, S. 7.

der Rückgang nur bei vier Prozentpunkten.[12] Bei den Vereinen ist allerdings insgesamt kein Mitgliederrückgang für die letzten Jahrzehnte auszumachen. Zurückgegangen sind dagegen in den letzten Jahren die Mitgliedschaften in Gewerkschaften und politischen Parteien. Von 1984 bis 1993 sind in der BRD Mitgliederrückgänge von 6 % bei den Gewerkschaften und von 17 % bei den Parteien zu verzeichnen.[13] Seit Mitte der 1990er Jahre liegt der jährliche Mitgliederschwund der Gewerkschaften bei ca. 3,5 %.[14] Der Mitgliederrückgang ist dabei besonders hoch bei jüngeren Personen (18–34 Jahre). Im Jahr 1998 waren etwa 10,5 Millionen Arbeitnehmer gewerkschaftlich organisiert. Setzt man diese Zahl mit der Gesamtzahl der abhängigen Erwerbstätigen in Beziehung, ergibt sich ein Organisationsgrad der bundesdeutschen Arbeitnehmerschaft von rund 33%.[15] Im Jahr 1980 waren noch 39,1 % und 1988 36 % der Arbeitnehmer gewerkschaftlich organisiert.[16]

Die Daten zum ehrenamtlichen Engagement der Bürger und Bürgerinnen zeigen einen undramatischen Befund, nämlich einen Zuwachs für die letzten 30 Jahre. Etwa ein Sechstel bis ein Fünftel der westdeutschen erwachsenen Bevölkerung ist – in welcher Form auch immer – ehrenamtlich tätig.[17] Durchschnittlich verwenden Personen, die ehrenamtlich tätig sind, 14,5 Stunden monatlich hierfür.[18] Ein sich vergrößernder Bereich des Engagements liegt in der Selbsthilfebewegung und in der „Neuen Ehrenamtlichkeit" vor. Für das Jahr 1996 wurde errechnet, daß 2,6 Millionen Personen in 67 500 Gruppen in Bürger- und Selbsthilfeinitiativen engagiert sind.[19] Anfang 1993 waren in den neuen Bundesländern 130 000 Bürger und Bürgerinnen in Selbsthilfegruppen aktiv.

Die Beteiligung der Ostdeutschen an ehrenamtlichen Tätigkeiten unterscheidet sich beträchtlich von der Beteiligung der Westdeutschen. Ein deutlicher Rückgang der Beteiligungsraten ist für die Jahre 1990 bis 1992 festzustellen, ohne sich jedoch danach fortzusetzen.[20] Da Ost- und Westdeutsche im Jahr 1990 die gleichen Beteiligungsraten aufwiesen, ist dieser Einbruch auf den gesellschaftlichen Transformationsprozeß zurückzuführen. Im Jahr 1994 war nach Befragungen des Sozioökonomischen Panels etwa ein Drittel der westdeutschen Bevölkerung ehrenamtlich engagiert und knapp ein Fünftel der ostdeutschen Bevölkerung.[21] Der Freiwilligensurvey von 1999 verzeichnet für

---

[12] Brömme/Strasser 2001, S. 12.

[13] Ebd., S. 5.

[14] Vgl. die Angaben der Hans-Böckler-Stiftung (www.boeckler.de/datenkarte).

[15] Statistisches Bundesamt 2000, S. 167. Diese Zahlen beruhen auf Gewerkschaftsangaben. Umfrageergebnisse zeichnen das Bild eines wesentlich geringeren Organisationsgrads. Im Jahr 1980 gaben 18,6 % der Erwerbstätigen an, Mitglied einer Gewerkschaft zu sein; 1996 gaben dies 16 % an (Offe/Fuchs 2001, S. 434). Entscheidend ist jedoch, daß in beiden Fällen eine Übereinstimmung in der Beobachtung besteht, daß die Mitgliederzahlen sinken.

[16] Quelle: MPI für Gesellschaftsforschung, vgl. Ebbinghaus/Visser 2000.

[17] Offe/Fuchs 2001, S. 434, vgl. auch von Rosenblatt 2000, S. 18.

[18] Von Rosenblatt 2000, S. 94.

[19] Ebd. S. 31.

[20] Priller 1997, S. 119.

[21] Heinze/Strünck 2001, S. 237.

Westdeutschland einen Anteil der freiwillig Engagierten ab 14 Jahren von 35 % und für die neuen Länder einen Anteil von 28 %.[22]

Etwa die Hälfte aller ehrenamtlichen und freiwilligen Arbeit wird in den Bereichen Kultur und Erholung geleistet, vor allem in den Sportvereinen.[23] Aber auch das Gesundheitswesen, die Sozialen Dienste, Umweltschutzgruppen und Staatsbürgervereinigungen haben einen hohen Anteil an freiwilligen Mitarbeitern. Quantitativ geringere Bedeutung haben dagegen die Parteien und Gewerkschaften. Nur 4 % des gesamten freiwilligen Engagements findet in Parteien und 2 % in den Gewerkschaften statt.[24] Ehrenamtliches Engagement wird immer weniger als eine dauerhafte Pflichterfüllung verstanden, sondern ist verstärkt an den persönlichen Interessen und Neigungen orientiert.[25] Gerade bei den jüngeren Generationen nimmt die feste Einbindung in traditionellere Organisationen ab. Dagegen nimmt das freiwillige Engagement in der „Neuen Ehrenamtlichkeit" – das situativer ist und den Engagierten größere Autonomie einräumt – stark zu.[26]

Claus Offe und Susanne Fuchs fragen in ihrer Analyse des sozialen Kapitals nach den Faktoren, die das Niveau des assoziativen Verhaltens bestimmen. Assoziative Aktivitäten sind, so ihr Befund, von der Einkommenshöhe abhängig.[27] Bei höherem Einkommen liegen häufiger mehrere Mitgliedschaften vor. Religiöse Bindungen haben ebenfalls einen positiven Einfluß auf das soziale Kapital. Je stärker die religiöse Bindung ist, um so größer ist die Bereitschaft, sich freiwillig zu engagieren.[28] Bei Katholiken ist dieser Zusammenhang noch stärker ausgeprägt als bei Protestanten. Das Bildungsniveau korreliert positiv mit dem sozialen Kapital: Personen mit einer niedrigeren Formalbildung tendieren weniger stark dazu, sich in zivilen Assoziationen zu engagieren.[29] Das Engagement in Assoziationen nimmt die Form eines umgekehrten ‚U' im Lebensverlauf an. Die meisten Mitgliedschaften haben Menschen im Alter von 30 bis 59 Jahren.

Wie schon erwähnt, ist in Ostdeutschland im Vergleich zu Westdeutschland sowohl die Mitgliedschaftsrate in Assoziationen seit der Wiedervereinigung niedriger als auch das Niveau des ehrenamtlichen Engagements. Offe und Fuchs führen diese „Partizipationslücke" vor allem auf die hohe Arbeitslosenrate in den neuen Bundesländern zurück.[30] Die hohe Arbeitslosenrate, die niedrigere Anzahl an selbständigen Unternehmern und die geringe konfessionelle Bindung der Ostdeutschen lassen eine Anpassung des Assoziationsverhaltens an das westdeutsche Niveau zumindest für die nächsten Jahre nicht erwarten. Die Kluft in den Partizipationsraten zwischen Männern und Frauen ist in den letzten 40 Jahren in der Bundesrepublik schmaler geworden, aber immer

---

[22] Gensicke 2000, S. 176.
[23] Anheier 1997, S. 35.
[24] Von Rosenbladt 2000, S. 19.
[25] Brömme 1998, S. 33.
[26] Heinze/Strünck 2001, S. 236.
[27] Offe/Fuchs 2001, S. 443.
[28] Ebd., S. 445.
[29] Ebd., S. 448.
[30] Ebd., S. 469.

noch nicht geschlossen.[31] Jüngere Generationen von Frauen holen allerdings deutlich auf. Höhere Bildungsabschlüsse und eine höhere Erwerbsquote haben hierzu beigetragen. Auch die neuen Formen des Engagements in den sogenannten neuen sozialen Bewegungen werden von Frauen verstärkt wahrgenommen. Untere Einkommensgruppen und Personen mit niedrigem Bildungsniveau sind in zivilen Assoziationen unterrepräsentiert und damit schlechter mit sozialem Kapital ausgestattet. Diese Gruppen waren häufig in die Assoziationen der klassischen sozialmoralischen Milieus eingebunden: in die Organisationen der Arbeiterbewegung oder in das organisatorische Umfeld der katholischen Kirche. Dieser organisatorische Unterbau und Halt ist diesen Milieus heute weitgehend verloren gegangen. Die ehemals integrierten unteren Schichten wurden freigesetzt, ohne daß sie in die neu entstandenen Assoziationen (Vereine, Selbsthilfegruppen, neue soziale Bewegungen usw.) hinüberwechselten. Der Effekt ist eine soziale Deprivation dieser Gruppen.[32] Die veränderte Natur der Assoziationen läuft parallel mit einer neuen ungleichen Verteilung der Partizipation in Assoziationen. Die neuen Assoziationen verlangen von den Mitgliedern typische Mittelschichtskompetenzen – im Gegensatz etwa zu gewerkschaftlichen und kirchlichen Assoziationen. Gefragt ist der selbstreflexive und selbstverwirklichungsorientierte „Konsument", der autonom sein zeitweises Engagement gestaltet.[33] Die Milieuorganisationen können nun diese bildungsabhängigen Fähigkeiten nicht mehr ausgleichen.

Dieser knappe Überblick gibt also keineswegs Anlaß, in Deutschland von einer Krise des Gemeinsinns zu sprechen. Auch in den USA ergeben die Untersuchungen von Robert Wuthnow einerseits, Everett Ladd andererseits ein ganz anderes Bild, als es von Putnam gezeichnet wird. Empirisch gibt es einen Wandel der Teilhabemotive und entsprechend der präferierten Organisationsstrukturen, aber mit Ausnahme einzelner Bereiche keinen dramatischen Verfall. Die gleichwohl so stark geführte öffentliche Debatte scheint– sowohl in den USA wie in Deutschland – also nicht ein unvermeidlicher Ausdruck empirischer Wandlungsprozesse zu sein, sondern eher ein Kampf um die Hegemonie zwischen verschiedenen Wertvorstellungen, insbesondere um die Ansprüche eines radikalen Individualismus.

In dem Mosaik der Umfrageergebnisse sind die Konturen von Wertsystemen und die Institutionen, kulturellen Traditionen und sozialen Kräfte, die sie tragen, gar nicht mehr recht erkennbar. Deshalb soll das bisher gezeichnete Bild durch ein anderes relativiert werden. Die Gruppe um Robert Bellah in Berkeley hat einen auch methodisch ganz anders angelegten Versuch unternommen, aus dem Interesse an Gegengewichten gegen einen bloßen Individualismus heraus, nach der Lebendigkeit kultureller Traditionen zu fragen, aus denen Handelnde heute Motive zum Engagement gewinnen können.[34] Sie identifizieren eine „biblisch" genannte, d. h. christliche und jüdische Tradition einerseits, eine „republikanische", d. h. auf die Selbstregierung freier und tugendhafter Bürger zielende Tradition andererseits als solche Gegenkräfte, die allerdings heftig gegen die Hegemonie des Individualismus in seinen beiden Formen: einem nutzenorientierten

---

[31] Ebd., S. 478, vgl. auch Beher u. a. 2001, S. 255 ff.
[32] Offe/Fuchs 2001, S. 502.
[33] Brömme/Strasser 2001, S. 13.
[34] Bellah u. a. 1987.

und einem selbstverwirklichungsorientierten, zu kämpfen haben. Dieses übersichtliche Bild läßt sich als Folie benutzen, von der sich die deutsche Lage deutlich abhebt.

Historisch betrachtet, spielen die beiden Formen des Individualismus in Deutschland – selbst in liberalen Kreisen – praktisch keine Rolle. Aber auch die gemeinschaftsbezogenen Traditionen differieren stark von den USA. Formen eines Republikanismus, der den amerikanischen Traditionen vergleichbar wäre, gibt es zwar in der Schweiz, aber in Deutschland nur in schwacher Form im südwestdeutschen Liberalismus und vielleicht unter dem Bürgertum der großen Hansestädte. Die biblische Tradition spielte in Deutschland zwar eine ebenso wichtige Rolle wie in den USA, aber doch in ganz anderer Form: nicht nämlich als reicher und vitaler Pluralismus staatsferner Denominationen, sondern in der großen Konfessionsspaltung und in der klaren Aufteilung des Territoriums zwischen den Konfessionen nach dem Prinzip, daß die Konfession des Herrschers über die der Beherrschten entscheide. Diese Koexistenz religiöser Territorialmonopole wurde in den Umstrukturierungen nach dem Ende der napoleonischen Kriege aufgeweicht, aber erst durch Industrialisierung und Urbanisierung sowie dann durch die Flüchtlingsbewegungen am Ende des Zweiten Weltkriegs weitgehend überwunden. Es gibt allerdings in Deutschland andere Traditionen des „Gemeinsinns", die in diesem Maße für die USA nicht Bedeutung erlangten: eine sozialdemokratisch-gewerkschaftliche Tradition einerseits, eine konservativ-nationale Tradition andererseits.

II. Soziale Milieus in Deutschland

II.1 Der Begriff des sozialen Milieus

Wir behandeln diese kulturellen Traditionen im folgenden unter Verwendung des Begriffs „soziales Milieu". Dies bedarf einer kurzen Rechtfertigung. Der Begriff des sozialen Milieus war zuerst in einer naturalistisch-deterministischen Sichtweise Ende des 19. Jahrhunderts verbreitet, bevor er von dem französischen Klassiker der Soziologie, Émile Durkheim, zum soziologischen Begriff geläutert wurde, der die sozialen Bindungen des Alltagslebens kennzeichnen soll. In Deutschland hat Rainer Lepsius ihn besonders kraftvoll für eine historisch-soziologische Analyse der Zusammenhänge von Sozialstruktur und Parteiensystem verwendet.[35] Von da aus wurden der Begriff und die entsprechende Sichtweise für alle die attraktiv, die sich von unhistorischen Schichtungs- und Klassenmodellen eher abgestoßen fühlten. Dann fand der Begriff Eingang in die Markt- und Meinungsforschung und fand von da aus Mitte der 1980er Jahre in die akademische Soziologie zurück.[36] Er wurde zuerst vor allem zur Konstruktion von Typologien des kulturellen Geschmacks verwendet, so in Gerhard Schulzes bekannter Studie zur „Erlebnisgesellschaft".[37]

---

[35] Vgl. Lepsius 1993a.
[36] Vgl. Hradil 1987.
[37] Schulze 1992.

Besonders wichtig in diesem Zusammenhang ist die kreative Weiterentwicklung in den Forschungen der Gruppe um Michael Vester. In diesen werden Konstruktionen, die spürbar der Marktforschung entstammen, für die Zwecke einer Forschung „adaptiert",[38] deren selbstgestellte Aufgabe eher die einer politischen Beratung der deutschen Gewerkschaften und der Sozialdemokraten – „auf der Suche nach dem demokratisierenden Subjekt" – ist. Hier finden sich detaillierte Landkarten lebensweltlicher und politischer Milieus in Deutschland. Besonders verdienstvoll ist die Strenge, mit der die Unterscheidung dieser beiden Milieu-Arten durchgeführt wird. Enttäuschend ist nur, daß die gerade wegen dieser Unterscheidung so wichtige Frage nach der Verknüpfung, die Frage also nach dem „wie auch immer gearteten – Zusammenhang von gesellschaftspolitischen Grundeinstellungen und Orientierungen des Gesellungsverhaltens"[39] praktisch völlig unbeantwortet bleibt. Damit bleiben diese Untersuchungen auf halbem Weg zwischen den Artefakten der Marktforschung, in deren „Milieus" keine substantiellen kulturellen Wert-Traditionen erkennbar sind, und Lepsius' historisch gesättigter Soziologie. Aber vielleicht spiegelt diese Unentschiedenheit selbst die Schwierigkeit der Verwendung eines schärfer umrissenen Milieu-Begriffs in einer Phase der Auflösung traditioneller Milieus. Dennoch stützen sich die nachfolgenden Ausführungen auf Vesters Milieubegriff, da er kulturelle Wert- und Mentalitätswandlungen – zumindest prinzipiell – einzufangen vermag. Vester gibt dabei, im Gegensatz zu Schulze, die Annahme vertikaler Schichtungen nicht auf und behauptet auch nicht die Auflösung der alten Klassenmilieus, sondern deren Metamorphose: Sie haben sich in Richtung vermehrter Selbstbestimmung und Individualisierung modernisiert.[40]

II.2 Klassen- und Milieubildung in der deutschen Arbeiterschaft

Soziale Klasse und Arbeitermilieus

Wahrscheinlich ist keine gesellschaftliche Gruppe so intensiv Gegenstand sozialhistorischer Studien geworden wie die Gruppe der Arbeiter. Mit Josef Moosers Werk *Arbeiterleben in Deutschland* liegt eine exzellente sozialhistorische Aufarbeitung der teilweise sehr disparaten historischen Studien zur Geschichte der deutschen Arbeiterschaft vor. Er rekonstruiert dabei einerseits die Veränderungen in der Klassenlage der Arbeiter von 1900 bis 1970, interessiert sich andererseits vor allem für die Entwicklung der Arbeiterschaft als sozialer Klasse.[41] Im Anschluß an Max Weber ist für Mooser die Klassenlage der Arbeiterschaft vornehmlich über objektive sozialstrukturelle Merkmale zu kennzeichnen. Umfaßt die Klassenlage gemeinsame Interessen und Werthaltungen der Mitglieder, kann es zur Herausbildung einer sozialen Klasse kommen.

Die Entwicklung der Einkommen ist das offensichtlichste Phänomen der Diskontinuität in der Arbeitergeschichte. Die historisch unvergleichbare Geschwindigkeit der Wohlstandszunahme ist die zentrale Erfahrung der westdeutschen Bevölkerung, an der

---

[38] Vester 1993, S. 101.

[39] Ebd., S. 377.

[40] Vester 1998.

[41] Mooser 1984, S. 25.

die Arbeiter ebenso teilhatten. Der durchschnittliche Reallohn verdreifachte sich von den 80er Jahren des 19. Jahrhunderts bis zum Jahr 1970.[42] Die größten Veränderungen fielen in die Nachkriegsjahrzehnte. Allein in den 15 Jahren von 1950 bis 1965 verdoppelte sich der Reallohn. Zu der Wohlstandssteigerung traten die Reduktion der Arbeitszeit und das Fehlen von Arbeitslosigkeit hinzu.

Erst in den 1950er Jahren verfügten die Arbeiterfamilien über ein Einkommen, das es ihnen ermöglichte, eine Lebensführung hinter sich zu lassen, in der der größte Teil der Ausgaben Reproduktionszwecken diente. 1950 mußten noch 75 % des Budgets für Nahrungsmittel, Kleidung und Wohnen ausgegeben werden, 1973 betrug der Anteil an diesen Ausgaben nur noch 60 %.[43] Es entsteht in diesen Jahren für die gesamte Arbeiterschaft ein Spielraum materieller Disposition, den vor den 1950er Jahren nur eine sehr geringe Anzahl von gutverdienenden, hochqualifizierten „Arbeiteraristokraten" kennengelernt hatte.

Das Klassenmilieu der Arbeiterschaft in der Bundesrepublik

Ein besonderes Kennzeichen der Proletarität liegt in der „Vererbung" der proletarischen Lage. Vor allem die Ausweitung der Angestellten- und Beamtenpositionen vergrößerte die Möglichkeit, die Herkunftsschicht zu verlassen. Ebenso erhöhte die Öffnung des Bildungssystems seit den 1960er Jahren die Mobilitätschancen der Arbeitersöhne. Während Anfang der 1950er Jahre nur 4 % der Studenten aus Arbeiterfamilien kamen, waren es 1969 11,2 % und 1975 18,8 % der Studienanfänger.[44]

Zwar ist die Bildungsexpansion den Kindern aus nahezu allen Bevölkerungsgruppen zugute gekommen, doch hat keine Umverteilung der Bildungschancen zugunsten der benachteiligten unteren Schichten stattgefunden. Vom Ausbau der Realschulen profitierten vornehmlich die Kinder von Bauern und Facharbeitern, aber kaum die Kinder der Ungelernten.[45] Hauptgewinner bei der Expansion der Gymnasien sind die Kinder der mittleren Schichten. Die Gewinner der Hochschulexpansion sind dieselben mittleren Schichten, die auch von dem Ausbau der Gymnasien profitierten. 1993 begannen 7 % der Arbeiterkinder ein Studium – im Vergleich zu 27 % der Angestellten – und 47 % der Beamtenkinder.

Die Mobilitätsströme zeigen einen relativ stabilen Kern einer sozialen Klasse, die sich sowohl in der „Vererbung" der beruflichen Position als auch in der Kohärenz des individuellen beruflichen Wegs manifestiert. Im Heiratsverhalten spiegelt sich der soziale Zusammenhang oder die Distanz zwischen gesellschaftlichen Gruppen besonders deutlich wider: Zwei Drittel der Männer und drei Viertel der Frauen, die einen Hauptschulabschluß erlangt und einen Beruf erlernt hatten, waren im Jahr 1989 mit Hauptschulabsolventen bzw. -absolventinnen verheiratet.[46] Die Arbeiterschaft hat damit nach den Bauern den sozial homogensten Verkehrskreis aller gesellschaftlichen Großgruppen.

---

[42] Ebd., S. 74.
[43] Ebd., S. 80.
[44] Ebd., S. 116.
[45] Geißler 1996, S. 260.
[46] Ebd., S. 170.

Arbeiterschaft und sozialmoralische Milieus

Das sozialdemokratische Milieu des 19. Jahrhunderts war als einziges fundamental durch die Industrialisierung und von Forderungen nach politischer Demokratisierung geprägt. Die SPD mobilisierte im wesentlichen die neu entstandene moderne Lohnarbeiterschaft, die nicht an konfessionelle und regionale Traditionen gebunden war. Dies waren vornehmlich die gewerblich-industriellen Arbeiter in den Städten im protestantischen Mittel- und Norddeutschland. Der SPD gelang dagegen kein entscheidender Einbruch in die katholische Arbeiterschaft. Seit den 1890er Jahren gab es in den protestantischen Großstädten ein ausdifferenziertes sozialdemokratisches Vereinswesen. Im Jahr 1914 bestanden 5000 Ortsvereine, und die SPD hatte über 1 Million Mitglieder.[47] Ein Netz aus Parteiorganisation, Genossenschaften und Vereinen homogenisierte das sozialdemokratische Milieu nach innen und grenzten es nach außen ab.

Die Zerschlagung der deutschen Arbeiterbewegung durch den Nationalsozialismus und die veränderten Ausgangsbedingungen nach 1945 ließen eine Revitalisierung des sozial-demokratischen sozialmoralischen Milieus in der Bundesrepublik nicht zu. Als politisches Lager verlor die Arbeiterbewegung zunehmend an Bedeutung. Dies ist aber eher als eine Erfolgsgeschichte anzusehen: Die Verwirklichung vieler Ziele der Arbeiterbewegung wie die Einkommensverbesserungen der 1950er und 1960er Jahre und die Erhöhung des Lebensstandards individualisierten gleichsam die politische Arbeiterbewegung. Der Erfolg des neu aufgebauten westdeutschen Parteiensystems ist in der Integration aller gesellschaftlichen Gruppen zu sehen. Die Arbeiterschaft und der katholische Bevölkerungsteil konnten in die bundesrepublikanische Politik erstmals voll integriert werden; die Versäulung der deutschen Gesellschaft und die sogenannte „negative Integration" der Arbeiterschaft konnten so überwunden werden. Damit verblaßte zugleich der gesellschaftliche Bedeutungsgehalt der Klassenzugehörigkeit.

Das Arbeiterklassenmilieu war im Kaiserreich intern in verschiedene lebensweltliche Milieus ausdifferenziert: ländliche und großstädtische Arbeitermilieus, protestantische und katholische Milieus der Arbeiteraristokraten und der ungelernten ehemaligen Landarbeiter usw. Bis in die 1960er Jahre setzte der von Mooser beschriebene Homogenisierungsprozeß der Klassenlage der Arbeiterschaft sich durch: die Differenzierungen zwischen den verschiedenen lebensweltlichen Arbeitermilieus nahmen ab. Nach den 1960er Jahren kann der von vielen als Individualisierung beschriebene Prozeß als eine erneute interne Differenzierung des Klassenmilieus beschrieben werden.

Anfang der 1990er Jahre wurden vier westdeutsche Arbeitermilieus voneinander unterschieden. Die Arbeitermilieus grenzen sich gemeinsam vom leistungs- und statusorientierten Individualismus bürgerlicher Milieus ab. Innerhalb der vier Arbeitermilieus lassen sich zwei Traditionsstränge unterscheiden.[48] Die erste Traditionslinie geht auf unterständische dörfliche und städtische Milieus der vorindustriellen Zeit zurück, die sich besonders in der Gruppe der an- und ungelernten Arbeiter fortgesetzt hat. Diese Linie ist im traditionslosen Arbeitermilieu verkörpert, dem 1982 9 % und 1991 12 % der Westdeutschen zugeordnet werden konnten. Außengeleitete Formen des Selbst-

---

[47] Grebing 1985, S. 100.
[48] Vester 1998, S. 135.

zwangs überwiegen, und Standards von Sicherheit, Konsum und breiter gesellschaftlicher Anerkennung gelten als kulturelle Orientierungspunkte.

Die zweite Traditionslinie wird vom traditionellen Arbeitermilieu verkörpert. Dieses schrumpfte im Verlauf der 1980er Jahre von 9 auf 5 % der westdeutschen Bevölkerung.[49] In der Lebensführung der Mitglieder des traditionellen Arbeitermilieus spielen Selbstdisziplin, persönliche Verantwortung, Bescheidenheit und Arbeitsamkeit eine große Rolle. Auf die protestantische Ethik der Handwerkerkultur zurückgehend ist es das klassische Milieu der Facharbeiter. Vester vermutet,[50] daß um 1950 mehr als 25 % der Bevölkerung diesem Milieu zugehörten. Seitdem ist es geschrumpft, hat aber zwei Abkömmlinge hervorgebracht. Das „aufstiegsorientierte" Milieu ist seit den 1950er Jahren aus dem traditionellen Arbeitermilieu entstanden; in den 1980er Jahren wuchs sein Anteil an der Bevölkerung von 20 auf 24 %. Der jüngste rasch wachsende (1982: 0 %, 1991: 5 %, 1995: 7 %) Abkömmling des traditionellen Arbeitermilieus ist das „neue Arbeitnehmermilieu". Dieses Milieu liegt auf dem Pol der modernisierten Lebensstile und verbindet das Ethos guter Facharbeit und methodischer Lebensführung mit Momenten der Individualisierung und des Hedonismus.

Vergleicht man Eltern- und Kindergeneration miteinander,[51] lassen sich sowohl typische Wandlungsprozesse als auch Persistenzen identifizieren. Der typische Klassenhabitus bleibt in der Generationenfolge erhalten. Wandel findet eher auf der horizontalen Achse des Lebensstils statt, die von traditionell-restriktiven Grundhaltungen bis zu individualistischen Selbstverwirklichungswerten reicht. Bei den jüngeren Generationen erodieren die leistungs- und ordnungsorientierten Werte und konventionellen Verhaltensmuster. Selbstbestimmtes Verhalten und Reflexivität sind bei den Jüngeren weiter verbreitet als bei ihren Eltern und Vorfahren.

Klassenlagen und soziale Klassenbildung der DDR-Arbeiterschaft

Auch in der DDR fand eine enorme Entproletarisierung der Arbeiterschaft in den Nachkriegsjahren statt. Die Lebens- und die Arbeitsbedingungen verbesserten sich, und das Ausbildungsniveau wurde angehoben. Im deutsch-deutschen Vergleich blieb die Entwicklung der Lage der DDR-Arbeiterschaft aber hinter der der westdeutschen zurück.[52] Seit den 1960er Jahren wurden vor allem auch Frauen für den Arbeitsmarkt rekrutiert. 1990 gingen 92 % der 25 bis 60-jährigen Frauen (ohne Studentinnen) einer Erwerbstätigkeit nach.[53] Die DDR kam in dieser Zeit auf eine Gesamterwerbsquote (bezogen auf die Bevölkerung von 15 bis 64 Jahren) von rund 90 %, während die BRD eine Erwerbsquote von knapp 70 % aufwies. Die wichtigste Quelle des persönlichen Einkommens war die Erwerbsarbeit. Die DDR war fast völlig ohne Besitzklassen. Versorgungsklassen spielten wegen der Zentralität der Erwerbsarbeit ebenso eine relativ geringe Rolle.

---

[49] Ebd., S. 134.
[50] Ebd., S. 136.
[51] Vester u. a. 1993, S. 24 ff.
[52] Geißler 1996, S. 174.
[53] Ebd., S. 281.

Die Betriebe stellten den Vergesellschaftungskern der Sozialstruktur dar. Die betriebszentrierte Sozialpolitik[54] war eines der bedeutsamsten Merkmale der realsozialistischen Arbeitsgesellschaft. Der Betrieb erfüllte vielfältige Funktionen und Versorgungsaufgaben. Zahlreiche Einrichtungen wie Kinderkrippen, Erholungseinrichtungen, Betriebsberufsschulen, aber auch medizinische Betreuung und kulturelle Aktivitäten waren den Betrieben zugeordnet.

Hinsichtlich der intergenerationellen Mobilität in der DDR, verweisen die Untersuchungen einhellig auf die zunehmende Schließung der Chancenstruktur in der historischen Generationenfolge.[55] Zunächst hatte die sogenannte Aufbaugeneration der um 1930 Geborenen besonders viele und gute Chancen des sozialen Aufstiegs. Dazu trugen auch bis zum Mauerbau 1961 die hohen Abwanderungsraten hochqualifizierter Personen bei. Die später geborenen Jahrgänge – besonders die ab 1960 Geborenen – fanden erheblich schlechtere Aufstiegschancen vor.[56] Sie stießen auf eine zunehmende Schließung der Aufstiegskanäle und eine starke Selbstreproduktion der „sozialistischen Dienstklasse". Bereits 1964 war der Generationenwechsel an der Spitze und in der oberen Mitte der Gesellschaft vollzogen: 80 % der Angehörigen der sogogenannten Intelligenz hatten ihre Ausbildung nach 1951 im neuen Erziehungssystem abgeschlossen und gehörten der neuen sozialistischen Generation an.[57]

In den folgenden Jahrzehnten war die Mobilität rückläufig. Seit den 1960er Jahren schlossen sich die Universitäten zunehmend für Arbeiterkinder. Die neue sozialistische Intelligenz, die aus den unteren Schichten vorgerückt war, setzte sich in ihren Positionen fest. Sie sicherte ihren Kindern Bildungschancen und schottete sich gegen Zugang von unten ab. Betrachtet man die Zeit der deutschen Teilung insgesamt – und nicht nur die Aufbaujahre der DDR – waren die Aufstiegschancen von Arbeiterkindern in der Bundesrepublik durchschnittlich besser als in der DDR.[58]

Lebensweltliche Milieus der DDR-Arbeiterschaft

Nach der Untersuchung des Sinus-Instituts lassen sich in Ostdeutschland 1990 neun Sozialmilieus feststellen, die sich teilweise erheblich von den westdeutschen unterscheiden.[59] Die westdeutschen Milieus konzentrieren sich in der horizontalen und vertikalen Mitte des sozialen Raums – beim Mittelklassehabitus der modernen Mitte. Drei Besonderheiten der DDR-Gesellschaft sind auf dieser Ebene ersichtlich: eine überdimensionierte Oberschicht („Wasserkopf" von 32 % der Bevölkerung), eine schwach ausgeprägte Mitte (28 %) und eine große traditionale Arbeiterklasse von 40 % der Bevölkerung.[60] Auf der horizontalen Achse, auf der der Grad der Individualisierung abgetragen ist, war die ostdeutsche Gesellschaft ebenso zwischen einem großen traditionalen Teil und radikaler modernisierten jungen Milieus polarisiert. In der Mitte klaffte eine

---

[54] Kohli 1994.
[55] Vgl. Kohli 1994; Engler 1992, S. 88 ff.
[56] Berger 1998, S. 578.
[57] Geißler 1996, S. 240.
[58] Ebd., S. 244.
[59] Vester 1995.
[60] Ebd., S. 16.

Lücke. Vester nennt diese Milieus entsprechend auch traditionale Mitte im Gegensatz zur westdeutschen modernen Mitte. Sie ist nicht nur traditionaler orientiert, sondern auch kleiner (27 %) als die Mitte Westdeutschlands (45 %).[61]

Das Klassenmilieu der DDR-Arbeiterschaft bestand aus drei lebensweltlichen Milieus. Das hedonistische Arbeitermilieu umfaßte 5 % der Bevölkerung und galt als modernisiertes Milieu.[62] Die Angehörigen dieses Milieus verfügten zumeist über eine mittlere Bildung (zehnklassige polytechnische Oberschule mit anschließender Berufsausbildung) und wurden häufig Facharbeiter, einfache Angestellte oder Beamte. Das traditionslose Arbeitermilieu zählte zur traditionalen Mitte und hatte einen Anteil von 8 % an der Bevölkerung. Hier herrschte eine einfache Bildung vor. Die Menschen dieses Milieus waren Industriearbeiter oder einfache Beschäftigte im Dienstleistungssektor. Das größte lebensweltliche Milieu der DDR-Gesellschaft war das traditionsverwurzelte Arbeiter- und Bauernmilieu mit 27 % der Bevölkerung; es befindet sich auf dem traditionellen Pol der horizontalen Achse des sozialen Raums.[63]

Die Forschungsgruppe um Michael Vester hat in den Jahren 1991 bis 1993 die sozialen Milieus der Arbeiterschaft und die alternativ-intellektuellen Milieus in zwei typischen ostdeutschen Regionen eingehender untersucht. Eine Analyse der Regionalentwicklung wurde für den Leipziger Raum und die Industriestadt Brandenburg erstellt, und eine Stichprobe ausführlicher Zwei-Generationen-Interviews wurde durchgeführt.[64] Vesters Milieubeispiele zeigten enorme Beharrungskräfte der Arbeitermilieus Ostdeutschlands. Die Versuche der Interessenwahrnehmung der Arbeiterschaft zeigen bis in die 1960er Jahre den Rückgriff auf die traditionellen Methoden der Gewerkschaftsbewegung.[65] Mangels institutioneller Möglichkeiten echter Interessenartikulation waren die Arbeiter auf geradezu frühmoderne Formen der Interessenartikulation in den Betrieben angewiesen. Die betriebszentrierte Sozialpolitik, die Aushöhlung der Leistungsstandards und die informellen Pakte zwischen Betriebsleitung und Belegschaft gewöhnten die Industriearbeiterschaft an die soziale Realität der DDR und trugen zur Konservierung egalitärer proletarischer Werthaltungen bei.[66] Die lebensweltlichen Arbeitermilieus rekonstituierten sich seit 1990 in ihren Kernen – als Zusammenhänge der Vergemeinschaftung und älterer Formen der Lebensführung.

II.3 Die religiösen Milieus in Deutschland

Die christlichen Milieus im Deutschen Reich

In Deutschland wird die Religionsausübung durch die beiden großen christlichen Kirchen – die in der Evangelischen Kirche in Deutschland (EKD) zusammengeschlossenen evangelischen Landeskirchen und die römisch-katholische Kirche – dominiert. Auch

---

[61] Ebd., S. 17.
[62] Ebd., S. 48.
[63] Ebd., S. 50.
[64] Ebd., S. 7.
[65] Hübner 1994, S. 180.
[66] Ebd. S. 181.

die christlichen Milieus sind in einem noch näher zu charakterisierenden Sinn eng mit
den beiden Kirchen verwoben. Den Kirchen gehören heute etwa 80 % der Bevölkerung
Westdeutschlands und knapp 30 % der Bevölkerung Ostdeutschlands an.

Für die Katholiken in Deutschland ist das 19. Jahrhundert vor allem durch Gefühle
von Gereiztheit und Fremdheit gegenüber dem Staat und von kultureller Inferiorität
gegenüber dem Protestantismus gekennzeichnet. Der Protestantismus hatte sich dagegen seit der Reformation in weiten Gebieten Deutschlands zu einem integralen Bestandteil der staatlichen Ordnung entwickelt. Die verschärfte Inferioritätsstellung des Katholizismus nach der Reichsgründung distanzierte die Katholiken weiter vom
protestantisch dominierten Staat und war die eigentliche Geburtsstunde des katholischen Milieus und seines politischen Arms, des Zentrums. Der protestantischen Seite
fehlte zur Herstellung eines einheitlichen sozialmoralischen Milieus die entsprechende
Bedrohungsperzeption, da sie sich in der überlegenen Position wähnte und tatsächlich
befand.

Die rechtliche und politische Unterdrückung des Katholizismus im Kulturkampf mobilisierte und homogenisierte das katholische Sozialmilieu.[67] Die Parallele zwischen
Kulturkampf und Sozialistengesetz liegt auf der Hand. Beide hatten den Effekt der Herausbildung politisch aktiver Sozialmilieus, die – beruhend auf einem vorpolitischen
Netz von Organisationen – kohäsiv nach innen und abgrenzend nach außen verfaßt
waren.

Die Isolierung der Katholiken grenzte zwar den Protestantismus insgesamt ab, doch
verliefen die entscheidenden politischen Konfliktlinien nicht zwischen den Konfessionen, sondern innerhalb des evangelischen Bevölkerungsteils.[68] Zunächst entwickelte
sich der politische Gegensatz zwischen Konservativen und bürgerlichen Liberalen.
Hinzu trat im Zuge der Industrialisierung der Konflikt zwischen Liberalen und Sozialdemokraten. So lagen innerhalb des Protestantismus im Kaiserreich drei politische
Strömungen und sozial-moralische Milieus vor: Konservative, Liberale und Sozialdemokraten. Im katholischen Milieu fiel dagegen die Konfessionsgrenze mit der Milieu-
grenze zusammen.

Die gegenseitige Stützung von katholischen Wählern, Kirche, kirchlichen Organisationen und dem Zentrum zerbrach schlagartig im Jahr 1933. Zunächst mochten noch
manche Katholiken glauben, daß der Nationalsozialismus nach der Phase der Machter-
greifung seine Angriffe auf Kirche und Katholizismus einstellen würde. Diese Hoffnung wurde durch die NS-Repression aber rasch widerlegt. Die Maßnahmen richteten
sich gegen das kirchliche Vereinswesen, gegen die katholische Presse und gegen die
Konfessionsschulen.[69] Kloster- und Kirchenbesitz wurden teilweise enteignet. Man
versuchte, jeglichem Versuch der Kirche in die Gesellschaft hineinzuwirken, entgegen-
zutreten. Der organisierte Katholizismus wurde so systematisch lahmgelegt.

---

[67] Gauly 1991, S. 47.
[68] Oberndörfer u. a. 1985a, S. 23.
[69] Vgl. Lönne 1986, S. 243.

Die christlichen Milieus in der Bundesrepublik Deutschland

Die Katholiken entwickelten in dem neuen deutschen Staat schnell ein politisches Heimatgefühl. Das Aufleben des Katholizismus hatte vor allem auch mit der veränderten demographischen Situation zu tun. Durch die Teilung Deutschlands kam es im Westen zu einer zahlenmäßigen Parität zwischen Katholiken und Protestanten. Der wohl wichtigste Beitrag zur Überwindung der konfessionellen Spaltung des Parteiensystems ist in dem Verzicht auf eine katholische Partei anzusehen.[70] Die Errichtung einer interkonfessionellen christlichen Partei überwand die Spaltung des deutschen Parteiensystems in ein geschlossenes katholisches Lager und in einen intern differenzierten protestantischen Teil.[71] Das nach 1945 zunächst noch wiederbelebte katholische sozialmoralische Milieu löste sich im Verlauf der 1960er Jahre allmählich weitgehend auf.

Der Umbruch in der religiösen Praxis der 1960er Jahre war äußerst tiefgreifend. Allein in den Jahren von 1968 bis 1973 gingen die Kirchenbesucherzahlen um etwa ein Drittel zurück. Beginnend mit den Jahren 1967/68 begann ein erdrutschartiger Rückgang der Gottesdienstteilnahme. 1952 besuchte etwa jeder zweite erwachsene Katholik regelmäßig den Gottesdienst, 1963 waren es 55 %, 1968 48 % und 1973 nur noch 35 %.[72] Bei den Protestanten verlief die Entwicklung ähnlich, allerdings auf einem niedrigeren Niveau. 1952 besuchten 13 % der erwachsenen Protestanten regelmäßig den Gottesdienst, 1965 15 %, 1968 10 % und 1973 nur noch 7 %.[73] Zu Beginn der 1980er Jahre nahmen nur noch knapp 20 % der jüngeren Katholiken am Gottesdienst teil, aber 54 % der Älteren ab 60 Jahren – bei den Protestanten belief sich das Verhältnis auf 4 % zu 12 %.[74] Die Konsequenz ist eine zunehmende Überalterung der Gottesdienstbesucher.

Der umwälzende religiöse Wandel zeigt sich auch an den Zahlen zur Kirchenmitgliedschaft. Die Kirchenaustrittszahlen erreichten in den Jahren 1973/74 ihren Höhepunkt: 1970 standen 202 823 Austritte aus der evangelischen Kirche nur noch 20 990 Aufnahmen gegenüber.[75]

Festzuhalten ist zunächst, daß sich in den 1960er Jahren das katholische *sozialmoralische* Milieu – verstanden als *gesellschaftspolitisches Lager* (Vester) – weitgehend aufgelöst hat. Ein protestantisches gesellschaftspolitisches Lager existierte in Deutschland zu keinem Zeitpunkt. Beantwortet ist damit aber noch nicht die Frage, was mit den christlichen Milieus auf der Ebene der *lebensweltlichen* Milieus geschah. Schließlich könnte es sein, daß sich auf der lebensweltlichen Ebene ein katholisches Milieu erhalten hat, das seine Mitglieder über eine spezifische religiöse Praxis integriert. Die Tatsache, daß in Deutschland kein protestantisches Lager vorhanden war, bedeutet nicht, daß es nicht auf der lebensweltlichen Ebene ein protestantisches Milieu gab und möglicherweise immer noch gibt.

---

[70] Gotto 1985.
[71] Oberndörfer u. a. 1985a, S. 24.
[72] Köcher 1988, S. 145.
[73] Ebd., S. 145.
[74] Ebd., S. 145.
[75] Thinnes 1988, S. 211.

Eine der wenigen Studien, die die Thematik christlicher Milieus explizit aufgreifen, beruht auf einer Befragung in einem Kölner Stadtteil.[76] Dabei geht es um den Zusammenhang von religiöser Sozialisation und konfessionellen Milieus. Stabilisiert werden konfessionelle Milieus über ein Geflecht konfessionsspezifischer Organisationen, wie dies etwa beim katholischen Sozialmilieu der Fall war. Durch die zunehmende Auflösung der konfessionellen Milieus nach dem Zweiten Weltkrieg sind die Familien immer mehr auf sich allein gestellt. Sie tragen nun nahezu alleine die Last der religiösen Sozialisation und müssen sie gegen andere Einflüsse durchsetzen.[77] Unter diesen Umständen wäre ein abnehmender Erfolg religiöser Sozialisation im Zeitverlauf und eine abnehmende Tendenz zur Wahl religiös gleichgesinnter Partner zu erwarten. Wolfs Studie zeigt dagegen eine intergenerationelle Zunahme religiös-kirchlicher Homophilie.

Auf der Grundlage von 671 Interviews hat Wolf ego-zentrierte Netzwerke erfaßt. Bei den verwandtschaftlich verbundenen Beziehungen läßt sich ein deutlicher Rückgang bei der Weitergabe der Konfession in der Generationenabfolge ausmachen.[78] Unterscheidet man aber unterschiedliche Grade der Intensität der Religionsausübung, ergibt sich ein anderes Bild. Während der Anteil derjenigen, die als sehr religiös einzuschätzen sind, von Generation zu Generation abnimmt – von 34 % in der älteren Generation über 25 % in der mittleren zu 20 % in der jüngeren Generation –, scheint der Erfolg der Weitergabe intensiver Religiosität zugenommen zu haben. Die Gruppe der stark Religiösen ist zwar kleiner geworden, hat aber höhere Tradierungserfolge in der Generationenabfolge. Die Rolle der Konfession nimmt hierbei allerdings auch ab: Die Trennungslinie scheint nicht zwischen den Konfessionen, sondern zwischen religiösen und nicht-religiösen Menschen zu verlaufen.

Auf der Ebene der nicht-verwandtschaftlichen, partnerschaftlichen Beziehungen wird diese These bestätigt. Die konfessionelle Homophilie der Beziehungen ist bei gläubigen Katholiken und Protestanten höher als bei Nichtgläubigen. Aber auch nichtgläubige Konfessionslose wenden sich häufiger Personen der eigenen Gruppe zu als Konfessionslose, die an Gott glauben. Je stärker die religiöse oder atheistische Überzeugung, um so eher wendet man sich Personen zu, die die gleiche Überzeugung teilen. Die insgesamt abnehmende Religiosität und Kirchlichkeit lassen den religiösen Glauben als immer weniger selbstverständlich erscheinen. Die Religiosität wird – so Wolf – zu einem wichtigen differenzierenden Assoziationskriterium.

Diese Ergebnisse sind natürlich keinesfalls repräsentativ und erfahren eine zusätzliche Einschränkung durch den räumlichen Bezug auf ein traditionell katholisches Gebiet. Jedoch gibt die Studie Anlaß zu der Vermutung, daß auf der lebensweltlichen Ebene durchaus noch christliche Milieus vorhanden sind, bzw. daß diese in einer transformierten Form vorliegen. Sie konstituieren sich nun stärker an der Spannungslinie religiös/nicht-religiös als an der konfessionellen Grenze. Die Annahme eines zwar kleinen, aber vitalen und sich vielleicht noch in statu nascendi befindenden christlichen Milieus erscheint so wahrscheinlich.

---

[76] Wolf 1995.
[77] Ebd., S. 346.
[78] Ebd., S. 351.

Die christlichen Milieus in der DDR

Die Lage der Kirchen in der DDR war vornehmlich dadurch gekennzeichnet, daß sie mit allen Mitteln staatlicher Macht aus der gesellschaftlichen Öffentlichkeit zurückgedrängt wurden. Von den 18,3 Mio. Einwohnern der DDR waren 1950 14,8 Mio. evangelisch und 1,37 Mio. katholisch.[79] Im Jahr 1990 hatte die evangelische Kirche nur noch 5,1 Mio. Mitglieder und die katholische Kirche 1,1 Mio. Mitglieder bei 16 Millionen Einwohnern in der DDR. Für 1989/90 kann man somit von knapp 25 % evangelischen und 4 bis 5 % katholischen Kirchenmitgliedern in der ostdeutschen Bevölkerung ausgehen. Der Anteil der Konfessionslosen stieg während der 40-jährigen Existenz der DDR von 7 auf etwa 70 % an.[80] In den Jahren 1950 bis 1990 erlebte die evangelische Kirche einen 70 %-igen Rückgang der Kirchenmitgliedschaft, die katholische Kirche einen Rückgang von 58 %. Innerhalb weniger Jahrzehnte wurde aus der protestantischen Volkskirche eine Minderheitskirche – und zwar in den Kernlanden der Reformation. Dem staatlichen Homogenisierungsdruck erwies sich gerade die Kirchlichkeit der protestantischen Mehrheitsbevölkerung nicht gewachsen.

Der Rückgang der evangelischen Kirchenmitgliedschaft erfolgte nicht kontinuierlich, sondern in Schüben mit einem absoluten Höhepunkt in der zweiten Hälfte der 1950er Jahre. Der erste noch leichtere Einbruch fiel in die Jahre 1953/54. In dieser Zeit sank die Anzahl der Taufen und die der Kirchenmitglieder um etwa ein Sechstel. Der schwerere Einbruch lag in den Jahren zwischen 1957 und 1959.

Die Situation der Kirchen nach der Wiedervereinigung

In den Jahren nach der Wiedervereinigung stehen sich in Deutschland zwei Religionssysteme gegenüber. Die Konfessionslosen bilden im Westen im Jahr 1996 eine Minderheit von 14 %, während sie in Ostdeutschland fast 70 % der Bevölkerung ausmachen.[81] Im statistischen Durchschnitt bewegt sich Deutschland auf eine Drittelparität von Protestanten, Katholiken und Konfessionslosen zu.

Von geschlossenen christlichen sozialmoralischen Milieus kann seit Ende der 1960er Jahre keine Rede mehr sein. Bis zu diesem Zeitpunkt hatte sich das katholische Lager in Westdeutschland weitgehend aufgelöst. In der SBZ bzw. DDR kam es in den Nachkriegsjahren erst gar nicht zu der Möglichkeit einer gesellschaftspolitischen Lagerbildung aufgrund der repressiven Politik gegenüber jeglichen autonomen intermediären Organisationen. Die Frage, wie es um die Situation lebensweltlicher christlicher Milieus bestellt war, ist nur schwer zu beantworten. Man muß wohl davon ausgehen, daß auch auf der lebensweltlichen Ebene eine enorme Milieuschrumpfung stattfand – in Ostdeutschland in einem wesentlich dramatischeren Umfang. Allerdings macht die Studie von Wolf (1995) auf die Intensivierung der Religiosität und deren höhere Vererbungsrate unter den Bedingungen einer säkularisierten Gesellschaft aufmerksam. Deshalb kann vermutlich von einem Kern lebensweltlicher religiöser Milieus auch in Ostdeutschland ausgegangen werden.

---

[79] Gabriel 1998, S. 376.
[80] Pollack 1994, S. 271.
[81] Gabriel 1998, S. 377.

Der Schrumpfung der intensiven Religionsausübung auf einen kleinen religiösen Kern steht die weite Verbreitung christlicher Werte und Leitbilder in der Gesellschaft gegenüber. Die sozialpolitischen Positionen der Kirchen etwa finden eine breite Zustimmung, wie die Reaktionen auf das 1997 erschienene gemeinsame Wort des Rats der Evangelischen Kirche und der Deutschen Bischofskonferenz zeigen. Grundelemente des deutschen Wohlfahrtsstaats haben eindeutig eine christliche Prägung – insbesondere der Einfluß der katholischen Soziallehre ist unverkennbar.[82]

Das jüdische Milieu in Deutschland

In den 1850er Jahren lebten in Deutschland etwa 415 000 Juden. Die Juden bildeten eine relativ geschlossene Sozialstruktur und Gruppenidentität aus. Nach den Revolutionsjahren entwickelte sich eine jüdische Öffentlichkeit in Form einer jüdischen Presse. Eine politische Repräsentation, wie die Katholiken sie im Zentrum besaßen, formierte sich im deutschen Judentum allerdings nicht. Die jüdische Minderheit war mit einem Anteil von knapp einem Prozent an der deutschen Bevölkerung zu schwach, um mit einer eigenen Partei Erfolg haben zu können. Das jüdische Vereinswesen spielte zwar nicht im politischen Bereich, aber dafür im sozialen Sektor eine wichtige Rolle.

Die Beschränkungen, die in der Kaiserzeit für die Juden noch galten, wurden in der Weimarer Republik beseitigt. Die Verfassung betonte, daß die bürgerlichen und staatsbürgerlichen Rechte nicht vom religiösen Bekenntnis abhängig seien. Doch machte die NS-Diktatur bis zum Jahr 1941 die Juden in Deutschland schrittweise rechtlos. Bis zum Herbst dieses Jahres war das Ziel der Nazi-Politik, die Juden zur Auswanderung zu zwingen. Danach sollten jedoch alle Juden im deutschen Herrschaftsbereich physisch vernichtet werden. Mit den Nürnberger Gesetzen von 1935 wurden die Juden außerhalb der Gesellschaft gestellt. Jeglicher sexueller Verkehr zwischen Juden und „Ariern" wurde kriminalisiert. Eine Vielzahl von Einzelerlassen drängte Juden aus allen Bereichen des öffentlichen Lebens heraus. Ab 1935 versuchte die NS-Politik immer stärker, die deutschen Juden zur Auswanderung zu zwingen. Nach dem Novemberpogrom 1938 erfolgte die wirtschaftliche Vernichtung durch die amtliche Ausbeutung jüdischen Besitzes.[83] Im Herbst 1941 verhängte das Nazi-Regime ein Auswanderungsverbot. Bis zu diesem Zeitpunkt hatten mehr als die Hälfte der deutschen Juden – 254 000 – das Land verlassen.

Die Auswirkungen der Nürnberger Gesetze lassen sich deutlich an den Eheschließungen ablesen. Anfang des 20. Jahrhunderts waren mehr als 85 von hundert Eheschließungen homogam. In den darauf folgenden Jahren geht der Trend Richtung Heterogamie: 1931 waren nur noch 64 von hundert Eheschließungen homogam.[84] 1936 lag der Anteil dann bei 96,7 %. Als Himmler am 23. Oktober 1941 das Auswanderungsverbot erließ, lebten ca. 180 000 Juden in Deutschland.[85] Seit dem Sommer 1941 betrieben die Nazis die systematische Ermordung der europäischen Juden. Im Sommer 1942 führ-

---

[82] Kaufmann 1988, S. 87.
[83] Herzig 1997, S. 227.
[84] Hendrickx u. a. 1994, S. 629.
[85] Herzig 1997, S. 250.

te die SS die Morde in den Vernichtungslagern Majdanek und Auschwitz-Birkenau mit Zyklon B in den Gaskammern durch. Die Vernichtung der Juden wurde seitdem industriell betrieben. Ungefähr 5 000 bis 7 000 deutsche Juden überlebten den Holocaust in Verstecken untergetaucht oder als Partner privilegierter Ehen. Von den etwa 134 000 in die Vernichtungslager deportierten deutschen Juden erlebten nur 8 000 ihre Befreiung.

Die aus den Konzentrationslagern befreiten Juden lebten nach Kriegsende als „Displaced Persons" (DP) in Lagern. Hinzu kamen 140 000 Juden, die nach Pogromen in die Westzonen gelangt waren. Die Zahl der jüdischen DPs stieg von 40 000 im Jahr 1946 auf 182 000 im Jahr 1947 an.[86] Die Personen in den Lagern warteten zumeist mehrere Jahre auf eine Ausreisemöglichkeit nach Israel oder in die USA. Die Gründung des Staates Israel 1948 brachte für sie das Ende des Lagerlebens. 1952 lebten nur noch 12 000 jüdische DPs in der Bundesrepublik. Diese stammten meist aus osteuropäischen Ländern. Sie und eine ebenso große Zahl deutscher Juden, die den Holocaust überlebt hatten, bildeten die Keimzelle für die wieder entstehenden jüdischen Gemeinden in Deutschland.

Die überlebenden deutschen Juden und die zurückgebliebenen DPs bildeten die neuen Gemeinden. 1959 gab es in der Bundesrepublik 21 500 Gemeindemitglieder in 80 Gemeinden. Bei den neugegründeten Gemeinden handelte es sich zumeist um Großstadtgemeinden. Doch lebten die meisten Mitglieder über das Land zerstreut. Die deutschen Überlebenden standen dem Judentum im religiösen Sinn häufig innerlich fern; ihre Ehepartner und Kinder waren nicht selten christlich. 1960 amtierten nur sieben ausgebildete Rabbiner in Westdeutschland. Die jüdischen Gemeinden hatten mithin einen äußerst insularen Charakter.

Als Dachverband der jüdischen Gemeinden wurde 1950 der Zentralrat der Juden in Deutschland gegründet. Bis 1990 vertrat der Zentralrat ca. 90 Gemeinden mit über 30 000 registrierten Mitgliedern, die zum größten Teil osteuropäischer Herkunft waren. Der Anteil der deutschen Restgruppe betrug nur noch 10 %. Die Zahl der Gemeindemitglieder in der DDR ging im Verlauf der Jahrzehnte kontinuierlich zurück: 1945 gab es 3 100 jüdische Gemeindemitglieder, 1990 nur noch 350. Neben der Überalterung trugen hierzu sicherlich auch die antisemitischen Kampagnen der 1950er Jahre bei, die viele Juden zur Flucht veranlaßten.[87] Die verbliebenen acht Gemeinden in der DDR schlossen sich 1990 dem Zentralrat der Juden an. Mitte der 1990er Jahre hatten die jüdischen Gemeinden mehr als 50 000 Mitglieder.[88] Der Zuwachs ist auf die Migration von Juden aus den osteuropäischen Ländern zurückzuführen.

II.4 Das konservative Milieu in Deutschland

Das protestantische Deutschland war in Liberale und Konservative geteilt. In der Regel wählten die Städte unter der Führung bürgerlicher Honoratioren liberal und das Land unter Führung von häufig adeligen Grundbesitzern konservativ. Im Osten Preußens

---

[86] Ebd., S. 262.
[87] Ebd., S. 275.
[88] Gabriel 1998, S. 372.

gründete der Konservatismus auf der gutsherrlichen Sozialordnung. Im Westen ruhte der Konservatismus ähnlich wie der Liberalismus auf breiten Gesinnungsgemeinschaften. Der feudal-agrarische und der staatlich-bürgerliche Konservatismus waren die beiden Spielarten, die der Protestantismus miteinander verklammerte. Das auf den Staatsdienst angewiesene Bürgertum wurde in das feudale Wertsystem sozialisiert und fühlte sich in einer ständischen Identifikation mit dem monarchischen Staat verbunden.[89]

Die Konservativen kapselten sich in den traditionell wählenden Regionen ab und repräsentierten ein protestantisches, vornehmlich agrarisches und traditionellen paternalistischen Leitbildern folgendes Sozialmilieu. Das konservative Milieu verfügte um die Jahrhundertwende über eine außerordentliche Stabilität, auch wenn die Landarbeiter – die Unterschicht dieses Milieus – langsam von den Sozialdemokraten aus dem Milieuzusammenhang herausgelöst wurden. In der Weimarer Republik lag eine hohe Elitenkontinuität in allen Bereichen von Staat, Wirtschaft und Gesellschaft vor. Eine Bodenreform hatte es nicht gegeben, und so blieb Ostelbien eine Hochburg der Konservativen. Auch das Offizierskorps der Armee überdauerte die revolutionären Ereignisse unbeschadet. Wie das Militär, so wurden auch die Beamten weitgehend vom neuen Staat übernommen, und als eine Bastion des Konservatismus entpuppte sich das Rechtswesen.

Der politische Konservatismus war im Sommer 1933 an sein Ende geraten. Die Verschränkung der konservativen Eliten mit der NS-Bewegung ging schließlich so weit, daß von vielen nicht mehr gesehen wurde, wogegen sie hätten opponieren sollen. Der Sturz der Republik war gelungen, die Arbeiterbewegung zerschlagen, und das neue Regime ließ keine Gelegenheit aus, seine Hochachtung konservativer Werte zu bekunden. Doch neben der Vernichtung der Weimarer Republik stellten sich die Nationalsozialisten die Aufgabe, ihre Macht gegenüber den konservativen Bündnispartnern zu erweitern. Während zwar die Eigenständigkeit des politischen Konservatismus aufgehoben war, blieben doch die konservativen Eliten, die den Staatsapparat der Weimarer Republik dominiert hatten, auch in der NS-Diktatur weitgehend in ihren Positionen.

Der Konservatismus in der Bundesrepublik

Die Zäsur nach dem Zweiten Weltkrieg war für den Konservatismus tiefer als nach dem Ersten Weltkrieg. Die ostelbischen Güter – die traditionelle Basis des Konservatismus – befanden sich nun auf den Gebieten der SBZ, Polens oder der Sowjetunion. Das Land Preußen wurde als militaristische Wurzel des „Dritten Reiches" angesehen und 1947 von den Siegermächten aufgelöst.

Die Gründung der CDU ist der deutlichste parteigeschichtliche Neuansatz,[90] der für die Bundesrepublik von herausragender Bedeutung werden sollte. Der CDU gelang es bald, sich als umfassende Volkspartei zu etablieren. Sie integrierte die großen sozialen Gruppen der Arbeitnehmer und Bauern, die kleinen Selbständigen in Handwerk und

---

[89] Lepsius 1993b, S. 48.
[90] Kleßmann 1991, S. 142.

Handel, die mittelständischen Unternehmer bis hin zu den Eigentümern und Managern der Großindustrie.[91]

Die Eliten in Deutschland rekrutieren sich zu einem hohen Anteil aus dem konservativen Milieu. Nach dem Zweiten Weltkrieg war die dominante Stellung des Adels nachhaltig erschüttert. In der Generalität und im diplomatischen Dienst sind die etwa 60–70 000 verbliebenen Adeligen allerdings noch überdurchschnittlich repräsentiert – mit sinkender Tendenz.[92] Das Aufsteigen in Elitepositionen ist um so schwerer, je tiefer die Herkunftsgruppe in der Schichtungshierarchie angesiedelt ist. Es dominieren mithin die obere Mittelschicht und die Oberschicht in den bundesdeutschen Eliten. In der Wirtschaft, den Wirtschaftsverbänden und in der Verwaltung ist die Parteineigung zugunsten der CDU/CSU besonders stark ausgeprägt. Lediglich die Gewerkschaftseliten stehen überwiegend der SPD nahe.[93]

Lebensweltliche konservative Milieus in der Bundesrepublik

Die Sinus-Lebensstilforschung, auf deren Milieutypologie auch Vesters Analysen beruhen, hat für Westdeutschland ein konservativ-gehobenes Milieu identifiziert. Im sozialen Raum ist es als traditionell orientiertes Milieu mit einem Oberklassenhabitus lokalisiert. Der Bevölkerungsanteil schrumpfte minimal von 9 % im Jahr 1982 auf 8 % im Jahr 1992.[94] Die Menschen des konservativen Milieus verfügen über eine überdurchschnittlich hohe Bildung; unter ihnen sind häufig Akademiker, leitende Angestellte, Beamte, Selbständige und Freiberufler zu finden. Sie gehören nicht selten hohen und höchsten Einkommensklassen an.

Auffallend ist die hohe Übereinstimmung der Beschreibung des Sinus-Instituts mit der Charakterisierung des Niveaumilieus von Gerhard Schulze.[95] Dies scheint ein Indiz für die relativ klare Formierung und Typik des gehobenen konservativen Milieus zu sein. Das Niveaumilieu ist nach Schulze auf das Hochkulturschema ausgerichtet. Es handelt sich zumeist um ältere Personen mit höherer Bildung. Als primäre Perspektive dominiert bei ihnen die Dimension der Hierarchie. Die politische Präferenz neigt eindeutig dem konservativ-bürgerlichen Lager zu.

Das kleinbürgerliche Milieu – ein Abkömmling des bürgerlich-liberalen Milieus – ist etwa seit der Jahrhundertwende zu einem nicht geringen Teil in das konservative sozialmoralische Milieu eingebunden gewesen. Das kleinbürgerliche Milieu ist traditionell an Werten wie Disziplin, Ordnung, Pflichterfüllung und Verläßlichkeit orientiert und zeigt eine deutliche Parteineigung zur CDU/CSU. Teile des Milieus tendieren zu den Parteien links von der Union; andere Teile des Kleinbürgertums sind anfällig für ressentimentgeladene Politiken rechts von der Union.

---

[91] Ritter 1998, S. 66.
[92] Geißler 1996, S. 93.
[93] Hoffmann-Lange/Bürklin 1998, S. 176.
[94] Vester u. a. 1993, S. 24.
[95] Schulze 1992, S. 283 ff.

Konservatismus in der DDR

In der sowjetischen Besatzungszone wurde der personelle Austausch der alten Füh-
rungsschicht viel radikaler durchgeführt als in Westdeutschland. Enteignung, Kollekti-
vierung und Sozialisierung entzog den „Junkern" und der „Bourgeoisie" die Basis ihres
Einflusses. Darüber hinaus wurde eine konsequente Entnazifizierung vorgenommen.
Nahezu alle Personen, die das NS-Regime mitgetragen hatten, wurden aus ihren leitenden Positionen in Politik, Verwaltung, Justiz, Wirtschaft, in den Massenmedien und aus
dem Kulturbetrieb entfernt. Ein fast vollständiger Elitenaustausch in Schule, Justiz,
Verwaltung und Polizei war die Folge.[96]

Die Grundlagen des konservativen Milieus wurden im Osten Deutschlands schon
sehr früh zerstört, sowohl auf der politischen als auch auf der lebensweltlichen Ebene.
Am ehesten konnte sich noch bei Teilen der protestantischen Kirche ein autonomer
konservativer Milieuzusammenhang erhalten. Auch ein gewisser „bäuerlicher Konservatismus" hatte sich trotz der Veränderungen in den Lebens- und Arbeitsbedingungen
in der DDR erhalten.[97] Bodenständigkeit paarte sich hier mit einer überdurchschnittli-
chen Zurückhaltung gegenüber der Übernahme von Funktionen in Partei und Gewerkschaft.

Auf der organisatorischen Ebene und der Ebene der Trägerschichten hatte die aktive
Antimilieu-Politik der SED Erfolg: nach 1950 ist ein politisches konservatives Milieu in
der DDR nicht mehr auffindbar. Da die Wertsubstanz des Konservatismus immer auch
eine starke religiöse Prägung hatte, war es nur konsequent, daß das Regime ebenso
versuchte, die Religion auszutrocknen. Dies gelang ihm bekanntlich nicht vollständig.
Mit der Religion war eine abweichende Wahrnehmung der offiziellen Weltdeutung
gegeben. In ihr konnte sich auch konservatives Gedankengut konservieren.[98]

Lebensweltliche konservative Milieus in der DDR

Nach der Sinus-Milieustudie kann man in Ostdeutschland für das Jahr 1991 zwei konservative Milieus ausmachen, die eine große Ähnlichkeit zu den westdeutschen konservativen Milieus aufweisen.[99] Das bürgerlich-humanistische ist ein traditionales Milieu
mit einem Oberklassenhabitus. Es umfaßt 10 % der ostdeutschen Bevölkerung. Die
Menschen dieses Milieus verfügen über hohe Bildungsabschlüsse und erzielen mittlere
bis hohe Einkommen. Es handelt sich zumeist um leitende Angestellte, Beamte und
Selbständige.[100] Die Orientierungen dieser Menschen sind geprägt von christlichen
Wertvorstellungen, von Pflichterfüllung, Disziplin und sozialem Engagement. Das bürgerlich-humanistische Milieu ist der Nachfahre des traditionellen Bildungsbürgertums.
In ihm scheinen sich protestantisch geprägte, asketische und humanistische Wertvorstellungen erhalten zu haben, die dem westdeutschen Konsumismus kritisch gegenüberste-

---

[96] Ritter 1998, S. 133.
[97] Geißler 1996, S. 129.
[98] Matthiesen 2000, S. 490.
[99] Vester 1993, S. 14.
[100] Becker u. a. 1992, S. 105.

hen.[101] Die evangelischen Kirchen in der DDR bildeten den institutionellen Kern des bürgerlich-humanistischen Milieus. Nicht zufällig waren evangelische Pfarrer eine der Trägergruppen des Milieus.

Das kleinbürgerlich-materialistische Milieu ist ein traditionales Milieu mit einem Mittelklassenhabitus. 1991 gehörten 23 % der Ostdeutschen diesem Milieu an.[102] Es ist direkt mit seinem westdeutschen Pendant vergleichbar. Es überwiegen mittlere Bildungsabschlüsse und Einkommensklassen. Die Menschen dieses Milieus sind häufig Facharbeiter sowie einfache und mittlere Angestellte.

Konservatismus im wiedervereinigten Deutschland

In Westdeutschland ist sowohl ein lebensweltliches als auch ein politisches konservatives Milieu klar konturiert vorhanden. Es ist zwar als Fortsetzung des traditionellen konservativen Milieus anzusehen, doch ist es im Vergleich zur Zeit vor 1945 wesentlich liberaler und weniger national eingestellt.

Für Ostdeutschland ist die bildungsbürgerlich-protestantische Tradition von besonderer Bedeutung. Nach Zerschlagung aller konservativen Strukturen konnte unter dem Dach der Kirche der Konservatismus zumindest ideell – wenn auch nicht organisatorisch – eine Heimstatt finden. Auffällig ist, daß ein Großteil der Ostdeutschen – nach den Untersuchungen des Sinus-Instituts – traditionale Mentalitätsbestände zeigt. Gerade das Kleinbürgertum macht den quantitativ größten Teil der potentiell konservativ eingestellten Personen aus.

II.5 Die neuen sozialen Milieus in Deutschland

Neue soziale Milieus in der Bundesrepublik

Die Milieulandschaft der Nachkriegsjahre verlor in den 1960er Jahren ihre Eindeutigkeit. Aus einer kultursoziologischen Perspektive hebt Gerhard Schulze hervor, wie das Lebensalter sich in den Vordergrund der sozialen Wahrnehmung schob. Junge Gebildete – Gymnasiasten und Studenten – stellten hergebrachte Postionsbestimmungen auf den Kopf. Lebensalter und Stil gerieten zu zentralen Kriterien der Gruppenbildung.[103] Das signifikanteste Ausdrucksmittel der jungen Generation wurde das Spannungsschema: Action, antikonventionelle Distinktion, Narzißmus. In einer neuartigen Verbindung von Hochkulturschema und Spannungsschema bildete sich das Selbstverwirklichungsmilieu heraus.[104] Allein am neuen Spannungsschema orientiert sind dagegen die Angehörigen des Unterhaltungsmilieus. Dieses Milieu kristallisiert sich um den Begriff der „Stimulation" heraus. Für Schulze bilden sich seit den kulturellen Umbrüchen der 1960er und 1970er Jahre soziale Milieus verstärkt über die Zeichenklassen von Alter,

---

[101] Ebd. S. 102.
[102] Vester 1993, S. 14.
[103] Schulze 1992, S. 536.
[104] Ebd. S. 538.

Bildung und Stil. Die Milieustruktur begründet sich für ihn zunehmend in Geschmacks- und Erlebnisdispositionen.

Das Selbstverwirklichungsmilieu ist intern stark segmentiert. Es schließt Alternative und Yuppies, Auf- und Aussteiger, Konsumsüchtige und neue soziale Bewegungen ein. Geeint wird das Milieu durch das Interesse an der inneren Wirklichkeit: Alle Lebensziele – sowohl der Wunsch nach einem einflußreichen Beruf und viel Geld, als auch politisches Engagement – werden dem Ziel der Selbstverwirklichung unterworfen. Das Selbstverwirklichungsmilieu ist das Kernmilieu der neuen sozialen Bewegungen. Studentenbewegung, Frauenbewegung, Alternativbewegung, Anti-AKW Bewegung, Friedens- und Ökologiebewegung haben das Milieu zum Ausgangspunkt. Die Menschen des Unterhaltungsmilieus verfügen in der Regel über einen niedrigeren Bildungsabschluß. Im Zeichen des Spannungsschemas dominiert die Kategorie des unmittelbaren Bedürfnisses, und Erfahrungen mit starkem Erlebnisreiz werden gesucht.

Die neuen sozialen Milieus moderner Selbstverwirklichung haben nach den Untersuchungen des Sinus-Instituts einen Zuwachs des Bevölkerungsanteils von 14 auf 20 % in den Jahren 1982 bis 1992 erlebt. Zu den modernisierten Milieus zählt das alternative Milieu mit einem Oberklassenhabitus; es schrumpfte in diesem Zeitraum von 4 auf 2 %. Das hedonistische Milieu repräsentiert einen Mittelklassenhabitus und verzeichnete einen Zuwachs von 10 auf 13 %. In den 1980er Jahren ist das „neue Arbeitnehmermilieu" mit einem typischen Arbeiterhabitus entstanden. Sein Anteil an der westdeutschen Bevölkerung betrug 1992 5 %.

Vester kann die Tradierung von Mentalitätszügen von den Großeltern und Eltern auf die Angehörigen der neuen sozialen Milieus nachweisen. In der Generationenabfolge verläuft die Mentalitätsentwicklung der Tendenz nach im sozialen Raum hin zu mittleren und oberen modernisierten Habitusformen. Die Selbstverwirklichungswerte der neuen sozialen Milieus sind in den neuen Milieus verschieden ausgeformt. Es zeigt sich hier zum einen die Persistenz des Herkunftshabitus – damit sind auch die Differenzierungen zwischen den neuen Milieus verbunden. Zum anderen zeigt sich ein allgemeiner Trend zum Bedürfnis nach freier Entfaltung, zu einem Hedonismus, größerer Selbstreflexivität und politischer Eigeninitiative. Diese Momente bedeuten immer auch eine Distanzierung vom Herkunftshabitus.

Individualisierung in diesen Milieus bedeutet mehr Selbstbestimmung und ist nicht mit der Zersetzung des sozialen Zusammenhalts gleichzusetzen. Die soziale Kohäsion zerfällt hier gerade nicht, sondern wird informeller, aber hochaktiv betrieben.[105] In den neuen sozialen Milieus finden sich überdurchschnittliche Standards in Bildung, Geselligkeit, Solidarität, politischer Partizipation und der Bereitschaft zur Eigenverantwortung.

Die neuen sozialen Milieus in der DDR

Die Literaturlage zu den neuen sozialen Milieus in der DDR fällt spärlicher aus. Die Arbeiten Vesters und des Sinus-Instituts geben hierzu weniger Aufschluß als zu den westdeutschen neuen Milieus. Zwar gibt es Arbeiten, die das Engagement der opposi-

---

[105] Vester 1998, S. 140.

tionellen Gruppen in der DDR beschreiben,[106] doch geschieht dies nicht unter dem Gesichtspunkt der Milieubildung.

Die modernisierten Milieus der ostdeutschen Gesellschaft sind nach den Befunden des Sinus-Instituts mit einem Bevölkerungsanteil von 17 % beinahe so groß wie die Westdeutschlands (20 %). Es liegt die Vermutung nahe, daß sie eine ähnliche Entstehungsgeschichte haben wie ihre westdeutschen Pendants, nämlich den Generationenbruch seit den 1970er Jahren. Einen Oberklassenhabitus hat das linksintellektuell-alternative Milieu mit einem Bevölkerungsanteil von 7 % für das Jahr 1991.[107] Das subkulturelle Milieu ist als modernisiertes Mittelklassenmilieu mit 5 % an der ostdeutschen Bevölkerung vertreten.[108] Die Menschen des hedonistischen Arbeitermilieus weisen einen Arbeiterklassenhabitus auf. Das Milieu umfaßt 5 % der Bevölkerung.

Die Forschungsgruppe um Michael Vester ist den ostdeutschen Alternativmilieus in zwei Fallstudien zu Leipzig und Brandenburg genauer nachgegangen. Gemeinsames Strukturmerkmal ist die Fragmentierung der Milieus. Die alternativen Milieus entstammen zum Teil dem bildungsbürgerlichen Milieu und lehnen sich an dieses politisch und kulturell an. Die Fallstudie zu Leipzig zeigt, daß es durchaus Alternativmilieus gegeben hat, die eine Ähnlichkeit zu den westdeutschen Milieus aufweisen, auch wenn sie sich anders und später herausgebildet haben.[109] Die ostdeutschen Alternativmilieus stehen in der Milieutradition der bildungsbürgerlichen Elite mit einem starken protestantischen Ethos. Verbreitert wurde die Alternativbewegung durch die jeweiligen Jugend- und Kulturszenen.

Die neuen sozialen Milieus nach der Wiedervereinigung

Die neuen sozialen Milieus sind ein stabiles Charakteristikum Deutschlands. Sie sind auf der lebensweltlichen Ebene klar ausgeprägt, miteinander vernetzt und sich ihrer Existenz als Milieu bewußt. Politisch sind sie in Westdeutschland vor allem mit den neuen sozialen Bewegungen und der Partei der Grünen in Verbindung zu bringen. In Ostdeutschland stellten sie das Potential für die oppositionellen Bürgerrechtler dar.

Die neuen sozialen Milieus zeigen in West- und Ostdeutschland große Ähnlichkeiten in ihren Orientierungen. Das Bedürfnis nach Selbstentfaltung und Eigenbestimmtheit teilen sie. Tendenzen der Desintegration aufgrund überzogener Individualisierungsprozesse sind kaum von den neuen Milieus zu erwarten. Einigend sind auch die kulturellen Hintergrunderfahrungen der west- und ostdeutschen Milieus: die Bedeutung der Jugendkulturen und einer neuen Kulturszene ist in beiden Fällen nicht hoch genug einzuschätzen. Der Unterschied zwischen ihnen liegt im Bereich der Herkunftsmilieus. Während für die westdeutschen neuen sozialen Milieus der Hintergrund der Arbeitnehmermilieus, der Sozialdemokratie und der Gewerkschaften bedeutsam ist, rekrutieren sich zumindest die gehobenen neuen Milieus in Ostdeutschland aus dem protestantischen Bildungsbürgertum.

---

[106] Vgl. Wolle 1999.
[107] Vester 1995, S. 48.
[108] Ebd., S. 48.
[109] Ebd., S. 44.

III. Schlußfolgerungen

Wie also lautet in der Summe der Befund zum Wandel soziomoralischer Milieus in Deutschland? Er lautet, daß die Auflösung der lange Zeit wertstützenden Milieus in Deutschland zwar beträchtlich, aber nicht umfassend ist. Die Auflösung ist nicht total, wie der Blick auf stabil-christliche Milieus, auf das konservative Milieu und auf Reste arbeiterbewegungsnaher Milieus zeigen sollte. Der Auflösung der geschlossenen christlichen soziomoralischen Milieus steht der Weiterbestand kleiner religiöser Milieus gegenüber, in denen Religion intensiv ausgeübt wird. Das konservative Milieu zeigt sich in Westdeutschland sowohl auf der lebensweltlichen als auch auf der politischen Ebene. In Ostdeutschland sind bildungsbürgerlich-protestantische Mentalitäts- und Traditionsbestände weiterhin erkennbar. Die westdeutschen Arbeitermilieus haben sich in der Generationenabfolge modernisiert, und ein politisches Arbeitermilieu ist nicht mehr vorhanden, doch läßt sich weiterhin ein typischer Milieuhabitus identifizieren. Auch in Ostdeutschland sind die Beharrungskräfte der Arbeitermilieus nicht zu übersehen. Die Auflösung ist auch insofern nicht total, als sich in der Engagementbereitschaft vieler Menschen Solidaritätsnormen ihrer Herkunftsmilieus – etwa der Arbeiterschaft oder auch des bäuerlichen Lebens – nachweisen lassen, und das oft zu Zeitpunkten, zu denen dieses prägende Milieu gar nicht mehr konturiert vorhanden ist oder die Menschen diesem Milieu nicht mehr angehören. Selbstbestimmtes Verhalten und Reflexivität sind bei den jüngeren Generationen weiter verbreitet als bei den Elterngenerationen, doch zeigen auch die Jüngeren weiterhin milieutypische Wertbindungen. Und es gibt offensichtlich neu entstehende Milieus, wie hier unter Bezug auf das grün-alternative Milieu angedeutet wurde, das auf der lebensweltlichen Ebene klar ausgeprägt und stark intern vernetzt ist. Dabei ist dieses keineswegs das einzige, denn wenn es heute eine Milieupartei in Deutschland gibt, dann ist es wohl die PDS in ihrem Rückgriff auf ein ex-DDR-Milieu, ebenso wie es stabilisierte ethnische Milieus von Einwanderern im heutigen Deutschland gibt. Aber für alle, die die Transformation und Auflösung dieser Milieus als Verlust wahrnehmen und als Bedrohung der Quellen des Gemeinsinns, werden diese Einschränkungen gegenüber der Auflösungs-Diagnose ein schwacher Trost sein. Es mag kleine Reste der geschrumpften Milieus, noch in den Personen weiterlebende Prägungen ihrer Herkunft, hie und da ein kleines, neu entstehendes Gegenmilieu geben – aber was soll all dies schon bewirken gegen die desintegrierenden Kräfte, wo immer sie lokalisiert werden? Ist es dann nicht nur eine Frage der Zeit, bis diese Relikte einer über das Individuum hinaus reichenden Werte-Tradition allen Halt verloren haben werden?

An eben diesem Punkt aber liegt die empirische Pointe unserer Ausführungen. Wenn zutrifft, was wir hier behaupten, daß die Milieu-Auflösung keineswegs total und ein dramatischer Verlust an Gemeinsinn nicht zu beobachten ist, wir aber den vorhandenen Gemeinsinn nicht als bloßes Relikt der guten alten Zeit vor der Auflösung betrachten wollen, dann muß es auch andere Formen der Entstehung und der Reproduktion des Gemeinsinns und überhaupt der Werte geben, als es die Milieukonzeption unterstellt.

Die soziale Wirklichkeit, für die der Begriff des Milieus einst so gut paßte, war die der Versäulung, des Abschlusses der Milieus voneinander, der Defensive im „bewußten Gegensatz gegen Dritte" (Max Weber). Als die Milieus in der Bundesrepublik Deutschland sich aufzulösen begannen, war die verbreitete Wahrnehmung nicht eine des Zerfalls, sondern der positiven Integration. Die Entlastung von den großen konfessionellen, sozialregionalen und klassenmäßigen Disparitäten des Deutschen Reiches, die wachsende Teilhabe an Bildung, Wohlstand und sozialer Sicherheit, die Erosion polarisierender Klassenmentalitäten und die Entstehung modernerer Arbeitnehmermilieus, verbunden mit der Tendenz von Parteien, die zuvor begrenzte Klassenmilieus integrierten, zu milieuübergreifenden Volks- oder „catch-all-Parteien"[110] – all dies wurde, als es stattfand, weithin begrüßt, nicht beklagt. In Lepsius' Analyse hatte der Nachweis der Stärke voneinander abgeschotteter Milieus gerade als Begründung für die spezifischen Schwierigkeiten der Demokratisierung in Deutschland gedient. Daraus ist zu schließen: Gesellschaftliche Desintegration ist zwar bei aufgelösten Milieus möglich, aber Milieu-Auflösung ist nicht Desintegration. Wer will heute schon wirklich zu den alten Milieus zurück? Oder stehen wir vor einer tragischen Güterabwägung, weil nur gegeneinander abgeschlossene Milieus Gemeinsinn vermitteln, der sich dann aber wegen der Versäulung der Gesellschaft nicht fürs ganze Gemeinwesen auswirken kann – vor einer Abwägung zwischen einer integrierten Gesellschaft ohne Gemeinsinn und einer versäulten Gesellschaft mit Gemeinsinn?

Wir glauben zwar, daß sich dieses Dilemma des Gemeinsinns in der Spannung mit kultureller Heterogenität ergibt, aber nicht, daß es unauflösbar ist. Die Frage sollte nicht sein, wie Milieus stabilisiert oder gerettet werden können, sondern wie Werte entstehen und weitergegeben werden können. Manche Werte werden ja vielleicht gerade deshalb schlecht weitergegeben, weil sie in ein Milieu eingesperrt sind. Die Großartigkeit der Botschaft des Evangeliums kann einem im Milieukatholizismus ganz aus den Augen geraten. Und ebenso kann der Schwung sozialdemokratischer Gerechtigkeitsideale unter dem Stallgeruch der Partei- und Gewerkschaftsklüngel auch Schaden erleiden. Nicht die Werte selbst sind es, die eine Milieu-Abschließung erfordern; meist sind es eher Eliten der Milieus, die der Identitätswahrung des Milieus den Vorzug geben, manchmal sogar gegenüber der wirklichen Verbreitung der Werte. Man muß die Fragestellung also umkehren. Die Daten über die Verbreitung bürgerschaftlichen Engagements sind das Faktum, nach dessen Bedingungen der Möglichkeit gefragt werden muß. Die Existenz stabiler Milieus gehört demnach nicht zu den offensichtlichen Bedingungen der Möglichkeit. Es leben in diesen Milieus zwar Werte, aber diese Werte leben nicht nur in diesen Milieus. Der Blick muß sich vielmehr auf die Erfahrungen richten, in denen die Bindung an Werte entstehen kann. Nicht Indoktrination und Abwehr konkurrierender Einflüsse erzeugen unter Bedingungen kultureller Heterogenität Wertbindungen, sondern nur Lebensformen, in denen die Werte selbst erfahrbar werden. Nicht Milieus, aber Beteiligungsmöglichkeiten, Vorbilder und Erfahrungskonstellationen sind es, die den Werte-Traditionen in jeder Generation neue Vitalität verleihen. So entstandene Wertbindungen, die auch in der Art ihrer Verankerung in den Personen der kulturellen Pluralität Rechnung tragen, erlauben eine Wertbindung an Toleranz und Pluralismus selbst und nicht nur deren zähneknirschende Hinnahme. Die Wertbindungen können reflexiver und bescheidener werden, ohne dadurch weniger intensiv zu sein. Unter Bedingungen kultureller Heterogenität, die aber nicht in stabilisierte Lagermenta-

---

[110] Vester 1993, S. 35.

litäten und Milieus aufgeteilt ist, besteht zumindest die Chance, der Kontingenz der eigenen Wertbindung innezuwerden und sich gleichwohl, in einem Akt der Entscheidung zu sich selbst, in die Werte-Traditionen zu stellen, aus denen die eigenen Motive fließen. Dies geht allerdings nicht ohne den Versuch zur zeitgemäßen Artikulation eben dieser Werte. Soziologische Forschung, die sich von der adäquaten Rekonstruktion der Handlungsmotive und ihrer Durchsetzung mit der Artikulation kultureller Traditionen fernhält und ihre aus der Datenanalyse per Konvention entstehenden Typen als reale kulturelle Gestalten verkauft, kann dieser Aufgabe nicht genügen. Aber auch die Rekonstruktionen von Milieuwandel und Milieu-Auflösung bleiben blind, wenn sie sich nicht selbst als Teil des gesellschaftlichen Gesprächs über Werte reflektieren.[111]

Literaturverzeichnis

Anheier, H. K. (1997), Der Dritte Sektor in Zahlen: Ein sozial-ökonomisches Porträt, in: Ders. u. a., Der Dritte Sektor in Deutschland, S. 29–74.

Anheier, H. K./E. Priller/W. Seibel/A. Zimmer (Hg., 1997), Der Dritte Sektor in Deutschland. Organisationen zwischen Staat und Markt im gesellschaftlichen Wandel, Berlin.

Becker, U./H. Becker/W. Ruhland (1992), Zwischen Angst und Aufbruch. Das Lebensgefühl der Deutschen in Ost und West nach der Wiedervereinigung, Düsseldorf.

Beher, K./R. Liebig/Th. Rauschenbach (2001), Vom Motivations- zum Strukturwandel – Analysen zum Ehrenamt in einer sich verändernden Umwelt, in: Bürgerengagement in Deutschland. Bestandsaufnahmen und Perspektiven, hg. v. R. G. Heize u. Th. Olk, Opladen, S. 255–281.

Bellah, R. u. a. (1987), Gewohnheiten des Herzens. Individualismus und Gemeinsinn in der amerikanischen Gesellschaft, Köln.

Berger, P. A. (1998), Soziale Mobilität, in: Handwörterbuch zur Gesellschaft Deutschlands, hg. v. B. Schäfers u. W. Zapf, Opladen, S. 574–583.

Berger, P. A./M. Vester (Hg., 1998), Alte Ungleichheiten. Neue Spannungen, Opladen.

Brömme, N. (1998), Soziales Kapital in Deutschland, Berlin.

Brömme, N. (1999), Eine neue Kultur des Helfens und der mitmenschlichen Zuwendung? Über die sozialen Auswirkungen des Pflegeversicherungsgesetzes, Bielefeld.

Brömme, N./H. Strasser (2001), Gespaltene Bürgerschaft? Die ungleichen Folgen des Strukturwandels von Engagement und Partizipation, Aus Politik und Zeitgeschichte B25–26, S. 6–14.

Ebbinghaus, B./Visser, J. (Hg., 2000), Trade Unions in Western Europe since 1945, London.

Engler, W. (1992), Die zivilisatorische Lücke. Versuche über den Staatssozialismus, Frankfurt/M.

Gabriel, K. (1998), Kirchen/Religionsgemeinschaften, in: Handwörterbuch zur Gesellschaft Deutschlands, hg. v. B. Schäfers u. W. Zapf, Opladen, S. 371–382.

Gauly, Th. M. (1991), Konfessionalismus und politische Kultur in Deutschland, in: Aus Politik und Zeitgeschichte, B 20, S. 45–53.

Geißler, R. (1996), Die Sozialstruktur Deutschlands. Zur gesellschaftlichen Entwicklung mit einer Zwischenbilanz zur Vereinigung, Opladen.

---

[111] Zur Frage der Wertentstehung allgemein vgl. Joas 1997; zu den Chancen der Entstehung und Vermittlung von Werten unter Bedingungen hoher Kontingenz vgl. Joas 2002.

Gensicke, Th. (2000), Freiwilliges Engagement in den neuen Ländern, in: Freiwilliges Engagement in Deutschland, Bd.1: Gesamtbericht, hg. v. B. v. Rosenbladt, S. 176–185.

Gotto, K. (1985), Wandlungen des politischen Katholizismus seit 1945, in: Wirtschaftlicher Wandel, religiöser Wandel und Wertwandel. Folgen für das politische Verhalten in der Bundesrepublik Deutschland, hg. v. D. Oberndörfer, H. Rattinger u. K. Schmitt, Berlin, S. 221–235.

Grebing, H. (1985), Arbeiterbewegung. Sozialer Protest und kollektive Interessenvertretung bis 1914, München.

Heinze, R. G./Th. Olk (Hg., 2001), Bürgerengagement in Deutschland. Bestandsaufnahmen und Perspektiven, Opladen.

Heinze, R. G./Ch. Strünck (2001), Freiwilliges soziales Engagement – Potentiale und Fördermöglichkeiten, in: Bürgerengagement in Deutschland. Bestandsaufnahmen und Perspektiven, hg. v. R. G. Heize u. Th. Olk, Opladen, S. 233–253.

Hendrickx, J./O. Schreuder/W. Ultee (1994), Die konfessionelle Mischehe in Deutschland (1901–1986) und den Niederlanden (1914–1986), in: Kölner Zeitschrift für Soziologie und Sozialpsychologie 46, S. 619–645.

Herzig, A. (1997), Jüdische Geschichte in Deutschland. Von den Anfängen bis zur Gegenwart, München.

Hoffmann-Lange, U./W. Bürklin (1998), Eliten, Führungsgruppen, in: Handwörterbuch zur Gesellschaft Deutschlands, hg. v. B. Schäfers u. W. Zapf, Opladen, S. 167–178.

Hradil, S. (1987), Sozialstrukturanalyse in einer fortgeschrittenen Gesellschaft. Von Klassen und Schichten zu Lagen und Milieus, Opladen.

Hübner, P. (1994), Die Zukunft war gestern: Soziale und mentale Trends in der DDR-Industriearbeiterschaft, in: Sozialgeschichte der DDR, hg. v. H. Kaelble, J. Kocka u. H. Zwahr, Stuttgart, S. 171–187.

Joas, H. (1997), Die Entstehung der Werte, Frankfurt/M.

Joas, H. (2002), Wertevermittlung in einer „fragmentierten" Gesellschaft, i. E.

Kaelble, H./J. Kocka/H. Zwahr (Hg., 1994), Sozialgeschichte der DDR, Stuttgart.

Kaufmann, F.-X. (1988), Christentum und Wohlfahrtsstaat, in: Zeitschrift für Sozialreform 34, S. 65–88.

Kaufmann, F.-X./B. Schäfers (Hg., 1988), Religion, Kirchen und Gesellschaft in Deutschland, Opladen.

Klein, H. J. (1998), Vereine, in: Handwörterbuch zur Gesellschaft Deutschlands, hg. v. B. Schäfers u. W. Zapf, Opladen, S. 676–687.

Kleßmann, Ch. (1991), Die doppelte Staatsgründung. Deutsche Geschichte 1945–1955, Göttingen.

Köcher, R. (1988), Wandel des religiösen Bewußtseins in der Bundesrepublik Deutschland, in: Religion, Kirchen und Gesellschaft in Deutschland, hg. v. F.-X. Kaufmann u. B. Schäfers, S. 145–158.

Kohli, M. (1994), Die DDR als Arbeitsgesellschaft? Arbeit, Lebenslauf und soziale Differenzierung, in: Sozialgeschichte der DDR, hg. v. H. Kaelble, J. Kocka u. H. Zwahr, Stuttgart, S. 31–61.

Lepsius, M. R. (1993a), Demokratie in Deutschland, Göttingen.

Lepsius, M. R. (1993b), Parteiensystem und Sozialstruktur. Zum Problem der Demokratisierung der deutschen Gesellschaft, in: Ders., Demokratie in Deutschland, Göttingen, S. 25–50.

Lönne, K.-E. (1986), Politischer Katholizismus im 19. und 20. Jahrhundert, Frankfurt/M.

Matthiesen, H. (2000), Greifswald in Vorpommern. Konservatives Milieu in Demokratie und Diktatur 1900 bis 1990, Düsseldorf.

Mooser, Josef (1984), Arbeiterleben in Deutschland 1900–1970. Klassenlagen, Kultur und Politik, Frankfurt/M.

Oberndörfer, D./H. Rattinger/K. Schmitt (Hg., 1985), Wirtschaftlicher Wandel, religiöser Wandel und Wertwandel. Folgen für das politische Verhalten in der Bundesrepublik Deutschland, Berlin.

Oberndörfer, D./H. Rattinger/K. Schmitt (1985a), Wirtschaftlicher Wandel, religiöser Wandel und Wertwandel: Eine Einführung, in: Wirtschaftlicher Wandel, religiöser Wandel und Wertwandel. Folgen für das politische Verhalten in der Bundesrepublik Deutschland, hg. v. Dies., Berlin, S. 9–41.

Offe, C./S. Fuchs (2001), Schwund des Sozialkapitals? Der Fall Deutschland, in: Gesellschaft und Gemeinsinn. Sozialkapital im internationalen Vergleich, hg. v. R. D. Putnam, Gütersloh, S. 417–514.

Pollack, D. (1994), Von der Volkskirche zur Minderheitskirche. Zur Entwicklung von Religiosität und Kirchlichkeit in der DDR, in: Sozialgeschichte der DDR, hg. v. Kaelble, H., J. Kocka u. H. Zwahr, Stuttgart, S. 271–294.

Priller, E. (1997), Der Dritte Sektor in den neuen Bundesländern: Eine sozial-ökonomische Analyse, in: Der Dritte Sektor in Deutschland. Organisationen zwischen Staat und Markt im gesellschaftlichen Wandel, hg. v. H. K. Anheier, E. Priller, W. Seibel u. A. Zimmer, Berlin, S. 99–126.

Putnam, R. D. (1995), Tuning In, Tuning Out: The Strange Disappearance of Social Capital in America, in: Political Science and Politics, Dezember 1995, S. 664–683.

Putnam, R. D. (2000), Bowling Alone: The Collapse and Revival of American Community, New York.

Ritter, G. A. (1998), Über Deutschland. Die Bundesrepublik in der deutschen Geschichte, München.

Rosenbladt, B. v. (2000), Freiwilliges Engagement in Deutschland, Bd.1: Gesamtbericht, Stuttgart.

Salamon, L. M. (1995), Partners in Public Service. Government-Nonprofit Relations in the Modern Welfare State, Baltimore.

Schäfers, B./W. Zapf (1998), Handwörterbuch zur Gesellschaft Deutschlands, Opladen.

Schulze, G. (1992), Die Erlebnisgesellschaft. Kultursoziologie der Gegenwart, Frankfurt/M./New York.

Statistisches Bundesamt (2000), Datenreport 1999. Zahlen und Fakten über die Bundesrepublik, Bonn.

Streeck, W. (1999), Deutscher Kapitalismus: Gibt es ihn? Kann er überleben?, in: Korporatismus in Deutschland. Frankfurt/M.

Thinnes, P. (1988), Sozialstatistik zum kirchlichen und religiösen Leben in der Bundesrepublik Deutschland, in: Religion, Kirchen und Gesellschaft in Deutschland, hg. v. F. X. Kaufmann u. B. Schäfers, Opladen, S. 203–217.

Vester, M. u. a. (1993), Soziale Milieus im gesellschaftlichen Strukturwandel. Zwischen Integration und Ausgrenzung, Köln.

Vester, M. (1993), Das Janusgesicht sozialer Modernisierung. Sozialstrukturwandel und soziale Desintegration in Ost- und Westdeutschland, in: Aus Politik und Zeitgeschichte, B 26–27, S. 3–19.

Vester, M. (1995), Milieuwandel und regionaler Strukturwandel in Ostdeutschland, in: Ders., M. Hofmann u. I. Zierke Soziale Milieus in Ostdeutschland. Gesellschaftliche Strukturen zwischen Zerfall und Neubildung, Köln, S. 7–50.

Vester, M. (1998), Klassengesellschaft ohne Klassen. Auflösung oder Transformation der industriegesellschaftlichen Sozialstruktur?, in: Ders. u. P. Berger, Alte Ungleichheiten. Neue Spannungen, Opladen, S. 109–147.

Walter, F. (1999), Westerwelles Milieu, in: Blätter für deutsche und internationale Politik, Heft 10, S. 1165–1169.

Wolf, Ch. (1995), Religiöse Sozialisation, konfessionelle Milieus und Generation, in: Zeitschrift für Soziologie 24, S. 345–357.

Wolfe, A. (1989), Whose Keeper? – Social Science and Moral Obligation, Berkeley.

Wolle, S. (1999), Die heile Welt der Diktatur. Alltag und Herrschaft in der DDR 1971–1989, Berlin.

FRANK NULLMEIER/TANJA PRITZLAFF

Gemeinsinn durch Konkurrenz

Argumentationsfiguren normativer Integration

1. Gemeinwohl durch Wettbewerb

Daß Wettbewerb oder Konkurrenz (hier synonym verwendet) gemeinwohlfördernd zu wirken vermögen, ist seit Adam Smith bekannt – wenn auch umstritten. Der Markt gilt als prototypischer Wettbewerbsmechanismus, der durch die individuellen egoistisch-nutzenmaximierenden Handlungen der einzelnen hindurch zu einem kollektiven Ergebnis führt, das allen Beteiligten ein Höchstmaß an Wohlstand zu sichern vermag. Da die gleiche Freiheit aller mit dem für alle gleichermaßen höchsten denkbaren Nutzenniveau und dem höchsten erreichbaren allgemeinen Wohl einhergeht, ist der Wettbewerbs-markt freiheits- wie gemeinwohlfördernd. Eigeninteressiertem Handeln durch Bereit-stellung geeigneter institutioneller Strukturen und sozialer Mechanismen, eben durch Markt und Wettbewerb, den Weg zum Gemeinwohl zu eröffnen, darin bestand die Neuheit, Brisanz und Wirkungskraft der Smithschen Figur. Nach diesem Urbild des gemeinwohlfördernden Wettbewerbsmechanismus sind auch andere Bereiche sozialer und politischer Auseinandersetzung sowie kultureller Produktion gedacht worden, so die wissenschaftliche Argumentation, die politische Öffentlichkeit, die kulturelle bzw. künstlerische Innovation, die parlamentarische Auseinandersetzung oder der Parteien-kampf. Die Geschichte dieser jenseits der Ökonomie angesiedelten Wettbewerbsfiguren und -ideale ist noch nicht geschrieben. Doch ungeachtet der unterschiedlichen Fassung des Konkurrenzmechanismus und der Stringenz der Analogie zum Marktmodell ist allen Wettbewerbsfiguren die Konstellation von fehlender hierarchischer Steuerung und zentraler Koordination ebenso gemeinsam wie die Vorstellung einer aus einer Vielzahl unkoordinierter Einzelhandlungen (meist von Individuen) hervorgehenden gesellschaft-lichen Harmonie, die als Verwirklichung von *Gemeinwohl* begriffen werden kann.

In diesem Aufsatz wird jedoch nach dem Zusammenhang zwischen Wettbewerbsme-chanismen und *Gemeinsinn* gefragt. Mit Gemeinsinn ist die individuelle oder kollektive Motivation von Handlungen angesprochen. Das ökonomische Modell des Konkurrenz-marktes ging davon aus, daß keine kollektive Orientierung, sondern der Eigennutz das individuelle Handeln regiert. In den klassischen Formulierungen durch Adam Smith erhält die Figur des Marktes ihre spezielle Dignität gerade dadurch, daß er Gemeinwohl ohne Gemeinsinn zu erzeugen verspricht. Genau darin bestand der „semantische Coup des Liberalismus".[1] Statt die Individuen tugendhafter machen zu müssen, verlangte die Theorie des Wettbewerbes nur, überall funktionsfähige Märkte zu schaffen und die Menschen zur rationalen Verfolgung ihrer eigenen Interessen zu bewegen – was weit weniger von ihnen verlangt als die Ausrichtung auf kollektivnützliche Tugenden. Markt und Wettbewerb bildeten ein wundersames Substitut für Tugend. Wo Tugend erforderlich schien, genügte nun das Ordnungsprinzip Marktwettbewerb. Markt entlastet die Individuen und funktioniert gerade deshalb, weil er sie entlastet und auf sich selbst zurückwirft, sie gerade aus den Verpflichtungen gegenüber einem Kollektiv entläßt. Der Marktwettbewerb ist ein institutioneller Mechanismus, der Gemeinwohl erzeugt, aber gerade keine Gemeinwohlintentionen verlangt. Ein bloßer Wirkungszusammenhang tritt an die Stelle eines motivierten, bewußt gesteuerten Prozesses.

Je mehr heutige Gesellschaften aber Markt- und Wettbewerbsgesellschaften werden, desto stärker ist damit zu rechnen, daß der Grundmechanismus einer Gemeinwohlerzeugung ohne Gemeinsinn regiert. Die Gemeinsinnressourcen schwinden, Tugenden werden nicht mehr benötigt, rationale Verfolgung des Eigeninteresses ist hinreichend, um gute ökonomische und auch politische Resultate zu erzielen. Das könnte als gesellschaftliche Entwicklung durchaus hingenommen werden, wenn nicht deutliche Zweifel daran aufgetreten wären, daß der Markt und der Wettbewerbsmechanismus generell das allgemein Beste erzeugen würden. Die Markt- und Wettbewerbskritik verweist gerade auf Defizite in der Gemeinwohlerzeugung. Der Markt kommt danach wirklich ohne Tugenden und Gemeinsinn aus, aber er erzeugt keineswegs ein – auf welche Gemeinschaft auch immer bezogenes – Gemeinwohl, da er systematisch Asymmetrien in der Verteilung von Kosten, Nutzen und Lasten hervorbringt, die nicht in der Zeit wieder ausgeglichen oder kompensiert werden. Der behauptete Wirkungszusammenhang, Marktwettbewerb erzeuge Gemeinwohl, wird bestritten oder mindestens als unvollkommen angesehen, dagegen die Unterstellung eines ausschließlich nutzenrationalen Handelns als realistisch gerechtfertigt.

Angesichts dieser plausiblen Defizitdiagnose fragen heute die politische Theorie und weite Bereiche der normativ interessierten Sozialwissenschaften danach, ob nicht doch Formen von Gemeinsinn erforderlich sind, um Annäherungen an Gemeinwohlzustände zu erreichen. Die Suche kann dabei in unterschiedliche Richtungen vorangetrieben werden. Während die einen nach nicht-marktlichen, nicht-wettbewerblichen Formen der Entstehung und Entfaltung von sozio-moralischen Ressourcen fragen und sich von diesen die Fähigkeit erhoffen, ein Gegengewicht zur Marktgesellschaft zu bilden, suchen andere nach Quellen des Gemeinsinns gerade in dem Gebiet, das als gemeinsinnerübrigend gilt: dem Markt und dem Wettbewerb. Dieser letzteren Fragrichtung ist dieser Beitrag verpflichtet. Systematisch heißt die *Frage, ob Wettbewerb nicht nur Gemeinwohl, sondern auch Gemeinsinn zu erzeugen vermag, und falls ja, ob die Wettbewerbsstruktur dabei stabil bleiben kann oder nicht.*

Im weiteren Verlauf des Aufsatzes geht es um die Prüfung von Wettbewerbstheorien in verschiedenen Feldern und über einen langen ideengeschichtlichen Zeitraum mit dem Ziel, jene (Theorie-)Spuren ausfindig zu machen, die die Annahme der Motivation des

---

[1]   Münkler/Fischer/Bluhm 2000, S. 426.

Markthandelns durch rationale Interessenverfolgung ergänzen durch Gemeinsinn-Intentionen, die sich aus dem Wettbewerb qua Sozialisation und Anpassung an das Wettbewerbsgeschehen ergeben. Gesucht wird nach Belegen dafür, daß Wettbewerbs-strukturen aus sich heraus Gemeinsinn erzeugen. Zunächst soll ein Kontrastmodell zum Konzept ökonomischen Wettbewerbs in seiner klassischen, Smithschen Fassung, vorge-stellt werden, um die Spannweite des Wettbewerbsdiskurses vorzuführen: das Modell der griechischen Wettkampfgesellschaft in der Theorie des agonalen Zeitalters bei Ja-cob Burckhardt (2.). Daraufhin werden systematische Überlegungen zum Zusammen-hang zwischen Wettbewerb und Gemeinsinn angestellt. Die vorgelegte Analytik erlaubt es, mehrere Modelle des Zusammenhangs zwischen Wettbewerb und Gemeinsinn jen-seits des klassischen Marktmodells als Argumentationsmöglichkeiten zu postulieren (3.). Ob diese aufgrund analytischer Unterscheidungen postulierten Modelle in der Ideengeschichte realisiert worden sind und ob sich in der Geschichte der Wettbewerbs-theorien alternative Perspektiven und Modelle entwickelt haben, soll anhand zweier exemplarisch ausgewählter theoriegeschichtlicher Felder untersucht werden: Zum einen ist die ökonomische, aber auch soziologische Theorie des ökonomischen Wettbewerbs bzw. Marktes daraufhin zu befragen, welche Rolle einer Gemeinwohlorientierung im Wettbewerb zugeschrieben wird (4.), zum anderen wird die politische Theorie des Par-teienwettbewerbs vom 17. bis 19. Jahrhundert in England und Deutschland befragt, ob sich in der Figur des Wettbewerbs zwischen Parteien Elemente einer Gemeinsinntheorie finden lassen (5.). Abschließend werden die Befunde zusammenfassend kommentiert (6.).

2.   Wettkampf und Gemeinsinn

Eine Kultur des Wettkampfes hat der Baseler Historiker und Kulturwissenschaftler Jacob Burckhardt im vierten und letzten Band seiner *Griechischen Kulturgeschichte* für das Griechenland im 7. und 6. vorchristlichen Jahrhundert postuliert und zugleich als Höhepunkt griechischer Kulturentwicklung behauptet. Die Besonderheit dieser Phase griechischer Entwicklung noch vor den demokratischen und hellenistischen Zeiten liegt im Stellenwert des „Agonalen". Das alle gesellschaftlichen Bereiche durchdringende Streben danach, erster zu sein im Wettkampf, blieb jedoch zugleich in eine Gemein-schaftslogik eingebunden, die auf Steigerung des ganzen kulturellen Körpers ausgerich-tet war. Das Modell der Agonalität, das Burckhardt auf das frühe Griechenland proji-ziert – seine Befunde und Einschätzungen sind heute äußerst umstritten –, denkt vom Subjekt getragene normative Integration und Wettkampfkultur zusammen. Die griechi-sche Agonalität ist in Burckhardts Augen eine Wettbewerbskultur, die Individualität, kulturelle Produktivität und Gemeinschaftsorientierung jedes Einzelnen zusammenbin-det. Burckhardts agonale Kultur bietet uns daher ein *theoretisches Grundmodell einer Gemeinsinn erzeugenden und erhaltenen Wettbewerbskultur*.

1.   Agonalität bedeutet den kulturellen Primat des Wettkampfes in allen gesellschaft-lichen Sphären: in der Kunst, im Alltag, in der Musik, im Krieg, in der Politik, im Ge-richtswesen und im Wirtschaftsleben – und das in einer Epoche der Aristokratie, in der

sich das Herrscherrecht von der Abstammung aus guter Familie, dem Grundbesitz und
der Verfügung über Pferd, Wagen und Waffen herleitet.[2]

2.   Möglich wird diese Wettkampfkultur in einer Adelsgesellschaft, in der *Edeltrefflichkeit* (Kalokagathie) und Ehre den Kern einer Standesethik bilden. Der Adel führt das
einst heroische Leben zwischen „Waffen, Leibesübungen und Gelage" weiter, verfeinert und zivilisiert es aber im inneraristokratischen Wettkampf. Das „agonale Wesen" –
verkörpert im Wettstreit unter Gleichen – verbindet sich mit der sozialen Überlegenheit
einer kämpferischen und zugleich müßigen Lebensweise sowie der gemeinsamen Lei-
tung der Polis. Die Ehrvorstellungen einer bäuerlichen Oberschicht, deren um Sieg und
Auszeichnung kreisendes soziales Leben und deren Distanzierung von aller unmittelbaren materiellen Nützlichkeit zentriert Burckhardt zur Agonalität als eines explizit anti-
demokratischen und antityrannischen Prinzips. Agonal und aristokratisch verschmelzen
bei Burckhardt zum „aristokratisch-agonalen Wesen".[3]

3.   Im und durch den Wettkampf wird das Streben nach dem Sieg über die anderen
zum tragenden Motiv. Es ist der *Siegeswille* in seiner homerischen Formulierung als
Wille, sich auszuzeichnen, „immer der erste zu sein und vorzustreben vor andern" (*Ili-
as*), der das Agonale bei Burckhardt charakterisiert. Das Siegen geschieht um des Sie-
ges, nicht um des Siegpreises willen.

4.   Edeltrefflichkeit wie Siegstreben haben keinen zweckrationalen Charakter, sie
richten sich nicht auf Nützlichkeiten, sie sind definitiv anti-utilitarisch. Sie sind Ausdruck einer Lebensweise, die nicht um die Anhäufung von Reichtum zentriert ist, aber
einen gewissen Reichtum zur Voraussetzung hat. Ökonomisches Handeln in der Polis
und ökonomische Konkurrenz können nach Burckhardt nur als Schwundform, als uned-
le Nachformung des Agon auftreten: Bei Hesiod „finden wir denn auch die Kunde vom
Agon, wie er sich im ländlichen und bürgerlichen Leben offenbart, d. h. der Konkurrenz, welche nur eine Parallele zum vornehmen und idealen Agon ist".[4]

5.   Nur der Ehrgeiz sich auszuzeichnen gilt Burckhardt als produktive komparative
Orientierung, alle anderen, auf (Zwischen-)Positionen bezogenen Handlungsrichtlinien
werden verworfen. Diese Abwertung aller nicht auf Auszeichnung und Sieg/Erster-Sein
ausgerichteten Orientierungen vollzieht sich über mehrere Gegensatzpaare: ‚Äußerlich-
keit – Sache selbst', ‚Mitmachen/Gleichtun – Ehrgeiz', ‚Rangstufen/Hierarchien – gleiche Freiheit aller Individuen'. Nur in der Unmittelbarkeit der Beziehung des einzelnen
zu einem Tauschplatz oder geistigen Markt werden Höchstleistungen vollzogen. Der
geistige Markt ist jedoch kein neoklassischer Gleichgewichtsmarkt, ganz im Gegenteil,
er ist ein Markt, der geistige Mittelmäßigkeit von Größe scheidet.

6.   Kern des Agonalen ist der ohne Feindschaft und Schädigungsabsicht ausgetragene
Wettkampf, ein *geordnetes Gegeneinander*, bei dem es darauf ankommt, die Überlegenheit über andere zu erzielen, die im Wettkampf als Gleiche erfahren werden. Die

---

[2]   Burckhardt 1956/57, Bd. VIII, S. 82 f.
[3]   Ebd., S. 206.
[4]   Ebd., Bd. VIII, S. 89.

Grundstruktur des agonalen Kampfes ist die eines geregelten, von Dritten beobachteten und an einem gemeinsamen Maßstab beurteilten Sichmessens mindestens zweier Personen.

7.   Die normative Wertschätzung, die Burckhardt dem Agon zukommen läßt, begründet sich auf dessen Beförderung von *Individualität* und *kultureller Produktivität*. Das Streben nach Auszeichnung und Ruhm schafft kulturelle und künstlerische Werte.[5] Die *Griechische Kulturgeschichte* dient Burckhardt der Aufarbeitung des ersten Auftretens freiheitlich edler (nicht-egalitärer) Individualität und der „Weckung des individuellen Geistes".[6] Es sind die auf das Individuum bezogenen ‚energetischen' Qualitäten, die den Agon zu dem Faktor werden lassen, aus dem die Größe des antiken Griechentums erwächst. Das Agonale ist das Nicht-Utilitarische, das zu Kultur, Individualität und Genialität bildet und der Vermassung entgegenwirkt. Produktiv, kreativ und energetisch geladen kann eine Gesellschaft nur werden, wenn der agonale Wettbewerb die einzelnen sich frei[7] entfalten läßt, wenn der „individuell entbundene Geist" nicht eingeengt wird von Schranken, die den „geistigen Tauschplatz"[8] segmentieren, Areale der Trägheit und Mechanismen des Niederdrückens hervorbringen.

Interpretiert man den Begriff der Aristokratie sozialstrukturell, dann ist die agonale Phase griechischer Kulturgeschichte die Phase ständischer Herrschaft. Der im Wettkampf und über alle Felder der agonalen Kultur hinweg erzeugte Gemeinsinn ist eine an Klassen- oder Standeszugehörigkeit gebundene Gemeinwohlorientierung. Der wettbewerblich erzeugte und gestützte Gemeinsinn ist ein herrschaftlicher oder besser *ständischer Gemeinsinn* durch die Gleichsetzung des Wohls einer Gesellschaft mit dem Wohl und der Sicherung der gesellschaftlichen Stellung und den politischen Herrschaftsfunktionen einer gesellschaftlichen Gruppe. Ganz anders als im Smithschen Modell des ökonomischen Wettbewerbs haben wir es bei Burckhardts Modell der griechischen Agonalität als eines kulturellen Wettbewerbsmechanismus mit einer Theorie der Konkurrenz zu tun, die individuelle Sieg-Motivationen mit der Verfolgung des (ständisch interpretierten) Gemeinwohls verschränkt. Der Smithsche Wettbewerb bildet nur eine besonders elegante Möglichkeit und Variante von Wettbewerbstheorie, andere, bei Adam Smith nicht auftretende Zusammenhänge zwischen Gemeinwohl, Eigennutz, Gemeinsinn und Wettbewerb sind denkbar und theoriefähig.

3.   Zur Analytik von Gemeinsinn und Wettbewerb

Will man Untersuchungen zur ideengeschichtlichen Repräsentation von Vorstellungen einer Gemeinsinngenese qua Wettbewerb aufnehmen, bietet es sich an, durch analytische Überlegungen zunächst einen Möglichkeitsraum der Argumentationen zu entfalten und begrifflich vorzustrukturieren. Die ideengeschichtlichen Befunde können anschlie-

---

[5]   Ebd., Bd. VII, S. 13.
[6]   Kaegi 1982, S. 86.
[7]   Vgl. Steil 1993, S. 109 ff.
[8]   Burckhardt 1978, S. 123.

ßend mit den analytisch konstruierten Typen, Modellen und Varianten in Beziehung gesetzt werden, so daß sich ein Tableau der theoriegeschichtlich nicht genutzten, vertretenen oder häufiger genutzten Argumentationsfiguren ergibt.

Zunächst zum Begriff des Gemeinsinns: Gemeinsinn wird allgemein als „motivationale Handlungsdisposition"[9] definiert. Mit dem Begriff Gemeinsinn verbindet sich eine handlungstheoretische Grundlegung der Analyse. Eine nähere Klärung des Begriffs muß sich deshalb auf das Gebiet der Handlungstheorie begeben. Das soll hier nur insoweit geschehen, als der Versuch einer typologischen Verortung des Gemeinsinn-Begriffs in den gängigen und systematisch weiterführenden Handlungstypologien vorgenommen wird. Versucht man eine derartige Handlungsdisposition oder dauerhaftere Handlungsorientierung typologisch zu verorten, so bieten sich für systematische Zwecke vor allem die Webersche Handlungstypologie und neuere Versuche bei Fritz Scharpf an.

Bekanntlich unterscheidet Max Weber zwischen zweckrationalem, wertrationalem, traditionellem und affektuellem Handeln. Das wertrationale Handeln ist in neueren Theorien[10] gegen das zweckrationale (nunmehr als instrumentell, strategisch definiert) als normenreguliertes Handeln in Stellung gebracht worden. Während die Zuordnung des ökonomischen Eigeninteresses aus der Smithschen Marktkonstruktion zum Typus zweckrationalen Handelns eindeutig und unumstritten ist, kann sich bei der Diskussion des Gemeinsinns ein Zweifel ergeben, ob eine eindeutige Zuordnung zu den genannten Typologien erreicht werden kann. Orientierung an dem Wohl einer größeren Gemeinschaft kann sowohl aus Traditionalismus oder emotionaler Identifikation als auch aus Verpflichtung gegenüber Werten oder aus Kalkulation erfolgen. Von Gemeinsinn kann aber – so dürfen wir die Theorietradition interpretieren – nur die Rede sein, wenn ein Moment der normativen Verpflichtung, ein Moment des Sollens die Motivation zu gemeinschaftsorientiertem Handeln stützt.[11] Rein traditionalen oder emotionalen Verhaltensweisen fehlt diese Form der Verpflichtung ebenso wie egozentrisch rationalem Handeln. Identifikation oder rationale Mitverfolgung kollektiver bzw. allgemeiner Interessen genügen gemäß der Tradition des Gemeinwohl/Gemeinsinn-Diskurses nicht, um ein Handeln als gemeinwohlorientiert auszuzeichnen. Gemeinsinnig soll daher allein jenes Handeln heißen, das sich an Normen und Werten, Verpflichtungen und normativen Ansprüchen ausrichtet. In Webers Sprache: Gemeinsinn meint wertrationales Handeln mit der jeweiligen Gemeinschaft und deren Wohl als zentralem Wert. In der Sprache der Weber nachfolgenden Soziologie kann man von gemeinschaftsbezogenem normenreguliertem Handeln sprechen.

Fritz Scharpf[12] hat in Anlehnung an Arbeiten von Kelley/Thibaut eine Vierertypologie der Handlungsorientierungen vorgeschlagen, die formaler angelegt ist und nicht nach der Art der Ressource, die eine Handlung motiviert, fragt, sondern nach der Interaktionsorientierung des Handelns. Gemeinsinn wäre auf die Typologie bezogen als eine besondere Form der *kooperativen* Handlungsorientierung einzustufen. Der kooperative ist einer von vier grundlegenden Typen der Handlungsorientierung. Man unter-

---

9   Münkler/Bluhm 2001.
10 Z. B. Habermas 1981.
11 Vgl. Offe 2001.
12 Scharpf 1988, 1989, 1992, 1993, 1996; Kelley/Thibaut 1978.

scheidet egozentriertes (A), alterzentriertes (B), sozialkomparatives (A–B) und kooperatives Handeln (A+B). Egozentrierte Orientierungen beachten nur das eigene Nutzenniveau, wobei der Begriff „Nutzenniveau" stellvertretend für die jeweils erstrebten
Ziele eines Akteurs eingesetzt ist. *Egozentrierte* Orientierungen sehen von jedem sozialen Vergleich ab, sie sind desinteressiert an den Nutzenniveaus anderer. *Alterzen-
trierte* Orientierungen sehen vom eigenen Nutzenniveau gänzlich ab und richten sich
ausschließlich auf das Nutzenniveau eines anderen Akteurs. *Kooperative* Orientierungen konzentrieren sich auf das gemeinsame Nutzenniveau von mindestens zwei Akteuren A und B. Es zählt nur der gemeinsame Gewinn aus der Kooperation, nicht die
interne Verteilung des Kooperationsgewinns. *Komparative* Orientierungen[13] dagegen
richten sich auf das Verhältnis des eigenen Nutzens zu dem eines anderen Akteurs
oder einer Gruppe aus einer Vielzahl anderer Akteure.[14]

Gemeinsinn ist als ein Handeln einzuordnen, das sich gerade nicht an den eigenen, an
fremden Interessen oder an der Differenz zu anderen bemißt, sondern auf eine größere
Kollektivität ausgerichtet ist, als deren Teil die handelnde Person oder Gruppe gedacht
wird. Gemeinsinn ist kooperatives Handeln, bei dem A als handelnde Person oder
Gruppe als Teil einer Kollektivität C gedacht wird, und B als Gesamtheit aller Mitglieder von C – jedoch ohne A – bestimmt wird. So ist die Orientierung des handelnden A
an dem Wohl von C als Kooperation von A mit allen anderen Mitgliedern B der Kollektivität C zu interpretieren. Dies ist eine besondere Ausprägung kooperativen Handelns,
weil auch eine Kooperation zwischen A und B gedacht werden kann, für die kein gemeinsames C existiert, für die – in der Interpretation der Beteiligten – keine übergeordnete Gemeinschaft oder Kollektivität existiert. Zusammenfassend: Gemeinsinn ist ein
Handeln, das sich an dem orientiert, was gut für C ist, wobei die eigene Person/Gruppe
als Teil von C definiert wird und die Gemeinschaft als Kooperationsgemeinschaft zwischen A und allen anderen Mitgliedern (B) der Gesamtkollektivität von C gedacht wird.
Gemeinsinn ist Kooperation mittels eines auf Kollektivität gerichteten normenregulierten Handelns. Aus Verpflichtung gegenüber einer Kollektivität zu handeln, deren Wohl
den eigenen Interessen nicht unbedingt entspricht, heißt gemeinsinnig zu handeln.

Bisher wurde für A ausgesagt, daß es sich entweder um eine einzelne Person oder eine Gruppe handeln könne. Wenn die Frage nach der Gemeinsinnentstehung aus Wettbewerbszusammenhängen zu erörtern ist, muß es sich bei A um einen oder mehrere
Wettbewerbsakteure handeln. A können mithin im Wettbewerb beteiligte Individuen,
Organisationen oder Gruppen/Kollektive sein. Es ist also auch denkbar, daß als Ge-
meinsinnträger Organisationen auftreten (wie Parteien oder Unternehmen) oder auch
Gruppen von Organisationen oder auch soziale Teilgruppen der größeren Kollektivität.

Gemeinsinn setzt die Orientierung an einer Kollektivität C voraus. Eine bloße Kooperation mit einem B, wobei A und B nicht als Teil einer größeren Gemeinschaft gedacht
werden, kann nicht als Ausdruck einer Gemeinsinnorientierung gelten. Gemeinsinn verlangt die Existenz eines Bezugskollektivs des Gemeinsinns oder die Annahme einer
kollektiven Identität auf Seiten von A. Das heißt: A versteht sich als Mitglied/Teil von C.

---

[13] Scharpf 1996, „kompetitive Orientierungen"; siehe die veränderte Typologie in Scharpf 2000,
S. 148 ff.
[14] Vgl. Nullmeier 2000a, 2000b.

Stark im Vordergrund der Gemeinwohl/Gemeinsinn-Debatte steht die Frage, auf welche Kollektivität sich der Gemeinsinn bezieht. Daß Nation und Nationalstaat nicht mehr
die selbstverständlichen Bezugshorizonte des Gemeinwohlstrebens und -diskurses sein
können, wird heute in den Sozialwissenschaften allgemein anerkannt. Doch führt die
Gemeinwohlrhetorik auch eine gehörige Skepsis gegenüber allen Versuchen mit sich,
als einzig legitimierbaren Bezug auf die Weltgesellschaft und die Menschheit zu
rekurrieren. Ein antiglobaler und antiuniversalistischer Impuls ist der Gemeinwohldebatte eigen. Doch durch die unterschiedlichen Einzugsbereiche von Nationalstaaten und
Märkten stellt sich in einer Gesellschaft, die besser als Marktwettbewerbs- denn als
Wissensgesellschaft begriffen ist, die Frage, ob Märkte und Wettbewerbszusammen-
hänge selbst als Bezugsgrößen von Gemeinschaft und Gemeinwohlorientierung fungieren können.

Für die hier zu verhandelnde Frage ist daher in analytischer Sicht wichtig zu bestimmen, wie C, die Kollektivität, deren Wohl gemehrt werden soll, sich zur Gesamtheit
aller Wettbewerbsbeteiligten verhalten kann: Entweder umfaßt C alle Wettbewerbsteilnehmer und nur alle Wettbewerbsteilnehmer (Fall 1: „Wettbewerbsgemeinschaft") oder
es umfaßt alle Wettbewerbsteilnehmer, aber auch andere Personen/Gruppen, die nicht
am Wettbewerb beteiligt sind (Fall 2), oder C bildet nur einen Teil der Wettbewerbsteilnehmer ab (Fall 3: „Wettbewerberfraktion") oder C umfaßt einen Teil von
Wettbewerbsbeteiligten, aber auch Dritte (Fall 4). Insbesondere für den Fall 1 des Gemeinsinns als Bezugnahme auf die Gemeinschaft aller Wettbewerber dürfte eine Handlungsweise relevant sein, die sich auf den Wettbewerb bezieht und innerhalb der Kon-
kurrenzstruktur wirksam wird als

– edler Wettstreit (Ausbildung einer Wettbewerbskultur, die zugleich allgemeine Ziele
  in sich aufnimmt und deren Einhaltung garantiert),

– generalisiertes Vertrauen zwischen den Wettbewerbern,

– Anerkennungsverhältnisse im Wettbewerbsraum.

Wenn das wettbewerbsbezogene Handeln nicht mehr allein von der unsichtbaren Hand
auf gemeinwohlorientierte Ergebnisse hingelenkt, sondern von einer sichtbaren Hand
der Verfolgung von Gemeinwohlzielen begleitet wird, deren Bezugsgröße die Wettbewerbsgemeinschaft ist, kann von *wettbewerbsinternem Gemeinsinn* gesprochen werden.

Bildet nur eine Teilgröße der Wettbewerber, eine Wettbewerberkoalition, den Bezugspunkt des Gemeinsinns (Fall 3), haben wir es mit *Wettbewerbergemeinsinn* zu tun.
Gemeinsinnerzeugend wirkt Wettbewerb dort, wo das Bezugskollektiv kleiner als die
Gesamtheit der Marktteilnehmer ist und die Gemeinwohlorientierung sich als Zusam-
menschluß eines Teils der Wettbewerber gegenüber einem anderen Teil bzw. gegenüber
den sonstigen Konkurrenten erweist. Jede Wettbewerbshandlung erscheint dann als
Ausdruck der Aktivität eines Teils der Konkurrenten gegen die übrigen, so daß sich die
Wettbewerbshandlungen auch als Verfolgung teilkollektiver Ziele verstehen lassen.
Bestes Beispiel sind Argumentationen zum Standortwettbewerb: „Gemeinsam den
Standort Deutschland stärken". Gemeinsinn ist in diesem Fall identisch mit den strategischen Interessen einer Koalition von Marktteilnehmern in einem globalen Markt. Ist
die Gemeinschaft, auf die sich der Gemeinsinn richtet, weit kleiner als die Reichweite

des Marktes, wird Gemeinsinn zu einer Form kollektiven strategischen Handelns, dessen normatives Moment darin besteht, daß die sich der Teilgemeinschaft zurechnenden Marktteilnehmer auch als Mitglieder eines Kollektivs verstehen, sich diesem verpflichtet fühlen und ihm gegenüber nicht opportunistisch verhalten. Das individuell rationale Verhalten wird daher beibehalten, aber begrenzt durch das Verbot des Opportunismus gegenüber den Gemeinschafts- oder Koalitionsinteressen und erweitert durch eine normative Verpflichtung gegenüber dem „Standort". Das Interesse der Gemeinschaft ist dabei immer schon so formuliert, daß es weithin auch als strategisches Marktinteresse einer Koalition von Marktteilnehmern fungiert. Gut für die Gemeinschaft ist der Erfolg der der Gemeinschaft zuzurechnenden Akteure am Markt. Gemeinwohl und Markterfolg fallen weitgehend zusammen – und daher kann auch das marktliche Interesse mit der Orientierung am Gemeinwohl der Teilgruppe weitgehend übereinstimmen. Die Ausbildung von Gemeinsinn verlangt dann nur eine partielle Transformation von interessenorientiertem Handeln in normreguliertes, sie verlangt den Ausschluss eines radikalen Opportunismus und eine Verpflichtung gegenüber dem Standort, nicht aber die Aufgabe zweckrational strategischen Marktverhaltens.

Davon zu unterscheiden ist das Handeln von Wettbewerbsakteuren, das – ob vorrangig auf den Wettbewerbsraum zielend oder nicht – außerhalb des Wettbewerbskontextes wirksam wird als allgemeine soziale Selbstdisziplinierung oder kulturelle Formung (z. B. wird die Gemeinsamkeit der Marktteilnehmer in den politischen Raum als liberale Kultur und Kooperationsbereitschaft transferiert) oder als generelle Sicherung von sozialer Anerkennung.

Wird Gemeinsinn zwar im Wettbewerbsprozeß erzeugt, wirkt aber nicht auf diesen zurück, sondern realisiert sich in gesellschaftlichen Arenen außerhalb des ihn erzeugenden Wettbewerbsmechanismus, soll von *wettbewerbsexternem Gemeinsinn* gesprochen werden. Wettbewerb erzeugt als einen „externen Effekt" eine Verbundenheit und eine Verpflichtung auf das kollektive Wohl, die sich außerhalb der Konkurrenzsphäre realisieren.

Weitere Differenzierungen sind vorzunehmen: In der Ausrichtung des eigenen Handelns an einer Vorstellung des Gemeinwohls für die Kollektivität C lassen sich zwei Varianten je nach dem Vorzeichen des Gemeinsinns unterscheiden. Gemeinsinn kann negativ: auf die Verhinderung individuellen oder partikularistischen Handelns gerichtet (negativer Gemeinsinn), positiv: auf die Verwirklichung kollektiver Ziele gerichtet sein (positiver Gemeinsinn).

Der *negative Gemeinsinn* kann aus einer Situation entstehen, in der begrenzter Wettbewerb in offenen Kampf umschlägt und bürgerkriegsähnliche Zustände hervorbringt. Die Erfahrung oder die Antizipation der Möglichkeit eines Umschlags von Konkurrenz in Kampf und gewaltsame Auseinandersetzung kann dazu führen, daß bei gelungener Rückkehr zur friedlichen Konkurrenz ein Interesse an Wahrung des Friedens mitläuft und alle Wettbewerbshandlungen eingehegt werden von der Orientierung am friedlichen Bestand eines größeren Ganzen. Der Konkurrenzkampf zwischen den Parteiungen wird dann von einem Sinn für die nationale Einheit begleitet, die Wettbewerbshandlungen, wiewohl sie am Parteiinteresse ausgerichtet sind, finden eine Grenze in der Beachtung des friedlichen Zusammenhalts. Parteisinn und Gemeinsinn gehen eine Verbin-

dung ein, die die möglichen Wettbewerbshandlungen restringiert, der Konkurrenz enge-
re Grenzen setzt. Das Wissen um die potentielle Instabilität einer Konkurrenzsituation,
die Angst um die Selbsttransformation des Wettbewerbs in die gewaltsame Auseinandersetzung, führt zur Ausbildung eines – negativen – Gemeinsinns, der alle Wettbewerbshandlungen begrenzend begleitet. Der negative Gemeinsinn zielt darauf, Schlimmeres zu verhüten und daher das Ausmaß des strategischen Mitteleinsatzes und die
Reichweite der Interessenverwirklichung einzuschränken. Die Übergänge zu *positivem
Gemeinsinn* können dabei fließend sein. Doch liegt positivem Gemeinsinn ein anderes
Deutungsmuster bei den Beteiligten zugrunde. Sie verstehen ihr gemeinsinniges Engagement nun als Beitrag zu einem gemeinsam zu verwirklichenden Ziel, nicht mehr als
Verhinderungsaktivität und Krisenmanagement. Durch Verschiebungen in der Deutung
einer politischen oder ökonomischen Situation wird so auch das Vorzeichen der Ge-
meinwohlorientierung verändert und bei Transformation in positiven Gemeinsinn die
Ausrichtung auf die weitere Entwicklung der Kollektivität gestärkt.

Wettbewerb kann aber auch positiven Gemeinsinn erzeugen, der den Wettbewerb
schließlich zerstört: Ein Fall der Erzeugung von gruppenbezogenem Gemeinsinn bei
Instabilität oder gar Transformation der Wettbewerbsstruktur in der Ökonomie ist das
sogenannte *Wettbewerbsversagen.* Gemeinsinn wird in diesem Fall erreicht auf Kosten
des Wettbewerbs. Die schleichende Wettbewerbsaufgabe ist die Folge des Vordringens
einer gruppenbezogenen Gemeinsinnigkeit. Wettbewerbsversagen tritt dann auf, wenn
sich die Wettbewerber trotz zureichender Marktstrukturen nicht an der Maximierung
ihrer Gewinne orientieren und auch nicht alle Chancen zu deren Steigerung nutzen, sondern ein ihrem Status entsprechendes Auskommen sichern wollen (komparative Orientierung) oder den Wohlstand der Gemeinschaft aller Wettbewerber heben wollen und
dieses Ziel aus Verpflichtung gegenüber der Wettbewerbergemeinschaft anstreben.
Durch wechselseitige Angleichung von Orientierungen hin auf eine Sicherungsstrategie,
durch eine Art informellen Kontrakt der Selbstbescheidung, wird die Wettbewerbsinten-
sität gen Null gesenkt. Zwar trägt der Wettbewerb zur Gemeinsinnbildung bei, er überlebt sie aber nicht. In einer selbsttransformativen Bewegung hebt sich der Wettbewerb
zugunsten einer spezifischen, auf Konformität zielenden Form normativer Integration
auf.

Folgende Argumentationsfiguren oder Modelle des Wettbewerb-Gemeinsinn-
Zusammenhangs waren bisher vorgestellt worden:

1. Gemeinsinnfreier Wettbewerb (Smith)

2. Ständischer Gemeinsinn (Agonales Griechentum)

3. Wettbewerbsinterner Gemeinsinn

4. Wettbewerbergemeinsinn/Gemeinsinn einer Wettbewerberkoalition („Standort-
   konkurrenz")

5. Wettbewerbsexterner Gemeinsinn

6. Wettbewerbsaufhebende Gemeinsinnsentstehung (Wettbewerbsversagen).

Ergaben sich diese Grundmodelle aus begriffsanalytischen und -typologischen Überlegungen, so ist nunmehr nach den Argumentationsstrategien zu fragen, die einen

Ausweg aus dem Modell 1 eines gemeinsinnlosen Gemeinwohls durch Marktlichkeit erzeugen.

Bereits mit der Frage nach der Genese von Gemeinsinn in Wettbewerbszusammenhängen scheint eine Ausgangskonstellation und eine zeitliche Tendenz unterstellt: Zunächst basiert der Wettbewerb auf gemeinsinnfreien egozentrischen Orientierungen, dann erwächst aus ihm eine zusätzliche Motivation, die die Wettbewerbsakteure nötigt, neben oder über ihre egozentrischen Orientierungen die Verfolgung von allgemeinen Interessen zu stellen. Der rein rational regierte Wettbewerb bildet die Ausgangskonstellation, den „Naturzustand" im Rahmen der Argumentation. Diese läuft darauf hinaus, Mechanismen ausfindig zu machen, die aus dem Naturzustand heraus die Entstehung einer bestimmten Motivation plausibel machen können. Der wettbewerbliche Naturzustand wird als Situation rein egozentrisch zweckrationaler Handlungsorientierung konzipiert mit einer gegenüber der Smithschen Annahme nur unvollkommenen Realisierung von Gemeinwohl. Anders als in kontraktualistischen Theorien, die aus dem Naturzustand Staatlichkeit und politische Ordnung hervorgehen lassen und jene Mechanismen aufzeigen, die eine bestimmte Form von Vertragsschluß zu erzeugen vermögen, geht es bei der Gemeinsinngenese aus einem Wettbewerbsnaturzustand um die (wettbewerbsbedingte, vom Wettbewerb kausal verursachte) Herausbildung von bestimmten Motivationen bei einer Vielzahl von (aber nicht unbedingt allen) Wettbewerbsteilnehmern. Die genetische Argumentation verlangt die Herleitung partiell kooperativ normenregulierten Handelns aus einem Ursprungskontext, in dem nur egozentrisch-rationales Verhalten vertreten ist. Damit ist ein anderer Theorie- und Argumentationstypus verlangt, als ihn der Kontraktualismus bereitstellt, der den Zustand der vollendeten Kooperation ableiten muß. Wettbewerbliche Gemeinsinngenese liegt also zwischen dem Kontraktualismus eines bewußt und rational herbeigeführten Vertragsschlusses, der eine Ordnung herbeiführt, die Gemeinwohl verkörpert oder einen Ordnungsrahmen für Gemeinwohlrealisierung sichert, und dem Unsichtbare-Hand-Argument eines auf Gemeinwohlverwirklichung gerichteten institutionellen Automatismus.

Alternativ zu dieser genetischen Argumentation aus dem Wettbewerbsnaturzustand ließe sich nur die Gleichzeitigkeit, Gleichursprünglichkeit von rationalem Eigeninteresse und Gemeinsinn-Motivation in Wettbewerbszusammenhängen als Begründungsfigur entfalten. Eine Variante dieser Argumentation lautet, daß bereits die Institutionalisierung von Wettbewerb und das alltägliche Funktionieren der Konkurrenz nur bei Gemeinsinnverfolgung möglich ist. Der Wettbewerbsnaturzustand enthalte bereits etwas Gemeinsinniges – und zwar auch auf der Seite der beteiligten Individuen. Es gäbe mithin keinen Wettbewerbsnaturzustand, in dem Gemeinsinn nicht auftrete. Wettbewerb sei per se auch von gemeinsinnigem Verhalten der Beteiligten abhängig. Im Unterschied zu einem Naturzustand des Kampfes aller gegen alle mit rein opportunistischer Interessenverfolgung bei Einsatz aller erreichbaren Mittel ist in dieser Sicht Wettbewerb ein bereits geordneter Zustand. Der qualitative Sprung liegt also zwischen dem ungeregelten, Gewalteinsatz einschließenden Kampf aller gegen alle und dem friedlichen Wettbewerb. Als Kandidat für die Rolle der Gemeinsinnigkeit im Wettbewerbsnaturzustand käme mithin die Bereitschaft zum Gewaltverzicht, zum Gewaltausschluß in Betracht. Oft wird die Kontrastierung von Interesse als Grundlage wettbewerbsförmiger sozialer Beziehungen und normativer Integration als Modus nicht-wettbewerbsförmiger sozialer Beziehungen überzogen. Schließlich setzt Wettbewerb schon die Einhaltung der Norm voraus, nicht zu Gewaltmitteln als Instrument sozialen Handelns zu greifen. Wettbewerb schließt den Gewalteinsatz aus. Die Interessenverfolgung oder Nutzenmaximierung ist restringiert durch das Gewaltverbot. Nicht alle Mittel können eingesetzt werden – nur jene, die wettbewerbskonform sind. Physische Gewalt zerstört aber Wettbewerbsprozesse, da sie einzelne Mitbewerber eliminiert oder aus dem Handlungsraum treibt. Gewaltlosigkeit ist mithin eine konstitutive Bedingung von Wettbewerbsstrukturen wie beispielsweise Märkten. Diese Bedingung kann institutionell nur über nicht-wettbewerbliche Instrumentarien und Sanktionsinstanzen gesichert werden – durch den Einsatz monopolisierter Gewalt (Staat, Polizei, Rechtswesen) zur Gewährleistung von marktlicher Gewaltlosigkeit. Die Gewaltlosigkeit wird aber auch aus dem Wettbewerbshandeln der Beteiligten erzeugt und erhalten. Deshalb muß die Verpflichtung zur Gewaltlosigkeit seitens der Wettbewerbsbeteiligten als Teil ihrer Handlungsmotivation unterstellt werden. Wenn diese Argumentation akzeptabel ist, kann von einer *basalen Gemeinsinnorientierung* zumindest im Sinne eines *internen, alle Wettbewerbsteilnehmer übergreifenden Gemeinsinnes* gesprochen werden.

Damit sind vier Grundargumentationsweisen unterschieden: Der Kontraktualismus und der institutionelle Automatismus der unsichtbaren Hand bilden die Pole, von denen sich eine gemeinsinnorientierte Konzeption lösen muß. Genetische und Gleichursprungskonzeptionen bildeten die beiden hier ausschlaggebenden Argumentationsfiguren, wobei auch eine Kombination beider denkbar ist. Im folgenden soll zunächst im Blick auf Theorien des ökonomischen Wettbewerbs verfolgt werden, ob es in der Literatur Beispiele für Begründungen eines gemeinsinnigen Wettbewerbs gibt.

4. Theorie des Wettbewerbs und Gemeinsinngenese

Es sollte nicht verwunderlich sein, daß die ökonomische Theorie nicht allzu viele Fundstellen für einen gemeinsinnerzeugenden oder -voraussetzenden Wettbewerb bereithält, hatte sich doch im 19. Jahrhundert zwischen Ökonomie und aufstrebender Soziologie eine Arbeitsteilung herausgebildet, die der Ökonomie das Feld des „Egoismus" überließ, während sich komplementär die Soziologie für das zuständig fühlte, was ursprünglich „Altruismus" hieß und von ihr zunehmend als normengesteuertes soziales Handeln identifiziert wurde. Ein erster Durchgang durch die Literatur kann sich an den verschiedenen, in der Geschichte der ökonomischen Theorie repräsentierten Wettbewerbsmodelle, dem klassischen, dem neoklassischen, dem schumpeterianischen und dem hayekianischen, orientieren. Die (wirtschafts-)soziologische Theorie soll anschließend mit drei Schwerpunkten einbezogen werden: mit Simmels Analyse der Leistungskonkurrenz, den institutionalistischen und soziologischen Wettbewerbsanalysen und der soziologisch-politologischen Marktanalyse.

Adam Smith als einer der Hauptvertreter *klassischer* Ökonomie war bereits als Begründer der Argumentationsfigur Gemeinwohl aus Wettbewerb ohne Existenz von oder Vermittlung durch Gemeinsinn vorgestellt worden. Die Unterstellung eines allgemeinen

Erwerbstriebs und die Notwendigkeit, sich – aufgrund des institutionellen Arrangements Markt – an Mengen-Preis-Relationen in der gerade herrschenden Marktsituation anzupassen, hatte theoretisch Gemeinwohl trotz Vorherrschaft egozentrischen oder gar rivalisierenden, kompetitiven Verhaltens als Ergebnis des Wettbewerbs postulieren lassen.

Das *neoklassische* Wettbewerbsmodell eliminierte das Moment des Rivalisierens aus der ökonomischen Theorie und stellte den Wettbewerb dar als Ergebnis des Handelns voneinander gänzlich absehender, allein auf ihr Eigeninteresse ausgerichteter Individuen. Der modelltheoretisch-mathematische Charakter der Neoklassik legte ihr Wettbewerbsbild auf einen Ausgleichsmechanismus zwischen rational nutzenorientiert handelnden Personen fest, so daß andere Motivationen oder Handlungen wie die gegen einen Konkurrenten gerichtete Wettbewerbsintervention nicht auftraten. Entsprechend konnte auch in diese Theorie keine Gemeinsinngenese hineingelesen werden. Umgekehrt stellte die Neoklassik die am stärksten entfaltete Form dar, in der die Logik des Liberalismus dargelegt worden ist: höchste Gemeinwohlerzeugung bei individueller Freiheit.

Joseph A. Schumpeter war derjenige Theoretiker, der schon sehr früh und sehr deutlich gegen die Verkennung des realen Wettbewerbsgeschehens durch die Neoklassik angeschrieben hat. Sein Gegenkonzept ließ aber noch weniger Raum für eine Gemeinsinngenese aus Wettbewerbsprozessen erkennen. Zwar erweiterte Schumpeter[15] den Motivraum, indem er den dynamischen Innovatoren, den Unternehmern, Siegeswillen, Gestaltungswillen und den Wunsch nach Gründung eines eigenen privaten Reichs unterstellte. Doch gemeinschaftsbezogene Handlungsorientierungen traten in Schumpeters dynamischer Ökonomie, die schöpferische Zerstörung als ihren Zentralprozeß kennt, nicht auf. Dagegen entstand Raum für strategisches bzw. komparatives, agonales, auf Erfolg und Sieg gerichtetes Handeln. Markt wurde in der Folge auch bei *John Maynard Keynes* als „Wettlauf der Gerissenheit" interpretiert.[16] Mit dem Übergang von einer statischen Gleichgewichtsbetrachtung, die den nutzenmaximierenden Egoisten unterstellte, zum dynamischen Ungleichgewichtsdenken, das die Vorstellung der Rivalität wieder in den Vordergrund rückte, wurden die gemeinschaftsfernen Momente des Wettbewerbs weiter hervorgehoben. Das hatte auch zur Folge, daß die Idee des Gemeinwohls als Wirkung des Marktes in Frage gestellt wurde. Markt erzeuge weder Gemeinsinn noch – dauerhaft – Gemeinwohl. Der Marktwettbewerb verliere seine legitimatorisch zentrale Stellung, es bedürfe vielmehr – so Keynes – eines externen Akteurs, eines Nicht-Marktagenten, um Marktprozesse auf den Weg der Gemeinwohlbeförderung zu bringen. Gemeinsinn müsse von außen über den Staat in den Markt hineingeleitet werden, damit die liberale Hoffnung eines gemeinwohlförderlichen Wettbewerbs sich überhaupt realisieren ließe. Statt Gemeinsinngenese war in dieser Theorietradition die Gemeinsinnzufuhr über einen dritten Akteur das Thema der Markttheorie.

Friedrich A. von Hayek verschob die Konzeption des Wettbewerbs (nicht unähnlich Mill im Bereich der Theorie des politischen Wettbewerbs) in den Bereich des Wissens und der Ideen. Er blieb einer prozessual-dynamischen Sicht verpflichtet, betrachtete den Wettbewerb aber als ideales „Entdeckungsverfahren" unter den Bedingungen verstreu-

---

[15] Schumpeter 1993.
[16] Keynes 1974, S. 132.

ten, d. h. nur bei den Individuen angesiedelten Wissens. Zugleich kehrte Hayek zu einem Denken in Kategorien der Anpassung zurück. Markt sei eine Ordnung, die über die Enttäuschung von Erwartungen einen derartigen unpersönlichen Zwang auf alle Marktakteure ausübe, daß diese sich wechselseitig aneinander anpassen müßten.[17] Mit der Vorstellung des verstreuten Wissens, eines nicht aufeinander bezogenen, durch normative Regulierung und individuelle Verpflichtungen koordinierten Willens, und der Vorstellung eines evolutorischen, ungesteuerten Prozesses entsagte Hayek allen Konzepten normativer Integration. Ihre Legitimität erhielt diese bloß fortschreitende Ordnung dadurch, daß die Idee des Fortschritts, der Evolution, selbst als gerechtfertigt unterstellt wurde. Gemeinwohl gehe in Fortschritt auf – und Gemeinsinn (als externe Größe) bedürfe es zu dessen Beförderung nur insoweit, als freie Märkte bewahrt und ausgedehnt werden müßten.

Die *soziologische Marktanalyse* war nach vielversprechenden Anfängen bei den „Klassikern" lange Zeit vernachlässigt worden. Für die Diskussion der Gemeinsinngenese sind vor allem die Überlegungen *Georg Simmels* zu den zwei Formen der Konkurrenz von Relevanz. Bei dem zweiten Typus der leistungsbezogenen Konkurrenz

> „besteht der Kampf überhaupt nur darin, daß jeder der Bewerber für sich auf das Ziel zustrebt, ohne eine Kraft auf den Gegner zu verwenden. [...] Durch die unabgelenkte Richtung auf die Sache kann diese Konkurrenzform Inhalte aufnehmen, bei denen der Antagonismus ein rein formaler wird und nicht nur einem gemeinsamen Zweck beider dient, sondern sogar den Sieg des Siegers dem Besiegten zugute kommen läßt".[18]

Im Begriff der *Ziel- und Sachorientierung* wird das Antagonistische überwunden, weil allein das allgemeine Wissen um das Bemühen anderer ausreicht, um dem Handeln Richtung zu geben. Der Konkurrent ist bei sich und kämpft für sich um das Erreichen eines Zieles. Orientierungspunkt des einzelnen ist die „Sache", so daß jede aus der Konkurrenz hervorgehende Steigerung zugleich einen Nutzen für alle darstellt. Konkurrenz erscheint als Positivsummenspiel, wenn die Konkurrenz und mit ihr die Orientierung an der Leistung rein zur Geltung gelangen kann. Welche Gestalt aber die individuelle Orientierung im Leistungswettbewerb genau besitzt, erfährt man nicht. Wenn Sachorientierung als Gemeinsinn gelten soll, muß sie Verpflichtung und Wert sein und so auftreten, auch wenn sie zugleich Nebenfolge und Mittel für den Zweck der Sicherung des ökonomischen Gewinns ist.

Der strikten Vorstellung des Gemeinwohls ohne Gemeinsinn durch Wettbewerbsmechanismen widersprechen heute nach einer langen Phase der wirtschaftssoziologischen Abstinenz all jene Theorien, die die Funktionsfähigkeit von Konkurrenzstrukturen von der impliziten Einhaltung bestimmter normativer Regelsysteme, bestimmter Vertrauensbeziehungen oder anderer Formen der normativen sozialen Integration abhängig sehen wollen. In *institutionalistischen* Ansätzen erfährt der Markt eine Soziologisierung: Er wird in soziale Beziehungen, in Institutionen, Kulturen, Lebensweisen, in soziale Strukturen „eingebettet". Den Beginn der neueren ökonomiekritischen Wirt-

---

[17] Hayek 1969.
[18] Simmel 1992, S. 324.

schafts- und Marktsoziologie, die diesem institutionalistischen Programm folgt, dürfte der Aufsatz von Mark Granovetter „Economic Action and Social Structure: The Problem of Embeddedness" aus dem Jahre 1985 markieren.[19] Der zentrale Begriff der „Embeddedness" (übernommen von Karl Polanyi) deutet auf das Programm einer Fortführung des älteren ökonomischen Institutionalismus – nunmehr im Rahmen der Soziologie. Märkte bestehen nach Granovetter nicht aus sich heraus, sie bedürfen nichtmarktlicher sozialer Ressourcen, um funktionsfähig zu sein. Diese aufzudecken und die Notwendigkeit ihres Vorhandenseins für das reibungslose Funktionieren der Märkte zu beschreiben, gilt Granovetter als zentrale Aufgabe der Soziologie. Ihm zeitlich z. T. vorausgehend oder nachfolgend haben Autoren und Autorinnen wie White, Baker, Burt, Zelizer, Abolafia, Callon[20] in den 80er und 90er Jahren des 20. Jahrhunderts der Wirtschafts- und speziell der Markt- und Wettbewerbssoziologie zu einem neuen Aufschwung verholfen.

Dabei erstreckte sich das Untersuchungsfeld auf drei Dimensionen des „Eingebettetseins": In der *sozialstrukturellen* Dimension werden soziale Beziehungen zwischen Marktteilnehmern untersucht, in der *institutionellen* Dimension finden Instanzen und Regularien einer Kontrolle und Ermöglichung des Marktgeschehens Beachtung und in der *kulturellen* Dimension wird die Bedeutung des lokalen, branchenbezogenen Marktwissens herausgestellt. Ohne soziale Beziehungen zwischen den Marktteilnehmern, ohne institutionelle Vorregulierungen des Marktes und ohne sehr spezifisches Marktwissen, das weit über die in Wettbewerbstheorien relevanten Faktoren Menge und Preis hinausgeht, können Märkte nicht effizient funktionieren – so die herausfordernde und gegen die neoklassische Orthodoxie gerichtete These der neueren Wirtschaftssoziologie. Zwei Begriffe beherrschen die nachfolgende Debatte: Vertrauen und Netzwerke. *Vertrauen* zwischen den Marktteilnehmern hat die Funktion, die Transaktionskosten zu senken. Je mehr Vertrauen in den Tauschpartner existiert, desto weniger Informationen müssen über den Käufer/Verkäufer eingeholt werden, desto geringer kann der Ausarbeitungsgrad von Vertragswerken ausfallen, desto weniger Kontrollkosten fallen zur Überprüfung der Einhaltung von Verträgen an. Vertrauen[21] ermöglicht und erleichtert Markttransaktionen, ist aber selbst nicht direkt durch den Markt erzeugbar. Dem Opportunismus als Verhalten, jede sich bietende Chance zur Maximierung des eigenen Nutzens auch zu ergreifen und sich daran durch keinerlei Normen, Konventionen und soziale Bindungen (abgesehen von den Kosten, die eine negative Sanktion bei Normüberschreitung mit sich bringt) hindern zu lassen, wirkt neben Vertrauen auch die Einfassung des Marktgeschehens in *Netzwerke* entgegen, Netzwerk verstanden als soziales Beziehungsnetz, das über die Markttransaktionen hinaus die Marktpartizipanten miteinander verbindet. Statt nur den Oligopolisierungsgrad von Märkten zu bestimmen und Preisbildungsprozesse zu betrachten, achtet die Netzwerkanalyse von Märkten auf die Interaktionen und Kommunikationen der Marktteilnehmer jenseits der unmittelbaren Transaktionsaktivitäten.

---

[19] Granovetter 1985.

[20] White 1981, Baker 1990, Burt 1992, Zelizer 1994, Abolafia 1996, Callon 1998, 1998a, in Deutschland: Beckert 1997.

[21] Vgl. zu Vertrauen in politischen Kontexten Offe 2001.

Noch näher an die traditionelle soziologische Gegenüberstellung von egoistischer Interessenverfolgung und normativer Integration angelehnt sind sozialkonstruktivistische Ansätze:[22] Märkte sind bestimmt von Regeln und Rollen, Institutionen, moralischen Ordnungen und Normen, Identitäten, Sanktionen und Kontrollinstanzen, Reputation und Regulation. Die insbesondere vom Ökonomen Williamson (1975) aufgezeigte Problematik opportunistischen, sich an Regeln, Vereinbarungen und Versprechungen nur nach Lage der Situation bindenden Verhaltens, wird bei Abolafia als Opportunismus-Zyklus in soziologischen Kategorien reformuliert: Als egoistisch handelnde Akteure spüren die Marktteilnehmer Lücken in den bestehenden Marktregularien auf. Bei Intensivierung des Wettbewerbs werden diese Lücken genutzt, Normen werden umgangen, Regelungen gebrochen, wenn nicht eine ausreichende Aufdeckungs- und Sanktionsmacht existiert. Der Egoismus schlägt in Opportunismus um, bis ein Ausmaß an Übertretung von Normen erreicht ist, das das Marktgeschehen zu einem kriminellen Akt werden läßt. Daraufhin entsteht ein öffentlicher Druck, der auf Sanktionierung des Opportunismus gerichtet ist. Es werden neue Regulationsformen eingeführt oder neue Regelungsinhalte statuiert, so daß die Motivation der Marktteilnehmer sich wieder auf der Ebene eines gemäßigten Egoismus einspielt. Die normative Integration kann sich zeitweise durchsetzen, weil die Folgen einer deregulierten Situation von allen Beteiligten als ruinös betrachtet werden. Negativer Gemeinsinn setzt sich als Handlungsmotiv fest und drängt vorübergehend egozentrisch-opportunistisches Verhalten zurück.

Gemeinsinn wird in diesen institutionalistischen und konstruktivistischen Ansätzen zumindest als interner Wettbewerbsgemeinsinn unterstellt. Und zwar im Sinne der Argumentationsfigur der Gleichursprünglichkeit (bei Abolafia: zyklischen Gleichursprünglichkeit). Märkte funktionieren nur, wenn sie jenseits der rationalen Kalkulation auf Handlungsorientierungen aufbauen, die dem einzelnen als Sollen gegenübertreten.

Neil Fligstein hat in einer politisch-soziologischen Konzeption von Märkten diese als Orte des Machtkampfes zwischen Firmen bestimmt. Im Wettbewerb geht es um Marktkontrolle. Vorrangig ist mithin ein auf Stabilisierung gerichtetes Interesse. Abweichend von ökonomischen Standardmodellen unterstellt Fligstein Unternehmen eine Suche nach Stabilität bzw. konzipiert die Marktakteure als Vermeider von Instabilitäten, insbesondere solchen, die durch Preiskonkurrenz entstehen können. Stabilitätssicherung ist aber auch das wesentliche Ziel von Unternehmen nach innen, denn Fligstein betrachtet Unternehmen als potentiell brüchige „politische Koalitionen". Das Zusammenhalten des Unternehmens und die Herstellung stabiler Beziehungen zu anderen Firmen sind danach die Maximen der Unternehmenspolitik. Da alle marktbeteiligten Großunternehmen von einer solchen Politik der Instabilitätsvermeidung ausgehen, kann sich – solange keine externen Störeinflüsse vorliegen – eine stabile Marktsituation ergeben, die auf einer von den führenden Unternehmen gemeinsam geteilten „conception of control", einer Art kollektiver Identität eines Marktes beruht. Der Wettbewerb treibt die Akteure mithin nicht in eine Situation der Rivalität, des gegenseitigen Sich-Überbietens, sondern macht sie zu Kooperationspartnern in der Suche nach Stabilität und Marktbewahrung. Nicht unähnlich dem Modell des Wettbe-

---

[22] So z. B. Abolafia 1996.

werbsversagens wird bei Fligstein die Ausschaltung radikalen Wettbewerbshandelns zum Interessenschwerpunkt der Akteure.

Läßt sich die Herausbildung einer kollektiven Marktidentität in der conception of control jedoch als Gemeinsinn, als eine Ausprägung wettbewerbsinternen Gemeinsinns bezeichnen? Die conception of control umfaßt die etablierten Marktteilnehmer, insbesondere jene großen Firmen, die angesichts einer prinzipiell unsicheren Zukunft befürchten, daß ihre Marktposition durch Innovationen, Wandel in anderen Branchen und sonstige externe Ereignisse bedroht werden könnte. Sie kann auch jene Firmen einbeziehen, die sich Nischensegmente innerhalb dieses Marktes gesichert haben und zwischen den großen Unternehmen ein gesichertes Dasein fristen. Nicht einbezogen sind auf jeden Fall Newcomer, Marktrevoluzzer, Quereinsteiger, Innovatoren. Die kollektive Identität umfaßt mithin nicht alle, aber einen sehr großen Teil der (potentiellen) Marktteilnehmer, sie ist auf jeden Fall weiter gefaßt als die Gemeinschaft einer Wettbewerberkoalition gegen eine andere. Zusammengefaßt: Fligstein bietet ein Modell eines internen Wettbewerbergemeinsinns.

Die kurze Durchsicht der ökonomischen und wirtschaftssoziologischen Wettbewerbstheorie zeigt ein geringes Ausmaß an Gemeinsinnthematisierung. Am häufigsten vertreten sind noch Formen eines auf den Wettbewerb selbst bezogenen Gemeinsinns, eines internen Wettbewerbsgemeinsinns, einer normativen Integration aller Wettbewerbsteilnehmer.

5. Parteienwettbewerb und Gemeinsinngenese

Die Vorstellung, daß aus dem Wettbewerb politischer Parteien Gemeinsinn entstehen könne, war den frühen Vorstellungen einer Theoretisierung von Parteien fremd. Jegliche Art von Partei oder Faktion war bis zur Mitte des 18. Jahrhunderts negativ bewertet,[23] und Auseinandersetzungen zwischen Parteien wurden zunächst auch gar nicht als Wettbewerb begriffen. Hatte bereits die antike griechische und römische politische Philosophie überwiegend einen tiefen, wenn nicht sogar sich ausschließenden Gegensatz zwischen Parteiwesen und Gemeinwohl formuliert,[24] so setzte sich diese Ablehnung auch in der frühen Neuzeit und selbst im 18. Jahrhundert nach der Etablierung des englischen Parlamentarismus fort. Die Interaktionen der Parteien wurden folglich auch nicht als „edler Wettstreit" oder „Wettbewerb" umschrieben, sondern eher als „Gezänk". Anders lautende Stimmen sind zu diesem Zeitpunkt nur vereinzelt anzutreffen. Allgemein gilt erst Edmund Burkes Parteiendefinition aus den *Thoughts on the Cause*

---

[23] Vgl. Beyme 1978, S. 677.

[24] Vgl. Faul 1964, S. 64 f. – ebenso von Beyme 1978, S. 680: „Zusammenfassend läßt sich für die griechische und römische Antike feststellen, daß ‚Parteien' der politischen Ordnung und dem Gemeinwohl widersprachen. Machtkämpfe von ‚Parteien' wurden zwar von Historikern und Politikern realistisch beschrieben, aber stets als beklagenswert und destruktiv politisch-moralisch abgelehnt." Auch die christlich-mittelalterliche Staatstheorie lehnt Parteien durchweg ab (vgl. Faul 1964, S. 65 f.).

of the Present Discontents (1770), in der er den Parteienwettbewerb als „edlen Wettstreit" charakterisiert, als erste durchweg positive Beurteilung des Parteienwesens.[25]

Der Gedanke, daß Auseinandersetzungen verschiedener Parteien – die Definition von Partei muß hier sehr weit verstanden werden – nicht nur zu Zerrissenheit, ja zu Chaos und Blutvergießen führen, sondern aus der Auseinandersetzung auch ein gesamtgesellschaftlicher Fortschritt erwachsen kann, findet sich in der älteren Ideengeschichte selten, so bei Polybios und später bei *Machiavelli*, der an Polybios anknüpft. In den Discorsi heißt es:

> „Ich behaupte, daß diejenigen, die die Kämpfe zwischen Adel und Volk verdammen, auch die Ursachen verurteilen, die in erster Linie zur Erhaltung der Freiheit Roms führten. Wer mehr auf den Lärm und das Geschrei solcher Parteikämpfe sieht als auf deren gute Wirkungen, der bedenkt nicht, daß in jedem Gemeinwesen das Sinnen und Trachten des Volks und der Großen verschieden ist und daß alle zu Gunsten der Freiheit entstandenen Gesetze nur diesen Auseinandersetzungen zu danken sind. [...] Ebensowenig kann man mit einigem Grund den Staat als desorganisiert bezeichnen, wenn er so viele Beispiele hervorragender Tüchtigkeit aufzuweisen hat; denn gute Beispiele entstehen durch gute Erziehung, gute Erziehung durch gute Gesetze und gute Gesetze durch Parteikämpfe, die viele unüberlegt verurteilen. Wer deren Ausgang genau untersucht, wird finden, daß sie nie eine Verbannung oder eine Gewalttat zum Schaden des öffentlichen Wohls zur Folge hatten, wohl aber Gesetze und Einrichtungen zum Besten der allgemeinen Freiheit."[26]

In dieser Formulierung wird jedoch nur ein positiver Wirkungszusammenhang zwischen Parteikämpfen und guten Gesetzen behauptet, nicht jedoch ein Lernprozeß oder eine parallele Ausbildung von Motivationen, die auf gute Gesetze für die politische Gemeinschaft zielen. Gemeinwohlwirkungen des Parteienkampfes werden postuliert, nicht Gemeinsinngenese, aber in einem weiteren Schritt erzeugt die Resultante des Parteienkampfes erzieherische Wirkungen, die wiederum in Richtung Tugend, Gemeinsinn gehen können.

In England entwickelt sich am frühesten eine Denkrichtung, die als Vorläufer einer Parteientheorie gewertet werden kann. Doch das späte 17. und das frühe 18. Jahrhundert werden noch ganz beherrscht vom Eindruck der Ereignisse des „Jahrhunderts der Revolutionen". Sie hinterlassen die Wahrnehmung, daß Parteien der Ausdruck von Zerris-

---

[25] „Party is a body of men united for promoting by their joint endeavors the national interest upon some particular principle in which they are all agreed. [...] Therefore every honorable connection will avow it is their first purpose, to pursue every just method to put the men who hold their opinions into such condition as may enable them to carry their common plans into execution, with all the power and authority of the state. As this power is attached to certain situations, it is their duty to contend for these situations. Without a proscription of others, they are bound to give to their own party the preference in all things; and by no means, for private considerations, to accept any offers of power in which the whole body is not included; nor to suffer themselves to be led, or to be controlled, or to be overbalanced, in office or in council, by those who contradict the very fundamental principles on which their party is formed, and even those upon which every fair connection must stand. Such a generous contention for power, on such manly and honorable maxims, will easily be distinguished from the mean and interested struggle for place and emolument." Burke 1975, S. 530 f.

[26] Machiavelli 1977, S. 19 (I. Buch, 4. Kapitel).

senheit seien, die dem Ganzen schade. Nationale Einigkeit hingegen wird als das Element empfunden, das England vor Absolutismus und Katholizismus in Gestalt Jakobs II. bewahrt habe. Andersherum gewendet, wird Wettstreit unter existierenden Parteien oft als etwas gedeutet, das bewußt durch den König angestachelt wird, um die Parteien zu schwächen und „beschäftigt zu halten", während er seine eigenen Ziele durchsetzt.

Bei *Bolingbroke* als dem Theoretiker der Opposition findet sich das widersprüchliche Phänomen, daß er zwar auf eher normativer Ebene dem Ideal der nationalen Versöhnung und dem Ende aller Parteien anhängt, allerdings in seiner konkreten Rolle als Tory zur Opposition gegen die Whigs und das korrupte Walpole-Regime aufruft. Seine Aussagen, wonach die Opposition, diejenigen, die nicht in Amt und Würden seien, das nationale Interesse besser verträten, daß es ihnen um die Sache, den amtierenden Politikern aber immer nur um Posten ginge, laufen auf die Einschätzung einer einzigen Form von politischem Wettbewerb als positiv hinaus. Dies ist der Wettbewerb in der Frage, wie regiert werden soll – im Gegensatz zu dem von Bolingbroke scharf kritisierten Gerangel um die Frage, wer regieren soll. Es geht um das Phänomen einer ‚schlechten Regierung', die es abzulösen gilt. Doch Bolingbroke kann sich, auch wenn er die Opposition gegen die Regierung mit der Beförderung des Gemeinwohls gleichsetzt, und ihr damit zubilligt, Gemeinsinn zumindest im negativen, Schlimmeres verhindernden Sinne zu verfolgen, nie ganz des Vorwurfs erwehren, daß er einen „Wettbewerb um die Sache" nur so lange befürworte, bis seine eigenen Leute an der Macht seien und daß dann das Ende aller Parteiauseinandersetzungen folgen könne. In jedem Fall sind für Bolingbroke Parteien noch in dem Maße abzulehnen, daß er sie nicht als feste und beständige Größe versteht, sondern immer noch im Sinne der älteren Tradition als Krisenphänomen, von dem zu wünschen sei, daß es mit dem Ende der Krise wieder verschwinde.

Hume hingegen anerkennt die dauerhafte Existenz politischer Parteien und spricht ihnen auch eine gewisse gesellschaftliche Integrationsleistung zu, da sie als Organisationen divergierender Interessen fungierten.[27] Sie sind für ihn Ausdruck einer freien Regierung, so lange sie auf einer gemeinsamen Grundlage ruhen.[28] Aber gerade aufgrund der in der Parteibildung zum Ausdruck gebrachten Freiheit beurteilt Hume einen möglichen Wettbewerb zwischen Parteien letztlich negativ, da für ihn die Grenze zwischen einem im Zustand der Freiheit angestoßenen gewaltlosen Wettstreit und gewalttätiger Auseinandersetzung äußerst prekär bleibt. Humes bereits im *Traktat* entwickelte Anthropologie interpretiert das Handeln des Menschen vornehmlich als affektgesteuert,[29] sie ist geprägt von einem tiefen Mißtrauen gegenüber den menschlichen Leiden-

---

[27] Bermbach 1988, S. XXXIII f.

[28] So beginnt Humes Essay *Of the Coalition of Parties* wie folgt: „To abolish all distinctions of party may not be practicable, perhaps not desirable, in a free government. The only dangerous parties are such as entertain opposite views with regard to the essentials of government, the succession of the crown, or the more considerable privileges belonging to the several members of the constitution; where there is no room for any compromise or accommodation, and where the controversy may appear so momentous as to justify even an opposition by arms to the pretensions of antagonists." Hume 1987, S. 493.

[29] Vgl. Bermbach 1988, S. VIII.

schaften, einer ständigen Angst vor ihrem unkontrollierten Ausbruch ins Extrem. Auf der Ebene der individuellen Psyche ist daher Mäßigung der Affekte der zu erstrebende Zustand, eine Forderung, die auch auf die gesellschaftlichen Interessengruppen übertragen wird. Parteien müssen nach Humes Verständnis auf Interessenausgleich, auf Kompromiß, auf die Vermeidung extremer Positionen hin angelegt sein. Doch auch wenn diese Bedingungen erfüllt sind, kann Hume seine tiefe Skepsis, sein mangelndes Vertrauen in die dauerhafte Friedlichkeit des Parteienwettbewerbs nicht überwinden. Aufgrund der affektgesteuerten Disposition der menschlichen Natur ist Freiheit bei Hume auch immer in hohem Maße eine Bedrohung für die Gewaltlosigkeit des menschlichen Zusammenlebens. Sie muß daher durch ausgleichende Regeln und Verfahren in kontrollierten Bahnen gehalten werden. Die Zulassung, ja Befürwortung von wettbewerblichen Strukturen erscheint vor diesem Hintergrund der Suche nach Mäßigung und Ausgleich im politischen Bereich als ein zu großes Risiko, eine zu große Gefahrenquelle, da ein Wettstreit – den Hume beispielsweise für die Beförderung der Kunst und Wirtschaft als förderlich interpretiert – die Affekte entfacht und nicht mäßigt. Die normative Integration in wettbewerblichen Kontexten scheitert nach Hume daran, daß die Gemeinsinnmotive nicht stabil einsozialisiert werden können. Die dauerhafte Einhaltung der Verpflichtung zur Gewaltlosigkeit im Sinne eines wettbewerbsinternen Gemeinsinns scheitert an den jederzeit möglichen Affekteinbrüchen, die durch Konkurrenz eher befördert denn gebremst werden.

Ein – wenn auch wenig bekannt gewordener – Zeitgenosse Humes, Edward *Spelman*, knüpft hingegen an die Tradition Polybios – Machiavelli an. Die von ihm entworfene Figur des politischen Wettbewerbs vereinigt in sich gleich mehrere Vorstellungen eines „gesellschaftlichen Mehrwerts", der aus dem Wettbewerb entsteht. Ausgehend von Polybios Gedanken zur Mischverfassung, überträgt Spelman im Jahre 1743 in dem Vorwort zu seiner Polybios-Übersetzung dessen System auf die englische Regierung. Dabei kommt er zu der Aussage, daß Parteien und ihr Wettbewerb auch Beförderer der Freiheit eines Gemeinwesens seien. Gibt es keinen „contest of parties", so sei ein Teil der Bevölkerung mit seinen Interessen nicht in der Regierung repräsentiert. Spelman betont, nicht die Existenz einer aristokratischen und einer demokratischen Partei habe den Untergang der Freiheit in Rom, Sparta und Athen verursacht, sondern die Auslöschung einer der beiden durch die Übermacht der anderen. Spelman schreibt dies zu einem Zeitpunkt, an dem die Whigs seit fast 30 Jahren die englische Politik vollständig dominieren. Vordergründig geht er zwar immer wieder dazu über, die „Balance of Power" zwischen König, House of Lords und House of Commons zu beschwören, die für England so wichtig sei. Es erscheint aber aus dem Zusammenhang der Äußerungen Spelmans durchaus plausibel davon auszugehen, daß er bei der Schilderung der Gefahren des Wegfalls von Wettbewerb nicht nur Parallelen zu einer „extinction" eines dieser drei Elemente zieht, sondern im Grunde auch auf das Phänomen abzielt, daß durch die andauernde Kaltstellung der Tories durch die Whigs zum einen ein Teil der Bevölkerung nicht repräsentiert werde und zum anderen die Beförderung des Gemeinwohls generell leide.

Zudem arbeitet Spelman mit der Unterscheidung zwischen Parteiführern und Anhängern. Die Parteispitzen, die um die Macht ringen, ergingen sich in Personalfragen, während es den Anhängern eher um die Sache gehe. Die Anhänger der einzelnen Party Leaders könnten aber von ihren jeweiligen Favoriten kaum Interesse für die Sache erwarten, sobald diese die Macht errungen hätten, da sie dies ja schon während des Ringens um die Macht vermissen ließen – und während der Zeitpunkt des Kampfs um die Macht derjenige sei, bei den Anhängern Hoffnungen zu wecken, sei der Zeitpunkt der Machterlangung der, diese zu enttäuschen: „Gemeinsinn" auf Seiten der Anhänger, Egoismus und Verfolgung partikularer Interessen auf Seiten der Parteiführer. Der Wettbewerb und die Wettbewerbsentscheidung spielt sich auf der Ebene der Parteiführer ab. Als Partei(führer)wettbewerb erzeugt er per se keinen Gemeinsinn, ernährt sich aber vom präexistenten Gemein- oder Sachsinn der Anhänger, die wiederum in ihrer Orientierung stabil bleiben. Weder übernehmen die Führer den Sachsinn der Anhänger noch diese die partikularen Karriereorientierungen der Führer. Trotz dieser Skepsis ist nach Spelman das bloße Vorhandensein einer wirksamen Opposition für die Öffentlichkeit von Vorteil, da so die Minister kontrolliert würden. Diejenigen, die sich in Opposition befänden, würden den Drang nach Macht verspüren, und eine mögliche Enttäuschung im Kampf um die Macht würde sie schon dazu bringen, „public affairs" zu ihrer Sache zu machen, vielmehr als irgendein müder Impuls des nationalen Interesses. Hier steht die ältere, von der Gewaltenteilungslehre geprägte Deutung der contending parties als Regierung und Parlament wieder im Vordergrund.

Ganz zentral ist die Aussage, politische Auseinandersetzungen beförderten das Allgemeinwohl, da sie auf eine breitere politische Mitbestimmung hinausliefen. Da die Anhängerschaft als Wählerschaft aber über den Erfolg der Parteiführer entscheidet, werden Sachgesichtspunkte und Fragen des allgemeinen Wohls auch für die leaders zum Bezugspunkt ihres Handelns. Das bewirkt größere Sorgfalt bei denen, die gerade an der Macht sind, ständige Rückbindung der politischen Akteure an ihre eigentliche Aufgabe, nämlich stellvertretend für Millionen von Menschen für das Wohl von Millionen von Menschen zu sorgen.

> „Another great Advantage, that accrues to the People from this Opposition, is, that each Party, by appealing to them upon all Occasions, constitutes them Judges of every Contest; and, indeed, to whom should they appeal, but to those, whose Welfare is the Design, or Pretence, of every Measure? and for whose Happiness the Majesty of Kings, the Dignity of Peers, and the Power of the Commons, were finally instituted."[30]

Wettbewerb sorgt für Freiheit, Berücksichtigung der verschiedenen Ansichten und Transparenz gegenüber der Öffentlichkeit. Dadurch trägt er letztlich auch zum positiven Fortgang in Sachauseinandersetzungen bei. Letzteres beruht zwar ursächlich auf dem Machtstreben der Leaders, und nicht auf ihrer Begeisterung für die Sache, aber da sie sich ja schließlich doch der Sache annehmen, aus welchen Gründen auch immer, wird diese doch befördert: „By this Means, they grow able Statesmen, and, when they come to be Ministers, are not only capable of defending bad Schemes, but, when they please, of forming good ones."[31] Spelmans Rechtfertigung des Parteienwettbewerbs liegt – bei aller Eigenständigkeit insbesondere aufgrund der Differenzierung zwischen zwei Rol-

---

[30] Spelman 1743, S. ix.
[31] Ebd., S. viii f.

len: Anhängern und Parteiführern – in der Nähe der Smithschen Argumentationsfigur. Die Parteiführer berücksichtigen die Gemeinsinnsimpulse der Anhänger und Wähler nur deshalb, weil ihre Nicht-Berücksichtigung Nachteile bei der Verfolgung der eigenen Ziele mit sich bringen würde. Gemeinwohlorientierung findet hier nur im Sinne einer Umwegberücksichtigung statt, wird aber nicht als normativ gehaltvolle Motivation in das eigene Handlungsset übernommen. Die Parteiführer bleiben gemeinsinnfrei, werden aber durch die institutionellen Mechanismen des Parteienwettbewerbs inklusive der Wahl dazu gebracht, indirekt auf Gemeinwohlfragen Rücksicht zu nehmen. Doch für Spelman kann weitergehend die Vorstellung angenommen werden, daß sich aufgrund der aus dem Machtstreben heraus geborenen Befassung mit Fragen des Allgemeinwohls – unter dem Wettbewerbsdruck – letztlich eine Art von Verinnerlichung und Bewußtseinswandel der Akteure einstellt, die vielleicht von den bereits Regierenden, wenn sie unter Wettbewerbsdruck geraten, nicht mehr zu erwarten ist, aber doch für die Zukunft hoffen läßt, wenn jene an die Macht kommen, die sich um Posten erst noch bemühen. Spelmans Überlegungen weisen Brüche in Richtung positiver Lernfähigkeit auf – nicht zuletzt das im weiteren Verlauf seines „Preface" erfolgende Plädoyer für das Lernen[32] weist deutlich in diese Richtung. Damit wäre die Smithsche Figur ansatzweise aufgehoben zugunsten eines genetischen Ansatzes, der die Sachorientierung als Form des Gemeinsinns zu einer inneren Antriebskraft auch der – zukünftigen – Parteiführer werden läßt. Die spezifische temporale Struktur dieser Argumentation geht also auf die Effekte einer langen Eingewöhnung in den Parteienwettbewerb zurück. Erst ein „alter" Wettbewerbszusammenhang erzeugt jene Wirkungen, die als Gemeinsinnserzeugung gefaßt werden dürfen.

Burke, der die Whigs ständigen Attacken und Untergrabungsversuchen von Seiten der „court faction" ausgesetzt sah, identifizierte in der herrschenden Polemik gegen Parteien ein willkommenes Argument der Gegenseite, die Schlagkräftigkeit der Opposition gegen die Höflingsfraktion zu unterwandern.[33] Für ihn ist der Zusammenschluß zu einer Partei „essentially necessary for the full performance of our public duty".[34] Erst der Zusammenschluß zu einer Partei macht die Opposition gegenüber der „court faction" wettbewerbsfähig. Parteien sind für Burke ein Garant der Freiheit, üben eine Kontrollfunktion gegenüber absolutistischen Tendenzen der Krone aus und verhindern eine

---

[32] Ebd., S. xxiii: „As a Taste for Learning does Honour to every Nation, where it flourishes, it is the Duty of all Persons to endeavour to revive that Taste, where it is lost, and to preserve, and improve it, where it subsists."

[33] Vgl. von Beyme 1978, S. 691 f.; Burke 1975, S. 525 f.: „That connection and faction are equivalent terms, is an opinion which has been carefully inculcated at all times by unconstitutional statesmen. The reason is evident. Whilst men are linked together, they easily and speedily communicate the alarm of any evil design. They are enabled to fathom it with common counsel, and to oppose it with united strength. Whereas, when they lie dispersed, without concert, order, or discipline, communication is uncertain, counsel difficult, and resistance impracticable. […] No man, who is not inflamed by vainglory into enthusiasm, can flatter himself that his single, unsupported, desultory, unsystematic endeavors are of power to defeat the subtle designs and united cabals of ambitious citizens. When bad men combine, the good must associate; else they will fall, one by one, an unpitied sacrifice in a contemptible struggle."

[34] Ebd., S. 527.

radikale Unterwanderung der Verfassung.[35] So wird es zu einem Akt des Gemeinsinns, sich in Parteien zu organisieren. Der Eintritt in den Parteienwettbewerb auf der Seite einer Partei ist gleichzeitig eine Form der Erfüllung öffentlicher Verpflichtungen, der damit im Parteienwettbewerb immer mitverfolgte Gemeinsinn ist als wettbewerbsextern zu bezeichnen.

Eine veränderte Argumentationslage findet sich bei John Stuart *Mill*. Dieser vertritt die Überzeugung, daß das Streben nach politischen Ämtern rein um des Postens willen den Engländern von Natur aus völlig fern läge. Solche Motive fänden sich nur auf dem Kontinent. Bei Mill findet sich insofern eine Weiterentwicklung des Gedankens der gleichen Repräsentation aller Meinungen, als er auch explizit darauf hinweist, daß alle Meinungen und Standpunkte in irgend einer Form defizitär seien, und daß der frei ausgetragene politische Ideenwettbewerb nicht nur dafür sorge, daß nicht eine dieser defizitären Standpunkte überhand nähme und andere unterdrückt würden, sondern daß er ebenso dafür sorge, daß möglichst viele Elemente zu einer großen „Wahrheit" zusammenflössen. Der Gesamtgesellschaft ginge ein substantiell und qualitativ wertvolles Puzzleteil zu dieser Wahrheit verloren, würde sie den freien Ideenwettbewerb unterdrücken. Politischer Wettbewerb und Freiheit bedingen sich erneut gegenseitig. Nur in einem freien Gemeinwesen kann politischer Wettbewerb stattfinden, aber nur ständiger politischer Wettbewerb, vor allem auch im Sinne eines Wettbewerbs verschiedener opinions und understandings, sorgt auch dafür, daß die Freiheit bestehen bleibt und sich weiterentwickelt. Durch die Lesart des Parteienwettbewerbs als Meinungskonkurrenz und Ideenwettbewerb wird die Friedlichkeit der Auseinandersetzung noch weiter betont. Wenn in diesem Kontext Gemeinsinn auftritt, dann im Sinne der Gleichursprünglichkeitsargumentation. In die Möglichkeit der Realisierung des Parteienstreits als Ideenkonkurrenz geht bereits so viel Gemeinsinn ein (bzw. ist erforderlich), daß dagegen die Frage der Gemeinsinngenese aus dem Kontext eines Ideenwettbewerbs zurücktritt.

Der ganz auf dem Boden realpolitischer Tatsachen stehende Walter *Bagehot* hingegen sieht zwar Parteien als absolut notwendig an, kann aber in deren Wettbewerb keinerlei höherstehende Zielsetzung ausmachen, sondern sieht darin eher einen ewigen Kampf mit den Tücken des politischen Alltags, der nach der erfolgreichen Regierungsübernahme damit endet, sich den Gegebenheiten des politischen Geschäfts zu fügen.[36] In diesem Sich-Fügen, der Anpassung an die neue Situation steckt allerdings ein Ele-

---

[35] Vgl. Freeman 1980, S. 129.

[36] Bagehot 1974, S. 295: „The House of Commons lives in a state of perpetual potential choice: at any moment it can choose a ruler and dismiss a ruler. And therefore party is inherent in it, is bone of its bone, and breath of its breath." Ebd., S. 297: „Nor indeed, under our system of government, are the leaders themselves of the House of Commons, for the most part, eager to carry party conclusions too far. They are in contact with reality. An opposition, on coming into power, is often like a speculative merchant whose bills become due. Ministers have to make good their promises, and they find a difficulty in so doing. […] And the end always is that a middle course is devised which *looks* as much as possible like what was suggested in opposition, but which *is* as much as possible what patent facts – facts which seem to live in the office, so teasing and unceasing are they – prove ought to be done."

ment, das nicht aufgedeckt wird. Die Wahl zu akzeptieren, setzt eine Mindestform negativen Gemeinsinns gegenüber einem politischen Gemeinwesen voraus.

Vor dem Hintergrund einer höchst unterschiedlichen historischen Situation vollzieht sich in *Deutschland* eine völlig andere ideengeschichtliche Entwicklung als in England. Es sei gleich vorweggeschickt, daß sich die Idee eines Parteienwettbewerbs in der deutschen Ideengeschichte selbst im 19. Jahrhundert kaum nachweisen läßt. Zu erwähnen ist unter anderem der große Einfluß der Hegelschen Dialektik auf das Denken des 19. Jahrhunderts. Hegels sittliche Überhöhung des Staates wirkt in den meisten Schriften nach. Der liberale Hegel-Schüler Karl Rosenkranz, der 1843 in einer Festrede in Königsberg das Wesen der politischen Partei untersuchte,[37] entwirft eine Figur, in der zwar sich bekämpfende Parteien – der Begriff Partei muß hier sehr weit gefaßt werden – existieren, aber die Regierung oder gar der Staat insgesamt vollkommen abgelöst von ihnen existieren und den Fortschritt vorantreiben:

> „Die Regierung hat beide Parteien zu controliren, damit keine über das Maß hinausgeht, welches durch die Natur des von ihr vertretenen Bedürfnisses bedingt wird. Sie kann auch dafür sorgen, daß die zufälligen, äußerlichen Hemmungen, die eine Partei finden kann, möglichst beseitigt werden, damit ihre Gegnerin nicht einen einseitigen, für sie selbst mißlichen, Triumpf feiere. Die Regierung muß sich so verhalten, wie Hegel von der Vernunft sagt, daß sie als zweckmäßig handelnde die List sei, welche das Mittel für die Verwirklichung des Zwecks sich abreiben und aufarbeiten läßt und sich den Genuß des reinen Resultates vorbehält. Dies ist der Sinn jenes oft citierten Englischen Ausspruches, daß die Regierung, welche keine Opposition vorfände, sich eine solche schaffen müßte. Die Regierung muß die Leidenschaft, die Kurzsichtigkeit der Parteien an ihren Auswüchsen hindern, aber dem Trieb des Baumes muß sie freies Gedeihen lassen, wofern sie selbst nicht seiner Früchte sich berauben will. Sie muß die Bewegung der Parteien zu einem gesetzmäßigen Proceß gestalten, weil sie den Staat nach seiner Ganzheit und Einheit zu vertreten und ihn keiner der Parteien aufzuopfern hat. [...] Das Klagen über die Parteien, das Verdrießlichthun gegen sie hilft nichts, wenn sie einmal da sind; nur ihre selbstbewußte Freilassung von Seiten der Regierung verwandelt das Negative ihres Thuns in positive Leistungen. Die Reibung und freie Aeußerung der Parteien ist die Bedingung für die Bildung einer wahrhaften öffentlichen Meinung, welche die Vorarbeit für die Richtung übernimmt, der die Regierung folgen muß."[38]

Die Beförderung des Ganzen bedarf des unparteiischen Interesses, die *Regierung als dritte, übergeordnete Größe* tritt hinzu. Sie kann die Parteien instrumentalisieren. Die Regierung ist es, die zum Fortschritt des Ganzen beiträgt, indem sie die vorhandenen Parteien in ihre Grenzen verweist und sie dadurch erst produktiv werden läßt. Von innen erzeugt der Parteienwettbewerb keinen Sinn für das Ganze, dieser muß von außen und mit Macht ausgestattet auf die Parteien einwirken.

Johann Caspar *Bluntschli* äußert 1869 den Gedanken, daß Parteien ein Ausdruck der Freiheit des politischen Lebens in einem Staate seien, daß das „Ringen und die Reibung der Parteigegensätze"[39] erst die höchsten staatlichen Schöpfungen hervorbringe (er bezieht sich hier in historischer Perspektive auf Rom und England), und daß Parteien

---

[37] Rosenkranz 1974.
[38] Ebd., S. 43 f.
[39] Bluntschli 1970, S. 2.

notwendig und nützlich seien. Doch auch für ihn ist der Staat der Akteur, wenn es um die Beförderung des Gemeinwohls geht. So unterscheidet er zwischen Staatswohl und Parteiinteressen. Die Parteien trügen zwar, im Gegensatz zu Faktionen, zur Vervollkommnung des Staates bei, ihnen komme dabei aber eher die Rolle „dienstbarer Geister" zu. Die Partei unterscheide sich von der Faktion dadurch, daß zwar auch in ihr Sonderinteressen herrschten, aber der allgemeinere Staatsgeist und die Interessen der öffentlichen Wohlfahrt mächtiger in ihr wirkten als aller Parteiegoismus, während in der Faktion die selbstsüchtige Eigenliebe übermächtig sei und den Staat für ihre Sonderzwecke auszubeuten versuche.[40] Insgesamt wird im Zulassen von Parteien durch die Regierung die Möglichkeit gesehen, geistige Gegensätze auszugleichen. Entscheidender Akteur bleibt aber immer die Regierung, der Staat steht unantastbar über ihr.

Erst bei Richard *Schmidt* finden sich Belegstellen dafür, daß den Parteien eine aktive Rolle bei der Gestaltung des Gemeinwesens zuerkannt wird – und damit auch eine Figur des positiven Parteienwettbewerbs:

> „Überblickt man die Antriebe, aus denen die Bildung, Teilung, Fortentwicklung und Umbildung der Parteien erfolgt, so erkennt man, daß unter normalen Verhältnissen die Parteien es sind, welche die Grundsätze über Staatsform und Behördeneinrichtung, über Arten und Grenzen der staatlichen Thätigkeiten, über die rechtsstaatlichen Garantien der Bürger zum Durchbruch bringen oder in Geltung erhalten. D i e P a r t e i e n s i n d d i e s t a a t s b i l d e n d e n K r ä f t e des Gesellschaftslebens, insbesondere auch die Kräfte, welche das S t a a t s r e c h t ausbilden. Sie bewegen sich dabei regelmäßig innerhalb eines gewissen gemeinsamen Rahmens, mit andern Worten auf einer Grundlage politischer und rechtlicher Grundsätze, die alle Parteien anerkennen. In allen Einzelheiten dagegen sind die Normen der staatlichen Ordnung und Thätigkeit das Erzeugnis eines Konkurrenzkampfs der Parteien, welche ihre abweichenden Überzeugungen zum Sieg zu führen suchen. In welcher Weise aus solchem Kampf eine neue Einrichtung oder eine neue Rechtsnorm herausspringt oder eine alte neues Leben schöpft, läßt sich nicht allgemein sagen. Weitaus der versöhnlichste und meist wohl auch der für den Fortgang des Staatslebens heilsamste Weg ist der A u s g l e i c h zwischen den kämpfenden Mächten, der einer jeden ihr Recht läßt."[41]

Kurt Lenk und Franz Neumann urteilen, es sei ein wesentliches Verdienst Schmidts (1862–1944), daß die Parteientheorie ein wichtiger Bestandteil der Staatslehre wurde. Daß rechtliche Normen und verfassungspolitische Grundsätze aus der Konkurrenz politischer Richtungen entstünden, sei ebenso konstitutives Element seiner Theorie wie aber auch die Angst, daß eine wirklich freie Parteienbildung und -tätigkeit zur Gefahr werden könne. Nur die großen, sich verantwortlich fühlenden und das allgemeine Wohl anstrebenden Parteien würden in Schmidts Ansatz zur Konkurrenz nach dem Vorbild des englischen Parlamentarismus zugelassen.[42] Der „gemeinsame Rahmen", die „gemeinsame Grundlage", die alle Parteien anerkennen, sind jene Elemente in der deutschen Linie der Parteienwettbewerbstheorie, die auf ein genetische Argumentation verweisen oder eine Ahnung davon geben, daß es eines solchen internen Wettbewerbergemeinsinns bedarf, um die Einhaltung der gemeinsamen Grundlage plausibel werden zu lassen. Die Durch-

---

[40] Vgl. ebd., S. 9 ff.
[41] Schmidt 1901, S. 243.
[42] Vgl. Lenk 1974, S. XLIV f.

führung der genetischen Argumentation fehlt allerdings. Wie entsteht die Einhaltung der
Verfahren, der gemeinsamen Grundlagen, wie bildet sich der Gemeinsinn überhaupt
heraus, der zunächst nur auf Erhaltung bestimmter Grundlagen des Wettbewerbs zielt
und nicht über ihn hinausweist? Dort wo in der politischen Theorie Konsensuelles unterstellt wird, müßte eine konsequent beim Wettbewerb ansetzende Theorie nach der Genese dieses Konsenses und nach den Handlungs-Ressourcen seiner Reproduktion fragen.

Die Durchsicht der deutschen Ideengeschichte im 19. Jahrhundert zum Thema Parteienwettbewerb macht deutlich, daß das hier zu untersuchende Thema fehlt, ja daß erst
mit der Durchsetzung der Denkfigur Wettbewerb ein großer Sprung gemacht wird. Bis
dahin war die Vorstellung normativer Integration oder Gemeinwohlorientierung ohne
hierarchisches Zentrum nicht akzeptabel gewesen. Die Frage nach der Gemeinsinngenese tritt kaum auf, da dem Parteienwettbewerb gar nicht die Fähigkeit zur Integration
zugeschrieben wird. Diese ist immer bereits an den Staat delegiert. Die Smithsche Null-
hypothese eines Gemeinwohls ohne Gemeinsinn durch Marktlichkeit ist in Deutschland
bestenfalls am Endpunkt einer Entwicklung in Sicht. Die Frage nach dem Gemeinsinn
durch Wettbewerb setzt aber offenbar voraus, daß dem Wettbewerbsmechanismus ohne
Beigabe weiterer Instanzen die Fähigkeit eines Gemeinwohlbezuges, eines eigenständi-
gen positiven Integrationsbeitrags zugesprochen wird.

6.   Schluß

Die ideengeschichtlichen Belege für die These, daß Gemeinsinn in Wettbewerbszusammenhängen existiere oder erzeugt werde bzw. werden könne, sind rar gesät. Es ist
verwunderlich, in wie geringem Maße systematisch gefragt worden ist, ob interne Kräfte der Erhaltung von Wettbewerblichkeit existieren, die für die Wettbewerbsbeteiligten
handlungsverpflichtenden Charakter besitzen. In der Politikwissenschaft ist die Frage
nicht geklärt worden, wie aus den Bedingungen des Parteienwettbewerbs selbst heraus
Verpflichtungen auf die Einhaltung von Gewaltlosigkeit und verfassungsrechtlich gebo-
tener Verfahrensordnung entstehen können. Und für den Bereich des ökonomischen
Wettbewerbs hat erst der neuere Institutionalismus und die Renaissance der Wirtschaftssoziologie die Aufmerksamkeit auf die nicht-kalkulatorischen Voraussetzungen
des Wettbewerbs gerichtet. Aber selbst dort, wo man sich dem Thema endlich nähert,
ist die analytische Durchdringung und die Darlegung der Formen gemeinsinnigen Handelns nicht weit fortgeschritten.

Von besonderer Bedeutung für die Theorie des Gemeinsinns sind die Typen eines
wettbewerbsinternen Gemeinsinns und eines Wettbewerbergemeinsinns. Die erstere
Konzeption verweist darauf, daß auch motivational der Markt nicht allein auf seiner
eigenen Logik, der Logik der Egozentrik, beruhen kann, und nicht nur Institutionen,
Netzwerke und Regeln ihn stabilisieren müssen, sondern auch auf Normenbewahrung
gerichtete Motive, die damit zugleich das Wohl der Gesamtgemeinschaft der Wettbewerber bedienen. Wettbewerb muß auch auf motivationaler Ebene „eingebettet" werden. Ohne zumindest einen negativen Gemeinsinn läßt sich der Marktprozeß nicht als
stabiler Handlungszusammenhang denken. Märkte überleben nur als Märkte, wenn eine

alle Wettbewerber übergreifende, inklusive Logik der normativen Integration sie zusammenhält.

Der Wettbewerbergemeinsinn gibt dagegen einen Weg der Gemeinsinnausbildung gerade partikularer Gemeinschaften an, wie es heute auch Nationalstaaten im Weltmarktgeschehen sind. Dieser Typus des Gemeinsinns steht in einem deutlichen Gegensatz zu den Thesen einer Aufzehrung der sozio-moralischen Ressourcen im Zuge weiterer Vermarktlichung und Globalisierung. Wettbewerb und Marktlichkeit können aus sich heraus Gemeinsinn erzeugen. Der Wettbewerbsprozeß erzeugt kollektive Identitäten von Marktteilnehmern oder Koalitionen von Marktteilnehmern. Dies können auch Nationalstaaten oder Gruppen von Nationalstaaten sein. Ein Wettbewerb, der sich auf wenige große Mitspieler konzentriert, verstärkt die Bedeutung dieser Identitäten und führt zu einer Gemeinsinnigkeit, die aus der Konkurrenzstellung zu anderen Wettbewerbern ihre Verpflichtungskraft bezieht. So könnte sich das Schicksal von Gemeinwohl und Gemeinsinn gerade nicht daran entscheiden, ob marktexterne moralische Ressourcen entfaltet und gefördert werden können oder nicht. Dagegen besteht die Möglichkeit einer Herausbildung eines Gemeinsinns am Markt und im Wettbewerb, eines Gemeinsinnes, der sich auf das Wohl von einzelnen Wettbewerbern bezieht und von Wettbewerbsidentitäten getragen wird.

Unter dem Gesichtspunkt der Legitimierbarkeit stehen sich mit diesen beiden Typen des Gemeinsinns qua Wettbewerb eine inklusive, wettbewerbsuniversale Form der Gemeinwohlorientierung und eine exklusive, wettbewerbspartikulare Form gegenüber. Durch ihre Beschränkung auf Wettbewerbsteilnehmer sind beide weit entfernt von einem Menschheitsuniversalismus, der sich Legitimität zuschreiben dürfte. Die normative Würdigung der Typen wettbewerblichen Gemeinsinns hat der Anerkennung ihrer Möglichkeit sicherlich unmittelbar zu folgen: Wie ist es zu bewerten, wenn sich in einer immer weiter entfaltenden Marktgesellschaft Gemeinwohlorientierungen zentral an Wettbewerbsidentitäten binden?

Literaturverzeichnis

Abolafia, M. Y. (1996), Making Markets. Opportunism and Restraint on Wall Street, Cambridge, London.

Abolafia, M. Y. (1998), Markets as Cultures. An Ethnographic Approach, in: The Laws of the Markets, hg. v. M. Callon, Oxford, Malden, S. 69–85.

Bagehot, W. (1974), The English Constitution, in: The Collected Works of W. Bagehot, hg. v. N. St. John-Stevas, Bd. 5, London, S. 161–409.

Baker, W. E. (1990), Market Networks and Corporate Behavior, in: American Journal of Sociology 96 (3), S. 589–625.

Beckert, J. (1997), Grenzen des Marktes. Die sozialen Grundlagen wirtschaftlicher Effizienz, Frankfurt/M./New York.

Bermbach, U. (1988), Einleitung, in: Hume, David: Politische und ökonomische Essays, hg. v. Ders., Hamburg, S. VII–XLV.

Beyme, K. v. (1978), Partei, Faktion, in: Geschichtliche Grundbegriffe. Historisches Lexikon zur politisch-sozialen Sprache in Deutschland, hg. v. O. Brunner, W. Conze u. R. Koselleck, Stuttgart, S. 677–733.

Bluntschli, J. K. (1970), Charakter und Geist der politischen Parteien. Neudruck der Ausgabe Nördlingen 1869, Aalen.

Burckhardt, J. (1956/57), Griechische Kulturgeschichte. 4 Bände. Band V–VIII der Gesammelten Werke, Darmstadt.

Burckhardt, J. (1978), Weltgeschichtliche Betrachtungen, Stuttgart.

Burke, E. (1975), Thoughts on the cause of the present discontents, in: The works: Twelve Volumes in Six [1887]. vol. I/II, Hildesheim, New York, S. 433–537.

Burt, R. S. (1992), The Social Structure of Competition, in: Networks and Organizations: Structure, Form, and Action, hg. v. N. Nohria u. R. G. Eccles, Boston, S. 57–91.

Callon, M. (1998a), Introduction: The Embeddedness of Economic Markets in Economics, in: Ders., The Laws of the Markets, Oxford, Malden, S. 1–68.

Callon, M. (Hg., 1998), The Laws of the Markets, Oxford, Malden.

Faul, E. (1964), Verfemung, Duldung und Anerkennung des Parteiwesens in der Geschichte des politischen Denkens, in: Politische Vierteljahresschrift 5(1), S. 60–80.

Freeman, M. (1980), Edmund Burke and the Critique of Political Radicalism, Oxford.

Granovetter, M. (1985), Economic Action and Social Structure: The Problem of Embeddedness, in: American Journal of Sociology 91 (3), S. 481–510.

Hayek, F. A. v. (1969), Freiburger Studien. Gesammelte Aufsätze, Tübingen.

Hume, D. (1987), Essays Moral, Political and Literary, Indianapolis.

Kaegi, W. (1982), Jacob Burckhardt. Eine Biographie. Band VII: Griechische Kulturgeschichte. Das Leben im Stadtstaat. Die Freunde, Basel, Stuttgart.

Kelley, H. H./Thibaut, J. W. (1978), Interpersonal Relations. A Theory of Interdependence, New York.

Keynes, J. M. (1974), Allgemeine Theorie der Beschäftigung, des Zinses und des Geldes, Berlin.

Lenk, K./Neumann, F. (1974), Einleitung, in: Theorie und Soziologie der politischen Parteien, hg. v. F. Neumann u. K. Lenk, Band I, Darmstadt, Neuwied, S. XIII–CXI.

Machiavelli, N. (1977²), Discorsi. Gedanken über Politik und Staatsführung, hg. v. R. Zorn, Stuttgart.

Münkler, H./Fischer, K./Bluhm, H. (2000), Das Ende einer semantischen Karriere? Zur Gegenbegrifflichkeit von Gemeinwohl und politischer Korruption, in: Berlin-Brandenburgische Akademie der Wissenschaften, Berichte und Abhandlungen Band 8, Berlin, S. 425–440.

Münkler, H./Bluhm, H. (2001), Einleitung. Gemeinwohl und Gemeinsinn als politisch-soziale Leitbegriffe, in: Gemeinwohl und Gemeinsinn. Historische Semantiken politischer Leitbegriffe, hg. v. Dies., Berlin, S. 9–30.

Nullmeier, F. (2000a), Politische Theorie des Sozialstaats, Frankfurt/M., New York.

Nullmeier, F. (2000b), „Mehr Wettbewerb!". Zur Marktkonstitution in der Hochschulpolitik, in: Politische Konstitution von Märkten, hg. v. R. Czada u. S. Lütz:, Wiesbaden, S. 209–227.

Offe, C. (2001), Wie können wir unseren Mitbürgern vertrauen? in: Vertrauen. Die Grundlage des sozialen Zusammenhalts, hg. v. M. Hartmann u. C. Offe, Frankfurt/M., New York, S. 241–294.

Rosenkranz, K. (1974), Über den Begriff der politischen Partei [1843], in: Theorie und Soziologie der politischen Parteien, hg. v. K. Lenk u. F. Neumann, Darmstadt, Neuwied, Band I, S.23–45.

Scharpf, F. W. (1988), Verhandlungssysteme, Verteilungskonflikte und Pathologien der politischen Steuerung, in: Staatstätigkeit. International und historisch vergleichende Analysen, hg. v. M. G. Schmidt, Opladen, S. 61–87.

Scharpf, F. W. (1989), Decision Rule, Decision Styles and Policy Choices, in: Journal of Theoretical Politics 1 (2), S. 149–176.

Scharpf, F. W. (1992), Koordination durch Verhandlungssysteme: Analytische Konzepte und institutionelle Lösungen, in: Horizontale Politikverflechtung. Zur Theorie von Verhandlungssystemen, hg. v. A. Benz, F. W. Scharpf u. R. Zintl, Frankfurt/M., New York, S. 51–96.

Scharpf, F. W. (1993), Positive und negative Koordination in Verhandlungssystemen, in: Policy-Analyse. Kritik und Neuorientierung, hg. v. A. Héritier, PVS-Sonderheft 24, Opladen, S. 57–83.

Scharpf, F. W. (1996), Föderalismus und Demokratie in der transnationalen Ökonomie, in: Politische Theorien in der Ära der Transformation, hg. v. K. v. Beyme u. C. Offe, PVS-Sonderheft 26, Opladen, S. 211–235.

Scharpf, F. W. (2000), Interaktionsformen. Akteurzentrierter Institutionalismus in der Politikforschung, Opladen.

Schmidt, R. (1901), Allgemeine Staatslehre, Bd. 1, Die gemeinsamen Grundlagen des politischen Lebens, Leipzig.

Schumpeter, J. A. (1993[8]), Theorie der wirtschaftlichen Entwicklung. Eine Untersuchung über Unternehmergewinn, Kapital, Kredit, Zins und den Konjunkturzyklus, Berlin.

Simmel, G. (1992), Soziologie. Untersuchungen über die Formen der Vergesellschaftung, Band 11 der Georg-Simmel-Gesamtausgabe, Frankfurt/M.

Spelman, E. (1743), A fragment out of the sixth book of Polybius, containing a dissertation upon government in general, particularly applied to That of the Romans, together with a Description of the several Powers of the Consuls, Senate, and People of Rome, Translated from the Greek with Notes. To which is prefixed a Preface, wherein the System of Polybius is applied to the Government of England: And, to the above-mentioned Fragment concerning the Powers of the Senate, is annexed a Dissertation upon the Constitution of it, London.

Steil, A. (1993), Krisensemantik. Wissenssoziologische Untersuchungen zu einem Topos moderner Zeiterfahrung, Opladen.

White, H. C. (1981), Where Do Marktes Come From?, in: American Journal of Sociology 87, S. 517–547.

Zelizer , V. A. (1994), The Social Meaning of Money, New York.

HUBERTUS BUCHSTEIN

‚Gretchenfrage' ohne klare Antwort – Ernst Fraenkels politikwissenschaftliche Gemeinwohlkonzeption

1. Einleitung

Vor gut einem Jahrzehnt bemängelte Fritz W. Scharpf, daß die „Politikwissenschaft vor den Aporien des Gemeinwohlbegriffs weitgehend kapituliert [hat] und damit auf die Weiterführung ihrer eigenen ordnungstheoretischen Tradition faktisch verzichtet".[1] Scharpf sah in diesem Verzicht einen zentralen Grund für die aus seiner Sicht beunruhigende Landnahme von Rational-Choice-Theorien. Für diese Beunruhigung gibt es heute weniger Anlaß als vor zehn Jahren. Rational-Choice befindet sich in der gegenwärtigen politikwissenschaftlichen Theorielandschaft eher wieder auf dem Rückzug und gleichzeitig wird von verschiedenen Seiten eine Renaissance des Gemeinwohlbegriffs oberhalb der Ebene der Kollektivgutproduktion rationaler Akteure konstatiert. Bemerkenswert ist freilich, daß diese Renaissance zu keiner eindeutigen Begriffsverwendung von ‚Gemeinwohl' in der Politikwissenschaft geführt hat. Im Gegenteil. Dem Leser einschlägiger neuer Publikationen zum Thema drängt sich der Eindruck einer positiven Korrelation zwischen der Häufigkeit des Rekurses auf den Gemeinwohlbegriff und der Vielfältigkeit seiner Bedeutungen und Verwendungsweisen auf. Diese Unklarheiten liegen zudem im fundamentalen Bereich der Begriffsdefinition. So herrscht keine Einigkeit darüber, *wer* von dem ‚Gemein' umfaßt werden soll und wer als Ausgeschlossen zu gelten hat (in Luhmanns Terminologie: die soziale Dimension), auch nicht darüber, *was* unter deren ‚Wohl' zu verstehen ist und wie es festzustellen ist (die sachliche Dimension), auch nicht über den darin jeweils anvisierten *Zeit*horizont (die temporale Dimension) und schließlich auch nicht über die Frage, *wie* ein auch immer geartetes Gemeinwohl politisch zu realisieren ist (die praktische Dimension).[2]

Grundsätzlich konkurrieren in den klassischen wie modernen Gemeinwohlvorstellungen drei Grundmodelle, ein objektivistisches, ein Schnittmengenmodell und ein deliberatives Modell. Sie lassen sich stichwortartig folgendermaßen charakterisieren:

---

[1] Scharpf 1991, S. 624.
[2] Diese und andere Unklarheiten der „sozialen Referenz" (Offe) des Gemeinwohlbegriffs werden gut
     aufgelistet in Offe 2002.

(a) Das *objektivistische Modell*. In der Vorstellung eines ‚objektiven' Gemeinwohls soll das Gemeinwohl sowohl erkennbar sein als auch als Orientierungspunkt praktischer Politik fungieren können.

(b) Das *Schnittmengenmodell*. Eine zweite Vorstellung besteht in der Interessenallgemeinheit des generalisierten Egoismus; in diesem Modell besteht das Gemeinwohl aus der Schnittmenge aller empirisch vorfindlichen Interessenlagen. Die institutionelle Konsequenz dieses Modells besteht in einer möglichst breit gestreuten Veto-Positionierung politischer Akteure. Nur solche Inhalte verdienen das Gütesiegel ‚Gemeinwohl', die von allen Angehörigen eines politischen Systems geteilt werden. Folgt man Robert E. Goodin, so stand diese Vorstellung des Gemeinwohls Pate beim Plädoyer der amerikanischen Autoren der *Federalist-Papers* für ihr weitgehendes Gewaltenteilungsmodell.[3] Wenn die interne Differenzierung und Pluralisierung der Überzeugungen und Interessen der Mitglieder eines politischen Gemeinwesens zunimmt, dann wird die Schnittmenge entsprechend kleiner oder verschwindet gar ganz. Politik, die auf das ‚Gemeinwohl' zielt, muß so an Stellenwert verlieren. Diese Überlegung deckt sich mit der Kritik einer großen Zahl heutiger Beobachter des amerikanischen Regierungssystems, nach denen das dortige Modell für die mangelhafte Bearbeitung von ‚public interests' in der gegenwärtigen amerikanischen Politik verantwortlich ist.

(c) Das *deliberative Modell*. Eine dritte Vorstellung von Gemeinwohl zielt auf eine kommunikative Allgemeinheit. Danach geht die Genese des Gemeinwohls zwar von gegebenen Interessen und Präferenzen aus, speist diese aber in einen Prozeß der argumentativen Auseinandersetzung ein, so daß am Ende ein Ergebnis stehen kann, das für alle Betroffenen gleichermaßen akzeptabel ist.

Wenn auf der einen Seite begrifflicher Konkretisierungs- und Nachbesserungsbedarf besteht und auf der anderen Seite fundamental differierende Modelle miteinander konkurrieren, dann schlägt zumeist die Stunde der ideengeschichtlichen Vergewisserung. Zu den Autoren, auf die wir bei einer solchen Vergewisserung der politikwissenschaftlichen Tradition sowohl in neueren Arbeiten zum Thema Gemeinwohl[4] als auch in sämtlichen einschlägigen Handbüchern und Lexika unter dem entsprechenden Stichwort stoßen, zählt an besonders prominenter Stelle Ernst Fraenkel (1898–1975).[5] Fraenkel, der von 1951–1970 in Berlin Politikwissenschaft lehrte, nahm explizit für sich in Anspruch, eine eigenständige politikwissenschaftliche Gemeinwohlkonzeption entwickelt zu haben. Er konzipierte sie im Rahmen seiner in den 1950er und 1960er Jahren ausformulierten neopluralistischen Demokratietheorie.

---

[3]   Vgl. Goodin 1996.
[4]   Auch Münkler/Fischer zufolge ist Fraenkels Gemeinwohlkonzeption von besonderer Bedeutung, denn es „betont die gesellschaftlich-kommunikative Schlüsselrolle des Gemeinwohls als auch heute noch unverzichtbaren politischen Begriff" (Münkler/Fischer 1999, S. 250).
[5]   Ernst Fraenkel zählt mittlerweile zu einem Klassiker der bundesdeutschen Politikwissenschaft. Verschiedene Aspekte seines Werkes sind in der Sekundärliteratur gut aufgearbeitet. Zu nennen sind insbesondere zwei Arbeiten aus dem Hamburger Umfeld von Winfried Steffani, Peter Massings Buch *Interesse und Konsens* (Massing 1979) und Joachim Detjens voluminöse Studie *Neopluralismus und Naturrecht* (Detjen 1988). Einen Überblick über die verschiedenen Phasen in Fraenkels Entwicklung geben die Beiträge in dem Sammelband (Buchstein/Göhler 2000).

Wie sehr Fraenkel die Frage des Gemeinwohls umtrieb, wird schon an der Art und Weise erkennbar, in der er das Thema aufgriff. Fraenkel war von seinem ganzen Duktus her ein ausgesprochener Bildungsbürger, und wenn er bestimmten Thesen und Aussagen ein besonderes Gewicht verleihen wollte, griff er in die Schatztruhe klassischer Zitate und Anspielungen. Spätestens wenn Goethe oder Shakespeare ins Spiel kamen, wußte der geübte Fraenkel-Zuhörer, daß nun die höchste Stufe der Aufmerksamkeit geboten war. Beim Thema ‚Gemeinwohl' führte Fraenkel gar beide ins Feld, um die Wichtigkeit des Themas zu unterstreichen. Vielzitiert in der zahlreichen Sekundärliteratur ist folgende Sentenz von ihm: „Eine Politikwissenschaft, die zu dem Phänomen ‚Gemeinwohl' nichts zu sagen hat, ähnelt einer Vorführung des Hamlet ohne den Prinzen von Dänemark".[6] Ein fast ebenso häufig zitiertes Diktum Fraenkels lautet: „Eine Politikwissenschaft, die der Erörterung der Gretchenfrage aus dem Wege gehen wollte, wie die Verwirklichung eines einheitlichen Gemeinwohls in einer differenzierten Gesellschaft ermöglicht werden kann, würde sich bankrott erklären".[7] Wie weiland Doktor Faust, so ist also auch Fraenkel bei seiner Antwort auf die Gretchenfrage um Vollmundigkeit nicht verlegen: „Eine Politologie", so postuliert er, „die sich nicht um die Klärung des Begriffs ‚Gemeinwohl' bemüht, verdient den Vorwurf, eine Politikwissenschaft ohne Politik zu sein".[8]

Es ist die These dieses Beitrages, daß Fraenkels Vollmundigkeit in einem Kontrast zum sachlichen Überzeugungsgrad seiner Gemeinwohlkonzeption steht. Ich möchte die Plausibilität seiner Gemeinwohlkonzeption im folgenden einer genaueren Prüfung unterziehen. Dazu werde ich zunächst den theoriestrategischen Thematisierungskontext der Gemeinwohlfrage bei Fraenkel kurz in Erinnerung rufen (2). Vor diesem Hintergrund werde ich dann zwei Modi der Kritik Fraenkels an der Gemeinwohlkonzeption von Rousseau unterscheiden. Die eine Form der Kritik erfolgt aus materialer, die andere aus prozeduraler Perspektive. Erst beide Aspekte zusammen ergeben das Gesamtbild der Fraenkelschen Gemeinwohlkonzeption (3). Im nächsten Schritt möchte ich dann die Stellung des Gemeinwohls in Fraenkels normativen Bild des politischen Willensbildungsprozesses in der pluralistischen Demokratie lokalisieren (4). Diese Rekonstruktion leitet zu der Folgefrage, wie Fraenkel den materialen Aspekt seiner Gemeinwohllehre begründet. Fraenkel vertritt nachdrücklich ein naturrechtliches Begründungsmuster, das aber – so mein Einwand – angesichts seiner zentralen Bedeutung für die Gemeinwohlkonzeption frappierend unbestimmt und unbegründet bleibt (5). Im letzten Schritt möchte ich diese Kritik beiseite legen und insofern konstruktiv enden, als auf potentielle aktuelle Aspekte der Fraenkelschen Konzeption hingewiesen wird (6).

---

[6] Fraenkel 1966b, S. 272.
[7] Fraenkel 1963b, S. 344; oder auch: „Die Gretchenfrage der dem modernen Industriezeitalter adäquaten Staatsform der parlamentarischen Demokratie lautet, ob es angängig ist, trotz des heterogenen Charakters ihrer Gesellschaftsstruktur von einem Gemeinwohl zu sprechen" (1966b, S. 272).
[8] Fraenkel 1963b, S. 339.

2. Zum Thematisierungskontext der Gemeinwohlfrage bei Fraenkel

Angesichts der zitierten zentralen Bedeutung des Gemeinwohlbegriffs für Fraenkel ist es einigermaßen befremdlich, wie unsystematisch er den Terminus in seinem Schriften verwendet hat. Bemerkenswert ist zudem, daß der Begriff erst ab 1960 im Zuge der Ausformulierung seiner neopluralistischen Demokratietheorie häufiger in seinen Arbeiten auftaucht. Nicht vom Wortlaut, aber von der Sache her, um deren Willen er die Kategorie des Gemeinwohls bemüht, hat sich Fraenkel zeitlebens der Frage von Normen im staatsrechtlichen und politischen Urteil befaßt. Für Fraenkels gesamtes späteres Werk gilt, daß die Kapitulation der Weimarer Republik und die unrühmliche Rolle, die die deutsche Staatsrechtslehre dabei spielte, prägend war.

Fraenkels Überlegungen zum Thema Gemeinwohl blieben zeitlebens geprägt von seinen ganz persönlichen politischen Erfahrungen. In der *Weimarer Republik* überwog die Ablehnung des Gemeinwohlbegriffs, etwa wenn es in ideologiekritischer Manier heißt, daß ein jedes reklamierte „‚Interesse des Gemeinwohls‘ innerhalb einer klassengespaltenen Gesellschaft eine Fiktion ist".[9] Fraenkel sah sich in seinen Weimarer Schriften an zwei Fronten kämpfen. Einmal gegen den Rechtspositivismus von Hans Kelsen, der in den Augen von Fraenkel der nationalsozialistischen Pervertierung des Rechts nichts normativ substantielles entgegen zu setzen *hatte*; und auf der anderen Seite gegen den Machtpositivismus von Carl Schmitt, der der nationalsozialistischen Pervertierung des Rechts nichts normativ substantielles entgegen setzen *wollte*. Beide Positionen leugneten die materielle Bindung des Rechts an übergeordnete Werte und waren deshalb laut Fraenkel mitverantwortlich für den Zusammenbruch der Weimarer Republik.[10] Während des *Nationalsozialismus* warf er in seinem *Doppelstaat* dem Regime einen ausschließlich ideologischen Gebrauch der Rede vom ‚Gemeinnutzen‘ vor.[11] Auch nachdem Fraenkel sich nach seiner Rückkehr in die *Bundesrepublik* (1950) mit dem Begriff des Gemeinwohls angefreundet hatte, blieben Spuren seines damaligen Mißtrauens erhalten, etwa wenn er an einer Stelle eine Bemerkung Gustav Radbruchs aus der Weimarer Zeit zitierte, in der dieser das Gemeinwohl als die große Lebenslüge unserer Zeit bezeichnet[12] oder wenn er fragte: „läuft nicht jeder, der heute noch mit diesem Begriff operiert, Gefahr, sich dem Vorwurf des Ideologieverdachtes auszusetzen und ein Opfer dessen zu werden, was vor mehr als einem halben Jahrhundert als die große Lebenslüge des Obrigkeitsstaates bezeichnet worden ist?".[13] Das Mißtrauen gegen den ideologischen Gebrauch dürfe nicht abgelegt werden: „Die Politikwissenschaft hörte auf, eine Wissenschaft zu sein, wenn sie das Wort ‚Gemeinwohl‘ unkritisch verwenden wollte".[14]

---

[9]   Fraenkel 1928, S. 286.
[10]   Vgl. zur Stellung der Argumente Fraenkels in der Debatte der Weimarer Staatsrechtslehre: Buchstein 2000.
[11]   Vgl. Fraenkel 1941, S. 112 f.
[12]   Vgl. Fraenkel 1967a, S. 285.
[13]   Fraenkel 1966b, S. 272.
[14]   Fraenkel 1963b, S. 339.

Wenn sich Fraenkel in seinem Spätwerk dennoch für eine Rehabilitierung des Ge-
meiwohlbegriffs einsetzte, wollte er es zugleich gegen dessen totalitäre Pervertierung
wie dessen vollständige ideologiekritische Auflösung retten. Eine Ansporn für seine
Bemühungen mochte Fraenkel, der 1938 in die USA emigrierte, von seine Erfahrungen
in der amerikanischen Wissenschaftskultur verspürt haben. Denn ungeachtet der beha-
vioralistischen Revolution in der amerikanischen Politikwissenschaft war der Begriff
des Gemeinwohls oder des öffentlichen Interesses im Denkhorizont der dortigen Faches
in den 40er, 50er und bis zur Mitte der 60er Jahre des 20. Jahrhunderts fest justiert.

3. Zwei Modi der pluralistischen Rousseau-Kritik

Die Unsicherheit der Politikwissenschaft im Umgang mit dem Begriff des Gemeinwohls gesteht Fraenkel in seinem Spätwerk zunächst unumwunden ein. Er bezeichnet
das Gemeinwohl zwar als einen „unentbehrlichen Begriff", weist aber auch darauf hin,
daß dessen Bedeutung „weitgehend ungeklärt"[15] sei. In Anschluß an das Buch *The Public Interest* des amerikanischen Politikwissenschaftlers Glendon Schubert (1960) unterscheidet er drei Gemeinwohlkonzeptionen in der zeitgenössischen amerikanischen Politikwissenschaft:[16]
– eine idealistische Theorie, die von der Vorstellung eines vorgegebenen Wohles Aller
  ausgehe,
– eine rationalistische Theorie, die das Gemeinwohl mit der öffentlichen Meinung
  identifiziere sowie
– eine realistische Theorie, die das Gemeinwohl mit der Resultante im Kräfteparallelo-
  gramm der Gruppenwillen idendifiziere.
Während Glendon Schubert schon einen neuen Trend in der amerikanischen Gemein-
wohl-Debatte einleitete, in dessen Folge der Begriff seit Mitte der 1960er Jahre mit
ideologiekritischen und soziologischen Argumenten in Auflösung geriet und später vom
mainstream des Faches schlicht suspendiert wurde, nahm Fraenkel dessen Studie zum
Anlass, den Gemeinwohlbegriff neu zu konzeptionieren. Zu diesem Zweck stellt er
zunächst die idealistische und die realistische Gemeinwohlkonzeption (im Sinne Schu-
berts) gegenüber, um dann aus diesem Kontrast eigene Vorstellungen zu gewinnen.
Fraenkels Auseinandersetzung mit den beiden genannten Positionen läßt sich am besten
anhand seiner Kritik an Rousseau verdeutlichen. Sie geht in zwei Richtungen, eine materiale und eine prozedurale.

3.1 Fraenkels Rousseau-Kritik in materialer Perspektive

Fraenkel entfaltet seine materiale Kritik an Rousseau in dem Aufsatz ,Die repräsentative und die plebiszitäre Komponente im demokratischen Verfassungsstaat' aus dem

---

[15] Fraenkel 1960b, S. 58.
[16] Vgl. ebd., S. 58.

Jahre 1958. Danach gibt es zwei Idealtypen von Regierungssystemen, das plebiszitäre und das repräsentative System. Das plebiszitäre System gehe „von der stillschweigenden Voraussetzung eines einheitlichen Volkswillens aus, von dem a priori angenommen wird, daß er mit dem Gesamtinteresse identisch ist".[17] Das plebiszitäre System basiere auf zwei naturrechtlich begründeten Axiomen, dem individuellen politischen Beteiligungsrecht und der Volkssouveränität. Dem plebiszitär gebildeten Staatswillen werde keine andere Schranke auferlegt als die Verpflichtung, diese beiden Voraussetzungen politischer Herrschaftsausübung zu respektieren. Fraenkel zufolge könne sich auf diese Weise bei einer freien Entscheidung des Volkes im Ergebnis „jedwedes Interesse, d. h. auch ein vom objektiven Blickpunkt aus betrachtet, beliebiges Interesse zum Gesamtinteresse erklären".[18] Das Bekenntnis zum plebiszitären Legitimationsmodus „schließt die Anerkennung eines originär präexistenten Gemeinschaftswohls aus".[19] Mit anderen Worten: der plebiszitäre Legitimationsmodus bietet für Fraenkel keine Schranken gegen einseitige und grob ungerechte politische Entscheidungen.

Anders und deshalb besser sei der repräsentative Legitimationsmodus. Er geht von der These eines „vorgegebenen und objektiv feststellbaren Gesamtinteresses und der Hypothese aus, daß der Wille des Volkes auf die Förderung des Gesamtinteresses gerichtet sei (Hypothetischer Volkswille)".[20] Für Fraenkel geht das Repräsentativsystem von dem Axiom eines „naturrechtlich basierten, (weder aus einem Kollektivwillen noch gar aus einem individuellen ableitbaren und deshalb) originären Gesamtinteresse aus".[21] Im repräsentativen System werde die Entscheidung über den Staatswillen primär unter der Berücksichtigung der Erwägung getroffen, „dem Gesamtinteresse eine tunlichst große und ungehinderte Chance der Entfaltung zu geben".[22] Die reine Form des Repräsentativsystems sieht Fraenkel in der französischen Verfassung von 1791 realisiert, nach der die nur ihrem Gewissen verantwortlichen Abgeordneten der Nationalversammlung – und zwar nur sie – „die volonté générale, zu deutsch den hypothetischen Willen des Volkes – das heißt aber das Gemeinwohl"[23] repräsentieren.

Pointiert läßt sich die Unterscheidung, die Fraenkel vornimmt, folgendermaßen formulieren: während der plebiszitäre Legitimationsmodus zwei prozedurale Axiome (individuelle politische Partizipationsrechte und Volkssouveränität) als unverrückbares Naturrecht anerkennt, orientiert sich der repräsentative Legitimationsmodus an einem naturrechtlich vorgegebenen materiellen Gehalt politischer Entscheidungen. Im Konfliktfall obliegt im plebiszitären Modell das prozedurale Moment über das inhaltliche, im repräsentativen Modell ist es umgekehrt. Nach der Logik dieser Unterscheidung kann für Fraenkel allein der repräsentative Legitimationsmodus verhindern, daß es zu politischen Entscheidungen kommt, die einseitig die Interessen nur eines Teils der Gesellschaft berücksichtigen.

---

[17] Fraenkel 1958a, S. 154.
[18] Ebd., S. 156.
[19] Ebd.
[20] Ebd., S. 153.
[21] Ebd., S. 155.
[22] Ebd.
[23] Ebd, S. 154.

Ich habe Fraenkels Überlegungen zum plebiszitären und repräsentativen Legitimationsmodus ausführlich herangezogen, weil sich darin zweierlei zeigt. Zum einen verdeutlichen sie, warum Fraenkel, trotz seiner bekannten Forderung nach einer Mischung plebiszitärer und repräsentativer Momente in der Demokratie[24] sich letztlich als klarer Verfechter des Vorrangs des Repräsentativsystems zu erkennen geben muß. Zweitens – und in unserem Zusammenhang wichtiger – belegen die referierten Überlegungen, daß Fraenkel den Anspruch erhebt, daß die pluralistische Demokratietheorie über materiale Kriterien bei der Bewertung von politischen Entscheidungen, die den Gemeinwohlstatus reklamieren, verfügt. „Wenn wir von Gemeinwohl reden" so Fraenkel, „denken wir nicht in Kategorien der Macht, sondern in Kategorien des Rechts und der Gerechtigkeit: wir bewegen uns nicht im Bereich des Seienden, sondern des Sein-Sollenden. Gemeinwohl ist keine soziale Realität, sondern eine regulative Idee".[25]

Für Fraenkel ergeben sich aus seinen bisherigen Überlegungen politische und methodologische Konsequenzen, die den Habitus politischer Akteure in der modernen Demokratie und die den Habitus von Politikwissenschaftlern betreffen. Von den politischen Akteuren in der pluralistischen Demokratie – er richtet sich vor allem an Parteien und Verbände – verlangt er, daß sie den Bezug auf das Gemeinwohl als „immanente Schranken"[26] ihrer Aktivitäten immer im Blick behalten sollen und ihre Interessen nicht überreizen. Politologen sind zu einer vergleichbaren Zurückhaltung aufgerufen. Sie sollen die Grenzen der soziologischen Verflüssigung politischer Ideen anerkennen. Wohl auch selbstkritisch auf seine eigene ideologiekritische Position während der Weimarer Republik bezogen schreibt er: „[W]enn alle Ideen nichts anderes als Ideologien darstellen, kann es notwendigerweise auch nicht das Minimum eines an der Idee eines Gemeinwohls ausgerichteten Gemeinschaftsdenkens geben, das unerläßlich ist, um einen pluralistischen Staat lebensfähig zu erhalten."[27] Die zitierte Bemerkung kommt einer Selbstnötigung Fraenkels gleich, denn er übernimmt damit die Begründungslast für die normative Geltung der das Gemeinwohl fundierenden Ideen; doch bevor ich der Fundierungs-Frage weiter nachgehe, soll zunächst der zweite Aspekt der Fraenkelschen Gemeinwohlkonzeption herausgestellt werden.

3.2 Fraenkels Rousseau-Kritik in prozeduraler Perspektive

Auch in diesem Punkt rekurriert Fraenkel auf Rousseau als Abgrenzungsfolie, besonders prägnant in seinem Beitrag *Der Pluralismus als Strukturelement der freiheitlich-rechtsstaatlichen Demokratie* aus dem Jahre 1964. Fraenkel zufolge lassen sich die beiden deutschen politischen Systeme der damaligen Zeit, die demokratische und pluralistische Bundesrepublik und die totalitäre DDR, anhand der ihnen jeweils unterliegenden Gemeinwohlkonzeptionen unterscheiden. Fraenkel zufolge gehen totalitäre Diktaturen „von der Hypothese eines eindeutig bestimmbaren vorgegebenen Gemeinwohls

---

[24] Vgl. Fraenkel 1958a, S. 159, 202.
[25] Fraenkel 1960b, S. 61.
[26] Ebd., S. 64.
[27] Fraenkel 1963b, S. 346.

aus".[28] Von diesem Gemeinwohl wird unterstellt, „es sei ausreichend detailliert, um
[...] als politisches Aktionsprogramm verwertet zu werden".[29] Das Gemeinwohl liegt
danach „a priori"[30] längst vor aller gesellschaftlichen Auseinandersetzung unzweifelhaft
fest. In der Logik eines solchen Ansatzes liegt es, daß seine Anhänger die Vorstellung
hegen, daß Divergenzen bei der Bestimmung des Gemeinwohls ein Erkenntnisproblem
sei. In der Logik eines solchen Ansatzes liegt es Fraenkel zufolge meist auch, daß seine
Anhänger sich selbst vor möglichen Erkenntnisschranken bewahrt sehen. Als besonders
begnadete Politiker oder Staatsmänner reklamieren sie, nicht nur das objektive Gemeinwohl zu erkennen, sondern auch, daß sie es sind, die es notfalls gegen Widerstand
in der Gesellschaft realisieren müssen. Ein Gemeinwohl, daß der Gesellschaft von
selbst-auserwählten Personen aufgezwungen werden soll, nennt Fraenkel „heteronom
legitimiert".[31]

Als mögliche Erkenntnisquellen für ein solches Gemeinwohl a priori haben Fraenkel
zufolge in der Geschichte der politischen Ideen ganz unterschiedliche Ideologien fungiert. Es kann der Anspruch auf wissenschaftlichen Rationalismus, religiöse Inspiration,
Rassenwahn oder auch die Einsicht in den objektiven Geschichtsverlauf sein, aus denen
Personen das Recht ableiten, das Gemeinwohl a priori der Konsultation anderer Gesell-
schaftsangehöriger erkannt zu haben.[32] Alle diese Gedankengänge führen nach Fraenkel
zum Totalitarismus.

Erneut ist es Rousseau, den Fraenkel als Ur-Vater einer solchen verfehlten Gemeinwohlkonzeption benennt. In verschiedenen Aufsätzen hat er sich der Mühe unterzogen,
den Nachweis zu erbringen, wie sehr der moderne Totalitarismus von Rousseaus Gemeinwohlkonzept durchdrungen sei. Fraenkel wiederholt hier Interpretationen, die er
bereits in der Weimarer Republik gegen eine „absolutistische Demokratietheorie" Rousseaus vorbrachte.[33] In seinem Spätwerk kommt noch die zustimmende Aufnahme der
totalitarismustheoretischen Rousseau-Deutung Jacob Talmons hinzu. Fraenkel zufolge
sei Rousseau der Ansicht gewesen, das Gemeinwohl sei objektiv erkennbar und er sei
nicht mißverstanden worden, als in seinem Namen die Artikulation partikularer Interessen verboten wurde. Rousseaus Gemeinwohlkonzeption verlange ein Höchstmaß
gesellschaftlicher Homogenität, die notfalls auch mit terroristischen Mitteln vom légis-
lateur durchgesetzt werden muß.[34]

Die pluralistische Gemeinwohlkonzeption beschreibt Fraenkel in Kontrast dazu als
offener: „Der Pluralismus beruht [...] auf der Hypothese, in einer differenzierten Gesellschaft könne im Bereich der Politik das Gemeinwohl lediglich a posteriori als das
Ergebnis eines delikaten Prozesses der divergierenden Ideen und Interessen der Grup-

---

[28] Fraenkel 1964b, S. 300.
[29] Ebd.
[30] Ebd., S. 297.
[31] Fraenkel 1963b, S. 364.
[32] Vgl. Fraenkel 1960b, S. 58–61.
[33] Vgl. Fraenkel 1929, S. 359 f.; 1932, S. 499 f., 507 f.
[34] Vgl. Fraenkel 1958b, S. 212 f.; 1964b, S. 307–324; 1966b, S. 265 ff.; 1967, S. 279 ff.; 1969,
      S. 338.

pen und Parteien erreicht werden".[35] Das Gemeinwohl wird der Gesellschaft nicht von einer Minderheit aufgezwungen, sondern entsteht im Prozeß der offenen Konfliktaustragung in der Gesellschaft. Zu diesem Prozeß gehören Verhandlungen, Diskussionen und Kompromisse.[36] Die politischen Institutionen der westlichen Demokratie – Parlament, Parteien, Verbände, Öffentlichkeit – sind die Orte, in denen in öffentlicher Kommunikation das Gemeinwohl erst entsteht. Viel kommt deshalb darauf an, daß die demokratischen Institutionen für einen solchen Prozeß offen genug organisiert sind. Fraenkel bezeichnet Gemeinwohl, das am Ende eines öffentlichen Kommunikationsprozesses steht, als „autonom legitimiert",[37] da es aus der Mitte der Gesellschaft hervorgebracht und ihr nicht von einer mit einem Erkenntnisprivileg ausgestatteten Minderheit aufgezwungen wird.

Die beiden konkurrierenden Gemeinwohlkonzeptionen taugen für unterschiedliche Gesellschaftsmodelle. Während das heteronome Gemeinwohl auf eine homogene Gesellschaft drängt, kann sich das autonome Gemeinwohl erst in einer heterogenen Gesellschaft entfalten. Pluralität und Kommunikation ist für Fraenkel Bedingung der Herstellung eines echten Gemeinwohls. Er projiziert diese Idee zurück bis nach England im 18. Jahrhundert: „Nur weil das Parlament dem heterogenen Charakter der Gesellschaft Ausdruck verlieh, galt es als geeignet, dem Gemeinwohl zu dienen".[38]

Auch wenn das Gemeinwohl a posteriori ein Ergebnis gesellschaftlicher Auseinandersetzungen protokolliert, ist es inhaltlich nicht beliebig. Hier wiederholt Fraenkel Punkte, die er bereits gegen seine erste (und prozedurale) Rousseau-Lesart vorgetragen hatte. Das Ergebnis politischer Prozesse verdient nur dann das Gütesiegel ,Gemeinwohl', wenn es bestimmte inhaltliche Mindestqualifikationen erfüllt.

3.3 Materiale und prozedurale Aspekte in Fraenkels Gemeinwohlkonzeption

Unabhängig davon, wie man Fraenkels Rousseau-Interpretationen im einzelnen beurteilt – es ist deutlich geworden, daß Fraenkels Gemeinwohlkonzept sowohl eine prozedurale und wie eine materiale Seite hat. Das prozedurale Moment ist gegen Positionen gerichtet, die über so genaue Vorstellungen des Gemeinwohls verfügen, daß sie den demokratischen Kommunikations- und Willensbildungsprozeß nur noch als unnötige Störung wahrnehmen können. Das materiale Moment ist gegen Positionen gerichtet, die lediglich korrekte Prozeduren kennen und deshalb jedes Ergebnis des politischen Prozesses als Gemeinwohl anzuerkennen bereit sind. ,Gemeinwohl' steht für Fraenkel also als Qualitätssiegel für eine politische Entscheidung, wenn sie gleichermaßen zwei Bedingungen erfüllt: Sie ist (1) in einem makellosen Verfahren politischer Willensbildung zustande gekommen, und sie erfüllt darüber hinaus (2) ein angebbares Maß materieller Mindeststandards. Eine der wenigen pointierten Definitionen Fraenkels von Gemein-

---

[35] Fraenkel 1964b, S. 300.
[36] Fraenkel 1969, S. 330.
[37] Fraenkel 1964b, S. 325.
[38] Fraenkel 1960b, S. 56.

wohl lautet: „Gemeinwohl stell(t) die Resultante dar, die sich jeweils aus dem Parallelogramm der ökonomischen, sozialen, politischen und ideologischen Kräfte einer Nation dann ergibt, wenn ein Ausgleich angestrebt und erreicht wird, der [erste Bedingung – H. B.] objektiv den Mindestanforderungen einer gerechten Sozialordnung entspricht und [zweite Bedingung – H. B.] subjektiv von keiner maßgeblichen Gruppe als Vergewaltigung empfunden wird".[39]

Die angeführte Textpassage erfreut sich in der einschlägigen Sekundärliteratur häufiger Zitation. Von vielen Kritikern aus den 1960er und 1970er Jahren wurde einseitig nur die Parallelogramm-Metapher aufgegriffen und Fraenkels Gemeinwohlbegriff der Vorwurf gemacht, daß seine Pluralismustheorie der Dynamik sozialer, ökonomischer, sozialer und ideologischer Kräfte blind vertraue und dabei die Tatsache, daß diese Einflußfaktoren zum einen auf gesellschaftlich ungleich verteilte Machtpositionen basieren und zum anderen unterschiedlich kompatibel sind mit den Strukturen des politischen Systems, übersähe.[40] Die beiden in dem Zitat formulierten Bedingungen belegen indes, daß die damaligen Kritiker Fraenkels Neopluralismustheorie offensichtlich mit Tendenzen in der zeitgenössischen amerikanischen Pluralismustheorie, die sich durch ein selbstgewisses Prozeßvertrauen in die bestehenden demokratischen Verfahren auszeichneten,[41] verwechselt haben.

Fraenkels Versuch, materiale und prozedurale Aspekte miteinander zu verbinden, erwecken bei oberflächlicher Lektüre den Eindruck der Widersprüchlichkeit. Angesichts seiner klaren inhaltlichen Bestimmungen des Gemeinwohls in seiner Kritik an einem bloß prozeduralen Gemeinwohlverständnis scheint sich Fraenkels Konzeption in einen argumentativen Zirkel zu begeben. Um nicht jedem beliebigen Ausgang politischer Willensbildungsprozesse automatisch das Prädikat „gemeinwohlorientiert" umhängen zu müssen, hatte Fraenkel subjektive, kulturbedingte und schließlich auf einer letzten Ebene objektive Wertmaßstäbe als Bewertungskriterien eingeführt. Diese Wertmaßstäbe nun sollen – wie er es zuvor Rousseaus volonté générale noch vorgeworfen hatte – dem politischen Streit enthoben und von unabdingbarer Gültigkeit sein. Die von Fraenkel aufgemachte Differenz zwischen einem Gemeinwohl a priori und einem Gemeinwohl a posteriori gerät an dieser Stelle ins Schwimmen.

Dieses Problem läßt sich meines Erachtens im Rahmen von Fraenkels Denken „immanent" lösen, wenn man die beiden Gemeinwohlkonzeptionen auf Ebenen unterschiedlicher Abstraktionshöhe ansiedelt. Bei der klassischen Theorie der Demokratie handelt es sich um die „Existenz eines vorgegebenen Volkswillens",[42] der den Status eines „Aktionsprogramm[es] praktischer Politik"[43] hat. Das Gemeinwohl a priori ist so

---

[39] Fraenkel 1960a, S. 34; oder auch: Nur dann könne etwas als Gemeinwohl anerkannt werden, wenn „die Auseinandersetzungen unter Einhaltung der Regeln eines fair-play geführt werden und die Ergebnisse der Auseinandersetzungen sich im Rahmen der Mindesterfordernisse der sozialen Gerechtigkeit bewegen" (Fraenkel 1960b, S. 65).

[40] Vgl. Narr 1969, Eisfeld 1972. So fälschlicherweise auch wieder Offe 2002, S. 73.

[41] Zur damaligen Kritik an diesen Vorstellungen vgl. Mills 1956, Scharpf 1970, S. 87 f., Offe 1972, S. 65 ff.

[42] Fraenkel 1964a, S. 87.

[43] Fraenkel 1967a, S. 285.

konkret und detailliert, daß es direkt implementiert werden kann. Anders beim Gemeinwohl a posteriori. Dies bleibt Fraenkel zufolge in weiten Teilen der konkreten Ausgestaltung durch politische Akteure überlassen und ist lediglich in den Rahmen „einer vorgegebenen Wertordnung"[44] eingehängt. Dieser Rahmen ist so unkonkret, daß er der situativen Konkretion durch Politik bedarf. Abgesteckt sind lediglich die Grenzen. Diese Grenzen aber sind absolut, und insofern ist die Unterscheidung der Legitimationsmodi der beiden Gemeinwohlkonzeptionen als ‚autonom' vs. ‚heteronom' nicht ganz zutreffend. Auch das autonom legitimierte Gemeinwohl a posteriori verfügt über ein nicht reduzierbares Moment des Heteronomen.

In seinen Schriften hat sich Fraenkel mehr mit dem prozeduralen Aspekt befaßt. Dies hat zeitbedingte Gründe. Ein Grund ist politischer Natur: Fraenkel hält diesen Aspekt in Deutschland für sträflich unterentwickelt und möchte mit seinen Schriften zu einer Auflösung homogenisierender Gemeinwohlvorstellungen beitragen. Vor dem Hintergrund des Nachwirkens der nationalsozialistischen Doktrin ‚Gemeinnutz geht vor Eigennutz' will Fraenkel das Konzept des Gemeinwohls nicht aufgeben, sondern epistemisch relativieren, genetisch dynamisieren und inhaltlich mit Mindeststandards versehen. Der zweite Grund ist wissenschaftlicher Natur: Fraenkel ist es in seinen Arbeiten nicht gelungen, den normativen Kern des materialen Gemeinwohlaspekts überzeugend darzulegen – auf diesen Punkt werde ich weiter unten im fünften Abschnitt näher eingehen.

4.   Das Gemeinwohl im politischen System der pluralistischen Demokratie

Das Gemeinwohl und die Gemeinwohlorientierung politischer Akteure – der Gemeinsinn – sind ein zentrales Moment in der normativen Skizze, die Fraenkel vom politischen System einer gut funktionierenden pluralistischen Demokratie entwirft. Dieses normative Modell soll die notwendigen Voraussetzungen benennen, um die von Carl Schmitt so eindringlich dargelegte dynamischen Kraft von Konflikten und ihren potentiell zentrifugalen Effekten in pluralistischen Demokratien unter Kontrolle zu halten.

Dem Gemeinwohl kommt in diesem Bild Fraenkels eine zentrale Stellung zu, wie aus einer Definition von 1963 hervorgeht: „Unter dem ‚Gemeinwohl' wird […] eine in ihrem Kern auf einem als allgemein gültig postulierten Wertkodex basierende, in ihren Einzelheiten den sich ständig wandelnden ökonomisch-sozialen Zweckmäßigkeitserwägungen Rechnung tragende regulative Idee verstanden, die berufen und geeignet ist, bei der Gestaltung politisch nicht kontroverser Angelegenheiten als Modell und bei der ausgleichenden Regelung politisch kontroverser Angelegenheiten als bindende Richtschnur zu dienen".[45] Fraenkels erster großer Strich in dem normativen Gemälde ist eine Unterscheidungslinie zwischen zwei Sektoren: einem kontroversen Bereich, in dem die

---

[44]   Fraenkel 1964a, S. 87.
[45]   Fraenkel 1963b, S. 339.

autonomen Verbände um Interessen und Einfluß ringen, und einem Bereich von Internalisierungen, die den nicht-kontroversen Sektor der Gesellschaft bilden. Fraenkel schließt mit dieser Aufteilung (oder besser: Eingrenzung) an einen Gedanken an, den er schon während der Weimarer Republik publizierte. In dem Aufsatz ‚Um die Verfassung‘ konzipierte er einen historisch gewachsenen unstreitigen Sektor und einen streitigen Sektor, den er angesichts des zerrütteten Zustandes der Republik sorgfältig zu begrenzen sucht.[46]

In seinem Spätwerk nimmt Fraenkel diesen Gedanken erneut unter Rekurs auf Robert A. Dahls *A Preface to Democratic Theory* (1956) auf. In einer funktionierenden westlichen Demokratie spielt sich Fraenkel zufolge „der weitaus größere Teil obrigkeitlicher und gesellschaftlicher Betätigung“[47] im Raum des nicht-kontroversen Sektors ab. Damit Demokratien langfristig und ungestört erhalten bleiben, muß dieser Sektor den überwiegenden Anteil des gesellschaftlichen Lebens ausfüllen. Nur unter dieser Bedingung ist die Gesellschaft dem Streit der Meinungen im kontroversen Bereich gewachsen. Die Grenzlinie zwischen den beiden Sektoren liegt nicht ein für alle Male fest, sie ist „ständigen Verschiebungen unterworfen“.[48] Gerät die Routine des staatlichen und gesellschaftlich-politischen Verhaltens in Widerspruch zu den Grundprinzipien der Gesellschaftsordnung, können diese Dysfunktionalitäten in den kontroversen Sektor gerückt und korrigiert werden. Umgekehrt können erreichte Lösungen ehemals kontroverser Fragen in den nicht-kontroversen Bereich einfließen und in ihm Bestand erhalten.

Fraenkel unterscheidet in diesem Zusammenhang zwischen einem genuinen, einem derivativen und einem originären Gemeinwillen. Ein genuiner Gemeinwille liege vor, wenn die in einem vorgegebenen Wertkodex enthaltenen Normen und Regeln des menschlichen Umgangs so generell anerkannt sind, daß sie „als selbstverständlich hingenommen und befolgt werden“.[49] Die Bestandteile des genuinen Gemeinwillens werden als so unproblematisch anerkannt, daß sie weder in der Vergangenheit kontrovers waren, noch in der Zukunft kontrovers sein werden. Die beiden Unterfälle sind der originäre und der derivative Gemeinwille. Um den erstgenannten handelt es sich, wenn die Kontroversen, die einst dem originären Gemeinwillen zugrundegelegen haben, „total vergessen sind“,[50] so das dies faktisch dem genuinen Gemeinwillen nahekommt. Um einen derivativen Gemeinwillen handelt es sich, wenn im Bewußtsein der politischen Akteure die vergangenen politischen Kämpfe und Kompromisse um seine Findung – und sei es auch „vage“ – erinnert werden. Die beiden weiteren Abstufungen bezeichnet Fraenkel als „konsolidierte öffentliche Meinung“ und „fluide öffentliche Meinung“. Hat sich in der ersten eine Art öffentliche Akzeptanz zu einem bestimmten Thema herausgeschält, so liegt letztere bereits im kontroversen Sektor. Von besonderer Bedeutung für Fraenkels Konzeption des Gemeinwohls sind der genuine und der originäre Gemeinwille. Beide müssen inhaltlich bestimmten Werten entsprechen.

---

[46] Vgl. Fraenkel 1932a, S. 505.
[47] Fraenkel 1963a, S. 248.
[48] Ebd., S. 249.
[49] Ebd., S. 250.
[50] Ebd.

Die Sicherungsfunktion des nicht-kontroversen Sektors ist nicht nur funktional bedingt, sondern wird durch eben diese spezifischen Inhalte erst ermöglicht. Die Inhalte
werden von Fraenkel allerdings recht diffus umschrieben und zudem erst relativ spät –
ab 1960 – ausformuliert. Nur mit einem gewissen Mut zur interpretatorischen Zuspitzung
läßt sich aus Fraenkels verstreuten Überlegungen zum nicht-kontroversen Sektor eine
Art Systematik rekonstruieren. Der Großteil der Bestandteile des ‚consensus omnium'
rangiert danach „unterhalb der kollektiven Bewußtseinsschwelle".[51] Er ist ein empirisches Phänomen und wohl am ehesten zu übersetzen mit dem Topos ‚Politische Kultur'.[52] Er besteht aus sedimentierten geschichtlichen Erfahrungen. Diese Erfahrungen
sind zu Wertvorstellungen geronnen, die das politische Denken der Bevölkerung
bestimmen. Hierzu zählt Fraenkel: die Spielregeln des politischen Wettbewerbs, die
Verpflichtung auf die Verfahrensregeln der Willensbildung und diverse Grundprinzipien
„gesitteten menschlichen Zusammenlebens".[53] Später differenziert Fraenkel die inhaltlichen Bestandteile weiter aus und zählt zu ihnen Sprache, Kulturbewußtsein, Tradition,
Abstammung, Verfassungsvorstellungen, aber auch Übereinstimmungen im wirtschaftlichen Bereich. Zum ‚consensus omnium' gehören des weiteren eingeschliffene Verhaltensweisen im politischen Alltag.[54]

Fraenkel geht davon aus, daß die Existenz eines nicht-kontroversen Bereichs zwar
eine notwendige, aber noch keine hinreichende Bedingung einer gut funktionierenden
westlichen Demokratie bildet. Fraenkel nimmt deshalb implizit eine Präzisierung des
‚consensus omnium' vor, wenn er einen spezifischen „reflektierten consensus"[55] als das
bewußte Element menschlichen Handelns in diesem Sektor ortet. Die Funktion des
reflektierten consensus besteht neben der Integration der divergierenden Willen vor
allem in der Legitimation getroffener Vereinbarungen. Er gilt Fraenkel als „unerläßlich,
um als tragfähige Basis für den Abschluß der allfälligen Kompromisse zu dienen".[56]
Der Inhalt des reflektierten consensus besteht aus einem allgemeinverbindlichen Wertkodex. Zum Wertkodex dürfen drei Elemente gerechnet werden:

(a) Verfahrens- und Verhaltensregeln. Zu ihnen gehören nicht nur die Normen der Verfassung und ihrer Ausführungsgesetze, sondern auch die gesellschaftlich sanktionierten
Gesetze des Fair-Play und des Takts.

(b) Zweitens ein Set konkreter politischer und sozialer Prinzipien. Fraenkel zählt als
Teile auf: die Anerkennung der Volkssouveränität, soziale Gerechtigkeit, das Prinzip
Gleichheit vor dem Gesetz, traditionelle Freiheitsrechte und Überparteilichkeit der Ju-
stiz. Diese Prinzipien sieht Fraenkel als in der historischen Entwicklung der westlichen
Demokratien herausgebildet und unhintergehbar an und siedelt sie im originären oder
genuinen Gemeinwillen an.

---

[51] Ebd., S. 254.
[52] Vgl. Massing 1979, S. 121, Buchstein 1998.
[53] Fraenkel 1966b, S. 275.
[54] Vgl. Fraenkel 1969, S. 354 f.
[55] Fraenkel 1960b, S. 60.
[56] Ebd., S. 61.

(c) Deren inhaltlichen Kern bilden die „fundamentalen regulativen Ideen". Die regulativen Ideen sind kein Bündel von Vorstellungen, das als direktes gesellschaftliches Aktionsprogramm zu verwenden wäre, denn dann wäre das Gemeinwohl ja so weit vorgegeben, daß es keiner pluralistischen Entfaltung mehr bedürfte. Die regulativen Ideen sind abstrakte Prinzipien, von denen er mit „Gerechtigkeit und Billigkeit"[57] zwei benennt.

Der Wertkodex ist ein sowohl empirisches wie normatives Phänomen. Sein empirischer Bestandteil ist das de facto anerkannte „Minimum an Übereinstimmung" (1960b: 61), das zum Funktionieren einer Demokratie unerläßlich ist. Dieses empirische Substrat ist flexibel und seine Konkretisierung erfolgt immer wieder neu durch die reflektierte Anpassung an sich wirtschaftlich, sozial und politisch wandelnde Gegebenheiten. Der normative Teil beruht auf seiner Anerkennungswürdigkeit, auf seiner „verpflichtenden Kraft".[58] Die Anerkennungswürdigkeit geht aus vom dritten Element des Wertkodexes, in den regulativen Ideen. Ihre universelle Überzeugungskraft speist sich aus ihrer naturrechtlichen Vorgegebenheit.

Zusammengefaßt ergibt sich aus dieser Darstellung ein Gesamtbild, das einer aufgeschnittenen Zwiebel ähnelt.

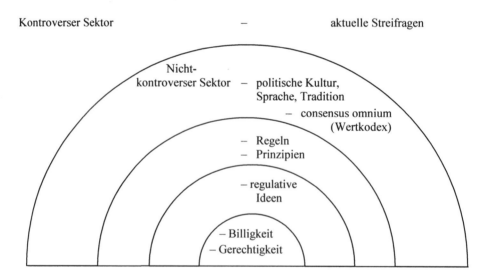

Übersicht I: Die Elemente des kontroversen und des nicht-kontroversen Sektors bei Ernst Fraenkel

---

[57] Fraenkel 1964b, S. 324.
[58] Fraenkel 1960b, S. 61.

Auf Unterschiede stoßen wir, wenn wir die einzelnen Schichten des nicht-kontroversen Sektors betrachten:

	Nicht-kontroverser Sektor	Consensus omnium	Regulative Ideen
Inhaltlich	diffus	präzise	abstrakt
Bewußtseinsmäßig	unbewußt	reflektiert	reflektiert
Epistemisch	empirisch	empirisch-normativ	normativ

Übersicht II: Der Status der Elemente des nicht-kontroversen Sektors

Für die Herstellung einer am Gemeinwohl orientierten politischen Entscheidung kommt den regulativen Ideen eine zentrale Bedeutung zu. Die normative Begründungslast können sie tragen, da sie auf Werten des rationalen Naturrechts basieren: „Naturrecht nennen wir ein Normensystem, das Individualrechte anerkennt, die, weil sie von der Gesetzgebung des Einzelstaates unabhängig sind, nicht zu dessen Disposition stehen".[59]

Fassen wir zusammen: Das Gemeinwohl entsteht in dem Prozeß des Ringens verschiedener gesellschaftlicher Gruppen um die Lösung kontroverser Fragen. Dieser Prozeß ist nicht voraussetzungslos, sondern bedarf der Akzeptanz nichtkontroverser Essentials durch alle beteiligten politischen Akteure. Ausgehend von der absoluten Geltung abstrakter naturrechtlicher Werte postuliert Fraenkel einen Kanon an historisch unhintergehbaren Verfahrensregeln und sozialen Prinzipien sowie eine den Konjunkturen des Zeitgeistes unterworfene und allen Beteiligten gemeinsame politische Kultur. Im nächsten Abschnitt möchte ich mich den Inhalten und der Begründung des absolut geltenden Gemeinwohlkerns widmen.

5. Naturrecht und Gemeinwohl

Die Absicht der beiden letzten Abschnitte war es, deutlich zu machen, wie hoch der Vertrauensscheck ist, den Fraenkel auf die Geltung naturrechtlicher Normen ausstellt. Unversehens sind seine Überlegungen zum Gemeinwohl nämlich auf der Ebene der politischen Philosophie angelangt. Angesichts der Bedeutung des Naturrechts verwundert es, daß Fraenkel zu diesem Thema nie über Postulate und Andeutungen hinausgekommen ist. Doch selbst wenn man in Rechnung stellt, daß er in Berlin eine Professur für Vergleichende Regierungslehre inne hatte und die Beschäftigung mit der naturrechtlichen Basis seiner Gemeinwohlkonzeption möglicherweise in einer Art arbeitsteiligen

---

[59] Fraenkel 1958c, S. 154.

Verfahren an Kollegen der Politischen Philosophie delegiert sah[60] bleiben die wenigen
Überlegungen zu diesem Fundament seiner Gemeinwohlkonzeption unbefriedigend.[61]

Welches sind die Werte, denen Fraenkel naturrechtlichen Status zuweist? Auch wenn
sie abstrakt sind, müssen sie doch *inhaltlich* konkret genug sein, um den Politikwissenschaftler zu befähigen, Ergebnisse politischer Prozesse auf ihre Gemeinwohlkompatibi-
lität zu befragen. In seinen Arbeiten nennt Fraenkel immer wieder „Gerechtigkeit und
Billigkeit".[62] Die ‚Billigkeit' wird nicht näher ausgeführt; wenig besser steht es um die
die ‚Gerechtigkeit'. Wir erfahren lediglich, daß Fraenkel neben Menschenwürde, Freiheit und Gleichheit eine distributive Auslegung der Gerechtigkeit favorisiert, wenn er
den Grundelementen der deutschen Sozialstaatlichkeit attestiert, daß sie die „Gültigkeit
von Sätzen des Naturrechts"[63] beanspruchen können.

Ähnlich vage bleibt Fraenkel bei der Begründung naturrechtlicher Werte. Die Option
für das Naturrecht läßt sich zurückverfolgen bis in seine Arbeiten der 1920er Jahre. In
seinem weiteren politikwissenschaftlichen Werk weitet er den personellen Trägerkreis
naturrechtlicher Gedankengänge sukzessive aus: Sprach er in den 1920er Jahren zuerst
von einem klassenspezifischen Naturrecht, so wurde daraus später die antifaschistische
Front der Naturrechtler. In den Arbeiten nach 1945 ist das Naturrecht bei Fraenkel zu
einem allgemeinen Prinzip des Okzidents aufgestiegen.[64] In seiner ersten Berliner Gast-
vorlesung über den Korea-Konflikt heißt es: Im Widerstand gegen einen zynisch miß-
verstandenen Gesetzespositivismus sowie gegen ein (gemeinschaftliches) sentimental
mißverstandenes Naturrecht solle die moderne Rechtsphilosophie ein tragfähiges modernes Naturrecht begründen.[65] Fraenkel versuchte sich einige Jahre später in einem
Vortrag selbst an einer solchen rechtsphilosophischen Skizze.[66] Das moderne Naturrecht sei ein Konglomerat aus vier Quellen: dem religiösen Glauben im katholischen

---

[60] So auch Detjen: „Man kann Fraenkel nicht als philosophischen Kopf bezeichnen, dem es um die
     Reflexion letzter Voraussetzungen normativer Ideenkomplexe gegangen ist" (Detjen 1988, S. 626).

[61] Oder, wenn man es freundlicher ausdrücken möchte: sie sind „nicht leicht zu verstehen" (Massing
     1979, S. 139).

[62] Fraenkel 1964b, S. 324.

[63] Fraenkel 1960b, S. 50.

[64] Schon in seiner Weimarer Schrift *Zur Soziologie der Klassenjustiz* vertrat Fraenkel naturrechtliche
     Positionen: Der Befreiungswille des Proletariats beruhe nicht auf der Einsicht in historische Ge-
     setzmäßigkeiten, sondern sei motiviert durch das „naturrechtliche Rechtsbewußtsein" (1927:
     S. 202, auch S. 180–182, 206) der Arbeiterklasse. Das Naturrecht ist dem jungen Fraenkel zufolge
     kein einmaliges historisches ‚Ereignis', sondern vielmehr eine soziologisch begründete Dauerer-
     scheinung: Es ist der Rechtfertigungsgrund der unterdrückten Klassen. In seinen letzten Schriften
     vor dem Zusammenbruch der Republik appelliert er geradezu verzweifelt, daß das Bürgertum sich
     doch auf „ewige Werte" (1932c: S. 591, auch 1932b: S. 584) demokratischer, sozialer und huma-
     nitärer Ideale besinnen möge. Während des Nationalsozialismus und der in der Emigration verfe-
     stigt sich Fraenkels Option für das Naturrecht weiter. Dem faschistischen gemeinschaftlichen Na-
     turrecht hält er in seinem *Doppelstaat* in drei Buchkapiteln ein gesellschaftliches Naturrecht
     entgegen (1941: S. 136–182) und plädiert Fraenkel für eine „Einheitsfront aller Naturrechtler"
     (1941: S. 17) aus Demokraten, Katholiken, Sozialisten und Marxisten gegen Hitler.

[65] Fraenkel 1951, S. 31.

[66] Vgl. Fraenkel 1958c.

Naturrecht, der Vernunft im rationalistischen Naturrecht, der Tradition der konservativen Revolutionskritik eines Burke und dem Protest im sozialistischen Naturrecht. Differenzen zwischen den vier Ansätzen bezeichnet Fraenkel als „Familienstreitigkeiten".[67] In der entscheidenden Frage seien sich alle vier Familienangehörigen einig, daß es den Staat in Schranken weisende überpositive Rechtsgrundsätze zugunsten von Individualrechten gebe. Angesichts der bekannten Existenz vieler Naturrechtslehren mit antidemokratischer oder rassistischer Stoßrichtung bleiben Fraenkels Überlegungen jedoch ausgesprochen unbefriedigend.

Das gleiche gilt für den *epistemischen* Status naturrechtlicher Aussagen. In einer unveröffentlichten Argumentationsskizze von 1961 aus seinem Nachlaß versucht er, das Naturrecht auf folgende Weise zu plausibilisieren:

> „Es lassen sich für den Rechtspositivismus zahlreiche logische Argumente anführen, die nur schwer zu widerlegen sind. Und doch leidet der Rechtspositivismus an einem Mangel. Wenn die Anwendung der Gesetze nicht nur in Ausnahmefällen, sondern immer wieder und wieder mit dem in Widerspruch gerät, was unser Gewissen, unser instinktives Rechtsgefühl als gerecht und billig ansieht, dann [...] tritt ein Spannungsverhältnis zwischen dem Gesetzgeber und dem Gesetzesunterworfenen in Erscheinung, das sich auf die Dauer als untragbar erweist [...] Der Kampf zwischen positivem Recht und Naturrecht ist ein Menschheitsproblem, das wohl stets eine ungelöste Aufgabe bleiben wird. Die starren Rechtspositivisten, die dem Naturrecht jegliche Bedeutung absprechen, und die unkritischen Naturrechtler, die glauben, das positive Recht mit einer großen Handbewegung beiseite schieben zu können, machen es sich beide Male zu leicht".[68]

Da die Wertebegründung in Fraenkels Verständnis ein essentieller Bestandteil von Politikwissenschaft ist, irritiert es umso mehr, daß er der von ihm selbst angeschnittenen Begründungsfrage immer wieder auszuweichen versucht. Mehrfach findet sich bei ihm ein funktionales Argument für naturrechtliche Normen. Es lautet, daß Demokratien ohne den Glauben seiner Bürger an naturrechtliche Normen nicht lange bestehen können. In diesem Zusammenhang führt Fraenkel die USA als besonders positives Beispiel an.[69] Warum diese Werte aber eine normative Anerkennungswürdigkeit verdienen, wird von ihm – bei aller Kritik am Verlust des Vertrauens in die Wirksamkeit des naturrechtlichen Moments in der Politik etwa bei Carl Schmitt[70] nicht ausführlicher thematisiert. Selbst wenn Fraenkel – wie in einem seiner letzten Aufsätze – hervorhebt, wie „fundamental wichtig" es sei, sich mit „dem Problem der Geltung" naturrechtlicher Normen auseinanderzusetzen, geht es ihm doch wieder nur darum, auf die „Wirksamkeit"[71] dieser Normen hinzuweisen.

Ich vermute, daß Fraenkel einen Ansatz bei der Begründung naturrechtlicher Normen verfolgt, der auf (im angenommenen Normalfall) tiefsitzende Intuitionen setzt. Den meisten Vertretern seiner Generation wirft er ein schlichtes Selbstmißverständnis vor. Sie besäßen „weder die innere Kraft [...], sich offen zu der Geltung eines naturrechtlich

---

[67] Fraenkel 1958c, S. 165.
[68] Fraenkel 1961, S. 3 f.
[69] Vgl. Fraenkel 1960c, S. 28, 104, 345 f.
[70] Vgl. ebd., S. 346.
[71] Alle Zitate Fraenkel 1969, S. 355.

legitimierten Wertsystems zu bekennen, noch den Mut aufbring(en), dessen Geltung für die Politik zu leugnen".[72] Erst wenn es wirklich um das Ganze geht, ‚entdecken' die intellektuellen Kritiker des Naturrechts ihre Intuitionen und verteidigen es. Fraenkels Überlegungen im *Doppelstaat* beschreiben wohl auch seine Nachkriegsposition zutreffend: „Seit mehr als 100 Jahren ist die Naturrechtslehre in Mißkredit geraten. Stets und von neuem ist sie von der Staats- und Politikwissenschaft (von der Rechtsphilosophie ganz zu schweigen) widerlegt worden. Und doch hat sie ihre Lebenskraft nicht eingebüßt. Seit Generationen gibt es einen Menschentyp, der jede Art von Naturrecht mit seinem Intellekt verneint und der sich gleichzeitig zu dessen Anerkennung durch sein Gewissen verpflichtet erachtet".[73] In einer Formulierung aus dem Jahre 1970 klingt diese Sichtweise noch nach, wenn er behauptet, daß das Naturrecht, selbst wenn es mit „einer Heugabel herausgeworfen wird, doch stets wiederkehrt".[74]

Daß Fraenkels Überlegungen zum Thema Naturrecht nicht den stärksten Teil seiner Politischen Theorie ausmachen, ist ihm selbst nicht verborgen geblieben. In einem Brief kurz vor seinem Tod räumte er ein, daß er das Geltungsproblem des Naturrechts nicht befriedigend gelöst habe und ihm als Geltungsinstanz nur das Gewissen einfalle.[75] In diese normative Lücke sind in der Fraenkel-Nachfolge drei unterschiedliche Lösungsstrategien gesprungen.

– Hans Kremendahl und zwischenzeitlich Winfried Steffani suchten einen Ausweg, in dem sie auf die naturrechtlichen Thesen Fraenkels verzichteten. Kremendahl plädierte statt dessen für den Anschluß der Pluralismustheorie an den Kritischen Rationalismus.[76]

– Alexander Schwan und Joachim Detjen zogen eine Konsequenz, die in die andere Richtung zielt. Beide reklamierten, daß ein zu Ende gedachter Fraenkel den normativen Schulterschluß mit neueren Naturrechtslehren suchen müsse.[77]

– Drittens schließlich machte Peter Massing den Vorschlag, die normative Lücke bei Fraenkel durch Versatzstücke aus der Habermasschen Diskursethik zu füllen.[78]

Fassen wir zusammen: Das Naturrecht ist von zentraler Bedeutung für Fraenkels Gemeinwohlkonzeption. Leider finden wir bei Fraenkel weder eine klar umgrenzte Beschreibung dessen, was die naturrechtlichen Werte umfassen noch eine überzeugende Bestimmung des Status naturrechtlicher Normen. Fraenkels engagiertes Insistieren auf dem Naturrecht kann diese Schwächen nicht verdecken.

---

[72] Fraenkel 1963b, S. 342.

[73] Fraenkel 1941, S. 141.

[74] Fraenkel 1970, S. 17.

[75] Vgl. Kremendahl 1977, S. 60.

[76] Vgl. Kremendahl 1977, Steffani 1980.

[77] Vgl. Schwan 1978, Detjen 1988.

[78] Vgl. Massing 1979.

6. Schlußbemerkung: Fraenkels Konzept und die drei politikwissenschaftlichen Modelle des ‚Gemeinwohls'

Eingangs wurden einige Bedenken genannt, auf die eine heutige Neu-Thematisierung von ‚Gemeinwohl' stößt. Inwieweit ist auch Ernst Fraenkels Gemeinwohlkonzeption anfällig für diese Einwände?

– Ein Bedenken lautet, daß dem Gemeinwohl ein ideologischer Gebrauch anhafte. Auch Fraenkel war sich dieser Problematik bewußt. Er bemühte sich, ihr in seiner Gemeinwohlkonzeption dadurch gerecht zu werden, daß er die Offenheit und Kommunikationsorientiertheit des politischen Prozesses in der pluralistischen Demokratie als Schutzvorrichtungen gegen einen ideologischen Gebrauch der Gemeinwohlformel konzipiert.

– Ein weiterer Einwand ist, daß das Konzept des Gemeinwohls für traditionelle, nicht aber für moderne und ausdifferenzierte Gesellschaften tauge. Auch in diesem Punkt kann Fraenkel nicht nur ein Problembewußtsein attestiert werden, sondern hat seine Konzeption den Bezug auf moderne ausdifferenzierte Gesellschaften geradezu zur Voraussetzung.

– Ein weiterer Einwand zielt schließlich auf die Unschärfe der vielstimmigen Rede vom Gemeinwohl, da sie weder das *Wer?* ihrer Bezugsgröße, noch das *Was?* ihres Inhalt, auch nicht des *Wann?* Ihres Zeithorizonts geschweige denn das *Wie?* ihre Entstehung und Realisierung eindeutig angebe. Fraenkels Antworten auf diese Fragen fallen unterschiedlich ausführlich und nicht gleichermaßen überzeugend aus. Am ausführlichsten geht er auf die Frage des ‚Wie?' in seinen Darlegungen der vielfältigen prozeduralen Aspekte der politischen Willensbildung in einer pluralistischen Demokratie ein. Die konkreten Ergebnisse des politischen Prozesses sind bereits auch ein wesentlicher Teil der Antwort auf die Frage des ‚Was?'; der andere Teil besteht in den Überlegungen Fraenkels zum Themenkomplex Naturrecht. Am wenigsten reflektiert Fraenkel die Frage des ‚Wer?', zu denen er der damaligen Konvention folgend die jeweiligen Angehörigen eines politischen Gemeinwesens rechnet.

Insgesamt fällt die von Fraenkel so anschaulich in Szene gesetzte Antwort auf die ‚Gretchenfrage' der Politikwissenschaft, wie sie es wohl mit dem Gemeinwohl halte, mindestens ebenso gewunden und mehrdeutig wie die Antwort des Doktor Faust in Goethes Schauspiel aus.

– Zum einen ist Fraenkels Terminologie des ‚Gemeinwohl a priori' und ‚Gemeinwohl a posteriori' mißverständlich. Bei näherer Betrachtung stellte sich heraus, daß sich auch das Gemeinwohl a posteriori im Rahmen a priori geltender Normen befinden muß. Aus Fraenkels (erster und) materialer Kritik an Rousseau geht hervor, daß ihm eine Bezugnahme auf das empirische a posteriori politischer Prozesse nicht genügt. Um die Resultate politischer Prozesse inhaltlich bewerten zu können, bedarf es Werte, die – so scheint Fraenkel es zu meinen – außerhalb der Dispositionsgewalt der Menschen stehen. Diese Naturrechtsprinzipien werden (in Fraenkels Sprache) als Heteronomie vorgefunden und nicht autonom im politischen Prozeß erzeugt. Auch die westliche Demokratie verfügt somit über ein Moment des Heteronomen; eine Eigen-

schaft, mit der Fraenkel ansonsten totalitäre Gemeinwohlvorstellungen charakterisiert.

— Zum zweiten bleibt der inhaltliche Kern des Gemeinwohls bei Fraenkel unklar.
Welch Werte sind es, denen Fraenkel naturrechtlichen Status zuweist? Auch wenn er
sie als abstrakt bezeichnet, erhebt Fraenkel den Anspruch, daß sie doch konkret genug sein sollen, um Politikwissenschaftler und Bürger zu befähigen, Ergebnisse politischer Prozesse auf ihren Gemeinwohlgehalt zu prüfen. Die beiden von ihm ange-
führten Grundwerte sind Gerechtigkeit und Billigkeit. Die ‚Billigkeit‘ wird nicht
näher ausgeführt und nur wenig besser steht es um den Inhalt von ‚Gerechtigkeit‘.
Erkennbar wird lediglich, daß Fraenkel neben Menschenwürde, Freiheit und Gleichheit eine distributive Auslegung der Gerechtigkeit vorschwebt. – Im Kontext der
Überlegungen der Arbeitsgruppe ‚Gemeinwohl und Gemeinsinn‘ der Berlin-
Brandenburgischen Akademie der Wissenschaften hat diese Festlegung zumindest
polemischen Wert. Karsten Fischer und Herfried Münkler (1999) haben in dem bereits eingangs zitierten Aufsatz, der die Vorüberlegungen zu der Arbeitsgruppe resümiert, den Gemeinwohlbegriff auf die partikularistische und den neuzeitlichen Ge-
rechtigkeitsbegriff auf die universalistische Seite der Moralphilosophie geschlagen.
Die von Fraenkel als normativen Kern des Gemeinwohls vorgetragenen Elemente
weisen dagegen eher in die universalistische Richtung. Fraenkel spricht in einem geradezu pathetischen Sinne von Gerechtigkeit und reklamiert dafür einen naturrechtlichen und damit universellen Status. So wackelig Fraenkels eigener Begründungsver-
such ist; aus den Überlegungen Fraenkels folgt die These, daß die Gemeinwohlfrage
sinnvoll nur im Rahmen einer Theorie der Gerechtigkeit diskutiert werden kann.
Auch für die Polemik der beiden Autoren gegen die „distributive Auslegung“[79] von
Gerechtigkeit bietet Fraenkel wenig Schützenhilfe. Normativ wie funktional sah er in
der Herstellung einer „gerechten Sozialordnung“ ein, wenn nicht *das* zentrale Moment moderner Demokratien. Der „Fortbestand der westlichen Demokratien“ so
Fraenkel, „hängt maßgeblich davon ab, daß das sozialökonomische Substrat der Ver-
fassungs- und Rechtsordnung nicht in flagranten Widerspruch zu den Wertvorstellungen gerät, die das politische Denken erheblicher Gruppen der Bevölkerung
bestimmen“.[80]

— Am wenigsten überzeugt schließlich die philosophische Seite in Fraenkels Gemeinwohlkonzeption. Zwar spricht er sich gegen wissenssoziologische und ideologiekritische Dekonstruktionen naturrechtlicher Vorstellungen aus; zugleich gibt er aber immer wieder zu erkennen, daß er vom historischen Index in naturrechtlichen
Vorstellungen weiß. Am ehesten überzeugt noch seine an Intuitionen appellierende
These, daß die meisten klugen Kritiker des Naturrechts Opfer eines Selbstmißver-
ständnisses seien und erst in solchen Situationen zu Klarheit über ihre Zustimmung
zum Naturrecht gewinnen, wenn sie persönlich mit Terror und Unmenschlichkeit
konfrontiert werden.

---

[79] Münkler/Fischer 1999, S. 241.
[80] Fraenkel 1963b, S. 351.

Worin bestehen heute noch aktuelle Momente der Fraenkelschen Konzeption für eine Renaissance des ,Gemeinwohls' in der Politischen Theorie? Um diese Frage zu beantworten, ist ein erneuter Blick auf die eingangs vorgestellten drei Gemeinwohlmodelle hilfreich, dem objektivistischen, dem Schnittmengen- und dem deliberativen Modell.

(a) Die Grundannahme des *objektivistischen Modells* besteht in der Vorstellung eines ,objektiven' Gemeinwohls, anhand dessen das Gemeinwohl sowohl erkennbar sein soll als auch als Orientierungspunkt praktischer Politik fungieren können soll. Fraenkel Kritik an diesem Modell ist schlagend: in seiner Terminologie handelt es sich hierbei um ein Gemeinwohl a priori, das letztlich zu einem totalitären politischen System führe.

(b) Das *Schnittmengenmodell* wurde als Interessenallgemeinheit des generalisierten Egoismus beschrieben. In diesem Modell besteht das Gemeinwohl aus der Schnittmenge aller empirisch vorfindlichen Interessenlagen mit der institutionellen Konsequenz einer möglichst breit gestreuten Veto-Positionierung politischer Akteure bei dem nur solche Inhalte das Gütesiegel ,Gemeinwohl' reklamieren können, die von allen Angehörigen eines politischen Systems geteilt werden.

(c) Das *deliberative Modell* als dritte Vorstellung von Gemeinwohl zielt auf eine kommunikative Allgemeinheit, bei dem die Genese des Gemeinwohls zwar von gegebenen Interessen und Präferenzen ausgeht, diese aber in einen Prozeß der argumentativen Auseinandersetzung überführt werden, so daß am Ende ein Ergebnis stehen kann, das für alle Betroffenen gleichermaßen akzeptabel ist.

Aus demokratietheoretischer Sicht besteht der Reiz des deliberativen Modells darin, daß es die eingangs genannten Unschärfen des Gemeinwohlbegriffs in der Weise konzeptionell aufnehmen kann, daß es deren Beantwortung zum Gegenstand praktischer Debatten über die Bestimmung des Gemeinwohls selbst macht. Auf diese Weise rückt die Beantwortung der eingangs formulierten vier offenen Fragen – nämlich *wer* von dem ,Gemein' umfaßt werden soll und wer nicht (also die soziale Dimension), *was* unter deren ,Wohl' zu verstehen ist und wie es festzustellen ist (die sachliche Dimension), *welcher Zeithorizont* Gegenstand der Debatte ist (die temporale Dimension) und schließlich der Frage, *wie* ein auch immer bestimmtes Gemeinwohl politisch zu realisieren ist (die praktische Dimension) – von der Ebene der akademischen Kritik auf die Ebene konkreter politischer Institutionalisierungsmodalitäten rückt. Die Aufgabe politischer Institutionen im Rahmen des deliberativen Gemeinwohlmodells ist es, die Beantwortung der vier genannten Fragen jedes Mal zu fordern und damit die politisch-moralische Reflexion der politischen Akteure zu fördern. Institutionen werden damit zu Orten der Gemeinwohlkompetenz. Zwar ist die sachlich und moralisch adäquate Beantwortung dieser Fragen dadurch natürlich in keiner Weise garantiert, mit einer klugen Institutionalisierung kann das deliberative Gemeinwohlkonzept für sich aber wenigstens in Anspruch nehmen, die sozio-moralischen Ressourcen der Bürger optimal auszuschöpfen. Bei der Frage nach möglichen institutionellen Reformen zur Förderung des Gemeinwohls treffen sich dann auch die bundesdeutschen politikwissenschaftlichen Diskurse über ,Gemeinwohl', ,Tugenden' und ,Bürgergesellschaft' mit der Habermasschen Version des Prozeduralismus und dem Gemeinwohlkonzept des ,highest common concern' von Robert E. Goodin.[81] Mit Bezug auf die genannten vier Dimensionen würde dies bedeuten, politische Institutionen danach auszurichten,

- daß sie in der sozialen Dimension zunächst universalistisch orientiert sind und die Begründungslast zuungunsten von Ausschlußregeln festlegen,
- daß sie in der sachlichen Dimension ihre Beteiligungsformen und Verfahren an den kognitiven Zumutungen politischer Entscheidungen in komplexen Gesellschaften orientieren;
- daß sie in der temporalen Dimension die Gegenwart nicht zu ungunsten der Zukunft diskontieren,
- und daß sie in der praktischen Dimension die nicht-intendierten Konsequenzen politischer Entscheidungen zu antizipieren vermögen.

Dieses Anforderungsprofil ist nicht nur hoch, sondern es impliziert strenggenommen auch konkurrierende Logiken bei der institutionellen Beantwortung der vier Teilfragen. Erforderlich ist ein kluger institutioneller Mix, bei dem sich der Parlamentarismus den Formen unmittelbarer Partizipation als überlegen erweist.[82]

Die Fraenkelsche Gemeinwohlkonzeption weist Anknüpfungspunkte sowohl zu dem Schnittmengen- wie zu dem deliberativen Modell auf. Die genaue Verortung seiner Überlegungen zwischen diesen beiden Modellen hängt ganz wesentlich davon ab, wie weit sich die von Fraenkel in einigen Arbeiten[83] stärker partizipativ akzentuierten prozeduralen Grundnormen, die auf eine kommunikative Öffnung politischer Willensbildungsprozesse zielen, interpretativ herausheben lassen. Werden die prozeduralen Grundnormen in Fraenkels Demokratietheorie als politische Kommunikationsrechte mit einem normativen Eigensinn versehen, dann ergeben sich durchaus Anknüpfungspunkte an die heutige Debatte über deliberative Demokratie. Doch um diese und in Verbindung damit ein politikwissenschaftliches Gemeinwohlkonzept weiterzuentwickeln, bieten Fraenkels Überlegungen wenig systematisch weiterführende Hinweise. Die Probleme und Fragestellungen der gegenwärtigen Gemeinwohldebatte lassen sich in diesem Fall nicht durch den Blick in die politikwissenschaftliche Ideengeschichte lösen.

Literaturverzeichnis

Buchstein, H. (1998), Ernst Fraenkel als Klassiker?, in: Leviathan 26, S. 458–481.

Buchstein, H. (2000), Von Max Adler zu Ernst Fraenkel. Demokratie und pluralistische Gesellschaft in der sozialistischen Demokratietheorie der Weimarer Republik, in: Demokratisches Denken in der Weimarer Republik, hg. v. Christoph Gusy, Baden-Baden, S. 534–607.

Buchstein, H. (2001), Bürgergesellschaft und Bürgerkompetenz. Erscheint, in: Bürgergesellschaft und Zivilgesellschaft, hg. v. G. Breit u. P. Massing, Schwalbach/Ts., S. 8–18.

Buchstein, H./Göhler, G. (Hg., 2000), Vom Sozialismus zum Pluralismus. Beiträge zu Leben und Werk von Ernst Fraenkel, Baden-Baden .

---

[81] Vgl. Münkler 1992, Habermas 1996, Goodin 1996, Buchstein 2001, sowie als Versuch, die Verbindung zwischen diesen Debatten herzustellen, Schmalz-Bruns 1995.

[82] Vgl. Lepsius 1999.

[83] Insbesondere Fraenkel 1960a, 44 f.; 1964a, S. 72 f., 1966a, S. 147 f.

Dahl, R. A. (1963) A Preface to Democratic Theory, Chicago.

Detjen, J. (1988), Neopluralismus und Naturrecht, Paderborn u. a.

Eisfeld, R. (1972), Pluralismus zwischen Liberalismus und Sozialismus, Stuttgart.

Fraenkel, E. (1927), Zur Soziologie der Klassenjustiz, in: Ders. 1999, S. 177–211.

Fraenkel, E. (1928), Staat und Gewerkschaften, in: Ders. 1999, S. 285–292.

Fraenkel, E. (1929), Zum Verfassungstag, in: Ders. 1999, S. 358–364.

Fraenkel, E. (1932a), Um die Verfassung, in: Ders. 1999, S. 496–509.

Fraenkel, E. (1932b), Chronik Mai/Juni 1932, in: Ders. 1999, S. 579–584.

Fraenkel, E. (1932c), Chronik Juli/August 1932, in: Ders. 1999, S. 585–591.

Fraenkel, E. (1984), Der Doppelstaat [1941], Frankfurt/M.

Fraenkel, E. (1951), Korea – Ein Wendepunkt im Völkerrecht?, Berlin.

Fraenkel, E. (1958a), Die repräsentative und plebiszitäre Komponente im demokratischen Verfassungsstaat, in: Ders. 1991, S. 153–203.

Fraenkel, E. (1958b), Parlament und öffentliche Meinung, in: Ders. 1991, S. 204–231.

Fraenkel, E. (1958c), Staat und Einzelpersönlichkeit, in: Vorträge, gehalten anläßlich der Hessischen Hochschulwochen für staatswissenschaftliche Fortbildung, Bd. 20, Bad Homburg, S. 150–166.

Fraenkel, E. (1960a), Historische Vorbelastungen des deutschen Parlamentarismus, in: Ders. 1991, S. 23–46.

Fraenkel, E. (1960b), Deutschland und die westlichen Demokratien, in: Ders. 1991, S. 48–67.

Fraenkel, E. (1960c), Das amerikanische Regierungssystem, Köln u. Opladen.

Fraenkel, E. (1961), Naturrecht und Rechtspositivismus, Unveröffentlichtes Manuskript, 5 Seiten, Nachlaß E. Fraenkel, Bundesarchiv Koblenz, BAK 1274, Bd. 8.

Fraenkel, E. (1963a), Demokratie und öffentliche Meinung, in: Ders. 1991, S. 232–260.

Fraenkel, E. (1963b), Die Wissenschaft von der Politik und die Gesellschaft, in: Ders. 1973, S. 337–353.

Fraenkel, E. (1964a), Strukturdefekte der Demokratie und deren Überwindung, in: Ders. 1991, S. 68–94.

Fraenkel, E. (1964b), Der Pluralismus als Strukturelement der freiheitlich–rechtsstaatlichen Demokratie, in: Ders. 1991, S. 297–325.

Fraenkel, E. (1966a), Ursprung und politische Bedeutung der Parlamentsverdrossenheit, in: Ders. 1991, S. 137–150.

Fraenkel, E. (1966b), Möglichkeiten und Grenzen politischer Mitarbeit der Bürger in einer modernen parlamentarischen Demokratie, in: Ders. 1991, S. 261–276.

Fraenkel, E. (1967a), Die ordnungspolitische Bedeutung der Verbände im demokratischen Rechtsstaat, in: Ders. 1991, S. 277–296.

Fraenkel, E. (1967b), Universitas litterarum und pluralistische Demokratie, in: Ders. 1973, S. 354–368.

Fraenkel, E. (1969), Strukturanalyse der modernen Demokratie, in: Ders. 1991, S. 326–358.

Fraenkel, E. (1970), Der Streit um die Anerkennung der DDR im Licht der politischen Wissenschaft, in: Aus Politik und Zeitgeschichte B 17/70, S. 3–17.

Fraenkel, E. (1973), Reformismus und Pluralismus, Hamburg.

Fraenkel, E. (1991), Deutschland und die westlichen Demokratien, erw. Neuausgabe, hg. v. A. v. Brünneck, Frankfurt/M.

Fraenkel, E. (1999), Gesammelte Schriften Bd. 1, Recht und Politik in der Weimarer Republik, hg. v. H. Buchstein u. R. Kühn, Baden-Baden.

Goodin, R. E. (1996), Institutionalizing the Public Interest, in: American Political Science Review 90, S. 331–343.

Habermas, J. (1996), Drei normative Modelle der Demokratie, in: Ders., Die Einbeziehung des Anderen, Frankfurt/M., S. 277–292.

Kremendahl, H. (1977), Pluralismustheorie in Deutschland, Leverkusen.

Lepsius, O. (1999), Die erkenntistheoretische Notwendigkeit des Parlamentarismus, in: Demokratie und Freiheit, hg. v. M. Bertschi u. a., Stuttgart u. a., S. 123–180.

Massing, P. (1979), Interesse und Konsensus, Opladen.

Mills, C. W. (1981), The Power Elite [1956], New York.

Münkler, H. (1992), Politische Tugend, in: Ders. (Hg.), Die Chancen der Freiheit, München, S. 25–46.

Münkler, H./Fischer, K. (1999), Gemeinwohl und Gemeinsinn. Thematisierung und Verbrauch sozio-moralischer Ressourcen in der modernen Gesellschaft, in: Berlin-Brandenburgische Akademie der Wissenschaften. Berichte und Abhandlungen, Bd. 7, Berlin, S. 237–265.

Narr, W.-D. (1969), Pluralistische Gesellschaft, Hannover.

Offe, C. (1972), Strukturprobleme des kapitalistischen Staates, Frankfurt/M.

Offe, C. (2002), Wessen Wohl ist das Gemeinwohl? In: Gemeinwohl und Gemeinsinn. Rhetoriken und Perspektiven sozial-moralischer Orientierung, hg. v. H. Münkler u. K. Fischer, Berlin, S. 55–76.

Scharpf, F. W. (1991), Die Handlungsfähigkeit des Staates am Ende des 20. Jahrhunderts, in: Politische Vierteljahresschrift 32, S. 621–634.

Schmalz-Bruns, R. (1995), Reflexive Demokratie. Die demokratische Transformation moderner Politik, Baden-Baden.

Schmalz-Bruns, R. (1996), Gemeinwohl. Notizen zu einem Forschungsprogramm. Unveröffentlichtes Manuskript, 7 Seiten.

Schubert, G. (1960), The Public Interest, Glencoe.

Schwan, A. (1978), Grundwerte der Demokratie. Orientierungsversuche im Pluralismus, München.

Steffani, W. (1980), Pluralistische Demokratie, Opladen.

Talmon, J. L. (1952), The Origins of Totalitarian Democracy, London.

RAINER SCHMALZ-BRUNS

Gemeinwohl und Gemeinsinn im Übergang?

1. Demokratietheoretische Aspekte transnationaler Integrationsprozesse

Im klassisch-republikanischen Denken (von den Verfassungstypologien im Anschluß an Aristoteles bis zu den Zyklentheorien der klassischen Historiographie) hatte der Gemeinwohlbegriff Status eines theoretischen wie praktischen Leitbegriffs der politischen Theorie;[1] eines Leitbegriffs freilich, der seine Prominenz auch der Dekadenz-Orientierung der politischen Analyse verdankte und dessen normativer Gehalt sich erst im Gegenlicht einer zyklischen Verfallsdiagnostik des politischen Lebens herausstellte. Es ist die enge Kopplung des Gemeinwohls an den Gemeinsinn der Bürger (an ihre Tugendhaftigkeit also), die die Konzipierung des Geschichtsverlaufs in Sinuskurven bedingt, die sich auf eine sich entspannende negative Dialektik zwischen Gemeinwohl und Gemeinsinn zurückführen läßt: Einerseits ist danach zwar das Maximum an Gemeinwohlorientierung der Bürger identisch mit dem Maximum der guten Ordnung des Gemeinwesens, andererseits erweist sich dieser Zustand aber dadurch als endemisch instabil, daß das Maximum an Ordnung im Sinne von Glückseligkeit, Gerechtigkeit, Eintracht, Frieden, Sicherheit und materieller Wohlfahrt[2] regelmäßig die Tugend der Bürger unterminiert, weil sie im wohlgeordneten Zustand des Gemeinwesens aus der Anspannung ihrer ethischen Kräfte entlassen und dazu verführt werden, sich dem Wohlleben zu überlassen und eine passiv-konsumptive Haltung gegenüber dem Gemeinwesen einzunehmen. Diese Dialektik einer zyklischen Selbstdestruktion einer im Gemeinsinn der Bürger zentrierten politischen Ordnung ist das zentrale Thema des klassischen Gemeinwohldiskurses – und in dieser Gestalt wird er heute von vielen Seiten wieder aufgerufen, wenn ein Zusammenhang hergestellt wird zwischen der wachsenden wechselseitigen Entfremdung zwischen Politik und Bürger (Politikverdrossenheit) und der rapide abnehmenden Qualität der Politik (Staats- und Steuerungsversagen).

---

[1] Vgl. Hibst 1990, Kempshall 1999.
[2] Vgl. Hibst 1990, S. 70.

Insofern kam und kommt dem Anrufen des Gemeinwohls die anmahnende Funktion zu, die Individuen daran zu erinnern, daß sie die Vorteile wechselseitiger Kooperation in stabilen und rechtlich geordneten Gesellschaften nur einstreichen können, wenn sie den Wert von Kooperationsbeziehungen nicht nur instrumentell, sondern als eine moralische Forderung begreifen, die mit der ethischen Selbstdeutung von Personen fundamental verschränkt und von daher auch motivational durchdrungen wird, worauf die Semantik von „Gemeinsinn" abzielt. Eine solche Leistung konnte (und kann) dem Gemeinwohl kategorial aber nur dann angesonnen werden, wenn es mehr umfaßt als eine an der transzendentalen Reflexion auf die Bedingung der Möglichkeit von Kooperation entbundene Kooperationsmoral und in einem Zug damit auch die Frage beantwortet, warum man denn überhaupt moralisch sein sollte. Genau diesen Zusammenhang hat etwa Luhmann[3] im Auge, wenn er den Gemeinwohl-Topos als „Kontingenzformel" des politischen Systems faßt, der er die paradoxe Funktion zuweist, für und durch das politische System „Limitationen zu setzen, deren Setzung nicht sofort wieder als auch anders möglich sichtbar wird",[4] also als eine Formel, die in Gestalt einer transzendentalen Einsicht die Bedingungen der Möglichkeit politischer Thematisierung und politischen Handelns auf eine Weise benennt, „die ihrerseits nicht mehr auf die Bedingung der Möglichkeit hin aufgelöst werden kann".[5] Die Schwierigkeit, die sich mit dieser Lösung des Kooperationsproblems einstellt, besteht kategorial darin, daß dem durch das Gemeinwohl und Gemeinsinn zu domestizierenden Privatinteresse auch ein Interesse am Gemeinwohl angesonnen werden muß, obwohl es doch eigentlich nur im Interesse des Gemeinwohls, nicht aber im Privatinteresse liegt, eine Unterscheidung zwischen Gemeinwohl und Privatinteresse überhaupt einzuführen.[6] Diese interne Spannung läßt sich systematisch auf zweierlei Weise auflösen. Entweder man schreibt der Verfolgung des Privatinteresses eine wenn auch verborgene Tendenz ein, aufs Ganze gesehen doch dem öffentlichen Wohl zu dienen – was dann aber den Nachteil hat, daß diese Wirkung eben kontingent und nicht mit Notwendigkeit eintritt.[7] Oder aber man findet eine interne Lösung der Rationalitäts- und Moralitätsproblematik des Gemeinwohls, nach der die Orientierung am Gemeinwohl aus Gründen des Gemeinwohls mit individuellen Dispositionen nun mehr nicht auf äußere Weise rational, sondern auf interne Weise ethisch verschränkt wird – dann wird man sich aber nicht mehr auf transzendentale Einsichten allein verlassen können, sondern es geht um einen moralischen Sinn, um internalisierte moralische Überzeugungen, für die eine andere Geltungsbasis als das bloß kognitive Für-Wahr-Halten von Sachverhalten, mithin eine Art Überzeugung von der Präsenz von Idealen, die uns anziehen und unser Verhalten anleiten, reklamiert werden müßte: „Conviction in the moral sense signifies being conquered, vanquished, in our active nature by an ideal end; it signifies acknowledgement of ist rightful claim over our desire and purposes".[8]

---

[3] Luhmann 1998, S. 67–69.

[4] Ebd., S. 67.

[5] Ebd.

[6] Luhmann 1998, S. 68.

[7] Ebd., S. 68 f.

[8] Dewey 1934, S. 20.

Das von Dewey ins Spiel gebrachte quasi-religiöse Moment von Werterfahrung ist dem Gemeinwohldiskurs gerade in seiner spätmittelalterlichen Blütezeit nicht äußerlich,[9] und dieser transzendente Bezugspunkt scheint darüber hinaus in gewisser Weise unentbehrlich, wenn man an der Spezifik der Gemeinwohlbegriffs, der kategorialen Verklammerung von Moral, Ethik, Recht und Politik,[10] festhalten möchte. Daß die damit angebotene Lösung des Stabilisierungsproblems politischer Gemeinwesen auch heute noch erfolgreich sein könnte, dagegen sprechen zunächst allerdings eine Reihe von epistemischen, kulturellen und politischen Gründen, die insgesamt eher nahelegen darauf zu verzichten, das Gemeinwohl in seiner leitbegrifflichen Stellung zu restaurieren und sich forschungspragmatisch auf die Untersuchung der liminalen, problemanzeigenden Funktion der Gemeinwohlsemantik zu konzentrieren.[11] Diese Bedenken lassen sich knapp so zusammenfassen: Wie kann die nachmetaphysische, liberalpluralistische Gesellschaft, die sich nicht mehr über eine abstrakte Definition ihrer Allgemeinheit in Konkurrenz zum Individuum setzen kann und will, mit Gemeinwohlansprüchen überhaupt umgehen; denn der liberale Verfassungsstaat, der die Grenze der Verbindlichkeit und Wirksamkeit von im allgemeinen Willensbildungsprozeß ermittelten (primär prozeduralen) Normen erfährt, wird damit auf die Aktivierung von vorpolitischen Normquellen (Lebenswelten, Kulturen, Religionen, Nationen o. ä.) verwiesen, die zu neutralisieren er angetreten war. So gilt es denn vielen (vor allem: liberalen) Kritikern auch als ausgemacht, daß diese Tradition des politischen Denkens unter modernen Bedingungen einer funktional differenzierten, individualisierten, pluralistischen, nicht mehr über Werte integrierten Gesellschaft ihre sozialstrukturellen, gesellschaftsorganisatorischen Anhaltspunkte, ihre Relevanz und normative Dignität unwiederbringlich eingebüßt hat. So scheint dem Gemeinwohlbegriff heute praktisch-politisch der nicht leicht zu widerlegende Verdacht eines primär ideologischen Gebrauchs anzuhaften, und politisch-philosophisch bildet er bestenfalls einen partikularistischen Stachel im Fleisch der universalistisch orientierten Vernunftphilosophie in der Tradition der Aufklärung, was den Versuch einer erneuten Profilierung von vornherein mit dem Stigma gegenaufklärerischen, hinterwäldlerischen Treibens belasten könnte. Ganz in diesem Sinne markiert etwa Frankenberg (1995) an Versuchen der Reethisierung der Politik auf der Basis von ontologisch fragwürdig gewordenen „Wertverhalten" (Scheler),[12] das Problem zunächst einer Reduktion der Idee der demokratischen Republik (gefaßt im Kern als Horizontalität der Aktivbürgerschaft in säkularisierten Gesellschaften)[13] auf einen sittlich abgezweckten Staat, der wertobjektivistisch noch auf die Gesinnungen seiner Untertanen durchgreifen muß, und dem dann im Begriff der Bürgertugend ein Modell der objektiv wertbezogenen internen Kontrolle und Eindämmung von subjektiver Handlungsmächtigkeit entspricht. Was ihn daran irritiert, ist ein ethisch gestimmter Totalitarismus; deshalb gilt ihm auch als ausgemacht, daß sich

---

[9] Vgl. Kempshall 1999, S. 24 f. u. 348–354.
[10] Vgl. Hibst 1990, S. 94.
[11] Vgl. Münkler/Fischer 1998, S. 8.
[12] Zit. nach Wingert 1993, S. 279 f.
[13] Ebd., S. 28 ff.

solche Versuche einer gleichsam nachgeahmten Wertbindung nur noch aus ziemlich trüben Quellen speisen können dürften.[14]

Diese Bedenken richten sich freilich nur gegen mögliche Versuche einer leitbegrifflichen, kategorialen Restauration des Gemeinwohls und betreffen nicht den eher problemanzeigenden Gebrauch des Gemeinwohlkonzepts in Zusammenhängen der öffentlichen Meinungsbildung oder politischen Entscheidung, mit dem sich weniger die Erwartung der Gewährleistung gemeinwohlbezogenen Handelns als vielmehr die Hoffnung verbindet, die Orientierung an den „highest common concerns" gegenüber einer pluralistischen Interessenpolitik des „kleinsten gemeinsamen Nenners" auch strukturell, in Form deliberierender Öffentlichkeiten und in Gestalt geeigneter institutioneller Mechanismen, im politischen Prozeß verankern zu können[15] – Strukturen, die geeignet sein könnten, die soziale, sachliche und zeitliche Selbstreflexion von im politischen Prozeß artikulierten Präferenzen anzuregen und auf diese Weise die politische Meinungs- und Willensbildung eben auch auf jene kollektiven Handlungsprobleme und Interessen zu lenken und zu fokussieren, die in dem Sinne im öffentlichen Interesse liegen, daß es sich um notwendig geteilte Interessen handelt, die sich im öffentlichen Vernunftgebrauch erschließen und die nur über kollektives Handeln befördert werden können.[16] In dieser eher formalen Bestimmung wird, und das ist entscheidend, die Idee des Gemeinwohls prozedural auf die Kriterien der Inklusivität, sozialen Reflexivität und Langfristigkeit politischer Willensbildung und Entscheidungsfindung mit der Pointe hin ausgelegt, daß Politik aus einem rein voluntaristischen Verständnis von Legitimation herausgelöst wird, die sich nun in erhöhten Maße auch am kognitiven Gehalt von Interessen und Präferenzen entbindet.

In dieser Gestalt eines für kognitive Fragen offenen Konzepts der kollektiven Selbstreflexion ist das Gemeinwohl in den letzten Jahren vor allem an den Punkten wieder in das Zentrum der politikwissenschaftlichen und demokratietheoretischen Aufmerksamkeit gerückt worden, an denen auch die allgemeine Debatte sich an Problemen des Staats- und Steuerungsversagens, der Politikverdrossenheit und der abnehmenden demokratischen Qualität von Politik jenseits des Nationalstaates in der Sorge entzündet hat, daß selbst die Null-Option zur politischen Utopie werden könnte.[17] Diesen zeitdiagnostischen Beobachtungen folgt denn auch ziemlich regelmäßig die therapeutische Empfehlung, sich auf Gemeinwohl und Gemeinsinn als irreduziblen Fermenten einer zivilen Praxis kollektiver Selbstbestimmung zurückzubesinnen und an diese Orientierungen für Zwecke der konstruktiven Neubeschreibung der Prozesse, Strukturen und Institutionen demokratischer Politik anzuknüpfen. In diesem Sinn ist es die Orientierung am Gemeinwohl, die dem politischen Handeln einen moralischen Rang verleiht, und der Gemeinsinn von Bürgerinnen und Bürgern wird zu einer (sogar zunehmend) unentbehrlichen, aber eher knappen Ressource politischer Legitimität, Willensbildung und Entscheidung. Das Problem, das mit den folgenden Überlegungen aufgegriffen werden soll, ist dann aber, daß vielfach angenommen wird, Gemeinsinn im anspruchs-

---

[14] Ebd., S. 36.
[15] Vgl. Goodin 1996, S. 338–341.
[16] Ebd., S. 339.
[17] Offe 1986.

vollen Sinne der wechselseitig-allgemeinen Verpflichtung auf das Wohl jeweils aller anderen (Mitglieder einer politischen Gemeinschaft) könne sich nur im Horizont vorgängig gestifteter Gemeinsamkeiten und kollektiver Identitäten entfalten. Dies legt es dann nahe zu vermuten, daß auch das Gemeinwohl eine spezifische Bedeutung und einen konkreten Gehalt nur im sittlichen Horizont partikularer Gemeinschaften gewinnen kann. Genau diese Sicht wird aber nun nicht nur durch den endemischen Zug ins Universale herausgefordert, der der Idee demokratischer Selbstbestimmung eigen ist, sondern auch durch Prozesse einer zunehmenden Denationalisierung von Politik einerseits wie durch die Herausbildung regionaler oder kosmopolitischer institutioneller Ordnungen einerseits. Diese Konstellation führt uns aber vor die Alternative, ausgehend von der Prognose eines zunehmenden ethischen Substanzverlustes von Politik und einer diesen begleitenden, eskalierenden moralischen Selbstentpflichtung der politischen Subjekte, entweder auf eine Strategie der „Repatriierung" von Politik zu setzen, oder aber den Versuch zu unternehmen, sich durch eine Neuartikulation der epistemischen Bedeutung von Gemeinwohl und der deliberativen Deutung von Gemeinsinn konzeptionell besser auf die neuen Bedingungen der postnationalen Konstellation der Politik einzustellen: Zu diesem Zweck wird in einem ersten, eher defensiven Schritt der Kritik des liberalen Nationalismus gezeigt, daß die spezifische Gemeinschaftlichkeit politischer Gemeinschaften sich weniger dem kulturellen Ferment des Nationalen als vielmehr einer reflexiven Homogenität verdankt, die in rechtsmoralischen Formen von Anerkennung gründet (2); dieses Argument wird zweitens dadurch unterstützt, daß dem Gemeinsinn auf dem Boden von Prozessen reflexiver Kooperation eine weniger ethische als mehr epistemische Bedeutung zuwächst (3), so daß schließlich das Modell deliberativer Politik eine Möglichkeit eröffnet, auch den notwendigen Übergang einer gemeinwohlorientierten Politik von der Ebene des Nationalstaates auf die Ebene transnationaler Politik konzeptionell zu plausibilisieren (4).

2. Zur „Gemeinwohlverträglichkeit" politischer Denationalisierung

Wenn vielen Beobachtern politischer Prozesse in den letzten Jahren das Phänomen einer ungleichzeitigen Denationalisierung,[18] also des Zurückbleibens von Prozessen einer transnationalen Institutionenpolitik hinter Prozessen der zunehmenden Denationalisierung von Problemlagen und der faktischen Internationalisierung von Problemlösungen in vielen Politikbereichen als Signum der unter dem Titel der Globalisierung zusammengefassten Entwicklungen gilt, dann markiert die sich hier immer weiter öffnende institutionelle Lücke der Politik jene Schwelle, an der eine an prozeduralen und sachlichen Gütekriterien zu messende Politik des Gemeinwohls im Übergang zur postnationalen Konstellation der Politik hängenzubleiben droht. Die Gründe dafür werden ganz allgemein darin gesehen, daß in der „postnationalen Konstellation" (Habermas) die ethischen Grundlagen einer gemeinwohlorientierten Politik stark strapaziert oder sogar überstrapaziert werden könnten: Durch eine soziale Überdehnung von Ver-

---

[18] Zürn 1998a.

trauen und Solidarität als den moralischen Grundlagen demokratischer Politik – so die
Befürchtung – könnte es zu einer eskalierenden moralischen Selbstentpflichtung politischer Akteure und Subjekte kommen, die sich wechselseitig nur noch als Fremde wahrnehmen, gegenüber denen weder spezielle solidarische Pflichten noch die rechtlich
vermittelten Formen staatsbürgerlicher Anerkennung greifen. In dieser Sicht tritt dann
umgekehrt die konstitutive Bedeutung nationalstaatlich fixierter politischer Gemeinschaften für eine gemeinwohlorientierte Politik deutlich hervor, die dann als „essentielle
Regulative"[19] des binnenstaatlichen Gemeinwohls fungieren. Eben dadurch könnte man
sich veranlaßt sehen, gerade im Lichte von Gemeinwohl und Gemeinsinn der „Zwi-
schenwelt des Nationalen durchaus ein eigenes und bleibendes normatives Rationali-
tätsprofil"[20] zuzuschreiben – der Grund dafür wäre letztlich darin zu sehen, daß – mit
den Worten von Rawls – es jeweils nur gruppenspezifische, partikulare Formen der
Verbindung des Guten mit dem Vernünftigen geben kann, in denen sich der demokra-
tiekonstitutive, anerkennungstheoretisch gestiftete Zusammenhang zwischen Recht und
Solidarität, zwischen Selbstachtung, Selbstwertgefühl und Selbstanerkennung herstellt.[21]

Hinter der demokratie-normativen wie -funktionalen Rückbesinnung auf den Nationalstaat und der entsprechenden Skepsis gegenüber großräumigen Projektionen eines
kosmopolitischen Institutionalismus steht also die allgemeine Befürchtung, daß entgegen der optimistischen Vermutung, wonach neu entstehende institutionelle Räume
durch nachwachsende gemeinschaftliche Bindungen durchzogen und durch neu entstehende Solidaritäten auch politisch stabilisiert würden, die durch eine Art Gesetz der
Nähe bestimmte ethische Infrastruktur politischer Vergemeinschaftung allzu sehr strapaziert würde – mit der Folge einer eskalierenden moralischen Selbstentpflichtung der
politischen Subjekte[22] einerseits und einer strukturell abnehmenden Verpflichtungsfähigkeit des Staates[23] andererseits. Diese komplementären Diagnosen sind deswegen
ernstzunehmen, weil sie das Wechselverhältnis von rationalen und moralischen Motiven beleuchten, das die Belastbarkeit der ethischen Grundlagen der Demokratie bestimmt. So ist es durchaus plausibel anzunehmen, daß eine im Zuge der Internationalisierung der Wirtschaft auf negative Integration, also auf marktfördernde und -stützende
Politiken umgestellte staatliche Politik sowohl gegenüber den Gewinnern wie Verlie-
rern dieser Prozesse die Fähigkeit verliert, sie entweder in solidarische Verpflichtungen
einzubinden oder auf die Akzeptanz mehrheitlich getroffener Entscheidungen zu verpflichten: Rationale Motive für solche Einstellungen lassen sich, so die eine Befürchtung, im Rahmen einer stärker voluntaristisch als obligatorisch verstandenen staatlichen
Ordnung[24] kaum entbinden. Und dem entspricht dann spiegelbildlich die andere Befürchtung, daß es im Zuge einer allein funktional begründeten Extension des staatlichen
Ordnungsrahmens über die von traditionalen Gemeinschaftsbildungen gezogenen Gren-

---

[19] Offe 1998b, S. 102.
[20] Kersting 1998, S. 47.
[21] Rawls 1979, S. 479–481; Honneth 1992, S. 148–211.
[22] Vgl. Offe 1998b, S. 132–134.
[23] Vgl. Streeck 1998a, S. 35–38.
[24] Ebd., S. 35.

zen hinaus zu dem Streß einer moralischen und legitimatorischen Selbstüberforderung kommen könnte, der „dann die Vorwände für eine moralische Selbst*unter*forderung und [...] Rücksichtslosigkeit [liefert], der jene Dispositionen und institutionellen Arrangements leicht zum Opfer fallen können, welche die Akteure zur verantwortlichen Beachtung sozialer, zeitlicher und sachlicher Fernwirkungen ihres Handelns (und Unterlassens!) anhalten können".[25] Hier fungieren nationalstaatliche Grenzen also gleichsam als Schutzwälle gegen moralische Überlastung und Selbstüberforderung, innerhalb derer sich in einem Klima von „Gewöhnung, wahrgenommener Bewährung und wachsender Vertrautheit"[26] Einstellungen bilden, die für die Übernahme solidarischer Lasten nicht nur einen instrumentellen (Gebrauchs)Wert besitzen, sondern darüber hinaus auch insofern einen normativen Gehalt annehmen, als sie die Einnahme einer moralischen Perspektive gegenüber allen anderen allererst ermöglichen und stützen. An dieser Wendung des diagnostischen Arguments allerdings bleiben zwei Punkte relativ unklar, die uns im Weiteren noch beschäftigen werden: Es ist nicht unmittelbar einsichtig, welchem Mechanismus sich die Entfaltung moralisch-universalistischer, auf die symmetrische Anerkennung aller anderen richtenden Einstellungen aus dem Boden ethisch-partikularistischer Haltungen heraus verdanken soll – und es ist selbst für den Fall, daß das plausibel gemacht werden könnte, noch nicht gezeigt, daß gerade der Nationalstaat und nicht vielmehr andere Gruppenbeziehungen sub- oder transnationaler Natur den entsprechenden ethischen Vergemeinschaftungszusammenhang stiften oder stiften könnten.[27] Es ist also für die Klärung der Frage nach der Gemeinwohlverträglichkeit von transnationaler Politik entscheidend, zunächst die allgemeinen Argumente zu prüfen, die etwa im Rahmen eines liberalen Nationalismus für die Verteidigung des besonderen ethischen Gehaltes und Wertes partikularer, gemeinschaftlicher Bindungen ins Feld geführt werden – als exemplarisch können hier die Überlegungen David Millers in seinem Buch *On Nationality* gelten.

Der Herausforderung eines Nachweises der demokratie-spezifischen Leistungen national gebildeter kollektiver Identitäten ist sich Miller durchaus bewußt, wenn er aus den genannten Komponenten das Motiv einer demokratie-ethischen Verteidigung der Idee der Nationalität formt. Danach liegt der grundlegende Fehler der Befürworter einer kosmopolitischen Reaktion auf die Prozesse der Globalisierung in dem Versäumnis

„to look realistically at the conditions under which the polarizing effects of the global market can be mitigated. The welfare state – and indeed, programmes to protect minority rights – have always been *national* projects, justified on the basis that members of a community must protect one another and guarantee one another equal respect. If national identities begin to dissolve, ordinary people will have less reason to be active citizens, and political élites will have a freer hand in dismantling those institutions that currently counteract the global market to some degree".[28]

---

[25] Offe 1998b, S. 133 f.
[26] Ebd., S. 132.
[27] Vgl. Young 1998.
[28] Miller 1995, S. 187, Hervorhebungen im Original.

Auf diese Herausforderung reagiert er mit drei Behauptungen, die das Gerüst seiner Argumentation bilden: Er behauptet erstens ein Recht auf nationale Zugehörigkeit als wesentlichem und zudem in gewisser Weise unentrinnbarem Bestandteil individueller Identität; diese individualethische Perspektive ergänzt er dann zweitens um die meta-ethische These, daß Nationen als ethische Gemeinschaften zu verstehen sind, die wichtige Orientierungspunkte und Markierungen auf die „ethische Landkarte" von Subjekten projizieren – woraus sich dann relativ zwanglos drittens der Anspruch nationaler Gemeinschaften auch auf politische Selbstbestimmung ergeben soll.[29]

An diesen drei Behauptungen hängt die gesamte Beweislast für die These, daß den durch das Moment der Nationalstaatlichkeit beschriebenen politischen Gemeinschaften – also dem rechtlich definierten Mitgliedschaftsstatus wie den durch eine gemeinsame Kultur gestifteten Bindungen – selber eine ethische Bedeutung zukommt, auf die sich eine partikularistische Rechtfertigung des Prinzips der Nationalität[30] stützen können soll: Ethisch relevant ist das Prinzip der Nationalität danach zum einen deshalb, weil Individuen erst im Horizont einer hinreichend stabilen, ihnen vertrauten Kultur bedeutsame Vorstellungen eines guten Lebens ausbilden können, die durch Einbettung in einen größeren geschichtlichen Zusammenhang zugleich bewährt und gestützt werden, so daß die geteilten Vorstellungen des guten Lebens schließlich auch den Boden bilden, in dem Forderungen der Gerechtigkeit so verankert sind, daß zugemutete Opfer nicht als willkürliche Lasten, sondern als Ausdruck der je eigenen Identität verstanden werden.[31] Diese rechtfertigungstheoretische Summenformel läßt allerdings zunächst noch offen, ob die Bedeutung von Nationalität primär instrumentell verstanden werden oder unmittelbar auf die inhaltliche Bestimmung dessen durchgreifen soll, was in gerechtigkeitstheoretischer Perspektive als moralisch gefordert gelten kann. Obwohl Miller[32] selber einräumt, daß erst mit dem zweiten Schritt der Begründung spezieller Pflichten eine ethisch vollständige Rechtfertigung des Prinzips der Nationalität gewonnen ist, rückt er die instrumentelle Bedeutung von Nationalität so in den Mittelpunkt, daß sie eine weitgehende Eigenständigkeit annimmt – ein Schritt, der schließlich für die angestrebte Verknüpfung des demokratischen Ideals kollektiver Autonomie mit dem Prinzip der Nationalität nicht ohne Folgen bleiben kann.

Um zu plausibilisieren, daß die aus der Zugehörigkeit zu einer nationalen Gruppe erwachsenden ethischen Bindungen in besonderer Weise geeignet sind, moralisch geforderte Lasten zu übernehmen und persönliche Opfer für das Wohlergehen anderer auf sich zu nehmen, stellt Miller im wesentlichen auf den Effekt einer spezifischen Senkung des Motivationsbedarfs, also auf die Einebnung des spezifischen inhaltlichen Niveaugefälles zwischen moralischen Pflichten einerseits und der rationalen Verfolgung eigener Interessen und Zwecke andererseits ab:[33] Verringert sich das Gefälle schon dadurch, daß im Falle einer ethisch gestifteten Gemeinschaft die Gruppeninteressen ohnehin zu den Zielen gehören, die Individuen im Rahmen ihrer eigenen Lebenspläne verfolgen, so

---

[29] Ebd., S. 10 f.
[30] Ebd., S. 65.
[31] Vgl. auch Ripstein 1997, S. 209.
[32] Miller 1995, S. 50 f.
[33] Ebd., S. 66 f.

gestattet es diese Konstellation darüber hinaus, auch dem rational motivierten Individuum eine Form „lockerer Reziprozität" anzusinnen, in der es nicht mehr um die strikte, auf zukünftige Gewinne bezogene Diskontierung eigener Leistungen (Opfer) geht, sondern die sich dadurch rechtfertigt, daß

> „the act of making a contribution is not a pure loss, from the point of view of the private interests of the person making it, because he is helping to sustain a set of relationships from which he stands to benefit to some degree"[34] –

insofern bilden Gemeinschaften dann den „natürlichen" Boden, auf dem formale Systeme reziproker Lastenverteilung errichtet werden können.

Selbst wenn man die zirkuläre Struktur des Arguments außer Acht läßt, die sich daraus ergibt, daß Miller die erhofften Wirkungen dem ihnen zugrunde liegenden Gemeinschaftsverständnis schon vorgibt, zieht es vier weitere Sorten von Einwänden auf sich, die insgesamt erhebliche Zweifel an dem demokratie-funktionalen und -normativen Status der Kopplungsthese begründen. So fällt in soziologischer Perspektive zunächst auf, daß eine Lücke klafft zwischen der Ebene der Gemeinschaftsbildung (etwa der Familie), an denen die ins Auge gefaßten Effekte in der Regel sowohl in empirischer wie in ethischer Hinsicht plausibilisiert werden und jener (des Nationalstaates), auf denen sie zur Geltung kommen sollen. Hier werden stillschweigend unterschiedliche Kontexte der vorpolitischen und politischen Gemeinschaftsbildung in der Erwartung zur Deckung gebracht, daß die spezifischen Ressourcen gefühlsmäßiger Nähe und moralisch-rechtlich vermittelter Anerkennung einander ergänzen und sich nicht im Gegenteil in dem Sinne wechselseitig kontaminieren, daß, soweit die Geltung von Pflichten von Gefühlen abhängig gemacht wird, dies auch zu schlechten moralischen Argumenten führt.[35] Diesem Defekt versucht Miller dann zwar dadurch auszuweichen, daß er die motivationale Kraft nationaler Bindungen nicht in erster Linie an primordiale, vorpolitische Kontexte des ethischen Selbst, sondern an den in einer öffentlich-deliberativen Kultur wurzelnden, spezifisch politischen Charakter einer Nation mit der These zurückbinden möchte, „that the obligations themselves stem from a public culture that has been shaped by political debate in the past".[36] Mit diesem argumentativen Zug kann er nun zwar dem genannten Einwand Rechnung tragen, daß der Wert von Gemeinschaftlichkeit nicht darin gründet, *daß* Werte gemeinschaftlich vertreten werden, sondern vielmehr darin, daß diese so vertreten Werte auch einen *intrinsisch moralischen Gehalt* aufweisen[37] – deshalb insistiert er darauf, daß „the obligations we now acknowledge are not merely traditional, but will bear the imprint of the various reasons that have been offered over time in the course of these debates".[38] Aber er handelt sich im Gegenzug sofort zwei neue Schwierigkeiten ein, die zum einen die Bestimmung des Verhältnisses von politisch-institutionellen und primordialen Faktoren – und damit den Status der Behauptung der Pfadabhängigkeit der institutionellen Prägung einer öffentli-

---

[34] Ebd., S. 67.
[35] Vgl. Young 1998, S. 438–441.
[36] Miller 1995, S. 69.
[37] Vgl. McMahan 1997, S. 125–129.
[38] Miller 1995, S. 70.

chen Kultur – und zum anderen das Problem betreffen, welche Rolle dem Prinzip der Nationalität in der Entscheidung der Frage zukommt, wie weit der Kreis der Personen zu ziehen ist, die sich wechselseitig Gründe für ihre Handlungen, für die Verteilung von Lasten und Vorteilen schuldig sind.

Indem Miller nunmehr die Verpflichtungskraft des Nationalen nicht mehr auf vorpolitische Loyalitäten oder den substantiellen Gehalt bestimmter Wertbezüge, sondern vor allem an eine historisch gewachsene öffentliche Argumentationspraxis und damit letztlich an eine diese Praxis stützende institutionelle Ordnung zurückbindet, muß er auch die Explikation jener „potency of nationality as a source of personal identity [which] means that its obligations are strongly felt"[39] auf eine formalere Basis umstellen: Unter den denkbaren Typen spezieller Verpflichtung, die dieser Anforderung genügen und zugleich die notwendige, interne Verbindung zu jener die nationale politische Kultur prägenden Pfadabhängigkeit der Entfaltung einer spezifischen, öffentlichen Argumentationspraxis wahren, also etwa kontraktuellen, reparativen, Dankbarkeits- oder assoziativen Pflichten[40] kommt den letztgenannten dann zweifellos eine herausragende Bedeutung zu – und das bringt Miller durch das Eingeständnis zum Ausdruck, daß er das Gravitationszentrum der „obligations of nationality" in das Moment der Staatlichkeit, also in ein „formal scheme of political co-operation [...] superimposed on the national community"[41] hinein verlagert. Das ist zwar konsequent, allerdings hat diese institutionelle Wendung die insgesamt mißliche Folge, daß er nunmehr weder die Reichweite noch die spezifisch motivationale Kraft assoziativer Pflichten in den Horizont einer durch kulturelle Homogenität gestifteten, nationalen Gemeinschaftlichkeit zurückstellen kann. Ausschlaggebend für die Bestimmung von Gerechtigkeitspflichten sind in dieser Perspektive allein funktional oder institutionell induzierte Kooperationsbeziehungen, die ein Handelnder als Hintergrund seiner Aktivität annimmt. Insofern ist denn auch Young zuzustimmen, wenn sie in ihrer Kritik des liberalen Nationalismus Millers darauf insistiert, daß

> „wo immer Menschen innerhalb eines institutionellen Rahmens handeln, der sie über Handel, Kommunikation oder Politikfolgen miteinander verbindet, so daß die wechselseitigen Abhängigkeiten Vorteile und Belastungen erzeugen, die ohne diesen institutionellen Rahmen nicht zustande kämen, sind die Personen innerhalb dieses Rahmens durch Beziehungen der Gerechtigkeit miteinander verbunden"[42] –

und dieser hier von Young hervorgehobene tendenziell universalistische Zug von Gerechtigkeitspflichten macht umgekehrt darauf aufmerksam, daß die Verpflichtungsfähigkeit auch des National*staates* gegenüber seinen Mitgliedern dann nachlassen muß, wenn die funktionale Vollständigkeit der von ihm regulierten Interaktionsbeziehungen aufgrund der Zunahme von grenzüberschreitenden Interdependenzen immer weniger gegeben ist.

---

[39] Ebd., S. 70.
[40] Vgl. Scheffler 1997, S. 192.
[41] Miller 1995, S. 71.
[42] Young 1998, S. 440; vgl. auch O'Neill 1998a, S. 510–518.

Aus diesen Gründen sieht sich schließlich auch Miller zu dem kontraintuitiven Eingeständnis genötigt, daß eine auf dem Prinzip der Nationalität fußende, eigenständige ethische Rechtfertigung des Nationalstaates nicht zu haben sein dürfte. Deshalb hat er bereits in diesem Zusammenhang den Begriff der Nation schrittweise aus Konnotationen vorpolitischer Gemeinschaftlichkeit herausgelöst und stärker in über Öffentlichkeit und staatliche Institutionen vermittelten Reziprozitätsbeziehungen verankert. In dieser in der Folge immer deutlicher hervortretenden demokratie-funktionalen Rechtfertigungsstrategie reicht die bloße Versicherung, daß „the bonds of nationality give the practice [of co-operation, R. S.-B.] a different shape from the one it would have without it",[43] indessen nicht mehr aus. Entsprechend kehrt sich die Fragestellung um. Gefragt wird nunmehr nicht mehr danach, „whether people justifiably conceive their nationality as carrying with it a claim to political self-determination",[44] sondern im Kern danach, auf welche Weise die Effektivität einer demokratischen Form der Ausübung kollektiver Autonomie[45] durch deren nationalgemeinschaftliche Einbindung gesichert werden könnte.[46] Die Antwort auf diese Frage entwickelt Miller schließlich mit Bezug auf die Einsicht, daß gerade die Praxis kollektiver Selbstbestimmung ein hohes Maß an vertikalem (institutionellem) und horizontalem Vertrauen zwischen einander fremden Personen voraussetzt, unter den zwei Gesichtspunkten rationalen Vertrauens einerseits und deliberativen Vertrauens andererseits. Freilich scheitert das Argument auch dieses Mal wiederum daran, daß es ihm nicht gelingt, plausibel zu machen, daß vorgängige gemeinschaftliche Bindungen, wie er reklamiert,[47] eine wichtige und irreduzible Ressource solcher Vertrauensbeziehungen darstellen: Diese Annahme scheint sogar in doppelter Hinsicht eher unplausibel, weil er zum einen von der Möglichkeit einer Endogenisierung (und dafür stehen sowohl rationales wie auch deliberatives Vertrauen) der Erzeugung von Vertrauenskapital absieht, und weil er zum anderen in funktionaler Perspektive dem Umstand nicht systematisch Rechnung trägt, daß gerade die Effektivität einer vertrauensbasierten Regulierung und Zivilisierung von Interaktionsbeziehungen unter Bedingungen wachsender funktionaler Interdependenz auf Formen des Vertrauens angewiesen ist, die eine größere Elastizität und Plastizität aufweisen können müssen als jene, die sich allein dem (gemeinschaftlichen) Gesetz der Nähe verdanken.

Die unzureichende konzeptionelle Verklammerung der Bedarfsdiagnose mit einer genetischen (oder: Ressourcen)Perspektive zeigt sich schon im Blick auf das Phänomen rational motivierten Vertrauens, das eine vertikale und eine horizontale Dimension hat. In der vertikalen Vertrauensdimension (Vertrauen zu Eliten, Institutionen) geht es u. a. um das Problem, unter welchen Bedingungen man erwarten kann, daß einseitig erbrachte Vorleistungen des Vertrauensgebers dadurch als rational gerechtfertigt angesehen werden können, daß sie tatsächlich zukünftige Ausgleichszahlungen durch den Vertrauensnehmer motivieren. Besonders riskant wird ein solches Reziprozitätskalkül dann, wenn sich die erwartete reziprozierende Handlung (wie etwa im Fall der Rentenpolitik)

---

[43] Miller 1995, S. 71.
[44] Ebd., S. 83.
[45] Ebd., S. 89.
[46] Ebd., S. 90.
[47] Ebd., S. 92.

so weit in die Zukunft verschiebt, daß nicht aktuell, sondern zukünftig handelnde Personen durch die Vertrauensleistung gebunden werden sollen – in diesem Fall ruht rationales Vertrauen auf normativen Erwartungen an die moralische Verläßlichkeit von Institutionen.[48] In der horizontalen Dimension (als Beispiel kann hier die Implementation umweltpolitischer Programme dienen) dreht sich das Vertrauenskalkül um die Frage, unter welchen Voraussetzungen meine investiven Vorleistungen von allen anderen als ein Vertrauenssignal verstanden wird, das sie zu Handlungen veranlaßt, die zu meinem oder unserem Wohlergehen beitragen und jedenfalls die absichtliche Schädigung meiner oder unserer Interessen vermeiden.

In beiden Fällen zeigt sich nun, daß wir es im Fall von (zumindest politischem) Vertrauen mit einer dreistelligen Relation zu tun haben, in der sich Vertrauensbeziehungen zwischen einander fremden Personen nur unter Bezug auf eine gemeinsame, eine katalytische Wirkung entfaltende Norm ausbilden. Dies ist denn auch für Miller der Anlaß, die über partikulare Gemeinschaften vermittelten, tradierten und historisch bewährten Wertorientierungen in diese Funktion einzurücken, weil die an besonderen Mitgliedschaftsmerkmalen anhaftenden „kategorialen" Vertrauenserwartungen insofern als verläßlich gelten können, als „vertrauenswürdige" Personen von außen gleichsam leicht zu erkennen sind und die Vertrauenswürdigkeit signalisierenden Merkmale weder willkürlich erworben noch einfach abgestreift werden können.[49] Vor diesem Hintergrund scheint das Argument rationalen Vertrauens durchaus geeignet, die These des demokratie-funktionalen Werts nationaler Gemeinschaften zu stützen. Allerdings sind mit Blick auf die an den Beispielen sichtbar gewordenen Anforderungen an rationales Vertrauen die Schwächen dieser Konzeptualisierung schnell freigelegt: Nationale Identitäten bieten, für sich genommen, sicher noch keine verläßlichen normativen Anhaltspunkte resp. Erwartungswerte für kollektive Einstellungen etwa zu Fragen sozialer Gerechtigkeit – sie sind, wie Miller selbst mit Blick auf die amerikanische Identität hervorhebt, in diesem Sinne normativ unterbestimmt, so daß man zumindest zwischen der Stärke nationaler Gefühle und ihrem spezifischen Gehalt unterscheiden müßte;[50] sie müssen deshalb zweitens für Zwecke eines rationalen Vertrauenskalküls auch kognitiv unterbestimmt bleiben, weil wir aus der Tatsache allein, daß es sich bei der relevanten Bezugsgruppe u. a. auch um Amerikaner handelt, noch keine starken Schlüsse ziehen können; und drittens bleiben im relevanten Sinne verhaltensprägende Wirkungen kollektiver Identitäten von ihrer Reichweite her selbst im günstigsten Fall wahrscheinlich eher auf subnationale Gruppenbildungen beschränkt – deshalb korreliert ihre vertrauensstiftende Wirkung innerhalb der eigenen Gruppe häufig mit einem verstärkten und unter Kooperationsgesichtspunkten dysfunktionalen Mißtrauen gegenüber allen anderen.[51]

---

[48] Auch in diese vertikale Dimension ist eine horizontale insofern eingeschlossen, als das Vertrauen in die moralische Qualität von Institutionen (vgl. Offe 1999, S. 70–76) das Vertrauen impliziert, daß auch zukünftig alle anderen in ihren Handlungen hinreichend von dieser Qualität motiviert werden.

[49] Vgl. Offe 1999, S. 63 f.

[50] Miller 1995, S. 94.

[51] Vgl. Offe 1999, S. 65.

Die Problematik einer externalistischen Konzeptualisierung von politischem Vertrauen wird noch deutlicher, wenn man sie, wie Miller,[52] auch auf das Phänomen deliberativen Vertrauens erstreckt. Die Leistungen, die er in diesem Zusammenhang einem national gestifteten Grundvertrauen ansinnt, bestehen in der Disposition zur reflexiven (Selbst)Evaluation der je eigenen Interessen in sozialer und sachlicher Hinsicht, so daß gewährleistet werden kann, „that citizens [are] willing to moderate their claims in the hope that they can find common ground on which policy decisions can be based".[53] Allerdings gehen vertrauensstiftende Signale gerade im Fall von öffentlicher Deliberation weniger von kategorialen Merkmalen einer Gruppe, sondern vielmehr von der Aufrichtigkeit und Konsistenz öffentlich vertretener Argumente aus: Vertrauensstiftend wirkt hier in erster Linie die Tatsache, daß Personen im Sinne „ziviler Integrität"[54] sich dadurch bewähren und als vertrauenswürdig erweisen, daß sie ihre Interessen und Meinungen mit öffentlich kritisierbaren Geltungsansprüchen vertreten.

Zusammengenommen spricht also einiges dafür, daß die Bedeutung des Nationalstaates als nicht überschreitbarer Horizont einer ethischen Vergemeinschaftung, innerhalb derer allein belastbare kooperations- und solidargemeinschaftliche Orientierungen entstehen und stabil reproduziert werden können, sowohl in funktionaler wie auch in normativer Hinsicht eher überschätzt wird. Wenn man im Gegenzug die Elemente analytisch isoliert, über die sich Prozesse politischer Vergemeinschaftung vollziehen, wie u. a. die rechtlich vermittelte wechselseitige Anerkennung von Individuen als Freie und Gleiche, die institutionell vermittelten Moralitäts- und Rationalitätsbedingungen horizontalen, zivilen Vertrauens und die über öffentliche Diskurse vermittelte soziale, sachliche und zeitliche Reflexivität der Präferenzbildung und Interessenartikulation,[55] dann spricht zunächst nichts gegen die Erwartung, daß sich diese gemeinschaftsstiftenden Praktiken auch den Prozessen einer zunehmend sich denationalisierenden Politik eingeschrieben werden könnten. Kurz: Gemeinsinn als soziomoralische Ressource ist kein exogen erzeugtes Gut, daß sich durch Gebrauch und Inanspruchnahme verringert, sondern ein Gut, daß aus dem Boden sozialer und politischer Praktiken herauswächst und durch aktiven Gebrauch auch gemehrt werden kann – freilich nimmt die Orientierung am Gemeinwohl als Gütemerkmal von Politik dann auch einen eher kognitiven Gehalt an, weil die Praktiken, über die sich diese Orientierung reproduziert, selber um ein stärker epistemisches Verständnis der Legitimitätsbedingungen demokratischer Politik zentriert sind.

3. Zu einem epistemischen Verständnis des Gemeinwohls

Die bisherigen Ausführungen zu den Bedingungen, unter denen sich auch unter Voraussetzung einer postnationalen Konstellation die Gemeinwohlorientierung politischer Prozesse reproduzieren könnte, sind insofern defensiver Natur, als sie lediglich versuchen, die im Rahmen eines (ethischen) Ressourcenmodells vorgenommene begriffliche

---

[52] Miller 1995, S. 96–98.
[53] Ebd., S. 97.
[54] Gutmann/Thompson 1996, S. 81 f.
[55] Vgl. auch Zürn 1998b, S. 12–15.

Verklammerung von Gemeinwohl und nationalstaatlich strukturierter Politik abzuweisen versuchen. Soll darüber hinaus in konstruktiver Perspektive auf legitimitätsstiftende Strukturen einer transnationalen Politik vorgegriffen werden, und soll in diesem Zusammenhang darauf abgestellt werden, die strukturbestimmenden Aspekte der Gemeinwohlidee genauer zu fassen, dann besteht die Aufgabe darin, den epistemischen Zug, der der politischen Willensbildung und Entscheidung über die Gemeinwohlorientierung auch eingeschrieben werden soll, deutlicher hervortreten zu lassen und zum konzeptionellen Angelpunkt der weiteren Überlegungen zu machen. Ein solcher Versuch zehrt offensichtlich von der Idee deliberativer Politik, die deswegen einen besonders geeigneten konzeptuellen Rahmen abgibt, weil „a discursive or communicative model of democracy is particularly conducive to international society because, unlike other models of democracy, it can downplay the problem of boundaries".[56] Verantwortlich für diesen Effekt ist nicht zuletzt die dadurch eröffnete Möglichkeit, die Demokratie unmittelbar im spezifisch diskursiven Charakter politischer Interaktionen zu lokalisieren und sie deshalb nicht mit einem zu stark ethisch gefaßten Grundverständnis zu belasten. Dieser Zug wiederum gründet normativ gesehen zum einen in der mit der Idee des öffentlichen Vernunftgebrauchs vorgenommenen Erweiterung des Verständnisses von Freiheit und Gleichheit insofern, als nunmehr zum einen die strengen Reziprozitätsbedingungen einer öffentlichen Argumentationspraxis die wechselseitige Anerkennung von Beteiligten als Freie und Gleiche vermitteln,[57] und zum anderen in der „epistemischen" Ergänzung der voluntaristischen Auffassung individueller Freiheit und kollektiver Selbstbestimmung (im Sinne der Chance, in der Verfolgung primär privater Interessen die damit verbundenen Präferenzen wirksam zur Geltung zu bringen): Dann nämlich, so Habermas,

> „zieht das demokratische Verfahren seine legitimierende Kraft nicht mehr nur, und nicht einmal in erster Linie, aus Partizipation und Willensäußerung, sondern aus der allgemeinen Zugänglichkeit eines deliberativen Prozesses, dessen Beschaffenheit die Erwartung auf rational akzeptable Ergebnisse begründet".[58]

In dieser Formulierung sind die wesentlichen Elemente einer vorläufigen Definition deliberativer Politik bereits enthalten.

Entscheidend ist, daß die verbreitete Vorstellung einer Reduktion von Politik und politischen Entscheidungen auf instrumentelle und strategische Rationalität zurückgewiesen und damit gegenüber aggregativen Modellen der argumentative Modus von Politik in den Vordergrund gerückt wird: „For a deliberative theory, in contrast, it is crucial that citizens (and their representatives) test their interests and reasons in a public forum before they decide."[59] Damit wird die Rationalität der Ergebnisse von Politik unmittelbar von der „epistemischen Qualität" der Verfahren abhängig, über die sich die öffentliche Debatte organisiert. Dabei wird mit dem Attribut „öffentlich" hier nicht nur eine Qualifizierung der Art und Weise vorgenommen, *wie* Bürger deliberieren, sondern es

---

[56] Dryzek 1999, S. 44.
[57] Vgl. Cohen/Sabel 1997, S. 321 f. und Forst 2001, S. 370–374.
[58] Habermas 1998, S. 166.
[59] Bohman 1996, S. 5.

steht zugleich für einen ganz bestimmten Typus von in diesem Zusammenhang akzeptablen Gründen, die sich dadurch auszeichnen, daß nur solche Gründe *als* Gründe zählen, die alle Beteiligten sich reziprok-allgemein zumuten können und deren Akzeptanz deshalb auch unter moralischen Gesichtspunkten erwartet werden darf. Deshalb setzt „Öffentlichkeit" in diesem Sinne auch kein über geteilte Werte vermitteltes Kollektiv oder eine Gemeinschaft voraus, sondern bezieht sich unmittelbar auf die kooperativen Anstrengungen aller derjenigen, die über gemeinsame Probleme und die Folgen von Handlungen miteinander verbunden sind, so daß man das Modell deliberativer Politik in seiner Programmatik folgendermaßen charakterisieren kann:

> „On the deliberative interpretation, then, democracy is a framework of social and institutional conditions that both facilitates free discussion among equal citizens by providing favourable conditions for expression, association, discussion, and ties the authorization to exercise public power – and the exercise itself – to such discussion, by establishing a framework ensuring the responsiveness and accountability of political power to it."[60]

Diesem normativem Hintergrundverständnis eines „epistemischen Prozeduralismus"[61] ist also im Kern die Attraktivität geschuldet, die der Idee deliberativer Politik im Rahmen einer institutionellen Übersetzung einer „politics of the common good"[62] zukommt. Freilich sind damit mindestens zwei grundlegende Bedenken verbunden, die zum einen die Frage betreffen, ob es angesichts notorischer Dissense überhaupt einen Sinn macht, an der Unterstellung einer konsensgenerierenden argumentativen Praxis festzuhalten (3.1); zum anderen geht es um das dornige Problem, ob wir nicht mit deliberativ erzeugten Ungleichheiten und Exklusionen rechnen müssen, an deren sozialstruktureller Massierung der Gedanke eines rational vermittelten Egalitarismus auflaufen müßte: Dem möchte ich so weit nachgehen, bis unter Rückgriff auf John Deweys epistemische Begründung einer Praxis „reflexiver Kooperation" dem deliberativen Modell eine Fassung gegeben werden kann, die diesen Einwänden standhalten kann (3.2). Dabei geht es darum, in normativer Hinsicht plausibel zu machen, daß das Modell deliberativer Politik in besonderer Weise geeignet ist, die Beweislasten für die These zu übernehmen, daß die Idee demokratischer Selbstbestimmung ohne Ermäßigung ihrer normativen Gehalte auf die komplementären Prozesse der Entstaatlichung (Enthierarchisierung) und der Denationalisierung von Politik eingestellt werden kann.

3.1 Zur Idee des epistemischen Prozeduralismus

Auch wenn man nicht im Sinne einer starken prozeduralistischen Fassung davon ausgeht, daß die Idee deliberativer Politik eine Vorstellung reiner und vollständiger Verfahrensrationalität im Rawlsschen Verständnis impliziert, die es erlaubte, sie an die Stelle politischer Entscheidungsverfahren (etwa der Mehrheitsregel) zu setzen, sondern ihr lediglich eine rationalisierende Wirkung auf die eigentliche Entscheidung zuschreiben möchte, setzt das immer noch voraus, daß die Beteiligten ihre Interaktion als einen

---

[60] Cohen/Sabel 1997, S. 320.
[61] Estlund 1997.
[62] Vgl. Goodin 1996.

gemeinsamen Lernprozeß organisieren, der unter der Prämisse einer zwar aktuell nicht gefundenen, aber im Prinzip doch erreichbaren richtigen Antwort auf moralische und praktische Probleme steht. Gegen diese Unterstellung, daß Beteiligte sich auf einen Diskurs einlassen, ihre Differenzen zwanglos durch den Bezug auf gute Gründe auflösen und so einen handlungsleitenden Konsens erzielen[63] sprechen nun zweifellos gewichtige Gründe. Sie liegen zum einen in der „Phänomenologie *fortdauernder* Kontroversen"[64] und zum anderen in einer Art „Dialektik des Diskurses", wonach die Gefahr, daß es nicht zu einem Konsens kommt, sogar um so größer ist, „je drastischer die Lerneffekte ausfallen, die [im Rahmen deliberativer Verfahren, R. S.-B.] durch Argumentation zwanglos erzwungen werden",[65] eine Dialektik, die den Diskurs, wo nicht als soziales, so doch als politisches System sprengen könnte. Weshalb, so lautet deshalb die skeptische Frage, sollte man angesichts solcher Befunde an der im Rahmen des Modells deliberativer Politik in legitimationstheoretischer Hinsicht entscheidenden Prämisse einer richtigen Antwort festhalten?[66]

Dafür sprechen, noch im Vorfeld organisatorischer und institutioneller Fragen,[67] in normativer Hinsicht insbesondere zwei Gründe. Das erste Argument für eine in einem schwachen Sinne epistemische Auslegung der Legitimationsgrundlagen demokratischer Politik entwickelt Habermas in Beantwortung der Frage, was passieren würde, wenn die Beteiligten „nicht auch – gewiß in dem fallibilistischen Bewußtsein, sich jederzeit irren zu können – davon ausgehen würden, daß die strittigen und rechtlichen Probleme eine ‚richtige' Lösung finden könnten".[68] Diese Unterstellung hält Habermas nämlich trotz aller entgegenstehenden empirischen Evidenzen letztlich deshalb für alternativlos, weil wir ohne sie gar nicht verstehen könnten, weshalb Subjekte überhaupt in reziproker Einstellung annehmen können, daß sie ihre Konflikte gewaltlos in dem weiten Sinne bereinigen können, daß sie nicht lediglich auf Mittel des Zwangs, des überlegenen Einflusses, der Täuschung oder der Verführung angewiesen sind. Das eben würde es ihnen verunmöglichen, die Ergebnisse politischer Auseinandersetzungen auf die freiwillige Akzeptanz der Beteiligten zurückzuführen, in der sich ihre wechselseitige Anerkennung als Freie und Gleiche zum Ausdruck bringt; und umgekehrt kann sich das wechselseitige Vertrauen in die überlegene Rationalität gewaltloser Verständigung nur dann entfal-

---

[63] Vgl. van den Daele/Neidhardt 1996, S. 38.

[64] Habermas 1996b, S. 323.

[65] Van den Daele/Neidhardt 1996, S. 40.

[66] Vgl. auch Habermas 1996b, S. 323–328.

[67] Daß den Fragen des Verfahrensdesigns eine große Bedeutung zukommt, wenn man klären will, unter welchen Bedingungen Argumentation auch zu politisch wirksamen Konsequenzen führt, darauf hat mit Blick auf die empirischen Beispiele, auf die sich van den Daele und Neidhardt stützen, vor allem Saretzki (1996 a und b) insistiert. Es gibt dann keinen Anlaß, die Wirkungen moralischer und argumentativer Orientierungen in der Politik zu unterschätzen. Allerdings setzt eine soziologisch informierte Analyse der Bedingungen voraus, daß man Kontexte und Prozeduren angeben kann, „die es möglich machen, daß moralische Orientierungen, wenn sie generiert werden, auch operativ werden können" (Giegel 1999, S. 188). Allgemein zu den politisch-institutionellen Perspektiven deliberativer Politik vgl. auch Schmalz-Bruns (1995, S. 167–211).

[68] Habermas 1996b, S. 326.

ten, wenn alle die Auffassung teilen, daß (gute) Gründe einen epistemischen „Zwang" transportieren.[69]

Dieses erste, eher defensive Argument insistiert also darauf, daß der demokratische Rechtsstaat seine Legitimationsgrundlage verliert, wenn wir nicht in der Perspektive der Möglichkeit einer rationalen Überzeugung anderer handeln. Neben diesen legitimationstheoretischen tritt aber noch ein zweiter Grund, der erkennbar wird, wenn man die Funktion in den Blick nimmt, die dem „epistemischen Prozeduralismus" in gegenmajoritärer Hinsicht zukommen kann. In diesem Zusammenhang macht Estlund zu Recht darauf aufmerksam, daß wir auch im Falle verfahrensmäßig korrekt zustandegekommener und insoweit legitimer politischer Entscheidungen auf verfahrensexterne Legitimationsstandards epistemischer Rationalität gerade dann nicht verzichten können, wenn wir erklären wollen, weshalb wir von Minderheiten nicht erwarten, sich in der Beurteilung politischer Fragen vollständig von prozedural legitimierten Ergebnissen abhängig zu machen.[70] Der politische Grund dafür liegt in der Unvollständigkeit von Verfahren, die für sich genommen eine auch in substanzieller Hinsicht richtige Entscheidung nicht verbürgen können. Daher nehmen verfahrensexterne Standards eine katalytische Funktion für die Kritik aktueller Verfahren in der Weise an, daß sie die Suche nach Verfahren anregen, denen ein größerer „epistemischer Wert"[71] in dem Sinne einer Erhöhung der Wahrscheinlichkeit von reziprok-allgemein zu rechtfertigenden Ergebnissen zukommt: Das muß nicht zwangsläufig, wie man befürchten könnte,[72] auf die Substituierung prozeduraler durch epistemische Legitimität und die Ersetzung der Demokratie durch eine Expertokratie hinauslaufen, sondern es eröffnet uns durch die Vermittlung prozeduraler und epistemischer Dimensionen des demokratischen Prozesses eine Perspektive, in der wir auch dessen institutionelle Logik und Dynamik, die Art des Zusammenspiels von politischen Institutionen und demokratischen Öffentlichkeiten sowie das Verhältnis von Mehrheit und Minderheit besser verstehen können.[73]

3.2 Deliberative Ungleichheiten und die Idee „reflexiver Kooperation"

Freilich ist damit die weitergehende Befürchtung noch nicht ausgeräumt, daß die den demokratischen Prozess unterminierenden sozialen Ungleichheiten in bezug auf Bildung, Status, Einkommen, Macht und Einfluss durch im engeren Sinne „deliberative Ungleichheiten"[74] nicht noch verstärkt werden könnten. Durch das besondere Gewicht, das in dem Modell deliberativer Demokratie auf einer im öffentlichen Austausch von Gründen vermittelten politischen Teilhabe ruht, sind es neben den durch Machtungleichgewichte asymmetrisch verteilten Zugangschancen zur Öffentlichkeit insbesondere kommunikative Ungleichheiten, die eine effektive Inanspruchnahme formal gleicher Beteiligungsrechte unterlaufen könnten. Diese können insbesondere in der Privilegie-

---

[69] Ebd., S. 323–326.

[70] Estlund 1997, S. 183, 184.

[71] Ebd., S. 174.

[72] Vgl. Forst 2001, S. 373, Anm. 12.

[73] Vgl. dazu Bohman 1996, S. 182–187.

[74] Ebd., S. 110, 112–132.

rung eines bestimmten Typus diskursiver Rationalität hervortreten, die dann andere (gruppen- oder kulturspezifische) Sprachstile und Ausdrucksverhalten disqualifiziert[75] und damit ganze Gruppen von einer öffentlich wirksamen Artikulation ihrer Interessen abschneidet.[76] Eine Antwort auf dieses Problem eines deliberativen Elitismus, das vor allem im Gegenlicht der im Rahmen des Modells deliberativer Politik an die Beteiligten gerichteten Rationalitäts- und Kompetenzerwartungen entsteht, kann in zwei Richtungen gesucht werden: Zum einen kann man bedarfsseitig das Niveaugefälle zwischen theoretisch induzierten und praktisch erwartbaren Motiven, Interessen und Kompetenzen dadurch abschwächen, daß die zugrundeliegenden Rationalitätsstandards nicht im Blick primär auf die Anforderungen einer dem wissenschaftlichen Diskurs nachgebildeten, rein argumentativen Verständigung, sondern auf die Erfahrung sozialer Kooperation in der Lösung gemeinsamer Probleme hin ausgelegt werden (2.); zum anderen wird deliberative Politik auch in dieser etwas schwächeren Fassung nicht ohne geeignete Institutionen und assoziative Arrangements auskommen, die diese diskursiven Orientierungen anregen und gegen Ausbeutung abschirmen (1.). Auf beide Punkte gehe ich kurz in umgekehrter Reihenfolge ein.

(1.) Wenn es unter Bedingungen von Freiheit und Gleichheit normativ gesehen unzulässig ist, das Kriterium (umstrittener) moralischer Überlegenheit der Beteiligten für Zwecke der Rechtfertigung der Legitimität politischer Entscheidungen zu verwenden, dann folgt daraus auch, daß bestehende individuelle Kompetenzunterschiede oder soziale Ungleichheiten sich auch im Licht einer prozedural-epistemischen Auslegung der Legitimationsgrundlagen demokratischer Politik nicht in differentielle Zugangs- und Beteiligungschancen übersetzen dürfen. Da aber gleichwohl deliberative Verfahren unvermeidlich mit höheren Anforderungen an individuelle Motivationen, Interessen und Kompetenzen verbunden sind als rein aggregative Verfahren der Willensbildung- und Entscheidungsfindung, liegt die Beweislast auf der Seite nicht der Individuen, sondern der Verfahren und Institutionen, die vorhandenen Kompetenzen und moralischen Vermögen der Beteiligten in geeigneter Weise anzusprechen.[77] Ohne darauf hier in aller Ausführlichkeit eingehen zu können, möchte ich kurz vier Merkmale nennen, an denen sich entscheidet, ob Institutionen oder Assoziationen dieser katalytischen Funktion nachkommen können: Als erstes Kriterium kann man jenes der Inklusivität nennen, das jene Verfahren auch in epistemischer Hinsicht auszeichnet, die keine auf askriptiven Merkmalen oder sozialstrukturell induzierten und auf Machtasymmetrien basierende Zugangshürden errichten, sondern für alle individuellen Beteiligungswünsche offen sind; im unmittelbaren Zusammenhang steht damit zweitens, daß horizontale im Unterschied zu vertikalen Formen der Willensbildung besser geeignet sein dürften, der Multiperspektivität und Multivalenz der von Beteiligten im Rahmen von Verständigungs- oder kooperativen Problemlösungsprozessen geltend gemachten Gesichtspunkte im Hinblick auf das Verständigungsziel auch gerecht zu werden;[78] ob sich aber diskursive oder dialogische Orientierungen in politischen Kontexten durchsetzen können, hängt

---

[75] Vgl. Young 1996, S. 122–125.
[76] Vgl. Sanders 1997, S. 348–350.
[77] Estlund 1997, S. 190.
[78] Vgl. Offe 1997, S. 103 f.

drittens auch davon ab, inwieweit es gelingt, die für Verhandlungen typische Amalgamierung von strategischen und diskursiven Orientierungen zu verhindern und das Kompatibilitätsproblem zu lösen, das darin besteht, daß die bloß einseitige Orientierung an Verständigung und an unparteilichen moralischen Gesichtspunkten in der Regel zu einer Schwächung der eigenen Position führt – soll also die Ausbeutung moralischer Orientierungen in aufgrund ihrer strategisch-moralischen Doppelbestimmung unklaren Handlungssituationen vermieden werden, müssen sie gegen das Eindringen strategischer Orientierungen von vornherein abgeschirmt werden;[79] schließlich qualifizieren sich Verfahren vor allem dann für die o. g. katalytische Funktion, wenn die Möglichkeit der Erhebung „reziproker Einwände"[80] institutionalisiert ist – gerade wenn in konkreten Willensbildungs- und Entscheidungskontexten wirklich allgemeine Partizipation nicht zu gewährleisten und eine wirklich allgemeine Akzeptanz der Ergebnisse nicht zu erreichen sein dürfte, ist es um so wichtiger, auch nachträglich Einwände zuzulassen, sofern sie geltend machen können, daß reziprok-allgemein nicht zurückweisbare Ansprüche im Verfahren ignoriert worden sind.

(2.) Ganz in diesem Sinne hat etwa Estlund denn auch vorgeschlagen, nur wenige und zudem basale soziale und strukturelle Kriterien in Anschlag zu bringen, die den „epistemischen Wert" von auf diese Weise institutionell eingehegten Verfahren hinreichend verbürgen können sollen. Dazu rechnet er u. a. die Normen, daß

> „1. [e]very adult in society is permitted to participate. 2. Participants sincerely address questions of justice, not of interest group advantage, and it is common knowledge that this is so. [...] 4. Participants evaluate arguments fairly, irrespective of the identity of the person, or the size of the group offering the argument. 5. Each participant's views are easily available to others [...] 6. Participants represent a personal, educational, and cultural variety of life experiences. 7. Participants' needs for health and safety are sufficiently well met that it is possible for them to devote some time and energy to public political deliberation, and in general all are literate."[81]

Durch diese Art der institutionellen Vorsorge dürften nun zwar Bedenken hinsichtlich der exkludierenden Effekte deliberativer Verfahren einigermaßen auszuräumen sein, aber doch um den Preis, daß dann umgekehrt eine Spannung zu den Rationalitätsunterstellungen einer nicht nur über Gründe schlechthin, sondern über *ausreichend gute* Gründe vermittelten Praxis der demokratischen Selbstbestimmung auftreten. Das legt es nahe, eine neue Balance zwischen diesen beiden Polen zu finden, indem man mit Dewey die einschlägigen Rationalitätserwartungen nicht allein an der intersubjektiven Rede, sondern an der Erfahrung gemeinschaftlicher Kooperation entbindet,[82] was beides gewährleisten soll: die über den gemeinschaftlichen Problemlösungsbezug sich einstellende pragmatische Qualifizierung „ausreichend guter Gründe"[83] und damit unmittelbar

---

[79] Giegel 1999, S. 189 f.; vgl. auch Anm. 3.
[80] Forst 2001, S. 370.
[81] Estlund 1997, S. 190 f.
[82] Vgl. Honneth 1999, S. 61.
[83] Das ist der Vorteil, den auch Bohman (1996, S. 27) heraushebt, wenn er notiert: „However, one of the main advantages of seeing deliberation primarily as a cooperative activity is that the standard of publicity need not depend on strong idealizations that do not refer to any actual deliberation", so

verbunden den hinreichend plausiblen Nachweis von Interessen und Motiven, sich an der öffentlichen Meinungs- und Willensbildung überhaupt zu beteiligen.[84]

Dieses Ziel erreicht Dewey einerseits durch eine epistemische Rechtfertigung der Demokratie, in der diese zur Voraussetzung der vollständigen Anwendung des geistigen Vermögens der Bürger auf die intelligente Lösung gesellschaftlicher Probleme wird, andererseits mit einem anti-paternalistischen Zug verbindet: Er besteht in diesem Sinne darauf, daß die Bestrebungen zur Förderung des gemeinsamen Guten nur dann gut sein können, wenn sie nicht auf Kosten der aktiven Entwicklung der Nutzenempfänger gehen, und nur dann gemeinsam, wenn diese auch einen effektiven Anteil an der Herbeiführung des Resultats haben.[85] Genau dieser übergreifenden Aufgabenbestimmung verdankt sich denn auch sein „konsequentialistischer" Öffentlichkeitsbegriff,[86] in dem Dewey versucht, sein methodisches Ideal einer „social inquiry" in ein mit fundamentalen Egalitätsnormen verträgliches Modell epistemischer Politik so zu übersetzen, daß die in öffentlicher Deliberation vermittelte demokratische Praxis der kollektiven Selbstbestimmung in funktionaler Hinsicht zugleich selbstkonstitutiv und in ethischer Hinsicht selbsttransformativ gedacht werden kann.[87] „Öffentlichkeit" konstituiert sich für Dewey zunächst über

> „die objektive Tatsache, daß menschliche Handlungen Folgen für andere haben, daß einige dieser Folgen wahrgenommen werden und daß ihre Wahrnehmung zu dem anschließenden Bestreben führt, die Handlung zu kontrollieren, um einige dieser Folgen sichern und andere vermeiden zu können".[88]

Dieser für das pragmatistische Denken charakteristische konsequentialistische Impuls[89] ist dafür maßgeblich, daß Dewey den Blick zurücklenkt auf jene „lokalen" (oder auch: sektoralen) Kontexte der Problemgenese und -lösung, die ihm zudem im Sinne einer partizipatorischen Demokratie noch am ehesten Gewähr dafür zu bieten scheinen, die gleichberechtigte Teilhabe aller an den öffentlichen Angelegenheiten zu ermöglichen – aus diesem Grund nimmt „Öffentlichkeit" für ihn die Gestalt von vielfach funktional, sektoral oder lokal differenzierten Öffentlichkeiten und Teilöffentlichkeiten an, die aber horizontal und vertikal, über die Ebenen des Sozialen und des Politischen sich erstreckend, miteinander verknüpft sind. Freilich ist durch ein gemeinsames Kontrollinteresse allein am Ende noch nicht sicherzustellen, daß alle Beteiligten sich etwa darüber einigen könnten, wie richtig

---

daß ein kooperationsbasierter Ansatz verspricht, „[to] provide both an epistemic and a moral basis for democratic participation in complex societies".

[84] Honneth 1999, S. 64 f.

[85] Putnam 1997, S. 232.

[86] Vgl. Kettner 1998, S. 58–62.

[87] Diese Programmatik liegt auch der Entwicklung einer post-positivistischen Policy-Analyse zu Grunde, die als „policy science of democracy" (Lasswell) von der Policy-Forschung verlangt, „ein anderes Wissen an[zu]bieten als bisher, [...] ein anderes Verhältnis zu ihren Forschungsobjekten und -adressaten ein[zu]nehmen und für eine offenere Vermittlung ihrer Ergebnisse in den Politikprozeß ein[zu]treten" (Saretzki 1999a, S. 301f).

[88] Dewey 1996, S. 26 f.

[89] Vgl. auch Knight/Johnson 1999, S. 567.

zu kontrollieren sei[90] und wie sich die unterschiedlichen Perspektiven von Beteiligten und Betroffenen verschränken. Deshalb wird für Dewey die Frage der Transformation der „great society" in eine „great community" zu dem Bezugsproblem, dem sich die Entfaltung seines Modells einer in epistemischen Orientierungen vermittelten reflexiven Kooperation verdankt: In der Vorstellung von demokratischer Selbstbestimmung nach dem Modell einer „social inquiry" entfaltet Dewey seine spezifische Idee kommunikativer Vergemeinschaftung (2.1), die zugleich eine Brücke bildet zwischen dem menschen- und staatsbürgerrechtlich verankerten Egalitätsgebot in der Kantischen Tradition einerseits und der epistemischen Begründung der Demokratie in der Tradition von J. S. Mill andererseits;[91] von hier aus ergeben sich relativ zwanglos sein mit der Idee der Öffentlichkeit intern verbundener Begriff von Gemeinschaft (2.2.) wie seine in der Idee reflexiver Kooperation vermittelte Vorstellung einer gemeinwohlbezogenen Politik (2.3.) – diese Schritte möchte ich im Folgenden jeweils knapp erläutern.

(2.1.) Deweys Versuch zu zeigen, wie sich im Horizont kooperativer Problemlösung die Momente von Pluralität, Gleichheit und Freiheit zu einer „epistemischen" Legitimationsgrundlage und zu einer andersartigen Organisationsform der Praxis demokratischer Selbstbestimmung verbinden, ist kategorial im Begriff „vollkommener Erfahrung" zentriert, den er zunächst im Zusammenhang seiner ästhetischen Theorie entwickelt[92] und dann im Kommunikationskapitel seines naturphilosophischen Werks über „Erfahrung und Natur"[93] so aufgreift, daß er nunmehr auch in der alltäglichen Kommunikation ein Ideal entdecken kann, an dem sich genau die normativen Gehalte entfalten lassen, die er dann dem (oft einseitig instrumentell missverstandenen) Prozeß einer demokratischen „social inquiry" einschreibt.[94] Wesentlich ist dabei, daß sich in der Kommunikation stets instrumentelle und finale („consummatory") Aspekte zu einer Form des Austauschs verbinden, „der zu der Befriedigung eines Bedürfnisses verhilft",[95] weil „Kommunikation […] auf einzigartige Weise sowohl Mittel wie Ziel [ist]. Sie ist Mittel", wie er emphatisch festhält, „Kooperation, Herrschaft und Ordnung zu bewerkstelligen. Gemeinsame Erfahrung ist das größte unter allen menschlichen Gütern"[96] – und in dieser Gestalt verknüpft er den Begriff vollkommener Erfahrung dann mit seiner spezifischen Form der Rechtfertigung der Demokratie, die er eben nicht

> „über die Rechtfertigung demokratischer Prinzipien in einem idealisierten Diskurs [vollzieht], sondern über die in der Erfahrung der Kommunikation selbst angelegte Entstehung einer Wertbindung an die Praxis des Kommunizierens".[97]

Erst nachdem Dewey seine Vorstellung demokratischer Praxis in dem normativen Begriff von Kommunikation verankert hat, kann er dann den für Demokratie als soziale

---

90 Vgl. Kettner 1998, S. 60 f.
91 Vgl. MacGilvray 1999, S. 553.
92 Vgl. dazu auch die Ausführungen in Schmalz-Bruns 1998b, S. 431–438.
93 Dewey 1995, S. 167–204.
94 Vgl. Joas 1997, S. 184–187.
95 Dewey 1995, S. 182.
96 Ebd., S. 201.
97 Joas 1997, S. 187, Hervorh. R. S.-B.

Lebensform konstitutiven Zusammenhang zwischen Freiheit, Kommunikation, kooperativer Wissenserzeugung und gemeinschaftlicher Problemlösung auf dreierlei Weise herstellen: Zunächst macht er geltend, daß sich die Erfüllung des individuellen Lebens nur unter Bedingungen einstellen kann, die durch die gleichberechtigte, freie und aktive Teilhabe am gesellschaftlichen Leben gekennzeichnet sind; während die liberale Demokratie mit der durchgesetzten Trennung der Sphären von Alltag, Arbeit und Politik diese Anforderungen unterläuft, schneidet die repräsentative Demokratie die einzelnen auch von den intrinsisch befriedigenden Erfahrungen gemeinsamen, auf die Lösung kollektiver Probleme bezogenen Handelns ab; und sie verhindert in ihrer Fixierung auf die institutionellen Strukturen staatlicher Politik die Herausbildung einer Öffentlichkeit, in der gegensätzliche Meinungen so miteinander in Bezug gesetzt werden können, daß Vielheit und Pluralität auch in einem kognitiven Sinn fruchtbar gemacht werden können.[98] In dieser Zuspitzung jedenfalls wird sichtbar, wie Dewey, vermittelt über die Brückenkonzepte von „Kommunikation" und „vollendeter Erfahrung", eine interne Verbindung der epistemisch-diskursiven Aspekte des Prozesses kollektiver Problemlösung (und damit auch der dem wissenschaftlichen Forschungsprozeß entnommenen methodischen Orientierung) einerseits und der Idee der Demokratie andererseits herzustellen versucht, die geeignet ist, seine Vorstellungen gegenüber expertokratischen Verdächtigungen abzuschirmen: Es geht ihm, kurz gesagt, nicht nur darum, „[to solve] the enlightenment problem of making democracy more like science, but also the political problem of making science more like democracy".[99] In diesem Sinne stellt sich für Dewey denn auch ein doppelter Bezug zwischen der Idee eines methodisch angeleiteten Prozesses der Problemlösung und der aus Beteiligten und Betroffenen sich bildenden öffentlichen (Kommunikations-) Gemeinschaft her. Die „social inquiry" bleibt ebenso in dem Boden eines gemeinschaftlich erzeugten Wissensbestandes verankert, wie umgekehrt die Anstrengungen zur Problemlösung nicht nur aus dem gemeinschaftlichen Leben herauswachsen, sondern auf dieses verändernd zurückwirken: Zum einen in interner Perspektive in dem Sinn, daß die Erfahrung von Kommunikation selber ethische Einsichten erschließt, die die Vorstellung einer gemeinschaftlichen Lebensform durchdringen und prägen; zum anderen in externer Perspektive dadurch, dass im Zusammenhang einer kumulativen Wissensgenese und -anwendung auch die Horizonte der Zugehörigkeit zur Gemeinschaft permanent verschoben werden.[100] Insofern läßt sich Deweys Vorstellung einer epistemischen, experimentellen Demokratie in sieben Aspekten zusammenfassen:[101] Was in pragmatistischer Perspektive an der Praxis einer methodisch kontrollierten Form kollektiver Problemlösung interessiert, ist nicht nur die Überzeugung, daß „inquiry [is] the best way to settle doubt and justify belief in the face of unexpected contingencies",[102] sondern darüber hinaus die gemeinschaftsbildende und wertbindende Kraft der Erfahrung öffentlicher Kommunikation; die „social inquiry" ist deshalb wissenschaftlich nur in dem Sin-

---

[98] Diese Argumentationslinie hat Dewey 1996 in *Die Öffentlichkeit und ihre Probleme* systematisch entfaltet; zum Argumentationsplan dieser Schrift vgl. Schmalz-Bruns 1995, S. 213–220.

[99] Bohman 1999, S. 591.

[100] Vgl. Smiley 1999, S. 632.

[101] Hier stütze ich mich auf Knight/Johnson 1999, S. 574 f.

[102] Ebd., S. 574.

ne der Anwendung geeigneter Verfahren und Methoden der kollektiven Wissenserzeugung und -vermittlung, und sie ist nicht auf die Verfolgung eines naturwissenschaftlichen Methodenideals und mithin auf die expertokratische Enteignung des Prozesses kollektiver Selbstbestimmung hin ausgelegt; das hat zur Folge, daß vor dem Hintergrund eines für den pragmatistischen Ansatz charakteristischen Fallibilismus auch die Ergebnisse der social inquiry als im Licht sozialer Erfahrungen und politischer Debatten grundsätzlich revisionsoffen verstanden werden müssen; aus diesem Grund bleiben, im Sinne einer bis zu einem gewissen Grade unvermeidlichen Arbeitsteilung zwischen Experten die instrumentellen Aspekte des Forschungsprozesses stets eingebunden in öffentliche Debatten über kollektive Ziele und Zwecke, so daß „the results of inquiry must enter *into* social and political deliberation and debate rather than be applied *to* problems"[103] – m. a. W. bleibt die allgemeine politische Öffentlichkeit der Ort, an dem sich Forschung und soziale Zwecksetzung, instrumentelle und finale Aspekte der Deliberation zu Zwecken der Problemlösung kommunikativ durchdringen und damit jene gemeinschaftsbildenden Potentiale freisetzen, die Dewey der Erfahrung der Kommunikation zumißt.[104]

(2.2.) Dem entsprechen nun spiegelbildlich Deweys Vorstellung der Organisationsform einer neuen Öffentlichkeit wie das daran sich ausrichtende Verständnis von politischer Vergemeinschaftung – einer neuen Öffentlichkeit also, die in einem Netzwerk sich wechselseitig überlappender, dezentraler Problemlösungsgemeinschaften jene fokalen Interaktionszusammenhänge auf neuer Stufe wiederherstellen soll, die konstitutiv für die Entfaltung einer zugleich egalitären und epistemisch fundierten Praxis der Selbstbestimmung sind. Vor diesem Hintergrund wird nun auch deutlich, daß Dewey seinem Begriff von Gemeinschaft kein im Sinne vorgängiger und dem politischen Prozeß exogener Wertbindungen ethisches Verständnis zu Grunde legt; sondern er zentriert sein Gemeinschaftsverständnis ganz entschieden funktional in einem über Folgen vernetzten, interdependenten Handlungszusammenhang, dem in erster Linie ein moralisch gestimmtes Interesse an den Wirkungen eigener Handlungen auf andere Beteiligte und Betroffene wie an der wechselseitigen Anerkennung der Autonomie aller in diesen Handlungszusammenhang hineingezogenen Individuen oder Gruppen entspricht.[105] Diese Vorstellung einer „moral community" als Bezugspunkt des voll entfalteten, pragmatistischen Ideals demokratischer Selbstbestimmung hat etwa Smiley deutlich herausgearbeitet, indem sie feststellt:

---

[103] Ebd., S. 575.

[104] Deshalb insistiert Morris 1999, S. 619–623, auch zu Recht darauf, dass sich die spezifischen Gehalte der Vorstellung Deweys nur mit Bezug auf die Unterscheidung von „inquiry" einerseits und „discovery" andererseits herausstellen lassen: Erst die Stilisierung des Prozesses der Problemlösung als eines öffentlichen Entdeckungszusammenhangs macht darauf aufmerksam, dass es Dewey im Rahmen der gemeinschaftlichen Transformation der „great society" in erster Linie auf die Beschreibung von „more complex ends" ankommt. In diesem Sinne ist sein Punkt „only incidentally an epistemological one. It is rather more radical – to commend science, art, and democratic community as productive not only of factual knowledge, but of *meaning*" (Morris 1999, S. 621).

[105] Vgl. Knight/Johnson 1999, S. 573.

„Dewey himself appears to have accomplished three things by including the poor and members of other nations in our community of interests. First of all, he appears to have rendered their suffering ‚our business'. Second, he appears to have shown that our economic system has more consequences than many of us now realize. Third, he appears to have incorporated those suffering into our ‚public' (i. e. into that group whose interests we take into consideration when tracing the consequences of our actions). All three accomplishments necessitated that Dewey both develop an expanded notion of community and convince us to accept that conception ourselves."[106]

Dieses Verständnis folgt gewiß dem unvermeidlich universalistischen Zug, der in die Idee demokratischer Selbstbestimmung, basierend auf dem Prinzip des wechselseitig-allgemeinen Rechts auf Rechtfertigung, eingelassen ist; und insofern ist es inklusiv, als die Charakterisierung einer idealen Öffentlichkeit durch die bewußte Hinwendung auf die Folgen von Handlungen uns im Licht dieses Konsequentialismus dazu nötigt, permanent im Medium des öffentlichen Diskurses die Grenzen unserer Gemeinschaft neu zu ziehen (und zu erweitern). Freilich zieht dieser Modus der Inklusion unmittelbar zwei Probleme nach sich, auf die eine Antwort gefunden werden muß: Zum einen das Problem gleichsam einer inneren Arbeitsteilung zwischen Experten und Laien innerhalb der Forschungsgemeinschaft, die sich nicht zu einer Marginalisierung der Laien auswachsen darf, wenn der demokratische Anspruch nicht beschädigt werden soll; und zum zweiten die Frage, ob sich der konsequentialistische Begriff von Öffentlichkeit und das Gemeinschaftskonzept tatsächlich so vollständig fusionieren lassen, wie Dewey sich das vorstellt – denn wenn die Reichweite und Bedeutung von Konsequenzen, auf die sich das gemeinschaftliche Handeln richten soll, immer auch von Interpretationen abhängig ist, dann könnten wir es mit einem Henne-Ei-Problem derart zu tun haben, daß sich die Frage aufdrängt, was zuerst kommt: „the community or its acknowledgement of consequences"?[107]

(2.3.) Auf beide Probleme, und insbesondere auch auf das allgemeine Konstitutionsproblem der demokratischen Erzeugung einer demokratischen Forschungs-) Gemeinschaft kann man nur reagieren, wenn man Deweys Idee einer Kooperationsgemeinschaft um die Idee reflexiver Kooperation erweitert, die schließlich auch den Schlüssel für die Beantwortung der Frage bereithält, wie die neuen Formen der politischen Zwangsvergemeinschaftung jenseits des Nationalstaates im Zeichen eines gemeinwohlorientierten Handelns aller Beteiligten und Betroffenen auch normativ integriert werden könnten. Diese Idee läßt sich wiederum in drei (hier nur anzudeutenden) Schritten entfalten. Zunächst basiert sie auf jener schon herausgestellten Vorstellung einer kooperationsmoralischen Stiftung von Gemeinschaft ein, die Honneth folgendermaßen charakterisiert: Wenn wir die demokratischen Verfahren als Funktion der kooperativen Problemlösung verstehen wollen, dann setzt die „Wiederbelebung von demokratischen Öffentlichkeiten unter Bedingungen komplexer Industriegesellschaften mithin eine Reintegration der Gesellschaft voraus, die nur in der Entwicklung eines gemeinsamen Bewußtseins der subpolitischen Assoziation aller Bürger bestehen kann"[108] – und diesen Mechanismus

---

[106] Smiley 1990, S. 376.
[107] Smiley 1999, S. 636 und S. 642.
[108] Honneth 1999, S. 58.

der subpolitischen Erzeugung einer demokratischen Sittlichkeit verankert Dewey, wie gezeigt, in der ins Politische geweiteten Idee sozialer Arbeitsteilung, die „jedem einzelnen Gesellschaftsmitglied ein Bewußtsein davon geben kann, kooperativ mit allen anderen zur Verwirklichung gemeinsamer Ziele beizutragen".[109] Daneben tritt dann – zweitens – die epistemische Deutung dieser Kooperationsbeziehungen, mit der Dewey die Brücke legt, über die alle Einzelhandlungen in der Perspektive der Beförderung des gemeinsamen Wohls aller verbunden werden sollen, denn das „gemeinsame Wohl kann nur durch Mittel vorangebracht werden, die auf seiten derjenigen, die Nutzen daraus ziehen oder ‚gebessert' werden sollen, positives Interesse und aktive Energie entstehen lassen"[110] – und gut ist, was die allseitige Entwicklung und Entfaltung der Potentiale aller Beteiligten im Sinne der Ermöglichung konsummativer Erfahrung verbessert. Und an diesen Schritt schließt sich drittens dann die Antwort auf die Frage an, wie die demokratische Autorität unter Bedingungen einer epistemisch durchdrungenen Praxis der kooperativen Problemlösung gewahrt werden kann. Erst mit der Antwort auf diese Frage wird Deweys Kooperationsbegriff nun auch reflexiv, insofern er die Lösung dieses Dilemmas auf die Herstellung deliberativer und Institutionen und Foren projiziert, in denen Fragen der Fairneß und Gerechtigkeit der Kooperationsbeziehungen selber zum Thema werden, indem „those affected by a decision are able to make judgments about the credibility of experts and to influence the terms of their on-going cooperation with them".[111]

Mit Hilfe dieser in Deweys Öffentlichkeitsbegriff verankerten Vorstellung reflexiver Kooperation kann man im Ansatz plausibel machen, wie eine in einer genuin demokratischen Form von Sittlichkeit verankerte Gemeinwohlorientierung politischen Handelns auch in den neuen, funktional gestifteten Kontexten transnationaler Politik operativ und strukturell befördert werden kann. Dieses so entstehende Bild einer „experimentellen" Wissensgesellschaft,[112] mit dem Dewey seiner Vorstellung von deliberativer Politik Konturen zu geben versucht, enthält dann schon die wesentlichen Merkmale, die es schließlich auch für die Konzeptualisierung demokratischer Politik in transnationaler Perspektive als besonders geeignet erscheinen lassen: Es eröffnet den Blick auf Formen politischer Vergemeinschaftung, die nicht mehr notwendigerweise im Horizont geteilter Wertüberzeugungen sich vollzieht, sondern die aus dem Zusammenwirken arbeitsteilig aufeinander bezogener, funktional und sektoral spezifizierter Öffentlichkeiten resultiert und insoweit die nationalstaatlichen Schicksalsgemeinschaften (Held) in ihrer für demokratische Politik konstitutiven Rolle ablöst;[113] darüber hinaus ist diese neue Organisationsstruktur politischer Öffentlichkeiten auch darauf hin ausgelegt, im Sinne eines gleichsam „zivilgesellschaftlichen Umbaus der Wissenschaft"[114] das epistemische Moment in den Legitimationsgrundlagen demokratischer Politik auf eine Weise zur Geltung zu bringen, die mit Egalitätsnormen kompatibel ist; deshalb bilden schließlich sozial gerechte, kooperationsgemäße Formen der Arbeitsteilung einen internen Bestand-

---

[109] Ebd., S. 59.

[110] Putnam 1997, S. 232.

[111] Bohman 1999, S. 592 und S. 599.

[112] Dewey 1996, S. 169.

[113] Vgl. auch Abromeit/Schmidt 1998.

[114] Kettner 1998, S. 63.

teil seines Demokratieideals, so daß die Forderung sozialer Gleichheit als gleichursprünglich mit der Idee demokratischer Willensbildung verstanden werden muß.[115]

4. Gemeinwohl und transnationale Politik – strukturelle Implikationen

Abschließend möchte ich einige Kriterien benennen, denen solche Strukturbildungen
auf transnationaler Ebene genügen können müßten, die Gemeinwohl und Gemeinsinn
auch unter Bedingungen einer entgrenzten Politik operativ werden lassen. Die in den
bisherigen Überlegungen schrittweise entwickelten Anforderungen an einem dem entsprechenden, transnationalen politischen Ordnungszusammenhang lassen sich zusammenfassend zu drei Gruppen sortieren: Berührt sind zum einen Anforderungen, die sich
aus einem funktionalen im Unterschied zu einem territorialen Organisationsprinzip
transnationaler Politik ergeben und damit Fragen betreffen, die sich auf die Bestimmung von Bezugsgruppen einer politikbereichsspezifischen Willensbildung und Entscheidungsfindung beziehen; daraus ergeben sich zum zweiten spezifisch prozedurale
Anforderungen, denen die interne Willensbildung in den unterschiedlichen deliberativen Arenen genügen können muß, um die Gewährleistung der deliberativen und demokratischen Qualität der Verfahren mit sozialisierenden und zivilisierenden Effekten zu
verbinden; zum dritten müssen Institutionen vorgesehen werden, die das Management
der komplexen Interdependenz der politischen Prozesse in den unterschiedlichen Arenen und das damit verbundene Problem der Kompetenzallokation in den Horizont einer
kollektiv-allgemeinen Willensbildung zurückzustellen vermögen. Daraus ergibt sich
eine Liste von sehr abstrakten Kriterien:

(1.) Wie Abromeit/Schmidt[116] zu Recht hervorgehoben haben, sind die Referenzgruppen
einer transnationalen Demokratie im Unterschied zu den nationalstaatlichen Demoi
durch sechs Merkmale gekennzeichnet: erstens durch Funktionalität/Sektoralität (im
Gegensatz zur Territorialität), zweitens durch Latenz, drittens durch Temporalität (im
Gegensatz zu Permanenz), viertens durch Subjektivität (statt Objektivität), fünftens
durch Prozessualität (statt Substantialität) und sechstens durch Anonymität. Unter diesen
Bedingungen kann sich die Referenzgruppenbildung nur nach dem Muster der freiwilligen und ungehinderten Assoziierung nach dem Kongruenz- und Betroffenheitsprinzip
vollziehen: Dem entsprechend müßte man die Zugangsbedingungen wie den Status der
Willensbildung sichernde und die Interaktion mit anderen sektoralen Demoi regulieren-
de, gleichsam transnational-sektorale Staatsbürgerschaftsrechte konzeptualisieren, wie
sie etwa in den Diskussionen um eine „technologische Staatsbürgerschaft" schon vorge-
bildet sind,[117] und dies auch mit dem Ziel, eine vollständige „Balkanisierung" transnationaler Politik zu verhindern.

---

[115] Vgl. Honneth 1999, S. 63 f.
[116] Abromeit/Schmidt 1998, S. 300.
[117] Vgl. dazu den sehr instruktiven Aufsatz von Saretzki 1999b, der zugleich auf die damit verbundenen vielfältigen Probleme aufmerksam macht.

(2.) Nach innen steht die Entwicklung eines angemessenen Verfahrensdesigns unter dem Imperativ, nicht nur die epistemische Qualität der Willensbildung unter Vermeidung deliberativer Ungleichheiten zu sichern, sondern zugleich nach Verfahren zu suchen, die weniger von traditionalen Gemeinschaftspotentialen zehren und dafür ein höheres „gemeinschaftsstiftendes" Potential besitzen.[118] D. h. sie müssen zugleich eine qualifizierende, eine zivilisierende und eine vertrauensstiftende Wirkung aufweisen:[119] Qualifizierend in dem Sinne, daß sie die Aktualisierung moralischer Orientierungen von Beteiligten prämieren und gegen strategische Ausbeutung abschirmen, Anreize für die Ausbildung angemessener Kompetenzen vermitteln und so dazu beitragen, „[to] effectively transform the privilege of civic-republican elites into a mental property shared by all citizens";[120] zivilisierend im Sinne des Konzepts relationaler Autonomie, die den Beteiligten die von Gutmann und Thompson[121] herausgehobenen Reziprozitätstugenden der „civic integrity" und der „civic magnanimity" ansinnen und diese effektiv vermitteln; und schließlich vertrauensstiftend in dem Sinne institutionell vermittelten Vertrauens unter Fremden, das sich wohl nur unter der Voraussetzung einstellen kann,

> „that we share a significant institutional space with a sufficiently strong meaning so as to make the overwhelming majority of ‚strangers' among my fellow citizens worthy of being trusted because I anticipate them to be appreciative of that meaning"[122] –

wobei diese Leistung nicht zuletzt von der „moralischen Plausibilität" der Institutionen selber und damit davon abhängt, inwieweit sie die Betroffenen auf die Tugenden des „truth-telling", der „fairness", des „promise-keeping" und der Solidarität verpflichten.[123]

(3.) Unter Gesichtspunkten von Komplexität treten schließlich die wechselseitig miteinander verknüpften allokativen Fragen nach dem „wer" (ist legitimer Träger der politischen Willensbildungs- und Entscheidungsprozesse), dem „was" (also den geeigneten Gegenständen politischer Willensbildung) und dem „wie" (oder den spezifisch geeigneten Verfahren) in den Vordergrund. In diesem Zusammenhang müßte sich die Komplexitätstauglichkeit der Strukturen einer transnationalen Politik insbesondere daran erweisen, inwieweit sie für Formen subsidiärer Differenzierung offen sind; ob sie die Formvarianzen des demokratischen Prozesses, die sich auf einem Kontinuum zwischen den Polen einer direkt-deliberativen Demokratie einerseits und einer rein majoritären Demokratie andererseits ansiedeln lassen, in sich aufnehmen können; und ob sie in der Lage sind, die Spannungen zu verarbeiten, die sich aus dem erforderlichen Neben- und Miteinander dieser funktional irreduziblen Formenvielfalt ergeben.

---

[118] Zürn 1998a, S. 254.
[119] Vgl. auch March/Olsen 1995, S. 45 f.
[120] Offe 1997, S. 100.
[121] Gutmann/Thompson 1996, S. 81–85.
[122] Offe 1999, S.71.
[123] Ebd., S. 73–76.

Literatur

Abromeit, H./Schmidt, Th. (1998), Grenzprobleme der Demokratie: konzeptionelle Überlegungen, in: B. Kohler-Koch (Hg., 1998), S. 293–320.

Beisheim, M./Dreher, S./Walter, G./Zangl, B./Zürn, M. (1999), Im Zeitalter der Globalisierung? Thesen und Daten zur gesellschaftlichen Denationalisierung, Baden-Baden.

Bohman, J. (1996), Public Deliberation. Pluralism, Complexity, and Democracy. Cambridge, MA.

Bohman, J. (1999), Democracy as Inquiry, Inquiry as Democratic: Pragmatism, Social Science, and the Cognitive Division of Labour, in: American Journal of Political Science 43/2, S. 590–607.

Bohman, J./Rehg, W. (Hg., 1997), Deliberative Democracy. Essays on Reason and Politics, Cambridge, MA.

Brunkhorst, H. (Hg., 1998), Demokratischer Experimentalismus. Politik in der komplexen Gesellschaft, Frankfurt/M.

Brunkhorst, H. (1999), Heterarchie und Demokratie, in: Brunkhorst/Niesen (Hg., 1999), S. 373–385.

Brunkhorst, H./Niesen, P. (Hg., 1999) Das Recht der Republik. Frankfurt/.M.

Chwaszca, Ch./Kersting, W. (Hg., 1998), Politische Philosophie der internationalen Beziehungen, Frankfurt/M.

Cohen, J. (1997), Procedure and Substance in Deliberative Democracy, in: J. Bohman/W. Rehg (Hg.) 1997, S. 407–437.

Cohen, J. (1998), Democracy and Liberty, in: J. Elster (Hg.) 1998, S. 185–231.

Cohen, J./Rogers, J.(1998), Can Egalitarianism Survive Internationalization? in: W. Streeck (Hg.) 1998, S. 175–193.

Cohen, J./Sabel, Ch. (1997), Directly-Deliberative Polyarchy, in: European Law Journal 3/4, S. 313–342.

Dewey, J. (1934), A Common Faith. New Haven, CT.

Dewey, J. (1995), Erfahrung und Natur. Frankfurt/M.

Dewey, J. (1996), Die Öffentlichkeit und ihre Probleme. Bodenheim.

Dorf, M. C./Sabel, Ch. F. (1998), A Constitution of Democratic Experimentalism, in: Columbia Law Review 98/2, S. 267–473.

Dryzek, J. S. (1999), Transnational Democracy, in: The Journal of Political Philosophy 7/1, S. 30–51.

Eder, K./Hellmann, K.-U./Trenz, H.-J. (1998), Regieren in Europa jenseits öffentlicher Legitimation? Eine Untersuchung zur Rolle von politischer Öffentlichkeit in Europa, in: B. Kohler-Koch (Hg.) 1998, S. 321–344.

Elster, J. (Hg., 1998), Deliberative Democracy, Cambridge/New York.

Elster, J. (1998a), Introduction, in: J. Elster (Hg.) 1998, S. 1–18.

Estlund, D. (1997), Beyond Fairness and Deliberation: The Epistemic Dimension of Democratic Authority, in: J. Bohman/W. Rehg (Hg.) 1997, S. 173–204.

Farr, J. (1999), John Dewey and American Political Science, in: American Journal of Political Science 43/2, S. 520–541.

Forst, R. (2001), The Rule of Reasons. Three Models of Deliberative Democracy, in: Ratio Juris 14/4, S. 345–378.

Frank, M. (1998), Kritik und Metakritik des liberalen Nationalismus. Frankfurt/M.

Frankenberg, G. (1995), Republik und Sozialstaat. Stichworte zum Zusammenhang von öffentlicher Freiheit und ziviler Solidarität, in: Kritische Vierteljahresschrift für Gesetzgebung und Rechtswissenschaft 78/1, S. 25–41.

Frankenberg, G. (1997), Die Verfassung der Republik. Autorität und Solidarität in der Zivilgesellschaft, Baden-Baden.

Giegel, H.-J. (1999), Moralische Orientierungen im politischen Prozeß – ein Ankerplatz für die normative Analyse der Demokratie?, in: M. Th. Greven/R. Schmalz-Bruns (Hg.) 1999, S. 177–213.

Goodin, R. E. (1996), Institutionalizing the Public Interest: The Defense of Deadlock and Beyond, in:
American Political Science Review 90/2, S. 331–343.

Greven, M. Th. (Hg., 1998), Demokratie – eine Kultur des Westens? 20. Wissenschaftlicher Kongreß
der Deutschen Vereinigung für Politische Wissenschaft, Opladen.

Greven, M. Th. (1998a), Mitgliedschaft, Grenzen und politischer Raum: Problemdimensionen der
Demokratisierung in der Europäischen Union, in: B. Kohler-Koch (Hg.) 1998, S. 249–270.

Greven, M. Th./Schmalz-Bruns, R. (Hg., 1999), Politische Theorie – heute. Ansätze und Perspektiven, Baden-Baden.

Gunn, J. A. W. (1989), Public Interest, in: Political Innovation and Conceptual Change, hg. v. T. Ball,
J. Farr u. R .L. Hanson, Cambridge, S. 194–210.

Gutmann, A./Thompson, D. (1996), Democracy and Disagreement. Why moral conflict cannot be
avoided in politics, and what should be done about it, Cambridge/Mass.

Habermas, J. (1996), Die Einbeziehung des Anderen, Frankfurt/M.

Habermas, J. (1996a), Der europäische Nationalstaat – Zur Vergangenheit und Zukunft von Souveränität und Staatsbürgerschaft, in: J. Habermas 1996, S. 128–153.

Habermas, J. (1996b), Replik auf Beiträge zu einem Symposion der Cardozo Law School, in: J. Habermas 1996, S. 309–398.

Habermas, J. (1996c), Braucht Europa eine Verfassung? Eine Bemerkung zu Dieter Grimm, in: J.
Habermas 1996, S. 185–191.

Habermas, J. (1996d), Inklusion – Einbeziehen oder Einschließen? Zum Verhältnis von Nation,
Rechtsstaat und Demokratie, in: J. Habermas 1996, S. 154–184.

Habermas, J. (1998), Die postnationale Konstellation und die Zukunft der Demokratie, in: J. Habermas 1998, S. 91–169.

Hibst, P. (1990), Gemeiner Nutzen. Begriffsgeschichtliche Untersuchungen zur politischen Theorie
vom 5. vorchristlichen bis zum 15. nachchristlichen Jahrhundert, in: Archiv für Begriffsgeschichte
33, S. 60–95.

Honneth, A. (1992), Kampf um Anerkennung. Zur moralischen Grammatik sozialer Konflikte, Frank-
furt/M.

Honneth, A. (1999), Demokratie als reflexive Kooperation. John Dewey und die Demokratietheorie
der Gegenwart, in: H. Brunkhorst/P. Niesen (Hg.) 1999, S. 37–65.

Hurka, Th. (1997), The Justification of National Partiality, in: R. McKim/J. McMahan (Hg.) 1997,
S. 139–157.

Joas, H. (1997), Die Entstehung der Werte, Frankfurt/M.

Johnson, J. (1998), Arguing for Deliberation: Some Skeptical Considerations, in: J. Elster (Hg.) 1998,
S. 161–184.

Kempshall, M. S. (1999), The Common Good in Late Medieval Political Thought, Oxford.

Kersting, W. (1998). Einleitung: Probleme der politischen Philosophie der internationalen Beziehungen: die Beiträge im Kontext, in: Ch. Chwaszca/W. Kersting (Hg.) 1998, S. 9–69.

Kettner, M. (1998), John Deweys demokratische Experimentiergemeinschaft, in: H. Brunkhorst (Hg.)
1998, S. 44–66.

Knight, J./Johnson, J. (1996), Political Consequences of Pragmatism, in: Political Theory 24/1, S. 68–96.

Knight, J./Johnson, J. (1999), Inquiry into Democracy: What Might a Pragmatist Make of Rational Choice Theories?, in: American Journal of Political Science 43/2, S. 566–589.

Kohler-Koch, B. (Hg., 1998), Regieren in entgrenzten Räumen (= PVS Sonderheft 29). Opladen.

Luhmann, N. (1998), Die Politik der Gesellschaft, Bielefeld.

MacGilvray, E. A. (1999), Experience as Experiment: Some Consequences of Pragmatism for Democratic Theory, in: American Journal of Political Science 43/2, S. 542–565.

March, J. G./Olsen, J. P. (1995), Democratic Governance, New York.

Mattern, M. (1999), John Dewey, Art and Public Life, in: The Journal of Politics 61/1, S. 54–75.

McKim, R./McMahan, J. (Hg., 1997), The Morality of Nationalism. Oxford/New York.

McMahan, J. (1997), The Limits of National Partiality, in: R. McKim/J. McMahan (Hg.) 1997, S. 107–138.

Miller, D. (1995), On Nationality. Oxford.

Morris, D. (1999), „How Shall We Read What We Call Reality?": John Dewey's New Science of Democracy, in: American Journal of Political Science 43/2, S. 608–628.

Münkler, H. (1991), Die Idee der Tugend. Ein politischer Leitbegriff im vorrevolutionären Europa, in: Archiv für Kulturgeschichte 73, S. 379–403.

Münkler, H./Fischer, K. (1999), Gemeinwohl und Gemeinsinn. Thematisierung und Verbrauch soziomoralischer Ressourcen in der modernen Gesellschaft, in: Berlin-Brandenburgische Akademie der Wissenschaften: Berichte und Abhandlungen, Bd. 7, Berlin, S. 237–265.

O'Neill, O. (1998a), Justice and Boundaries, in: Ch. Chwaszca/W. Kersting (Hg.) 1998, S. 502–520.

O'Neill, O. (1998b), Transnationale Gerechtigkeit, in: Philosophie der Menschenrechte, hg. v. St. Gosepath u. G. Lohmann, Frankfurt/M., S. 188–232.

Offe, C. (1986), Die Utopie der Null-Option. Modernität und Modernisierung als politische Gütekriterien, in: Moderne oder Postmoderne?, hg. v. P. Koslowski, R. Spaemann u. R. Löw, Weinheim, S. 143–172.

Offe, C. (1997), Micro-aspects of democratic theory: what makes for the deliberative competence of citizens, in: Democracy's Victory and Crisis, hg. v. A. Hadenius, Cambridge, S. 81–104.

Offe, C. (1998a), „Homogeneity" and Constitutional Democracy: Coping with Identity Conflicts through Group Rights, in: The Journal of Political Philosophy 6/2, S. 113–141.

Offe, C. (1998b), Demokratie und Wohlfahrtsstaat: Eine europäische Regimeform unter dem Streß der europäischen Integration, in: W. Streeck (Hg.) 1998, S. 99–136

Offe, C. (1999), How can we trust our fellow citizens? In: Democracy & Trust, hg. v. M. Warren, Cambridge, S. 42–87 (dt.: Wie können wir unseren Mitbürgern vertrauen? In: Vertrauen. Die Grundlagen des sozialen Zusammenhalts, hg. v. M. Hartmann u. C. Offe, Frankfurt/M. 2001, S. 241–294).

Przeworski, A. (1998), Deliberation and Ideological Domination, in: J. Elster (Hg.) 1998, S. 140–160.

Putnam, H. (1997), Deweys Politikbegriff – eine Neubewertung, in: Ders., Für eine Erneuerung der Philosophie, Stuttgart, S. 227–252.

Rawls, J. (1979), Eine Theorie der Gerechtigkeit, Frankfurt/M.

Ripstein, A. (1997), Context, Continuity, and Fairness, in: R. McKim/J. McMahan (Hg.) 1997, S. 209–226.

Sanders, L. M. (1997), Against Deliberation, in: Political Theory 25/3, S. 347–376.

Saretzki, Th. (1996a), Wie unterscheiden sich Argumentieren und Verhandeln? Definitionsprobleme, funktionale Bezüge und strukturelle Differenzen von zwei Kommunikationsmodi, in: Verhandeln und Argumentieren. Dialog, Interessen und Macht in der Umweltpolitik, hg. v. V. v. Prittwitz, Opladen, S. 19–39.

Saretzki, Th. (1996b), Verhandelte Diskurse? Probleme der Vermittlung von Argumentation und Partizipation am Beispiel des TA-Verfahrens zum „Anbau gentechnisch erzeugter Herbizidresistenz" am Wissenschaftszentrum Berlin. In: Verhandeln und Argumentieren. Dialog, Interessen und Macht in der Umweltpolitik, hg. v. V. v. Prittwitz, Opladen, S. 135–167.

Saretzki, Th. (1999a), Post-Positivistische Policy-Analyse und deliberative Demokratie, in: Bürgersinn und Kritik. Festschrift für U. Bermbach zum 60. Geburtstag, hg. v. M. Th. Greven, H. Münkler u. R. Schmalz-Bruns, Baden-Baden, S. 297–321.

Saretzki, Th. (1999b), Technologische Bürgerschaft? Anmerkungen zur Konstruktion von „citizenship" in einer technologischen „polity", in: Demokratie und Technik, hg. v. R. Martinsen u. G. Simonis, Opladen.

Scheffler, S. (1997), Liberalism, Nationalism, and Egalitarianism, in: R. McKim/J. McMahan (Hg.), S. 191–208.

Schmalz-Bruns, R. (1995), Reflexive Demokratie. Die demokratische Transformation moderner Politik, Baden-Baden.

Schmalz-Bruns, R. (1998a), Grenzerfahrungen und Grenzüberschreitungen: Demokratie im integrierten Europa?, in: B. Kohler-Koch (Hg.), S. 369–380.

Schmalz-Bruns, R. (1998b), Kunst und Demokratie. Modelle ästhetischer Gesellschaftskritik und Politik, in: Bürgersinn und Kritik. Festschrift für Udo Bermbach zum 60. Geburtstag, hg. v. M. Th. Greven, H. Münkler u. R. Schmalz-Bruns, Baden-Baden, S. 413–441.

Smiley, M. (1990), Pragmatic Inquiry and Social Conflict: A Critical Reconstruction of Dewey's Model of Democracy, in: Praxis International 9/4, S. 365–380.

Smiley, M. (1999), Pragmatic Inquiry and Democratic Politics. In: American Journal of Political Science 43/2, S. 629–647.

Stokes, S. (1998), Pathologies of Deliberation, in: Jon Elster (Hg.) 1998, S. 123–139.

Stolleis, M. (1995), „Staatsethik", oder: Vom sittlichen Staat zu den Bürgertugenden, in: Kritische Vierteljahresschrift für Gesetzgebung und Rechtswissenschaft 78/1, S. 58–68.

Streeck, W. (Hg., 1998), Internationale Wirtschaft, nationale Demokratie. Herausforderungen für die Demokratietheorie. Frankfurt/M./New York.

Streeck, W. (1998a), Einleitung: Internationale Wirtschaft, nationale Demokratie?, in: W. Streeck (Hg.) 1998, S. 11–58.

Van den Daele, W./Neidhardt, F. (1996) „Regieren durch Diskussion" – Über Versuche, mit Argumenten Politik zu machen, in: Kommunikation und Entscheidung. Politische Funktionen öffentlicher Meinungsbildung und diskursiver Verfahren, hg. v. W. van den Daele u. F. Neidhardt, Berlin, S. 9–50.

Wingert, L. (1993), Gemeinsinn und Moral. Grundzüge einer intersubjektivistischen Moralkonzeption, Frankfurt/M.

Wirsching, A. (1990), Bürgertugend und Gemeininteresse. Zum Topos der „Mittelklassen" in England im späten 18. und frühen 19. Jahrhundert, in: Archiv für Kulturgeschichte 72/1, S. 173–199.

Young, I. M. (1996), Communication and the Other: Beyond Deliberative Democracy, in: Democracy and Difference. Contesting the Boundaries of the Political, hg. v. S. Benhabib, Princeton, NJ, S. 120–135.

PETER ULRICH

Republikanischer Liberalismus und Corporate Citizenship

Von der ökonomistischen Gemeinwohlfiktion zur republikanisch-ethischen Selbstbindung wirtschaftlicher Akteure

1. Vorbemerkung: Zur politisch-ethischen Brisanz der „Privatwirtschaft" und zum Vorverständnis von Wirtschaftsethik

Wenn im erlauchten Kreise von Fachleuten der politischen Philosophie ein Wirtschaftsethiker – noch dazu einer, der ursprünglich von der Ökonomie und Betriebswirtschaftslehre herkommt – geladen ist, über ein so nebulöses Stichwort wie „Corporate Citizenship" und unternehmensethische Selbstbindung zu reden, so wird das vermutlich professionelle Skepsis wecken. Der Verdacht liegt nahe, daß Business Ethics, neudeutsch Unternehmensethik, ein ethisch verbrämter Ausläufer jener privatistischen Unternehmerideologie sein könnte, die dem Motto „Das machen wir schon selbst – haltet uns bloß den Staat draußen!" frönt. Mit anderen Worten: Es liegt die Vermutung nahe, daß Unternehmensethik eher ein symptomatischer Teil des Problems als ein Beitrag zu dessen Lösung ist.

Der Verdacht ist nicht ganz unbegründet. Weite Teile der Business-Ethics-Debatte sind auch in meiner Wahrnehmung durch Reflexionsabbrüche vor den politisch-philosophischen Zusammenhängen der so genannten „Privatwirtschaft" gekennzeichnet, an der ja nichts privat ist außer ihrer eigentumsrechtlichen Konstitution. Gerade in der heute sich weltweit ausbreitenden „Unternehmerwirtschaft" gilt mehr denn je: Es gibt nichts Politischeres als die (Ideologie der) „Privat"-Wirtschaft. Noch die radikalste Vorstellung von Privatwirtschaft mitsamt den dazugehörigen Forderungen nach Privatisierung möglichst vieler bis anhin als öffentlich betrachteter, vom Staat gewährleisteter Funktionen beruht ja auf der normativen Prämisse, daß gerade dies dem öffentlichen Interesse, sprich: dem „Gemeinwohl" am besten diene. Das gilt auch für den zeitgeist-typischen Ruf nach „unternehmerischem Denken": Auch die Arbeitnehmer sollen sich ja heute als „Unternehmer ihrer eigenen Arbeitskraft" verhalten, ja schlechthin allen Menschen wird anempfohlen sich als „Lebensunternehmer"[1] zu verstehen. Die heute mehr denn je wirkungsmächtige privatistische Unternehmer- oder Unternehmensideologie impliziert – und dies ist ihre zentrale ideologische Funktion – immer schon eine

---

[1] Vgl. Lutz 1997.

umfassendere gesellschaftstheoretische und -politische Doktrin, dergemäß das private Kapitalverwertungsinteresse mit dem öffentlichen Interesse, das „Gewinnprinzip" mit einem diffusen „Gemeinwohlprinzip" letztlich harmonieren. Wie sonst könnten die derzeit modischen, teilweise ultraliberalen Varianten der Privatwirtschaftsdoktrin öffentlich vertreten werden und in immer noch erstaunlich breiten Kreisen Akzeptanz finden?!

Natürlich kann man das soeben angedeutete Akzeptanzphänomen selbst wiederum politisch-philosophisch deuten, nämlich als Ausdruck wirtschaftsethischer Unaufgeklärtheit der vermeintlich so aufgeklärten modernen Gesellschaft. Und genau hier setzt mein Vorverständnis der entscheidenden Aufgabe wirklich zeitgemäßer Wirtschafts- und Unternehmensethik an. Ich schlage nämlich vor, sie als ein Stück nachholende Aufklärung zu konzipieren und zu betreiben. Es geht um die ethisch-vernünftige „Entzauberung" der vielleicht weltweit wirkungsmächtigsten Ideologie, die die Geschichte bis anhin gekannt hat: des Ökonomismus[2]. Ökonomismus ist die normative Überhöhung der Logik des Marktes zum Inbegriff der ökonomischen Vernunft, ja der Vernunft schlechthin; Ökonomisten kennen keine andere Vernunft als die am Markt geprägte ökonomische Ratio. Deshalb läßt sich der Ökonomismus auch als der Glaube der ökonomischen Ratio an nichts als sich selbst bezeichnen. Den Kern dieses Glaubens stellt, wie es zu zeigen gilt, eine marktmetaphysische Gemeinwohlfiktion dar.

In der wirtschaftsethischen Ökonomismuskritik geht es um eine ethisch-vernünftige (Re-) Orientierung im politisch-ökonomischen Denken. Es dürfte klar sein, daß eine so ansetzende Wirtschaftsethik das epochale Syndrom der Abspaltung der ökonomischen Vernunft (oder dessen, was sich dafür hält) von der ethisch-politischen Vernunft, also die Reduktion der einst Politischen Ökonomie der Klassiker auf die sich wertfrei und unpolitisch wähnende „reine Ökonomik" neoklassischer Prägung, nicht symptomatisch verdoppeln darf, indem sie sich selbst noch von der politischen Philosophie und Ethik abkoppelt. Deshalb versteht sich der Ansatz der integrativen Wirtschaftsethik[3], wie wir ihn in St. Gallen vertreten, von Grund auf und unausweichlich als ein Stück politische Philosophie und Ethik. Oder um es noch deutlicher auf den Punkt zu bringen: Die systematisch erste und zeitgenössisch entscheidende (wenn auch vielen unzeitgemäß erscheinende) Aufgabe der Wirtschaftsethik besteht m. E. darin, die metaphysische Gemeinwohlfiktion der herrschenden Privatwirtschaftsdoktrin zu „entzaubern" und den derzeit real in Frage gestellten Primat der politischen Ethik vor der Logik des Marktes zu verteidigen.[4]

---

[2] Der Begriff des Ökonomismus dürfte schon in den 30er Jahren des 20. Jahrhunderts geprägt worden sein von Gerhard Weisser; vgl. Weisser 1978.

[3] Vgl. als Gesamtdarstellung Ulrich 2001, als systematisch einfacher und kürzer gehaltene Einführung jetzt auch Ulrich 2002.

[4] Die integrative Wirtschaftsethik unterscheidet folgende drei systematischen Grundaufgaben wirtschaftsethischer Reflexion: 1. die Kritik der „reinen" ökonomischen Vernunft und ihrer normativen Überhöhung zum Ökonomismus; 2. die Klärung der ethischen Gesichtspunkte einer lebensdienlichen Ökonomie; 3. die Bestimmung der „Orte" der Moral des Wirtschaftens in einer wohlgeordneten Gesellschaft freier Bürger.

Diese Perspektive will ich im Folgenden in vier Gedankenschritten skizzieren: Zunächst geht es darum, den metaphysischen Gehalt des gegenwärtigen „Unternehmerdiskurses" in der ihm zugrunde liegenden wirtschaftsliberalen Gemeinwohldoktrin zu durchleuchten (2.). Dabei wollen wir ein besonderes Augenmerk auf das problematische Freiheitsverständnis des marktradikalen Neoliberalismus werfen (3.) und diesem dann ein politisch-philosophisch aufgeklärtes Leitbild einer freiheitlichen Gesellschaft entgegenstellen, das ich als das des „republikanischen Liberalismus" etikettiere (4.). Schließlich lassen sich die speziellen unternehmensethischen Folgerungen ziehen, die mit dem Titelschlagwort „Corporate Citizenship" thematisiert sind (5.).

2. Ökonomismuskritik: Wider die metaphysische Gemeinwohlfiktion des Wirtschaftsliberalismus

Die prominente Rolle der Gemeinwohlidee in der Dogmengeschichte der liberalen Politischen Ökonomie bis hin zur neoklassisch-neoliberalen Mainstream Economics von heute mag auf den ersten Blick eher verwundern: Das marktwirtschaftliche (und marktgesellschaftliche) Denken entfesselt und rechtfertigt doch in Theorie und Praxis alles andere als eine „gemeinnützige" Einstellung, nämlich die mehr oder weniger hemmungs- und grenzenlose Verfolgung des privaten Eigennutzens durch die Individuen. Die heutige ökonomische Theorie setzt axiomatisch mit dem so genannten „methodologischen Individualismus" an; sie entfaltet nichts als die reine Logik rationalen Handelns strikt eigennutzenmaximierender Individuen.[5] Modelliert als Homines oeconomici, kennen diese keine moralische Kategorie des Gemeinsinns und keine zwischenmenschlichen Verbindlichkeiten. Homines oeconomici gehen miteinander immer nur instrumentell um, lassen sich also überhaupt nur so weit aufeinander ein, wie es ihren je privaten Zwecken dient. Alle sozialen Beziehungen schrumpfen ihnen gleichsam auf Geschäftsbeziehungen nach dem paradigmatischen Muster eines Tauschvertrags am Markt zusammen. Von Gemeinsinn und von Gemeinwohlorientierung keine Spur, würde man meinen.

Die Pointe des ökonomischen Liberalismus lag jedoch von Anfang an in der metaphysischen Vorstellung, daß die Gemeinwohldienlichkeit des eigennützigen Handelns der Individuen in der wohlgeordneten Schöpfung von „höherer Hand" gewährleistet sei. Nobelpreisträger Gunnar Myrdal hat das schon 1932 trefflich als die „kommunistische Fiktion"[6] des Liberalismus bezeichnet. Die von einer größeren Vernunft als der menschlichen garantierte „prästabilierte Harmonie" (Leibniz) in der Welt wird vom klassischen Liberalismus daher nicht etwa als die Folge, sondern schon als die fraglose Voraussetzung für die Freisetzung und Anreizung des menschlichen Eigennutzstrebens im marktwirtschaftlichen Wettbewerb unterstellt. Die liberale Metaphysik des Marktes ruht fest auf dem geistesgeschichtlichen Fundament christlicher Naturrechtsphilosophie: Das Faktum des menschlichen Eigennutzstrebens, auch und gerade in seiner Erschei-

---

[5] Vgl. im Einzelnen Ulrich 2001, S. 184 ff.
[6] Vgl. Myrdal 1976, S. 48, 113, 188.

nungsform des „modernen" wirtschaftlichen Erwerbsgeists, muß einen höheren, vom Schöpfer wohlgeplanten Sinn haben.

In herausragender Weise hat sich Adam Smith, der schottische Deist und Moralphilosoph, auf die Suche gemacht nach dem verborgenen Sinn dieser menschlichen Eigenart, die ihm zunächst als eine „Regelwidrigkeit der Empfindung"[7] erscheinen mußte und ihn zum politischen Ökonomen in moralphilosophischer Absicht werden ließ. Das Problem war nämlich der drohende Widerspruch der von ihm beobachteten Eigenliebe und Selbstsucht der Menschen zur (unzureichenden) sozialintegrativen Kraft der moralischen Gefühle zwischenmenschlicher Sympathie:

> „Daß die Welt nach dem Erfolg urteilt und nicht nach der (moralisch guten, P. U.) Absicht, das war zu allen Zeiten die Klage der Menschen und das bildet die größte Entmutigung der Tugend."[8]

Doch unter naturrechtlichen Harmonieprämissen kann nicht sein, was nicht sein darf. Darum fährt Smith sogleich fort:

> „Indessen scheint die Natur, als sie der menschlichen Brust die Keime zu dieser Regelwidrigkeit der Gefühle einpflanzte, wie in allen anderen Fällen (sic!), die Glückseligkeit und Vollkommenheit der Gattung zum Ziel gehabt zu haben."[9]

Es muß sich, wenn man die Dinge nur richtig versteht, um eine vom Schöpfer wohlgeordnete, „heilsame und nützliche Regelwidrigkeit" handeln, die nur „auf den ersten Blick so sinnlos und unerklärlich erscheint".[10] Ohne daß wir hier auf die einzelnen Argumentationsschritte Smiths näher eingehen können, gelingt ihm die Lösung seines Problems, indem er gleichsam eine moralphilosophische List des Schöpfers aufzudecken glaubt: Die ökonomische Interessenverschränkung eigennützig handelnder Individuen im Markt fungiert als partielles Substitut der Reziprozität der moralischen Gefühle, der als alleiniger Bindungskraft zwischen den Menschen zu schwachen „Sympathie".[11]

Damit erhielt die aufkommende *commercial society* mit ihrer stärker werdenden Neigung zur Entfesselung der Kräfte des freien Marktes, des „einfachen Systems der natürlichen Freiheit"[12], just im richtigen Moment den moralphilosophischen Segen zugesprochen. Wen wundert's, daß die Anhänger des „freien" Marktes von Beginn weg nur den halben Adam Smith zur Kenntnis nahmen, nicht auch den deontologischen Ethiker, der stets den Vorrang einer gerechten Gesellschaftsordnung vor dem Markt vertrat:

> „Gerechtigkeit [...] ist der Hauptpfeiler, der das ganze Gebäude stützt. Wenn dieser Pfeiler entfernt wird, dann muß der gewaltige, der ungeheure Bau der menschlichen Gesellschaft [...] in einem Augenblick zusammenstürzen und in Atome zerfallen."[13]

---

[7] Smith 1985, S.139, 159 ff.
[8] Ebd., S. 159.
[9] Ebd.
[10] Ebd., S. 161.
[11] Vgl. dazu Ulrich 1991, S. 170 ff.
[12] Smith 1978, S. 582.
[13] Smith 1985, S. 129.

Smith ist insgesamt viel eher der Vordenker einer ordoliberalen Wirtschaftsphilosophie des *embedded market* als der des marktradikalen Neoliberalismus.[14] Es ist eine von ihm gewiß nicht intendierte Folge, daß seiner liberalen politischen Ökonomie in moralphilosophischer Absicht die dogmengeschichtliche Rolle zufiel, das Programm des politischen Liberalismus[15] – die Suche nach den normativen Grundsätzen einer wohlgeordneten Gesellschaft freier und gleicher Bürger – auf die Doktrin eines halbierten ökonomischen Liberalismus zu reduzieren, der, wenn er „Freiheit" sagt, bloß die freie kommerzielle Betätigung der Besitzbürger im „freien" Markt meint.

Diese und nur diese Botschaft wollte das aufstrebende Besitzbürgertum hören. Der wirtschaftsliberale Marktharmonismus beruft sich jedoch zu Unrecht auf Smith – er ist offensichtlich die Rechtfertigungsideologie, wie sie das frühmoderne Bürgertum zur normativen Enthemmung und institutionellen Entfesselung ihres kaufmännischen Erwerbs- und Gewinnstrebens benötigte. In den schönsten Farben haben im 17. und 18. Jahrhundert auch andere Wegbereiter des aufkommenden Marktliberalismus den „Geist des Handels" (Montesquieu) begrüßt, den Max Weber[16] später präziser als den „Geist des Kapitalismus" bezeichnet hat, und in ihm eine großartige List der Vernunft zu erkennen geglaubt, welche die menschliche Selbstsucht in gemeinwohldienliches Handeln transformiere. Schon Montesquieu (1748), nicht erst Adam Smith (1776), hat die Vorstellung von der invisible hand vertreten, wenn auch im Unterschied zu diesem weniger in Bezug auf das marktwirtschaftliche Gewinnstreben als vielmehr hinsichtlich des umfassenderen Strebens nach öffentlichem Ruhm.[17] Das verbreitete frühmoderne Vertrauen in die *douceur du commerce* beruhte auf der Erwartung, daß die kalkulierende Vernunft von Individuen, die ehrgeizig und nüchtern ihre wirtschaftlichen Interessen verfolgen, eine zivilisierende Wirkung auf ihre irrationalen Leidenschaften und Affekte auszuüben vermöge.[18]

So konnte sich Thomas Hobbes (1651) paradoxerweise *auch noch* auf dem Boden dieser naturrechtlichen Hintergrundannahmen als Erster mit dem radikalen, ebenso skeptischen wie reduktionistischen Schluß zufrieden geben, Vernunft sei „nichts anderes als [eigennütziges, P. U.] Rechnen"[19] – mitzudenken ist: und das sei gut so. Dieses Credo des possessiven Individualismus[20] entspricht exakt der eindimensionalen Vernunft des Homo oeconomicus, des zwischenmenschlich desinteressierten Vorteilsmaximierers der „modernen" Mainstream Economics neoklassischer Prägung. Die heutigen Mainstream-Ökonomen sind also in ihrem tiefsten Herzen mehr Hobbesianer als

---

[14] Vgl. Ulrich 1991.

[15] Ich verwende den Begriff im Sinne von Rawls 1993; ders., 1992.

[16] Weber 1988.

[17] Es gilt schon nach Montesquieu 1965, „daß jedermann zum allgemeinen Wohl beiträgt, während er für seine eigenen Interessen zu arbeiten glaubt". Auf derselben Linie vertraut Smith 1978, S. 371, Hvh. P. U., darauf, daß der Unternehmer, „strebt er lediglich nach eigenem Gewinn, [...] in diesem wie auch in vielen anderen Fällen von einer *unsichtbaren Hand* geleitet [wird], um einen Zweck zu fördern, den zu erfüllen er in keiner Weise beabsichtigt hat".

[18] Vgl. dazu Hirschman 1980. Vgl. auch Thielemann 1996, S. 35 ff.

[19] Hobbes 1984, S. 32. Vgl. dazu auch die Einleitung von Fetscher, S. XIX ff.

[20] Vgl. Macpherson 1967.

Smithianer. Genau wie Hobbes muten sie nolens volens dem marktwirtschaftlichen System mehr oder weniger die ganze Last der unpersönlichen Gemeinwohlerzeugung hinter dem Rücken der bloß eigennützig handelnden Individuen zu, weil sie – im Gegensatz zu Smith – der zwischenmenschlichen Reziprozität der moralischen Gefühle und der ethisch-politischen Vernunft der Bürger so wenig zutrauen. Am Anfang der Doktrin des „freien Marktes" und seiner normativen Überhöhung zum obersten gesellschaftlichen Koordinationsprinzip steht der hobbesianische Traum, eine freiheitliche Gesellschaft ganz als ein unpersönlich funktionierendes „System des geordneten Egoismus"[21] zu konstruieren, das den Besitzbürgern jede persönliche Moralzumutung (!) erspart, so daß sie keinem anderen „Ethos" als dem der privatistischen Eigennutz-, Vorteils- und Gewinnmaximierung nachzuleben brauchen, frei nach dem Motto: „Macht keine Geschichten, der Markt wird's schon richten."

So hat der ideologisch erfolgreiche wirtschaftsliberale „Interessendiskurs", der die systemisch gewährleistete Gemeinwohlträchtigkeit des individuellen Eigennutzstrebens aufzuzeigen versuchte, gewollt oder ungewollt den anderen großen Strang der politisch-philosophischen Modernisierungsdebatte, nämlich den republikanischen „Tugenddiskurs", für lange Zeit ins politisch-philosophische und realpolitische Abseits gestellt.[22] Die Einsicht, daß eine moderne Gesellschaft ohne ein Minimum an Bürgertugend und Gemeinsinn nicht zu haben ist, kann im öffentlichen Bewußtsein erst wieder die Oberhand gewinnen, wenn dem Glauben an die vermeintlich hinreichende „Systemethik"[23] des freien Marktes, also an eine ganz unpersönlich wirkende „Ethik ohne Moral"[24], ideologiekritisch der Boden entzogen ist und der Mehrheit der Bürgerinnen und Bürger klar wird, daß der freie Markt alles andere als die Gewährsinstanz einer freien Gesellschaft ist – oder mit anderen Worten: daß ein purer Marktliberalismus mit einem politisch-philosophisch wohlverstandenen Liberalismus gerade nicht verträglich ist. Ein wenig Arbeit am Freiheitsbegriff ist hiermit zunächst angesagt. Wir gehen damit von einer dogmengeschichtlichen zu einer systematischen Analyse über.

3. Arbeit am Freiheitsbegriff: Zur Kritik der normativen Logik des „freien" Marktes

Im puren Wirtschaftsliberalismus wird Freiheit strikt individualistisch als (Willkür-) Freiheit zur Verfolgung beliebiger privater Zwecke gedacht, ganz nach dem Muster des „freien" Marktes (Abb. 1). Dahinter steckt ein bestimmtes Konzept der Person, das dem Modell des Homo oeconomicus entspricht: Der Mensch wird als präsoziales, „ungebundenes Selbst"[25] und dementsprechend als extremer Eigennutzenmaximierer vorge-

---

[21] Habermas 1992, S. 119.

[22] Das Begriffspaar vom (liberalen) „Interessendiskurs" vs. (republikanischen) „Tugenddiskurs" übernehme ich von Münkler 1992. Vgl. auch Münkler 1999.

[23] Vgl. zu diesem Begriff Thielemann 1996, S. 166.

[24] In Anlehnung an den Titel von Cortina 1992.

[25] Vgl. Sandel 1982, S. 54 ff.; ders. 1993, insbes. S. 24 f.

stellt, der auch noch seine sozialen Beziehungen zu anderen Menschen allein als Mittel zu seiner privaten Nutzen-, Vorteils- oder Erfolgssteigerung betrachtet. Logischerweise können Homines oeconomici sich ja wechselseitig nur als Homines oeconomici wahrnehmen; als Personen sind sie sich gleichgültig oder „mutually unconcerned",[26] wie sich im Englischen so treffend sagen läßt.

Daher hat der Homo oeconomicus auch bloß ein instrumentelles Gesellschaftsverständnis: Er läßt sich überhaupt nur so weit auf soziale Interaktionen und Beziehungen ein, wie dies für seine privaten Zwecke vorteilhaft ist. Dem Sozialzusammenhang zwischen den Menschen wird im ökonomistisch verkürzten Gesellschaftskonzept kein humaner Eigenwert zuerkannt, vielmehr wird alles „Soziale" bloß als äußere Einschränkung der negativ (d. h. als Abwehr sozialer Verbindlichkeiten), voraussetzungslos und grenzenlos gedachten individuellen Freiheit aufgefaßt. Von da stammt wohl auch das oft auffallend ausgeprägte Ressentiment der meisten Wirtschaftsliberalen gegen alles Soziale und gegen den Staat als Garanten einer wohlgeordneten Gesellschaft, ja bisweilen selbst gegen die Demokratie, die im ökonomistischen Weltbild in einen merkwürdigen Widerspruch zum Freiheitsverständnis zu geraten droht.

Die gesamte Vergesellschaftung wird nach dem Marktmodell, also nach der normativen Logik des wechselseitigen Vorteilstausches gedacht. Das entspricht einem kontraktualistischen Gesellschafts- und Politikverständnis – Thomas Hobbes läßt grüßen. Von der ethischen Vernunftidee der unbedingten wechselseitigen Anerkennung der Menschen als Personen – der „normativen Logik der Zwischenmenschlichkeit", wie ich sie gerne nenne[27] – unterscheidet sich die Homo-oeconomicus-Rationalität des wechselseitigen Vorteilstausches dadurch, daß dieser etwas einseitig begabte Homunculus sich nur bedingt – eben unter der Bedingung seines privaten Vorteils – auf andere Subjekte einläßt, indem er mit anderen stets „berechnend" umgeht. Soweit es beiden Seiten zur je privaten Vorteilsmaximierung dient, lassen sie sich allenfalls auf einen strategischen „Interessenausgleich" – sei es im realen Mark oder im politischen „Stimmenmarkt" – ein, wobei aber der Status quo der „gegebenen" Machtverhältnisse hinsichtlich seiner Legitimität im Lichte von Gerechtigkeitsprinzipien nicht hinterfragt wird. Das macht eine zweite systematische Differenz zwischen dem ökonomischen Rationalprinzip und dem Moralprinzip aus. Von diesem her können gegebene Machtverhältnisse ja nicht der letzte legitimierende Grund sein, vielmehr sind sie gerade der Gegenstand einer ethisch-politischen Legitimationsprüfung nach Maßgabe von unparteilich gegenüber jedermann vertretbaren Gerechtigkeitsgrundsätzen.

Der Markt ist demgegenüber seinem Wesen nach alles andere als unparteilich. Er sortiert seine Teilnehmer „gnadenlos" in zwei Gruppen, nämlich in Gewinner und Verlierer, und zwar einzig und allein nach Maßgabe ihrer Wettbewerbsfähigkeit oder Ressourcenmacht, was durchaus dasselbe ist. Wettbewerbsfähig ist nämlich, wer relativ knappe Ressourcen jeder Art anzubieten hat (Arbeit, Kapital, Know-how und Information, usw.): Wer viel zu bieten hat und auf die Tauschangebote der Anderen nicht angewiesen ist, der ist am Markt in einer starken Verhandlungsposition; schwach ist hingegen, wer an Kaufkraft, „Humankapital" (persönlicher Arbeitskraft) oder anderen verwertbaren Ressourcen

---

[26] Gauthier 1986, S. 87 ff. u. 326 f.
[27] Vgl. dazu Ulrich 2001, S. 23 ff.

wenig zu bieten hat und zugleich dringend auf die Angebote von Marktpartnern, sei es auf die Einkommensofferten von „Arbeitgebern" am Arbeitsmarkt oder auf die Nachfrage von Kunden am Gütermarkt angewiesen ist. Je „freier" der Markt, besonders der Arbeitsmarkt, desto ungleicher ist daher im Endeffekt die volkswirtschaftliche Güterverteilung. Deshalb waren die wirtschaftlich Mächtigen schon immer für Laissez-faire, Freihandel, Deregulierung etc. und die Schwächeren eher für Protektionismus. Es ist diese strukturelle Parteilichkeit des Marktes, die ihn als dominanten gesellschaftlichen Koordinationsmechanismus in einer wohlgeordneten Gesellschaft freier und gleicher Bürger disqualifiziert und als deren Grundvoraussetzung den Primat einer (der normativen Logik der Zwischenmenschlichkeit verpflichteten) politischen Ethik vor der Logik des Marktes unabdingbar macht.

Wer mit der Dogmengeschichte des ökonomischen Denkens nicht vertraut sich, wird sich vielleicht fragen, weshalb denn diese ethisch fragwürdige Parteilichkeit des Marktes die meisten Ökonomen kaum zu stören scheint und jedenfalls nicht weiter beschäftigt. Die Antwort ist in der utilitaristischen Tradition der neoklassischen Ökonomik zu finden, auf die wir hier nicht näher eingehen können.[28] Nur so viel: Die Utilitaristen vertreten bekanntlich eine (teleologische) Ethik der sozialen Gesamtnutzenmaximierung, „das größte Glück der größten Zahl", wie Jeremy Bentham (1789) es in seinem utilitaristischen Kalkül modelliert hat:

> „Was also ist das Interesse der Gemeinschaft? Die Summe der Interessen der verschiedenen
> Glieder, aus denen sie sich zusammensetzt."[29]

Dieses utilitaristische Kriterium des Gemeinwohls ist jedoch vollkommen blind für die Gerechtigkeitsproblematik, indem es die interpersonelle Verrechnung des Vorteils der Einen (z. B. der Gewinner im globalen Wettbewerb) mit dem Nachteil der Anderen (der Verlierer) zuläßt. Mit dieser „kommunistischen Fiktion" (Myrdal) werden jedoch grundlegende ethische Gesichtspunkte wie die humane Würde und die moralischen Rechte von Personen mißachtet, deren bedingungslose Achtung und Anerkennung gegenüber jedem Menschen gerade auch den ethischen Gehalt des wohlverstandenen liberalen Prinzips ausmachen!

Diesen für eine sich „liberal" wähnende Ökonomie etwas peinlichen Mangel meint die jüngere Wirtschaftstheorie mit ihrer axiomatischen Neufundierung auf der Basis des methodologischen Individualismus überwunden zu haben. Die utilitaristische Gemeinwohlidee wird jedoch gemäß der dargelegten normativen Logik des Vorteilstausches keineswegs ganz fallengelassen, sondern nur individualistisch reinterpretiert: Woran alle Beteiligten interessiert sind, weil es dem privaten Vorteil jedes Einzelnen dient, das definiert nun das „allgemeine Wohl". In der ökonomischen Fachsprache ist das nichts anderes als das Kriterium der Pareto-Effizienz. Daß dieses mit dem vernunftethischen Moralprinzip – der normativen Logik der Zwischenmenschlichkeit – nichts zu tun hat, haben wir bereits gesehen.

---

[28] Vgl. dazu Ulrich 1993, S. 173 ff.
[29] Bentham 1992, S. 36.

	Wirtschaftsliberale („neoliberale") Konzeption	Republikanisch-liberale Konzeption
Konzept der Person	Mensch als präsoziales Wesen: *„Ich rechne, also bin ich"* *(Thomas Hobbes)* ⇓ *bedingtes* wechselseitiges Interesse ⇓	Mensch als soziales Wesen: *„Ich fühle Sympathie,* *also bin ich"* *(Adam Smith)* ⇓ *unbedingte* wechselseitige Achtung und Anerkennung ⇓
Freiheitsbegriff	primär negative Freiheit („unantastbare" Privatautonomie *gegen* Ansprüche anderer: Abwehrrechte) ⇓	primär positive Freiheit („öffentlicher Vernunftgebrauch" unter mündigen Bürgern: Beteiligungsrechte) ⇓
Konzept des Bürgers	Besitzbürger (Bourgeois): *„Ich habe Privateigentum,* *also bin ich"*	Staatsbürger (Citoyen): *„Ich partizipiere an der* *Res publica, also bin ich"*
Politikbegriff	Strategischer Machtausgleich im „Stimmenmarkt" (Bargaining) ⇓	„öffentlicher Vernunftgebrauch" (deliberative Demokratie) ⇓
Modus der Vergesellschaftung	Vorteilstausch (macht- und interessenbasiert) ⇓ Gesellschaft als Marktzusammenhang	gleiche allgemeine Bürgerrechte (gerechtigkeitsbasiert) ⇓ Gesellschaft als Rechts- und Solidarzusammenhang
Ideal der Wirtschaftsordnung	„freie" Marktwirtschaft („entgrenzt" und „entfesselt") ⇓ totale Markt*gesellschaft* (Wirtschaft *als* Gesellschaft)	Soziale Marktwirtschaft *(embedded economy)* ⇓ lebensdienliche Markt*wirtschaft* (Wirtschaft *in* der Gesellschaft)

Abb. 1: Republikanischer Liberalismus vs. Wirtschaftsliberalismus

Der skizzierte kategoriale Unterschied zwischen Marktprinzip und Moralprinzip, zwischen ökonomischer Rationalität und ethisch-praktischer Vernunft, ist also erheblich. Und dieser erhebliche Unterschied ist es, der das ökonomistische Ideal einer totalen Marktgesellschaft, in der der „freie" Markt mehr oder weniger alle sozialen Beziehungen zwischen den Privatpersonen regelt, zum politisch-ethischen Problemfall macht – und nicht zur Lösung fast aller Probleme, wie die marktradikalen Neoliberalen behaupten.

Als Zwischenfazit halten wir fest, daß der pure Wirtschaftsliberalismus aus politisch-philosophischer und wirtschaftsethischer Sicht gerade infolge seiner – dogmengeschichtlich zwar verschieden interpretierten, aber im Prinzip bis heute stets aufrecht erhaltenen – marktmetaphysischen Gemeinwohlfiktion kein tragfähiges Freiheitsverständnis vertritt. Ein solches bietet im Ansatz erst der moderne politische Liberalismus im Sinne von John Rawls, der primär nicht auf den freien Markt, sondern auf freie Bürger zielt, genauer: auf die gleiche größtmögliche reale Freiheit aller Bürger. Da allerdings die Rawlssche Variante des politischen Liberalismus gewisse Grenzverwischungen zum ökonomischen Liberalismus nicht konsequent vermeidet, ziehe ich für mein nachfolgend skizziertes Leitbild die Bezeichnung als republikanischer Liberalismus vor.[30]

4. Republikanischer Liberalismus: Das postökonomistische Leitbild einer voll entfalteten Bürgergesellschaft

Wie der zugegebenermaßen etwas ungewohnte Begriff des republikanischen Liberalismus zum Ausdruck bringen soll, kommt es für einen ökonomismuskritisch aufgeklärten Liberalismus entscheidend auf eine republikanisch-ethische Beimischung an. Bezug genommen wird dabei auf die in jüngster Zeit in Gang gekommene Wiederentdeckung der alten Traditionslinie des Republikanismus. Ausgehend von griechisch-antiken Wurzeln in der polis-Idee führt diese ideengeschichtliche Linie über den Bürgerhumanismus der Städterepubliken Florenz, Siena und Venedig und über James Harringtons Verfassungsentwurf für England[31] – Harrington war seinerzeit der eigentliche politisch-philosophische Gegenspieler zu Thomas Hobbes! – zu den Gründervätern der US-amerikanischen Verfassung, wie der amerikanische Historiker John Pocock in seiner wegweisenden Studie gezeigt hat.[32]

Führende amerikanische Rechtsphilosophen und Verfassungstheoretiker haben im Anschluß an Pocock die bedeutsamen, aber weitgehend vergessen gegangenen republikanischen Einflüsse auf die Verfassung der USA untersucht und zu einer neuen Sicht des Verhältnisses von Liberalismus und Republikanismus beigetragen, unter ihnen Frank

---

[30] Zur (partiellen) Kritik an Rawls' Konzeption des politischen Liberalismus, auf die hier im Einzelnen nicht eingegangen werden soll, vgl. Ulrich 2001, S. 247 ff.; zum Entwurf des republikanischen Liberalismus ebd., S. 293 ff.

[31] Vgl. dazu Riklin 1998.

[32] Vgl. Pocock 1975. Als Einführung vgl. Sewing 1993.

Michelman[33] und Cass R. Sunstein.[34] Aus der hier interessierenden Perspektive besteht die aktuelle Bedeutung dieser Studien in der differenzierten Art und Weise, wie sie die Dialektik zwischen politischer Bürgertugend (als individualethischem Moment) und Verfassung (als institutionenethischem Moment) begreifen und von da aus einer republikanisch-liberalen Synthese zuarbeiten, die sich sowohl gegenüber einem ökonomistisch verkürzten (Neo-) Liberalismus als auch gegenüber dem derzeit modischen Kommunitarismus präzise abgrenzen und als konzeptionell überlegen ausweisen läßt.[35]

Dem republikanischen Liberalismus, wie ich ihn verstehe, liegt zunächst ein völlig anderes Konzept der Person als dem Wirtschaftsliberalismus zugrunde (vgl. wiederum Abb. 1): Der Mensch wird von Grund auf als soziales Wesen begriffen, für dessen gelingende Identitätsentwicklung und Lebensqualität den sozialen Beziehungen in Gemeinschaft und Gesellschaft eine konstitutive Funktion zukommt: Nicht gegen die soziale Gemeinschaft, sondern in ihr ist wohlverstandene Freiheit als allgemeine Freiheit (d. h. gleiche Freiheit aller) zu denken. Freiheit wird nicht mehr bloß negativ in Abgrenzung des egoistischen Individuums zu anderen gedacht, sondern stets auch positiv als Möglichkeit zur gleichberechtigten Teilnahme an der Res publica, der Sache des „öffentlichen Vernunftgebrauchs"[36] mündiger Bürger in der ethisch-politischen Deliberation (d. h. Beratschlagung) über die Grundsätze des gerechten und fairen Zusammenlebens.

Der republikanische Liberalismus erkennt die Essenz einer freiheitlichen Gesellschaft in der Verbindung gleicher unantastbarer Bürgerrechte aller mit dem republikanisch-ethischen Tugendmoment des Bürgersinns. Der Einsicht in den gleichen legitimen Anspruch aller Bürger auf real lebbare Freiheit korrespondiert nämlich die für alle gebotene Bereitschaft, die eigene Interessenverfolgung den Legitimitätsbedingungen der wechselseitigen Anerkennung der Bürger und Bürgerinnen als Gleiche und Freie zu unterstellen und ein Mindestmaß an Solidarität zu üben. Der republikanisch gesinnte freie Bürger anerkennt daher auch seine Mitverantwortung für die gute Ordnung der Res publica. Er begreift Freiheit als kostbares öffentliches Gut, für das die gemeinsame partizipative Selbstbestimmung der mündigen Staatsbürger (Citoyens) in deliberativen politischen Prozessen unter Gleichen konstitutiv ist, während der Wirtschaftsliberalismus, der aus politisch-philosophischer Sicht eigentlich als ein Vulgärliberalismus zu klassifizieren ist, Freiheit naturwüchsig und individualistisch mißversteht und sie auf die Privatautonomie eigennütziger Besitzbürger (Bourgeois) verkürzt.

Dementsprechend anders ist das republikanisch-liberale Gesellschaftsverständnis: Gesellschaft wird nicht mehr primär als Marktzusammenhang, sondern als wohlgeordneter Rechts- und Solidaritätszusammenhang gedacht. Nicht der Vorteilstausch von

---

[33] Vgl. Michelman 1986.

[34] Vgl. Sunstein 1988.

[35] Für eine präzisere Bestimmung und Abgrenzung der drei hier nur angedeuteten Konzeptionen vgl. Ulrich 2001, S. 293 ff. Auf das recht enge, aber in entscheidenden Punkten doch gegensätzliche Verhältnis zwischen Republikanismus und Kommunitarismus wird nachfolgend nicht eingegangen. Vgl. dazu auch Maak 1996; zu einem freiheitlich-demokratisch rejustierten Republikanismus vgl. ders. 1999, S. 160 ff.

[36] Kant 1982, S. 55.

Wirtschaftssubjekten am Markt, sondern die rechtsstaatliche Gewährleistung der allgemeinen Bürgerrechte und mit ihnen des gleichen Status vollwertiger Bürger und Bürgerinnen gilt als Grundlage der freiheitlich-demokratischen Gesellschaft. Nicht die Markteffizienz, sondern die Gerechtigkeit der gesellschaftlichen Ordnung wird jetzt, übrigens ganz in Smithscher Tradition, als das vorrangige Gestaltungskriterium begriffen. Somit läßt sich der Staat nicht mehr einfach pauschal als Gegenpol der Freiheit diffamieren, vielmehr wird er zunächst einmal als der unverzichtbare Garant einer wohlgeordneten Gesellschaft freier Bürger (nicht nur als Garant des „unantastbaren" Privateigentums!) wahrgenommen.

Das konkrete Leitbild des republikanischen Liberalismus ist also nicht die totale Marktgesellschaft, von der die Hobbesianer und sonstigen Marktgläubigen träumen, sondern eine voll entfaltete Bürgergesellschaft. Für eine solche können zusammenfassend drei elementare Leitideen als konstitutiv gelten:

1. Umfassender Bürgerstatus: „*Citizenship* ist ein nicht-ökonomischer Begriff. Er definiert die Stellung der Menschen unabhängig von dem relativen Wert ihres Beitrags zum Wirtschaftsprozeß" – so Ralf Dahrendorf als deutschsprachiger Vordenker des politischen Liberalismus und der Bürgergesellschaft.[37] Ein in diesem Sinn voll entfalteter Bürgerstatus setzt starke allgemeine Bürgerrechte voraus, und zwar neben elementaren Persönlichkeitsrechten und Staatsbürgerrechten (politischen Teilnahmerechten) auch – teilweise noch fehlende – Wirtschaftsbürgerrechte (sozioökonomische Teilhaberechte), soweit diese zur selbständigen Lebensführung in realer Freiheit und Selbstachtung nötig sind.[38]

2. Zivilisierung des Marktes ebenso wie des Staates: In einer wahren Bürgergesellschaft gilt der freie Bürger mehr als der freie Markt! Und das heißt: die sachzwanghafte Eigenlogik des Marktes wird nicht als guter Grund akzeptiert, um die reale Freiheit und Chancengleichheit der Bürger, vor allem des schwächeren Teils unter ihnen, und die Gerechtigkeit der Spielregeln ihres Zusammenlebens einzuschränken – vielmehr verhält es sich genau umgekehrt! Von hier aus begründet sich der unaufgebbare Primat der Politik vor der Logik des Marktes. Die „Souveränität" des Bürgers ist gegenüber jeder Form von nicht legitimierter Macht, „privat"-wirtschaftlicher genauso wie staatlicher, zu verteidigen. Nochmals mit Dahrendorf formuliert: „Die Rechte der Bürger sind jene unbedingten Anrechte, die die Kräfte des Marktes zugleich überschreiten und in ihre Schranken verweisen."[39]

3. Bürgersinn: In einer voll entwickelten Bürgergesellschaft nehmen die Bürger ihre privaten und ebenso ihre gemeinschaftlichen Angelegenheiten selbst in die Hand. Die Bürger fühlen sich für die Res publica, die öffentliche Sache des gerechten und solidarischen gesellschaftlichen Zusammenlebens, mitverantwortlich. Sie spalten ihr privates Handeln davon nicht ab (sich moralisch nicht spalten lassen heißt: integer sein!), sondern machen es von seiner diskursiven Legitimierbarkeit in der republikanischen Öffentlichkeit nach Maßgabe der gleichen Freiheit und Grundrechte aller Bürger abhängig. Genau diese Selbstbindung an die Grundsätze des Zusammenlebens freier und

---

[37] Dahrendorf 1995, S. 33.
[38] Darauf kann hier nicht näher eingegangen werden; vgl. dazu Ulrich 2001, S. 259 ff.
[39] Dahrendorf 1992, S. 567 f.

gleicher Bürger ist der Kern des *republikanischen Ethos* im Sinne des republikanischen Liberalismus. Republikanisch gesinnte Bürger lassen den lexikalischen Vorrang der Res publica vor den „privaten" Partikulärinteressen auch in ihrem wirtschaftlichen Handeln gelten; sie sind daher bereit, auch für dieses den öffentlichen Diskurs als „Ort" der Moral anzuerkennen. Mit dieser – wie ich meine – sparsamen Fassung des Gemeinsinnpostulats ist die regulative Idee einer republikanischen Wirtschaftsbürgerethik charakterisiert.[40]

5.   Republikanische Unternehmensethik: Vom Shareholder Value zur Corporate Citizenship

Kehren wir nun zurück auf die Ebene der privatwirtschaftlichen Unternehmen, von wo wir ausgegangen sind. Fragen wir also nach der Perspektive und den Leitideen einer republikanischen Unternehmensethik, d. h. einer auf der Konzeption des republikanischen Liberalismus aufbauenden und von ihr her politisch-philosophisch aufgeklärten Unternehmensethik. Für sie soll hier die Formel der Corporate Citizenship stehen. Wir wollen uns mit kurzen Skizzen zu vier elementaren Gesichtspunkten begnügen:
– dem Verständnis des Unternehmens als quasi-öffentlicher Wertschöpfungsveranstaltung (statt als privater Kapitalverwertungsveranstaltung),
– der Bestimmung von legitimem Gewinnstreben als selbstbegrenztem Gewinnstreben (statt des Verweises auf den „Sachzwang" zur unbegrenzten Gewinnmaximierung),
– der Einsicht in die Zweistufigkeit unverkürzter Unternehmensethik (statt nur Geschäftsethik),
– dem normativ-kritischen Stakeholder-Konzept (statt einem bloß strategischen Stakeholder- oder Shareholder-Value-Konzept).

Erstens verändert sich gegenüber der herkömmlichen liberalen Sicht das Unternehmensverständnis als solches: Das Unternehmen wird nicht mehr als private Kapitalverwertungsveranstaltung, sondern als quasi-öffentliche Wertschöpfungsveranstaltung wahrgenommen, deren Handeln unausweichlich mitten im Brennpunkt gesellschaftlicher Wert- und Interessenkonflikte steht und vor allen Betroffenen, letztlich vor der gesamten Öffentlichkeit zu legitimieren und zu verantworten ist.[41] Dabei gelten im Prinzip für Unternehmen dieselben republikanisch-ethischen Anforderungen an ihr Geschäftsgebaren wie für alle Wirtschaftsbürger. Nicht mehr, aber auch nicht weniger (also nicht etwa bloß die Ausübung einer karitativ verstandenen „Corporate Social Responsibility") meint der (wohlverstandene) Begriff der Corporate Citizenship. Unternehmen sollen wie „gute Bürger" den Vorrang der öffentlichen Sache des guten und gerechten Zusammenlebens freier und gleicher Bürger vor allen privatwirtschaftlichen Partikulärinteressen vorbehaltlos anerkennen, so daß sie ihr Tun jederzeit mittels des „öffentlichen Gebrauchs der Vernunft" (Kant) vor der Gesamtheit der Bürger, die ihnen

---

[40] Für eine umfassende Entfaltung vgl. Ulrich 2001, S. 289 ff.
[41] Vgl. schon Ulrich 1977.

die privatrechtlichen Eigentums- und Verfügungsrechte ja überhaupt erst eingeräumt haben, zu rechtfertigen vermögen.

Mit anderen Worten: Die unbegrenzte Öffentlichkeit aller mündigen Bürger ist auch in der Unternehmensethik der systematische „Ort" der Moral. Unternehmensethik läßt sich also nicht in eine „Privatmoral" der Unternehmensleitung einschließen. Dies gilt übrigens auch deshalb, weil jedes mögliche Verständnis der gesellschaftlichen Funktion und Legitimation der Unternehmen normativer Art ist und immer schon ein umfassenderes wirtschaftsphilosophisches Vorverständnis der Wirtschaftsordnung, in die sie eingebettet sind, impliziert. Ein Reflexionsstopp vor diesen institutionenethischen Prämissen jeder Unternehmensethik – und den begehen nicht nur die meisten Praktiker, sondern leider auch manche Schulen der Wirtschafts- und Unternehmensethik – mündet demgegenüber fast unweigerlich in Sachzwangdenken.

Womit wir bereits beim *zweiten* Punkt sind. Sachzwangdenken ist nämlich eine empiristisch verkleidete Form des Ökonomismus![42] Zwar verhält es sich durchaus so, daß das einzelne Unternehmen im marktwirtschaftlichen Wettbewerb unter realen Sachzwängen der Selbstbehauptung steht. Aber diese Sachzwänge sind selbst schon normativ konstituiert, und zwar nicht nur auf der ordnungspolitischen Ebene der Wettbewerbspolitik, sondern zugleich auf der unternehmenspolitischen Ebene der privatwirtschaftlichen Zielvorgaben. Wie der berühmte Ökonom Joseph Schumpeter ganz richtig formuliert hat, werden „die Unternehmungen und ihre Leiter […] durch ihr Gewinnmotiv gezwungen […], sich aufs äußerste anzustrengen, um eine maximale Produktion und minimale Kosten zu erreichen."[43]

Es herrscht also im Markt weniger ein Zwang *zur* Gewinnmaximierung als vielmehr der wechselseitige Zwang der Wirtschaftssubjekte *durch* ihr je privates Einkommens- oder Gewinnstreben. Erst unter der ideologisch vorausgesetzten Norm der strikten Einkommens- bzw. Gewinnmaximierung wird es für die Wirtschaftssubjekte „unmöglich", auf andere normative Gesichtspunkte, etwa solche der Human-, Sozial- und Umweltverträglichkeit ihres Handelns, Rücksicht zu nehmen. Aus republikanisch-ethischer Sicht gilt es jedoch gerade, diese Einkommens- und Gewinninteressen ethisch-kritisch dahingehend zu reflektieren, wie weit sie im Lichte der moralischen Rechte anderer legitim sind und wo diese den Vorrang verdienen. Geboten ist somit eine Selbstbegrenzung des unternehmerischen Gewinnstrebens nach Maßgabe „unantastbarer" moralischer Rechte von Betroffenen und anderer höherrangiger Güter des republikanischen Gemeinwohls: Legitimes Gewinnstreben ist stets moralisch begrenztes Gewinnstreben.[44]

Damit aber solche einzelwirtschaftliche Selbstbegrenzung ihrerseits den in den Wettbewerb verstrickten Akteuren zumutbar ist, bedarf es zugleich einer ordnungspolitischen Wettbewerbsbegrenzung – also so ziemlich das Gegenteil der gegenwärtigen neoliberalen Politik der grenzenlosen Wettbewerbsintensivierung! Je mehr die Märkte dereguliert und der Wettbewerb dadurch intensiver wird, um so weniger ist die indivi-

---

[42] Siehe dazu Ulrich 2001, S. 131 ff.

[43] Schumpeter 1975, S. 129.

[44] Für die Begründung dieses Postulat im Einzelnen vgl. Ulrich 2001, S. 397 ff.; für die präzise Abgrenzung republikanisch-ethischer Selbstbindung von „rationaler" Selbstbindung im Sinne kluger Selbstbeschränkung vgl. Ulrich 1999a.

duelle Selbstbegrenzung für die Wirtschaftssubjekte zumutbar – der total „freie" Markt, den es real zum Glück kaum gibt, wäre auch ein fast totaler lebenspraktischer Zwangszusammenhang. Eine vernünftige Sachzwangbegrenzungspolitik wird jedoch wiederum nur mit Wirtschaftsbürgern und Wirtschaftsverbänden realpolitisch zu machen sein, die eine solche aus republikanischem Gemeinsinn heraus wollen.

Implizit haben wir damit schon das *dritte* Basiselement republikanischer Unternehmensethik angesprochen. Diese ist nämlich generell zweistufig zu denken (Abb. 2): So wie zum republikanischen Bürgerethos die Bereitschaft zur aktiven Mitverantwortung für die gute Ordnung der Res publica gehört, so umfaßt republikanische Unternehmensethik sowohl die unmittelbare Geschäftsethik, welche die selbst gewählten Grundsätze verantwortungsvollen Geschäftsgebarens im Markt normiert, als auch eine angemessene Mitverantwortung für die gesellschaftlichen und politischen Rahmenbedingungen, unter denen das Unternehmen seinen Geschäften nachgehen will.

2. Stufe der Verantwortung: **Republikanische Unternehmensethik**
Kritische Hinterfragung gegebener Wettbewerbsbedingungen, die in unternehmerische Dilemmasituationen führen

1. Stufe der Verantwortung: **Geschäftsethik**

Suche nach rentablen Wegen der sozialökonomisch sinnvollen und legitimen Wirtschaftens innerhalb der ordnungspolitischen Rahmenbedingungen (Geschäftintegrität)

▶ *unternehmerische Wertschöpfungsaufgabe*:
lebensdienlicher Unternehmenszweck auf einer tragfähigen normativen „Geschäftsgrundlage" (Legitimitätsprämisse und Sinngebung)

▶ *branchen- und ordnungspolitische Mitverantwortung*:
für ethisch verantwortbare Standards und Rahmenbedingungen des Wettbewerbs (*ordo*-liberales Engagement in Richtung einer vitalpolitisch eingebundenen, lebensdienlichen Marktwirtschaft)

Abb. 2: Die zweistufige Konzeption integrativer Unternehmensethik (Quelle: Ulrich 1998, S. 430)

Das meint wesentlich mehr, als was herkömmlicherweise unter „sozial verantwortlicher Unternehmensführung" (Corporate Social Responsibility) verstanden wird, nämlich insbesondere ein aktives Engagement für die kollektive Selbstbindung auf der Ebene von

Branchen- und anderen Wirtschaftsverbänden an gemeinsame ethische Geschäftsgrund-
sätze (Branchenstandards) und die Bereitschaft, gemeinwohldienliche ordnungspolitische Reformen auch dann mitzutragen, wenn sie vom eigenen Unternehmen bzw. der
eigenen Branche ein zumutbares Opfer (Kostenfolgen) verlangen, statt Politik nur lob-
byistisch als die Fortsetzung des Geschäfts mit anderen Mitteln zu betreiben. Ohne eine
im republikanisch-ethischen Sinne gute Rahmenordnung ist nämlich, wie wir als zweiten
Punkt schon gesehen haben, eine Selbstbegrenzung auf der Ebene des einzelnen Unternehmens gerade deshalb oft kaum zumutbar, weil weniger skrupulöse Konkurrenzfirmen
als moral free-rider oder aber deutsch: moralische Trittbrettfahrer daraus u. U. unlautere
Kostenvorteile ziehen und so ihre Wettbewerbsposition gegenüber den verantwortungs-
bewußteren Mitbewerbern verbessern.

Als *vierten* und letzten Grundbaustein von republikanischer Unternehmensethik
möchte ich auf deren Perspektive des Spannungsfelds von Shareholder Value und konkurrierenden Stakeholder-Ansprüchen hinweisen. („Stakeholder" ist der neudeutsche
Begriff für alle wie auch immer definierten Bezugs- oder Anspruchsgruppen des Unternehmens). Die Shareholder-Value-Doktrin ist ideologiekritisch wiederum als ein Stück
Ökonomismus zu durchschauen, das sich daher mit Corporate Citizenship nicht vereinbaren läßt. Vom herkömmlichen Gewinnmaximierungsprinzip unterscheidet sich das
Shareholder-Value-Konzept nämlich nur dadurch, daß es nun nicht mehr um die (kurz-
fristige) Maximierung des in der Erfolgsrechnung ausgewiesenen Gewinns geht, sondern um die „nachhaltige" (sprich: dauerhafte) Steigerung des inneren Unternehmens-
werts im Sinne des gesamten zukünftigen Ertragspotentials, wie es – angeblich – etwa
am Indikator der Börsenbewertung eines Unternehmens abzulesen ist. Dabei kommt
eine – zwar ihrerseits gerade an der Börse „volatile", kurzfristig u. U. heftig schwan-
kende – langfristökonomische Perspektive ins Spiel. Ihr wird nun die entscheidende
Interessenharmonisierungsfunktion zugesprochen, wie man z. B. folgender These des
Finanzwirtschaftlers Rudolf Volkart entnehmen kann:

> „Shareholder Value als langfristiges Finanzziel des Unternehmens müßte – eben betont strate-
> gisch gesehen – in Harmonie mit den Interessen der anderen Stakeholder stehen, insbesondere
> auch mit denjenigen der Arbeitnehmer. Die Konflikte liegen im kurz- bis mittelfristigen Be-
> reich begründet."[45]

Dasselbe Urvertrauen in die große längerfristige Interessenharmonie zwischen Share-
und Stakeholdern – die „unsichtbare Hand" des Marktes läßt grüßen! – vertritt beispielsweise Norbert Bensel, Personalvorstand der DaimlerChrysler InterServices AG:

> „Die Interessen der Shareholder kann eine Unternehmensführung dauerhaft nur bedienen,
> wenn sie die berechtigten Interessen der anderen Stakeholder – Mitarbeiter, Kunden, Lieferan-
> ten und Gesellschaft – nicht vernachlässigt, sondern stets als gleichrangige Interessen im Auge
> behält."[46]

---

[45] Volkart 1996.
[46] Bensel 1997, S. 9. – Zur Kritik sowohl des Shareholder-Value- als auch eines bloß strategischen
    Stakeholder-Konzepts und zu einem ethisch gehaltvollen (normativ-kritischen) Stakeholder-
    Konzept vgl. im Einzelnen Ulrich 1999b, S. 225–253.

„Ethik" wird nach diesem verbreiteten instrumentalistischen Denkmuster[47] in der Tat „betont strategisch gesehen" (Volkart); ihr entscheidender Beweggrund ist die Annahme, daß es sich auf die Dauer rentiert, daß es also klug sei, ethischen Gesichtspunkten „Rechnung" (!) zu tragen – als Mittel zum Zweck der nachhaltigen Gewinnsteigerung. Dieser Instrumentalismus verträgt sich jedoch gerade nicht mit der Anerkennung aller Stakeholder-Ansprüche als „stets gleichrangige Interessen" (Bensel). Ein ethisches Legitimitätskriterium, in dessen Lichte „berechtigte Interessen" (Bensel) zu bestimmen wären, kommt gar nicht ins Spiel. Die Gefahr liegt nahe, daß in Form eines ökonomistischen Zirkelschlusses schlicht jene Interessen als „berechtigt" betrachtet werden, die mit der Maximierung des Shareholder Values harmonieren! Und das sind genau jene Interessen, deren Träger über Durchsetzungs- oder Sanktionsmacht verfügen. Das Machtprinzip, nicht das Moralprinzip ist dann maßgeblich.

Wer demgegenüber ethisch berechtigte (d. h. legitime) von unberechtigten Stakeholder-Ansprüchen unterscheiden will, der benötigt unverzichtbar ein *normativ-kritisches* Stakeholder-Konzept. Hier geht es dann nicht darum, wer wirkungsmächtige Ansprüche durchsetzen kann, sondern wer im Lichte der Grundsätze einer wohlgeordneten Gesellschaft freier, gleicher und mündiger Bürger ethisch begründete Ansprüche – und das heißt: moralische Rechte – gegenüber dem Unternehmen erheben können *soll*. Der Beweggrund, der eine Unternehmensleitung zur Anerkennung und angemessenen Erfüllung dieser legitimen Ansprüche motiviert, ist nicht die geschäftsstrategische Klugheit, sondern die republikanisch-ethische Selbstbindung an moralische Prinzipien. Und das ist nun einmal nicht dasselbe: Wer Prinzipien hat, kann nicht zugleich dem „Gewinnmaximierungsprinzip" frönen. Er braucht deshalb auf legitimes Erfolgsstreben keineswegs zu verzichten. Denn republikanisch gesinnte Bürger wollen ja, ob als Privatpersonen oder Unternehmensleiter, von ihrem ganzen Selbstverständnis her überhaupt nur solchen Erfolg, den sie im Lichte der Legitimitätsbedingungen der Res publica vor sich selbst wie vor anderen mit guten Gründen vertreten können. Gerade in solcher republikanischer Selbstbindung erkennen sie ihr wirtschaftsethisch aufgeklärtes, wohlverstandenes Eigeninteresse.

Literaturverzeichnis

Bensel, N. (1997), Shareholder Value – wertorientierte Unternehmensführung in der Praxis (Interview), in: Forum Wirtschaftsethik, 5. Jg., Heft 2, S. 8–11.

Bentham, J. (1970), An Introduction to the Principles of Morals and Legislation. Neuausgabe New York/London 1970, dt. Teilübersetzung in: Einführung in die utilitaristische Ethik. Klassische und zeitgenössische Texte, hg. v. O. Höffe, 2. Aufl., Tübingen 1992, S. 55–83.

Cortina, A. (1992), Ethik ohne Moral. Grenzen einer postkantischen Prinzipienethik?, in: Zur Anwendung der Diskursethik in Politik, Recht und Wissenschaft, hg. v. K.-O. Apel u. M. Kettner, Frankfurt/M., S. 278–295.

Dahrendorf, R. (1992), Moralität, Institutionen und die Bürgergesellschaft, in: Merkur, Nr. 7, S. 557–568.

---

[47] Zum Konzept instrumentalistisch verkürzter Unternehmensethik vgl. Ulrich 2001, S. 418 ff.; zu seiner nach wie vor weiten Verbreitung unter Führungskräften der Wirtschaft vgl. Ulrich/Thielemann 1992.

Dahrendorf, R. (1995), Über den Bürgerstatus, in: Bürgergesellschaft, Recht und Demokratie, hg. v. B. van den Brink u. W. van Reijen, Frankfurt/M., S. 29–43.

Gauthier, D. (1986), Morals by Agreement, Oxford.

Habermas, J. (1992), Faktizität und Geltung. Beiträge zur Diskurstheorie des Rechts und des demokratischen Rechtsstaats, Frankfurt/M.

Hirschman, A. O. (1980), Leidenschaften und Interessen. Politische Begründungen des Kapitalismus vor seinem Sieg, Frankfurt/M.

Hobbes, Th. (1984), Leviathan, hg. v. I. Fetscher, Frankfurt/M.

Kant, I. (1982), Beantwortung der Frage: Was ist Aufklärung? [1794], in: Werkausgabe Bd. XI, hg. v. W. Weischedel, 6. Aufl., Frankfurt/M., S. 51–61.

Lutz, Ch. (1997), Arbeitswelt 2020 – Gesellschaft der Lebensunternehmer, in: Du, Heft 5, S. 74–76.

Maak, Th. (1996), Kommunitarismus. Grundkonzept einer neuen Ordnungsethik?, Beiträge und Berichte des Instituts für Wirtschaftsethik, Nr. 72, St. Gallen.

Maak, Th. (1999), Die Wirtschaft der Bürgergesellschaft, Bern/Stuttgart/Wien.

Macpherson, C. B. (1967), Die politische Theorie des Besitzindividualismus. Von Hobbes bis Locke, Frankfurt/M.

Michelman, F. I. (1986), The Supreme Court 1985 Term. Foreword: Traces of Self-Government, in: Harvard Law Review 100, S. 4–77.

Montesquieu, Ch. (1965), Vom Geist der Gesetze [1748], Stuttgart.

Münkler, H. (1992), Politische Tugend. Bedarf die Demokratie einer sozio-moralischen Grundlegung?, in: Ders., Die Chancen der Freiheit. Grundprobleme der Demokratie, München/Zürich, S. 25–46.

Münkler, H. (1999), Republikanische Ethik – Bürgerliche Selbstbindung und politische Mitverantwortung, in: Unternehmerische Freiheit, Selbstbindung und politische Mitverantwortung, hg. v. P. Ulrich, A. Löhr u. J. Wieland, München/Mering, S. 9–25.

Myrdal, G. (1976), Das politische Element in der nationalökonomischen Doktrinbildung, 2. Aufl. der Neuausgabe, Bonn-Bad Godesberg.

Pocock, J. G. A. (1975), The Machiavellian Moment. Florentine Political Thought and the Atlantic Republican Tradition, Princeton N. J.

Rawls, J. (1992), Die Idee des politischen Liberalismus. Aufsätze 1978–1989, Frankfurt/M.

Rawls, J. (1993), Political Liberalism, New York.

Riklin, A. (1998), Das Republikmodell von James Harrington, in: Zeitschrift für Politikwissenschaft 8, S. 93–119.

Sandel, M. (1982), Liberalism and the Limits of Justice, Cambridge, Mass.

Sandel, M. (1993), Die verfahrensrechtliche Republik und das ungebundene Selbst, in: Kommunitarismus. Eine Debatte über die moralischen Grundlagen moderner Gesellschaften, hg. v. A. Honneth, Frankfurt/New York, S. 18–35.

Schumpeter, J. (1975), Kapitalismus, Sozialismus und Demokratie, 4. Aufl., München.

Sewing, W. (1993), John G. A. Pocock und die Wiederentdeckung der republikanischen Tradition. Vorwort in: J. G. A. Pocock, Die andere Bürgergesellschaft. Zur Dialektik von Tugend und Korruption, Frankfurt/M., S. 7–32.

Smith, A. (1978), Der Wohlstand der Nationen [1776], hg. v. H. C. Recktenwald, München.

Smith, A. (1985), Theorie der ethischen Gefühle [1759], hg. v. W. Eckstein, Hamburg.

Sunstein, C. R. (1988), Beyond the Republican Revival, in: The Yale Law Journal, 97, S. 1539–1590.

Thielemann, U. (1996), Das Prinzip Markt. Kritik der ökonomischen Tauschlogik., Bern/Stuttgart/Wien.

Ulrich, P. (1977), Die Großunternehmung als quasi-öffentliche Institution. Eine politische Theorie der Unternehmung, Stuttgart.

Ulrich, P. (1991), Der kritische Adam Smith – im Spannungsfeld zwischen sittlichem Gefühl und ethischer Vernunft, in: Der andere Adam Smith. Beiträge zur Neubestimmung von Ökonomie als Politischer Ökonomie, hg. v. A. Meyer-Faje u. P. Ulrich, Bern/Stuttgart/Wien, S. 145–190.

Ulrich, P. (1993), Transformation der ökonomischen Vernunft. Fortschrittsperspektiven der modernen Industriegesellschaft, 3. Aufl., Bern/Stuttgart/Wien.

Ulrich, P. (1999a), Republikanische Unternehmensethik – Facetten einer „fesselnden" Perspektive unternehmerischer Selbstbindung, in: Unternehmerische Freiheit, Selbstbindung und politische Mitverantwortung. Perspektiven republikanischer Unternehmensethik, hg. v. P. Ulrich, A. Löhr u. J. Wieland, München/Mering, S. 167–177.

Ulrich, P. (1999b), Was ist „gute" Unternehmensführung? Reflexionen zu den normativen Grundlagen ethisch bewußten Managements, in: Entwicklungsperspektiven einer integrierten Managementlehre, hg. v. P. Gomez, G. Müller-Stewens u. J. Rüegg-Stürm, Bern/Stuttgart/Wien, S. 225–253.

Ulrich, P. (2001), Integrative Wirtschaftsethik. Grundlagen einer lebensdienlichen Ökonomie, 3. Aufl., Bern/Stuttgart/Wien.

Ulrich, P. (2002), Der entzauberte Markt. Eine wirtschaftsethische Orientierung, Freiburg i. B./Basel/Wien.

Ulrich, P./Thielemann, U. (1992), Ethik und Erfolg. Unternehmensethische Denkmuster von Führungskräften – eine empirische Studie, Bern/Stuttgart/Wien.

Volkart, R. (1996), Langfristige Shareholder-Orientierung, in: Neue Zürcher Zeitung, Nr. 154 v. 5.7.1996, S. 23.

Weber, M. (1988), Die protestantische Ethik und der Geist des Kapitalismus, in: Ders., Gesammelte Aufsätze zur Religionssoziologie I, 9. Aufl., Tübingen, S. 17–206.

Weisser, G. (1978), Die Überwindung des Ökonomismus in der Wirtschaftswissenschaft [1954], in: Ders., Beiträge zur Gesellschaftspolitik, Göttingen, S. 573–601.

Hermann Lübbe

Gemeinwohl als Aufgabe der Ordnungspolitik

Zur Frage nach dem Gemeinwohl möchte ich mit drei gemeinwohlorientierten ordnungspolitischen Postulaten beitragen, die zunächst benannt und dann erläutert werden
sollen.

Erstens erfordern moderne, hochentwickelte, das heißt komplexe und dynamische
Gesellschaften Institutionen, die die moralischen Potentiale ökonomischer Lebensorientierung freisetzen und nutzbar machen. *Zweitens* erfordern moderne Gesellschaften die
Stärkung und verfassungspolitische Sicherung der Selbstbestimmungsrechte kleiner
gebietskörperschaftlicher Einheiten. *Drittens* sind komplexe und dynamische Gesellschaften auf maximale Freisetzung der Bürger zu moralischer Selbstverantwortung in
Erfüllung ihrer konventionellen Pflichten gegen sich selbst und gegen andere angewiesen.

I. Moral in der ökonomischen Lebensorientierung

Die Fälligkeit einer Ordnungspolitik, die die moralischen Potentiale ökonomischer Lebensorientierung freisetzt und nutzbar macht, wird evident im Systemvergleich. Es ist
populär zu sagen, niemand habe den Untergang des real existent gewesenen Sozialismus vorausgesehen. Für das Jahrzehnt und für das Jahr dieses Untergangs trifft das zu.
Darüber hinaus trifft es nicht zu. Zwei aus der Reihe der Analytiker, die sich früh mit
der Ankündigung exponiert haben, der Sozialismus repräsentiere eine aus ordnungspolitischen Gründen zukunftsunfähige Gesellschaftskonstruktion, seien hier exemplarisch
genannt. Talcott Parsons riskierte die Ankündigung, das sozialistische System werde
sich als instabil erweisen, bereits Anfang der sechziger Jahre,[1] das heißt zur Zeit des
stabil gewordenen atomaren Pakts der beiden Machtblöcke während des Kalten Krieges. Wie begründete Parsons seine Prognose, die westliche Intellektuelle, die sich Anti
Kommunismus strikt verboten hatten, nicht gerne hörten. Parsons wichtigstes Argument
war: Mit der wachsenden Komplexität hochentwickelter Zivilisationen nähmen die

---

[1]   Vgl. Parsons 1964 sowie 1971.

Chancen ab, sie mit Hilfe zentral konzipierter und exekutierter Planung rational steuern zu können. Damit war gesagt: Das kanonisierte marxistisch-leninistische Systemprinzip des so genannten Demokratischen Zentralismus ist mit den institutionellen und organisatorischen Bedingungen der Verarbeitbarkeit moderner Systemkomplexität unvereinbar. Der Sozialismus, fand Parsons, habe nur die Wahl, sich bis zur Selbstaufgabe zu reformieren oder seinen Niedergang dem Lauf der Dinge zu überlassen.

In den 1980er Jahren prognostizierte der deutsche Staatsrechtler Martin Kriele das unaufhaltsame Ende des totalitären Sozialismus kraft der zersetzenden Wirkungen sich ausbreitender Rechts- und Freiheitsansprüche.[2] Das will uns im Rückblick als zukunftsbeschwörendes Wunschdenken erscheinen. Aber die Wünsche haben ja geholfen, und die Kausalität, auf die sie sich stützen konnten, läßt sich beschreiben. Einzig als selbstgenügsames, informationell vollständig abgeschottetes System hätte der Sozialismus die weltpolitische Konkurrenz mit der System-Alternative der wohlfahrtseffizienten, Freiheitsrechte gewährleistenden Demokratie noch etliche Zeit aushalten können. Aber just diese Bedingung zerfiel unter den Austauschzwängen und Kooperationsfälligkeiten, auf die in einer technisch, informationell und institutionell sich unaufhaltsam herstellenden Weltgesellschaft auch das sozialistische System sich einlassen mußte. Die Legitimität dieses Systems zersetzte sich unter den Wirkungen des unaufhaltsam anwachsenden Systemvergleichswissens seiner Bürger.

Die gemeinwohlschädigende ordnungspolitische Irrationalität des Sozialismus sei noch exemplarisch mit Rekurs auf Hans Jonas vergegenwärtigt. In seinem zumal in Deutschland sehr einflußreich gewordenen 1980er Buch *Prinzip Verantwortung*[3] hatte Jonas erwogen, in einem System, das doch, wie das sozialistische, am ordnungspolitischen Grundsatz der Identität individueller und kollektiver Interessen orientiert sei, wo also nichts anderes als in Permanenz die Imperative des Volkswohls gälten, müsse doch für die Erhaltung der gemeinsamen naturalen Lebensbedingungen der Menschen ungleich besser gesorgt sein als im Kapitalismus mit seinen gemeinwohlabstinenten, divergierenden und konkurrierenden Kapitalverwertungsinteressen. Daß das Gegenteil der Fall war, blieb auch Jonas nicht verborgen, und nach der Wende gab es Gelegenheit, die Fakten zu vermessen. 1989 hatte die Elbe, sozialismusbewirkt, eine um das Siebzehnfache größere Schmutzfracht als der analoge industrialisierte Rhein aufzuweisen, und der Pro-Kopf-Verbrauch an Elektroenergie in der DDR überbot, bei ungleich geringerer Produktion und ungleich dürftigerer technischer Installation der Haushalte, den westdeutschen Verbrauch um mehr als das 1,3 fache.

Fragt man sich, warum die so einleuchtend erscheinende Vermutung von Jonas mit den ökologischen Befunden auf dem Gebiet der ehemaligen DDR nicht im Einklang stand, so muß die Antwort auf der ordnungspolitischen Ebene des Sozialismus gesucht werden. Ein Einheitsparteiwille, der die Identität der individuellen und kollektiven Interessen und damit die Permanenz der Gemeinwohlorientierung des individuellen Handelns zu garantieren hätte, ist in sehr komplexen und dynamischen Gesellschaften prinzipiell mit der Aufgabe kausalanalytisch rationaler Planung und Koordination des Handelns der Bürger überfordert. Eindrucksvoll ließe sich das am Exempel sozialisti-

---

[2]   Vgl. Kriele 1987; 1997.
[3]   Jonas 1979.

scher Preispolitik demonstrieren, was dann zur Evidenz bringt, daß einzig auf Märkten die Informationen beschaffbar sind, die die handelnden Subjekte zur rationalen Steuerung ihrer ökonomischen Interaktionen brauchen. Mit Blick auf die ökologischen Katastrophenfolgen sozialistischer Wirtschaft bedeutet das: Ohne Nutzung der Rationalitätspotentiale des Marktes ist es eben nicht möglich, unsere naturalen Lebensbedingungen der ökonomischen Vernunft zu unterwerfen. Wenn man das, was hier mit Absicht geschehen ist, so formuliert, so klingt das in manchen Ohren wie blanker Zynismus. Den Umgang mit der Natur ökonomisch zu rationalisieren: Ist nicht das genaue Gegenteil angesichts der ökologischen Probleme überfällig?

Es läßt sich nicht bestreiten: Wir treiben in wesentlichen Hinsichten immer noch Raubbau an unseren natürlichen Lebensgrundlagen. Aber was heißt denn das? Es heißt, daß wir verschwenderisch mit Lebensvoraussetzungen umgehen, die in Wahrheit überaus knapp sind. Was aber knapp ist, verlangt haushälterischen Umgang. „Haushälterisch" – das jedoch ist nichts anderes als die wörtliche Übersetzung des altvertrauten Fremdwortes „ökonomisch".

In den aktuellen wirtschaftsethischen Debatten, für die es im übrigen gute Gründe gibt, wird gelegentlich der Anschein erweckt, als handle es sich darum, die ökonomischen Interessen und mit ihr die Marktwirtschaft endlich an die moralische Kandare zu nehmen. Die Moral, die dem marktorientierten Handeln schon als solchem eignet, wird darüber beschwiegen, ja verkannt.

Der Markt – das ist nicht ein residuales Betätigungsfeld kleiner Bevölkerungsgruppen, von Freiberuflern, Unternehmern und sonstigen so genannten Besserverdienenden. Die Ordnungsleistungen des Marktes sind heute auf expandierenden Feldern von der Ökologie über Bildung und Fortbildung bis hin zum System unserer sozialen Sicherheiten unerläßlich. Sie gewinnen an Wichtigkeit, und historisch ist es kein Zufall, daß zu den Klassikern der ökonomischen Theorie nicht zuletzt Moralphilosophen gehören – Adam Smith zum Beispiel, der eine *Theory of Moral Sentiments* verfaßte.[4]

Am Sozialstaatsexempel sei die wachsende Angewiesenheit moderner Gesellschaften auf Ordnungsleistungen des Marktes für Zwecke der Sicherung des Gemeinwohls noch einmal erläutert. Es gibt keine moderne Gesellschaft, die sich nicht zu einem Sozialstaat entwickelt hätte. Das gilt nicht nur für die europäischen Länder. Es gilt – freilich in anderer Weise – auch für die USA. Das hat tiefliegende Gründe. Wir erwarten von der modernen Gesellschaft in erster Linie Freiheitsgewährleistung. Zugleich wächst aber mit effektiven Freiheitsgewinnen keineswegs die Risikobereitschaft. Ganz im Gegenteil: Je freier und je komfortabler wir im Kontext hochentwickelter moderner Industriegesellschaften leben, um so höher steigen zugleich unsere sozialen und sonstigen Sicherheitsansprüche.

Es handelt sich hier um einen Trend von geradezu anthropologischer Universalität. Entsprechend wird fällige Kritik des Sozialstaats politisch nur dann erfolgreich sein können, wenn sie sich glaubwürdig als Beitrag zur Reform und damit zur Sicherung der Zukunftsfähigkeit des Sozialstaats verständlich machen läßt.

Mit dem Lobpreis des Sozialstaats, mit der Anerkennung seiner Unvermeidlichkeit und Zustimmungspflichtigkeit gewinnt man die Freiheit, nun auch die andere Seite der

---

[4]   Smith 1966.

Sache herauszuheben. Die Lebensvorzüge des Sozialstaats unterliegen einem Gesetz des abnehmenden Grenznutzens. Das bedeutet: Rascher noch als die Höhe des erreichten Sozialstaatsniveaus wachsen die unangenehmen Nebenfolgen der Sozialstaatlichkeit. Eine besonders wichtige dieser Nebenfolgen läßt sich so charakterisieren: Der Sozialstaat entzieht fortschreitend wichtige materielle Lebensvoraussetzungen unserer individuellen Lebenserfahrung. Er macht weltfremd.

Was daraus folgt läßt sich am besten anschaulich sagen. Der Fall, den ich schildern möchte, ist ein beliebiger, aber höchst realer und überdies signifikanter Fall unter zahllosen Fällen seinesgleichen. Im Kostenaspekt der Sache repräsentiert er, sozialökonomisch aufsummiert, Milliarden. Kürzlich hatte ich Anlaß, mich immer wieder einmal in eine orthopädische Klinik zu begeben. Das Haus war exzellent geführt und die Kunst der Ärzte bewunderungswürdig. Alsbald fand ich Gelegenheit zu wiederholten Gesprächen mit einem Patienten. Es handelte sich um einen rüstigen Handwerksmeister in abhängiger Stellung. Er hatte eine Knieoperation überstanden – eine sehr komplizierte Operation. Sie war glänzend gelungen. Der Patient war entsprechend des Lobes voll gegenüber den Ärzten und damit auch dankerfüllt gegenüber den Leistungen des Sozialstaats, die ihm hier in höchst erfreulicher Weise zuteil geworden waren. Schließlich brachte ich das Gespräch auf die Kosten. Bei der Solidität des Berufs, den der Meister ausübte, verfügte er natürlich über eine reiche Lebenserfahrung auch ökonomischer Art und spontan wußte er zu sagen: „Das kann nicht billig sein." „Wie hoch schätzen Sie denn die Kosten?" – das war meine Frage. „Weniger als 15 000 oder gar 18 000 DM kann das nicht kosten." – Wenn er wüßte! Die tatsächlichen Kosten betragen einschließlich der Rehabilitationskosten etwa das Zweieinhalbfache.

Fragt man sich, wie es kommt, daß ein lebenstüchtiger, berufserfahrener und urteilskräftiger Bürger in unserem System in bezug auf die Kosten der höchst respektablen Leistungen des Sozialstaats in so einem Maße fehl geht, liegt es nahe, zu vermuten, daß dem Bürger die Aufklärung über die wirtschaftlichen Bedingungen seiner Wohlfahrt vorenthalten wird. Es handelt sich dabei um einen Vorgang politisch gewollter Konservierung bürgerlicher Unmündigkeit, dessen außerordentliche und erstaunliche Art nach einer Erklärung verlangt. Historisch lautet die Erklärung: Unser Sozialstaat verdankt sich den Traditionen des Obrigkeitsstaats. Er verdankt sich konservativen Impulsen. Es ist der gute alte und fürsorgliche Vater Staat, der seine unmündigen Landeskinder an die Hand nimmt und betreut.

Im späten 19. Jahrhundert, als unter Bismarck der moderne Sozialstaat seinen Anfang nahm, war es freilich der weitaus kleinere Teil der Bevölkerung, der sich pflichtmäßig zu seinem Vorteil in ihn einbezogen fand. Inzwischen gilt das, soweit die Pflichtversicherungen am Arbeitsvertrag hängen, für neun Zehntel aller Berufstätigen und darüber hinaus potentiell für uns alle.

Den Vater Staat, der Fürsorge in der Absicht der Ordnungswahrung betrieb und in der Gestalt des Monarchen symbolisch real war, gibt es nicht mehr. Aber es gibt die Parteien, und unsere Parteien sind in wohlbestimmter Hinsicht in die Betreuerrolle staatsväterlicher Tradition eingerückt. Das macht zugleich verständlich, wieso die fälligen Reformen des Sozialstaats so mühselig verlaufen. Diese Reformen berühren nämlich die Interessen der großen Volksparteien, links wie rechts, elementar – im Kern der

Sache das Interesse, über mannigfache Formen der Unmündigkeitskonservierung sich Aufgaben dankbarkeitsträchtiger Fürsorglichkeit zu erhalten. Zum Glück nehmen die politischen Erfolgschancen dieses gemeinen volksparteilichen Konservativismus allmählich ab. Mit der Höhe des wirtschaftlichen Lebensniveaus, das die weitaus überwiegende Mehrheit der Bürger inzwischen erlangt hat, wächst zugleich unaufhaltsam die Fähigkeit zur Einschätzung der wirtschaftlichen Vorteile, die es mit sich brächte, wenn man partiell für die eigene soziale Sicherheit selbstbestimmt sorgen könnte.

In der Zusammenfassung bedeutet das: Gemeinwohl – das ist keineswegs eine politische Zielgröße, die erst dort wirksam wird, wo wir die ökonomischen Lebensorientierungen transzendieren. Diese ökonomischen Lebensorientierungen enthalten vielmehr ihrerseits ein moralisches, gemeinwohlrelevantes Potential, und ohne Nutzung dieses Potentials sind moderne, hochentwickelte Gesellschaften nicht selbsterhaltungsfähig. Es ist ein Problem der Ordnungspolitik, diejenigen Institutionen zu entwickeln, über die die moralischen Potentiale wirtschaftlichen Verhaltens das Gemeinwohl fördern. Die Mehrzahl der aktuellen Reformen unseres Sozialstaats bemüht sich darum – vom Selbstbehalt über Bonus- und Malus-Regeln bis hin zur Prämienkonkurrenz der gesetzlichen Krankenversicherungen und von der Familienstandsabhängigkeit der Pflichtbeiträge zur Pflegeversicherung bis hin zum Aufbau eines kapitalgedeckten Anteils an der Altersvorsorge im gesetzlichen Rentensystem.

II. Selbstbestimmungsrechte – Regionalismus

Zweitens ist jetzt das ordnungspolitische Postulat zu erläutern, in komplexen und dynamischen Gesellschaften verlange die Sicherung des Gemeinwohls die Stärkung der politischen Selbstbestimmungsrechte kleiner gebietskörperschaftlicher Einheiten. – Das sei am Beispiel des Regionalismus erläutert.[5] Dieser ist uns inzwischen auch als Faktor von wachsender europapolitischer Bedeutung vertraut. Dabei wäre es falsch, zumindest einseitig zu finden, die regionalistischen Bewegungen seien eben nichts als ein Kompensationsphänomen – nützlich zum emotionalen Ausgleich der belastenden Seiten zivilisatorischer Modernisierungsvorgänge, im übrigen aber politisch irrelevant, nämlich für die Zwecke der politischen Selbstorganisation moderner Gesellschaften mit ihren herkömmliche Staatsgrenzen überschreitenden realen ökonomischen, technischwissenschaftlichen, ökologischen und sicherheitspraktischen Abhängigkeiten. Die Sache verhält sich grundsätzlich anders, und man erkennt diese Seite der Sache, wenn man sich vergegenwärtigt, daß ineins mit der wachsenden regionalen und sozialen Reichweite unserer wechselseitigen Abhängigkeiten die Komplexität unserer modernen Lebensvoraussetzungen anwächst, und zwar dramatisch. Wachsende Komplexität, gewiß, mehrt auf der einen Seite auch den Bedarf an zentralen Steuerungskapazitäten, und die neuen internationalen Institutionen sind funktional auf diesen wachsenden zentralen Steuerungsbedarf bezogen. Genau komplementär dazu wächst aber zugleich jener An-

---

5   Vgl. Esterbauer 1978. Gerdes 1987 liefert einen Überblick über die verschiedenen theoretischen Versuche, dem Regionalismus zu begegnen. Eine Einordnung von Regionalismus in einen größeren Zusammenhang liefert Mordt 2000.

teil zivilisatorischer Lebensvoraussetzungen, der zentraler Regulierungen gar nicht mehr fähig ist. Der entscheidende Sachgrund dieser relativ abnehmenden Steuerungspotenz politischer Zentralen ist informationeller Art. In modernen, komplexen Zivilisationen sind Zentralen – nationale wie internationale – sowohl erhebungspraktisch wie verarbeitungspraktisch der dramatisch anwachsenden Menge der Informationen, die zur Selbsterhaltung und Fortentwicklung der Systeme erhoben und verarbeitet sein wollen, immer weniger gewachsen. Der klassische Zentralstaat wird als eine historisch überlebte, nicht zukunftsfähige politische Organisationsform erkennbar, und es läßt sich auch in diesem Zusammenhang sagen, daß der real existent gewesene Sozialismus nicht zuletzt an seinem modernitätswidrigen planungspolitischen „demokratischen" Zentralismus gescheitert ist.

Nicht zufällig ist es der Straßenbau, an dem sich auch der Laie diesen Zusammenhang anschaulich machen kann. Jeder PKW-Reisende, der heute durch die einmal napoleonisch beherrscht gewesenen Regionen Europas fährt, kennt die Landstraßen, die heute noch den damals auf dem Reißbrett gezogenen Trassen folgen – über mehr als ein Dutzend Kilometer geradewegs von Kirchturm zu Kirchturm führend und hier und da noch mit den inzwischen denkmalspflegerisch konservierten Alleen ausgestattet, die einst marschierenden Militärkolonnen Schatten zu spenden hatten. Dergleichen war damals möglich: Das flache Land bot sich als ein Raum dar, in welchem die infrastrukturbeschädigenden Eingriffe straßenbautechnischer Art gering waren. Handelte es sich um Bauernland, so konnten die Einsprüche der allenfalls Geschädigten ohnehin als unbeachtlich gelten. Aufklärend ließ sich, zu Recht, sagen, die administrativ von oben verfügte Straßenbaumaßnahme komme insgesamt der Wohlfahrt des Landes zugute. Sonderinteressen der Angehörigen privilegierter Schichten blieben ausnahmsweise berücksichtigungsfähig, und in gelegentlich vorkommenden kontingenten Abweichungen von der geometrischen Rationalität napoleonischer Trassenführung spiegelt sich das. Es bedarf nur geringer technischer und politischer Phantasie, um zu sehen, daß solche Rationalität, die in der Tat zentral optimal exekutierbar war, bei der höchst komplex gewordenen Flächennutzung in hochentwickelten Industriegesellschaften nicht mehr möglich ist. Ferngasleitungen durchziehen das Gelände, Wasserversorgungsnetze binden Siedlungen zusammen, auf den Versorgungs- und Entsorgungsbedarf höchst unterschiedlicher Industrien ist Rücksicht zu nehmen. Baugebiete, die sich in der Entwicklung befinden, haben Anschluß- oder Lärmschutzinteressen. Ökonomisch höchst relevante Nutzungserwartungen von Grundeigentümern sind betroffen. Naturschutzgebiete sind zu verschonen, und Kommunen oder Ortsteile konkurrieren im Geltendmachen ihrer nachteiligen oder auch vorteilhaften Betroffenheiten.

Organisationstechnisch bedeutet das: Mit der Komplexität und Großräumigkeit moderner zivilisatorischer Lebensverhältnisse wächst zugleich der Bedarf an sektoraler, aber eben auch regionaler und lokaler Selbstorganisation beliebiger Kommunitäten einschließlich gebietskörperschaftlicher Kommunitäten. Eben das setzt sich in Selbstbestimmungs- und Selbstverwaltungsansprüche um. Die Impulse, denen diese Ansprüche sich verdanken, sind insoweit nicht Impulse der Modernitätsflucht hinein in die Pseudoidyllik kleiner Räume. Es handelt sich vielmehr um Impulse aus der Erfahrung organisationstechnischer Notwendigkeiten, das heißt aus der Erfahrung, daß gemeinwohlrelevante politische Erfordernisse sich in hochkomplexen Zivilisationen nur noch zu relativ abnehmenden Anteilen zentralstaatlich handhaben lassen, im übrigen aber und zum weitaus größeren Teil subsidiär in kleineren Körperschaften selbstbestimmt erledigt sein wollen.

Die Konsequenzen dessen lassen sich in den aktuellen verfassungsrechtspolitischen Entwicklungen vieler europäischer Länder erkennen. Sogar Frankreich hat bekanntlich inzwischen über seine mehr als neunzig revolutionär geschaffenen Departements ein Netz von Regionen gelegt, die nicht Verwaltungseinheiten, vielmehr Selbstverwaltungseinheiten darstellen. Ihre Kompetenzen sind schwach. Nichtsdestoweniger handelt es sich um eine kleine Revolution, wie man erkennt, wenn man sich vergegenwärtigt, daß dergleichen noch unter De Gaulle nicht möglich gewesen war. Für Spanien und für Italien gilt Analoges, und es ist kein Zufall, daß ineins mit der Integration in die Europäische Union auch die traditionellen Föderalstaaten, also vor allem Deutschland und Österreich, verfassungsrechtspolitisch einem Prozeß der Stärkung einschlägiger Länderkompetenzen ausgesetzt sind.

Die skizzierte modernitätsabhängige Tendenz zur Regionalisierung und Föderalisierung induziert zugleich gänzlich neue Formen internationaler Beziehung. Dafür steht exemplarisch die in Europa inzwischen weithin etablierte Praxis der Kooperation regionaler Gebietskörperschaften, von Ländern, ja von Kommunen, über Staatsgrenzen hinweg. Dabei handelt es sich stets um die Handhabung von Sachproblemen, die nach ihrer Natur staatsgrenzenüberschreitenden Charakter haben. Die Auswirkungen des Tourismus, die Konsequenzen staatsgrenzenüberschreitender Arbeitsmärkte, ökologische Probleme, die sich ja bekanntlich auch durch Zollschranken nicht aufhalten lassen – das sind Probleme dieser Art, auf die sich die internationale Kooperation substaatlicher Gebietskörperschaften bezieht. Das alles hat rechtlich selbstverständlich stets den Segen der formal zuständigen Staatsregierungen. Die Praxis indessen vollzieht sich vor Ort und wird in ihren Ergebnissen zumeist in den Zentralen widerspruchslos notiert und sanktioniert. Noch einmal also: Es handelt sich hier um internationale Kooperationen substaatlicher Körperschaften. Hier wird unbeschadet der Kompetenzen zentralstaatlich monopolisierter Außenpolitik ein System internationaler Beziehungen hergestellt. Das alles ließe sich im Ensemble von Kategorien traditioneller Zentralstaatszuständigkeiten nur mit Mühe verorten.

Zusammenfassend läßt sich festhalten, daß Ineins mit der politischen Organisation der wechselseitigen Abhängigkeiten im europäischen Großraum überall der Wille zur politischen Selbstbestimmung in den kleineren Herkunftsräumen an Intensität gewinnt. Das ist spezifisch modern, und überall in Europa setzt sich das verfassungsrechtspolitisch in föderale Strukturen um.

Der revitalisierte Wille zu politischer Selbstbestimmung bringt sich aber im modernen Europa nicht nur in den Regionen, in den Ländern und Kantonen zur Geltung. Er prägt auch die Kommunalpolitik. Der Beteiligungswille der Bürger bringt sich vor Ort zur Geltung, und die Entwicklung des Gemeindeverfassungsrechts ist überall in Europa vom Zweck der Stärkung der Selbstverwaltungsrechte der Bürger geprägt.

Dazu paßt, kommunal wie regional, die sich verfassungsrechtspolitisch ausbreitende Neigung zum Plebiszit. Für das Personalplebiszit, das heißt für Formen der Direktwahl von Amtsträgern, gilt das zumal. Aber auch das Sachplebiszit breitet sich aus. Das widerspricht nur scheinbar unserer wachsenden Angewiesenheit auf das Expertenurteil in der administrativen und politischen Handhabung sehr komplexer Systeme. Genau in den Fällen nämlich, wo sich das Expertenurteil der Kalkulierbarkeit aus der Perspektive Common-sense-gefestigter gemeinsamer Interessen entzieht, reagiert der Stimmbürger mit Rückruf von Entscheidungskompetenzen, die an gewählte Repräsentanten delegiert waren, und eben das setzt sich in den Willen zum Plebiszit um.

Der Zentralstaat – das war eine erfolgreiche Organisationsform von Gesellschaften, die noch primär agrarisch geprägt waren, und auch die Herausforderungen der Frühindustrialisierung waren noch zentralistisch zu bewältigen. Die moderne, durch hochverdichtete Netze zusammengebundene Industriegesellschaft hingegen läßt sich demgegenüber zentralistisch nicht mehr organisieren. Entsprechend wächst mit der Netzverdichtung und mit dem ihr entsprechenden Grad der Komplexität moderner Lebensverhältnisse unsere Angewiesenheit auf Formen lebendiger politischer Selbstorganisation nicht zuletzt in kleinen Einheiten und Kommunitäten.

Es sei noch hinzugefügt, daß diesem Vorgang der Pluralisierung sich selbst verwaltender Körperschaften international auch eine Pluralisierung der Staatenwelt entspricht. Man vergegenwärtige sich doch: In den riesigen ost-mitteleuropäischen und osteuropäischen Räumen von St. Petersburg bis in den vorderen Orient hinein hat sich seit dem Ende des Ersten Weltkriegs die Zahl der souveränen Völkerrechtssubjekte, eben der Staaten, mehr als versiebenfacht. Der Vorgang ist noch nicht einmal abgeschlossen. Entsprechend wird evident: Auch die europäische Einigung wäre mißverstanden, wenn man sie nach Analogie der italienischen oder deutschen Großstaatsbildungen im 19. Jahrhundert interpretierte. Modernisierung – das bedeutet, unter anderem, tatsächlich Expansion unserer individuellen und institutionellen wechselseitigen Abhängigkeiten über wachsende soziale und regionale Räume hinweg, und mit der dramatisch zunehmenden Fülle internationaler und supranationaler Organisationen antworten wir darauf politisch. Aber diesen neuen internationalen und supranationalen Einrichtungen, die ausnahmslos keinen Staatscharakter haben, entsprechen die skizzierten Vorgänge verfassungsrechtspolitischer Kompetenzzuwächse der substaatlichen gebietskörperschaftlichen Kommunitäten bis auf die Gemeindeebene hinab. Gemeinwohlbezogen bedeutet das: Die Sorge fürs Gemeinwohl ist als Zuständigkeitsmonopol einer einschlägig privilegierten Großgebietskörperschaft nicht mehr organisierbar. Individuen sind ohnehin nicht in der Lage, unmittelbar gemeinwohlbezogen zu handeln. Gemeinwohl, so scheint es, ist in modernen Gesellschaften das nicht direkt intendierbare Resultat der Interaktion individueller und kollektive Subjekte im Rahmen von Institutionen, die Selbstbestimmungsrechte, Freiheiten also, maximieren, schützen und koordinieren.

III. Gemeinwohl und Selbstverantwortung

Abschließend ist noch das Postulat zu erläutern, daß in komplexen und dynamischen Gesellschaften sich deren Gemeinwohl einzig durch solche Institutionen sichern und fördern läßt, die das Individuum maximal seiner moralischen Selbstverantwortung in der Wahrnehmung seiner Pflichten gegen sich wie gegen andere überantworten. – Dieses Postulat bezieht sich, anders als das an erster Stelle genannte, nicht auf die wirtschaftliche Lebensorientierung, vielmehr auf moralische Pflichten im engeren, konventionellen Sinn. Hier gilt nun: Modernitätsspezifische Freiheitszuwächse erhöhen eo ipso den Zwang zu moralisch selbstbestimmter Lebensführung, und politische, auch pädagogische Programme zur Entlastung der Bürger von diesem freiheitsbedingten Zwang beeinträchtigen eo ipso das Gemeinwohl. „Freiheit" ist in diesem Zusammenhang der Inbegriff unserer individuellen Dispositionsmöglichkeiten. Als Meßgrößen der so verstandenen Freiheit ließen sich mit einem mir unvergessenen Diktum Theodor W. Adornos Zeit und Geld benennen. Das klingt nicht feierlich, bringt aber spontan zur Evidenz, daß, mit dem Maß unserer temporalen und monetären Dispositionsmöglichkeiten gemessen, noch nie eine Zivilisationsgenossenschaft freier als die unsrige gelebt hat. Im historischen Vergleich einiger elementarer Daten der Sozialgeschichte bedeutet das: Während wir noch im Zeitalter der Frühindustrialisierung sechzehn bis siebzehn Prozent unserer Lebenszeit mit Berufsarbeit im engeren, arbeitsrechtlichen Sinne verbrachten, ist der entsprechende Anteil inzwischen auf etwa acht Prozent abgesunken. Die Zahl der berufstätig verbrachten Arbeitsstunden sank im Verlauf von fünf Vierteljahrhunderten bis zur Gegenwart in hochentwickelten Ländern ungefähr um ein Drittel. Hierbei sind mehrere Faktoren wirksam – von der steigenden Lebenserwartung über die expandierenden Schul- und Ausbildungszeiten bis hin zur technisch und organisatorisch gesteigerten Produktivität, die über höhere Löhne einerseits und Arbeitszeitreduktion andererseits abgeschöpft wird.

Die lebenspraktische Bedeutung dieses Wachstums disponibler Lebenszeitanteile läßt sich emphatisch folgendermaßen ausdrücken: Nie dehnten sich zivilisationsgeschichtlich die Lebenszeitanteile weiter als heute, in denen nichts geschähe, wenn es nicht selbstbestimmt geschähe. Das Insgesamt der Regeln selbstbestimmter Lebensführung ist es aber, was wir Moral nennen. Das eben bedeutet: Je freier wir leben, um so nötiger wird die Moral. Das, noch einmal, ist ein struktureller Zusammenhang und somit nichts, was sich in Abhängigkeit von kontingenten Schwankungen des Zeitgeistes manifestierte.

Der sich freiheitsabhängig verschärfende Zwang zur Moral setzt sich produktiv um in allerlei Zumutungen strengerer Erfüllung der Pflichten gegen uns selbst. Man bemerke den Aburteilsdruck, unter den unsere Raucher geraten sind. Öffentliche Gebäude sind für sie, rauchend, unbetretbar geworden. Für öffentliche Verkehrsmittel, Flugzeuge oder Trams, gilt dasselbe. Die vor dreißig Jahren einmal als Beitrag zur Förderung der Emanzipation eingerichteten Raucherzimmer in öffentlichen Schulen sind längst wieder geschlossen. Wer dennoch rauchen möchte, muß es zu Hause tun oder sich in eine Straßenecke zurückziehen. Noch einmal: Diese Zumutungen individueller Verhaltensänderung haben öffentlichen Charakter. Sie sind sozial kontrolliert, partiell sogar institutionell konstituiert.

Durch öffentliche Moral angesonnene rigorosere Erfüllung von Pflichten gegenüber uns selbst – darum handelt es sich also. Über die Raucher hinaus sind auch die Unmäßigen aller Art betroffen – diejenigen sogar, die man in den USA unbarmherzig die „Fetten" nennt. Statistiker wollen wissen, daß die Anstellungschancen von Hochschulabsolventen proportional zum wachsenden Leibesumfang sinken. Alkoholiker und Drogensüchtige, gewiß, gelten als therapiebedürftige Kranke. Um so rigoroser werden in anspruchsvollen familiären und beruflichen Milieus suchtrisikoträchtige Verhaltensweisen moralisch beurteilt und sozial kontrolliert.

Gewichtiger noch als die Pflichten gegen uns selbst sind die Pflichten, die unmittelbar anderen gegenüber erfüllt sein wollen. Auch insoweit steigt das Anspruchsniveau öffentlich geltender Moral an, und zwar zivilisationsspezifisch. Der barmherzige Samariter oder der hl. Martin, gewiß, sind geschichtsepochenindifferente Vorbilder christlicher Tugendlehre. Nichtsdestoweniger gibt es auch eine Moral der Mitmenschlichkeit, deren Ansprüche modernitätsabhängig wachsen. Für den uns heute angesonnenen Umgang mit den Behinderten gilt das. Rücksichtslosigkeiten ihnen gegenüber in Schulen, Nahverkehrseinrichtungen oder Einkaufszentren werden scharf sanktioniert und nie zuvor war bis in die materiellen Dimensionen der Sache hinein der Aufwand größer, der heute den Behinderten zur Erleichterung ihrer Lebenslasten zugute kommt – von den Rampenbauten in öffentlichen Gebäuden über die Hebebühnen auf Bahnsteigen bis hin zur kompensatorischen Unterstützung ihrer Fähigkeiten in beschützenden Werkstätten oder im Versehrtensport. Der Zusammenhang dieser guten Entwicklung mit dem modernitätsabhängig expandierenden Freiheitsräumen ist evident –: komplementär zu unseren historisch beispiellos weit gewordenen Dispositionsmöglichkeiten wächst zugleich der relative Nachteil, den es bedeutet, in der Nutzung der Freiheitschancen behindert zu sein, und eben darauf antwortet die öffentliche Moral mit rigoroseren Ansprüchen an die Adresse der in der Verteilung von Lebensschicksalen Begünstigten.

Mit der Schilderung analoger Zusammenhänge ließe sich lange fortfahren – von der öffentlichen Moral, die unser Verhalten zu den Alten kontrolliert, bis hin zur anspruchsvoller gewordenen Moral unseres Umgangs mit Flüchtlingen, sonstigen Immigranten und überhaupt mit den Fremden und jeweils anderen.

Sogar noch hinter einigen modernitätsabhängig massenhaft vorkommenden Gesetzesverstößen läßt sich bei genauerem Zusehen die Moral freiheitsbegünstigter selbstbestimmter Lebensverbringung erkennen. Für die sogenannte Schattenwirtschaft zum Beispiel gilt das. Unsere Ökonomen vermuten, daß in etlichen modernen Ländern bis zu einem Zehntel der nationalen Wertschöpfung in der Schattenwirtschaft erbracht wird. Das hat selbstverständlich auch seine kriminelle Seite – von der illegalen Abgabenvermeidung bis zur dadurch ermöglichten Schmutzkonkurrenz. Die andere Seite der Sache ist die Erfahrung, der massenhaft nachgelebt wird, daß die Betätigung in der eigenen beruflichen Könnerschaft sinnevident und lebensglücksträchtig ist. Entsprechend wüßte man nicht, wieso man am berufsarbeitsfreien Samstag sich partout nicht mehr könnerschaftlich betätigen sollte, und so tut man es eben beim Hausbau oder in der Kfz-Reparatur, nämlich im Rahmen der Nachbarschaftshilfe und damit sogar im Schutze der Legalität.

Ganz neue Formen öffentlicher Moral prägen inzwischen sogar die Politik, und das bis in die Dimensionen der Weltpolitik hinein.[6] Als Beleg dafür sei hier die auffällige neue öffentliche Entschuldigungspraxis benannt, in der sich die Repräsentanten von Täternationen – Regierungschefs, ja Staatschefs – bis hin zu Vergebungsbitten bei Staatsbesuchen an die Adresse von Nationen richten, die früher einmal unter politischen

---

[6] Vgl. zum folgenden Lübbe 2001.

Verbrechen zu leiden hatten, für die man nun heute moralisch einstehen zu wollen bekundet. Den Deutschen ist das seit langem vertraut. In Warschau, in Prag, in Jerusalem selbstverständlich sind solche Vergebungsbitten ritueller Bestandteil von Staatsbesuchen. Aber anderswo bedient man sich in anderen geschichtspolitischen Angelegenheiten dieses Ritus inzwischen auch. Der amerikanische Präsident Clinton bezog sich in mehreren afrikanischen Ländern mit einem förmlichen Schuldeingeständnis auf die Greuel der Sklaverei und bezog dabei selbst Vorgänge aus Zeiten ein, zu denen die USA noch nicht einmal existierten. Der russische und der polnische Staatspräsident fanden einvernehmlich vergegenwärtigten historischen Anlaß, sich in Katyn zu treffen und aus der Mordstätte daselbst durch eine Kreuzeserrichtung einen christlichen Friedhof zu machen. In analoger Weise bezog sich der japanische Ministerpräsident China gegenüber auf die Nanking-Massaker.

Diese Liste ließe sich lange fortführen – vom staatsoffiziellen Einbekenntnis des Unrechts an den Autochthonen in Kanada bis hin zur päpstlichen Bitte um Vergebung für die Sünden der Christen gegenüber Juden oder Ketzern aus Anlaß des kirchlichen Jahres 2000. Bis in unsere politisch-zivilen Lebenszusammenhänge hinein nimmt also die Beicht- und Bußfreudigkeit zu. Der Vorgang ist nicht leicht zu erklären. Überdies hat er einige prekäre Nebenfolgen. Gelegentlich wird Sündenstolz auffällig, und ausbeutbar sind Schuldeingeständnisse auch. Ein afrikanisches Komitee zum Beispiel sah sich nicht gehemmt, der amerikanischen ehemaligen Sklavenfängernation eine Schadensersatzrechnung über 777 Trillionen Dollar zu präsentieren. Überwiegend scheint es sich aber doch um einen zustimmungsfähigen Vorgang der Moralisierung des internationalen politischen Lebens zu handeln, nämlich in vergangenheitspolitischer Hinsicht. Die Epoche, in der offizielle Geschichtsversionen in Schwarz- oder Weiß-Büchern dargeboten werden konnten, scheint zu Ende zu gehen. Geschichte darf angemessenerweise wieder in Grautönen geschrieben werden. Ersichtlich bekunden sich auch in dieser Moralisierung der politischen Interaktion von Kollektiven Freiheitsgewinne. Es handelt sich um neue Freiheiten kraft der entlastenden Wirkungen des Wegfalls akuter Bedrohtheit und durch Erfahrungen des Eingebundenseins in institutionalisierte friedens- und wohlfahrtsfördernde Austauschbeziehungen.

In der Quintessenz besagen die eingangs formulierten drei ordnungspolitischen, gemeinwohldienlichen Postulate: Die Förderung des Gemeinwohls ist insoweit nicht unmittelbarer Handlungszweck individueller oder körperschaftlicher Subjekte. Die Mehrung des Gemeinwohls erscheint vielmehr als nicht direkt intendierbares Resultat von Institutionen, die uns zu interaktiver Interessenwahrnehmung freisetzen und fähig machen, die komplementär zur wachsenden Zahl der Großorganisationen die Selbstorganisation selbstbestimmungskompetenter kleiner Kommunitäten fördern und die schließlich im Lebenszusammenhang freiheitsbegünstigter Individuen Freiheit als Zwang zu moralischer Selbstverantwortung erfahrbar werden lassen.

Literaturverzeichnis

Esterbauer, F. (Hg., 1987), Regionalismus. Phänomen, Planungsmittel, Herausforderung für Europa, München.

Gerdes, D. (1987), Regionalismus in Westeuropa. Wie die Wissenschaft mit der Wirklichkeit Schritt zu halten versucht, in: Regionen und Regionalismus in Westeuropa, hg. v. H.-G. Wehling, Stuttgart/Berlin/Köln/Mainz, S. 9–21.

Jonas, H. (1979), Das Prinzip Verantwortung, Frankfurt/M.

Kriele, M. (1987), Die demokratische Weltrevolution. Warum sich die Freiheit durchsetzen wird, München.

Kriele, M. (1997), Die demokratische Weltrevolution und andere Beiträge, Berlin.

Lübbe, H. (2001), Ich entschuldige mich. Das neue politische Bußritual, Berlin.

Mordt, G. (2000), Regionalismus und Spätmoderne, Opladen.

Parsons, T. (1964), Communism and the West: The Sociology of Conflict, in: Social Change: Sources, Patterns and Consequences, hg. v. A. Etzioni und E. Etzioni, New York, S. 390–399.

Parsons, T. (1971), Comparative Studies and Evolutionary Change, in: Comparative Methods in Sociology, hg. v. I. Vallier, Berkely, S. 97–139.

Smith, A. (1966), The Theory of Moral Sentiments [1853], New York.

Pier Paolo Portinaro

Über die Rehabilitierung des Gemeinwohldiskurses

Pro und Contra

I.

Was auf der rechten Seite der politischen Kultur mancher europäischen Ländern im letzten Viertel des 20. Jahrhunderts als Renaissance des Nationalinteresses erfolgt war, findet neuerdings auf der Gegenseite einen Kontrapunkt in der Rehabilitierung des Gemeinwohls. Mit dieser semantischen Neubesetzung – so könnte man zunächst grob urteilen – bemüht sich ganz offensichtlich eine in Krise geratene Linke um eine werttreue Positionierung im Zentrum des politischen Lagers. Mit deutlicher Distanz konstatiert Claus Offe diesen Prozeß, wenn er schreibt:

> „‚Gemeinwohl‘ – wir sind von der Renaissance des Begriffs, vor allem auch von der Rolle überrascht, die er gerade auf der linken Hälfte des politischen Spektrums zu spielen scheint. Der Begriff ist nicht nur bei konservativen Wahrern einer naturrechtlich konzipierten sozialen Wertordnung populär, sondern neuerdings auch bei den politischen Bannerträgern der ‚neuen Mitte‘ und des ‚Dritten Weges‘."[1]

Es ist allerdings leichter, diese Wendung im politischen Diskurs in ihren Ursachen als in ihren Folgen zu deuten. Wo die sozialstaatlich institutionalisierte Solidarität versagt, müssen zivile Solidaritätsbindungen reaktiviert werden; wo die zentrale Steuerung der Institutionen in ihrer Effektivität nachläßt, bedarf man stärker der selbstverpflichteten Gemeinwohlorientierung von Individuen und Verbänden. Aber bei dieser merkwürdigen Renaissance geht es nicht einfach um eine Neuvorlage der Theorie der Kollektivgüter (auch nicht um eine erweiterte Theorie des *rational choice*) sondern um die Suche nach Kategorien einer in Bürgernähe angesiedelten, gemeinschaftsorientierten Sittlichkeit. Entinstitutionalisierung und Individualisierung bestärken in der heutigen Gesellschaft einen diffusen Ruf nach Gemeinschaft. Und durch die milden Töne der responsabilisierten Zivilgesellschaft erfolgt so etwas wie eine Urbanisierung der kommunitaristischen Provinz.[2] Der Gemeinwohlbegriff steht im Zentrum dieser Strategie.

---

[1] Offe 2002, S. 55.
[2] Vgl. Brumlik/Brunkhorst 1993; Kersting 1997.

Im Hinblick auf diese Wiederaufnahme ist allerdings Skepsis angebracht. Gemeinwohl ist schon immer ein athematischer, diffuser, latenter Zentralbegriff des politischen Denkens gewesen, der leicht in den Dienst unterschiedlichster Ideologien treten konnte. Auch bei seinen neuesten sozialwissenschaftlichen Anwendungen droht eine Unschärfe, die jede mögliche Instrumentalisierung erlaubt. Kommt der Begriff in politischen Diskursen oft vor, so schon weniger in Alltagsdiskursen, wo sich diesbezüglich eine verbreitete Skepsis spürbar macht, und innerhalb der soziologischen Theorie hat er nie wirklich Fuß gefaßt. Gemeinwohl ist nie ein Thema des soziologischen Mainstream gewesen: Weder die klassischen Autoren noch moderne Soziologen verwenden den Terminus in einem theoretischen Zusammenhang.

Damit wird eben nicht bestritten, daß Gemeinwohl lange als ein strategisch *und* symbolisch tauglicher Begriff oder als eine vielversprechende Formel – eine „formola politica" im Sinne von Gaetano Mosca – für den politischen Diskurs gegolten hat und sicher noch heute gilt. Gemeinwohl bildet die *Konkordanzformel* für die feindlichen Lager, in der Ziele wie internationaler Frieden, innere Sicherheit, soziale Gerechtigkeit und ökologische Nachhaltigkeit ihre (anscheinend unproblematische) Vermittlung finden. Sie ist gerade diffus genug. Sie kann kirchlich, sozialistisch, solidaristisch, republikanisch, nationalistisch – und natürlich auch „völkisch" – besetzt werden – ohne damit ihre Flexibilität und Relativierungsfähigkeit zu verlieren. Aber ausgerechnet aus diesem Grund kann sie auch leicht überfordert werden und vielen als ideologische Kategorie erscheinen. Ihre praktische Plausibilität kennt die übliche Kehrseite, die theoretische Unschärfe: die Berücksichtigung allzuvieler Werte soll in das Gemeinwohl eingehen. Im post-ideologischen Zeitalter wird die Formel in der populistischen Indienstsetzung bis an die Grenzen seiner Funktionalität geführt.

Wie im Laufe der letzten Jahrzehnte Tugend, Gemeinsinn und Zivilreligion zu Leitbegriffen der Erforschung des politischen Denkens aufgestiegen sind,[3] so ist seit einiger Zeit, insbesondere im Bereich der Begriffsgeschichte und der politischen Theorie, auch der alteuropäische Begriff „Gemeinwohl" wieder ins Zentrum der – nicht bloß antiquarischen – Aufmerksamkeit gerückt.[4] Eine ähnliche Wiederbelebung erfährt im soziopolitischen Diskurs auch der Begriff „Solidarität", zu dem Kurt Bayertz als Herausgeber unlängst in einem thematischen Sammelband treffend formuliert hat: „Das Phänomen der Solidarität liegt wie ein erratischer Block in der moralischen Landschaft der Moderne. Es ist aus dem Alltag wohlbekannt, zugleich aber doch ein Fremdkörper geblieben."[5] Analoges gilt für den Begriff des Gemeinwohls, der eben nicht nur in *the history of ideas* thematisiert wird: Beide Begriffe werden nun in die politische Theorie eingebürgert, und zwar in eine moderne Theoriefamilie, die die Akzente mehr auf Gemeinschaft als auf Gerechtigkeit setzt.

---

[3] Siehe Hirschman 1984, 1987; Pocock 1993; Münkler 1991, 1996, 1998.

[4] Drei Beispiele – in begriffsgeschichtlicher Perspektive – unter vielen: Hibst 1991, Kempshall 1999 und Miller 1994, S. 1, der programmatisch so einsetzt: „The idea of a ‚common good' is so tightly woven into all thinking about politics that any change in its content can be investigated as the manifestation of a significant shift in the conceptual foundations of political life."

[5] Bayertz 1998, S. 9; siehe auch Brunkhorst 1997.

II.

Handelt es sich dabei bloß um eine kommunitaristische Reappropriation einer alten Kategorie der republikanischen Tradition? Angesichts der unvermeidlichen normativen Überfrachtung des Begriffs, könnte man darin die Umformulierung der Leitidee einer auf Zivilgesellschaft zentrierten Regierungslehre erkennen, welche viele Ambivalenzen in sich trägt. In einem Beitrag, der bezeichnenderweise den Titel „Ambivalenzen der Zivilgesellschaft" führt, hat vor einigen Jahren Volker Heins auf die postmodernistische Genealogie des Begriffs Zivilgesellschaft hingewiesen. In der neuerlichen Rezeption dieses Terminus „vermengen sich auf undurchsichtige Weise Motive eines wirtschaftsfremden, antikisierenden Republikanismus (Kronzeugin: Hannah Arendt) mit einer postmodern radikalisierten Version der liberalen civil society".[6] Die Rehabilitierung des Gemeinsinns, Beschwörungen von Zivilreligion und Appelle an den Verfassungspatriotismus bereiten nun den Boden vor, auf dem auch die problematische Synthese des Gemeinwohls gedeihen soll.

Von einer neuen sozio-ethischen Orientierung ist die Rede, die „eine Habitualisierung liberaler und demokratischer Verhaltensweisen"[7] gleichzeitig voraussetzt und verstärkt. Philosophisch betrachtet, gehört diese Orientierung zu den Spätfolgen der Rehabilitierung der praktischen Philosophie. Falsch wäre die Annahme, daß nur auf dem Hintergrund der realen Enttäuschungserfahrungen neo-utilitaristischer Ordnungsmodelle die Kommunitarismus-Debatte Begriffe wie Gemeinwohl, „gemeinsame Güter" und Solidarität wieder ins Zentrum der Diskussion rückt. Dies erfolgt gleichzeitig als Reaktion auf die formalistische Einstellung der modernen Ethik: Indem diese die Bedeutung gemeinschaftsspezifischer Loyalitäten und Solidaritäten unterbewerte, schließt sie auch die konkrete und wertbezogene Identität der Individuen aus ihrem Horizont aus und bringt damit die wichtigste Quelle für die Handlungsmotivation zum Versiegen. Eine kommunitaristisch eingestellte Sozialphilosophie nimmt gegen die Verzerrung der praktischen Vernunft Stellung: Die Moderne hat zwar eine relative Ausdifferenzierung von drei Fragebereichen – der faktischen Wahrheit, der normativen Richtigkeit und der persönlichen Authentizität – herbeigeführt, aber soziologisch betrachtet ist die rigide Trennung dieser Bereiche unhaltbar.

Wenn es plausibel ist, daß der Kommunitarismus mit seinen Hauptthesen – nämlich den Behauptungen von der Priorität der Gesellschaft vor den Individuen, der Komple-

---

[6] Heins 1992, S. 236. Zum Zusammenhang zwischen Tugend- und Gemeinwohldiskurs in der republikanischen Verfassungstheorie der Gegenwart paradigmatisch Frankenberg 1997, S. 139: „Tugend kann vielerlei bedeuten: (1) die an Handlungen ablesbare Neigung, unter verschiedenen ethischen Codes einen bestimmten zu favorisieren, (2) eine Verpflichtung auf das Gemeinwohl, die sich mit einer bestimmten Konzeption von Gerechtigkeit identifiziert, (3) eine als subjektive Voraussetzung einer richtigen Praxis von gleichberechtigten Bürgern erforderliche Einstellung, der nicht nur eine Konzeption von Gerechtigkeit, sondern überdies eine Vorstellung des guten Lebens und das Modell einer politischen Persönlichkeit zugrundeliegen, (4) ein extra-legaler Modus des Handelns der Bürger untereinander (und ihrer Amtswalter) oder (5) schließlich das in der Gestalt von Pflichten verrechtlichte Korrelat verfassungsmäßig verbürgter Freiheiten."

[7] Wellmer 1993, S. 185.

mentarität von System und Handlung und einer komplexen Ich/Wir Polarität der Handlung – dabei helfen kann, eine Politik zu begründen, welche Gemeinschaftszugehörigkeit mit einer Verpflichtung auf liberale Werte verbindet, dann kann der Gemeinwohlbegriff in seinem Instrumentarium wohl Platz finden. Die liberale Weltauffassung, die unter anderem auch eine Kultur der Trennung, der Verweigerung, des Rückzugs ist, bedarf der gemeinschaftlichen Korrektur. Die Betonung auf Gemeinwohlorientierung ist sicher Teil dieser notwendigen Korrektur. Bei der kommunitaristischen Rehabilitierung geht es grundsätzlich um die Frage, ob angesichts der Vielfalt spezifischer Interessen und korporativer Gruppenidentitäten noch eine einheitliche Auffassung von Gemeinwohl vorausgesetzt bzw. wie diese zur Geltung gebracht werden kann.[8] Der Glaube an die produktive List des sich selbst bindenden Egoismus ist jedenfalls dahin.

Außerdem knüpft Gemeinwohl an Gerechtigkeitsvorstellungen an, die Legalitätsdefizite einer komplexen Gesellschaft und einer rollenambivalenten Politik kompensieren können. Angesichts der oft erfolglosen rechtsförmigen Bekämpfung von Korruption und politischer Devianz vermag die Gemeinwohlbeschwörung ein Korrektiv von unten anzubieten. Vor allem aber artikuliert sie das Bedürfnis nach sittlichen Dispositionen, die über den Bereich formalisierter Rechtsnormen hinausgehen. „Das Gemeinwohl ist eine Sphäre politisch-moralisch ausgezeichneten ‚Sollens‘, für das nicht-formalisierte Richtlinien moralischer Pflicht, bürgerlicher Tugend, fairer Interessenberücksichtigung und verantwortlichen, vernünftigen und wohlerwogenen Handelns gelten.“[9]

Gegen die vielmals beklagte „Konstitutionalisierung der Tagespolitik“ und gegen die „Justizialisierung des Konfliktes“ kann die Gemeinwohlorientierung als schleichende Repolitisierung interpretiert werden. Sie führt nicht nur die Grenzen des nutzenmaximierenden Kalküls[10] sondern auch die des Rechts und der Verfassung vor Augen. Mehrmals ist über die integrative Kraft der Verfassung debattiert worden. Wir wissen in der Tat, daß die Verwurzelung der Verfassung in der Gesellschaft und im politischen Bereich, bei den politischen Eliten, nicht rechtlich vorausgesetzt, sondern nur kulturell erzeugt und bewahrt werden kann. Die subjektive Seite der Verrechtlichung ist in den Verdacht geraten, durch überzogenen Individualismus der Desintegration der Gesellschaft Vorschub zu leisten. In ihrer Funktion als Stabilisatoren demokratischer Systeme können Verfassung und Verfassungsgerichte von dieser Gemeinwohlorientierung gewiß nur profitieren.[11]

---

[8]   Eine „autoritär-paternalistische Versuchung“, wie sie Offe 2002, S. 61 konstatiert, ist dabei unbestreitbar.

[9]   Offe 2002, S. 63.

[10] Ebd., S. 56: „Darin unterscheidet sich das Gemeinwohl [...] von wünschenswerten Aggregatzuständen, die sich aus der *klugen* Verfolgung von Einzelinteressen ergeben können, also etwa von Kollektivgütern, Positivsummen-Spielen und Verhandlungsgleichgewichten. Ergeben sich diese – der liberalen Intuition zufolge – aus der rationalen *Ver*folgung von Vorteilen, so ergibt sich das Gemeinwohl – in republikanischer Perspektive – aus der *Be*folgung von postulierten Pflichten, die sozialen Akteuren obliegen.“

[11] Frankenberg 1997, S. 21, weist treffend darauf hin, daß Verfassungen nicht nur Normen enthalten, die Fragen politischer Klugheit und Fragen der Gerechtigkeit betreffen, sondern auch solche, die „Fragen des guten Lebens bzw. des Gemein- oder Volkswohls“ implizieren.

Rechtspolitisch kann man diese Renaissance des Gemeinwohls auch als eine Taktik bei der Verteidigung der Sozialrechte betrachten. Bekanntlich reichen liberale und demokratische Grundrechte für die Konstitution einer Form „demokratischer Sittlichkeit" nicht aus, wenn sie nicht in angemessener Form mit sozialen Grundrechten verknüpft sind. Es ist deshalb plausibel, darin auch eine symbolische Kompensationsstrategie für die ausgebliebene Wohlfahrtsicherung zu sehen, die die heutige Phase des sozialstaatlichen Abbaus kennzeichnet. Die den sozialen Grundrechten innewohnende Ambivalenz besteht in der Tatsache, daß sie als Rechte gelten, die aus einer assoziativ-solidaristischen Tradition entstanden sind. Wenn außerdem in der sozialen Praxis der Rechte Forderungen nach Verteilung und Forderungen nach Anerkennung eng miteinander verwoben sind, taugt der Begriff Gemeinwohl in besonderer Weise, diese Interdependenz zum Ausdruck zu bringen.

Aber nicht nur das. Auch strategisch läßt sich die Bedeutung der Aufwertung des Gemeinwohltopos würdigen: Wie die Verknüpfung von Optionen und Ligaturen (im Sinne Dahrendorfs) zur Steigerung der Lebenschancen des Einzelnen beiträgt, so maximiert auch die Verknüpfung von *rational choice* und Gemeinwohlorientierung die Machtchancen der politischen Akteure. Die „republikanische Selbstrevision liberalen Regierungshandelns" (Offe), die diese Gemeinwohlrhetorik beinhaltet, zielt daraufhin, das Integrationspotential steuerungsschwacher demokratischer Systeme zu stärken.

III.

In der politischen Theorie der Moderne, wie sie sich in der Vertragslehre und in polemischer Abwendung vom republikanischen Diskurs entwickelte, blieb der Begriff „Gemeinwohl" oft unterbeleuchtet. Der neuzeitliche Staat unterschied sich bekanntlich von anderen Formen politisch verfaßter Ordnung vor allem durch den Gedanken der Einheitlichkeit seines Gestaltungsprinzips (Einheit des Territoriums, der Bevölkerung, des Herrschaftsverbandes, des Handlungswillens, der Rechtsordnung). Das hatte zur Folge, daß eine so straff organisierte Ordnung – als formalisiertes und dezisionistisches Rechtssystem – weniger als frühere Rechtsordnungen auf die Leitidee eines Gemeinwohls angewiesen war. Dementsprechend führte der Gemeinwohltopos in der politischen Moderne, die von Thomas Hobbes präfiguriert wurde, eine Art Schattendasein.

Typologisch lassen sich allerdings mindestens drei Strategien der Gemeinwohl-Handhabung unterscheiden, die als Idealtypen einer makrosoziologisch-historischen Rekonstruktion als *Patrimonialisierung*, *Ideologisierung* und *Neutralisierung* des Gemeinwohls definiert werden könnten. Unter Patrimonialisierung können wir eine traditionelle, klientelbezogene Kolonisierung der öffentlichen Interessen durch Partikularinteressen verstehen, die durch starke Autoritätsbindungen legitimiert wird. Als Ideologisierung kann die (tendenzielle) Monopolisierung der Gemeinwohl-Definition und -Repräsentation durch revolutionäre Akteure, Gruppen, Bewegungen, die als exklusive Träger öffentlicher Interessen handeln, bestimmt werden. Mit Neutralisierung läßt sich dann eine Entpolitisierung im Sinne eines Monopolanspruchs auf reflexive Gemeinwohl-Definition durch neutrale Instanzen bezeichnen.

Selbst wenn Idee und Praxis des Rechtsstaates im Laufe der Neuzeit die Entpolitisierung des Gemeinwohls deutlich vorangetrieben haben – man denke nur an den einerseits antipatrimonialen und antipaternalistischen, andererseits antijakobinischen und
antisektiererischen Affekt des klassischen Liberalismus –, so ist man im politischen
Handlungsfeld der Moderne doch immer nur auf der Suche nach einer vertretbaren
Ausbalancierung zwischen Patrimonialisierungs-, Ideologisierungs- und Neutralisie-
rungstendenzen in Hinblick auf die Verarbeitung des Gemeinwohls gewesen. Auch die
Geschichte des sozialen Rechtsstaates oder des *welfare system* in unserem Jahrhundert
laboriert im Zeichen dieser problematischen Ausbalancierung. Ebenso wie im Hinblick
auf die Renaissance des Solidaritätsdiskurses, der dem strukturellen Niedergang des
Sozialstaates Einhalt bieten will, stellt sich auch in bezug auf die Wiederbelebung des
Gemeinwohlbegriffs die Frage, ob sich eine dynamische und heterarchische Marktgesellschaft überhaupt durch den Rückgriff auf Gemeinwohlorientierung ihrer Bürger
gegen die ihr eigene zentrifugale Konflikthaftigkeit versichern kann.

Das gilt dann in noch größerem Umfang für ein soziales System, das sich im Rahmen
transnationaler Orientierungen, überregionaler Austauschbeziehungen und globaler
Vernetzungen immer stärker dezentralistisch entwickelt. Und das heutige Szenario ist
eben von einer Entwicklung geprägt, die sich als „Exterritorialisierung der Gesellschaft
durch Globalisierung"[12] charakterisieren läßt. Eine solche Entwicklung erschwert nicht
nur die normative Anwendung sondern auch die funktionale Operationalisierung des
Begriffs. Unumstritten ist indes, daß sich der Staat in der Funktion der Neutralisierung
des Gegensatzes zwischen Eigennutzen und Gemeinwohl nicht so effizient wie der
Markt erwiesen hat. Er galt jedenfalls lange Zeit als der Sozialunternehmer, der diese
Effizienzleistung ermöglicht hat, indem er zum Garant für ein Regelwerk wurde, das
die Vermittlung zwischen Eigennutzen und Gemeinwohl vorantrieb. Aber unter den
gegenwärtigen Bedingungen der Globalisierung, in denen der Staat infolge einer weitgehend geteilten Diagnose nur noch als „Supervisionsstaat" agiert, stellt sich mit stei-
gender Radikalität die Frage der Zivilisierung des Marktes.[13] Es ist vielleicht kein Zufall, daß in einer solchen Phase der Staatsentzauberung die Leitidee des Gemeinwohls
allmählich wieder an Profil gewinnt.[14] In diesem wie in vielen anderen Fällen schärft
die Aufhebung der Selbstverständlichkeit die Reflexion.

Von der Bildfläche der repräsentativen politischen Theorie des 20. Jahrhunderts war
der Begriff Gemeinwohl im übrigen seit langer Zeit weitgehend verschwunden. Man
denke nur an Vilfredo Pareto, Max Weber, Hans Kelsen, Joseph Alois Schumpeter, die
ihn höchstens zur polemischen Abgrenzung benutzten.[15] In der neuen Theorie der Demokratie wurde ihm so gut wie keine Existenzberechtigung zuerkannt: Nicht die Ausrichtung auf das Gemeinwohl, sondern auf das Eigeninteresse – so wird weitgehend

---

[12] Willke 1997, S. 7.

[13] Siehe Willke 1997; dagegen Hondrich 2001.

[14] So z. B. Sutor 1996, S. 155, der diagnostiziert: „man redet wieder vom Gemeinwohl"; siehe auch
      Smith 1995; Schmitz/Mizumami 1998; Weiler/Mizumami 1999; Koslowski 1999.

[15] Es gibt natürlich auch bedeutende Ausnahmen, die aber als solche berücksichtigt werden sollten: de
      Jouvenel 1955; Etzioni 1996. Erst mit dem Kommunitarismus ist der Begriff wieder salonfähig ge-
      worden.

angenommen – bestimmt das Handeln von Wählern, Politikern und Funktionären.[16] Mit der Systemtheorie schließlich ist dann das Verdikt nahezu unwiderrufbar geworden. Für Niklas Luhmann ist Gemeinwohl als Kontingenzformel der Politik schlechthin „politisch uninterpretierbar".[17] Vor diesem Hintergrund resümiert Helmut Willke, daß Formeln wie Gemeinwohl oder öffentliches Interesse

> „in komplexen, funktional differenzierten Gesellschaften leer [laufen], weil jedes operative autonome gesellschaftliche Teilsystem das öffentliche Interesse oder das Gemeinwohl nur aus seiner je spezifischen Perspektive formulieren kann und deshalb gerade offen und strittig bleibt, was ein das ganze übergreifendes Gemeinwohl sein könnte".[18]

IV.

Glaubt man den Diagnosen, so scheint sich heute eine andere Konstellation abzuzeichnen. Mit der strukturellen Krise des Sozialstaates, die mit Prozessen der Demotivation und des Dominantwerdens des Egoismus imprägniert ist, sind die Themen nicht nur der Steuerungsunfähigkeit sondern auch der Erosion der moralischen Bindungen, der Entmündigungseffekte der Versicherungssysteme, und des Parasitismus (Stichwort: Trittbrettfahrer) zu Zentralproblemen avanciert.[19] Schon die Anonymität, Unüberschaubarkeit und Undurchsichtigkeit moderner Gesellschaften legte der Entwicklung von Handlungsdispositionen zur Gemeinwohlorientierung sowohl kognitive wie auch affektive Hindernisse in den Weg. Situationen, die sich der umfassenden Einsicht entziehen, verführen leicht zu Modalitäten des strategischen Handelns, die ein hohes Maß an Wahrnehmungsblindheit und Nicht-so-ernst-Nehmen beinhalten.

Im Kontext der Globalisierung erfolgt dann die Erosion von moralischen Bindungen aus internen wie aus externen Zwängen. Extra-nationale Entwicklungen werden zum Bestandteil national-staatlicher Politik: Die Kompetenz staatlicher Politik gegenüber

---

[16] Noch differenzierter Offe 2002, S. 73: „Die alte Frage der politischen Theorie, in wessen Händen das allgemeine Gute am besten aufgehoben sei, scheint aus guten Gründen gegenstandslos geworden zu sein. In einer Demokratie, in der Herrschaftsbefugnis auf Wahlerfolg beruht und Wahlerfolg auf dem Votum prinzipiell gleichberechtigter Bürger, dann noch zwischen größeren und geringeren Kompetenzen zu gemeinwohl-relevantem Urteilen unterscheiden zu wollen, verbietet sich aus normativen Gründen kategorisch."

[17] Luhmann 1982, S. 203. Uninterpretierbar schon deshalb, „weil ‚Gemeinwohl' nicht mehr in der alleinigen Definitionsmacht der Politik liegt, sondern in aufwendigen Verfahren der Abstimmung heterarchisch gekoppelter Funktionssysteme der Gesellschaft erzeugt werden muß" (Willke 1997, S. 7).

[18] Willke 1992, S. 44, 136. Die Ausblendung des Begriffs aus der politischen Theorie wird hingegen beklagt bei Hösle 1997, S. 165: „Das beängstigende Dahinschwinden des Begriffs des Gemeinwohls in der Politischen Philosophie der Gegenwart hat viel damit zu tun, daß immer weniger Menschen den Gedanken eines Gemeinwohls, das nicht lediglich aus individuellen Präferenzen zusammengekleistert ist, verstehen; und die reale Politik gegenwärtiger Staaten ist nicht minder von diesem Niedergang des Begriffs des Gemeinwohls gekennzeichnet als die politische Theorie."

[19] Zum Versagen des modernen Staates in seiner dreifachen Ordnungs-, Wohlfahrtssicherungs- und Gestaltungsfunktion siehe Mayntz 1997, S. 186 ff.

der sozio-ökonomischen Entwicklung ist bei erfolgreicher Integration in extra-nationale Kontexte durch Erosion und zunehmender Ökonomisierung der Handlungsorientierung charakterisiert. Ähnliche Konsequenzen kennzeichnen auch die interne Dynamik des Sozialstaates. Gleichzeitig entwickelt sich im Kampf um Chancengleichheit eine „Logik vergleichbarer Diskriminierungen", die wiederum durch gruppenspezifische Anerkennung eine partikularistische „Kultur der korporativen Gerechtigkeit"[20] hervorruft.

Am Ausgang solcher Entwicklungen kann man ein „Dilemma staatlicher Intervention in nicht-organisierte Handlungsfelder" konstatieren, wie dies Claus Offe pointiert. Nach seiner Analyse kollektiven Handelns besteht „ein positiver Zusammenhang zwischen starker Assoziativität und staatlicher Steuerungsfähigkeit" – und zwar

> „nicht nur auf der ‚Eingabeseite' des politischen Prozesses, wo es auf ein dichtes Geflecht von stabilen Zusammenschlüssen [...] innerhalb der Zivilgesellschaft ankommt, sondern auch auf dessen ‚Ausgabeseite', wo die Steuerungsfähigkeit des Staates auf organisierte, stabile, berechenbare und ansprechbare Handlungspartner im gesellschaftlichen Umfeld angewiesen ist".[21]

Aber in der heutigen Phase der Steuerungskrise des Sozialstaates sieht die Lage deutlich anders aus: Adressaten staatlicher Politik sind weniger verfaßte kollektive Akteure als immer mehr die Individuen in ihrer alltäglichen Lebenspraxis.

Diese Prävalenz von Steuerungsproblemen nicht formal organisierter Sozialsysteme erschwert es dem Staat, sich bei der Durchsetzung seiner Programme auf die intermediäre Verständnisfähigkeit und helfende Umsetzung gesellschaftlicher Verbände zu stützen.[22] So setzt der Wohlfahrtsstaat die Atomisierungstendenzen der Marktwirtschaft fort: Indem er „die sittliche Ausbleichung der Lebenswelt, die Austrocknung der traditionellen Solidaritätsvorräte, das Vordringen der ökonomischen, nutzenmaximierenden, moralisch unterdisziplinierten Rationalität" fördert, wird der Wohlfahrtsstaat zum „Kollaborateur der Individualisierung".[23]

Es braucht kaum nochmals betont zu werden, daß es dabei nicht nur um den Verlust staatlicher Steuerungsfähigkeit geht, sondern auch um den Zerfall von Motivation und sozialer, altruistischer Bindung. Die Krise des Sozialstaates ist mit Prozessen der Demotivation imprägniert, welche zur Dominanz einer egoistischen Haltung führen (Undurchsichtigkeit, Anonymität, Neutralisierung der Personen). Im Hinblick auf solche Prozesse scheint es plausibel zu behaupten, daß nur die „Erscheinungsformen einer schwach institutionalisierten Mikro-Politik" die sozialen Kontexte ergeben, in denen auch Gemeinwohlorientierung in begrenzter Form gedeihen kann.[24]

---

[20] Benhabib 1999, S. 35.
[21] Offe 1990, S. 187.
[22] So Offe 1990, S. 187 f. Hinzu kommt, daß der Staat als „Netzwerk öffentlicher und privater Kollektivakteure" in eine „polykorporatistische" Dynamik verfällt, wie Teubner 1999, S. 346 ff. feststellt.
[23] Kersting 1996, S. 261.
[24] Wiederum Offe 2002, S. 75.

V.

Die bisher behandelte Frage ist in der Terminologie der modernen Sozialwissenschaften mit dem Problem der kollektiven oder öffentlichen Güter nicht gleichzusetzen, aber doch sehr eng verwandt. Es ist üblich, mit Mancur Olson davon auszugehen, daß Menschen nicht dauerhaft dafür zu motivieren sind, für öffentliche Güter normative Regelungen und für kollektive Ziele Verantwortung zu tragen, wenn ihnen der Zusammenhang zwischen der Nutzung des Kollektivgutes und den eigenen Kosten nicht mehr plausibel erscheint. Es ist zudem analytisch unbefriedigend, daß Verbandshandeln hauptsächlich von materiellem Nutzen in Form selektiver Anreize getragen sein soll, da auch ideelle und altruistische Werte nutzenstiftend sein können. Die Motivation der Handlung läßt sich nicht auf Nutzenkalkulation reduzieren, sondern sie erfährt diese Nutzenqualität erst durch ihre affektive Bindung im Sinne der Affektengeneralisierung.[25] Dies ist letztendlich der Grund der unaufhebbaren Differenz zwischen moralischem Wissen und moralischer Motivation.

Auch wenn die Relevanz des Problems sich hinsichtlich vielfältiger Aspekte erörtern läßt, so beschränke ich mich auf zwei komplexe Erscheinungen, die im Kern einer Motivationstheorie liegen. Ökonomen haben die Frage, wie knappe Güter über den Mechanismus des privaten Austausches, also des Marktes, verteilt werden, systematisch behandelt. Für öffentliche Güter ist man bereit, nicht spontanen Ordnungen sondern Organisationen, vor allem dem Staat, eine bedeutende Rolle einzuräumen. Es gibt aber ein weiteres – und entscheidendes – knappes Gut, das weder durch den Markt, noch durch Organisationen effizient verteilt wird: „soziale Wertschätzung", die sich nach der scharfsinnigen Theorie von Siegwart Lindenberg aus drei Elementen zusammensetzt: „Status, Affekt und Verhaltensbestätigung".[26] Affekt und Bestätigung sind dabei Nebeneffekte sozialer Strukturen, die nicht unmittelbar erlangt werden können, sondern aufwendig produziert werden müssen.

Wie „Selbstachtung als freundschaftliches Sich-zu-sich-Verhalten" Voraussetzung solidarischer Bindungen ist,[27] so bildet soziale Wertschätzung die entscheidende Voraussetzung für Gemeinwohlorientierung und Bürgerfreundschaft. Diese Prämisse ist nicht nur für die Integrationsfunktion sozialer Systeme relevant, sondern auch für ihre Steuerungsfunktion. Soziale Steuerung, die davon ausgeht, daß Individuen und Gruppen in erwartbarer Weise auf Veränderungen von Anreizen und Kosten reagieren, wird bekanntlich mit zunehmender Entscheidungsinkompetenz schwieriger: Unterversorgung mit sozialer Wertschätzung hat einen negativen Effekt auf Entscheidungskompetenz, zumal diese mit dem Selbstbild und das Selbstbild wiederum mit Einschätzung anderer, also mit sozialer Wertschätzung variiert.

Hier stellt sich eine Frage: Ist es in unserer Gesellschaft, die Privatisierung von so vielen Gütern erlaubt, überhaupt möglich, ein hohes Versorgungsniveau von Affekt und Bestätigung zu erreichen? Die Antwort von Siegwart Lindenberg lautet: nicht als nor-

---

[25] Siehe dazu Hennen 1994.

[26] Lindenberg 1984, S. 169. Zur Anerkennungsproblematik in ihren verschiedenen Aspekte Honneth 1992.

[27] Brunkhorst 1994, S. 51.

male Sharinggruppen – also Gruppen, die durch Teilung der Anschaffungs- oder Produktionskosten und durch Teilung der Nutzung, Güter erwerben und gebrauchen, die kein Mitglied haben könnte; Gruppen also, die nach dem Modell einer Versicherungsgesellschaft organisiert sind –, sondern nur als Reusenstrukturen, die durch soziale Unternehmer angeboten werden. „Eine Reuse ist ein trichterförmiges Fischnetz, das dem Fisch mit jeder Vorwärtsbewegung Umkehr aus dem Netz schwerer macht." Eine soziale Reusenstruktur erlaubt bestimmten Individuen relativ leichten Zutritt. Mit jeder Teilnahme an Gruppenaktivitäten und dem Befolgen von Gruppenregeln wird es aber schwerer, diese Gruppe wieder zu verlassen. Gruppierungen dieser Art sind dadurch gekennzeichnet, daß in ihnen ein höheres Versorgungsniveau von Affekt und Bestätigung mit höherem Engagement gekoppelt ist.

Das bedeutet, daß das Angebot an sozialen Strukturen und Gruppen, die Affekt und Bestätigung produzieren, in modernen Gesellschaften sehr stark dichotomisiert ist. Auf der einen Seite gibt es soziale Bereiche und Gruppen, die ein niedriges Niveau an Normierung, Bestätigung und Affekt anbieten. Auf der anderen Seite gibt es soziale Strukturen und Gruppen, die durch schrittweise Anhebung der Austrittskosten ein hohes Niveau an Normierung und Abhängigkeit, und damit ein hohes Niveau von Bestätigung und Affekt, erreichen, dabei aber stark partikularistisch orientiert sind. Beide Strukturen erschweren oder unterminieren also die Bedingungen einer Gemeinwohlorientierung der handelnden Subjekte. Einerseits sind wir daher mit schwacher universalistischer Gemeinwohlverfolgung ohne Inklusion, andererseits mit starker partikularistischer Gemeinwohlverfolgung durch Exklusion konfrontiert. Zwei offensichtlich divergierende Entwicklungen, die über eine gewisse Schwelle das Gleichgewicht der Gesellschaft ins Spiel bringen, die ab einer gewissen Schwelle das Gleichgewicht der Gesellschaft bedrohen.

Jede Handlung sieht sich Paradoxien ausgesetzt und die gemeinwohlorientierte Handlung macht hier keine Ausnahme; auch für sie könnte man eine Anzahl von Paradoxien auflisten. Je größer die Zahl von Paradoxien ist, die das soziale und politische Leben produziert, desto kurzlebiger und wankelmütiger werden die Motivationen sein, aus denen sich erfolgreiche Kooperation durch Mobilisierung sozio-moralischer Ressourcen speisen.

VI.

Theoretisch läßt sich die dem Gemeinwohlthema zugrundeliegende Frage so formulieren: Wo sind nicht-egoistische Motive für altruistisches Handeln zu finden, um die „Frivolität nutzenmaximierender Individuen wie Trittbrettfahrer zu durchbrechen"[28] und die Produktion kollektiver Güter zu stärken? Vor der Einbettung ins habituelle Handeln macht das moralische Bewußtsein halt. Es geht also darum, für die Gemeinwohlorientierung eine tragfähige Basis im Institutionengeflecht und Verfassungsarrangements zu finden.

---

[28] Hennen 1994, S. 294.

Die Probleme einer erweiterten Theorie der öffentlichen Güter sind kürzlich auch von Michael Baurmann in überzeugender Weise erörtert worden. Baurmann unterscheidet drei Konstellationen solidarischen Handelns zugunsten öffentlicher (wie übrigens auch individueller) Güter. 1) Wenn individuelle Erträge aus einem öffentlichen Gut abhängig von den individuellen Beiträgen zu dessen Produktion sind, dann werden die Beitragsleistungen durch die Ertragserwartungen unmittelbar motiviert. Ein solches Handeln ist ein „solidarisches Handeln im Eigeninteresse". 2) Wenn die individuellen Erträge unabhängig von den individuellen Beiträgen sind, wird jedes Mitglied einer Gruppe der Versuchung zum Trittbrettfahren ausgesetzt. Ein solidarisches Handeln kann in dieser Situation nur noch in Frage kommen, wenn der Einzelne nicht gemäß dem Prinzip rationaler Nutzenmaximierung handelt, sondern gemäß einem Verallgemeinerungsprinzip: ein solches Handeln ist ein „solidarisches Handeln aus Fairneß". Die Beitragsleistungen zu einem öffentlichen Gut können hier durch die Ertragserwartungen immer noch mittelbar – durch das Interesse an der institutionellen Stabilisierung – motiviert sein. 3) Wenn die individuellen Erträge aus einem öffentlichen Gut in dem Sinne unabhängig sind, daß die Beitragskosten durch die Erträge generell – d. h. weder mittelbar noch unmittelbar – nicht ausgeglichen werden können, dann ist es weder im Interesse des Einzelnen, sich an der Produktion der öffentlichen Güter zu beteiligen, noch ist es in seinem Interesse, daß alle solidarisch handeln. Ein solches Handeln ist ein „solidarisches Handeln aus Opferbereitschaft".[29]

Ein solches Drei-Stufen-Modell der Solidarität ermöglicht uns wiederum unter einer anderen Perspektive, die modernen Gesellschaften zugrundeliegende Dichotomisierung zu problematisieren. Moderne Gesellschaften sind solche, die beträchtliche Leistungen im Bereich der Solidarität aus Eigeninteresse ebenso wie – in Ausnahmesituationen – im Bereich der Solidarität aus Opferbereitschaft vorweisen können. Sie leiden aber an Unterversorgung von Solidarität aus Fairneß.

> „Ohne die Bereitschaft von Menschen, aus freien Stücken auch dann solidarisch zu handeln, wenn es für sie vorteilhafter wäre, nur auf die Solidarität der anderen zu hoffen, kann insgesamt gesehen eine Gesellschaft elementaren Interessen ihrer Mitglieder nicht gerecht werden. Es müssen genügend Personen vorhanden sein, die motiviert sind, aus Fairneß und nicht nur aus Eigeninteresse solidarisch zu handeln."[30]

Selbstverständlich dient die Gemeinwohlrhetorik dazu, Solidarität aus Fairneß zu konsolidieren.

Wenn es auch nicht immer im Interesse der beteiligten Akteure ist, freiwillig zur Bereitstellung öffentlicher Güter beizutragen, so ist es doch durchaus in ihrem Interesse, daß die Bereitstellung dieser Güter generell – also durch institutionelle Arrangements – sichergestellt wird. Institutionen zur Produktion und Erhaltung öffentlicher Güter sind dennoch ihrerseits öffentliche Güter, die mit denselben Problemen konfrontiert werden, wie eben andere öffentliche Güter. Es läßt sich also leicht zeigen, daß Institutionen letztendlich auf die Ressource Solidarität aus Fairneß nicht verzichten können. D.h.: Institutionen selbst sind von einer Lösung des Problems fehlender Solidarität abhängig

---

[29] Vgl. Baurmann 1998, S. 352 ff.
[30] Ebd., S. 366.

(wie Anstrengungen zur Verfassungsreform oft auf paradigmatische Weise zeigen). Und das bedeutet: Solidarität aus Fairneß kann nur als gesellschaftliches Produkt verstanden werden, sie muß mühsam durch Normen hergestellt werden.

Aber kann Solidarität durch Verfassungsnormen generiert werden? Wie Baurmann zeigt, ist hier Skepsis angebracht. Es geht dann um eine problematische Ethisierung der Verfassung, die m. E. unmittelbar mit jener Entpolitisierung des Gemeinwohls – worauf oben schon hingewiesen wurde – in Verbindung zu setzen ist. Abgesehen davon, daß die Aufnahme einer Norm „Jeder ist zu Mitmenschlichkeit und Gemeinsinn aufgerufen" einem aufrichtigen liberalen Verfassungsverständnis zuwiderläuft, zeichnet sich hier wieder eine Paradoxie ab: Wir verlangen von den Bürgern eine politische Gemeinwohlorientierung, aber gleichzeitig verweisen wir auf Normen und Verfassungsinterpreten (Richter), die einzig befugt sind, Gemeinwohl zu definieren. Andererseits sind auch Verfassungsnormen durch „Trittbrettfahren" von Bürgern und Berufspolitikern immer gefährdet.

Wo Steuerungskapazitäten der Exekutive ins Gestrüpp der Komplexität geraten, wo aktive Arbeitsmarktpolitik und kollektive Vereinbarungen zwischen Gewerkschaften und Arbeitgeberverbänden versagen, wo dann auch Verfassungsnormen an Integrationskraft einbüßen, bleibt anscheinend keine andere Wahl, als symbolisch und rhetorisch die Leerstellen zu besetzen, die von einer effektiven Steuerungspolitik verlassen worden sind. Selbst beim besten Willen ist es schwierig, in der Renaissance des Gemeinwohlsbegriffs etwas Anderes als den Beweis zu sehen, daß der Konsens in der liberaldemokratischen Gesellschaften durch und durch brüchig geworden ist.

VII.

Mit der fortschreitenden Öffnung, Entgrenzung und Globalisierung zerfallen immer mehr Gesellschaften in einen Zustand ethno-kultureller Überkomplexität. Das Zusammensein von einer dominanten Bürgerschaft und ethnischen, von voller Partizipation ausgeschlossenen, Minderheiten stellt hier Probleme besonderer Art. Teilweise verstärkt es Tendenzen zur Vervielfältigung der Differenzen, die einer moderner Gesellschaft ohnehin eigen sind.

> „Forderungen einzelner Gruppen nach der Anerkennung ihrer Differenz sind in letzter Zeit zunehmend in den Vordergrund gerückt und haben manchmal sogar Forderungen nach sozialer Gleichheit verdrängt."[31]

Es ist ja durchaus verständlich, daß in einer durch diese Prozesse gekennzeichneten Gesellschaft der Appell an Gemeinwohlorientierung laut wird. Aber damit ist noch nicht gesagt, daß dieser Appell auch in konsensfähige, auf konkrete *issues* bezogene Annäherung umgesetzt werden kann.

Wir haben gesehen, daß paradoxe Phänomene generell auf soziale Komplexität und auf die daraus resultierende Bindungslabilität zurückzuführen sind. Im Kontext der multikulturellen Gesellschaft handelt sich primär um Paradoxien, die mit dem Problem

---

[31] Benhabib 1999, S. 33.

der Inklusion zu tun haben. Eine erste betrifft diejenigen, die einer Gesellschaft angehören, in der sie gut integriert sind und die sie mit vollen Rechten ausstattet, die aber dennoch nicht bereit sind, die Kosten der Erweiterung/Konsolidierung der Sozialrechte auf
sich zu nehmen. Eine zweite Paradoxie betrifft dieselbe Gruppe, solange sie nicht bereit
ist, die Kosten der Inklusion der Außenstehenden zu übernehmen. Und eine dritte betrifft ausgerechnet die Außenstehenden, da sie oft nicht bereit sind, die kulturellen Kosten ihrer eigenen Inklusion – den partiellen Verlust der eigenen Identität – zu tragen.
Bei solch divergierenden Orientierungen werden die Konsenschancen für die Bestimmung eines Gemeinwohls äußerst problematisch.

Das Wachsen der kulturellen Differenzen innerhalb einer mehrschichtigen Gemein-
schaften-Föderation (so könnte man auch die heutige Gesellschaft definieren) impliziert
unvermeidlicherweise auch das Divergieren von Gemeinwohlvorstellungen.

> „Für jede Gemeinschaft, die Anspruch auf den Gemeinsinn ihrer Angehörigen erhebt und ent-
> sprechende Pflichten normiert, gibt es eine umfassende größere Gemeinschaft, deren Rest-
> menge sich dann in den (zumindest relativen) Nachteil des Ausschlusses von dem Wohl der
> kleineren Gemeinschaft gesetzt sehen kann.“[32]

Wenn bei einer solchen Komplexität der sozialen Kreise die Konsenschancen für die
Bestimmung eines „falschen“ Handelns (also für Verbote, wie sie die klassische liberale
Regierungslehre befürwortet) schon gering sind, erscheinen noch aussichtloser die Be-
stimmungsperspektiven für das „richtige“ Handeln (für auf Vertrauen ruhende Selbst-
verpflichtungen).

Unterschiede in den Gemeinwohlvorstellungen einer multikulturellen Gesellschaft
haben im übrigen mehr mit Identitäts- als mit Interessenkonflikten zu tun. Aber Identitätspolitik „folgt weder einer nutzenmaximierenden noch einer moralischen Logik“.[33]
Vielmehr operiert Identitätspolitik auch unter den Bedingungen einer demokratischen
multikulturellen Gesellschaft mit Feindbildern, die hauptsächlich zur Verstärkung von
Gruppenkohäsion und Mobilisierung von Gefolgsbereitschaft dienen. Die Unterstellung
einer feindlichen Absicht bleibt nach wie vor auch in einer durchrationalisierten Gesellschaft eine mächtige Strategie, die ermöglicht, nicht nur die Kooperation zu verweigern,
sondern auch Kooperationsmotivationen zu torpedieren oder zu blockieren.

Darüber hinaus gilt, daß der Appell an Gemeinwohlorientierung in seinem Anspruch,
eine wirkungsvolle Strategie zu sein, einfach die Tatsache unterschätzt, daß die Entstehung einer multikulturellen Gesellschaft neue Bruchlinien hervorruft, die nicht nur
unter verschiedenen ethnischen Gruppen verlaufen, sondern auch innerhalb der auf-
nehmenden Bürgerschaft selbst. Zu den politischen Entwicklungen der letzten Jahren in
den europäischen Verfassungsstaaten gehören die Entstehung und Mobilisierungserfol-
ge von Parteien und Wahlbewegungen populistischer Art am rechten Rand des politischen Spektrums. Im Gegensatz zu rechtsextremen Parteien der Vergangenheit bekennen sich die rechtspopulistischen Bewegungen zu den Wertvorstellungen und
Spielregeln der konstitutionellen Demokratie: das Entscheidende aber ist, daß sie sich
ausgerechnet in ihren Vorstellungen des Gemeinwohls grundsätzlich unterscheiden.

---

[32] Offe 2002, S. 67.
[33] Niesen 2001, S. 595.

Aus deutscher Sicht kann dieses Phänomen heute (noch) nicht so erkennbar sein, aus der Sicht eines italienischen Betrachters der Entwicklung (nicht nur) binneneuropäischen politischer Kulturen ist das hingegen überdeutlich. Was die Lega Nord, Forza Italia und Alleanza Nazionale in der Vieldeutigkeit ihrer politischen Ziele von den anderen Akteuren (und teilweise auch untereinander) unterscheidet, sind in der Tat Vorstellungen des *bonum commune* konkreter lokaler und nationaler Gemeinschaften.

Auf der anderen Seite ist der Eindruck nicht von der Hand zu weisen, es bestehe ein Zusammenhang zwischen der Spezifität der deutschen Entwicklung und der in diesem Kulturraum einzigartigen Intensität der Diskussion um Gemeinwohl, Solidarität und demokratische Sittlichkeit. Diese Spezifität hat einerseits mit den Problemen einer multikulturellen Gesellschaft, andererseits mit jenen der Vergangenheitsbelastung der Einigung zu tun. Wegen ihrer Geschichte hat die Bundesrepublik Deutschland eine erhebliche Sensibilität für jede Diskriminierung entwickelt und wegen der hohen Migrantenquote war sie früh genug gezwungen, das Einwanderungsproblem zu Kenntnis zu nehmen. Im Vergleich zu anderen europäischen Ländern (z. B. Italien) hat man sich ernsthaft um Problemlösungsstrategien bemüht, wobei insbesondere im Bereich der kommunalen Integrationspolitik relevante Erfolge erzielt worden sind. Nichtsdestoweniger ist Deutschland, wie es Daniel Cohn-Bendit einmal ausgedrückt hat, eine Einwanderungsgesellschaft ohne eine Einwanderungspolitik geblieben. Auf der anderen Seite hat eine zehnjährige Politik des Zusammenwachsens gezeigt, welche auf lange Zeit angelegten Anstrengungen die Herausforderung der innerdeutschen Integration erfordert. Bei der Bewältigung dieser Probleme erscheint es durchaus als verständlich und vernünftig, an die sozio-moralische Ressource der Gemeinwohlorientierung zu appellieren. Das skeptische Fazit, es handele sich dabei um eine theoretische Untermauerung der Kunst des „muddling through", darf allerdings nicht verschwiegen werden.

Literatur

Baurmann, M. (1996), Der Markt der Tugend. Recht und Moral in der liberalen Gesellschaft. Eine soziologische Untersuchung, Tübingen.

Baurmann, M. (1998), Solidarität als soziale Norm und als Norm der Verfassung, in: Solidarität. Begriff und Problem, hg. v. K. Bayertz, Frankfurt/M., S. 345–388.

Bayertz, K. (Hg., 1998), Solidarität. Begriff und Problem, Frankfurt/M.

Bell, D. (1991), Die kulturellen Widersprüche des Kapitalismus, Frankfurt/M./New York.

Benhabib, S. (1999), Kulturelle Vielfalt und demokratische Gleichheit. Politische Partizipation im Zeitalter der Globalisierung, Frankfurt/M.

Brunkhorst, H. (1997), Solidarität unter Fremden, Frankfurt/M.

Brunkhorst, H./Niesen, P. (Hg., 1999), Das Recht der Republik, Frankfurt/M.

Etzioni, A. (1996), Die faire Gesellschaft. Jenseits von Sozialismus und Kapitalismus, Frankfurt/M.

Frankenberg, G. (1997), Die Verfassung der Republik. Autorität und Solidarität in der Zivilgesellschaft, Frankfurt/M.

Hartmann, M./Offe, C. (Hg., 2001), Vertrauen. Die Grundlage des sozialen Zusammenhalts, Frankfurt/M./New York.

Heins, V. (1992), Ambivalenzen der Zivilgesellschaft, in: Politische Vierteljahresschrift 33, S. 235–242.

Hennen, M. (1990), Soziale Motivation und paradoxe Handlungsfolgen, Opladen.

Hennen, M. (1994), Egoismus und Altruismus in der Sozialtheorie, in: Privatheit und soziale Verantwortung, hg. v. M. Hennen u. M. Jäckel, München, S. 285–330

Hibst, P. (1991), Utilitas Publica – Gemeiner Nutz – Gemeinwohl. Untersuchungen zur Idee eines politischen Leitbegriffes von der Antike bis zum späten Mittelalter, Frankfurt/M.

Hirschman, A. O. (1984), Engagement und Enttäuschung. Über das Schwanken der Bürger zwischen Privatwohl und Gemeinwohl, Frankfurt/M.

Hirschman, A. O. (1987), Leidenschaften und Interessen. Politische Begründungen des Kapitalismus vor seinem Sieg, Frankfurt/M.

Hösle, V. (1997), Moral und Politik. Grundlagen einer Politischen Ethik für das 21. Jahrhundert, München.

Hondrich, K. O. (2001), Der neue Mensch, Frankfurt/M.

Honneth, A. (1992), Kampf um Anerkennung. Zur moralischen Grammatik sozialer Konflikte, Frankfurt/M.

Isensee, J. (1988), Gemeinwohl und Staatsaufgaben im Verfassungsstaat, in: Handbuch des Staatsrechts der Bundesrepublik Deutschland, hg. v. J. Isensee u. P. Kirchhof, Bd. 3, Heidelberg, S. 3–82.

Jouvenel, B. (1955), De la souveraineté. A la recherche du Bien Politique, Paris.

Kaelble, H./Schriewer, J. (Hg., 1998), Gesellschaften im Vergleich. Forschungen aus Sozial- und Geschichtswissenschaften, Frankfurt/M.

Kempshall, M. S. (1999), The Common Good in Late Medieval Political Thought, Oxford.

Kersting, W. (1996), Sozialstaat und Gerechtigkeit, in: Sozialstaat – Idee und Entwicklung, Reformzwänge und Reformziele, hg. v. W.-Raymond-Stiftung, Köln.

Kersting, W. (1997), Recht, Gerechtigkeit und demokratische Tugend. Abhandlungen zur praktischen Philosophie der Gegenwart, Frankfurt/M.

Koslowski, P. (Hg., 1999), Das Gemeinwohl zwischen Universalismus und Partikularismus. Zur Theorie des Gemeinwohls und der Gemeinwohlwirkung von Ehescheidung, politischer Sezession und Kirchentrennung, Stuttgart/Bad Cannstatt.

Lindenberg, S. (1984), Normen und Allokation sozialer Wertschätzung, in: Normengeleitetes Verhalten in den Sozialwissenschaften, hg. v. H. Todt, Berlin.

Luhmann, N. (1982), Liebe als Passion. Zur Kodierung von Intimität, Frankfurt/M.

Mayntz, R. (1997), Soziale Dynamik und politische Steuerung. Theoretische und methodologische Überlegungen, Frankfurt/M.

Michelman, F. I. (1994), Kollektiv, Gemeinschaft und das liberale Denken in Verfassungen. Vorspiel: Liberalismus und Kollektivismus, in: Auf der Suche nach der gerechten Gesellschaft, hg. v. G. Frankenberg, Frankfurt/M., S. 55–73.

Miller, P. N. (1994), Defining the Common Good. Empire, Religion and Philosophy in Eighteenth-Century Britain, Cambridge.

Münkler, H. (1991), Die Idee der Tugend. Ein politischer Leitbegriff im vorrevolutionären Europa, in: Archiv für Kulturgeschichte 73, S. 379–403.

Münkler, H. (Hg., 1996), Bürgerreligion und Bürgertugend. Debatten über die vorpolitischen Grundlagen politischer Ordnung, Baden-Baden.

Münkler, H. (1998), Tugend und Markt: Die Suche nach Funktionsäquivalenten für die sozio-moralischen Voraussetzungen einer freiheitlich verfaßten Ordnung, in: Gesellschaften im Vergleich. Forschungen aus Sozial- und Geschichtswissenschaften, hg. v. H. Kaelble u. J. Schriewer, Frankfurt/M., S. 103–144.

Niesen, P. (2001), Volk-von-Teufeln-Republikanismus. Zur Frage nach den moralischen Ressourcen der liberalen Demokratie, in: Die Öffentlichkeit der Vernunft und die Vernunft der Öffentlichkeit. Festschrift für Jürgen Habermas, hg. v. L. Wingert u. K. Günther, Frankfurt/M., S. 568–604.

Nokielski, H./Pankoke, E. (1996), Post-korporative Partikularität. Zur Rolle der Wohlfahrtsverbände im Welfare-Mix, in: Wohlfahrtspluralismus. Vom Wohlfahrtsstaat zum Wohlfahrtsgesellschaft, hg. v. A. Evers u. Th. Olk, Opladen, S. 142–165.

Offe, C. (1990), Staatliches Handeln und Strukturen der kollektiven Willensbildung. Aspekte einer sozialwissenschaftlichen Staatstheorie, in: Staatswissenschaften: Vergessene Disziplin oder neue Herausforderung?, hg. v. Th. Ellwein u. J. J. Hesse, Baden-Baden, S.173–190.

Offe, C. (2002), Wessen Wohl ist das Gemeinwohl?, in: Gemeinwohl und Gemeinsinn. Rhetoriken und Perspektiven sozial-moralischer Orientierung, hg. v. H. Münkler u. K. Fischer, Berlin, S. 55–76.

Pocock, J. G. A. (1993), Die andere Bürgergesellschaft. Zur Dialektik von Tugend und Korruption, Frankfurt/M.

Rusconi, G. E. (1999), Possiamo fare a meno di una religione civile?, Roma-Bari.

Schmitz, W./Weiler, R. (Hg., 1994), Interesse und Moral – Gegenpole oder Bundesgenossen?, Berlin.

Schmitz, W./Mizumami, A. (Hg., 1998), Das Gemeinwohl in der sich wandelnden Welt, Wien.

Shklar, J. N. (1997), Über Ungerechtigkeit. Erkundungen zu einem moralischen Gefühl, Frankfurt/M.

Smith, M. A. (1995), Human Dignity and the Common Good, Lewiston.

Steinmann, H./Scherer, A. G. (Hg., 1998), Zwischen Universalismus und Relativismus. Philosophische Grundlagenprobleme des interkulturellen Managements, Frankfurt/M.

Sutor, B. (1996), Traditionelles Gemeinwohl und liberale politische Theorie, in: Theorie und Praxis. Festschrift für Nikolaus Lobkowicz, hg. v. K. Graf Ballestrem u. H. Ottmann, Berlin, S. 155–177.

Teubner, G. (1998), Nach der Privatisierung? Diskurskonflikte im Privatrecht, in: Zeitschrift für Rechtssoziologie 19/1, S. 8–36.

Teubner, G. (1999), Polykorporatismus: Der Staat als „Netzwerk" öffentlicher und privater Kollektivakteure, in: Das Recht der Republik, hg. v. H. Brunkhorst u. P. Niesen, Frankfurt/M., S. 346–372.

Waas, L. (1996), Gemeinwohl mit oder ohne Gemeinsinn? Die Liberalismus/Kommunitarismus-Kontroverse und der Streit um die „Bienenfabel", in: Theorie und Praxis. Festschrift für Nikolaus Lobkowicz, hg. v. K. Graf Ballestrem u. H. Ottmann, Berlin, S. 207–225.

Weiler, R./Mizumami, A. (1999), Gerechtigkeit in der sozialen Ordnung. Die Tugend der Gerechtigkeit im Zeitalter der Globalisierung, Berlin.

Wellmer, H. (1993), Bedingungen einer demokratischen Kultur. Zur Debatte zwischen Liberalen und Kommunitaristen, in: Gemeinschaft und Gerechtigkeit, hg. v. M. Brumlik u. H. Brunkhorst, Frankfurt/M., S. 173–196.

Willke, H. (1992), Ironie des Staates. Grundlinien einer Staatstheorie polyzentrischer Gesellschaft, Frankfurt/M.

Willke, H. (1997), Supervision des Staates, Frankfurt/M.

PERSONENVERZEICHNIS

Kursiv gesetzte Seitenzahlen beziehen sich auf den Fußnotentext.

AUTORENVERZEICHNIS

Adloff, Frank, Dipl.-Soziologe, * 1969, Maecenata Institut für Dritter-Sektor-Forschung, Berlin

Bluhm, Harald, Priv.-Doz. Dr., * 1957, Politikwissenschaftler, Berlin-Brandenburgische Akademie der Wissenschaften

Buchstein, Hubertus, Prof. Dr., * 1959, Politikwissenschaftler, Universität Greifswald

Gierer, Alfred, Prof. Dr., * 1929, Biologe, Max-Planck-Institut für Entwicklungsbiologie Tübingen

Eichhorn, Mathias, Dr., * 1959, Politikwissenschaftler/Theologe, Frankfurt am Main

Joas, Hans, Prof. Dr., * 1948, Soziologe, Universität Erfurt/University of Chicago

Ladwig, Bernd, Dr., * 1966, Philosoph/Politikwissenschaftler, Otto-von-Guericke-Universität Magdeburg

Lübbe, Hermann, Prof. em. Dr., * 1926, Philosoph, Zürich.

Menke, Christoph, Prof. Dr., * 1958, Philosoph, Universität Potsdam

Münkler, Herfried, Prof. Dr., * 1951, Politikwissenschaftler, Humboldt Universität zu Berlin

Nullmeier, Frank, Prof. Dr., * 1957, Politikwissenschaftler, Universität Essen

Portinaro, Pier Paolo, Prof. Dr., * 1953, Philosoph/Politikwissenschaftler, Universität Turin

Pritzlaff, Tanja, Diplom-Politologin, * 1969, Universität Essen

Schmalz-Bruns, Rainer, Prof. Dr., * 1954, Politikwissenschaftler, Universität Darmstadt

Tietz, Udo, Priv.-Doz. Dr., * 1953, Philosoph, Humboldt-Universität zu Berlin

Ulrich, Peter, Prof. Dr., * 1948, Wirtschaftsethiker, Universität St. Gallen

Wils, Jean-Pierre, Prof. Dr., * 1957, Theologe und Direktor des „Zentrums für Ethik" der Universität Nijmegen (NL).